海南大学 2009 年度重点社科课题

高校社科文库
University Social Science Series

教育部高等学校
社会科学发展研究中心

海南大学2009年度重点社科课题

汇集高校哲学社会科学优秀原创学术成果
搭建高校哲学社会科学学术著作出版平台
探索高校哲学社会科学专著出版的新模式
扩大高校哲学社会科学科研成果的影响力

海南社会发展史研究
（古代卷）

History of Social Development in Hainan （Volume Ⅰ）

阎根齐
刘冬梅 /著

光明日报出版社

图书在版编目（CIP）数据

海南社会发展史研究 ／ 阎根齐，高海燕，刘冬梅著.
－－北京：光明日报出版社，2011.11（2024.6 重印）
（高校社科文库）
ISBN 978－7－5112－1693－9

Ⅰ.①海… Ⅱ.①阎… ②高… ③刘… Ⅲ.①社会发
展史—研究—海南省—1840～2010 Ⅳ.①K296.6

中国版本图书馆 CIP 数据核字（2011）第 203872 号

海南社会发展史研究
HAINAN SHEHUI FAZHANSHI YANJIU

著　　者：阎根齐　高海燕　刘冬梅

责任编辑：杜　星　　　　　　　责任校对：贾沛娟　朱　珊　李　勇
封面设计：小宝工作室　　　　　责任印制：曹　净

出版发行：光明日报出版社
地　　址：北京市西城区永安路 106 号，100050
电　　话：010-63169890（咨询），010-63131930（邮购）
传　　真：010-63131930
网　　址：http：//book.gmw.cn
E － mail：gmrbcbs@gmw.cn
法律顾问：北京市兰台律师事务所龚柳方律师

印　　刷：三河市华东印刷有限公司
装　　订：三河市华东印刷有限公司
本书如有破损、缺页、装订错误，请与本社联系调换，电话：010-63131930

开　　本：165mm×230mm
字　　数：580 千字　　　　　　印　　张：32.25
版　　次：2011 年 12 月第 1 版　印　　次：2024 年 6 月第 2 次印刷
书　　号：ISBN 978－7－5112－1693－9－01

定　　价：98.00 元（全二册）

序

　　这里是充满神奇的地方：地处热带与亚热带之间，长夏无冬，雨量充足。特殊的地理环境、特殊的气候条件，造就了这里独特的风俗习惯和人群的生活方式。世人早就赋予了它"璀璨的明珠"的称号；这里位于我国的最南端，北有琼州海峡，东、西、南三面有南海怀抱，隔海与东南亚的越南、菲律宾、文莱、马来西亚和我国的台湾岛相望，是祖国陆地面积最小的省（面积仅有3.39万平方千米），而海域面积却有200万平方千米，占全国海洋总面积的2/3，还管辖着西沙群岛、中沙群岛、南沙群岛的岛礁及其海域，因此是全国海洋面积最大的省。

　　这里是充满幻想的地方：从一两万年前到今天，一代代、一批批的中华儿女带着梦想、带着追求，跨过18海里的琼州海峡，来到这里休养生息，勤奋耕耘，创造出了精彩纷呈、辉煌夺目的历史文化；这里虽然远离祖国的政治和文化中心，几千年的文明发展史同样绵延不断，跌宕起伏，精彩纷呈，为中华民族的进步与发展繁荣作出了宝贵的贡献；这里在古代曾被称为"蛮荒"之地，却是中华民族忠诚的卫士，尽职尽责地守望着祖国的南疆，捍卫着国家的神圣尊严。

　　这里是充满激情的地方：虽从1988年建省到现在才有22年的历史，绝对是全国最年轻的省份，然而，这里却是全国最大的经济特区，国际旅游岛建设正如火如荼地开展着；这里截止现在还不足900万人，却在全国第一个建设生态文明省，大气环境质量指数始终保持一级标准，有人形象地戏称空气能瓶装出口；这里的全省森林覆盖率已达到54.5%，到处鸟语花香，莺歌燕舞；这里居住着汉、黎、苗、回、壮等30多个民族，仅黎族就有130余万人；这里是全国著名的侨乡，有300多万海外华人、分布在世界60多个国家和地区，在现代史上还出生了100多位将军。

　　这里是充满希望的地方：新中国成立以来，党中央不断赋予各种优惠政策，这里一直是改革开放的前沿，并一次次地进入崭新的历史发展时期；这里有着无与伦比的自然环境、得天独厚的自然资源，早已被人形象地比喻为"东方的夏威夷"。

这里是美丽的宝岛，无数的闯海人在这里梦想成真；这里是人间天堂，还会有更多的仁人志士在这里实现自己的人生价值和远大目标。

这里就是海南。

"海南"这个响亮的词汇，有着难以读懂、十分复杂和深刻灿烂的文化内涵。今天，我的同仁写作了《海南社会发展史研究》一书（两卷本），将海南一两万年以来的社会发展作了系统的阐述，水平如何，任由读者评判。但有一点可以肯定，作者用大量的考古成果和文物素材，解读了汉代以前的海南社会，填补了文献记载的不足，在后来时代的论述中也不乏独到的见解，相信读者会感兴趣。是为序。

曹锡仁

2010. 8. 10

海南社会发展史研究
（古代卷）

阎根齐　刘冬梅　著

世界各国自从有了人类居住，在通向文明社会的进程上走过了截然不同的道路。中国是世界四大文明古国（古埃及、古巴比伦、古印度、中国）之一，以历史悠久、从不间断、多次繁荣而著称于世，是五十六个民族共同创建的大家园。从远古到近现代，无数内陆人不畏18海里的琼州海峡天然阻隔，一批又一批地来到海南，他们从适应这里的地理、气候、环境开始，到创立与内陆人有别的信仰、风俗、习惯和社会制度，在长达几千年乃至上万年的历史发展中，走过了一条跌延起伏、波澜壮阔、特点鲜明的道路，这正是"中华民族的多元一体格局"的生动体现和见证。现在就让我们回首往事，寻找海南历史的脚印。

CONTENTS 目 录

第一章

"落笔洞人"社会

考古学证明，至少在距今一两万年前，海南岛上已经有了人类居住生活。他们在没有贫富差别、没有阶级的社会中日出而作，日落而息，创造了丰富多彩的原始文化。这些人是海南岛土生土长的或是从外地迁来的？如果是从外地迁来的，是从哪里迁来的？与中国大陆原始人群是一种什么样的关系、处于什么样的社会发展阶段、生产力的发展如何？这些都是本章要回答的问题。

第一节 "落笔洞"的考古发现

尽管海南的考古事业起步较晚，却在旧石器时代晚期的考古中取得了不菲的成绩。

截止目前，在海南岛上已发现距今约 40 万年前的动物化石地点一处。该地点位于昌江县七叉镇保由村西南约 2 千米的混雅岭信冲洞内，海拔高近 60 米，昌江支流南阳溪从洞口下方通过。洞穴距水面高约 30 米，洞口宽约 3 米，洞深约 10 米[1]。洞内主要有灵长目、食肉目、长鼻目、奇蹄目、偶蹄目、啮齿目、爬行目及鸟类、鱼类等大批分属于巨猿、象、中国犀、鬣狗、牛、鹿、野猪、豪猪、貘、鼠的哺乳动物化石，有些属于灭绝种。经电子自旋共振（ESR）法测定，动物化石年代距今约 40 万年，地质年代相当于中更世中期。这是目前海南发现的时代最早的古生物化石地点，特别是巨猿牙齿化石的发现，为寻找海南岛古人类和旧石器时代的考古文化提供了重要信息。如一些鱼类在洞内的发现和一些敌对动物在同一地点的同时出现，有可能说明是人类所为，如此就有可能把海南岛有人类活动的历史上推至距今 40 万年。只是信冲洞洞穴考古发掘报告尚未发表，一切还要等考古发掘报告结果。

属于一万年以前人类活动的遗迹遗物已发现两处，其中，一处是在 2006 年 6 月，在上述昌江县燕窝岭和混雅岭的信冲洞的不远处，"即昌化江支流的南阳溪大桥下游左岸第二级阶地的黄色粘土中，分别发现了3块旧石器。它们分别属于1件石核和2件砍砸器。这3块旧石器发现的地方，经初步认定是属于旧石器时代晚期距今约2万年左右的人类活动遗址"[2]。虽然该处出土旧石器的地点不在信冲洞内，而只是在它的附近，这已经使我们有理由相信，这时的人类是居住在洞穴里的。因此，有专家认为这是一处旷野石器点。

虽然，只有这三件石器还不能详细说明海南旧石器时代晚期的面貌，但也能粗略看出海南在这一时期的文化特征。因为，这三件石器都是用砾石加工而成的，是岭南地区旧石器时代以来传统的石料来源。就其生产工具种类来说，砍砸器是旧石器时代进行劈砍、敲砸等生产工具中最常见、最基本的器物（这一时期人类使用的石器主要分砍砸器、刮削器和大尖状器三大类）。而用砾石锤击下来的石核（也称石核石器。从砾石或石材上打下石片，以剩下的石核作为工具来使用。习惯上把两面刃的砾石石器称为敲砸器，单面刃的称为砍斫器）[3]也是旧石器时代的基本器物。器物数量虽少，却可以体现出当时的人类以狩猎经济为主的文化面貌。

海南旧石器时代晚期的另一处重要发现是位于昌江南阳河畔的混雅岭信冲洞化石地点。"在此洞穴内次生的裂隙堆积中包含有爬行类和哺乳动物化石，主要有剑齿象、中国犀、最后鬣狗和鹿、麂、牛、龟等种属，有的属于灭绝种动物，其石化程度明显要高于三亚落笔洞遗址出土的动物化石。根据所测定的碳十四年代数据，这里所出化石的年代距今约为18000年，洞穴堆积的地质时代当在晚更新世。"[4]

三亚落笔洞遗址是迄今为止在海南岛上这一时期的重大考古发现，遗迹遗物非常丰富，也比较清楚地反映这一地区和人类的社会发展、经济、文化生活状况。落笔洞遗址位于三亚市东北约15千米的一座石灰岩孤峰南壁下的落笔洞内，是在1983年文物普查中偶然发现的。1992年3月，海南省文物保护管理委员会委托中山大学人类学系的师生对其初步考古发掘。同年12月，又组成由海南省文物保护管理委员会办公室负责，有海南省博物馆、三亚市博物馆和中国科学院古脊椎动物与古人类研究所等单位参加的考古队对其进行的考古发掘。1993年10～11月，上述单位又进行了第二期考古发掘。

以上几次考古发现，除获得大批的动物化石外，更重要的是发现了至少分属于三个人类个体的化石和石、骨、角制品的生产工具及人类的生活遗迹。通过在落笔洞内采集的螺壳标本碳十四测定，该遗址距今10642±207年，即距今1万年左右；人类属于晚期智人至现代人类型阶段；地质年代属于晚更新世之末或全新世之初；按考古学分期则"处于旧石器时代末期至新石器时代早期之间的衔接阶段"[5]，这一阶段正如《三亚落笔洞遗址》发掘报告中所说："据发表的考古材料可知，穿孔石器在我国主要分布在岭南和东北两个地区。在岭南地区广东、广西等省区的许多洞穴遗址中都发现过这类穿孔石器，一般均属中石器时代文化，时间距今约 1～2 万年左右"[6]，故也可称为属于中石器时代文化，按人类社会发展阶段则属于母系氏族时期。

由于昌江县昌化江支流南阳河畔的混雅岭信冲洞附近采集的三件砾石石器与三亚落笔洞遗址考古发掘的石器具有相似的特征，加上两者时代相近，又同属于海南岛上的西南部，故这两处出土的人类化石可以称为"落笔洞人"文化类型。海南有些专家学者又将"落笔洞人"文化类型称为"三亚人"，如"这些古人类牙齿分别代表了老年、中年、青年各个不同个体。牙齿外观形态、构造及大小与现代人基本一致，属于晚期智人阶段，因此命名为'三亚人'"[7]。"落笔洞'三亚人'文化遗址，位于三亚市荔枝沟镇良机坑坡落笔峰，是海南岛发现的最早的人类活动遗址，亦称落笔洞古人类文化遗址，距今年代大约是 10000 年。"[8]

无论称"落笔洞人"或是称"三亚人"，都无什么大碍，都是我国传统的考古学和人类学的命名方法之一，如北京猿人遗址位于北京西南 48 千米的周口店龙骨山，发现于 1921 年，因与其他猿人有明显不同，在同一山上还有时代更晚的山顶洞遗址，所以，后人便将周口店的第一地点称为"北京猿人"遗址，简称"北京人"遗址。但若称"落笔洞人"为"三亚人"，那么，在三亚境内再发现与"三亚人"时代不同、文化特点也各异的人类活动遗址又该叫什么"人"呢？显然，在三亚落笔洞发现的这处典型的旧石器时代晚期向新石器时代过渡的遗址应以称"落笔洞人"文化遗址为宜。

第二节　"落笔洞人"的居住环境

自从人类形成以后，大体经历了六七次的大冰期，最后一次发生大冰川期（即第四纪冰川晚更新世）距今在 7 万年前。此时，气温剧降，大量植物灭绝，一些大型动物向南迁徙。到距今 1 万多年前，气温逐步回升，动植物又多了起来。有人更进一步指出："距今 25000 至 11000 年是中国近 10 万年来气候最干冷的时期，为大冰期峰期阶段。中国大部分地区都受到严寒气候的侵袭，长江中下游地区的气温比现代要低 8℃ 左右，属于温暖带气候。而现代直抵河南南部的亚热带气候，当时则收缩到北纬24°以南地区，亦即广西中部以南"[9]。无论何种说法，在1万多年前海南岛非常适合人类居住是可以肯定的。

由于海南岛的纬度较低，在第四纪冰川期内受到的影响较小，大量的动植物被保存下来，加上因第四纪冰川期大批动物南迁至海南岛上，这时的动植物较之大陆非常丰富，为"落笔洞人"提供了可靠的生活来源。

"落笔洞人"也和这一时期的岭南地区其他人一样，选择在自然岩洞内居住生活，而并非所有的洞穴都适合人类。当时的人一般选择距离河湖较近、渔猎方便、洞口朝阳、只有一个或两个洞口、洞口不能太低也不能太高、洞壁较直、出入方便等为条件。

"落笔洞人"的居住环境是非常符合这些条件的。落笔洞所在的山靠近南海边，海中无尽的水生物可任意捕捞；山前不仅有湖泊、河流，鱼虾藻贝应有尽有；周围林木茂密，水草丰盛；大中小型各类野生动物出没在山岗树林，随时可以抓捕；三亚是热带与亚热带气候的过渡地带，属热带海洋性季风气候，年平均气候22~26°C，终年无冬，起伏平缓的地面上生长着瓜果块茎植物。

充足的自然资源使原始人类不费太大的困难就能果腹。然而，他们还不能安然地在平地上生活，还时常受到凶猛野兽的袭击。落笔洞人住在高12.5米、深16米、宽9米，面积约110平方米的天然岩洞里，不仅可以遮风避雨、防潮御寒、储藏食物、驱赶野兽，而且，一旦遭到不测，就可以封闭洞口，保护全洞人的平安。住在洞穴里，可以将火种保留很长时间，只要不断地添加燃料，火就不会熄灭；由于洞穴里的石头俯拾皆是，既方便了石器制造，又促使人类利用石头打制成像样和锐利的石器；洞穴还意味着定居生活的萌芽，因为"在他们没有能力为自己盖住所时，他们不得不长期住在山洞里，他们在洞穴里储存捕来的猎物，在山洞里寻找可制成石器的石块，并在山洞里繁衍后代，教育子女。这样的生活方式比频繁的迁徙稳定安全，更有利于人类的进步"[10]，因此，有人这样总结洞穴的优点："洞穴孕育着人类，穴居代表着人类最初的居住文化，它对人类的演化和进步，起了保障和推动作用。"[11]

落笔洞内的堆积遗存从下至上可分三个单元，其中最下层的为黄色砂质粘土，含有少量的哺乳动物化石，这时人类还没有在此居住；第二单元为灰色或灰黄色砂质土，含人类化石、人类使用过的石器以及大批动物化石，堆积层"最厚者不超过30cm"；第三单元为黑色土壤含历史时期的文化遗物，这一单元的堆积层厚达3~4米。由此可见，落笔洞人是从第二单元开始来到这里生活居住的，并且在这里居住生活了很长一段时期。

海南古代人对居住洞穴的依赖延续了很长时间，如位于昌江县昌化江支流南阳河畔混雅岭的信冲洞洞穴距水面高约30米，洞口宽约3米，洞深约10米；而位于昌江县王下乡牙迫村的皇帝洞洞穴则在东南海拔1000余米的山上，洞穴由西向东延伸，高约15米、长122.5米、宽47米，面积约5700平方米。在皇帝洞遗址附近还有五勤岭洞穴遗址，洞内采集到经过烧烤的动物骨骼和贝壳类化石，贝壳化石经测定年代为距今11000年。在五勤岭洞穴遗址以东数百米，又有上庙洞和钱铁洞洞穴遗址，人们在洞内采集有动物化石和夹砂红陶片，经对动物化石测定距今约7400年，可能为新石器时代的遗址。皇帝洞洞内有自然通天口，阳光可直射洞底，洞内又宽敞平坦，非常适合人类的居住。考古调查人员在洞内发现有新石器时代的石刀、单肩石斧、双肩石锛以及青铜时期的陶器残片。经对洞内的动物化石碳14测定，距今约6500年[12]。

图1　落笔洞人居住的洞穴

这就充分说明了生活在海南岛上的早期人类，最初是选择在自然的岩洞内居住的，并延续使用了很长时间，直至人类社会普遍进入了新石器时代，他们还对那些宽敞明亮的岩洞留恋不舍，甚至在全国绝大多数地区的人都已经进入文化高度繁荣的封建社会，住在灯高下亮、宽敞舒适的房屋建筑里面的时候，海南岛上有些人群还仍然住在这样的洞穴里。这方面的记载史不绝书，如宋代乐史就在《太平寰宇记·岭南道十三》卷一百六十九中记载：琼州风俗"有夷人，无城郭，殊异居……号生黎，巢居洞深"。"巢居洞深"就是指两种居住形式：巢居和洞穴。

顺便还要说明的是，远古人居住在洞穴里并非海南独有，可能是远古时期全国普遍的现象。从距今170余万年前的"北京人"到距今10余万年前的广东"马坝人"，再到距今2.2万年左右的广东封开罗沙岩洞等，全国迄今已发现旧石器时代的遗址200余处，几乎无一例外地都住在自然岩洞里，洞穴成了"人类活动的中心"[13]。许多早期文献也留下了模糊的记忆，如成书于春秋战国时期的《易经·繁辞》记载："上古穴居野处，圣人易之以宫室"。《论语》也说："天下之民穴居野处，未有宫室，则与鸟兽同域，于是黄帝乃伐木构材，筑作宫室，上栋下宇，以避风雨。"由此观之，这可能是远古人类历史发展的必经阶段。

原始人群在"穴居"的同时，可能还经历过"巢居"的生活，甚至人类"巢居"的起源比"穴居"更早，只是因为搭建"巢居"的树木枝叶很难发现而已。

所谓"巢居"，是指在树林中，选好生长间距适宜作屋柱的树木，吹掉碍事的枝叶，然后在树上搭架竹木，铺盖树叶茅草，形成在树上居人的"巢"，谓之"巢居"。简言之，"巢居"就是在树上筑巢，供晚上居住。对于巢居的这一段过程，因时代久远被人早已忘记，但它确实存在过，并延续了一段相当长的时间，而且，黎族人自己就有过一则古老的传说："定安故老相传。雷摄一蛇卵在黎山中，生一女，号为黎母，食山果为粮，巢林为居"（《图书集成·职方典·琼州府》）。陆次云的《峒溪纤志》也与此有类似的记载，该书说："相传太古之时。雷摄一卵至山中，遂生一女。岁久，有交趾蛮过海采香。与之相合，遂生子女，是为黎人之相，因其山曰黎母山。"

我国大陆也有过一段相当长的巢居过程。《庄子·盗跖》记载："且吾闻之，古者禽兽多而人民少，民皆巢居而避之，昼拾橡粟，暮栖树上，故名曰有巢氏之民。"因居住的地理气候环境不同，古代又有"南巢北穴"之分，如《太平御览》卷七八引项峻《始学篇》记："亘古皆穴处，有圣人教之巢居，号大巢氏。今南方人巢居，北方人穴处，古之遗俗也。"

关于它的起源可能是人类受到鸟在树上筑巢的启发，为了避野兽的袭击和地面的潮湿，便也在树上筑巢。开始的时候，人们主要利用合适的树与树之间的距离，在树干之上搭建巢；后来，随着时代的发展，生产力的提高，人们栽桩在其上建巢，就发展成了干栏式的木构建筑。

我国古建筑学家杨鸿勋先生则认为：人类最早的巢居应是单株巢，"巢居的原始形态，可推测为在单株大树上架巢——在分枝开阔的杈间设枝干茎叶，构成居住面，其上，用枝干相交构成避雨棚架，它确实像个大鸟巢的样子，即故文献称作'橧巢'的原型"。我国著名历史学家李学勤在引上述文章时接着说："单株大树的枝丫、主杆成了原始巢居的立柱，是原始人出入的唯一通道。单株巢的缺点是空间狭小，不能无限扩大，使人感到心理上的逼仄。多株巢是选择四棵相邻的大树，筑一个高于地面的居住面和棚架，较大地拓展了居住空间，营作也较为便利。"[14] 可见，巢居是由单株树到多株树逐渐发展而成的。

在远古时期，巢居生活也非海南黎族先民所独有。《韩非子·五蠹》篇记载："上古之世，人民少而禽兽众，人民不能胜禽兽虫蛇，有圣人作构木为巢，以辟群害，而民悦之，使王天下，号之曰'有巢氏'。"孟子又说："当尧之时，水逆行，泛滥于中国，蛇龙居之，民所不定，下者为巢，上者为营窟。"（杨伯峻：《孟子译注》）战国时期的墨子也说过类似的话，但比前者记载的更加详细，他说："古之民未知为宫室时，就临阜而居，穴而处，下润湿伤民，故圣王作为宫室。宫室之法，曰：高足以辟润湿，边足以圉风寒，上足以待雪霜雨露。"（《墨子·辞过》）

从远古到战国，人类已经至少发展了几千年，巢居的形式和作用这时早已被人们淡忘，所以，古人总是把人类这一伟大的创造与历史性的桂冠戴在"圣人"的头上，这是可以理解的。

最早来到海南岛上的先民可能也和庄子记载的"有巢氏之民"一样，经历过"昼拈橡粟，暮栖树上"的巢居阶段。虽然目前我们还无法断定穴居和巢居究竟是并行发展呢，或者是先穴居再巢居，抑或先有巢居后有穴居？目前可以肯定的是，在海南岛比较闭塞的地方，巢居延续了很长的时间。如《后汉书·南蛮西南夷列传》"九真、日南、合浦蛮里皆应之"。里，李贤注曰："蛮之别号，今呼为俚人。"《隋书·地理志》记："俚人……椎结踞，乃其旧风。巢居崖处，尽力农事。刻木以为符契，言誓则至死不改。"说明在隋朝时，海南的巢居还有一定数量。甚至直到宋代还有人居住，如晋代张华在《博物志》中曾说："南越巢居。"宋代乐史也在《太平寰宇记·岭南道十三》卷一百六十九中记载："琼州……风俗……有夷人，无城郭，殊异居……号生黎，巢居洞深。"

张华和乐史在写这些著作的时候是否来过海南岛考察没有明确记载，不过在晋代和宋朝的时侯，海南与大陆的交往已非常频繁，所以，他们的记载不会是道听途说，毫无根据的。尤其是乐史所说的"夷人"其实就是边远的黎族居住区，他是作为"殊异居"的现象来看待这一问题的。

"巢居洞深"是指远古时代的两种居住形式：即巢居和洞穴。这就有可能说明，宋代时海南的个别地方还存在着巢居与洞穴两种并行的居住方式。但在清代早期人的心目中，巢居就是船形屋的前身，或者说黎族的船形屋就是由巢居的形式发展而来。如清代顺治二年（1645 年）黄宗炎在《琼黎风俗图》中所作的一首诗说："舟居非水类鸠方，人物差分上下床。报与有巢民识得，渐来栋宇认虞唐。"[15]

巢居较之穴居有许多优点。如由于洞内潮湿、空气流通不畅，常常引起疾病，甚至是传染病的死亡。自从住在树上筑木为"巢"之后，巢居不仅能够躲避毒蛇猛兽的袭击、洪水瘴疠的侵害，而且流通新鲜的空气，更加有益于人的身体健康，而且为以后的木构建筑积累了宝贵经验。

从上述文献记载中我们可以发现，古人的巢居生活至少经历过两个阶段：一、利用树干筑巢，这是最为原始的巢居形式。它应该是利用树与树之间的距离，在树干之上横架木檩，或者利用树杈搭建棚子之类的顶，主要起到遮风避雨的作用；二、将树干伐下，利用栽桩的形式（主要是在四个角各栽一根木桩），上面再搭建茅草之类的棚子。当然，时代越往后，巢居的空间面积就会更大，建筑形制会更讲究一些。如果能在巢居的四面各用木桩填上，形成上下两层的房子，就已经成为船形屋（即干栏式建筑）的雏形了。如《魏书》、《南史》均记载：西南僚人（主要是今海南黎族的先祖）"依树积木，以居其上，名曰干栏。"这里说的很明白，早期的干栏式建筑就是在利用几棵树之间的距离填木作壁的。

第三节　"落笔洞人"的经济生活

在"落笔洞人"时期，人类对自然资源的依赖性很强，周边所有能吃的东西几乎都是他们捕捉和采集的对象。从对落笔洞遗址的考古发掘中，也验证了这一事实。当时，"落笔洞人"的经济生活主要有渔猎和采集两大类：

（一）渔猎经济

海、湖、河的水生物，陆地上的野兽、鸟类和其他的爬行动物，都提供了丰富的肉食之源，改变了人类素食的习惯，吃了鱼和肉，人才变得更聪明和强壮。

1. 鸟类。落笔洞遗址的鸟类化石包括5目10种，其中，以鸡形目最多，其次有秃鹳、鹰、鹧鸪、鹇、原鸡、鹌鹑、绿孔雀、家燕等。所有鸟类全是野生的。这些鸟类既有我国南方喜热的鸟种（如原鸡），也有北方旧石器时代早期就有的类型（如雉鸡），这些从遥远的北方飞来的鸟，有可能是在第四纪冰川期以后为了躲避天气的寒冷而在海南岛上安家落户的。

2. 兽类。属于哺乳动物的有45种之多，主要有长臂猿、灵猫、椰子猫、亚洲象、华南虎、豺、豪猪、小鹿、羚羊、田鼠等。如果说鸟类可以飞度琼州海峡来到海南岛上，那么，这些长着四条腿的兽类要从陆地来到岛上只能望洋兴叹，所以，这些四条腿的动物只能是在海南岛和大陆连在一起的时候就在此活动的。有些哺乳动物如长臂猿等并非"本土成员，它们很可能是由于气候变冷，通过路桥（如琼州海峡路桥）来到这里的，并逐渐形成了特有的形状"。它们来到海南岛的时间应该在晚更新世，在这一时期，由于气温下降，"气候相对干凉，使得海平面较低，部分大陆架成了陆地或滨海平原。原来是隔水相望的岛屿连接成了路桥，长臂猿、亚洲象、貘、熊、华南虎、树鼩、扫尾豪猪等便通过琼州海峡路桥来到了海南岛"，成了原始人的美味佳肴。

3. 鱼贝类。"落笔洞人"虽然居住在海边，但人们这时似乎对于一望无际、汹涌澎湃的大海还有一种畏惧心理，所以，尽管南海里跳跃着各类鱼虾，他们也只能望洋兴叹。

落笔洞遗址只出土一件鱼类化石，也还属于淡水鱼类，说明他们对于丰富的海洋鱼类几乎没有涉足。仅有的一件鹦鹉螺化石标本，也是这种海洋动物"平时在海底爬行，很少漂浮海面活动，多半是将死的时候才漂浮上来，落笔洞人类捕捞的这只鹦鹉螺属于成年个体。根据其贝壳破损情况判断，显然是落笔洞人类为了食肉所致"。而对于软体动物中的贝类化石，就有螺、蚌、蛤和鹦鹉螺等共7目45科24种，"其中螺壳约有7万个之多，有些经过火烧。可见，当时的人们重视对水生物的利用，捕捞经济比较兴旺发达"。看来，落笔洞人当时捕捞的重点不在海里，而是在河湖或沼泽地的水中。

从"落笔洞人"遗址中发现很厚的螺壳堆积层，数量竟有7万个之多。可以看出，原始人对水生小动物（如鱼虾蛤螺等）有一种特别的喜爱，这可能也是沿海人群共有的生活特性。如晋朝张华撰的《博物志》就记载："东南之人食水产……食水产者，龟、蛤、螺、蚌以为珍味，不觉其腥臊也。"更早

9

时期的《淮南子·精神训》也记："越人得髯蛇，以为上肴，中国得之无用。"

（二）采集经济

采集可分为对植物的瓜果、枝叶和茎块三种情况。但所有这些都很难留下单独的化石标本，因此，对植物的鉴定是通过"分析牙齿釉质表层的植物石"取得的，最后可以得出以下结论："从我们的样品中取得的植物石或似植物石有着不同的形态……禾本科和莎草科的植物石形态多呈亚铃形、泡形、发形和星形。本文植物石或似植物石的形态与此相比各有所长，加之，人们对植物石的全面认识还存在最大的局限性，除谷物外，又缺乏明确的分类，致使落笔洞植物石的归属问题，目前尚难定论。但它们是硅质体或相似于一种植物石的物质，从这个意义出发，我们似乎得出这样地认识，落笔洞人的饮食除了狩猎之外，他们还采集植物类食物度日。"

人类学家通过对现存采集部落的调查研究发现："男人负责狩猎动物、提供肉食，而女人则负责采集营地周围所能发现的一切可供食用的东西；植物块根、浆果、坚果、水果、蔬菜、昆虫、蜥蜴、蛇类、啮齿类动物、贝类等等。虽然男人弄来的肉类极受欢迎，但事实却是，女人采集来的食品仍为主要的食物来源——女人采集到的食品经常是男人带回的猎物的两倍。因此，尽管两性承担着不同的任务，但这些任务却同等重要。作为食物采集者的女性不但生育和抚养了小孩，而且还提供了大部分食品。"[16]

由此可以看出，虽然《三亚落笔洞遗址》发掘报告的结论中"经济生活以狩猎、捕捞和采集为主，这是一种原始的自然经济的复合体"无疑是正确的，但却没有点明采集经济在落笔洞人时期的突出地位。现代的研究成果也表明，采集是这一时期最重要的经济活动，如恩格斯曾经说过："蒙昧时代是以采集现成的天然物为主的时期；人类的制造品主要是用这种采集的辅助工具。野蛮时代是学会经营畜牧业和农业的时期，是学会靠人类的活动来增加天然产物生产的方法的时期。文明时代是学会对天然产物进一步加工的时期，是真正的工业和艺术产生的时期。"[17]所以，从某种意义上说，采集是这一时期的重要标志。正如李学勤先生引《世界上古史纲》所说："蒙昧时代相当于旧石器时代，人们以旧石器工具从事采集和狩猎，属于'事物采集者时期'；野蛮时代相当于新石器时代，人们以磨制的新石器工具从事原始农业和手工业，属于'事物生产者时期'。"[18]

"落笔洞人"主要采集什么样的植物充饥，按现在的科技仅凭出土的"植物石"，"落笔洞植物石的归属问题，目前尚难定论"，但从海南的气候、地理环境、落笔洞人的社会发展状况和文献记载来看，应该是块根块茎植物。

原因主要有三："第一、在采集狩猎时代，块根块茎植物是人们最喜欢采集的野生植物之一。这类作物块大量多，含有丰富的淀粉和其他营养物质，吃了能耐饥。第二、块根块茎作物不像谷物那样要求砍烧比较大片的林地，可以利用林间隙地挖穴种种。第三、芋薯类块根块茎作物产量高、质量好，而且炊食比较简便，只要沿用传统的烧烤兽肉的方法稍加变通即可，且能较长时间地保存。"[19]在海南岛，块根块茎植物能成为原始人类首要选用的食物还有一条原因就是，海南没有冬天，芋薯类块根块茎植物可以长年生长而不受季节的限制，使人类有一个稳定的食物来源。

不仅如此，专家"通过对我国南方若干少数民族资料的研究，发现人类最早栽培的作物可能是块根块茎作物，然后才是禾谷类作物，这是带有普遍性的现象"[20]。海南古代"原始黎人食物构成，主要有几种：其一是薯类。薯类植物，是指薯蓣、薯、芋一类的根块植物，汉文史籍中又称为'甘薯'、'诸'等。从农业生产的一般发展规律来看，人们最早学会栽培的应是块根类无性繁殖作物，因为人们在采集野生块根作物的过程中往往发现在原来采挖的泥坑中只要有遗留的根块，便能在下一次继续有所收获，这就自然引发人们的联想，有目的地多留栽一些，这就是原始种植业的开始"[21]。当然，在"落笔洞人"时期，原始人还是采集的野生薯类，而还没有人工栽培。

在江南和岭南地区，属于旧石器时代晚期遗址中都发现有稻类遗物，而在华北则出土有粟类植物，说明在这一时期谷类植物已是人们的采集对象之一，后来在新石器时代早期，"南稻北粟"便成了栽培农业的起源特征。如长江流域的"湖南旧石器时代向新石器时代过渡的年代在大约距今12000～15000年……道县玉蟾岩遗址还发现水稻11粒，是一种兼有野、籼、粳综合特征的从普通野稻向栽培稻初期演化的最原始的古栽培稻类型"[22]。

同样是技术原因，"落笔洞人"遗址没有报道稻谷类植物的发现，也没有理由否定人们已采集野生稻。汉代及其以后的文献开始有了海南种稻的历史，如《汉书·地理志》卷二十八记载："自合浦徐闻南入海得大州，东西南北方千里。武帝元封元年略以为儋耳、珠崖郡，民皆服布如单被，穿中央为贯头，男子耕农，种禾稻、苎麻，女子桑蚕织绩。"这段记载因距离旧石器时代的原始社会太远，也无益于说明"落笔洞人"已采集野生稻。

有人说："从众多的新石器时代中晚期文化遗址中出土的器物来看，这一时期的人们已经过着定居生活，从事着原始农业……这种石器时代的'刀耕火种'的耕作方式，直到解放后仍在山区的黎族人中间保留着，名曰'砍山栏'。而砍山栏种的正是一种旱地稻——'山栏稻'。"[23]海南的新石器时代中晚期距旧石器时代晚期或新石器时代早期至少已有两千余年的历史，所以仍不能说明"落笔洞人"已采集野生稻。

第四节 "落笔洞人"的生产力

考察古代生产力的发展水平主要体现在当时的生产和劳动工具。因为，生产力的发展首先是从生产工具的发展开始的。"落笔洞人"的劳动生产工具按质地分为石制品和骨、角、蚌、牙制品两大类。当时可能还有木制品，因难以保存或形成化石而无法进行研究。

（一）石制生产工具

从《三亚落笔洞遗址》一书发表的考古发掘报告中可知，"落笔洞人"当时使用的生产工具仍以石制品为大宗，"出土的石制成品、半成品及废石料共200余件，其中较为典型的有90件，主要有加工成型的石制品31件，石片46件，有加工痕迹或使用痕迹的石片10件。石制品使用的原料为火山岩、黑曜石、石灰岩、水晶石、燧石、石英、脉石英等，其中以火山岩、黑曜石居多，约占石料总数的86%，余者较少见。石制品在制作方法主要采用打制技术，且多为单面打击，仅个别穿孔石器有磨制痕迹。"

在中国境内，从有人类的那一天起，到旧石器时代晚期至新石器时代早期之间的"落笔洞人"，已经走过了近200万年的路程，这时还用如此粗糙、笨重的石器，似乎显得很落后、很原始，但要从整个旧石器时代各个时期、各个阶段的发展变化分析，就会很清楚地看出这些"落笔洞人"所取得的进步。

距今70万年的"北京人""大型石器中砍砸器最为重要，占石器总数的5.4%，多选用砂岩或其他岩性的砾石直接加工，加工方法比较简单，单面加工的数量较多，但也有一些两面加工者，还有一部分砍砸器也被当作砸击石锤使用……另一类大型石器为石球……北京猿人使用砸击法、锤击法与碰钻法剥取石片"[24]。那时，由于生产力低下，人们活动的范围较小，主要以狩猎和采集生活为主，"石器的修理以锤击法为主。修理方式以向背面加工为主，向破裂面、错向和复向加工的比较少"[25]。

到了旧石器时代中期（距今约20万年）的陕西大荔人的石器，打片的主要方法也是锤击法，偶用砸击法。"修理方式以向背面加工为主，也有复向或向破裂面加工的。加工很粗糙。石器多为小型者。石器组合以刮削器为主，尖状器次之，还有石锥和雕刻器等类型。"[26]

再到旧石器时代晚期的山西峙峪文化（距今 2.9 万年）的石器，剥片的技术主要为锤击法，也有砸击法使用。石片较规整，均较薄长。石器组合有刮削器、尖状器、端刮器、雕刻器、石锯、斧状器等，修理较细致，石片多小而薄[27]。从这些现象中我们可以看出，在整个旧石器时代石器一直沿着种类越来越多、制作越来越精致、器形越来越小的方向发展。以上是北方地区石器的发展大概情况。

《三亚落笔洞遗址》一书对"落笔洞人"的石器与属于岭南的广西白莲洞遗址、广东阳春独石仔遗址、广东封开黄岩洞遗址等作了详细的比较后得出的结论是："落笔洞遗址与大陆岭南地区这几处有代表性的洞穴遗存相比，是较为趋向一致的，在基本文化内涵上十分相近，故存在着较多或相似的文化因素。"换句话说，"落笔洞人"的文化就是由岭南这些时代稍早的文化发展而来。它们的共同特征是"石制品打制石器居大宗，多为砾石石器，主要用锤击法加工，流行单面直接打击，双面打击少之，个别器物经第二步加工，器类基本组合包括砍砸器、刮削器、尖状器、石核和石片等。加磨石器仅见穿孔石器和磨刃石器，未有典型意义上的磨光石器。"

"落笔洞人"与旧石器时代的早中期相比，石器制作已有很大的进步，主要表现在石器种类的增加，意味着劳动范围或获取食物来源领域的扩大；石器功能分工逐渐显示出来，有的器物在向规整化、定型化方面发展；制造技术有了明显地提高，如双面刃的石器多了起来，细小的石片更适合人类刮割肉类，穿孔石器使捕获猎物成效大增，刃部的磨光已预示着新石器曙光的到来。

为了便于把握"落笔洞人"整体生产力发展水平，还需要我们对上述生产工具作具体分析：那时，就"落笔洞人"的整体而言，生产力仍很低下，获取食物的来源主要靠狩猎、捕捞和采集三类。制作一件石器并非是一件容易的事情，由于这是一项重体力的劳动，常常由积累了一定经验的男子来承担，每一件比较得心应手的工具不是使用一次就随意扔掉，而是反复使用，直到这件东西坏了或者有了更好的器物代替，他们才恋恋不舍地弃之在居住旁。所以，一般的石器都有长期使用过的痕迹。

对于一件像样的石器总要经过几道程序：首先，在河流旁边选择被冲刷得比较光亮、大小适宜的砾石，带回住地（落笔洞里就有不少的砾石没有加工痕迹，"这些砾石可能是作为制造石制品的石料或有其他用途，被遗址的主人携带进洞穴里的"）；其次，选择好打击点，按照人们想要的形制用锤击或碰击的方法剥下，然后再进行第二步加工或修理琢平；最后，对于一些刃部比较钝的器物还要琢磨，使其更锋利一些。

"落笔洞人"用这些制造的大而重、打击硬度高，而且有韧性的石器，用以捕获鸟类和兽类，这项工作多半是男人做的；妇女们则在比较安全的地方采集可食用的植物茎块，或用尖状石器切割兽肉，或捕捞河湖中的软体水生物，拿在洞口处或洞里的火堆上烧烤兽肉。这就很自然地形成了男女之间的性别社会分工。

"落笔洞人"的石器种类较少，只有敲砸器（习惯上把两面刃的砾石石器称为敲砸器）、砍砸器（又称砍斫器，多以单面刃的称之）、刮削器、尖状器、石核（从砾石或石材上打下石片，剩下的称为石核）和石片六种，许多器物都有一器多用的现象，因此对于这些器物功能上的划分只是相对的。例如，敲砸器和砍砸器都是旧石器时代最基本的工具，敲砸器适合于敲砸，砍砸器适合于劈砍，但在具体使用中有时是劈砍敲砸同时并用的，有时也可用作捕获猎物时的武器；刮削器既可以用于刮削树皮木棒来制作生产工具，也可以刮削肉类兽皮、植物块茎；尖状器主要用于挖掘食物，也可用于对动物的穿刺；石核可以用作类似锤的工具制造石器，也可当作石球用于捕猎工具；而那些刃部锋利的石片和刮削器既可以挖掘地下的块根茎植物，又可割划兽类。

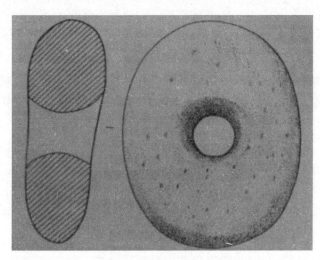

图 2　落笔洞人的穿孔石器

至于"落笔洞人"的穿孔石器情况就比较复杂。首先，原始人在没有铜铁工具的情况下是用什么办法在坚硬的石头上钻孔的？

我国旧石器时代中期的山顶洞人（距今2.7万年左右）就已熟练地掌握了钻孔技术，不但可以两面直钻，也可两面对钻，其中的一件骨针针眼直径仅有3.3毫米，一件青鱼眼上骨的钻孔也非常细小。研究人员推测"当时可能有很细锐的尖状器来承担这一工作"[28]。但山顶洞人主要是对骨器的钻孔，而要用石器对石头的钻孔势必要求"落笔洞人"的钻孔工具比石头的硬度更大。从山顶洞人和"落笔洞人"的石器周围都有赤铁矿粉分析，不能排除人们已使用自然铁而造成的工具的可能。

其次需要回答的问题是，这些穿孔石器是作什么用的？《三亚落笔洞遗址》发掘报告，给出了三种不同的答案："（1）它可能是一种砍用具，或是一种原始武器；（2）有人主张是狩猎时当作投掷工具的飞索石，用来捕捉兽类的；（3）还有人考虑到，把它视为'重石'，在孔中插入木棒作挖掘工具用来采集块茎之类的植物。"

笔者以为，落笔洞遗址出土的所有的这类穿孔石器虽然在形制上颇像大陆新石器时代的穿孔石铲，但在用途上是截然不同的。大陆中原的新石器石铲是农业经济条件下最为主要的生产工具之一。一般都通体磨光，比较精致，器体上面还钻有圆孔，"穿孔的目的是为了使工具与木柄安装，使用时便于捆缚，使木柄与铲面结合得更紧。因此，钻孔石器的出现，标志着生产工具的制作技术又有了新的改进"[29]。而落笔洞人的穿孔石器是作为敲砸使用的工具，器身厚重，体较大，穿孔也较大，而且，刃部较钝，如果在孔中插入木棒作挖掘工具用来采集块茎之类的植物显然是不合适的，况且，如果在孔中插入木棒，就不需要将孔壁磨得很薄，这样更不利于木棒安装牢固。所以，这些穿孔石器的用途只能是前两种，既体现了古人一器多用的特点，又有可能空内插入绳索，表明海南编织的起源。

对于"飞石索"的使用，民族学资料给了我们一个合理的解释："解放前，生活在云南的纳西族人，他们进行狩猎就使用石球。使用的方法是，在石球上捆上一根绳子，追击野兽时即挥动手中的绳索，带动捆住的石球击杀野兽，他们把这种工具称为'飞石索'。"[30]所不同者，落笔洞人是将绳子穿在石器孔内的，更有利于系住石器，表明了狩猎技术和生产力的提高。

（二）骨角工具

"落笔洞人"的骨角工具主要包括用动物的骨骼、角、牙、蚌壳等制作的工具，以牛、鹿等大型哺乳动物的肢骨工具为多，器物的种类有铲、锥、矛形

15

器、尖状器、镞、匕等，制作方法是"利用刮磨、切割和打击相结合的技术，切割和折断痕迹一般在骨体的外部，刻割和打击痕迹一般在骨壁的内侧。部分骨制品通体磨光，也有不少骨器缺乏进一步修整加工的痕迹，仅有少量骨器器形较为规整。小部分骨制品有使用痕迹。"

这些骨器的用途可以分下列几种：1. 作为采集工具使用的有骨铲、矛形器、尖状器、骨匕等；2. 作为狩猎工具使用的有骨镞等；3. 作为缝纫工具使用的有锥（小而细的可能是作为穿刺某种器物或者皮革的孔眼之用）、骨匕（既可用于挖掘块茎，又可用于编织、缝纫，在河姆渡新石器时代遗址中还是纺织用的机刀）等；4. 作为生活用品使用的有骨管等。大多数器物都存在一器多用的现象，如矛形器既可以用作狩猎时的武器，又可作为采集时的挖掘工具。

我国骨器的产生时代也相当早，大约在旧石器时代的中期就已被广泛使用。山顶洞人的骨器制作已相当地精致和先进。但骨器的产生又有着一定发展基础的必备条件：一是因为骨骼的质地坚硬，骨角器的制作必须有更为坚硬的石器之类，才能将骨骼劈砍、刮削成为人们所需要的工具，所以，它只有在旧石器时代对石器制造的经验积累的基础上才有可能；二是由于骨器制作的原料来源于哺乳动物的骨骼（特别是大型哺乳动物），也必须当人们能够猎获这些动物才能用它制作工具。所以，从某种意义上说，骨器大量被广泛应用于生产工具是生产力的发展与提高的标志之一。

骨器的壁较薄，体量轻，易于携带；骨骼的质地坚硬，不易破损，能够反复多次使用；骨角容易被制作成锐尖、锋利的器物，能够广泛使用于刮割、切割、钻刨等领域。所以，人们一旦发现了这些优点便很快用于狩猎、采集、缝纫、穿刺等工作。同时，由于骨骼和角内壁有孔，宽度有限，制作器物时还受到各种限制，人们总是扬优补缺，制作一些既轻便又精而小的常用工具。

下面让我们分析几个有代表性且在人类生产和生活中比较有重要意义的器物：

1. 骨管。"落笔洞人"的骨管仅发现两件，均为哺乳动物细肢骨切割而成，两端平直，切割痕迹明显，通长8厘米左右。它的用途应该有两种：一是作为吸食用的。古人常常吸食动物的脑髓或骨髓，就需要一根管子来帮助，于是，天然的动物骨管便成了理想的吸食工具；二是佩戴的装饰用品。这是一条没有被证实的用途，但又没有排除它存在的可能。原因是距今约两三万年前的山顶洞人仅发现装饰品（有钻孔的小砾石、石珠以及穿孔的海蚶壳、兽牙、鱼骨和刻道的骨管）一百多件，特别是五个穿孔兽牙和石珠，排列有序地出土在女性的头骨附近，说明人们已经能制造成串的装饰品佩戴于身上。比山顶洞人还晚的"落笔洞人"也完全有可能将这些骨管串起来，成为装饰品戴在颈上或胸前。如果这一推测不错的话，那么，就有可能说明"落笔洞人"已有美的艺术。

2. 骨铲。"落笔洞人"遗址出土被称为"骨铲"的工具共6件，都是利用哺乳动物的长骨加工而成。其中一件保存完整，它是"先把动物长骨打断掉部分，然后在朝骨关节的斜上方切割去一小部分，形成一个斜面，在其断裂面经刮磨加工成圆弧刃，刃缘较宽。器身表面留有碳酸钙胶结物，完好的骨关节利于手握持"，是比较理想的挖掘工具。骨铲与耙、斧的别主要区别在于，铲的刃部为平刃或斜刃，而耙的刃部则多呈双齿；它与斧的区别在于，铲是双面刃的，而斧是单面刃的。

3. 矛形器。另一件称为"矛形器"的骨器就更有意义。这是"动物长骨的碎片加工而成，保存完整。在骨片的尖端两侧边进行切割、打击，加工出矛的锋部，缺乏刮磨修整；在靠近尾端处打成一个适于系住把手的扁长柄，器身很长，制作比较粗糙，可能是当作矛头来使用的"。这样的"矛形器"既可用于狩猎时的投掷工具，又可使用于劈砍、挖掘工具，是比较典型的多种用途工具。

我们知道，装柄工具是这一时期工具的鲜明特征，可是，在"落笔洞人"遗址出土的石制品中却没有发现一件能够装柄的生产工具，而在骨质工具中，这是一件造型比较规整的器物，一旦器物安装上了柄可以大大提高生产效率。带柄的工具在新石器时代的遗址中比较常见，是生产力发展的一个标志性器物之一。落笔洞遗址出土的这件"矛形器"预示着带柄器物的萌芽。

4. 骨镞。弓箭的产生一向被专家认为是中石器时代的特征之一，是蒙昧时代最高阶段的标志，恩格斯认为它与铁器、火器的发明一样意义重大。我国的山西峙峪旧石器时代晚期遗址里已出土距今2.8万年前的石镞，这是目前为止发现的时代最早的一件石镞。

由于弓箭是由弓、弦、镞（镞又由镞、铤组成）三部分组成，而弓和弦是难以形成化石保存至今的，所以，人们通常将石镞或骨镞的发现认为也是弓箭的发现标志。还由于这在当时来说是一项复杂的工具，发明这些工具需要长期积累的经验和较发达的智力，也要同时熟悉其他许多发明，因而，弓箭的发明代表着生产力发展的巨大进步。

落笔洞遗址两件骨镞，因器形较小，不易引起世人的关注，但它却是"落笔洞人"像发明火器、铁器一样意义重大。"落笔洞人"的骨镞长3厘米左右，直径只有0.4厘米，"镞身近圆锥形，中身稍鼓，两头呈尖状"，"磨制，体短小，加工较精"。镞又由镞身和铤杆（一般是木质的）两部分组成。

《三亚落笔洞遗址》之所以将它定为"镞"，可能主要因为镞的末端已经出现了遽然折细的造型，这个末端的细部就是安装在铤杆上的；另一端很尖细，以利于刺穿肉体。弓箭不仅是"落笔洞人"先进的远射狩猎和捕鱼的工具，具有飞速快、射程远的特点。所以，一旦人类发明了这种狩猎工具，便很快作为作战时的武器使用，当它的细端抹上了毒液以后杀伤力更大。整个原始社会、奴隶社会、封建社会，直至近现代都应用了这种工具或有类似力学原理的工具。

从对落笔洞遗址出土的石器和骨器的对比研究中，我们可以发现这样一个问题：一方面，他们使用锤击法和砸击法来加工石器，加工较粗糙，石器类型也不很规整，整体面貌都较粗糙，形体也较大；另一方面，他们的骨器制作相对较精致，器形也较规整，"矛形器"还预示着带柄器物的萌芽。表明了工业制造发展水平的不平衡性。与此时代相近的山顶洞人也有类似的情况。对于出现这种情况的原因，有专家认为：山顶洞人石器技术简陋是因为此时发生了工业重点的转移，人们把更多的精力用于加工骨角制品，因为真正代表山顶洞人技术水平的是其骨角器与装饰品[31]。这一论证，同样适应于"落笔洞人"的评价。只可惜，过去我们在研究"落笔洞人"的生产工具时却常常忽略了对骨角器的研究。

（三）钻木取火

火的使用和动物的驯养被恩格斯认为是人类进化史上"两种新的有决定意义的进步"。在中国境内，从距今170万年的云南元谋猿人到北京人，一直到距今1.8万年前的北京周口店的山顶洞人都有灰烬或烧骨遗迹，表明人类100多万年以来，都有使用的人工取火和保存火种技术。

落笔洞遗址"用火遗迹仅见于遗址的第二层堆积（即中层的灰色或灰黄色砂质土）中，主要为一处烧火堆积和分布稍广的灰烬层。烧火堆一处，发现于A2Ⅲ层的西北角，是用三块不规则的砾石搭置而成，近呈三角形，中间堆积的烧质土发红，面积不大，约有40cm×45cm，厚近20cm。红烧土中有一些烧黑的螺壳及黑色胶结炭状物。灰烬层分布不规则，大致呈条带状，厚约20～35cm不等，其间夹杂有少量烧土块、炭屑，局部胶结，发现了较多的脊椎动物烧骨及烧黑的螺壳和少许烧石，另有个别石制品、骨角制品也有经火烧黑的痕迹"。

《三亚落笔洞遗址》在《基本文化特征及经济生活》一节中又说："（1）有灰烬的地方，角砾石块较多，远离灰烬者角砾少；（2）灰烬体周围的动物遗骸，例如哺乳动物、软体动物等埋藏量十分丰富；（3）靠近洞壁的地方，角砾及灰烬相对少些"，"遗址堆积中有很多用火遗迹，发现的灰烬层堆积较厚，且间杂着大量的烧土块、炭屑。另有少量石器、骨器和角器带有火烧的痕迹。这表明当时三亚人在生活中已较广泛地使用火了。"这一结论无疑是非常正确的。但除此之外，这些用火现象还能说明什么呢？

1. "落笔洞人"大量地使用火的遗迹，既有成堆的遗迹，又有成层的分布，说明了他们使用火的历史已经有很长时间，并积累了丰富的经验。这是一个保存火种的阶段，或是钻木取火的阶段呢？

种种迹象表明，落笔洞人时期已经有了钻木取火的技术，主要理由有：

（1）我国从距今170万年的元谋猿人都已经有了使用火的历史，经过了100多万年的实践和发展，应该已经积累了大量的掌握火的经验和火的知识。生活在海南岛的黎族先民也曾经历过保存火种的阶段，如《黎族祖先歌》中称，黎族先民在海南岛生活时，风大雨多，地面潮湿，后来火种灭了，人们就移入山洞内，以采吉贝为茸巢，是防潮的必需品。

（2）从大量的考古材料已经证实，我国的古人类已在新石器时代的中、晚期就发明了钻木取火的技术，而落笔洞人时期正是处在由保存火种到钻木取火的跨越阶段。正如恩格斯所说："摩擦生热，在实践上是史前的人就已经知道了，他们也许在一万年前就发现摩擦取火，而且他们在更早以前就用摩擦来使冷冻了肢体温暖。"（《自然辩证法》）处在距今1万年前的落笔洞人应该与同时期其他的人类一样发明或使用了钻木取火。

（3）"落笔洞人"遗址用火的堆积现象，能够基本证明人们已有钻木取火。我们知道，北京猿人的用火遗迹是很厚的灰烬层，在一般情况下，这是长期保存火种的文化现象。而"落笔洞人"遗址的用火堆积则是成一堆一堆的分布，反映了这是一种"篝火"的遗迹。如宋兆麟先生所说的"史前的炊事设施有一个发展过程：第一个阶段为篝火，没有固定的火塘、灶，仅仅生一堆火而已，人们环火而食；第二阶段是火塘的出现，伴随而来的就是三脚架的应用，先是石三角架，后改为陶支子"[32]。篝火的保存方法是在燃烧的火堆中，不断地添加燃料、木块。当木块燃烧到一定程度，并且积聚了一定数量未完全烧化的木炭时，即用灰土把火封住，使用阴燃，到一定时候或再次用火时，即把灰土扒开，添上草木引燃，这种方法保存火种可以长期不熄。

落笔洞遗址没有出现火塘，却有三块石头垒成三角形，里面放上木材，劳累一天的人们围绕篝火而坐，品味着烧烤的野味，也一定会其乐融融。

从落笔洞人遗址篝火的迹象中，我们还可以看到，当时人们使用火地方基本固定在洞内的中部和后面，这里成了人类食物和文化活动的主要场所。这时由于还没有用于蒸煮的陶器，人类还处于烧烤食物的阶段。火堆旁大量的动物骨骼和石器、骨角器，便充分说明了这一点。遗址中出土的大量石器、骨角器也是为了狩猎和烧烤时使用的工具。

第五节　"落笔洞人"社会

尽管落笔洞遗址发现的文物遗迹十分丰富，要完全勾勒出他们所有的社会面貌也是非常困难的，有时还需要参考同时期其他遗址的考古发掘成果与人类学、民族学资料互为补充，甚至有某些推测性的东西。

（一）社会组织

人类在旧石器时代早期刚刚脱离动物界不久，几十个人组成一个松散的集体，便有了原始人群的组织生活，这就是人类最早的社会组织——原始群。与此相适应的婚姻是没有任何的上下辈份、同辈之间的限制，即所谓的杂乱婚姻时代。经过了几十万年，甚至上百万年的发展，原始群组织又"逐渐演变成较为固定的'血缘家庭'或'血缘公社'组织。旧石器时代中期以后，逐渐形成了一个群体的男子与另外一个群体的女子互相通婚的'族外婚'制，并在此基础上形成了氏族组织"[33]。

氏族组织是原始社会的最后阶段，"开始于蒙昧时代中级阶段，在考古学上属旧石器时代中期，距今约四、五万年前"[34]。氏族组织形态又分母系氏族社会（也称母权制氏族社会或母系氏族公社等）和父系氏族社会两个阶段。母系氏族社会"大致从蒙昧时代的中级阶段氏族组织的产生时开始，到野蛮时代的中级阶段为止。在考古学上相当于旧石器时代中期到新石器时代中期，距今大约从五、六万年前开始到五、六千年前结束"[35]。

氏族的"族外婚"制一直延续到整个母系氏族社会。落笔洞人所处的时代在此范围内，因此有可能也是实行的"族外婚"。

在"族外婚"阶段，同一氏族内部的成年男女禁止通婚，因此，一个母系氏族的一群成年男子同另一个母系氏族的一群成年女子互相通婚，并互为夫妻，或者称共夫共妻。婚姻方式是一群女子在家招赘丈夫，男子到女方氏族里入赘，夫随妻居。由于女子没有完全摆脱跟另一氏族的若干男子结合，族外婚生下的子女，也是只知其母而不知其父。

据《海南岛民族志》记载，迁到海南岛的黎族先民也曾有过"族外婚制"："岐黎也明显地残存着母权制的风俗，未婚少女往往暗地同数个小伙子交际"。岐黎的毛赞峒的岐"分两个氏族，执行严格的族外婚姻，每一氏族的男人只能跟另一氏族的少女结婚，相反也可以。毛赞峒分为凡好和凡俊两乡，凡好有六个村，凡俊有十个村，凡好人和凡俊人没有什么不同，都叫毛赞人。衣服、习惯和语言都一样，不准同不属于毛赞峒的他村人结婚。据传说，毛赞峒的始祖有两个孩子，也就是凡好和凡俊人的祖先。后来这两个孩子之间发生战争，据传说可以从曾经交过战的各村娶妻，由此毫无疑问地可以想象残存着古代的两氏族制"[36]。

在族外婚制阶段，如果同一氏族的人内部通婚，就会受到本氏族的人的严厉处罚。如岐黎"没有逆缘婚的习惯，但已婚的男人死后，他的弟弟要抚养其子女，寡妇可以再婚。通奸被抓到时男人罚五头水牛，没有水牛时会被处死"[37]。

在落笔洞人时期，社会已存在着按性别的劳动分工：男子主要从事狩猎、捕捞和制作为此必需的工具；妇女主要从事采集制备食物、缝制衣服、养老抚幼和其他手工业的劳动。妇女在这个氏族大家庭里受到所有氏族成员的尊敬并享有崇高的社会地位。也就是说，妇女实际上是这个氏族大家庭的主人，掌管着氏族内部的权力，担负着氏族的组织者和领导者、经济事务的管理者、生活资料的分配者等职责。

氏族组织的世系按母系计算，一个氏族由一个女性祖先传下来的若干子孙后代组成。生产资料如山川、河流、森林、土地及劳动生产工具完全归氏族集体所有。劳动产品按人口平均分配，共同消费。只有一些微不足道的生活必需品和装饰品才属于个人的，他们基本上没有任何的贪欲。

（二）人口

由于"落笔洞人"的生产力还十分低下，他们还不能摆脱大自然的束缚。为了追逐猎物、寻找野果或渔猎场地，或者因为气候的变化，或者因为一个地方所能提供的食物有限，使他们不得不过着经常迁徙的生活或分成族群更小的规模行动。据专家估计，"即使在那些冬季气候也很温暖、物产丰饶的地区，每平方英里也只能养活 1～2 名食物采集者；如果在气候寒冷的地方，在热带丛林地区或沙漠地带，那么，每养活 1 名食物采集者则需有 20～30 平方英里的地盘"[38]。在今福建境内的闽越地区，即使到了西汉初年，生活在这里的越人人口密度才平均每平方公里为 2 人左右[39]。由此可见，在生产力极其低下的原始社会人口的密度更少。

落笔洞人的族群住在面积只有 100 平方米左右的范围，去掉不能居住的面积和人类活动的中心地带，剩下的生活居住空间也只有几十平方米，因此，有人估计，在这一时期一个族群的团体人数"一般是 20 至 50 人"[40]。李学勤先生根据民族学、人类学的研究后认为，"至今仍有一些狩猎采集民族中存在与远古时代相类似的'群'，大小从二三十人到一二百人不等，一般是 50 人上下"（李学勤：《中国古代文明起源》）是基本符合实际的。我们认为，结合落笔洞人的生产力发展状况，当时落笔洞人的族群应在 40 人左右。

这一人口数字在现在看来虽然是微不足道的，但却是人类的长期生产技术发展取得了重大突破时，导致生产率的提高的条件下才有可能实现的。在旧石器时代早期，由于人类的住地附近的食物来源会经常性的枯竭，迫使人类食物采集者每隔一段时间都要迁徙到资源更丰盛的地方。"这种不可避免的迁移迫使他们狠心地削减自己的物质财产，也迫使他们狠心地削减其团体的成员，如婴儿、老人和身体虚弱的人。显然，对食物采集者来说，一个母亲在一段时期中只能抚养一个小孩，因而在前一个小孩断奶之前出生的其他小孩不得不被杀掉；同样，多胞胎中也只能留下一个。只有少数食物采集者能在一个特定的区域内养活自己。"[41]这位人类学家所说的现象虽然未必适应每一个氏族，但当时的人口确实很少则是可以肯定的。据他的统计，在旧石器时代早期，全世界的人口才有 12.5 万人，直到旧石器时代末期，也就是在距今 1 万年前的时候，才发展到 532 万人。

我国人类学家王仁湘先生也有类似的观点："史前由于生产力低下，尤其是遭遇水旱灾害时，收获物不足以养活所有的氏族成员，氏族内可能会出现杀死一部分人以维持另一部分人生存的事，这时被杀死的多是老人和儿童一类非生产人员。南美洲大地岛的野蛮人饥饿时要杀死老太太食用，非洲土人则流行杀子。如纳里那耶里族 1/3 的新生儿都被杀死。原始人类在杀死同氏族非生产成员时，自以为是在尽一种合乎道德的责任。考古学也曾发现一些食人的证据，如在广西桂林甑皮岩和江西万年仙人洞洞穴遗址，就发现过一些扔在篝火灰烬与石块近旁的人头骨，有的颅骨已经敲破，这便是'敲骨吸髓'的结果。"[42]吕思勉先生在《中华民族源流史·粤族》一节中也谈到："古代的东夷、南蛮，实是一族；雕题交趾，就是文身。文身和食人之俗，广布于亚洲沿海及南洋群岛。"在当时的社会，"食人"之风不仅在海南岛、今越南的先民有，在国外的远古先民也有存在。

笔者一直对古代为了限制人口的增长而产生的食人之风半信半疑，可不断地考古发现和史书记载却老是填补这方面的空白。"在江西、江北地区的青铜器墓葬中，发现不少作为随葬品的青铜人首柱形器，以及刻划有人头像的青铜匕首，这正是猎头风俗在葬俗与器物上的反映。猎头、食人之风，应出自原始宗教的某种神秘观念，表现了蒙昧性与野蛮性。"[43]《墨子·鲁问》也有记载说："楚国之南有炎（左有口字旁）人国者，其国长子生，则解而食之，谓之宜弟。"汉代的杨孚在《异物志》中又记：南蛮"卖子以接衣食。若有宾客，易子而烹之。"史书记载的这些是阶级产生以后的事，可在原始社会，为了保证氏族的繁衍，在食物紧缺时将俘虏、婴儿、老人和身体虚弱的人杀掉甚至吃掉，并没有违背当时的道德标准。

（三）艺术

恩格斯说过："蒙昧时代是以采集现成的天然物为主的时期；人类的制造品主要是用这种采集的辅助工具。野蛮时代是学会经营畜牧业和农业的时期，是学会靠人类的活动来增加天然产物生产的方法的时期。文明时代是学会对天然产物进一步加工的时期，是真正的工业和艺术产生的时期。"[44]艺术的产生有一个长期的萌芽、孕育和发展过程，有长期知识和经验的积累。对于什么时候产生了原始的艺术，人们还有不同的理解和标准。但绝大多数专家都认为，山顶洞人遗址出土的不少装饰品（如石珠、刻着鸟纹的骨管等），与落笔洞人时代相近且有密切关系的广西白莲洞Ⅱ期文化中也有雕刻器的发现；《三亚落笔洞遗址》也有用哺乳动物细肢骨制成的骨管，上下两端既没有刃部，又有加工痕迹，很有可能是当时人类的装饰品；另有遗址内出土的红色染料，有可能是作为装饰用的。种种迹象都表明，这时人类的艺术已经萌芽。

（四）原始宗教

"宗教是人们对自身、对外部自然界最幽暗的、极原始的、不正确的、虚妄的概念起源的，宗教是那些在人们日常生活中统治着人们的外在力量在人们头脑中的虚幻反映。"（《马克思恩格斯论宗教》）有专家指出，在人类社会初期，宗教意识和信仰是不存在的，只有社会生产力发展到氏族制阶段以后，宗教迷信才会产生。"落笔洞人"正是处在原始氏族社会的产生阶段，所以，原始宗教应该已经萌芽。

与"落笔洞人"时代相近的山顶洞人遗址中已经发现在人的尸体撒上赤铁矿的粉粒，证明人类已有了原始的宗教观念。落笔洞遗址内出土的红色染料，有可能是作为装饰用的，也可能是作为一种信仰而涂在脸上的；那时的人类主要住在洞前面的通风口处，死后则埋在洞内后面偏僻处，幼儿受到特别的照顾，如夭折也埋在大人的周围。所有这一切均能说明，当时最原始的宗教和灵魂不死、鬼魂的观念已经产生。

在这一时期，图腾崇拜、自然崇拜等都已萌芽或产生，因为我们还要在下一章中有专门的叙述，在这里就不再赘言。

第六节 "落笔洞人"源流

"落笔洞人"是海南岛上土生土长的呢？或是从其他地方迁来呢？如果是后者，又是从何处迁来的呢？截止现在有各种不同的说法，值得探讨。

一种观点认为："只有3万多平方公里的海南岛，根本不具备人类起源的客观条件，所以海南岛不是人类起源的地方，海南岛上的人类不是自远古以来就当地土生土长的。有许多事实表明，海南岛上的汉、黎、苗、回等各族先民，大多是在各个历史时期（朝代）从祖国大陆各地先后移民而来的。"[45]

这话看起来有些道理，但却忽视了一个前提问题，即海南岛是从什么时候与大陆分离的。关于海南岛和祖国大陆最后脱离的原因和时间也有多种说法：其中，第一种说法是在"距今一万五千年前，由于气温下降，冰雪堆积，在高山与两极海面逐渐下落，一直落到一百四十米。此后，气候转暖，冰雪融化，海水急剧上升，到了八千年前，已升达现在的海面。在海水下落时，陆地的面积就扩大了，例如距今一万五千年时，不仅台湾、海南岛都和大陆连成一片，连黄海、渤海都成了大陆的一部分，当时这些陆地上都有人类生活，我们推测他们可能是东夷或者百越的先民，后来海水迅速上升，他们被迫逃向内陆的高地，或者逃散到南海的许多岛屿之中"[46]。第二种说法是在"6500万年前，雷州半岛和海南岛是紧紧连在一起的，后与大陆分离发生在喜马拉雅构造期内。第一次是百万年前的早更新世末，由于雷州地洼中部发生断陷形成琼州海峡，海南岛便成为一个离岸的孤岛，但到了距今一两万年前的冰川时期，因海平面下降，海南岛重又与大陆连在一起。而到距今一万多年前，因海平面上升海南岛又再次与大陆分离，形成宽达18海里的琼州海峡"[47]。第三种说法是在距今两万年前，海南岛是和大陆连在一起的，因海口市西边的火山口爆发，造成雷州半岛和海南岛之间的塌陷，便形成了宽达 18 海里的琼州海峡（见海口火山口地质公园简介）。以上诸说意思大致相同，都是说在距今一两万年前，海南岛是和大陆连在一起的，后来，因地质构造的变化，才造成了海南岛与大陆的分离。另有证据表明，在 1 万年前，海南岛确实是和大陆连接在一起的，包括今越南的下龙湾一带，"在越南的下龙湾浅海底也有发现的考古遗物……下龙湾浅海下发现的新石器时代的遗物与广西南部相似，是受中国广西南部史前文化的影响。下龙湾浅海（深约 20～30 米）大致在一万多年以前是大陆，后海水入侵才形成今天的下龙湾，所以今天下龙湾浅海下的考古遗物也是作为骆越先民的考古遗迹"[48]。

　　如果说"落笔洞人"是在海南岛和大陆分离以后迁来海南岛的话，人可以驾舟渡海，鸟也可以飞越琼州海峡，而那些长着四条腿的虎、豺、猴、大象等，是无论如何也不会横跨 18 海里的琼州海峡来到海南岛上的。

　　这就完全存在一种可能：在一两万多年前海南岛和大陆是连在一起的，海南岛上不仅已经生活着各类野生动物，还有为获取肉类食物而追逐它们的人类。如果说这一推测不错的话，那么，就不能排除这些最早生活在海南岛的人类，本来是土生土长的原居民，后来因海南岛与大陆发生了分离，才造成他们留在了海南岛上。

　　《三亚落笔洞遗址》发掘报告也用大量的篇幅证实了这种可能性的存在：如在介绍"原鸡"时说："现生原鸡在我国仅分布于云南、广西和海南等少数地区，落笔洞标本是我国首次在更新世发现原鸡化石，对研究原鸡的迁移很有意义"。"这次海南发现大量环颈雉化石，说明这种地栖鸟类，在晚更新世时已发展到我国南海岛屿，这是很有兴趣的课题，因为环颈雉是不善飞行的鸟类，在离大陆较远的海南岛，它们是否为大陆迁徙来的？还是本地种？由于它不善飞行，它的存在，说明在晚更新世末期的海南岛曾与大陆有过相连，这对研究海南岛的地史变化很有意义"。该书在《人类生活环境》一节中又说："澎湖动物群是因气温下降从迁徙来的，气候相对干凉，使得海平面较低，部分大陆架成了陆地或滨海平原。原来是隔水相望的岛屿连接成了陆桥，长臂猿、亚洲象、貘、熊、华南虎、树鼩、扫尾豪猪等便通过琼州海峡陆桥来到了海南岛，并逐渐形成了特有的形状。"所以，基本可以这样说，生活在海南岛上的四条腿的动物都是在海南岛和大陆连在一起的时候就有的；或者可以这样说，生活在海南岛的最早的人类，也是在海南岛和大陆连在一起的时候（即分离以前）就有的。

那么，还有第二种可能，这就是生活在海南岛上的四条腿的动物都是在海南岛和大陆连在一起的时候就有的，而生活在海南岛的最早的人类却是在海南岛和大陆分离以后才迁到海南岛的。现在关键的问题是海南岛与大陆分离的具体时间不清。因此，该问题的解决寄希望于从地质学上判定海南岛和大陆分离的最后一次具体的时间。笔者以为，随着科学的发展和研究的深入，这一问题的彻底解决是不太遥远并且不会十分困难的事情。

二是人类从大陆迁入。如《三亚落笔洞遗址》发掘报告第 10 页说道："我国先民在海南岛的居住历史可以追溯到一万年前左右，而且根据动物群的特点，大陆迁徙种占有较高的比例，文化性质与两广的文化遗存十分接近，当然不能排除人类从大陆迁入的可能性。"但在《三亚落笔洞遗址》发掘报告中与广西柳州白莲洞Ⅱ期文化、广东阳春独石仔、封开黄岩洞等遗址出土的文物遗迹进行详细研究和比较后认为"海南岛与岭南地区所处的自然地理环境大致相同，无疑，这在很大程度上制约并影响到两地洞穴文化的发展，他们的生产活动和生活方式必然要适应其基本相同的自然条件，反映在基本文化内涵上也就十分相近，故在文化遗存、动物群属性、经济生活等方面，都有着相同或相似的因素。这可能表明，海南落笔洞遗址的文化性质与岭南白莲洞Ⅱ期文化、独石仔、黄岩洞等同类遗存有直接的联系，当属同一文化系统，即岭南地区砾石石器文化范畴"。换句话说，"落笔洞人"就是来源于隔琼州海峡相望的今广东、广西。

现在看来，这一结论是科学的、正确的。试想，海南岛除与大陆距离最近之外，其次就是隔北部湾的今越南，而越南在原始社会也同属岭南文化的范畴。再远的就是东南亚的印尼等地，至少都有几百海里甚至上千海里的距离。在一两万年前的原始社会，生产力极其低下，那时的航海工具还是独木舟，原始人群要在波涛汹涌的大海上航行上千海里到达海南岛，且必须有男有女的成为族群才能在海南岛上扎下根来。所以，当时靠独木舟漂洋过海从南洋来到海南岛是几乎不可能的事。

事实上，华南地区正是中华民族的发祥地之一。云南元谋猿人距今 170 万年、安徽宣州陈山遗址距今 90～15 万年之间、广东曲江县的马坝人遗址距今 20～30 万年、广东封开罗沙岩遗址距今 7.9 万年等等，这些从 170 万年前的早期猿人到 5 万至 1 万年前的晚期智人，基本上勾勒出了旧石器时代华南地区的人类发展面貌。

至于"落笔洞人"以后的去向，笔者现在还没有拜读过这方面的研究。不过，从种种迹象分析，应该在海南岛上发展出了新石器时代早期文化。我们还要在海南新石器时代遗址中作专门的探讨，这里就不再赘述。

注释

【1】王大新：《昌江县混雅岭动物化石地点》，载《中国考古学年鉴》，1999年。

【2】【12】丘刚著：《海南古遗址》，南方出版社，2008年版，第224页。

【3】【10】【11】【14】【18】【32】李学勤主编：《中国古代文明起源》，上海科学技术文献出版社，2007年版，第37、138、61、161页。

【4】【5】郝思德、王大新：《海南考古的回顾与展望》，《考古》，2003年第4期。

【6】郝思德等编著：《三亚落笔洞遗址》，南方出版社，1998年版，第119页。以下本章凡未注明引号出处的均引自该书。

【7】黎雄峰等著：《海南经济史》，南方出版社，2008年版，第2页。

【8】【21】【23】牛志平等著：《海南文化史》，海南出版社，2008年，第42、46、48页。

【9】【19】【20】陈文华著：《农业考古》，文物出版社，2002年，第24、19页。

【13】【24】【25】【26】【27】【28】王幼平著：《旧石器时代考古》，文物出版社，2000年版，第227、26、81、86、40、211页。

【15】符桂花主编：《清代黎族风俗图》，海南出版社，2007年版，第168页。

【16】【35】【38】【40】【41】（美）斯塔夫里阿诺斯著，吴象婴等译：《全球通史》，北京大学出版社，2006年，第8、23、7页。

【17】【44】《马克思恩格斯选集》第四卷，人民出版社，1972年版，第23页。

【22】《三湘考古　惊美天下——新中国60周年湖南考古巡礼》，中国文物报，2009年9月18日。

【29】【30】【31】【33】【34】李友谋著：《中国原始社会史述》，中州古籍出版社，1986年版，第126、139、47、74页。

【32】宋兆麟、冯莉编著：《中国远古文化》，宁波出版社，2004年版，第197页。

【36】【37】〔德〕史图博：《海南岛民族志》，中国科学院广东民族研究所编印，1964年版，第161、206页。

【39】林蔚文著：《中国百越民族经济史》，厦门大学出版社，2002年版，第23页。

【42】王仁湘：《我国新石器时代人口性别构成再研究》，载中国社会科学院考古研究所编著《考古求知集》，中国社会科学出版社，1997年版，第74页。

【43】蒋炳钊主编：《百越文化研究》，厦门大学出版社，2005年版，第201页。

【45】【47】王俞春著：《海南移民史志》，中国文联出版社，2003年版，第22、42页。

【46】史式：《重新探讨中华民族的起源》，载《海南先民研究》（第二辑），辽宁民族出版社，2002 年版，第 25 页。

【48】何英德：《骆越与"南岛语族"的海洋文化的关系》，蒋炳钊主编《百越文化研究》，厦门大学出版社，2005 年版，第 135 页。

第二章

黎族人何时迁居海南岛

现代的考古学、大量的文献记载和通过人类学、民族学的研究，都已证明黎族是海南岛的最早发现与开拓者。那么，黎族是从什么时间又是从何处迁到海南岛的呢？黎族怎样在这个美丽富饶的岛屿上创造了自己的历史文化又经过了怎样的社会发展呢？这是本章主要解决和回答的问题。

第一节 海南新石器时代的人员构成

我们在第一章中已经论述，在距今一两万年前海南岛上已有人类居住，主要分布在海南岛的南部和西部，如果说他们是黎族的远古祖先的话，那么，对于在新石器时代早期再迁入海南岛的黎族先民而言，他们便成了土著居民。进入新石器时代早期以后，迁居海南岛的黎族先民也逐渐多了起来，大约在新石器时代的中期以后，黎族先民的足迹已遍布整个海南岛。

现在的黎族是一个十分复杂和非常笼统的概念，有多源说和一源说。按照各地方的语言和文化特征，可分哈、杞、润、赛、美孚五种方言（其中，哈方言在清代末期称为"侾"，今主要分布在乐东、陵水、昌江、白沙四个黎族自治县和三亚、东方两市；杞方言原作"歧"，主要分布在保亭、琼中和五指山市；润方言过去自称为"赛"，汉族称其为"本地黎"，意为"土著的民族"，主要居住在白沙县东部、鹦哥岭以北的广大地区；美孚方言主要分布在昌化江下游两岸；赛方言过去称"德透"、"加茂"黎，主要分布在今保亭、陵水和三亚市交界的地区）。但按方言划分黎族的支系是新中国成立以后的事，在清朝及其以前，由于他们每隔三五年都要向其他地方迁徙一次，加上黎族只有语言而没有本民族的文字，缺少文献记载，就很难用他们的活动区域来分清他们每个支系的来源。

笼统地说，黎族的远古祖先有的在原始社会就来到了海南岛上生活，有的可能就是土著者，有的在商周时期至秦汉、三国至魏晋南北朝时期或者更晚的时候才从大陆来此定居。所以，黎族迁来海南岛定居的过程不是一朝一夕，也不是一次两次完成的。有的可能是单独而来，有的可能是成批地来到海南岛上。由于古代的生产力发展所决定，时代距今越久远，成批而来海南岛的可能就越大。当然，也不排除来海南一段时期以后又返回大陆者。这样，长期往返反复，不断促进海南岛上的人类与大陆之间的文化交流和社会的共同进步。

早来的人有的居住在深山老林，缺少和外面的世界联系，长期过着极其原始的生活；晚来的人就会带来原住地的新文化。这些新老居民会因生活、通婚、迁徙、商品交换或其他社会活动的需要与其他方言的人交流，从哈黎演变成了岐黎，或从岐黎演变成了润黎应该也是可能的。有的是由于被其他别的黎族占领了，而不得不迁到别的地方居住。这是古代定居的农业经济不发达，而渔猎和采集经济占主要地位的民族文化特点。

因此，具体到哪一支黎族何时迁来海南岛上就成了难以说清的话题。台湾中央研究院民族学研究所凌纯声先生曾经说过："海南岛的先住民黎族，他们的族源，除了润方言是在海南岛最古老的居民以外，其他如杞方言，哈方言、美孚方言和赛方言等四种方言的黎族，他们大多数是从中国大陆越过琼州海峡迁徙到海南来的，也有少数是原先在海南岛生活的黎族，他们最早掌握和积累了关于季候风、海流等自然知识，并且最早使用独木舟。他们跟南岛语系的先民进行交融，因此，这部分黎族和南岛语系的民族在史前时期就进行着血缘的双向互融。从这个角度来看，这部分黎族，就含有南岛语系民族的血统。因此，黎族在远古的时候进入海南岛，也是多元的。"（凌纯声在琼台少数民族族源理论研讨会上的主题发言《在多元视野观照下关于琼台少数民族族源问题的探讨》）。所以，这里所说的黎族迁居海南岛是指最早的一批黎族定居者。

截止目前，对于黎族何时最早的迁居海南岛，主要有距今10000年、7000年、5000年、3000年诸说[1]。笔者认为，每一种说法都有一定的道理和理由，但都有可商榷之处，在如下几节中详细分析。

第二节　黎族距今1万至3万年前迁至海南岛

陈为先生在《海南岛生态环境与黎族文化关系研究》中，推断"海南文化之发端（黎族先民的移植）至少可上溯到最后一次冰期的海退时期（包括最近3万~1万年），提出海南岛初民移居的年代至少在1万年前，并且设想是从雷州半岛通过陆桥徒步迁移海南岛的"[2]。这是一个大胆而新颖的说法，惜笔者没有拜读过这篇大作而不能妄加评论。

《中国黎族》一书就说的比较含蓄而客观，该书既说"距今 1 万年前海南岛已有人类活动"，又说"落笔洞洞穴遗址发现了 1 万年前的人类牙齿化石及石制品、骨制品和角制品等大批文化遗存，把海南人类活动的历史提前到距今 1 万年左右。但目前还无法证明黎族与'三亚人'有渊源关系"[3]。后来，王学萍先生又在《黎族史·源远流长的黎族——序》中对这一观点进行了详细地阐述，他说："从 1 万年前到 3000 年前，海南岛各地一直有人类的活动。那么，这个时期的人类是否就是黎族的先民呢？就我个人的观点，'三亚人'及后来在海南岛活动的人类应是黎族的先民。根据有两点：其一，在海南发现的新石器时代的石器、陶器文化遗物基本上属于百越中一支骆越人的文化遗存。在石器方面，以磨光、有肩、有段式的斧、锛比较普遍，大型石铲较多；陶器则包括加砂粗陶、泥质细陶和印纹硬陶三种陶系。常见于粤中地区的夔纹硬陶则少见。在广西东兴临海河口、南宁邕江及其上游，左右江流域扶绥、邕宁、横县等 14 处贝丘遗址都发现了与海南岛型相似的石器工具、网坠等，说明海南岛新石器文化与两广地区的骆越同属一个文化系统；其二，骆越当是黎族先民……"[4]那么，这就是说黎族的祖先有可能是"落笔洞人"的继承者。

"落笔洞人"距今已有 1 万余年的历史，其社会发展已处在氏族社会的早期阶段，在考古学上属于旧石器时代晚期至新石器时代早期之间的"中石器时代"。一般情况下，不遇到大的天灾人祸，作为一个族群是不会突然消失的，也不会整个族群跨洋过海来到大陆，而只能在海南岛上继续生活和发展。

"落笔洞人"的文化特征主要有："1. 遗址中有大量蚌壳和用火遗迹的堆积。2. 人类化石均属晚期智人，与其共生的哺乳动物化石几乎全部是现生种类。3. 文化遗物仅有石器、骨器和角器，而无陶片共存……5. 人们主要从事狩猎、捕捞和采集的经济活动。"[5]他们处于原始社会母系氏族阶段。大量的蚌壳说明靠着沿海；用火遗迹表明人们已经能钻木取火，但还处在烧烤食物阶段；大量骨器和角器的出土证明人们已能切割、缝制、钻孔；无陶片共存，说明制陶业尚无发明；食物的来源主要靠采集和渔猎，说明尚无农业。

"落笔洞人"的进一步发展就进入了新石器时代的早期，距今约一万年后至五六千年以前。海南岛上"新石器时代早期遗存主要为贝丘遗址，在东方、乐东等地曾有少量发现。其中，东方（市）新街贝丘遗址较为重要，这里的石器以打制为主，仅见砍砸器、斧形器、刮削器等器类。磨制石器少见，常见的种类有斧、锛。陶器均为加砂粗陶，器类单一，只有圜底罐、圜底釜等，平底器甚少。从文化面貌上，它与三亚落笔洞遗址有一定差别，在年代上要晚些。其基本文化内涵与广东潮安石尾山、陈桥村和广西防城亚菩山、马兰嘴等新石器时代早期贝丘遗址有相似之处，在文化发展阶段上也较为接近……海南的史前文化尤其是新石器时代文化，在其形成和发展的过程中，显然受到了华南大路地区特别是岭南两广地区古代文化的不同影响，并与他们发生过一定的文化交流，基本上同属于一个大的文化系统。但应该指出，在文化发展的时序上，海南虽与两广地区大致保持着基本相同的演变进程，但在每个发展阶段上仍然存在一定的早晚差别，并且体现出某些地方特点。总的来看，海南的史前文化发展较为缓慢，各阶段的文化之间存在缺环，年代序列不甚明确，缺乏自身演变、发展的连续性和继承性，突显出文化渐变进程中滞后的特点，在时间上也较两广地区为晚。"[6]

从这些叙述中我们可以发现，海南新石器文化早期至中期文化较之"落笔洞人"已有了明显的进步和变化：

（一）磨制石器

海南新石器文化早期文化已进入磨制石器时代。海南新石器文化早期的石器制作最突出的特点是打制石器趋少，磨制石器渐多，表明了社会生产力的发展。磨制石器是新石器时代与旧石器时代的分水岭，在旧石器时代末期，随着人口的增长和对食物需求的增多，加上定居生活的需要，人们迫切需要一些专门大型的、整齐的刃口和特定形制的木工工具来砍伐树木，建造居住，于是，一些常用的方便加工的石斧、石锛、石刀之类的加工工具便从打制的石器中，逐渐琢打细磨而变得光亮起来，提高了生产力。当这些产品已经足以代表了这个文化特征的时候，磨制石器时代就产生了。这也是进入新石器时代生产工具的首要标志。

人们曾这样评价磨制石器的作用："公元前10000年，古老的打制石器逐渐被更先进的磨制石器取代，人类进入了新石器时代。磨制工具大大提高了劳动效率，使人类从延续了上百万年的'食物采集时期'进入了'食物生产时期'，推动了人类社会的飞跃发展，因此，磨制石器的普及在人类发展史上具有划时代的意义。"[7]

李学勤先生这样认为："母系氏族公社繁荣时期，是从制造和使用磨制的新石器工具开始的。因为人们掌握了新石器的劳动手段，才使得延续百万年的'食物采集者时期'转变为'食物生产者时期'。在这个阶段上，磨制技术广泛使用，工具比较锋利。原始农业诞生了。"[8] 李学勤先生的这段总结是针对整个新石器时代的特点而言，尤其是对适合产生原始农业的地区。而对于以采集和狩猎、渔猎经济长期占主导地位的海南远古先民来说就未必适合，如海南的新石器时代早期是否已经进入了"母系氏族公社繁荣时期"和是否已经进入了"食物生产者时期"就值得怀疑。但是，海南的新石器时代早期打制石器已明显减少，磨制的石器已明显增多则是事实。

（二）石器的造型

石器的造型在向着固定的形制和用途方向发展。在"落笔洞人"时期，人们使用最常见的石制生产工具是砍砸器、敲砸器等，用于对动植物的劈砍。海南新石器时代的早期便出现了用于加工木材的斧形器，而且有了砍、劈、削的功能；在新石器时代中期，又出现了石斧、石锛的生产工具；到了新石器时代的晚期更出现了用于翻土的大型有肩石铲。这种生产工具的每一个变化都代表着社会的发展和人类生产力的进步。石器时代的每一个阶段主要生产工具的发展序列就比较清晰地展现在世人面前：砍砸器（旧石器时代末期）→石斧、石锛（新石器时代早中期）→大型有肩石铲、石斧、石锛（新石器时代晚期）。

石斧对于原始人类来说是用途最为广泛的工具之一，它既可以用作劈砍、敲砸，也可用于武器，即用于狩猎、农业、手工业和兵器，进入阶级社会前后，它又成为礼器，是一种权利的象征，钺就是由它发展而来。尤其是对于大量需要砍伐树木的人群来说，石斧更是一种先进的横断木材的主要工具。有人"根据木材遗留的加工痕迹，参照现代民间用铁斧采伐树木的方法推测，石斧伐木应是沿树木下部拟断线一周先斜劈，然后横向砍断一片，这样劈裂一片、砍断一片，直至沿拟断线形成大半周深槽，最后向浅槽一方拉倒树木"[9]。

在海南的新石器时代中期（大概在距今 6000 年至 4000 年前），石器制造技术又有了新的提高。考古专家是这样总结的："新石器时代中期遗存多为沙丘遗址，山坡遗址较少，代表性遗址有陵水石贡、大港村及定安佳笼坡、通什毛道等处，它们在文化面貌上较为一致。石器以磨制为主，器形主要有梯形斧、锛，还出现了有肩石器，打制石器已少见……其中，石贡遗址经碳十四测定，距今 4205 年左右。"[10] 有肩石斧和有肩石锛的出现是这一时期的重要进步，因为，石器的有肩意味着在器形的上部可以安装上木柄，可以直接用手握操（如果用绳或麻布缠绕，更便于把握）也就成了复合工具。复合工具的出现也是人类社会的巨大进步，因为，"它已从旧石器时代最初的单纯石制工具——直接手握石斧（简称'手斧'），发展为装配有木柄的石斧。人们利用木柄延长了本身自然的肢体，从而加强了劳动手段，提高了生产效率"[11]。这样，无论在木材采伐或加工方面都比旧有的无柄手斧先进，极大地提高了社会劳动生产率，同时扩大了高大树木利用的可能性，因此可以说，磨制的带柄石斧标志着一个历史的新阶段。

正是由于新石器时代中期劳动生产工具的进步和社会生产力的提高，才使大批的使用木材建造住房成为可能，也使作为生产资料的船只（用于渔猎及采集）、农具、纺织工具等等都发生了重大的发展与提高。同时，应这些工业的需要，又分化产生了一批新的生产工具（如石铲、石楔、石凿等）和生产领域（如农业等）。

（三）陶器的发明

陶器的发明是新石器时代早期人类取得的一项巨大成就。"落笔洞人"由于缺少盛放和蒸煮用的陶器，推测可能处在烧烤食物阶段，自从人类发明了陶器便可以蒸煮食物，使人类的生活空间进一步扩大，对人类的社会进步起到了重要作用，因此，人们对陶器的发明作为新石器时代的重要标志。

海南新石器时代的早期陶器类型简单，只有夹砂的罐和釜，而且都是圜底的，平底的器物少见。这正说明了陶器的原始形态，也说明了这些器物是用作蒸煮食物的。因为，釜一般是用于支撑蒸煮的器物，夹砂是为了更好地耐温，圜底更容易制作。到新石器时代中期，"陶器以夹粗砂红褐陶居多，器表以素面磨光为主，另有少量饰绳纹、划纹，磨光红衣陶较具特色，器形有圜底釜、圜底罐、圈足碗、钵、盆等。"[12]这一时期陶器制作所取得的主要成就是刻划了纹饰，器形器表更加符合人类的审美需要，器物的种类也有了明显的增加，但还都是炊煮食用品，一些大的盛放谷物的容器还没有出现。

既然陶器的出现被称为"人类文化史上划时代的历史事件"[13]，又被称为新石器时代的一次革命，还有的称它揭开了人类利用自然、改造自然的新篇章。还有人说，陶器的制作是"人类社会发展史上一个划时代的标志，它显示了人类在社会经济生产领域中最早通过化学变化，将一种物质改变成另一种物质的创造性革命活动的诞生。这种人力改变自然界天然物的活动，是史前人类文明发展史上一个重要的里程碑"[14]。既然陶器的发明对人类社会进步与发展的意义如此重要，就有必要在这里对它的起源加以探讨。

陶器是何时发明的？是一次偶然的原因是人类制出了陶器或者是社会发展到一定程度的必然结果？这也是人们长期争论不休的问题。"偶然说"认为，原始人在发明陶器以前，经常会使用一些草编或竹编的篮子一样的器物，有时为了盛水，便在篮子的外面糊一层泥巴，使之不漏水而已。后来，由于一次偶然的火灾，篮子被烧毁了，但篮子外面的那层泥巴却保留了下来。于是，人们发现泥土经过火烧可以不变形，遇到水也不溶化，便从此受到启发，按照此方法和形制制作出了人们所需要的陶器。支撑这种理由的实物证据是在早期的陶器外表多有蓝纹和绳纹就是篮子留下的痕迹，如美国史学家斯塔夫里阿诺斯就说："新石器时代的村民学会了用生黏土制作陶器。最初，他们自然是仿制农业时代以前的篮子、葫芦和其他容器。渐渐地，他们掌握了陶器材料的特性和制作陶器的技术，能够制作出和过去的容器完全不同的器皿。"[15]

另一种观点认为："原始先民很早就学会了使用火和水，他们在用火的过程中，必然发现火堆边的泥土经过灼烧后会变成硬块这一现象，在结合泥土渗水可以塑成各种形状这一规律，便有了陶器产生的可能。这应该比用一次偶然的火灾解释陶器的发明更为合理些。古人知道了这一规律，便创造性地利用它，那些陶塑小动物便是他们的杰作。当然，从不实用的陶塑到实用的陶器的质变，与农业的发展和定居生活的出现息息相关。陶器是易碎的，不利于频繁地搬运旧石器时代人类从事渔猎和采集经济，居所不定，常要迁徙，即使居于洞穴，也是季节性的，秋夏食物丰富的时候，他们常在野外打猎，陶器是不适合携带的。到了新石器时代，人类的经济生活发生了根本变化，不再是'攫取性经济'，而是'生产性经济'，人们开始种植谷物，这就要求他们长期在某地定居下来；同时，饮食方式也发生变革，以往鱼肉可以烤着吃，而谷物不能烤，需水煮才行；另外，人们也迫切需要用容器来储水或保存小颗粒的谷物，于是陶器便产生了。"[16]可是，这样说有一个问题仍然没有解决，那就是从陶塑到陶器的质的转变，无疑是使用火烧对于陶器的发明起着决定性作用。所以，可以简单地说，古代陶器的发明是随着定居生活对容器的迫切需要，把黏土加水混合制成器物，干燥后经高温焙烧，柔软的泥土便变成了坚硬的陶器。

我们知道，在距今18000年以前，湖南省道县玉蟾岩遗址就出土了陶釜，这是目前已知我国时代最早的陶器之一，用于炊煮食物。陶器制作粗糙陶胎厚薄不均，羼和料为石英砂，沙粒大小悬殊，陶片内外都有较粗的绳纹，可能采用泥片贴筑法制成。华垱遗址的陶片测年在距今13000年左右。这时，人类已来到平原的旷野上开始了简单的定居生活[17]。浙江衢县葱洞、观音洞属于新石器时代早期遗存，洞穴中出土的陶器仅绳纹陶釜一种。原始单一的陶器，打制粗糙的石器的文化内涵反映了早期农业、采集、狩猎混合的原始经济形态，经碳14测年距今约在11000～8000年，被命名为'上山文化'"。浙江在商周时期为于越族分布之地，于越先民曾在这里建立过强盛一时的越国。浙南浙江东南沿海地区在商周时期属东瓯国[18]。在长江支流沅水流域的湖南洪江高庙遗址出土有距今7800年左右的"由刻花纹或戳印篦点纹组成的凤鸟、兽面和八角星象等神像图案装饰的陶器和白陶制品，它是中国目前发现的年代最早的装饰陶器和白陶"[19]。

在岭南（如江西万年仙人洞洞穴遗址和广西桂林甑皮岩洞穴遗址）的新石器时代早期遗址中也普遍发现了原始而早期的陶器。广西桂林甑皮岩洞穴遗址出土的陶器距今约9000年，被认为是岭南地区目前出土的时代最早的夹砂陶片。浙江嵊州甘霖小黄山遗址也出土了距今9000年的绳纹圜底釜、双鼻平底罐[20]。这些早期的原始陶器制作都有如下特点："质地粗松、火候低下、器型单调、纹饰粗糙等制作形态。这些以手工盘筑或堆捏而成的陶器，基本上以平地起窑堆积柴火堆烧而成，因此火候很低，多在600℃～800℃之间。有的在一块陶片内往往会出现红、灰、黑等几种烧制不匀的颜色。陶器的整体制作风格也很粗放原始。"[21]

以上事例充分说明在新石器时代的早期，也就是距今七八千年前，陶器的制作在长江流域及岭南已比较普遍。

海南时代最早的陶器是20世纪80年代在昌江县王下乡牙迫村东南500米的五勤岭洞穴遗址采集到的夹砂灰陶罐残片，距今约10900年。在同是王下乡的钱铁洞遗址也采集到夹砂红陶罐残片，用碳14测定动物化石的年代距今约7380年[22]。虽然这两处有陶片的地方均为采集，比起考古发掘出土有地层关系的陶器陶片研究价值和意义大为逊色，但我们还是认为在新石器时代的早期已有了陶器使用。

现在海南黎族居住比较偏僻的地方仍然保留着原始的制陶技术，2006年，昌江黎族的制陶技术还被公布为海南省首批非物质文化遗产。昌江黎族陶器的制作是采用的泥条盘筑和用平地起式窑堆积柴火堆烧而成。

这样的制陶方法虽然也要经过晒土、筛选、和泥、制坯、烧制、淬火等多道程序，但整个技术还是处在手工制作的原始阶段。至于原始到什么程度，海南古陶瓷研究专家有过一个全面的评价。他说："海南黎族烧陶保留的在平地起堆烧陶器的办法，正是我国新石器时代早期烧制陶器所使用的最原始的方法的体现。而云南傣族及中原地区至今仍然保留的平地起堆式馒头形窑的陶器烧制技术，则是介于新石器时代早期平地起堆式窑与新石器时代早中期仰韶文化及以后的文化遗址中馒头形窑烧制陶器的过渡阶段。"[23]

原始的制陶方法主要体现在手制技术和烧制技术的简陋，制作出来的陶器也必然是火候较低，表面粗糙，胎体厚薄不均，造型不甚规整，颜色不一，多为夹砂粗陶。从用途来说，仍然是以用于蒸煮的器物占绝大多数，而盛水盛粮食的用器很少。这正是表明了黎族社会的经济生活还处在以采集、渔猎为主的时代特征。

所以，从黎族的制陶技术及陶器的使用现象分析，在距今 1 万年至 7 千年之前，他们已经在海南岛上居住生活也是有道理的。

（四）生火做饭的生活方式

《三亚落笔洞遗址》中有一段对用火遗迹的描述，也揭露了"落笔洞人"的生活习惯："用火遗迹仅见于遗址的第二层堆积（即中层的灰色或灰黄色砂质土）中，主要为一处烧火堆积和分布稍广的灰烬层。烧火堆一处，发现于A2Ⅲ层的西北角，是用三块不规则的砾石搭置而成，近呈三角形，中间堆积的烧质土发红，面积不大，约有 40cm×45cm，厚近 20cm。红烧土中有一些烧黑的螺壳及黑色胶结炭状物。灰烬层分布不规则，大致呈条带状，厚约20～35cm 不等，其间夹杂有少量烧土块、炭屑，局部胶结，发现了较多的脊椎动物烧骨及烧黑的螺壳和少许烧石，另有个别石制品、骨角制品也有经火烧黑的痕迹。"[24]这是原始社会的人在没有出现蒸煮食物前，即还处在烧烤食物阶段的生活情境。

以上是"篝火"阶段的生活方式，之后便出现了一种用土（或石头）磊成火塘灶的形式来进行烧火做饭。由于在灶的上面放上圜底的罐、盆、钵之类，所以，火塘灶的出现应该是进入新石器时代以后的事。在大陆中原地区的定居的农业经济社会，伴随着夹砂陶器的出现，一些夹砂陶器的底部出现了安装三个足的器物，如三足鼎、三足钵等，这是为了蒸煮食物而抬高与火的距离；在南方一带则主要是用于蒸煮食物的圜底罐、釜、支脚（大概支脚是三个一组支撑陶釜，再在陶釜上放圜底罐，罐内再放置水和粮食）。

生活在海南的黎族，一直是以采集和渔猎经济占主导地位的社会，他们每隔一段时间都要迁往别处，而大量的生活用品是不便携带的，所以，每迁一处都会在住地临时用几块石头作为灶具，生火做饭，时间久了，"三块石头一个灶"便成为黎族先民独具特色的生活方式。有趣的是这种生活方式到现在还保留了下来："黎族现在使用的灶具有三角灶、马蹄灶和封口灶，其中最传统、最古老的是三角灶。'三角灶'又名三石灶、品字灶，是用三块石头立成的灶。三块石头分为'座石'和'走石'。'座石'是用一块扁形的长石，把石角埋入地下三分之一，不可随意移动。三角灶是一种简单得不能再简单的灶具。它的历史十分悠久，它的起源完全可以追溯至古老的原始社会。因为从目前的考古发现和民族学调查资料来看，'史前的炊事设施有一个发展过程：第一个阶段为篝火，没有固定的火塘、灶，仅仅生一堆火而已，人们环火而食；第二阶段是火塘的出现，伴随而来的就是三脚架的应用，先是石三脚架，后改为陶支子。'而所谓的'石三脚架'就是用来架设炊具的支架，它就是用三块石头构成，其形式与黎族的三角灶基本类似，因而民族学家们在论述史前的灶具'三脚架'时，都把黎族的'三角灶'作为现今仍在使用的史前三脚架的'活化石'的材料来引证。"[25]

从这个文化现象分析，黎族的"三角灶"生活习惯很有可能最早来源于"落笔洞人"用三块石搭建成的篝火烧烤习惯和生活方式。

由此可以说明，海南新石器时代的早期已经和"落笔洞人"遗址在发展阶段上有了衔接，但还不是吻合，也不能说海南新石器时代的早期文化就是"落笔洞人"的直接继承者。因为，从距今1万年前的"落笔洞人"到距今七千年左右的新石器时代早期之间，还有三千年的空白没有弥补；"落笔洞人"的打制石器与新石器时代早期的打制石器也没有必然的连续性；"落笔洞人"还没有发明陶器，新石器时代早期的陶器也不是最原始的形态。所有这些都还需要更多的材料和考古发掘的成果来验证和补充。

第三节　黎族迁至海南岛距今 7000 年说

黎族何时登上海南岛，还有第二种说法，即距今 7000 年说，并且是由河姆渡抵琼。"距今 7000 年前，古越人从河姆渡出发，逐步向南移民，在距今6000 年前到达台湾，那么在距今 5500 年，最多是距今 5000 年前到达海南岛，是绝对可能的。"[26]海南移民史研究专家王俞春先生赞同此说并认为："在距今 7000 年前，古越人从河姆渡一带出发，有组织地搭乘竹筏、木筏或独木舟，开始向台湾、中国东南沿海和东南亚国家逐渐迁徙。于 5000 多年前古越人中的一支首先登上海南岛，并且定居下来，繁衍后代，他们便是黎族的先民，海南岛最早的居民。首先登上海南岛或原居在山区的黎族先民，也许就是人们通常所称的'本地黎'。"[27]

现在，笔者有充足的理由证明海南黎族的先民既非直接从河姆渡文化而来，又与"河姆渡人"有一定的联系和交往。试做分析如下：

河姆渡文化是20世纪70年代在长江下游的四明山与慈南山之间的姚江平原南侧发现的一种属于新石器时代中期偏晚阶段的文化，在社会发展史上属于母系氏族社会的繁荣阶段，"分布于象山港以北的浙东北地区和舟山群岛一带"[28]。仅河姆渡遗址面积就达约3万平方米。该遗址包括第一期文化、第二期文化、第三期文化、第四期文化，其中，第一至第二期文化距今7000～6000年，第三至第四期文化距今6000～5000年，总体上距今7000～5000年。延续时间达2000年。所以，以前我们总是笼统地引用河姆渡文化的材料而不加分析，会出现偏差。在浙江这一地区发现比河姆渡文化早的遗址有：浦江南村上山遗址，距今11400～8600年，属新石器时代早期文化；嵊州甘霖镇小黄山遗址距今10000～8000年，也属新石器时代早期文化；萧山跨湖桥遗址距今8200～7000年，已属新石器时代中期文化。河姆渡文化的后续已归属良渚文化的范畴。可见，河姆渡文化有独立的分布区域和发展系列。

（一）先进的干栏式建筑

河姆渡的干栏式建筑是我国发现时代最早的木构建筑，被公认为我国古代木构技术的经典。河姆渡人远在七千年前取得的这一建筑成就，令研究建筑史的专家叹为观止，"这说明当时木构技术已达到相当高的水平。此时受力不同的构件已有不同的处理，其榫卯形式都基本符合受力情况的要求，甚至与晚期木构所见相同，只是加工较为粗糙而已，尤是销钉的使用和企口板的发明，标志着此时木结构已有相当丰富的经验。世界建筑史上，中国古典建筑木结构技术是做出了突出贡献的，它之所以取得优异的成就，正是因为有着象河姆渡遗址所看到的这样久远和深厚的历史渊源"[29]。

河姆渡的干栏式建筑从河姆渡文化一至四期都有，其中，第一期是干栏式建筑的创建时期，发明了梁柱榫卯的制作技术，主要有"用以连接梁架的柱头榫及用以连接地栿或地板梁的柱脚榫、受拉杆件（联系梁）、带销钉孔榫、燕尾榫、平身柱与梁枋交接榫卯、转角柱榫卯、直棂栏杆榫卯眼、企口板、带凹槽构件以及刻花木构件等"；第二期的进步主要表现在大型木柱的普遍使用，发明了木质垫板，"已懂得利用扩大接触面的办法防止建筑物下沉"；第三期是在房屋建筑遗迹附近发现了用28根柱木支撑盖顶的维护结构，是我国目前发现建有井亭的木构水井的雏形；第四期是发现了直径约0.15～0.18米的坩埚形柱础，是在立柱下用料土制作的暗础，也是当代柱础的雏形。据此，有人认为河姆渡先民运用榫卯技术，完成了从基础结构式到梁柱结构式建筑形式的转变。大而长的圆木应是地梁或屋梁，小而短的圆木应是椽子，坡屋面中间当有次梁。同时干栏式长屋内既有氏族公共活动的大房间，也有对偶夫妻生活的小房间[30]。

河姆渡干栏式建筑总的特点是："长方形的。它分上中下三层，上层为屋顶，中层为住房室内部分，下层为堆放杂物或豢养家畜的地面部分，人字形屋顶作斜坡长脊，盖茅草遮阳避雨。中层住房室内部分，空间高度最高可达3米，进深约7米。室内四周均有企口板拼接工艺做成的板壁。室内分间并铺苇席，房门朝走廊。走廊外缘设有直棂栏杆，住房入口便开在走廊两头。下层四周均用板桩围护，近似今日广西龙胜县平等乡侗族人住房。"

海南的干栏式建筑起源于何时目前尚不清楚。东方市荣村遗址第三和第四文化层下曾发现小洞，"发现的小洞数量不同，大小有别，深浅不一，且分布零乱无序，洞内均未发现木质遗物，较难判断其用途。"在第三层发现的"9个小洞，洞口近圆形，斜直壁，平底或圜底，口径0.2～0.35、深0.14～0.6米。洞内堆积为灰褐色土，质地较松软，含有少量炭屑、烧土粒及零星的夹砂陶片等"[31]。这是否干栏式建筑留下的柱洞还无法判定，不过，即使是干栏式建筑的柱洞的话，这里是海南新石器时代末期的遗存，已处于春秋早期阶段，与河姆渡文化至少相差2000余年。海南黎族有记载干栏式建筑的文献更晚，大约在南北朝时期，《魏书》、《南史》均有记载：西南僚人（主要是今海南黎族的先祖）"依树积木，以居其上，名曰干栏。"

但并不能说明海南黎族的干栏式建筑这时才有，它起源的时间应在"落笔洞人"之后，即从他们走出山洞或者从树上"巢居"下来之后，就已经搭建干栏式的建筑了，这一时间应在新石器时代的早期。

这能否说明海南黎族的干栏式建筑就源于河姆渡文化呢？答案是否定的。因为干栏式建筑形式曾经是原始社会江南地区普遍的一种建筑形式，它既不是分布于长江下游的河姆渡文化所特有，也不是岭南的苗族、壮族或黎族特有。

亨利·摩尔根在《古代社会》中指出："人类出于同源，因此具有同一的智力原理，同一的物质形式，所以，在相同文化状况中的人类经验的成果，在一切时代与地域中都是基本相同的。"刘军先生曾在《河姆渡文化》一书中说："河姆渡先民居址附近的古气候应属于热带、亚热带气候，其特点是全年温度较高，温热湿润，降雨充沛，并与现代华南的广东、广西和云南等地的气候基本相同。从距今一万年开始，全球进入全新世，气温升高，气候变暖，直至距今六七千年达到最高峰，当时年平均气温约 19~20℃，比现在高 3~4℃左右，最冷平均气温 10~11℃，比现在高 6~7℃，年降水量约 1600~1800 毫米，比现在多 300~500 毫米。"河姆渡文化与海南岛的气候环境格外一致性就决定了当时对居住的选择必须能够防潮、防病虫害、防野兽的袭击等，干栏式建筑无疑是人们比较理想的选择。

但是，如果我们从河姆渡文化的干栏式建筑技术分析，就会发现海南的干栏式建筑不是从河姆渡文化发展和继承而来，因为"河姆渡干栏式建筑的先进性主要体现在木构建筑中大量使用了榫卯制作，而且都是垂直相交、带有销钉孔的榫。反观海南黎族先民的干栏式船形屋，全部构件的搭接处均用藤条竹篾缚扎，不用铁钉，也不用接榫。这就使我们产生了一个疑问，如果说黎族先民是从浙江河姆渡文化继承而来，那么，他们祖先最富有特色的东西怎么会在后来的传承与发展中消失了呢？再者，河姆渡人尚处在原始社会母系氏族时期，而黎族祖先的船形屋初始年代当在原始社会末至奴隶社会初期，中间还有一段相当大的时间距离需要填补。由此看来，海南的干栏式船形屋并不是河姆渡文化的直接继承者，或者说，海南的干栏式船形屋可能不是从河姆渡文化发展而来"[32]。

(二) 定居的稻作农业

农业的出现是人类历史上由野蛮走向文明的伟大革命，世界四大文明古国（古埃及、巴比伦、古印度和中国）都是最早产生的定居农业，便足以证明它对人类社会的进步所起的作用。大量的考古发掘证实，我国在新石器时代早期定居的农业经济已经出现，距今大约 4 万年以前。摩尔根在《古代社会》一书中认为："蒙昧时代是以采集现成的天然产物为主的时期，人类的制造品主要是用作这种采集的工具，野蛮时代是学会经营畜牧业和农业时期，是学会靠人类的活动来增加天然产物生产方法的时期。"也就是人们常说的"食物生产者"时期。

我国因自然地理气候条件南北差异较大，在距今 1 万多年前便出现了以黄河流域为代表的北方粟作农业和以长江流域为代表的南方稻作农业。农业经济与采集经济最主要的区别在于，前者的植物是经人类驯化后耕种收获的，后者是通过采集手段而获得的野生植物。

就南方的栽培稻来说，它最早起源于何时何地，又是何原因、以何种方式起源，都是目前国内外争论最激烈的问题之一。李学勤先生列举了七种说法，主要有：1. 云南起源说；2. 长江下游起源说；3. 长江中游起源说；4. 长江中下游起源说；5. 长江中游—淮河上游起源说；6. 华南腹心地带起源说；7. 多中心起源说。[33]陈文华先生则列举了六个区域：1. 起源于华南；2. 起源于云贵高原；3. 起源于长江下游；4. 起源于长江中游；5. 起源于黄河下游；6. 起源于长江中游—淮河下游。[34]

在这些论述中，至少有两位专家都认为海南岛也是最早栽培稻种的地方之一，其中：一是童恩正先生在《略述东南亚及中国南部农业起源的若干问题》一文认为："根据现有的材料，基本上可以断定亚洲栽培稻的起源地就在中国长江以南地区。它可能在浙江省杭州湾一带，但更可能在纬度较南的云南、广东、广西地区。"李润权先生在《试论我国稻作的起源》中更直接指出："在我国范围内追溯稻作栽培的起源中心应该在江西、广东和广西三省的旧石器晚期遗址多作努力，其中西江流域是最值得重视的"，"其主要理由是：（1）分布在中国的普通野生稻是多年生野生稻，是公认的栽培稻祖先。它在中国分布的海拔高度约为 30 至 600 米，东起台湾的桃园（121°15′E），西至云南的景洪镇（100°147′E），南起海南岛崖县的羊栏（18°15′N），北达江西的东乡（28°14′N）。这一范围才有可能是稻作栽培的起源地。（2）在这一范围内只有江西、广东和广西三省发现了较密集的新石器时代早期遗址（其碳十四测定年代都早到公元前 8000 年以上，远远早于浙江余姚河姆渡遗址）。这些遗址周围的生态环境都有多水的低洼地或沼泽，适于水稻种植。（3）这些遗址当时虽未发现水稻遗存，但已出土许多石斧、石锛、蚌刀、石磨盘、石杵等可视为从事农业的工具，表明人们已能利用谷类作物，这些谷类作物就是水稻"[35]。其二是农学家柳子明先生的观点，他说："根据云南、西江流域、长江流域、海南岛、台湾省等广泛地区都分布有野生稻的事实和文献记录，可能说明起源于云贵高原的河流顺流而下，分布于其流域或平原地区各处。"

如果这些推测能够成立的话，就有可能说明海南黎族的先民不仅是中国稻作农业的发明者（至少参与了发明），而且还说明海南新石器时代早期文化不是由河姆渡文化发展而来，而是相反。可惜的是海南岛到目前为止尚没有发现新石器时代早期及其以前的任何实物证据，上述专家引用的海南新石器时代的石斧、石锛、蚌刀等都是采集经济的工具（"落笔洞人"虽然在时间上也在距今 1 万年，也可能采集一些野生稻，所以，他的经济形态是属于采集经济。海南新石器时代的早中期仍没有发现用于翻土、播种、收割等一系列农用生产工具，所以，在这一时期仍处于采集经济阶段），在海南新石器时代的早期文化中既没有出现用于耕种工具的犁（或骨耜、石耜、破土器等）、用于中耕工具的锄、用于收获工具的镰，也没有出现用于加工稻粒的石磨盘、石杵等，只有到了新石器时代晚期才出现了大批的翻土工具石铲，而这时已是在夏商周或春秋战国时期。

原始农业又是如何产生的？更是众说纷纭，莫衷一是。主要观点有：

一是绿洲说：在冰河末期，湿润而寒冷的近东气候变得温暖而干燥，植物只在河边及绿洲生长，动物栖息在水源近处，人类也不得不居住在水源附近，因而得以观察周围的动植物，于是逐渐将植物进行栽培，将动物进行驯化，农业就这样产生了。

二是原生地说：在冰河后期的近东，曾有野生谷物和野生动物共生的原生地带。洪积世末期，人类采集食物的能力已相当高，可供食物的动植物资源丰富，定居的时间逐渐变长，与周围动植物关系更加密切，认识也更为加深。人们反复试验谷物的收割和种植、动物的捕获与驯养，从而出现了农业的曙光。

三是新气候变化说：大约在公元前9000年的洪积世末期气候变得温暖湿润，野生谷物的生长地扩展，人们为了更方便采集食物，离开了原来居住的洞穴，逐渐在平原上生活下来。由于得到更多的日光照射，一些被人类无意中遗弃的种子容易在住处的周围发芽生长，使人们掌握了野生谷物的生长规律，开始种植谷物。如分布在浙江东南部的越人已在距今约九千年的时候，也就是新石器时代的早期便告别洞穴，在高岗台地上建造房屋，开始过上了真正的农耕生活。

四是人口压力说：洪积世末期近东温暖的气候使植物繁盛，人口也随之增加。而人口增加又需要供应更多的食物，光靠采集野生植物已不能满足需要，人们就开始尝试种植野生的草本谷物。食物的增多促使人口增加，但人口增加到一定的程度时，又需要改进种植技术以提高产量。农业就是在这周期性的过程中产生的。

当然，关于农业的起源还有周缘地带说、宴飨说、块茎植物说、山地说等等，不一而足。这是有关农业起源的"一元论"和"多元论"的长期之争，每一种观点都有一定的道理，现代科学又无法解决这些争议，所以，现在只能多说并存。不过，有三种说法都与稻作农业与海南的起源有关：一是块茎作物。有专家认为，发现人类最早栽培的作物可能是块根块茎作物，然后才是禾谷类作物，这是带有普遍性的现象。"古代海南岛黎族最早种植的作物之一也是薯蓣。都是块根作物。台湾高山族的山地土著居民中最为原始的'野番'以及处于原始农业早期阶段的'生番'，以种植芋薯为主。在国外，东南亚、大洋洲和非洲一些热带、亚热带的原始农业民族也是首先种植芋或薯类等块根作物的。"二是起源于山地说。有人在分析我国南方少数民族（包括黎族的砍山栏）后认为：目前发现的新石器时代农业遗址，文化层堆积较厚，农业工具比较进步，都已脱离农业的最原始阶段，在这以前应该有更原始的农业遗址存在……农业起源于山地的原因是，原始农业是从原始采集狩猎经济中孕育出来的。开始人们只是沿用传统的石斧、木棒和火猎的经验，实行刀耕火种，而生产的关键在于林木。林木正是从事早期农业的人们生存所必须具备的自然条件。因此山地尤其是山腰和山麓就成为早期原始农业发展比较理想的地方。

总之，农业的产生是在人们掌握了可食用的野生植物的生长规律以后，人们就开始模仿它的生长过程来尝试种植，逐渐就将野生植物驯化成了栽培植物，人们将栽培的种子定期耕种和收获，农业就产生了。农业产生的过程是一个十分缓慢与逐步积累经验的过程，大约从旧石器时代晚期到新石器时代早期，都应是它的产生阶段。

自从农业发明以后，给人类提供了稳定而可靠的食物来源，使人口增加成为可能，而人口的增加又使当时的社会关系变得越来越复杂起来。同时，因农业需要定期耕种和收获，促使人们走向定居生活，也使聚落很快发展起来。农业还促进了与手工业、饲养业的分工与发展等等。当然，农业的产生还促使了食物储备、私有制的产生，这是农业发展到一定程度以后的事。

我们从河姆渡文化的考古发掘成果中可以看出，生活在河姆渡文化阶段的人已绝不再是原始农业的产生阶段，而处处都表现出农业的成熟：首先，河姆渡遗址普遍发现了一层稻谷、稻草的堆积，层厚达 20 至 50 厘米，最厚处超过 1 米，折合成稻谷可达 120 吨以上。稻谷的种类已进入以籼稻为主，籼、粳并存的时期（籼稻一般被认为是栽培品种，粳稻被认为是野生稻品种，还有介于两者之间的中间类型品种）。这么多的谷物靠采集是无论如何是没办法聚集的，毫无疑问，这是稻作农业的明显标志。其次，就耕作技术而言，河姆渡的稻作农业已脱离了"耜耕农业"而进入"熟荒耕作制"阶段。再次，河姆渡遗址附近还有大片的垦种良田，甚至"已经初步掌握了依据地势高低开沟引水等排灌技术"。

所有这些无不证明河姆渡文化的稻作农业已相当成熟，早已脱离了原始稻作农业阶段。而海南的新石器时代早期遗址中却还没有发现任何有关稻作农业的证据。如果说有一批河姆渡人在距今 7000～5000 年前来到海南岛的话，他们怎么能够把两千年苦苦积累和追求的先进稻作农业技术轻易地抛弃，或者说失传了呢？显然，这是无法回答的问题。从这个理由来说，生活在海南岛的新石器时代早期人类不是从河姆渡文化迁移而来。

（三）丰富的生产和生活用品

河姆渡遗址在已考古发掘面积只有约 4000 平方米的范围内，就出土石器 946 件（其中，第一期文化 427 件，第二期文化 278 件，第三期文化 119 件，第四期文化 122 件）、骨角牙器 2977 件（其中，第一期文化 1931 件，第二期文化 997 件，第三期文化 49 件，第四期文化未见骨角牙器）、木器 381 件（其中，第一期文化 343 件，第二期文化 30 件，第三期文化 8 件，第四期文化未见木器）、生活用品陶器 1886 件（其中，第一期文化 1285 件，第二期文化 411 件，第三期文化 106 件，第四期文化 84 件）。从以上这些具体数字中，可以清楚地看出，河姆渡文化的先民物质文化极其丰富，而且从来到此处居住不久，就很快达到了它的繁荣。

让我们先从石器说起：河姆渡遗址的第一期石器的种类主要有斧、锛和凿，"以斧为主，锛、凿次之。斧的典型特征是对称的双面刃。但对称双面刃的石斧甚少，绝大部分石斧两刃不甚对称，这是第一期文化石斧造型方面的显著特征"，"锛的典型特征是双面刃一长一短，有的锛正面呈弧背，又称弧背锛"，"凿的特征是体形瘦小，厚度略大于或接近于宽度，多磨制光滑平整，两面刃较锋利"。由此，刘军先生在《河姆渡文化》一书中总结说："此期文化选用这类硬而脆的石料制作各种石器，反映了河姆渡先民直接继承了旧石器时代打制石器的传统。旧石器时代制作石器的最原始办法就是把一块石头加以敲撞或碰击使之形成刃口，再加以修整而成石器。此期石器普遍保留打琢成形的原貌，只是在刃部磨制较精，减少使用时的阻力，这是河姆渡第一期文化石器的显著特征。这种情况表明，此期的石器较为原始，磨制技术还处于初期阶段。"

河姆渡第二期文化的"石器打制和修琢痕迹已明显减少，磨制较精，器形较规整，轮廓较分明。磨制技术已得到较为广泛的使用。同时还多见茧石制作的装饰品"。

到了河姆渡的第三期文化，已变得石器的种类较多，新出现了双孔和管钻孔的石斧。"斧、锛多修长，以锛为主，通体磨光。转折轮廓明显，造型规整，不见琢制痕迹。赭色叶腊石制作的纺轮很有特点。器型种类的增多，表明石器制造向定型化、专业化方向发展。"

河姆渡第四期文化的石器制作就已经"器型规整，通体磨光，轮廓分明。

管钻孔及漏斗状（琢）钻孔同时并用。此期装饰品多取材于石英、萤石及叶腊石等，器型仍以玦、璜、管、珠为主，加工比较精致美观"。

河姆渡文化的骨器是从事生产劳动最主要的工具，不仅数量多，而且器型规整，制作精致，种类有耜、镞、凿、锥、针、管形针、匕、哨、鱼鳔、镰形器、蝶（鸟）形器等。特别是它的那种雕工精细的"蝶（鸟）形器"，达到了令人叹为观止的地步，更令海南的所有新石器文化不及。

河姆渡文化的陶器制作无论从陶质陶色，还是从花纹品种，都与海南的相差很远，如从陶质方面分析，海南新石器时代早中期的陶器多为加砂灰陶，泥质陶少见，而河姆渡文化的第一期"陶土中掺和植物茎叶碎末和谷壳等有机物，烧成后这些有机物变成炭，烧成温度在 800～850℃ 之间，火候较低"，"陶器全部是手制的，器壁厚薄不均，色泽不匀，制作较粗糙，常见歪、斜、扭、偏等现象，反映了制陶工艺的原始性。夹炭黑陶器壁厚，但重量较轻，质地疏松，吸水性强，硬度低。夹砂黑陶器壁较薄，但重量较重，质地硬实"。双耳罐、釜支架和器座等最具特色。到第四期已出现了轮制技术，这是我国制陶史上的一个巨大技术和进步，一直延续到近现代。

如果说海南的新石器时代早中期文化是从河姆渡文化发展而来的话，河姆渡人无论迁到哪里都会将自己的传统先进技艺带到哪里，而不会轻易失传的，可是当我们找遍海南新石器时代几乎所有的石器、陶器、骨角器的考古发掘资料，都无法找到任何两种文化之间的传播线索。

河姆渡文化所处的社会发展阶段和组织形式也在积极的探讨之中，有的认为是"同一胞族中的两个女儿氏族"，有的认为已处于部落阶段。对于河姆渡文化的创造者多数人认为是百越人的一支，具体地说就是于越人的一支。于越在"浙江在商周时期为于越族分布之地，于越先民曾在这里建立过强盛一时的越国。浙南浙江东南沿海地区在商周时期属东瓯国"[36]。而生活在海南岛的黎族的先民则是骆越族的一支，况且在距今近 7000 年的原始社会早期，河姆渡文化的分布范围离广西东部和南部一带有说千里之遥，中间还夹杂着许多的民族或支系，如要迁居海南岛必须要穿越很远的距离。河姆渡遗址的先民确曾因海水的上涨有过多次外移，主要是朝距离较近的台湾，而要从东南沿海绕福建、广东或驾舟走海路，应该在海南岛的东岸或南岸登陆。但事实上，海南岛的新石器时代早期遗址多发现在海南岛的西部昌江流域，所以，如果说海南新石器时代早期文化的渊源来自河姆渡文化的话，从人类的迁移路线来看也是说不通的。至于海南的新石器时代的早期文化和河姆渡文化都有较多的打制石器、骨角器等，这是细石器时代早期江南文化的共有现象，也不能作为文化来源的依据。

第四节　黎族迁至海南岛距今 5000 年说

黎族迁至海南岛距今 5000 年的说法最为普遍，也已基本上被大多数研究学者所接受，如马沙先生在《中华民族·黎族》一书中说："黎族先民最早开发了海南岛，考古调查发现，海南岛新石器时代原始文化遗址有 130 处，出土大量磨制石器，其类型有有肩石斧、细型石斧；石锛、有段石锛，数量较多；还有大型石铲和农业生产工具，大约至今 5000 年左右，说明数千年前，海南岛区普遍有人类居住，并且已有了原始农业。石制和陶制纺轮的发现，反映当时已经发明纺织技术。石矛、石戈、石制网坠和陶制网坠及贝丘遗址的发现，证明当时还存在着狩猎、采集和渔业经济。一些学者认为，黎族先民是海南岛的最早居民，是海南岛出土的新石器遗物的主人。"海南移民史研究专家王俞春先生不仅赞同此说，而且进一步补充为："在距今 7000 年前，古越人从河姆渡一带出发，有组织地搭乘竹筏、木筏或独木舟，开始向台湾、中国东南沿海和东南亚国家逐渐迁徙。于 5000 多年前古越人中的一支首先登上海南岛，并且定居下来，繁衍后代，他们便是黎族的先民，海南岛最早的居民。首先登上海南岛或原居在山区的黎族山区的黎族先民，也许就是人们通常所称的'本地黎'……首批迁琼的黎族先民（古越人）在距今 5000 多年前抵达海南岛，但以后几批也可能到距今 3000 年前后才从雷州半岛陆续进入海南岛。"[37]

有人还认为大陆海外移民，海平面的变化是航海兴起的一个直接诱因："末期冰期结束后，全球气候不断变暖，海平面总体上处于上升过程，但上升的幅度、速度是存在波动的。根据第四纪地质学家的研究，大致来说距今 7500 年左右，海平面进入了快速上升的时期，直到距今 6000～4500 年间，海平面大致高于现今水平约 2.4 米，形成一个高海面时期，东南大陆沿海狭窄的农耕平原地带大多被海水淹没，人群生存空间压力更大，同时有些原本与大陆相连的沿海高地就成为岛屿，岛屿上的居民与大陆的交通也只能通过航海。"[38]

关于黎族的先民是否从河姆渡文化的先民发展而来，笔者已在上一节中作了阐述，基本上持否定观点。但对于黎族在距今 5000 年前来到海南岛的观点是赞同的，但这一时期登陆海南岛的人并不是最早的黎族先民，只能说是比较早的一支。因为在这一时期之前，也就是海南的新石器时代早中期，已有多批的人在此生活居住，而这批人也是黎族的先民，后来，他们就是人们通常所称的"本地黎"或者称之为"土著"民族。

笔者之所以这样认为，主要依据是海南的考古发掘成果。其中最具代表性的是郝思德、王大新先生的《海南考古的回顾与展望》一文，该文实际上是对海南新石器时代考古的一次科学总结。文章说：海南"新石器时代中期遗存多为沙丘遗址，山坡遗址较少，代表性遗址有陵水石贡、大港村及定安佳笼坡、通什毛道等处，它们在文化面貌上较为一致"[39]。新石器时代中期遗址已遍布海南岛的北（定安县）、中（五指山市）、南（陵水县）等地，其中，石贡遗址经碳十四测定，距今 4205 年左右，是属于新石器时代中期的贝丘遗址[40]。这已经充分说明至少在距今 4000 年以前，已有多批人在此生活居住，而这些人都应是黎族的先民，但是他们也不是最早迁来海南的一批。因为在他们之前的新石器时代的早期已有多处遗址，如东方市、乐东县都有发现。到了新石器时代晚期的文化遗存"在海南各地均有分布，大都属于台地和山坡遗址，主要分布在昌化江、南渡江、陵水河、万泉河等江河及其支流两岸的阶地和附近的岗坡上"[41]。这时的黎族先民已活动在整个海南岛上，并过起了较为稳定的农业生活。

过去，我们有些专家常常拿海南新石器时代晚期的有肩石斧、有段石锛、大型石铲等生产工具和网坠、纺轮，不加分析和分期地来作为黎族迁居海南的时间定为距今 5000 年前，只会作出不正确的结论。如海南的新石器时代中期遗址的"石器以磨制为主，器型主要有梯形斧、锛，还出现了有肩石器，打制石器已少见。陶器以夹砂红褐陶居多，器表以素面磨光为主，另有少量饰绳纹、划纹，磨光红衣陶较具特色，器形有圜底釜、圜底罐、圈足碗、钵、盆等。"而到了新石器时代的晚期遗址"所出磨光石器在形制上流行有肩和器身较长的特点。双肩长身铲、大石铲、双肩斧、长身斧、有肩锛等颇具地方文化特点；数量增多的泥质陶器上已出现方格纹、水波纹、米字纹、菱形纹、弦纹等简单的几何印纹；磨制的骨、角器逐渐增多；原始农业已开始发展……尤其是出土大石铲的遗址与两广地区以大石铲为特征的新石器时代晚期遗址在文化内涵及特征上基本相同，应同属一类地域特点鲜明的考古学文化遗存"[42]。

海南从新石器时代早期到晚期的生产工具和生活用品，哪怕是一个小小的细节变化（如形制、纹饰、数量等），都是经过长期的实践和探索的结果，有时需要几百年，甚至上千年的积累，或者说海南的新石器时代遗址延续了很长时间。如东方市四更镇的荣村遗址，下层年代距今 2570 年左右，属新石器时代晚期，已是大陆中原的春秋早期文化，而它的上层已为汉代文化层。

我们从海南的新石器文化遗址的出土文物中可以清楚地发现，在新石器时代中期及以后，就逐步地显示了海南文化的滞后现象。造成这种现象的原因是复杂的，应该主要有以下几个方面：

（一）经济原因。海南新石器时代文化直到中期，都是以渔猎和采集为主，而此时大陆的农业经济已相当发达。靠渔猎和采集经济为主的人类是要经常迁徙的，这样，不利于文化的交流、生产力的提高和人口的增加。

（二）自然环境原因。海南岛没有冬天的寒冷，一年四季气候温暖湿润。茂密的树林中，大象、虎、熊、犀牛等大型哺乳动物出没期间；岛四周滨临大海，岛内有横交错的河流、星罗棋布的湖泊，积聚了丰富的鱼虾贝类资源；水草茂盛，是禽鸟们的天堂；山地丘岗、平原沃野，生长着各类野生植物和块根茎食物……大自然赐予了黎族先民美丽富饶的生态环境和足够生存的食物来源，使人们不用花费多少劳力就可以满足正常的物质生活，这就阻碍了人们追求生产剩余产品和改革生产工具、提高生产率的动力。

（三）地理原因。海南岛与大陆距离最近的地方和雷州半岛尚有 18 海里的天然阻隔，来到海南岛之后虽然仍没有间断和对岸的联系与交往，但毕竟还是较少。这一时期（主要指新石器时代晚期）大陆的许多地方正经历着社会的大变革、大交流、大动荡时期，各种新的先进技术、科学发明及社会发展模式层出不穷。生活在海南岛的人与大陆的人群相比，还生活在封闭的状态，不能及时掌握和了解先进信息，从而，经过了长达几千年的缓慢发展，其文化发展的滞后性必然反映出来。例如，河姆渡文化的先民已在新石器时代中期，即距今 5000 年前进入了稳定的农业生产时期，母系氏族社会已达到繁荣，甚至已向父系氏族社会过渡，而海南在新石器时代晚期定居的农业经济才刚刚萌芽。

（四）人口原因。在大陆中原地区的新石器时代晚期，人口密度已达到一定程度，沿河流两岸每隔五六华里就会有一个村落遗址，普通的村落也在面积几万平方米，几十万平方米一个村落的也不罕见。而海南这一时期的文化遗址仍相当稀少，遗址面积也不大，文化堆积层较薄，反映了海南的人口较少。据林蔚文先生研究："汉元始年间（公元 1～5 年），是西汉人口发展的鼎盛时期，但岭南七郡人口的总数与地域面积平均，人口密度仍很稀少。其中交趾四郡每平方公里为 9.6 人，九真郡 3.0 人，日南郡 0.7 人，合浦郡 1.4 人，郁林郡 0.6 人，苍梧郡 2.5 人，南海郡 1.0 人。有的地区如含洭、浈阳、曲江等山区至东汉时仍人烟稀少，个别地区则荒无人烟，无人经营和开发"[43]。东汉时期，海南岛归合浦郡管辖，孤岛海南应该比合浦的人口更少，而此时的大陆中原已每平方公里有 100 人。海南新石器时代的人口稀少是阻碍社会发展和繁荣的重要原因之一。

另外，黎族人何时迁琼，有他们自己的一则传说："海南岛上原来是没有人居住的，大禹坐天下时，在南海上有个俚国，国王有个丹雅公主，她嫁了三个丈夫都先后死去。相师就传言，丹雅公主是扫帚星下凡，她嫁给谁谁死，在国国亡，只有将她处死，才能得到安宁。而此时，公主已身怀六甲，国王不忍心下此毒手，便在一个北风呼啸的早晨，给她准备了一条无舵无浆的小船和一些食物、一把小刀和一大把山兰稻种。丹雅公主被放到船上的时候还带了一条小黄狗，然后，她就驶向了大海。后来，这位公主并没有死，不知过了多长时间，也不知经历了多少生死劫难，便在一个荒岛岸边搁浅了。从此，她就在这个荒岛上定居下来。为了躲避风雨，防止野兽的侵袭，丹雅公主在海滩边竖起几根木桩，把小船倒扣在木桩上当屋顶，还割来茅草围在四周，她有了属于自己的家。白天，她带着小黄狗上山打猎，晚上，她就睡在这只船屋里，小黄狗就忠实地守在门口。后来船板烂了，她就割下茅草盖屋，这就是黎族船形屋的来历。"[44]

黎族的这则故事传说是靠世代相传的，没有留下史书记载，因此，有多大可靠性我们无法考证，但从他们的传说中说明了他们记忆中的迁琼时代是在夏禹时代，也就是说，是在原始社会即将结束和奴隶制社会产生的时期，大约距今在公元前 21 世纪至公元前 16 世纪，也就是说，大约在距今 5000 年至 4000 年前左右。

第五节　黎族迁至海南岛距今 3000 年说

距今 3000 年前由两广迁琼的说法更加普遍。"约在 3000 年前的商周之际，黎族先民就已定居在海南岛。"[45] 也有人说："我们初步认为推断黎族的远古祖先大约在新石器时代中期或更早一些从两广大陆沿海地区（特别可能是雷州半岛）陆续进入海南岛，其年代相当于中原地区殷周之际，距今已有三千年以上的历史。"（《黎族简史》）这一说法虽然已被多数人所接受，如说"世居海南岛的黎族系古代'百越'民族的一支，自殷商始，其先民就陆续迁入海南岛，成为琼州沃土上最早的开拓者"[46]。

在商周时期的新石器时代的文化遗址已遍布海南岛上，虽然证明有很多大陆居民迁来居住，但他们不是最早迁来的一批，这是可以肯定的，无需更多的阐述。

注释

【1】【2】【27】【37】王俞春著：《海南移民史志》，中国文联出版社，2003 年版，第 42～43、43 页。

【3】王学萍主编：《中国黎族》，民族出版社，2004 年版，第 461、3、273 页。

【4】王学萍：《黎族史·源远流长的黎族——序》，载吴永章著《黎族史》，广东人民出版社，1997 年版。

【5】【24】郝思德等编著：《三亚落笔洞遗址》，南方出版社，1998 年 6 月，第 35、11 页。

【6】【10】【12】【37】【40】【41】【42】郝思德、王大新：《海南考古的回顾与展望》，《考古》，2003 年第 4 期。

【7】《早期中国——中华文明起源展》，《中国文物报》，2009 年 9 月 30 日。

【8】【16】【33】李学勤主编：《中国古代文明起源》，上海科学技术文献出版社，2007 年 4 月版，第 63、124、113～115 页。

【9】【11】杨鸿勋著：《建筑考古学论文集》，文物出版社，1987 年版，第 47、60 页。

【13】安志敏：《中国新石器时代的农业》，《中国大百科全书·考古学》，第 704 页。

【14】【21】林蔚文著：《中国百越民族经济史》，厦门大学出版社，2002 年版，第 208 页。

【15】[美] 斯塔夫里阿诺斯著，吴象婴等译：《全球通史》，北京大学出版社，2006 年版，第 36 页。

【17】《三湘考古 惊羡天下——新中国 60 周年湖南考古巡礼》，中国文物报，2009 年 9 月 18 日。

【18】【36】《锲而不舍 走向成熟——浙江省文物考古研究所建所 30 周年纪念专刊》，中国文物报，2009.11.13。

【19】【22】【23】涂高潮著：《海南古陶瓷》，海南出版社，2008 年版，第 28、39 页。

【20】张恒等：《浙江嵊州小黄山遗址发现新石器时代早期遗存》，中国文物报，2005 年 9 月 30 日。

【25】王献军：《黎族早期的物质文化》，载王建成主编《首届黎族文化论坛文集》，民族出版社，2008 年版，第 87 页。

【26】史式：《探讨黎族历史如何突破时空限制》，载《海南先民研究》（第一辑），第

78 页。

【28】刘军著：《河姆渡文化》，文物出版社，2006 年版，第 131 页。以下本章凡带引号未注明出处的均引自该书。

【29】杨鸿勋著：《建筑考古学论文集》，文物出版社，1987 年 4 月，第 51 页。

【30】赵晓波：《河姆渡遗址干栏式建筑的再认识》，《史前研究》，2000 年。

【31】海南省文物考古研究所：《海南东方市荣村遗址试掘简报》，《考古》，2003 年第 4 期。

【32】阎根齐著：《海南古代建筑研究》，海南出版社，2008 年 4 月，第 16 页。

【34】【35】陈文华著：《农业考古》，文物出版社 2002 年版，第 23~27 页，以下本章凡未注明引号出处的均引自该书。

【38】[美] Barry Rolett，干小莉译：《中国东南的早期海洋文化》，载蒋炳钊主编《百越文化研究》，厦门大学出版社，2005 年版，第 125 页。

【39】《海南省文化志·文物编》（征求意见稿），尚未出版。

【43】【44】林蔚文著：《中国百越民族经济史》，厦门大学出版社，2003 年版，第 25 页。

【45】吴永章著：《黎族史》，广东人民出版社，1997 年版，第 1 页。

【46】符桂花主编：《清代黎族风俗图·前言》，海南出版社，2007 年。

第三章

先秦时期的黎族社会

　　先秦的概念一般指秦代以前的历史时期，即从远古时期直到公元前221年秦始皇统一全国为止。因海南新石器时代早期及以前的历史已在前两章中进行了阐述，对于海南而言，这里的先秦时期主要指夏商周至春秋战国约两千余年的时间。这一阶段是我国奴隶制从产生到繁荣，最后走向衰落和灭亡的时期；在海南生活居住的黎族先民还久久停留在原始社会而没有迈进文明社会的门槛。黎族先民在这漫长的原始社会里，完全用自己的生产生活方式，为人类社会的发展进步作出了宝贵的贡献。海南独特的历史发展轨迹也成了中华民族文化丰富多彩的见证。

第一节　骆越人迁居海南岛

　　对于居住在海南岛上的黎族先民，来自百越民族中骆越人的一支这一说法，许多专家通过大量的文献记载和文物资料的验证，基本形成了共识，笔者对此也无异议。只不过骆越人原来居住在哪里？他与百越民族究竟是一种什么样的关系？他们创造了怎样的文化？又是如何来到海南岛的？这一系列的问题还有继续探讨的必要。

　　（一）骆越人——百越族的一支

　　在我国南方一带，至少从新石器时代以来就一直活动着古老的民族，称"蛮"或"蛮夷"，如《尚书·禹贡》记载："五百里要服，三百里夷，二百里蔡。五百里荒服，三百里蛮，二百里流。"《国语·周语上》又说："夫先王之制：邦内甸服，邦外侯服，侯卫宾服，蛮夷要服，戎狄荒服。"这里所说的"蛮夷"是中原华夏统治者对周边民族分布的总概括，其实并不一定专指南方的蛮。《诗经·大雅·韩奕》记载，周宣王时韩侯在北方"以先祖受命，因时百蛮"，说明蛮也有在北方的。居住在南方的族群称为"百蛮"或"南蛮"，是战国时期出现的，也是对中原王朝而言的泛称，分布范围相当于现在的苏南、上海、浙江、安徽、湖北、湖南、江西、福建、台湾、广东、广西和海南等省、市、自治区。

有人说，"越"人在夏朝时便称"于越"，商朝时又有了"蛮越"或"南越"的记载。有人更具体地指出：越"各支系实际上在商代早期就开始出现了一些各不相同的名称，如《逸周书·伊尹朝献》载，商汤时，伊尹受命令各地献方物，共有九夷、十蛮、越沤"，"西周时期，越的名称开始普遍出现。《逸周书·王会》载：'东越海蛤，欧人蝉蛇，蝉蛇顺食之美。于越纳，姑蔑（妹）珍，且瓯文蜃，共人玄贝'"[1]。这短短的几句话就有"东越"、"欧人"、"于越"、"姑妹"、"且瓯"、"共人"的名称，都是指南方的越族。《周礼·冬官考工记》又有"吴、粤"名称。越即粤，古代粤、越通用，也是指越人。《周礼·职方氏》中最早出现"七闽"名称。闽即古代东南地区越族的名称。许慎《说文解字》说："闽，东南越，蛇种"。

但由于《逸周书》和《周礼》等书皆出自战国时期的手笔，是后人对前代的追述，所以，夏商时期是否已有了"越"族的专门称谓还无法肯定。

目前可以肯定的是，在战国末期的文献中就有了"百越"族的记载。该记载最早见于《吕氏春秋·恃君》篇："扬汉之南，百越之际。""扬汉"在《尚书·禹贡》中属扬州之域，故越人又称"东南曰扬越"，这里的"东南"是一个范围极大的人文地理概念，也是站在中原华夏的角度，来指的长江以南的扬州地区，都称为"东南"。

"百越"的"百"，一般人都认为是指多数、约数，而不是确数。百越是对南方诸族的泛称，是说越族支系众多的意思。这样，在先秦文献中就出现了越常、骆越、瓯越、且瓯、西瓯等，宋朝人罗泌的《路史》中将这些人谓之"百越"。战国至秦汉之际，逐渐形成了于越、瓯越、闽越、南越、骆越、山越等十几个强大的部族和国家。《汉书·地理志》注引臣瓒曰："自交趾至会稽七八千里，百越杂处，各有种姓。"交趾在今越南的北部，会稽即今浙江绍兴。也就是说，百越相当于今天的南起越南北部，北至我国的浙江、湖南，中间有海南、广西、广东、江西、福建等省。

对于百越分布在如此大的区域，《汉书·地理志》又记："今之苍梧、郁林、合浦、交趾、九真、南海、日南，皆粤分也。"至东汉三国时，百越族称已经逐渐消失，代之而起的是"蛮"、"洞蛮"、"洞僚"等其他称谓。

"百越"人在远古时期为何称越？有人说这是古代江南土著呼"人"语

音，越是"人"的意思[2]；卫聚贤先生在《吴越释名》一文中认为："吴字即鱼字，越即钺，为斧钺之钺，为浙江古民族所发明。吴越源系一个民族，后越人发明越而独立，故越有超越之意"[3]；王文光先生则认为："越族从夏、商、西周时期开始就是一个他称，是指使用'戉'这种生产工具（或兵器）的人们共同体，由于内部'各有种姓'，广泛分布于亚洲大陆南部大江大河的下游，故战国时将之称为'百越'。"[4]这些说法谁是谁非，一直没有定论。

对于百越族的起源问题分歧更大，主要有三种说法：其一，百越族出源于夏民族，即"越为禹后说"。主要依据是《史记·越王勾践世家》记载："越王勾践，其先禹之苗裔，而夏后帝少康之庶子也……后二十余世至于允常。勾践立，是为越王。"《正义》引《舆地志》又记："越侯传国三十余叶，历殷至周敬王时，有越侯夫谭，子曰允常，拓土始大，称王，《春秋》贬为子，号为于越。"越国从勾践立国又传六世，到了楚威王时被灭。二是南方的整个越族都最初来源于"马来人"，或者说是"海洋蒙古利亚种"。我们已在第一、第二章中引述。三是认为百越族是由当地原始居民发展而成，即"土著"说。主要是以张荣芳先生为代表的观点，他在驳斥了这些观点之后说："解放后我国考古学、民族学、历史学的研究，证明越族主要是由我国东南地区和南方地区的土著原始居民发展而形成的……越族是我国东南和南方地区土生土长的民族。"[5]这个结论是比较符合实际的，而且，随着新中国考古发掘和研究工作的不断深入，越来越证明了越族一直是在我国东南和南方地区土生土长的民族。

为了能准确把握越族之间各支系的关系，有必要对与骆越族有关的几支略加阐述：

（一）于越。于越是百越中最早出现的一支，主要分布于今浙江的宁绍平原、杭嘉湖平原及金衢丘陵地区。新石器时代中期的河姆渡文化可能就是于越先民创造的。

（二）东瓯。史书称"瓯"的时间也相当早，《逸周书·王会》已有记载，居住活动在今浙江东南瓯江流域。汉惠帝三年（公元前192年）建立了东瓯国，史称"东瓯"。

（三）西瓯。西瓯"主要分布于桂江、浔江流域，以今广西贵县为中心"。在西汉初年的文献中，还没有出现西瓯一词，大都是将瓯骆连称。如《史记·南越列传》记载："越桂林监居翁谕瓯骆属汉，皆得为侯。"到刘安著《淮南子·人间训》篇中便记载：秦军入西瓯地后"杀西瓯君译吁宋，而越人皆入丛薄中，与禽兽处，莫肯为秦虏"。

（四）西瓯与瓯越。《汉书·两粤传》以后的文献对西瓯的历史及其分布区域就有了明确记载。如《汉书·两粤传》记载南越的地域："南方卑湿，蛮夷中西有西瓯，其众半赢，南面称王；东有闽粤，其众数千人，亦称王；西北有长沙王，其半蛮夷，亦称王。老夫故敢妄窃帝号，聊以自娱。"这是西汉文帝时期南越王赵佗说给汉使者贾陆的一段话，表明了当时南方（岭南）的态势为中有南越、西边及南边有西瓯、东有闽粤、北有长沙。郭璞在给《山海经》作注时又说："瓯在海中，郁林郡为西瓯。"此时，已不见骆越的记载。等汉武帝出兵灭南越国后，《汉书·两粤传》又记："粤桂林监居翁谕瓯骆四十余万口降，为湘城侯。"西汉元鼎六年（公元前 111 年）冬，"南粤已平。遂以其地为儋耳、珠崖、南海、苍梧、郁林、合浦、交趾、九真、日南九郡"。从此，西瓯、骆越、东瓯等称谓都退出了历史舞台。

这就产生了一个问题：西瓯和骆越究竟是越人的同一支系、同一地方的人，还是越人的两个支系或不同地方、抑或两个支系一个地方的人？这是长期以来治史者一直在争议的问题。林尉文先生认为，西瓯和骆越应是百越的两个支系，"因为从《史记》等有关史籍记载看，司马迁对其既有连称，也有分称。《史记·南越列传》载：'越桂林监居翁谕瓯骆属汉，皆得为侯。'同书太史公曰：'瓯骆相攻，南越动摇'，等等，均为分指。如瓯骆属于百越的一个分支，那么，司马迁就不必说'皆得为侯'，更不能说'瓯、骆相攻'的话了"。[6]此说颇有道理。但是，为什么在南越王赵佗统治时期只有西边的西瓯，而没有骆越呢？显然，这是一个难以解释的问题。

关于西瓯与骆越的分布区域，林尉文先生说："西瓯人主要分布于今桂江流域一带，其地大体上包括了秦的桂林郡，亦即西汉时期的郁林、苍梧二郡。但是这些地区与南越、骆越往往有交叉，汉代南越人势力壮大时亦曾经略西瓯、骆越的一部分地区，因此西瓯与南越、骆越的交界区不大稳定，这是需要指出的"，而"骆越的地域大致包括今广西南部，越南北部、中部及海南岛等地，即汉代郁林郡的南部、交趾、九真、日南郡和儋耳、珠崖郡等地"。何英德先生则认为："西瓯族主要生活在今广西西江中游及灵渠以南的桂江流域，骆越族主要聚居于西瓯族的西部与南部，越南的红河西部与南部，即今天广西的左右江流域，越南的红河三角洲及贵州省的西南部。赵佗称帝后，率军征服了骆越族。"[7]大体说来，南越族聚居于今广东北、中部一带，今广西东部地区也有一些。西瓯族主要生活在今广西西江中游及灵渠以南的桂江流域……骆越族分布于西瓯族的西部和南部，即今天广西的左、右江流域，越南的红河三角洲及贵州省的西南部。"[8]看来他是主张西瓯与骆越同时并存的。

（五）骆越。对于西瓯和骆越到底是越族的一个支系或两个支系之争，笔者认为：可能在周代以前原为两个支系，由于他们长期杂居，战国至秦汉以后随着被南越国所灭，就都融入在了一起。到汉代时，便有时称"瓯越"，有时又称"骆越"或"南越"。如《战国策·赵策》又记："被发文身，错臂左衽，瓯越之民也。"东汉时期的贾捐之在给皇帝的"议罢珠崖郡"中说道："骆越之人，父子同川而浴，相习以鼻饮……本不足郡县置也。颛顼独居一海之中，雾露气湿，多毒草虫蛇，水土之害。"《史记·赵世家》索引刘向说："今珠崖、儋耳谓之瓯人，是为瓯越。"《正义》在解释"瓯越"条目时引《舆地志》又说"周时为骆越，秦时曰西越，文身断发避龙。"《汉书·昭帝纪》师古曰："儋耳本南越地。"《后汉书·任延传》也记载今越南境内的九真郡乃"骆越之民"。至少，迁到海南岛的越人就有这种混杂的现象。所以，《史记·货殖列传》记："九嶷、苍梧以南至儋耳者，与江南大同俗，而扬越多焉"，这是一个最为笼统的概念。

骆越之称是怎么来的，也有各种说法。一种是汉族对他的称呼，因"骆"与"黎"、"黎"与"俚"在古代都是相通的，都是同一民族，是汉族对他的译音。二是赵全鹏先生认为，"黎族源于骆越人，骆越人原活动在今天的广西南部和东南部一带，因耕种骆田而得名"[9]。三是林蔚文先生说法更详，且有说服力。他说："其称骆越，可能源自'雒田'。《水经注·叶榆水》引《交州外域记》曰：'交趾昔未有郡县之时，土地有雒田，其田随潮水上下，民垦食其田，因名曰雒民'。雒与骆通，因当地越人垦食雒田，而名骆越。与西瓯等越人一样，骆越也是由当地土著越人组成的，桂南、桂西南等地的旧石器时代文化对其影响很大，此后的骆越铜鼓、铜提筒、靴形铜钺等更是独具特色。"四是"人"的自称。李锦芳先生在《百越族称源流新探》一文中用大量的语言学读音论证了海南黎族属于侗台语系，他说："从侗台语材料看，百越部分支系的族称'瓯'正来自百越一些群体语言的'人'一词"，另宋代周去非《岭外代答》说："钦民有五种，一曰土人，自昔骆越种类也，……以唇舌杂为音声，殊不可晓，谓之蒌语。"因"蒌"与"僚"音近，远古时期所谓的"蒌语"，就是宋代广西的"僚语"。

在先秦时期的南方还有南越（地域以今广东全境为主，西部达今广西东北界）、南海（地域在今江西东南和福建西南部的交界处）、闽越（地域在今福建省全境、台湾、浙江西南部等）、滇越（地域在今云南省境内）等百越人的支系。这些人有的在夏商时期已进入奴隶制社会，如于越国在越王勾践称王时曾为春秋五霸之一；有的建国较晚，如南越国是在汉高祖十一年（公元前196 年）才建国，但百越中的多数支系直到汉代逐渐消失仍处在没有阶级和国家的部落或部落联盟阶段。如西瓯"汉代南越人势力壮大时亦曾经略西瓯、骆越的一部分地区……西瓯虽设有君长，但其政治结构不明，史籍对此没有更多的记载，从有关资料分析这支越人当处于比较松散的政治结合体状态，即约当于军事民主制时期的酋长（君长）制，这与西瓯人的长期分散而居的生活、社会环境也有一定关系"，而骆越人也是由于分散居住，也"基本上尚处于没有阶级和国家的部落或部落联盟的状态之中"[10]。

顾微在引晋裴渊的《广州记》一书中记载："交趾有雒田，仰潮水上下，人食其田，名为骆侯，诸县自名为骆将，铜印青绶，即今之令。后蜀王将兵讨骆侯，自称为安阳王，治封溪县。"两晋（公元265～420 年）时期，海南岛属交州合浦郡管辖，尚有雒田，各县自名为"骆将"，海南岛上的骆越人也以侯、将自居，因此，林蔚文先生说："此处的侯、将等，实与西瓯之君、将类似，都属部落联盟的首领之类的称呼。"由此可以看出，在先秦时期百越族各支系已存在社会发展的不平衡状态。

先秦时期，尤其是春秋战国及其以后，是中华民族大融合的一个高潮，中原汉文化势力不断向南发展。受此影响，原居住在广东、广西的西瓯和骆越人就会分散或成批的渡海迁居海南岛。史书虽无明确的记载，但从汉代人的记载中也能找到一些蛛丝马迹。如春秋战国时期，楚国共王时（前590～前560年），已"抚有蛮夷，奄征南海"。《史记·越王勾践世家》记载：公元前334年，楚威王灭了越国，"越以此散，诸族子争立，或为王，或为君，滨于江南海上，服朝于楚"。故此，有人认为，是"楚悼王遣吴起南平百越，越国人再迁南方，他们中的一部分酋长占据了一些有利地区，集合了新人和旧人，成立了部落或部落联盟，或自称君王，这样的集团在东周至秦汉的岭南地区广泛存在，地域甚至扩展到了印支半岛。战国秦汉以后，楚汉的锋芒再度南下，彻底占据了他们的生存空间，导致一部分越人进一步遁入山林中生生不息"[11]。这样的越贵族率领大批越人，迁徙我国南方各地，甚至海外广大地区，也就不能排除有些人来到海南岛的可能。

由于骆越人是属于百越人的一支，骆越人的总体文化特征与东瓯、西瓯、南越等接壤地区有很多的一致性，因此，很难与百越其他地区的文化区别开来，但也不是完全相同的。张荣芳先生总结过百越共同的文化特征，主要体现在八个方面，其中有：1. 创造了印纹陶文化。这种文化以陶器表面拍印几何形花纹为主要特征，较早的陶器质软，叫"几何印纹软陶"；较晚的陶器质硬，叫"几何印纹硬陶"。2. 使用的石器主要是有段石锛和双肩石器。3. 青铜铸造发达，普遍使用铜鼓，善于铸造青铜宝剑。4. 经济生活以种植水稻为主，兼从事渔捞。5. 干栏式建筑。这种建筑的特点是底部悬空，正脊的两头翘起，屋顶结构作两面坡式。建筑"干栏式"房屋的目的在于防卫毒蛇瘴疠。这与越族分布于山林密布、气候潮湿的地方是相适应的。6. 流行断发文身和拔齿习俗。7. 有自己的语言。[12]

百越人的这八个文化特征也基本上都适合迁居在海南岛的骆越人的总体文化面貌，只是在有些方面表现得比较突出和强烈，可能代表了刚迁居海南岛不久的文化现象；有的就表现比较淡薄或者有新的文化因素，可能是迁居海南岛之后，随着地理气候环境的变化和社会生产力的发展提高，代表的黎族先民生活方式的改变或进步。那么，我们又该如何利用这些文化现象和史书记载来分析判断黎族先民在先秦时期的社会发展水平呢？

第二节　黎族先民的原始农业

从大量的考古发掘和文献记载中，我们可以发现，先秦时期定居在海南岛的黎族先民已经过上了定居的原始农业生活。所谓"定居"是与新石器时代早中期以采集渔猎经济占绝对地位而言的相对定居，那时是经常性的不固定的迁徙，现在是定居了一两年或两三年的迁徙；所谓的"原始农业"也是与同时期已经成熟或发达的农业经济相比较而言的。

（一）有肩石器的大量使用。有肩石器的大量使用表明了原始农业生产已经开始。海南在新石器时代中期打制石器已比较少见，随之而来的是磨制石器的增多，在器型上出现了有肩的石器，但数量和种类都较少。到了新石器时代的晚期，这些遗址所出磨光石器在形制上流行有肩和器身较长的特点，双肩长身铲、大石铲、双肩斧、长身斧、有肩锛等颇具地方文化特点。黎族的先民将石器制作成有肩的形制、器身磨光和器身加长都是社会生产力明显提高的重要标志。因为，远古人将石器的一端制作成有肩以后，可以在上端安装木柄而成为复合工具，磨光是为了减少阻力，器身加长是为了翻土更深，这些都利用了力学原理使生产力大大提高。

当时海南岛树林密布，荆棘丛生，地表和土层内树根盘根错节，只有有了大而刃部锋利和装上木柄的石铲（翻土、铲土）、石斧（砍伐树木）才使较大面积的开垦土地成为可能。关于石铲、石斧和石锛，由于形制相似，常常混为一谈。铲的面宽，以利翻土；斧是双面刃，柄与刃部平行；锛是单面刃，刃部与柄垂直，在新石器时代主要用作刨掘土地，也可用来刨砍树皮，到了金属时代便逐渐变成了专门的木工器具，而斧有的演变成了一种权力的象征——钺。这些原始农业生产工具的大量出现，正是农业已经产生的证明，也因为有了种植，需要按季节进行耕种收获，就迫使人们定居下来，促使了房屋建筑和聚落的产生。

将海南这一阶段定为原始农业，主要是因为农业生产工具还处在原始初创阶段，例如农业生产工具都是石质的，而且数量较少，缺少收割和谷物加工工具。就整个越人使用的农具而言，从原始社会到秦汉时期，经历了几次大的改良创新活动，正如林蔚文先生所指出的："一是质地的改良，无论从石到铜或从铜到铁，都具有划时代的意义，其对当时越人的农业生产所产生的积极作用，与中国历史上整体的农具质变所产生的巨大影响可以相提并论。其次是农具种类的创新增多，如史前及商代，各地石器农具仅有锛、斧、犁、刀、镰等少数几个种类，至春秋前后，新增加了锄、耜、镬、铚、犁铧、凿、削等不少新种类。秦汉时期，还出现了耙等新农具，从而基本构成了从翻土深耕、中耕除草到收获收割等农业耕作全过程所必须拥有的比较系统、完备的农耕用具。"[13]可是由于我们前面说过的原因，黎族使用的农耕工具无论从种类上还是从质地上都没有实现这几次大的农具改良，如只有用于松土、播种的石铲工具，而没有用于收割的石镰和用来加工农作物的石磨盘、石磨棒等工具，即没有形成一整套完整的配套农具。生产工具的不完善使黎族社会进入秦汉以后，甚至在相当一段时期，都还停留在原始的初耕农业阶段。史书记载和黎族遗留下来的耕作、收获、加工方式中也可得到充分证明。

（二）原始农业的耕作方式

黎族的原始农业耕作方式见诸史书记载的有：砍山栏、火耕水耨、群牛踏地等。

1. 砍山栏。这是黎族原始社会刀耕火种式的农业生产方式，在五指山等黎族合亩制地区，新中国成立前还普遍存在这种开垦土地和农耕方式。这种方式是"不翻土、不施肥，在离居住地较远的地方，砍山成园后，用尖木棒戳地成穴，种1年～3年便丢荒10年～20年，全靠天然的自然力来恢复土壤肥力；另一种方式技术已经前进了一步在距离居住地较近的地方，砍山种一年后，使用锄头来翻土，把收获后遗留的稻杆压下作肥，然后挖坑种番薯，到翌年二三月收薯后，利用挖薯翻起的松土，再以尖棒戳种下山栏稻"，在砍伐耕种时，"只把树木的细小枝叶砍下，留下砍不动的树干，这种削枝留干的做法，与他们使用的工具太简单有关，因为这样一把钩刀即可完成，而要将树干砍倒则需利斧、大锯，费工也多"【14】。

需要指出的是，黎族砍山栏所用的钩刀绝对是很晚以后才出现的砍伐工具，而在秦汉以前黎族所使用的仍是石斧之类。当然，当时还有一种叫做骨耜、木耜的农业生产工具。

2. 火耕水耨。"火耕水耨"是先秦时期南方越族一种普遍的农耕方式。《史记·货殖列传》记载："楚越之地，地广人稀，饭稻羹鱼，或火耕而水耨。果隋蠃蛤，不待贾而足。地执饶食，无饥馑之患。"《汉书·武帝纪》又记："江南之地，火耕水耨。"应劭注曰："烧草下水种稻，草与稻并生，高七八寸，因悉芟去，复下水灌之，草死，独稻长，所谓火耕水耨。"

按现代人的解释，这究竟是一种什么样的办法耕种，史家意见不一。有人认为火耕和水耨是一种耕作方法为：就是把田地里前一年的枯草用火烧掉，再把水稻插入田中，待水稻长到七八寸高时，便割除杂草再灌水。这样，杂草会因水灌顶而死，余下的即为水稻；另一种说法是，火耕与水耨是两种不同的耕作方法，主要代表作是清屈大均的《广东新语》卷十四记载："岭北多火耕，岭南多水耨，水耨者地若舄卤，水咸大禾难育，故必天雨水淡，乃多稼而米粒甘。山田两熟者以水淡，潮田一熟者以水咸。咸生于潮，潮者，阴火之气也，苗以阳火之气而肥，以烧畲所以美稻粱。低田无高下皆宜火，火者稻杆之灰也，以其灰还粪其禾，气同而性合，故禾苗扬长。"屈大均为岭南人，对清代的火耕水耨比较了解，他的记载比较可信，但与先秦时期的社会相距甚远，也许只能代表清代火耕水耨的生产方式。

林尉文先生认为："所谓的'火耕水耨'是有两重性的，即火耕与水耨在不同地区可以是两种不同形式的农耕活动。火耕在山区旱地以及草菜初辟地区比较流行，这是由于自然条件使然。同样，水耨在东南沿海的沼泽、水田、潮田或沙田等处则并非仅仅是以水淹草了。"【15】实际上这是古人依据不同的地理环境而采取的不同耕作方式。海南岛既有山区，又有平原、低洼之地，在先秦时期这两种耕作方式应是同时存在的。

据明代顾岕的《海槎余录》记载："黎俗四月晴霁时，必集众斫山木，大小相错，更需五、七日，浩洌则纵火，自上而下，大小烧尽成灰，不但根干无余，亦且熟透矣。徐徐锄转。种棉花，又曰见花。又种旱稻，曰山禾，禾粒大而香可食。连收三四熟，地瘦，弃置之，另择地所，用前法别治。"清康熙年间编纂的《昌化县志·风土》记载："昌邑东北，近黎地高燥，民以刀耕火种为业，名曰斫山。集山木而焚之，播草麻子、吉贝二种于积灰之上。昌民之利，尽于是矣。阅三年即弃去。"《广东新语·食语》又说：黎族"所居凭深阻峭，无平原旷野，伐木火之，散布谷种于灰中，即旱涝皆有收获，逾年灰尽，土硗瘠不可复种，又更伐一山，岁岁如之，盖天所以制其力也"。这里所说的"伐木火之，散布谷种于灰中"可能就是指的这种"火耕水耨"方式。清初的《黎岐纪闻》也有记载："黎内多崇山峻岭，少平夷之地，然以山润为田，脉厚而水便，所获较外间数倍，其米粒大白色，味颇香美，然外间人食之多生胀满。琼人所谓大头米即黎米也。"光绪《定安县志·舆地志·谷属》又记："山稻，种于内图及黎山中。燔林成灰，因灰为粪。不需牛力，以锥凿土而播种焉。"可见，"火耕水耨"是海南在原始农业阶段的一种非常普遍的农耕方式，并且沿用了相当长的时间。

3. "群牛踏地"。这也是海南黎族比较原始的水稻栽培法之一，从原始社会一直沿用到新中国成立前，海南有些偏远地区仍在使用这种办法，被专家称为"群牛踏地"耕作法。在犁耕发明以前，最初是用牛或人来踏耕的；待松土播种后，不再耕耘，坐待收获。

《黎岐纪闻》又记载："生黎不识耕种法，亦无外间农具。春耕时用群牛践地，中践成泥，撒种其上，即可有收。近时颇有学耕种法如外人者。"清代佚名《黎族风俗图》记载："黎中播种，以得雨为候，雨足纵牛群踏，俟水土交融，即播种粒。"《清代黎族风俗图·耕》记载："黎人就山坡之近水者，即垦为田，种稻及粟。或砍伐树木，焚烧为圃，杂艺薯蓣，不同气候，以得雨露霑足为耕种之期，每岁一熟两熟不等。熟黎耕种之法、力农之具，均与内地无异。生黎不知耕种，唯于雨足之时，纵牛于田，往来践踏，俟水土交融，随于手播种粒于上，不耕不耘，亦臻成熟焉。"该书在《琼黎风俗图·耕》中又记："黎内耕获之法、力农之具，均与内地无异。但连禾贮囤，每日计所食取出，置臼中舂之，打禾碾米所不知也。生黎不知耕获，唯于雨足之时，纵群牛于田，往来践踏，俟水土交融，以手布粒于上，不树不耘收获颇厚焉。"另在《琼州海黎图·耕》中又说："黎中播种，以得雨为候，雨足则纵牛群踏，俟其水土交融，即布种粒，岁收亦称坚好。"所有这些，无不证明清代时黎族的

"群牛踏地"耕作法在黎族居住区还非常普遍。

清末人胡传在《游历琼州黎峒行程日记》中写道："黎人耕田不知用犁起土，以水牛四五头多至六七头乱踏田中，使草入泥中，泥涌草上，平之以栽秧。低田常有水者二熟，高田一熟而已。"

总之，黎族先民在先秦时期使用的"群牛踏地"耕作基本方法是：当春雨来临时，不用犁耕，而是驱赶群牛至田中践踏，待土成泥后，即播种其上。这是一种靠天吃饭的耕作方法，也是一种极为独特的原始稻作农业耕作法。后来（大致在清末时），随着黎、汉经济往来的增加，"群牛踏地"耕作法才逐渐被犁耕农业所代替，所谓"近时颇有学耕作法如外人者"即指此。

（三）谷物的收获方式——摘割禾穗法

因我国大江南北种植的作物不同，收获技术和方法也差异很大，在原始社会至秦以前，从总的方面说呈现出"南稻北粟"的格局。但在收获块根和块茎作物时，基本上都是用手直接拔取作物或用尖状的木棍、骨铲、石铲、石刀、石镰等收割工具。

考古发掘证实，属于新石器时代中期的河姆渡文化尚处在用手拔取或摘取谷穗的阶段。此时虽然有了蚌镰、石铚、石镰的收割工具，也仅是用于收割稻谷的谷穗部分，而对于像稻草之类而不收稻杆，则是留在地里晒干后烧掉用作来年的肥料。造成这方面的原因是："因为当时禾谷类作物驯化未久，成熟期不一致，仍然保留着比较容易脱落的野生状态，用割穗的办法可以一手握住谷穗，一手持镰割锯谷茎，这样可以避免成熟谷粒脱落而造成损失。同时，当时的谷物都是采用撒播方式播种的，用手抓不到几根植株，要连杆一起收割庄稼是极为困难的。即使是已经使用金属镰刀的商周时期，也仍然是用这种方法收获庄稼的。甚至晚到汉代，还保留着这种习惯。"[16]只有到了汉代及以后，随着耧播农具的发明，使连杆带穗的收割谷物的方法才有可能。

据清代早期编写的《清代黎族风俗图·耕》记载："熟黎耕种之法、力农之具，均与内地无异。"《清代黎族风俗图·获》又说："黎人于田禾成熟后，其刈割之法，熟黎俱连禾贮囤，每日计所食取出量臼中舂之，打稻碾米所不知也。且男犁女莳，女获男担，不相假借焉。生黎则以手连茹拔之，束担以归，或有以切刀、槟榔小刀割取谷穗也者。其舂米之法，则与熟黎同耳。"另在《琼州海黎图·耕》中又说："稻熟而收，不知获法，但以手连茹拔之，束担以归。中有香稻一种，粒大而坚，炊之香闻一室，然外人食之易染瘴疟，故弗贵焉。"《黎岐纪闻》说："黎人不贮谷，收获后连禾穗贮之，随续取而悬之灶上，用灶烟薰透，日计所食之数，摘取召食，颇以为便。"

由此可以看出，黎族的这种摘割禾穗法是非常原始的收割法，也是手摘法，即以手的拇指、食指直接摘收禾穗。因此法容易伤手，且效率又低，故后来发展成小刀割取法。小刀割取法，在清代偏僻黎区仍流行。

此外，黎族的原始耕作方法还体现在妇女在农业生产的分工组合中所起的重要作用。对此，清代范咸赞颂道："水田黎妇尽春耕。"清代张庆长《黎岐纪闻》记载："黎妇多在外耕作，男夫看婴儿养牲畜而已，遇有事，妇人主之，男不敢预也。"以妇女为主的农耕方式代表了原始农业的初级阶段，也是母系氏族社会的残余。

第三节　先秦时期的手工业

手工业与农业的社会分工，是标志人类走向更高阶段的一个里程碑。专门的手工业者脱离了农业生产，以手工产品交换生活资料，促进了商业的形成和发展，并逐渐培育出不从事生产但通过商业或权力控制生产的社会阶层，使社会分化进一步加剧。但黎族的先民所从事的手工业在先秦时期大都处于原始阶段，都是为了自家生活需要而进行的一家一户的生产，还没有走向与农业、商业的分工。

图3　先秦时期黎族先民的陶器纹饰

（一）制陶业

我们前面说过，海南在新石器时代早期就已有了原始的制陶业。那时制作的陶器小件器物通常都是手制的，比较大的器型用泥条盘筑法，烧制温度一般在800℃～900℃左右，温度不高，是因在平地烧制，不能保持烧制温度所致，而且，由于是手制，器物的造型不甚规范，器壁容易厚薄不均，陶器的表面基本上不见用于装饰的纹饰，器物的种类也较少，主要是用于蒸煮食物的加砂陶的炊煮器，大型的用作饮食的细泥陶较少。在新石器时代的中晚期，仍然延续了这一特点，而且在海南黎族居住的偏僻地区直到近现代还在使用这种原始的露天平地烧陶办法。

海南新石器时代晚期的陶器"数量增多的泥质陶器上已出现方格纹、水波纹、米字纹、菱形纹、弦纹等简单的几何印纹"[17]，东方市荣村遗址出土的陶器以加粗砂陶为大宗，泥质陶次之，另有少量加细砂陶。陶色以加粗砂红褐陶居多，加粗砂灰褐陶、黑褐陶和泥质灰陶、褐陶次之，加细砂黑陶、灰陶及泥质红陶很少。加砂陶均为手制，火候一般不高，仅部分加细砂陶质地较硬；器表多为素面，少数经磨光，所见纹饰较少，加细砂陶中有少量为红衣陶。泥质陶除少量素面外，多为几何印纹硬陶，纹饰主要有划纹、水波纹、小方格纹、菱形纹、弦纹等。

至于海南新石器时代的陶器制作技术，以前屡屡有"慢轮修整"或"慢轮加工"，甚至称"轮制"的说法，笔者不以为然。我们知道，我国古代的陶器制作有三种技术，即手制、轮制、模制成形。全国整个新石器时代的陶器基本上都是以手制（包括泥条盘筑、泥条圈筑、捏塑等）为主，而轮制法是利用轮盘快速旋转所产生的惯性力量将泥料直接拉坯成型的方法。换句话说，轮制技术所依靠的主要是陶车，而陶车的主要部分是轮盘。轮盘的形制是一个圆形的平台，中间薄，边缘厚而下垂，轮盘中心有圆窝以安装车轴，车轴与埋在地下的车筒套合。拉坯成型时，转动车盘，带动车轴在车筒内做圆周运动。由此可见，轮制技术不仅是手制技术的高级阶段，而且有较为复杂的制作工具，制出的陶器也造型规整，胎壁厚薄均匀，形体较大。没有轮盘制作当然也就不会有慢轮修整等。海南黎族的先民至现在还保留着原始的泥条盘筑法制陶，说明他们并没有经过轮制陶器的阶段。

海南的新石器时代中晚期阶段的主要时间相当于大陆的夏商周，在春秋战国时期仍没有走完这一艰难的路程，而这一时期海南的制陶业却有一个最为明显的进步，即是有了"几何印纹硬陶"。

所谓"几何形印纹软陶"就是在陶器表面上拍打各种各样的几何形图案花纹，因早期的陶器多为加砂或泥质，陶质较软，故在考古学上称之为"何形印纹软陶"。"何形印纹硬陶"是加砂或泥质陶质较为细腻、坚硬，烧制温度较高，器物表面拍印各种几何形图案花纹，因此，人们便在习惯上称之为"几何形印纹硬陶"，也简称为"印纹硬陶"。实际上两者之间并没有明显的界限。由于这两种陶器为我国南方百越文化所独有，向来被作为我国东南区新石器时代文化异于国内其他新石器时代文化最明显且最具有代表性的典型遗物。

几何形印纹硬陶从新石器时代晚期制作和发明以来，受到了南方百越人的特别钟爱，到商周时期很快就达到了繁荣，直到春秋战国时期又有了明显的进步，主要体现在遗址中出现的几何形印纹硬陶数量增多，制作技术普遍采用了轮制，器型精致规整，胎质坚硬，器物的种类也较多，各种图案花纹绚丽多彩。也许是海南属于这一时期的遗址考古发掘较少的原因，海南几何形印纹硬陶的特点并不明显，如果从黎族迁琼时带到海南似乎是更为合理的解释。

从总的情况综合分析，海南黎族先民在先秦时期的制陶业不甚发达，这与广西境内的西瓯及骆越人的情况极其相似，"先秦时期西瓯人的生活情形与之相差不远，以营采集、狩猎和原始农业经济为主的西瓯人，与骆越人及后世使用铜鼓的越人一样，普通人日常不会使用成套的陶制日用器皿，这是由人们'居无定所'的生活习性所决定的，成套的陶制日用器皿不适合水行山处的游徙性生活……历来额考古发掘也证明，两广地区的西瓯、骆越人（包括他们的祖先）一直没有发达的陶器制造业"[18]。

（二）纺织业

纺织业是先秦时期海南手工业的一大亮点，是黎族妇女聪明才智的历史见证，可以代表这一时期海南生产力发展的水平。然而，海南纺织业的发展也走过了一条从无纺织的树皮布到有纺织的贯头衣的漫长道路，只是它的每一次转折都在中华民族的纺织文化中成为一朵绚丽的奇葩。

1. 树皮布。所谓"树皮布"，就是用树皮缝制的衣服。人类学家邓聪曾下过一个定义："树皮布是一种无纺织布，是以植物的树皮为原料，经过拍打技术加工制成的布料。"[19]

树皮布是黎族在用麻和木棉纺织之前"无纺织"时代的重要发明创造，被称为海南黎族服饰的鼻祖，具有遮体、御寒等功能。有人将海南树皮布的产生评价为"在人类衣服历史上，发源于中国的纺织丝布和楮树皮的无纺布，同样是具有世界性影响的重大发明"。2006 年 5 月 20 日，"黎族树皮布制作工艺"就被国务院公布为第一批国家非物质文化遗产。

海南黎族树皮布的最早产生时代，有人认为在距今 6000 年说[20]，或距今

4000 年说[21]，距今 3000 年，甚至还有距今 2000 年等诸说。持距今 6000 年说的专家认为：黎族属于我国南方树皮布文化带，树皮布文化可上溯到新石器时代，距今约有 6000 年的历史。该文没有阐述定为距今 6000 年的理由；持距今 4000 年说的主要依据是"对海南岛树皮布、石拍的研究，是世界人类学、考古学的重要环节。东南亚一带石拍的出现时间，诸如越南石拍是距今 2000 年左右，珠江三角洲石拍距今 6000 年左右，海南石拍是距今 4000 年左右，恰好构成一个历史的过渡，说明中国石拍是从珠江三角洲到海南岛到越南再蔓延到东南亚一带，可佐证树皮布文化来源于中国，而海南正是承传树皮布文化的过渡阶段。"

由于树皮布的原料是树上的纤维组织，很难保存上千年不腐烂，现在在海南岛发现时代最早的树皮布也仅有 300 余年的历史，所以，无论是 4000 年说或者 3000 年说都是凭推测的，都没有足够的实物证据，况且，海南的树皮布是否使用石拍拍打，近来也有人提出疑问，如"黎族树皮布，不仅是研究黎族历史文化的重要资料，而且对印证文献记载和考古资料也有重要的参考价值。首先，关于树皮布的制作目前尚有两种观点：一种认为树皮布是织成的；另一种认为是拍打加工而成的。通过上述树皮布制作过程的介绍，我们认为树皮布是拍打缝制成的，而不是织成的。其次，有些专家学者提及的树皮布加工工具之一——石拍的说法，在有关海南树皮布的古籍文献记载和调查中，都未曾见到，加工树皮布的工具是否有石拍，这是一个值得商榷的问题"[22]。

笔者以为，海南树皮布起源的历史当会更早，应是黎族迁居海南岛时最早的衣服，距今约在 7000～5000 年之间，理由主要有：

（1）文献记载和我们今天所能看到的树皮布是经过上千年乃至数千年发展以后的成就，已与早期的形制相差很远。最早期的树皮布可能就是将树皮或树叶缝起来达到御寒、遮羞的目的即可。所以，从树皮布的原始状态到比较形成像样的衣服，必然经过了相当长的发展阶段。

（2）"在大约公元前二十六世纪，中国境内南北各方，几乎同时存在着制有单色或彩色图案的制陶技术。这些陶器上的图案，有刻划的，也有通过拍印技术拍印上去的。与此同时，还有刻划在洞壁之上的符号和树皮布印花等与印刷术的发明有关的手工雕刻技术在应用中。无疑，这些都是萌芽中的手工雕刻技术……在树皮布上印制花纹的技术起源甚古，早在新石器末期中国已经采用。在中国华南发现的新石器时代所制树皮布的石打棒和印刷树皮布花纹的石或陶制的印模，为中国新石器时期已有树皮布印花提供了实物证据。"[23]海南在距今 4000 年以前相当于大陆中原的夏王朝，3000 年前相当于商周王朝，树皮布又是海南最早的遮体"衣服"。那么，如果说树皮布这时才有的话，在这之前又该是什么衣服遮体的呢？显然在逻辑上难于解释；况且，海南的新石器时代晚期已相当于汉代，而中期已相当于商周时期，如果这时才有树皮布的话就更不合逻辑。

（3）树皮布产生的前提是掌握了缝纫技术。我们在前面已经说过，居住在海南岛上的先民已经在三亚落笔洞遗址时期掌握了编织技术，在新石器时代中期也已经掌握了缝纫技术，而在新石器时代晚期已经在树皮布上印有花纹。这就是说，在距今 7000 ~ 5000 年之间，生活在海南岛的黎族先民已经完全有可能穿上了树皮布制作的衣服。尽管当时的这种衣服还非常地简陋到用树皮或树叶缝起而仅能遮身。如果说在 3000 ~ 4000 年前才有最原始的树皮布，那么，在这 4000 年以前到距今 7000 年的数千年时间内竟赤身裸体或者仅用树叶遮羞，显然是不可能的。

对于海南树皮布的发明有人评价为"是具有世界性影响的重大发明，穿用树皮布做的衣服，不是野蛮落后的标志，而是文明进步的象征。树皮布在人类学及文化史上有着不可替代的特殊地位，因为只有树皮布才可证明，人类衣物从无纺布到有纺布的发展过程。用树皮布制作衣服，是黎族人民对人类社会的伟大贡献。"这话一点儿也不过分。

树皮布在古文献里又称楮皮布、榖皮布、榻布。一般说来，没有绘或印上花纹的树皮布直称其为树皮布；印或绘上花纹的树皮布称作斑文布，或简称斑布。

2. 贯头衣。贯头衣是海南出现的时代最早的有纺织历史的衣服，黎族先民自从穿上了"贯头衣"，就表明黎族先民已经进入了有纺织历史的新时代。但黎族先民有了贯头衣，并不意味着就完全舍弃了树皮布，在以后的时代直到近代社会，黎族的先民仍将树皮布与贯头衣同时并穿。海南在纺织技术发明之后，无纺织的树皮布仍在与有纺织的"贯头衣"并行发展，这是在全国非常少见的现象。

古代上身的衣服称"衣"，下身称"裳"，合称"衣裳"，也就是我们今天所说的"衣服"。那么，黎族先民的"贯头衣"就是他们的上衣的一种形制。

夏商周时期，由于南方之人与中原人交往较少，衣服、装饰等差别很大，加上有些少数民族没有自己的文字记录，中原人视自己为正统，所以总是按这些民族的服装或装饰特点称呼之，如儋耳国就是因这些人的两耳垂大耳环的装饰而命名的。那么，当时身上穿"穿胸衣"的人就被称为"穿胸人"或称"穿胸国"。

《山海经·海外南经》载："穿匈国在其东，其为人匈有窍。"把"穿匈国"的人理解为胸部有穿孔实在是天大的误会，但却被人误会了上千年。《淮南子·坠形》记有"穿匈民"。高诱注"胸前穿孔达背"。晋代张华《博物志》说得更神乎其神，绘声绘色："穿胸国。昔禹平天下……禹使范成光御之，行域外。既周而还至南海。经房风。房风之神二臣以涂山之戮，见禹使，忽而射之，迅风雷雨，二龙升去。二臣恐，以刃自贯其心而死。禹哀之，乃拔其刃，疗以不死之草，是为穿胸民。"元代的周致中在其《异域志》中又记载说："穿胸国，在盛海东。胸有窍，尊者去衣，令卑者以竹木贯胸抬之。"这些奇谈怪论都说明他们从没有见过穿胸衣的人，以至于凭字面穿凿附会，以讹传讹。但有一点似乎可以相信，那就是穿胸国的人在东南沿海都有分布。其实，早在宋朝的李昉著《太平御览》卷七九零引汉代人杨孚的《异物志》时已说的非常明白，而且比较符合实际："穿胸人，其衣则缝布二尺，幅合二头，开中央，以头贯穿胸不突穿。"

东汉班固在其《汉书·地理志》中说：儋耳、珠崖郡"民皆服布如单被，穿中央为贯头"。这是比较明确的记载"贯头"衣是海南岛上人的服装，而且，班固所说的"贯头"衣与"穿胸衣"都是开中央，以头贯穿，说明"穿胸衣"与"贯头衣"是一种服装形制的两种不同称谓。正如吴永章先生所说："所谓'贯头'，颜师古释为'著时从头而贯之'。可见，史籍最早记穿贯头衣者为今海南岛先民。至后世，这种'贯头'衣，又有称作'桶裙'者，黎人所穿，则称作'黎裙'、'黎桶'。如清代的《古今图书集成·方舆汇编·职方典》卷一三九一载：黎人'贝布为衣，两幅前后为裙，……用贝绵纺线，以色丝网成圈券，从头穿下，至腰结住为裙，名曰黎充'。清代屈大均《广东新语·人语》卷七则载：黎人'妇女率著黎桶，以布全幅，上与下紧连，自颈至胫不接续，四围合缝'。"[24]

既然在战国的文献中就有了海南岛织布的记载，而"贯头衣"又是黎族服装中最早的形制，那么，我们就有理由相信，"贯头衣"产生的时代应该在商周之前，或者说至迟也在商周至春秋战国时期。

在春秋战国时期，位居中原的大国受礼仪的影响十分严重，贵族们不仅把服饰作为"礼制"的重要内容，而且还按春夏秋冬四季的变化穿不同的服装，就是一般老百姓的衣服也尽其所能的穿有外套和内衣（夏天除外）。普通人着装总的特点是：长袍，交领，右衽，直裾式，上衣与下裳连为一体，成年人头戴冠（或帽），脚穿鞋。他们对于边远地区的少数民族总是用异类的眼光看待并带有歧视性的心理。

生活在海南岛上的人远离大陆中原，交往较少，加上夏季较长，天气炎热，没有冬天，无需随着季节的变化冬棉夏单。男子被发，一幅二尺的布贯头左衽，赤脚，其乐融融。直到元代的人"穿胸衣"还被理解为"从胸膛穿过"，岂不谬哉！

海南岛在新石器时代的中期遗址中就已出土有陶质的纺轮，这是原始社会的人们用于纺织的工具，标志着海南有纺织历史的开始。这些纺轮多平面呈圆形（称缚盘），中间一个圆孔，圆孔内原来插有木杆（称缚杆），因木质容易腐朽，所以出土时都仅剩陶纺轮。据专家研究，当时纺织的原理是：人手用力使纺盘转动时，缚自身的重力使一堆乱麻似的纤维牵伸拉细，缚盘旋转时产生的力使拉细的纤维拈而成麻花状。在纺缚不断旋转中，纤维牵伸和加拈的力也就不断沿着与缚盘垂直的方向（即缚杆的方向）向上传递，纤维不断被牵伸加拈，当缚盘停止转动时，将加拈过的纱缠绕在缚杆上即"纺纱"。这些纺坠最初叫什么名字不详，商周时期及其以后有瓦、纺塼、线垛、旋锥、绵坠等多种称呼。但赵丰先生将其称为"纺专，因为专的古字形正是有轮、有杆、有线，王若愚则将普通的纺轮称为纺轮，而将一大批考古学家们称为'网坠'的石球称为纺专，认为纺轮用于纺纱，而纺专用于拈线和并线"[25]。虽然这几种叫法不同，但它的用途都是一样的，即都是用于纺织的工具。其形制有两种，其中一种是单面插杆（即正面有槽，用于插杆），另一种是穿心插杆（即面的中心有一圆孔，用于插杆）。

使用方法主要也有两种，即吊锭法和转锭法。"吊锭，是把纺坠吊起来使用，单面插杆和穿心插杆的都可使用这种办法。先把松散的纤维放在高处，或抓在左手之中，从其中扯出一段纤维，以手指捻和成纱，与捻杆上端连接，然后捻动捻杆的一端，带动纺坠在空中旋转。同时不断地从手中释放纤维，使纺坠一面转动，一面下降。待纺成一段纱后，及时上提，用手把纱缠在捻杆上。"[26]

图4　黎族的腰织图

3. 原始的纺织技术。据专家考证，海南当时的纺织技术仍然处在原始的"腰机"纺织阶段。所谓"腰机"，按照古人的解释是"织匠以熟皮一方置座下，其力全在腰尻之上，故名腰机"（宋应星：《天工开物·乃服》）。这就是说，它是因纺织时坐在一块布上，用力主要在腰部而故名的。这样的纺织技术虽然织作工具简单，但很符合纺织原理，易于操作，所以无论在大陆还是在海南岛上都沿用了很长时间，尤其在海南直到近代还普遍流行这种织作方法。"原始机织技术是指使用简单的织作工具。在织作时能完成开口、引纬、打纬三项主要织作运动的技术。它是伴随着编织技术的发展而出现的。机织品的织纹和编织纹原理是相同的。只是交织方法不同，机织无疑是从编织演变而来"[27]。

如前所述，海南的"落笔洞"遗址已有了编织技术，这已经为纺织技术的产生积累了宝贵的经验，在距今5000年～7000年前的新石器时代，海南岛上的居民已有了用于纺织的纺轮和纺坠，只是因缺少更多的纺织工具的发现，使我们还难于证明当时的纺织技术达到一个什么样的水平。

浙江余姚河姆渡文化（距今约7000年）与海南黎族的祖先同属于百越文化的一支，在河姆渡文化遗址中就出土有与原始腰机相似的织机构件，其中有定经杆、机刀、梭子、布轴、综杆等基本上具备了一套原始织机的工具。1986年，考古工作者在杭州余杭良杭良渚文化墓地23号墓中发现了一整套原始腰机部件玉饰品，"这是新时期时期原始织机最为完整的发现。此套织机玉饰件共有三对六件（副），出土时对称分布于两侧，相距约35厘米。根据这些玉饰件上的销孔可以知道，中间原有木质部件存在。从其断面可以推断出这些部件分别应为卷轴、开口杆和经轴。根据这套织机部件，赵丰复原出以此三个部件为主的良渚织机，只是添加了必需的定经杆和经轴。根据这套织机部件，赵丰复原出以此三个部件为主的良渚织机，只是添加了必需的定经杆和梭杆"[28]。浙江良渚文化属于东瓯集团，与骆越同为百越人的文化，应该掌握共同的纺织技术。

河姆渡文化的织机上的卷布辊、打纬刀和提综木杆，可能都是一种原始腰机的织造工具，是我国新石器时代的早期即已出现原始腰机的明证。根据上述专家的研究，这时的原始腰机的主要构件有：前后两根横木，相当于现代织机上的卷布轴，另有一把打纬刀，一个纡子，一根比较粗的分经辊和一根较细的综杆。分经辊把奇偶数经纱分成上下两层，经纱的一端系于木桩之上（或绕成环状），另一端系于织作者腰部。织造时，织工席地而坐，利用分经辊形成一个自然梭口，纡子引纬，纡子可能只是一根木杆，最初也可能是骨针，上面绕着纬纱，用木制砍刀打纬。织第二梭时，提起综杆，下层经纱提起，形成第二梭口，立起砍刀固定梭口，纡子引纬，砍刀打纬。

而在大陆中原在春秋时期的鲁国是用的织机织布，当时的织机已有了机架、定幅筘、卷经轴、卷布辊、引综棍等装置，还配有清除经纱上的疵点、引纬和打纬的工具，由此可知春秋时已出现了比较完整的织机。可以这样说，海南岛和大陆中原人所使用的纺织工具不同、纺织的方法也不相同，织出布的效果各有千秋，这也正是黎族妇女的聪慧之体现。

关于海南黎族"织贝"的最早时代，过去人们一直以成书于春秋战国的《尚书·禹贡》篇为依据，认为是我国时代最早的文献，该书的记载是这样的：扬州"淮、海惟扬州：……岛夷卉服，厥篚织贝"。对于这几个字的含义，宋代祝穆《方舆胜览·琼州》条解释说："岛夷卉服。《郡志》琼无大麻，产苎麻，岁四收采，闽广专用之，常得倍利。南中所出木棉吉布苎蒸麻皮，无非卉服。"

这是说，海南岛生产的布是由纻（与苎通用）麻、木棉为原料，不仅能供应海南本地的生产消费，而且已作为海南的特产远销到浙江、广东一带，能够获得几倍的利润。所以，有专家考证："所谓'岛夷'包括海南岛在内的中国东南沿海诸岛屿；卉服，系指用麻或棉之类的植物制成的衣服；织贝，即'吉贝'，此词源自梵语 karpasi 或马来语 kapas 的音译，意为棉布。说明早在先秦时期，海南的黎族先民们就以麻和木棉为原料制成纺织品做服装。"【29】

另专家对上述《尚书·禹贡》中的"岛夷卉服，厥篚织贝"记载却有不同的解读："黎锦究竟是什么时候开始出现的，因缺乏实物和其他资料，目前难以查考。但据古文献的记载，至迟在战国时期，海南岛上的黎族已能织造黎锦。在〈尚书·禹贡〉中，曾有'岛夷卉服，厥篚织贝'的记述。岛夷指的正是海南岛的黎族。卉服所指，可能是两种含义，其一可能是指锦、麻布做的衣服，其二可能指有花卉纹样图案的衣服，因为卉的原意是草的总称，而古代相对桑蚕丝而言，往往有人把桑蚕以外的纺织原料诸如麻、棉称为草。因此，也可以把'卉服'解释为有纹样图案的衣服。而'厥篚织贝'，指的是用来作贡品装放在竹筐（篮）里的锦"【30】，这样的解释似乎更符合道理。但要说战国时期就有了黎锦也是不对的，因为那时还没有黎锦的称谓。

可是，笔者最近翻阅了几篇文章都对此说产生了质疑，相当有说服力。主要理由有：一、《禹贡》所说的"扬州"包括面积很大的范围，大体相当于今天淮河以南的江苏、安徽、浙江、福建和江西的部分地区。而海南岛并不包括在内，换句话说，《禹贡》里面记载的这"岛夷卉服，厥篚织贝"根本与海南岛的黎族纺织无关。二、按照汉代经学家的考证，"岛夷"应是"鸟夷"之误，而"鸟夷"则"并不局限于岛屿的居民，因此'鸟夷'可能包括扬州境内各地的居民，当然也可能包括浙江近海的舟山群岛，以及与福建相望的台湾岛的居民"【31】。吴永章、谢开容先生又说："古代岭南不产蚕丝，当地越人就地取材，以植物纤维为主要纺织原料，此即'卉服'之由来。"【32】

笔者以为，在先秦时期，海南岛几乎与大陆中原没有什么交往，《尚书·禹贡》的作者对海南岛也不会有什么认知，所以，"卉服"一词不可能专指海南岛，当时泛指东南沿海包括海南岛、台湾在内的诸岛，生活在这些地方的人也基本上都是越人。这样，我们用《尚书·禹贡》中的"岛夷卉服，厥篚织贝"来证明海南岛在3000多年前已有了吉贝就缺少了依据。

以上的文献不能证明海南黎族"织贝"的最早时代，而考古发掘却为我们时代更早的实物资料。福建崇安武夷山白岩崖船棺曾出土已炭化了的纺织品碎块，经上海纺织科学研究院分析鉴定，分别为大麻、苎麻、丝绸和棉布。其中的一小块青灰色棉布，是我国目前发现时代最早的棉布之一。系多年生灌木型木棉，棉纤维与海南岛所产木棉接近。[33]武夷山白岩崖船棺墓的年代经碳14测定为距今3445年左右，相当于商代。这就是说，海南黎族的"织贝"可以至迟早至商代以前。而明代出生在海南岛的文渊阁大学士丘濬在其《大学衍义补》中"认为早在先秦时期（虞时），'吉贝'就已经作为贡品了"。当然，丘濬所依据的仍是《尚书·禹贡》的材料。

（三）造船业

黎族先民无论原来居住在广西南部，或是迁到海南岛以后，都与大海结下了不解之缘。他们是一支富有探险精神、勇于闯海的民族。所以，如果说黎族的青铜铸造、制陶等行业比较原始和发展滞后的话，那么，黎族先民的航海和造船业则是一支独秀。

据文献记载和考古发掘成果证实，我国最早使用航海的交通工具是竹、木筏和独木舟，时代约距今8000年。但是在距今一两万年前海南岛已有人类居住，如果他们是从大陆迁来的话，毫无疑问，他们必须有乘坐多人的航海工具，这种工具应该就是竹、木筏和独木舟之类。以后的新石器时代的文化遗址已遍及整个海南岛，他们已断断续续、分批分期、来来往往地穿航于琼州海峡，说明至少在这时他们已经有了对大海的风向、水深、季节等航海知识的积累。

在距今7000～5000年的河姆渡文化遗址中已经出土陶制船模型和6件用于划船的木桨。有了木桨就可以任意的掌握航向和速度，这是航海技术的一大进步。商代的甲骨文已有"舟"字，像是用一棵独木加以刳空，中间有一道横线，表示一道格，至少可以乘坐两人。到春秋战国时期，又出现了方舟的形制。故《国语·齐语》记载说："方舟设附，乘桴济河。"《越绝书·吴人内传》又记："方舟，船买、仪尘者，越人往如江也。"所谓的"桴"就是我们通常所说的木筏。《越绝书·记地传》记载："使楼船卒二千八百人伐松柏以为桴。"《说文》曰：桴"编木以渡也"。《尔雅·释水》郭璞注曰：桴，"并木以渡"。海南岛古代的竹、木筏因都是用绳子捆绑的难以保存至今，但许多独木舟都被完整地保存下来。

海南岛上河流纵横交错，天气炎热，乘舟便成为人们出行和日常生活的主要交通工具。《淮南子·齐俗训》记："越人善于用舟。"《越绝书》卷十记载，越人"以船为车，以楫为马，往若飘风，去则难从"。这也是越人在对敌战斗中的一项特长，《汉书·严助传》也记：越人"习于水斗，便于用舟"。

第四节　先秦黎族的习俗

在先秦社会里，黎族先民长期居住在海南岛上，有的为了适应当地的地理气候环境的需要，形成了一些独特的地方风俗和生活习惯，如戴大耳环、断发、文身、跣足等。那时，海南先民与大陆中原的交往较少，常常被自居为"国之中央"的中原人擅自想象，甚至有歪曲、污蔑性的记述，在这里有正本清源的必要。

（一）戴大耳环

"穿胸国"和"贯头衣"的服装形式长期被大陆人的误会已在前面所述，另一个误会是早期文献对"儋耳国"的记载。在先秦文献中，最早记载"儋耳"或"离耳"国的是成书于战国时期的《山海经》。该书在《海内南经》里记有"离耳国"；《山海经·海外北经》记载："聂耳之国……为人两手聂其耳，县居海水中"；《海外北经》又记："聂耳之国……为人两手聂其耳，县居海水中。"袁珂注："居海水中者，言聂耳国所居乃孤悬于海中之岛也。"《山海经·大荒北经》还记："有儋耳之国，任姓，番号子，食谷。"郭璞注："其人耳大下儋，垂在肩上。朱崖儋耳，镂画其耳，亦以放之也。"《汉书·武帝纪》应劭注的更为详细："儋耳者，种大耳，渠率自谓王者耳尤缓，下肩三寸。"《汉书·昭帝纪》师古曰："儋耳本南越地。"《后汉书·南蛮西南夷列传》又记：武帝元鼎五年（公元前112年），"珠崖、儋耳二郡在海洲上，东西千里，南北五百里。其渠帅贵长耳，皆穿而缒之，垂肩三寸"。

我们从这些文献中可以看出，在汉代及其以前的人心目中，居住在海南岛的"儋耳国"或"离耳国"、"聂耳国"的人，无论是首领，还是平民，都长着"垂肩三寸"的大耳，这是非常吓人的异类，所以，《山海经》才将其列入"怪物"屡次记述。

直到东晋人郭璞在他为《山海经》作注时才有了比较合理的解释："馊离其耳，分令下垂以为饰，即儋耳也。在朱崖海渚中。"意思是说，之所以称"儋耳"是耳下垂有耳饰较大的原因。在儋耳人的审美观中，耳环越大就越美。

那么，儋耳人耳上的装饰又是什么呢？宋代乐史的《太平寰宇记》记载："《山海经》曰，儋耳即离耳也，皆镂其颊皮，上连耳匡，状似鸡肠下垂。在海渚，不食五谷，食蚌及鳖而已。俗呼山岭为黎，人居其间曰生黎，杀行人，取齿牙，贯之于项，衣炫骁勇。有刀未尝离手，弓以竹为弦，绩木皮为布，尚文身，富豪文多，贫贱文少，但看文字多少以别贫贱。"

宋代的《太平广记》中记载：唐代德宗年间（780～805年）韦公干家的奴仆数百人中，有"织花缣文纱者，有伸角为器者，有熔锻金银者，有攻木为什具者，其家如市"。在《新唐书·地理志》记载的海南四个州郡的贡品中有崖州、振州、儋州的贡品都有金银一项，可见，海南生产的金银为当时的上乘之作，也当然会用于妇女的头饰簪或钗之类。从这些史书记载中可以看出，儋耳人所戴的耳饰实际上就是铜制的耳环，可能是黎族先民佩戴的耳环较大（黎族人以耳环越大越美），就被中原人误会为是耳朵特别长。

（二）断发

先秦时期，海南黎族的先民由于是越人的一支，在他们迁来海南岛之后，仍然保留了"被发"或"断发"的习俗。越人的这种发型在大陆中原人看来也是不文雅的。因为那时中原地区"春秋战国时期的发饰有笄和梳篦"[34]。秦汉时期头顶戴冠，"男子直接把冠罩在发髻上，秦及西汉在冠下加一带状的颎与冠缨相连，结于颌下，至东汉则先以巾帻包头，而后加冠"[35]。男子到20岁（称为弱冠）都要举行加冠礼就是中原的习俗。楚国在战国中后期曾"南平百越，北并陈蔡"（《战国策·吴赵列传》），楚族已基本华夏化，史家称此时的楚国为"冠带之国"。这样，楚国贵族在征服了南方的越人之后，看到这些满是"被发"或"断发"的人类，自然就认为没有教化，称他们为异类。

古代所谓的"断发"就是"被发"之意，有时也称剪发。如成书于战国时期的《庄子·逍遥游》记载："越人断发文身，无所用之"，这里使用了"断发"；而在《墨子·公孟四十八》的记载是："昔者，越王勾践，剪发文身，以治其国。"这里又使用了"剪发"一词。《淮南子·齐俗训》记载："中国冠笄，越人剪鬋（意剪发）。"《淮南子·原道训》高诱注："被，剪也。文身，刻画其体，内默（墨）其中，为鱼龙之状，以入水，蛟龙不害也。故曰'以像鳞虫也'。"但《淮南子·原道训》中记载的越人"披发"就不符合事实了，可能是后世传抄之误，抑或他就不知越人的发型是什么样子。该文说："九嶷之南，陆事寡而水事众，于是人民披发文身，以像鳞虫。"

越人为什么要"断发"呢？《庄子·逍遥游》记载："越人断发文身，无所用之。"《汉书·地理志》记：越人"文身断发，以避蛟龙之害"。应劭注："常在水中，故断其发，文其身，以像龙子，故不见伤害也。"意思是说，因越人常在水中而断其发。此说也有牵强附会之嫌。在多数情况下是和文身一起解释的，如《史记·吴太伯世家》载："太伯、仲雍二人乃奔荆蛮，文身断发，示不可用，以避季历。"《汉书·地理志》又载："粤地……其君禹后，帝少康之庶子云，封于会稽，文身断发，以避蛟龙之害。"

（三）文身

文身是在身体上刻划图案，并涂上颜色，以便留下永久的标记，也是南方越人（包括海南岛的黎族先民）特有的习惯，从原始社会一直延续至近现代。最早的史书记载来自于战国时期，如《庄子·逍遥游》记载："越人断发文身"。《战国策·赵策》又记："被发文身，错臂左衽，瓯越之民也。"《史记·越王勾践世家》也记："越王勾践……文身断发，披草莱而邑焉。"所谓"文身"就是在面额和身上"黥面"，有时也称"雕题"，如《山海经·海内南经》郭璞注："点涅其面，画体为鳞采，即鲛人也。"联系到离耳国有"以大环坠耳"的习俗，雕题即文身的习俗，儋耳、雕题两地均在海南岛上"。但也有人考证"雕题国"不在海南岛。关键的问题在于对"雕题"二字的理解。晋代张华《博物志·异人》说得很清楚："远夷之民：雕题、黑齿、穿胸、儋耳、大足、岐首。"这里"雕题"即代表了"文身"，是大陆中原人对有"黥面文身"之人的一种称谓。《礼记·王制》汉代郑玄注："雕文，谓刻其肌。"唐孔颖达疏云："非惟雕额，亦文身也。故仲雍居吴、越，《左传》云'断发文身'。"可见，雕题即是文身之意。

海南的黎族先民为何要文身？从古至今，大概有14种说法之多。由此可以肯定的是，有相当一部分说法都是凭个人的猜测或想象。笔者以为，有三种说法比较符合实际：

一是"避蛟龙之害"说：《汉书·地理志》记载：越人"文身断发，以避蛟龙之害"。应劭注："常在水中，故断其发，文其身，以像龙子，故不见伤害也。"汉代刘向《说苑·奉使》载：越人"处海垂之际，屏外蕃以为居，而蛟龙又与我争焉，是以赞（右边一竖刀字旁）发文身，灿烂成章，以像龙子者，将避水神也。"《淮南子·原道训》云："九嶷之南，陆事寡而水事众，于是人民披发文身，以像鳞虫。"所谓"龙子"、"蛟龙""鳞虫"之类，统称为"水神"，全凭人们的想象，可能是蛇、鳄这种在水中的"鳞虫"之类。对此，有专家解释说：《尚书·禹贡》"淮海惟扬州……厥土惟涂泥"，"沼泽地水草丰茂，水生动物种类繁多，固然为百越提供了维护生存所需要的食物。但是水中游弋的毒蛇、潜藏的蛟龙、鼍鳄也时刻威胁着他们的生命安全。为了能够在这个险恶的环境中生存下去，他们不得不采取一些相应的保护措施"[36]。换句话说，早期人类文身的目的主要是为了防止受到"鳞虫"的伤害。总之，黎族先民认为剪了发，便于下水，而文身像蛟龙的形象，可以避免水中动物的伤害。

二是氏族的标志说。这是海南黎族研究专家王恩先生的观点，她说："在黎族社会里，文身是母系氏族社会遗留下来的一种古老的习俗，文身的图案是氏族的标志，各方言区文身的部位、纹饰各不相同，同一方言区文身的部位、纹饰大同小异，相似的文身图案代表一个相同方言区的黎族标志，相同的文身图案代表彼此统属一个氏族。"[37]

三是黎族的图腾说。主要引早期的史书《汉书·地理志》的记载："文身断发，被创流血，至难矣，然越为之，以求荣也。"罗香林《古代越族文化考》进一步指出："古代越族之文身，殆为一种以龙蛇一类水族为图腾之遗俗。盖太古各图腾社会，其所属民人，于成年时必举行一种永远失信于图腾荣誉仪式，而文身殆其仪式之一。"黄明珍先生也主张这种观点[38]。但也有人从闽越人向来吃蛇的角度分析说："像'龙子'不等于表示与'龙子'有什么关系。这种对'龙子'的特征的模拟以避害的行为模式，实质是'相似律'巫术，并不属于原始宗教范畴。如果越人崇蛇，于越等地的越人怎么会'得髯蛇以为上肴'？若以'图腾宴'或偶吃'图腾'为解，那是削足适履式的附会。"[39]此说颇有道理。

可见，在汉代乃至更早的时候，文身的实用价值可能主要体现在能够防止禽兽的袭击和氏族的标志两种功能。黎族的文身从产生到发展经过了相当长的时期，在以后的发展中随着氏族的分化组合，就不可避免地加入其他的意义，如宋代人周去非的《岭外代答》卷十记载："海南黎女以绣面为饰，盖黎女多美，昔尝为外人所窃，黎女有节者，涅面以砺俗，至今慕而效之。"宋代以后有了更多的含义，如模仿鸟羽说、血缘婚传说、辟邪驱鬼传说、美容传说和抗婚传说等等。

（四）椎髻、箕踞和徒跣

海南黎族先民的"椎髻徒跣"习惯，虽然在汉代甚至以后的文献中才有了记载，但它却是自原始社会以来就保留下来的风俗。所谓"椎髻"，也叫"魋结"，就是将头发盘成椎状。《史记·陆贾列传》记载：赵佗任南越国国王时，陆贾作为汉朝使者来到南越国，赵佗竟不用汉朝的"冠带之制"来接待他，而是用越族的传统习俗"魋结箕踞见陆生"。《史记·陆贾列传》索隐说：

魋结，"谓为髻一撮似椎而结之"，"谓夷人本被发左衽，今他（指赵佗）同其风俗，但魋其发而结之。"唐颜师古注曰："一撮之髻，其形如椎"。《论衡·率性》又记："南越王赵佗……背叛王制，椎髻箕坐，好之若性。"这是说，赵佗本为中原人，他在统治南越国时期，就改变了中原人的生活习惯而"椎髻箕坐"。《后汉书·南蛮转》载："凡交趾所统……项髻徒跣，以布贯头而着之。"《三国志·薛综传》又记："椎髻徒跣，贯头左衽。"

可见，所谓"箕踞"就是席地交股而坐，这既是越人的习惯，也是黎族先民直到汉代都还保留的习惯。

"徒跣"就是赤着脚走路，这一风俗也与海南的天气炎热有关，也与中原穿鞋的习惯有较大的区别。大概在汉代以后，由于海南黎族先民与大陆汉人来往交流的增多，受中原礼仪文化的影响也逐步凸显出来，黎族先民也开始有了穿鞋的习惯。

第五节 先秦黎族的原始宗教信仰

原始宗教，即以图腾崇拜、自然崇拜、祖先崇拜和灵魂不死、万物有灵的鬼神迷信等为主要内容的宗教信仰。远古时期，我国各民族都有自己的原始宗教和信仰。由于黎族先民是经常迁徙、原始社会延续的时间特别长、又没有自己的文字记载，就显得原始宗教既非常丰富又极其庞杂，加上图腾崇拜、自然崇拜、祖先崇拜之间会产生转化，所以尽管史家一直在作长期不懈的研究，也是众说纷纭，难以认识统一的问题。

（一）图腾崇拜

"图腾"一词最早出现在北美印第安阿尔兖琴部落奥吉布瓦方言的中文译名，原意为"亲属"或"亲族"等。按照恩格斯《家庭、私有制和国家的起源》的观点："图腾"是一个确定的彼此不能结婚的血缘亲属集团，用于表示氏族的标志和符号。所以，一个氏族只能崇拜一个图腾，但一个部落可以包括各种不同图腾崇拜的氏族。对于在什么样的条件下才能称为图腾，弗洛伊德在《图腾与禁忌》一书中曾经对图腾的特征概括出 12 条原则，基本上涵盖了当时有关图腾讨论的所有范畴，主要有：禁止杀害或食用某种动物，部落和个人采用了动物的名称即图腾动物，图腾动物能够保护和警告它的部落，在图腾部落内的人民常深信他们和图腾动物之间乃是源自相同的祖先等等。

事实上，世界上每个民族的经历不同，所处的地理环境不同，对图腾的信仰种类、方式、方法等方面，也是不会相同的，加上中国古代的氏族经过了相当长私有制社会的发展，民族融合不断加深，许多氏族的原始符号已经消失。因此，弗洛伊德所说的判定氏族图腾的十二条原则未必适应中国古代氏族的图腾，但由于图腾崇拜和祖先崇拜、自然崇拜等其他崇拜容易混淆，所以必需界定识别氏族图腾崇拜的基本条件。

那么，既然图腾被作为氏族的标志，这就意味着他是在氏族社会时期产生的，具体地说，他产生于母系氏族社会早期。当时的氏族在原始社会生产力极其低下的条件下，不能正确理解自然界和人类本身的客观规律，而采用一种与自己关系密切的动植物作为自己的图腾，引以为自己的族类，认为是本氏族之所从出，加以崇拜和保护。到了母系氏族社会行将结束之时，图腾已完成了它的历史任务而开始分化。因此，构成图腾最主要的条件应该是人们禁食和禁止杀害自己图腾的动植物。

海南黎族的图腾究竟是什么？在比较权威的《海南省志·民族志》一书中就列出了十多个动植物的图腾，其中有：龙（鱼）、鸟、狗、牛、猫、葫芦瓜、木棉、芭蕉、薯、竹图腾崇拜。"这均反映了他们把这些植物分别作为不同血缘氏族集团的称号，视这些植物为自己血缘集团的保护神"。也有人认为："在黎族的图腾崇拜中分别有动物和植物两种，动物图腾主要有蛇、龙（鱼）、鸟、蛙、牛、猫等，植物图腾主要有葫芦瓜、木棉、芭蕉、番薯、竹子等。每个图腾几乎都附着一个或多个富有传奇色彩的传说故事。"[40]

海南的一位研究专家也曾提出过类似的尖锐问题："黎族的图腾到底是什么？是所有黎族供奉一个图腾，还是每个方言都有自己的图腾？甚至每个氏族，每一'峒'都有自己的图腾物？这是至今无法肯定的东西。海南黎族学者邢关英指出，蛙、蛇、鸟、葫芦瓜、牛、猫、狗都曾经是黎族的图腾。"[41]

这样，海南黎族的图腾就有蛇、龙（鱼）、鸟、蛙、牛、狗、猫等；属于植物的图腾主要有葫芦瓜、木棉、芭蕉、番薯、竹子；无生物的又有陶、田、平等十五种之多，而且，仅鱼和鸟的种类就各有上千种之多，哪种鱼和鸟是黎族的图腾又不具体。虽然，黎族先民并非一次大规模的迁徙，而是可能有多次迁徙才形成海南岛上不同的黎族支系，一个民族有十余种动植物和无生物都作为本族的图腾并非完全不可能，但在面积只有近3.5万平方公里的海南岛上，就有分属于动物、植物、无生物三大系统的一二十种图腾是不可想象的。这就不禁让人怀疑，里面是否将本不属于图腾的范畴也纳入了图腾范围。也就是说，有可能将本该属于对神物的崇拜，误入到了图腾崇拜的里面。笔者认为，现在能基本可以确定的黎族图腾有：

1. 蛙图腾。据有专家研究："以蛙作为图腾的资料有很多，有明确的材料证明古越人拜过蛙。更具体地说是位处今广西等的越人的一支——骆越人，今壮族是他们的后裔，至今民间还流传着《青蛙皇帝》的传说……此外，蛙图腾崇拜还体现在壮族的祭祀仪式——蛙婆节和铜鼓上的蛙纹以及蛙的造型等等。"[42]海南的黎族也是古百越族的一个支系——骆越族人聚居之所。他们就是骆越人的后裔，因此，黎族迁居海南岛之后会仍然以青蛙作为本氏族的图腾。

百越族是较早种植水稻的民族，在长期的生产实践中，他们发现青蛙的某种叫声预示着雷雨的即将来临，但他们又不明白其中的奥秘，以为青蛙能呼风唤雨，昭示着农业收成的丰歉，所以对青蛙加以崇拜，有的氏族还把青蛙作为本氏族的图腾。这在《韩非子》、《越绝书》中，都有关于越王礼敬青蛙的记载。

青蛙还是益虫，能够保护人们生产的粮食不受损害；青蛙在水中的游泳速度敏捷，姿势优美，自古就受到人们的喜爱；青蛙是水中卵生繁殖，人们易于在观察中受到启迪和联想。所以，既然青蛙与人类的关系如此密切，就很容易受到人们的崇拜而成为氏族的图腾。蛙还与原始先民的"祈雨"有关。据黄明珍先生的考证："今日华南各地，尚以蛙蛤或蟾蜍为雨天动物，谓蟾蜍出穴，天必大雨，此盖因天将大雨，自有显明预兆或现象，蟾蜍感觉灵敏，为避免大水冲击，故预先离穴外出，初民间蟾出雨降，辄以为蟾与雨有连带关系，欲天降雨，必展蟾蜍出现，越人铸蛙蛤（与蟾蜍形状相近）于鼓面，或是隐祈降雨，亦未可知。据周去非记载，广西'所在庙宇，皆有铜鼓'，可知铜鼓必与娱神或祭祀有关。"[43]

黎族蛙图腾的印记，我们还可以从黎族的龙被中得到印证：明代中期以前的黎族人就把青蛙图像织在"龙被"上作为主题图案，"蛙纹图案代表黎族多子多福的祝福"，"藉以寄托黎族人民对自然界的崇拜和希冀得到神灵的保佑"[44]。黎族的龙被并非汉族人通常所说的被子，而与黎族的信仰有着千丝万缕的联系。它的用途主要有两个：一是过去的黎族首领在堂内的挂幅；二是人（可能主要是首领）死后，铺在死者的身上。这两种用途都与黎族的信仰有关，也就是说，只有图腾之类的信仰才能保佑生者和死者。黎族的这种蛙纹图案在清代以后被高度的艺术化和意念化，发展成了似蛙非蛙、似人非人的形象，所以，有时就称为"蛙人纹"。

现在我们在五指山以南的黎族居住区，常常可以看到清代至近现代的陶瓮、陶罐的口沿肩上，都塑有四只蛙的形象，蛙头朝器口。由于这些陶瓮、陶罐都是盛放粮食用的，所以，人们一定相信，蛙会保护家里的粮食不会受到虫咬和变质。2008 年 4 月，笔者曾和三亚市博物馆的孙建平先生到黎族居住区调查，发现黎族的清代至近现代墓葬用的砖上，也模印有"草龙、蜈蚣、青蛙、鱼"的图案，砖的制作者介绍，用这些图案模印在砖上，能够保佑死者的灵魂平安，这可能是对蛙的信仰的残余。三亚市博物馆内藏有古代黎族的铜锣，上面铸有三只蛙纹图案，说明蛙在黎族人的心目中有很大的号召力。由此可以证明，蛙曾经作为黎族的图腾而受到崇拜，至少海南黎族的一支是以青蛙来作为图腾的。

2. "甘工鸟"和"纳加西拉鸟"图腾。鸟崇拜原是越族先民的一大信仰。晋人张华在《博物志·异鸟》中说："越地深山有鸟如鸠，青色，名曰冶鸟，越人谓此鸟为越祝之祖。"《史记·越世家》记越王勾践"长颈鸟啄"。《吴越春秋·勾践伐吴外传》也记范"夫越王为人长颈鸟啄"之语。习用鸟篆文字也是故越国的一个特点，说明越人喜鸟。文献史籍中不仅记述越人"鸟语"，还多见越人"鸟田"的事迹。传说大禹"崩于会稽，因而葬之，有鸟来为之坛，春拔草根，秋啄其秽"。《越绝书·越绝外记地传》："大越海滨之民，独以鸟田，大小有差，进退有序。"在浙江绍兴 306 号东周墓出土的越人铜屋模型，屋顶上有一大柱，柱端塑一鸠鸟。这应是先秦古越国鸟图腾的又一见证。行鸡卜习俗的越人，应和他们信仰鸟图腾有关系，当他们的祖先还处在母系氏族公社时期，崇拜鸟图腾，"很可能在母系过渡到按男系计算以后或还早一些，动物的名称就不再用来标志氏族，而为个人名称所代替"（马克思：《摩尔根〈古代社会〉一书摘要》）。就在这个过渡时期，他们由过去的鸟图腾崇拜转而为对祖先神鬼的崇拜，信仰野生的鸟为灵物转变为信仰家禽之鸡为灵物。他们相信，像过去鸟会保护他们一样，现在鸡也会以预示他们的吉凶祸福的途径，指导他们的行动，保护他们安然无恙。[45]处于采集、渔猎时代的人类，相信图腾神会引导他们寻找食物，给他们发出危险来临的警告，也会帮助他们抵御一切灾害的侵袭。

黎族也有"甘工鸟"的故事广为流传：相传有一个善良、美丽、勤劳、勇敢而聪明的黎族姑娘名叫甘娲，一直热恋着心爱的情人劳海，后来因为她的母亲贪图钱财而要把她嫁给财主，甘娲就宁死不从，家人把她关在竹笼里送到夫家。甘娲在笼子里听到燕子叫声，叹息生不如鸟，就化作鸟飞走了。从此，甘工鸟成为黎族人民排忧解难的吉祥鸟，因此，人们十分热爱并崇拜甘工鸟。黎族还有"纳加西拉鸟"的传说：相传远古时期有一只"纳加西拉鸟"哺育了黎族的祖先，后来为了纪念它，黎族妇女便在自己的身上模仿它的纹样文身。因此，德国学者史图博说："这个传说，毫无疑问是起源于图腾信仰，明显地显示了母权制的特征。"[46]

在原始社会母系氏族时期，氏族内部是禁止通婚的，各氏族之间结成联盟，每个氏族也会各有自己的图腾。因此，黎族的一支有以鸟为图腾的崇拜是完全可能的。

黎族另有蛇、狗、猫等图腾，但缺乏史料，兹不赘述。

（二）自然崇拜

自然崇拜是对神灵化的天、地、日、月、星辰、雷、雨、电、风、云、虹、山、石、水、火、动植物等自然现象、自然物和自然力的崇拜。它和图腾崇拜的主要区别在于：图腾崇拜是认为动植物与自身有血缘关系，即由他而来，而自然崇拜则是对自然界中的利己力量和异己力量的崇拜。在原始氏族社会，人们对自然界的天明、黑暗、刮风、下雨、雷电等现象都无法作出合理的解释，于是，便对这些力量产生神秘、惊奇、恐惧，或者对它产生敬畏、感激等等，就幻想出一种超自然的力量，即神的力量，希望借此来改变自然条件和实现某种目的。正如恩格斯所说："自然界起初是作为一种完全异己的、有限威力和不可制服的力量与人们对立的，人们同它的关系完全像动物同它的关系一样，人们就像牲畜一样服从它的权力，因而，这是对自然界的一种纯粹动物式的意识（自然宗教）。"（《德意志意识形态》）

至于自然崇拜是何时起源的，一般都认为是在农业发明以后，也就是在新石器时代。但具体到每个民族，由于自己生活的自然地理气候环境不同，对于神灵的崇拜物和人们赋予它的神的力量也是不一样的，从而导致对它的崇拜方式、信仰程度等都是不一样的。黎族先民的自然崇拜有在迁来海南岛之前就已产生的，有的是在迁来海南岛之后遇到了新的环境条件下产生的，内容非常丰富，概括起来主要有天地、日月星辰、山石、水火风、树木等。

1. 天地崇拜。对于天地的崇拜几乎是古代人类共有的现象。"在原始人看来，天体的一切变化都是变幻莫测、不可捉摸的，它有时给人类带来光明和温暖，有时又给人们带来黑暗和寒冷；有时给人们带来意外的收获，有时又给人们带来不测的灾难。因此，原始人群把天体当作一种神秘的力量而对它产生依赖、感谢、敬畏、恐惧等复杂的情感而对其进行崇拜。"[47]据古文字学家陈梦家先生的研究，至少在殷商时期通过祭祀表现出来的信仰与崇拜的对象已可区分为三大类，即天神、地祇和人鬼。天神又包括上帝、日、东母、西母、云、风、雨、雪；地祇包括社、四方、四戈、四巫、山、川；人鬼包括先王、先公、先妣、诸子、诸母、旧臣。周朝与商朝的又有区别，天神包括天、昊天、上帝、帝、五帝、日月、星辰、司命、司中、风师、雨师；地示包括地、社稷、四望、五祀、五岳、山林、川泽、四方四物、群小祀；人鬼包括先王、先公、先妣、先祖、祖庙。由此看来，由于民族和地域的差异，古代人对天地神的含义是不同的。

古代越人也多有"尊天地，事鬼神"。《吴越春秋·勾践阴谋外传》记："尊天事鬼，以求其福。"于是"立东郊以祭阳，名曰东皇公。立西郊以祭阴，名曰西王母。祭灵山于会稽，祀水泽于江州。事鬼神二年，国不被灭。"这里的"东皇公"、"西王母"都是天地神。

在东方市黎族美孚方言中，至今保留一种祭天的习惯。"祭天"就是求上天保佑黎民百姓平平安安，顺顺利利。黎族先人认为农作物的丰收是"地母"的恩赐，祭祀地母以表示期望和感谢。黎族的祭祀天地神应是原始社会自然崇拜的残余风俗。

2. 太阳日月星辰崇拜。在我国天文和阴阳学中，白天最亮的东西是太阳，是阳的精华，所以叫太阳；晚上最亮的是月亮，在夜间出现，是阴的精华，所以月亮也叫太阴；除了太阳和月亮以外，天上发光的这些东西，都叫星。星还分三类：第一类，叫行星，有金、木、水、火、土五大行星；第二类是星，宿星，也就是所谓的二十八宿；第三类星叫经星，除二十八宿和五行之外的都叫经星。商代甲骨文多有"宾日"、"出日"、"入日"的记载，人们已对其进行祭祀是肯定的。

越人对太阳崇拜的证据可以追溯到距今 7000 年的河姆渡文化时期。人们对该遗址中出土的象牙雕刻纹饰进行了深入研究，其中有不少人认为象牙雕刻中的图像就是越人太阳崇拜。在距今 5000 年左右的良渚文化遗址中，也出土有大批在玉器上雕刻的鸟图像，也被专家认为："与其说是良渚文化礼玉上雕绘的是神鸟，倒不如说那其实就是太阳神的化身。古人把鸟作为太阳的象征，实际是他们崇拜太阳的又一种形式。"[48]

黎族先民对于日月的崇拜也有记载："合亩制地区人们正月选择山栏地，三月初八为牛节。东方、白沙一带人们头痛发热的时候杀鸡来祭祀'太阳鬼'。"（《中国黎族》）这便是对太阳崇拜的一种形式。

3. 雷风雨电崇拜。远古人类对于天体的一系列自然现象如雷、电、风、雨、地震等都无法理解，特别是海南岛处于雷电、台风、地震多发区，这些灾害经常危及人的生命和财产安全，使人对这些自然现象产生恐慌，进而对这些天象进行崇拜。

清人陆次云在其《峒溪纤志》中记载："相传太古之时，雷摄一卵至山中，遂生一女。岁久，有交趾蛮过海采香，与之相合，遂生子女，是为黎人之祖，因其山号曰黎母山。"清《定安县志》也有类似的传说："定安故老相传，雷摄一蛇卵在黎山中，生一女，号为黎母，食山果为粮，巢林为居。"可见，黎族人认为他们的先祖是因天上打雷时掉下蛇卵而生的，表明对于雷神的崇拜有可能产生在母系氏族社会时期。昌江、白沙、东方、乐东、三亚等地哈方言的黎族都对"风神"进行崇拜，也是远古习俗的延续。

4. 山水石崇拜。据《抱朴子·登陟》记载："山无大小，皆有神灵。山大则神大，山小则神小。"海南岛到处是崇山峻岭，山上林木茂密，野兽出没，黎族先民长期过着以狩猎、采集为主的经济生活，而且从原始社会到汉代，都有一部分人住在山洞里。促使人们必然认为山石是有灵性的、神灵的，从而产生对它的崇拜。上述黎族人的祖先来自于黎母山的神话传说和黎族人每年的二月初二，在上山砍山栏前都要祭山神，祈求山神保佑砍山平安顺利，五谷丰登。所有这些，无疑都是山崇拜的事实。

（三）鬼魂崇拜

有人认为，北京周口店旧石器晚期山顶洞人的洞穴遗址里发现三具完整的人头骨和一些躯干骨，人骨周围撒有赤铁矿粉粒，而且还有一些随葬品。这种现象，表明当时灵魂不灭的观念已经产生；有人认为，原始信仰至迟在新石器时代已形成了。在距今4000年以前，闽越族已经有了灵魂不死的观念，这一点从考古发掘得到证明。昙石山文化遗址中许多墓葬的石器、陶器之类随葬品，说明当时的闽越人认为人的躯体虽死亡了，但主宰躯体的灵魂是不死的，它仍存在于另一个世界中，所以人死去后，将其生前用过的器具随葬入土，寓意是让他带到另一个世界去使用。专家对于鬼魂产生的时间有如此大的差异，主要是人们对于这个精神世界的范畴难以找到确凿的证据。

恩格斯也只是笼统地说："在远古时代，人们还完全不知道自己的身体的构造，并且受梦中景象的影响，于是就产生一种观念：他们的思维和感受不是他们身体的活动，而是一种独特的、寓于这个身体之中而在人死亡时就离开身体的灵魂的活动。从这个时候起，人们不得不思考这种灵魂对外部世界的关系。既然灵魂在人死时离开肉体而继续活着，那么就没有任何理由去设想它本身还会死亡；这样就产生了灵魂不死的观念。"（《路德维希·费尔巴哈和德国古典哲学的终结》）。这个"远古时代"可以是距今几十万年，也可是距今几千年的原始社会末期。

大量先秦时期的史书都已对"鬼魂"观念有了各种各样的解释。如《礼记·郊特牲》云：人死后"魂气归于天，形魄归于地"。《荀子·礼论》记："事死如事生，事亡如事存，状乎无形影，然而成文。"时间较晚的唐代人孔颖达说的更详细，他说："魂魄神灵之名，本以形气而有；形气既殊、魂魄各异，附形之灵为魄、附气之神为魂也。附形之灵者，谓初生之时，耳、目、心、识、手足运动，啼呼为声，此则魄之灵也；附气之神者，谓精神性识渐有所知，此则附气之神也。"

笔者以为海南旧石器时代晚期的"落笔洞人"已有了原始的魂魄和鬼神崇拜观念，因为那时的人已将死去人的尸体埋在洞内的偏僻处，幼儿的死亡也受到特别的保护而埋在大人的旁边，附近还有红色矿石粉。到了新时期时代，大多都用一种瓮的葬具埋在房屋的附近，说明当时的人已经相信人死了以后，他的灵魂仍然还活着。

海南黎族的鬼魂特多，几乎无处不在，无时不有，万物有灵。前面所说的"山鬼"、"地鬼"、"树鬼"等比比皆是，都是原始信仰的残余。

（四）祖先崇拜

祖先崇拜产生于何时，也有很多的说法：一种观点认为，它产生于图腾崇拜之后，也就是说，在母系氏族社会结束之后的父系氏族阶段。人类对于生殖活动以及人类自身有了新的认识的反映，它不再把动植物当作社会活动的主角，而是把人本身当作社会活动的主角，认为人的重要性远远大于动植物的重要性，逐渐否定了图腾对象的神秘性，以自觉或不自觉的背离了对图腾物的信仰和肯定；也就是说，祖先崇拜的兴起同时也就是图腾崇拜开始趋向衰落的起点。祖先崇拜还代表了人类对于血缘关系的新的认识，"对于血缘关系的生理继承的重视已转变成对亲缘关系的持续性即文化继承的重视。'它标志着自然神时代、兽神时代的衰落和人神时代的诞生'"[49]。另一种观点认为，原始的祖先崇拜产生在父权制家庭确立之后，也即父系氏族社会阶段，如李友谋先生的《中国原始社会史述》即主此说。第三种说法是"它的发生当然是建立在对血缘关系的普遍承认与肯定之上，所以基本上是定居生活以后的产物。同时，它还需要死后灵魂不灭的观念作为基础。最早出现的祖先似乎是女性"。

还有人认为，祖先崇拜"是在鬼魂崇拜的基础上，由生殖崇拜的传宗接代意识，加上图腾崇拜的氏族寻根意识和后期的男性家族观念，而逐渐形成并发展起来的。氏族社会的人们要巩固氏族这个共同体，就必须确定自身血统的统一来源。当人们确认氏族来源于自然物时，便是图腾崇拜，当人们确认氏族本源在人类自身并且认为祖灵可以保护后代子孙时，便是祖先崇拜"[50]。这是对于祖先崇拜的内涵和标准有不同的理解所造成的。

1. 女性祖先崇拜。以上第二种及其他说法均建立在农业文明为基础的民族，而海南在原始社会及以后相当长的社会里主要是以狩猎和采集为主，人们要经常性地迁徙，而且由于母系氏族社会延续的时间特别长，那么，在母系氏族社会里产生的对祖先的崇拜也只能是对女性的崇拜。同时，由于在母系氏族时期，人们是只知其母而不知其父，也造成必然的对女性的崇拜。

我国古代对女性祖先的崇拜，首先是从对女性的生殖器崇拜开始的，这是一个非常普遍的现象，因为，在母系氏族社会时期，人们所能知道的是人能从母体中生育出来，而不认为与男性有什么关系，于是就把女性神圣化，把女性的生殖器当作神来崇敬。"先民崇拜女性首先是崇拜她们的生育能力，很自然地便把崇拜重点放在女性身体的生育部位，并用造型艺术加以表现。这是一种世界性的史前宗教现象。"[51]

到了女性祖先崇拜便已发展成生殖崇拜的高级形态，此时，人们已赋予她很多的诸如氏族的血缘关系、保证氏族的传种接代等文化内涵。海南黎族"黎母山"和"丹雅公主"的传说等都是母系氏族时期对女性崇拜的例证。以后的南朝至隋朝时期，岭南又出现一位被海南人尊称为"圣母"的冼太夫人，也是作为黎族的祖先来崇拜的。

2. 男性祖先崇拜。在父系氏族社会，由于人们的婚姻固定在了一夫一妻制和男性在日常生活及社会组织中的优势、世系按男性来计算氏族的名称也按男性命名，以往那种对女性的崇拜便逐渐改为对男性的崇拜。男性崇拜也经历了男性生殖器崇拜和男性祖先崇拜两个阶段。男性生殖器崇拜就是男根崇拜，是男性崇拜的早期形式。又由于奴隶制时代是从父系氏族社会跨入的，进入阶级社会以后也一直都是男性占据着社会的主导地位地位，所以，对男性祖先的崇拜就延续了整个原始社会末期、奴隶制，甚至到封建社会。

男根崇拜是男性祖先崇拜产生的基础和前提。任继愈先生说过："陶祖和石祖的出现，标志着图腾崇拜的衰落和祖先崇拜的兴起。"所谓的"陶祖和石祖"都是男性阴茎的陶制和石制偶像，殷商时期的甲骨文最初的"祖"字写作"且"，就是男性生殖器官的象形字。所以专家说："先有男子性器官在生育活动中起决定作用的观念，才会有男性公民在氏族繁衍中起主导作用的观念，男祖崇拜才成为可能。儒家讲孝，不孝有三，无后为大，把生儿看成尽孝头等大事，其实际目的就是为了保证父权氏族和家庭的延续和兴旺。"[52]说明祖先崇拜在商周和春秋时期已经加入了儒家思想。

男性崇拜的残余在黎族村寨中也一直延续到近现代。"在黎族村子门前，或在大榕树下，常有一间既小又矮的小石屋，用几块石头筑成，这是黎族人民经常朝拜的土地庙……庙里既没有神位也没有香炉，只有一个石头雕刻的形状像男性生殖器的石头，黎族人称为'石祖'。"保亭县毛道乡毛道村是黎族居住区，该村曾出土一件石祖"长 32 厘米、宽，选用花岗岩打制加工而成，给人以威武、坚硬、强壮的感觉。该石祖是一位村民在挖地基时发现的，相信它是人类的祖先，人就是由它而来的，因而秘密拿回家中供奉，祈求生育"[53]。海南黎族像这样生动的实例还有很多，都表明黎族的先民曾经历过男性生殖器崇拜的阶段。

海南黎族也曾经历过祖先崇拜，但往往体现在对祖先神灵的崇拜，说明他们受后来儒家思想文化的影响较少。黎族非常信仰"祖先鬼"，认为"祖先鬼"比其他鬼更可怕，"平时禁忌念祖先的名字，怕祖先灵魂回到人间，导致家人生病。甚至有的还认为始祖和二三世祖先是最大的恶神，严重疾病或生命处于垂危状态，都是这些祖先鬼作祟的结果"（《中国黎族》）。

第六节　先秦黎族的社会形态

以往，我们判定一个族群的社会性质和文化发展水平大多是通过考古发掘的居住遗址和墓葬来研究的，可对先秦黎族社会来说，这两方面的材料很缺乏。黎族的民族学是很丰富，但里面却夹杂了许多晚期的东西，造成黎族社会的发展早晚不分，前后矛盾的情况，以至于黎族在从新石器时代早期到战国这几千年的时间内究竟属于什么样的社会形态，只能各说各的理，也各有依据，令人十分困惑。而要研究海南先秦社会，其社会形态又是一个不容回避的问题。

（一）百越人在先秦时期的普遍社会形态

黎族人在先秦时期所处的社会形态，可以与同一时期百越族中其他支系所处的社会发展状况作比较。在先秦时期，百越族中最早建立国家的是春秋时的吴和越两国。吴越都距离中原较近，受其社会制度和文化影响较深，两国都在很早的时候就建立了自己的国家，并曾一度深入中原参与大国的争霸战争。

公元前494年，越国为吴王夫差打败。越王勾践卧薪尝胆，后终于攻灭吴国，与诸侯会盟徐州，号称霸主，勾践就成为春秋五霸之一。进入战国时代，随着楚国在南方的兴起，越国在与其争霸中，在公元前334年被楚国所灭，越王无疆被杀，越国国民四处逃散，一部分继续建立小国，臣服于楚。

而分布在长江以南的广大地区，当时由于地广人稀，社会组织松散等原因，"在先秦时期江浙、闽粤等地区越人先后立国争霸之际，西瓯、骆越等地区的越人始终没有形成统一的、以强有力的军事力量为支柱的国家（侯国）"[54]。当时整个岭南都被中原人称为"蛮荒之地"，生活在海南岛的人与大陆的联系交往更少，仍处在原始社会时期是可以肯定的。

熊传善先生说："楚人经过长年与越人争战，终于统一了长江以南、五岭以北的广大百越之地…楚人给越人带来了先进的政治制度。先秦时期，百越民族仍处于原始社会末期，他们没有国家概念，只有以血缘关系为基础的部落观念。楚人把他们纳入以国家为机构的奴隶社会行列，迅速改变其社会结构，对他们进行'王化教育'，灌输他们'大一统'的思想，使他们从原始部落迅速进入奴隶制乃至封建制度的国家。"[55]容达贤先生也说："汉代时仍被中原人士视为处于'方外之地'、'不可以冠带之国法度之'的西瓯，其先人在战国时代仍然处于原始社会末期阶段，还未具备复杂等级制的社会结构，推断不会流行使用带有浓厚等级色彩的葬制。"[56]

（二）原始公社土地公有制——合亩制

1957年4月12日，《光明日报》曾刊登《海南黎族'合亩制'的调查研究》一文。该文说，在海南黎族苗族自治州的白沙、乐东、保亭三县交界，还保留着"合亩"制遗迹。据不完全统计，"合亩"地区约有20个乡、1.5万人左右。现代黎族还在今五指山一带保存有一种原始的劳动生产和社会组织的方式——合亩制。合亩，黎语称为"纹茂"，意思是合伙、合田、或"大伙在一起做工"。

合亩的组织有大有小，最小的只有2户，称为"兄弟亩"或"父子亩"，最大的达30多户，皆以父系血缘亲属户组成。亩头（带头犁田的老人）都是以血缘关系中有能力的长辈担任，也是合亩内一亩之长，按传统的习惯领导合亩。"亩头"的妻子也是亩内妇女劳动生产的带头人。生产原则是共同劳动，同出同归；分配原则是按户平均分配。"合亩的集体劳动范围主要是种植稻谷。除集体劳动外，每户可以砍山种植旱稻和杂粮，房前屋后附近的园地归各户种植，其收获归各户所有。"在合亩制下土地和耕畜已有一部分是各户私有，农具全部私有，而且土地和耕畜已有买卖、租佃、交换的现象发生，这说明合亩的生产关系的基础已不完全是生产资料公有制，但对生产资料的使用却是统一经营，不论私有或公有都一律不计报酬，这种生产资料的占有和使用之间的矛盾是合亩制矛盾的一个方面。同时合亩在生产方面是共同劳动，在消费方面却是以户为单位分别消费，而分配的原则则是不论人口与劳动力多少按户平均分配，这种劳动与分配之间存在的矛盾，是合亩制矛盾的另一方面。

王国全先生通过多年的调查和考证后认为："合亩制保留着黎族原始社会形态的遗风……合亩制主体成员都是古代开发五指山的杞人部落群体后裔。"[57]合亩制的解体时间各黎族聚居区有所不同：在琼中县的红毛镇，合亩制在清乾隆以后就逐步瓦解了，而在黎族聚居的中心区域五指山腹地直到1956年我国实行农村社会主义改造后，合亩制才退出了历史舞台。

由此可见，黎族的这种合亩制制度从原始社会产生，至少延续了四五千年的时间。我们现在知道的合亩制的情况（如合亩制中出现的种种矛盾）都应是原始社会末期所产生的，而不是在原始社会早期就固有的。

（三）战国时期海南的社会形态

如前所述，在秦以前文献（主要是战国时期的《山海经》）里对生活在海南岛上的居民已有了"离耳国"、"雕题国"、"穿胸国"的记载。

现在的问题是，这些早期文献记载的所谓"国"处于什么发展阶段。笔者以为，《山海经》里记载的这些"国"只不过是对海南岛上的人类一个代号，并不是意味着这些人类已建立了自己的"国家"。原因有：1.《礼记·王制》记载："南方曰蛮，雕题交趾。""雕题"与"交趾"都指的是南方的"蛮"人。2. 先秦的史书都在记述"雕题"或"儋耳"时几乎都与风俗习惯相连。如《楚辞·招魂》："雕题黑齿"。3.《山海经》里的某某"国"多数是记载的神话传说，而没有现代意义上的国家的含义，也就是说在战国时期，生活在海南岛的黎族先民尚没有进入奴隶制时代。

经专家学者的考证，先秦时期生活在海南岛的人也的确没有进入国家社会形态，在这一点上认识基本上认识是一致的。如海南学者李勃先生经过大量的文献考证后认为："西周的疆域或政治势力既然已到达今南海，周武王时既然'儋耳入贡'，则海南岛的土著居民显然已内属于西周王朝"，"先秦时期海南岛西部确有'儋耳国'，亦称'离耳国'或'瞻耳国'。汉武帝时在其地因置儋耳郡也可佐证。但'儋耳国'的性质，当为原始社会调查部落组织，而非阶级社会的国家政权。因为在《史记》和《汉书》里皆无提及汉武帝以前本岛土著居民曾建立过任何地方政权"[58]。

总之，先秦时期，由于黎族先民迁琼的时代早晚不同，所处的经济发展条件不同，已经呈现出社会发展不平衡状态，有的还处在原始社会母系氏族阶段，有的已进入父系氏族社会或部落联盟阶段，但总的来说都还没有进入奴隶制国家的阶段。

注释

【1】【6】【10】【13】【15】【54】林蔚文著：《中国百越民族经济史》，厦门大学出版社，2003 年版，第 1、10、78、37 页。

【2】黄现璠：《试论百越和百濮的异同》，载黄现璠等著《壮族通史》，广西民族出版社，1988 年版。

【3】蒋炳钊：《百年回眸——20 世纪百越民族史研究概述》，载蒋炳钊主编《百越文化研究》，厦门大学出版社，2005 年版。

【4】王文光：《百越民族史整体研究述论》，载《百越文化研究》，厦门大学出版社，2005 年版。

【5】【12】张荣芳：《秦汉史与岭南文化论稿》，中华书局，2005 年版，第 316～319 页。

【7】何英德：《骆越与"南岛语族"的海洋文化的关系》，载《百越文化研究》，厦门大学出版社，2005 年版。

【8】张荣芳：《汉朝治理南越国模式探源》，载《南越国史迹研讨会论文选集》，文物出版社，2005 年，第 3 页。

【9】赵全鹏：《黎族文身传说的发生与史学价值》，海南大学学报（人文社会科学版），2008 年第 5 期。

【11】柴焕波：《潇湘上游商周文化的探索与收获·洞庭湖区文化与东南亚环太平洋文化的交汇和古代族属》，中国文物报，2009 年 11 月 27 日。

【14】王学萍主编：《中国黎族》，民族出版社，2004 年，第 288 页。

【16】陈文华著：《农业考古》，文物出版社，2002 年版，第 138 页。

【17】刘军著：《河姆渡文化》，文物出版社，2006 年版，第 70 页。

【18】【56】容达贤：《广西平乐银山岭墓群的时代与墓主》，载蒋炳钊主编《百越文化研究》，厦门大学出版社，2005 年版。

【19】邓聪：《古代香港树皮布文化发现及其意义浅释》，《东南文化》，1999 年第 1 期。

【20】谭珍良：《横看成岭侧成峰》，载《首届黎族文化论坛文集》，民族出版社，2008年版，第173页。

【21】唐玲玲、周伟民著：《海南史要览》，海南出版社，2008年版，第14页。

【22】邓聪：《台湾地区树皮布石拍初探》，《东南文化》，1999年第5期。

【23】张树栋等著：《中国印刷通史》，财团法人印刷传播与才文教基金会出版，台北，1998年版，第10页。

【24】吴永章著：《黎族史》，广东人民出版社，1997年，第6页。

【25】赵丰、金琳著：《纺织考古》，文物出版社，2007年版，第34页。

【26】【27】【28】陈维稷主编：《中国纺织科学技术史》（古代部分），科学出版社，1984年版，第19、25页。

【29】王献军：《黎族早期的物质文化》，载《首届黎族文化论坛文集》，民族出版社，2008年版，第90页。

【30】顾德融、朱顺龙著：《春秋史》，上海人民出版社，2001年版，第180页。

【31】林汀水：《福建无闽族，也无'闽方国'辨》，载《百越文化研究》，厦门大学出版社，2005年版。

【32】冯志浩：《先秦木棉种植初探》，载陈澄泉等主编《被更乌泾名天下》，上海古籍出版社，2007年版，第449页。

【33】福建省博物馆、崇安县文化馆：《福建崇安武夷山白岩崖洞墓清理简报》，《文物》，1980年第6期。

【34】【35】黄能馥编著：《中国服饰通史》，中国纺织出版社，2007年版，第34、36页。

【36】周典恩、丛云飞：《浅析百越文化特征中的环境因素》，载蒋炳钊主编《百越文化研究》，厦门大学出版社，2005年版，第174页。

【37】王恩：《黎族文身习俗初探》，载《百越文化研究》，厦门大学出版社，2005年版，第255页。

【38】黄明珍：《闽越原始宗教文化的在探讨》，载《百越文化研究》，厦门大学出版社，2005年版，第225页。

【39】王逍、郭志超：《闽江流域蛇神形态、性质和分布的流变》，载《百越文化研究》，厦门大学出版社，2005年版，第204页。

【40】林日举等著：《海南民族概论》，海南出版社，2008年版，第258页。

【41】孙绍先：《女性生殖器崇拜的结晶》，载《首届黎族文化论坛文集》，民族出版社，2008年版，第238页。

【42】吴凌云：《南越文物研究三题》，中国秦汉史研究会等编：南越国史迹研讨会论文选集，文物出版社，2005年版。

【43】【45】黄明珍：《闽越原始宗教文化的在探讨》，载《百越文化研究》，厦门大学

出版社，2005 年版，第 224、219 页。

【44】【53】王学萍主编：《中国黎族》，民族出版社，2004 年版，第 161、167 页。

【46】〔德〕史图博：《海南岛民族志》，中国科学院广东民族研究所编印，1964 年版，第 64 页。

【47】李学勤主编：《中国古代文明起源》，上海科学技术文献出版社，2007 年版，第 177 页。

【48】冯时著：《中国天文考古学》，社会科学文献出版社，2001 年版，第 150 页。

【49】王小盾：《原始信仰和中国古神》，上海古籍出版社，1989 年版，第 47 页。

【50】【51】【52】牟钟鉴等著：《中国宗教通史》，社会科学文献出版社，2000 年版，第 47、25、30 页。

【55】熊传善：《楚国与百越民族》，载蒋炳钊主编《百越文化研究》，厦门大学出版社，2005 年版，第 125 页。

【56】容达贤：《广西平东银山岭墓群的时代与墓主》，载蒋炳钊主编《百越文化研究》，厦门大学出版社，2005 年版，第 403 页。

【57】王国全：《开发海南岛五指山的先行者》，载《首届黎族文化论坛文集》，民族出版社，2008 年版，第 45 页。

【58】李勃著：《海南岛历代建置沿革考》，海南出版社，2005 年版，第 11 页。

第四章

秦汉时期的海南社会

秦朝在几次南征中对海南岛有了较多的认识。西汉初南越国的"和辑百越"有利于海南岛的民族融合。汉武帝在海南设立了儋耳、珠崖两郡，不仅标志着海南岛第一次被纳入中央王朝的直接管辖范围，而且推广了郡县制，中原先进文化在海南广泛传播，促进了土著居民的原始社会解体和社会发展。在汉文化与土著文化的碰撞和融合过程中，矛盾百出，汉朝廷被迫撤郡，直至东汉末年，海南岛上至多只有一个县的设置，汉文化的影响大为削弱。在有限的文献记载中对于各种问题的理解也分歧甚大。

第一节 秦朝"遥领"海南

据清代屈大均的《广东新语》记载：楚成王（相当于周惠王五年至周襄王二十六年，即公元前671~前620年）时期，曾"南海服于楚，作楚庭"，"地为楚有，故筑庭以朝楚"。清代顾祖禹的《读史方舆纪要》说："相传南海（今广州）人高固（春秋时期齐国卿士高傒的后裔）为楚威王（公元前339~前329年）相时，有五羊衔萃于楚亭，遂增筑南武城，周十里，号五羊城。"何光岳释曰："楚亭也即楚庭，这便是广州别名羊城和穗城的来由。羊与扬音通，五羊或系五个扬越部落南迁于南海。罗香林《中夏系统中之百越·古代百越分布考》云：'号称南越首府之番禺，自昔有楚庭之称'，证明楚人招抚了高固。因他是中原之人，不是越王之裔，所以大胆放心地既任他为相，带着相国的头衔去坐镇强悍而散漫的五个扬越部落。他建立的楚庭，象征着楚国在南海扬越人地区牢牢地确立了统治权。楚庭，实际是楚国的行政机构驻地。而经楚成王、楚庄王、楚共王以至楚悼王、楚威王五次大的经营，时间长达300年之久，才基本上把扬越完全置于楚国的统治之下。"[1]

可见，从春秋楚灭了越国之后一直到战国晚期，岭南都是楚文化的势力范围，但这时，由于琼州海峡与海南岛的天然阻隔，似乎楚文化对海南岛并没有产生什么影响。

公元前246年，秦王政即位，就是后来的秦始皇，开始了统一六国的进程。秦王政十七年（公元前230年）首灭韩国，次年攻赵国（赵国在公元前222年被灭），公元前225年灭燕，同年灭魏。灭魏后的第二年，也就是公元前223年，秦大将王翦率60万大军灭楚，公元前221年灭齐。至此，雄心勃勃的秦始皇终于统一了六国，在中华大地上建立起统一的多民族的封建专制主义中央集权国家。

有专家认为："秦始皇二十四年（公元前223年），秦将王翦终于灭楚，'平荆地为郡县'。至此，秦文化南播的第一阶段，基本划了句号。楚亡后，秦将王翦乘胜'南征百越之君'，从此拉开秦文化南播第二阶段的帷幕。其时在秦始皇二十五年，即公元前222年。"[2]

秦军灭了楚国只是占据了楚国的都城和核心区，并不等于当时的楚国整个国家全部被秦占领，所以，秦将王翦接着又继续一路南征，扩大战果。秦始皇"二十五年，王翦遂定荆南地，降越君，置会稽郡"（《史记·秦始皇本纪》）。秦会稽郡治在今苏州，会稽郡辖境在今江苏南部及浙江北部一带。也就是说，秦军占据岭南的时间是在秦始皇二十五年，即公元前222年，而不是人们通常所说的"在秦始皇二十九年（公元前218年）又遣使尉屠睢发卒五十万人攻占岭南"，也不是尉屠睢（在征战岭南中战死）率先来到岭南的，而是大将王翦。

对于"尉屠睢发卒五十万为五军"是一次秦军对岭南的军事占领、多路进攻行动或是分路把守的守备行动，史家有不同的看法。史料是这样记载的：秦始皇"以尉屠睢发卒五十万为五军：一军塞镡城（今湖南靖县西南）之岭，一军守九嶷（今湖南宁远县南一带）之塞，一军处番禺（今广州）之都，一军守南野（今江西南康县东南）之界，一军结余干之水。三年不解甲驰弩，使监禄无以转饷，又以卒凿渠而通粮道，以与越人战，杀西瓯君译吁宋。而越人皆入丛薄中，与禽兽处，莫肯为秦虏，相置桀骏以为将。而夜攻秦人，大破之，杀尉屠睢，伏尸流血数十万。乃发戍以备之"。

现在许多人都把"秦始皇二十九年（公元前218年）又遣使尉屠睢发卒五十万人攻占岭南"的这次军事行动引用为是对岭南的占领。这一理解是非常片面或者说是错误的。早在十多年前，黄留珠先生就指出了问题所在，他说："以当时的运输、通讯等条件，那么长的战线（指五军同时进发），在那样恶劣的地理环境下，试图两线作战或多路进攻，都是不可能的。何况〈淮南子〉文中的'塞'、'守'、'处'、'结'诸字，皆成守而非进攻之义……由于王翦军早已打通了去番禺的海路，故尉屠睢一军才能'处番禺之都'。'守南野之界'与'结余干之水'的两支秦军，皆屯驻于关隘要塞，用于加强控制闽中山区大量越人的目的……总之，尉屠睢伐越，先以五军成五方做了长达三年的准备，其中包括修建灵渠以解决军粮等后勤供应的难题，然后全力向西瓯进击，秦军先胜后负，而且败得很惨。"[3]此论甚确。

关于秦时西瓯的地理位置，《汉书·两粤传》说南越其西有西瓯，郭璞注《山海经》说："瓯在海中，郁林郡为西瓯"，所以，"一般认为西瓯人主要分布于桂江流域一带，其地大体上包括了秦的桂林郡，亦即西汉时期的郁林、苍梧二郡。但是这些地区与南越、骆越往往有交叉，汉代南越人势力壮大时曾经略西瓯、骆越的一部分地区，因此西瓯与南越、骆越的交界处不大稳定，这是需要指出的。西瓯虽设有君长，但其政治结构不明，史籍对此没有更多的记载，从有关资料分析，这支越人当处于比较松散的政治结合体状态，即约相当于军事民主制时期的酋长（君长）制"[4]。

所有以上论述均可以说明，在秦始皇二十九年（公元前 218 年）的时候，秦朝对岭南的占领或者说影响已经到达今广西、广东境内，但还没有到达海南岛。但史禄为了给秦军转运粮饷而开凿的"灵渠"却对海南产生了意义深远的影响。

据明代欧大任《百越先贤志》记载："史禄，其先越人，赘婿咸阳，禄仕秦以史监郡。时始皇帝伐百越，使尉屠睢发卒五十万为五军，遣禄转饷凿渠而通粮道。禄乃自阳山道水源以湘水北流入楚融江，为牂牁下流，南入于海，转饷为劳。乃量为矶以激水于沙磕中，垒石作铧派湘之流而注之。潏激行六十里，置陡门三十有六，舟人一陡则闸一陡，使水积渐进，故能循崖而上，建瓴而下，通舟楫，又利灌田，号为灵渠。"

灵渠开通的意义在于，它第一次"把中原与岭南的经济紧密地联系在一起。秦汉时期水路交通的发展，促进了岭南地区与中原的经济交流。这一时期我国开辟了东南亚以广东徐闻、广西合浦为起点，航行到东南亚和印度半岛的'海上丝绸之路'。汉武帝之后的官方商船队多从这两个港口启程远航。中原至岭南交通要道的开拓，使岭南地区作为一个整体得到开发"[5]。而当时的"海上丝绸之路"必然要经过两广之南的海南岛，从此，海南岛便成为大陆与东南亚"海上丝绸之路"的首站。

秦朝对海南岛的最有意义的影响是在秦始皇三十三年（公元前 21 年），在象地（治所临尘，今广西崇左县）设置了郡县，成为在岭南设置的三个郡之一，而且第一次明确把海南岛作为"遥领"，使中央王朝的视野第一次延伸到海南岛。

　　对明清地方志书所说的海南岛"为象郡之外徼"（清道光《琼州府志》）或"为南海郡外境"（明代人唐胄的《正德琼台志》）、"为越郡外境"（清代人编的《古今图书集成·职方典》）等该如何理解，李勃先生考证甚详，他认为"秦代海南岛当属象郡地"[6]，甚确，但他说"秦代很有可能在本岛设立地方政权"又有可商榷之处。因为，查《辞源》"徼"，就有"境"、"边界"的意思，"外徼"就是外部边界的意思。有时"外徼"和"徼外"互用，相对于中央王朝来说，有时和广西、广东一样称为外属。如《后汉书·南蛮西南夷列传》记：永初元年（公元 107 年），"徼外僬侥种夷陆类等三千余口，举种内附"。同书又记：安帝元初三年（公元 116 年），"郡徼外夷大羊等八种，户三万一千，口十六万七千六百二十，慕义内属"。可见，海南岛当时虽然是象郡的外徼，但并不是象郡的境外意思，而是指象郡的边远地方。由此可以看出，"从原始社会到夏商周时代，居住在海南岛的人一部分可能是原有百越的遗民，更多的是从广西境内骆越人的一支迁来，在这里过着氏族社会的生活，在秦朝的时候便成为象郡的边远境域，而由于象郡的郡治不在海南岛上，象郡对海南岛的行政组织管辖只是'遥领'。尽管是'遥领'，也是秦王朝的统治范围，即秦帝国的版图。由此可见，至迟在秦始皇时，海南岛已是秦王朝的统治范围"[7]。也正因为是"遥领"，表明秦朝的军队并没有登上海南岛，秦帝国对海南岛只是名誉上的统治，生活在海南岛的居民一切仍在延续着自己的社会生活方式。

　　由于秦军在南征的过程中受到了越人的顽强抵抗，秦军占领岭南后，大批的越人逃到了深山老林，还时不时地袭击秦军，为了实现对岭南的长期统治，秦始皇便在三十三年（公元前 214 年），"发诸尝逋亡人、赘婿、贾人略取梁陆地（即岭南），为桂林、象郡、南海，以适遣戍。"所谓"逋亡人"即是逃亡的人，"赘婿"是男子家穷而使其在妇家生活之人，泛指奴仆、贫穷者，"贾人"即从事商业着，也受到社会的歧视。《史记·平津侯主父列传》又记：秦始皇"又使尉屠雎将楼船之士攻百越，使监禄凿渠运粮，深入越，越人遁逃。旷日持久，粮食绝乏，越人击之，秦兵大败。秦乃使尉佗将卒以戍越。"秦始皇三十四年（公元前 213 年），秦又"适治狱吏不直者，筑长城及南越地。"《史记·南越尉佗列传》："秦时已并天下，略定扬越，置桂林、南海、象郡，以谪徙民，与越杂处十三岁。"

从这些记载中可知，秦始皇迁徙到岭南地区的人主要有两类：一是处在社会地位比较低下的人；二是戍卒来岭南进行屯田，当时"屯戍卒"的身份比较庞杂。秦朝规定，贫苦农民每年要服劳役一个月，称为"更卒"，一生还要担任"正卒一年"，"屯戍"一年（郭沫若主编《中国史稿》）。汉初沿用秦法，《史记集解》引如淳曰："天下人皆直戍边三月，亦名为更，《律》所谓徭戍也。虽丞相子亦在戍边之调。不可人人自行三日戍，又行者当自戍三日，不可往便还，因便住，一岁一更。诸不行者出钱三百入官，官以给戍者，是谓过更也……后改为谪，乃戍边一年。"这些话是什么意思呢？就是说，秦朝的时候成年人一个月要服三日的戍边徭役，因路途遥远还没到边疆就该回来了，所以就可以向官府缴纳三百文钱由别的人代替服徭役，去的人一年更换一次。秦朝还规定，爵位至第四级者便不再服徭役，称为"不更"，服徭役者就称为"更卒"。因此，秦朝的"屯戍卒"的身份十分庞杂，可能也不乏身份较高者。又从"与越杂处十三岁"的记载来看，秦朝从中县移民岭南的行动持续了许多年。

桂林（治所在今广西桂平县西南）、南海（治所在番禺，今广州）和象郡（治所临尘，今广西崇左境），是秦朝政府在越人地区设立的五郡之一（另外两郡为会稽、闽中），都是在秦军征服南方地区的过程中设立的，也是秦始皇每征一地，将秦朝的郡县制推广至这些地区的明证。

郡县制是一种在战国时期就已兴起的行政组织，最初的县是在新征服地区设立的权宜措施，后来又在边境的屯戍据点设立了县以上的机构——郡，秦楚两国都是实行郡县制比较早的国家，也是当时最为先进的行政组织机构。后来秦始皇在统一全国的过程中每征服一个地方就推广实行了这种郡县制，这对于当时还处在氏族部落联盟阶段或酋长制的南方越人来说，无疑是一种先进的行政管理制度。

这时，对岭南来说有两位重要人物走向了历史舞台，这两位人物就是任嚣和赵佗。前者是"略取"岭南的主将、南海尉，也是统帅桂林、象郡、南海郡的总领；后者是任嚣的副将并兼任龙川县令。这便是《史记·主父偃列传》记载的"秦乃使尉佗将卒以戍越"。

在秦朝不断向岭南移民"与越杂处十三岁"后的公元前210年，也就是秦始皇统治的最后一年，赵佗还"使人上书，求女无夫家者三万人，以为士卒衣补，秦皇帝可其万五千人"（《史记·淮南列传》）。这实际上也是赵佗为繁殖岭南人口的一项重要措施。

公元前209年的7月，中州大地爆发了一场声势浩大、轰轰烈烈的陈胜、吴广农民起义，秦朝的地方政权也迅速纷纷瓦解，"县杀其令丞，郡杀其守尉"（《史记·张耳陈余列传》）。秦末农民起义爆发不久，也就是大约在秦二世元年（公元前208年），任嚣病死，赵佗乘秦末乱世之际兼并了桂林、象郡，自立为南粤武王。对于这一段历史，司马迁在《史记·南越列传》中进行了具体而系统地记载，该文说："至二世时，南海尉任嚣病且死，召龙川令赵佗语曰：'闻陈胜等作乱，秦为无道，天下苦之，项羽、刘季、陈胜、吴广等州郡各共兴军聚众，虎争天下，中国扰乱，未知所安，豪杰畔秦相立。南海偏远，吾恐盗兵侵地至此，吾欲兴兵绝新道，自备，待诸侯变，会病甚。且番禺负山险，阻南海，东西数千里，颇有中国人相辅，此亦一州之主也，可以立国。郡中长吏无足与言者，故召公告之。'即被佗书，行南海尉事。嚣死，佗即移檄告横浦、阳山、湟谿关曰：'盗兵且至，急绝道聚兵自守！'因稍以法诛秦所置长吏，以其党为假守。秦已破灭，佗即击并桂林、象郡，自立为南越武王。"

当时的横浦（今广东南雄县北）、阳山关（今广东阳山县）、湟谿关（今广东英德县南）都是五岭南麓的重要关隘，赵佗封闭这些关口并派重兵把守等于是关闭了从中原通往岭南的大门。赵佗就关起门来发展自己的势力范围。

据专家考证，赵佗正式称王建立南越国的时间是公元前204年，比汉高祖刘邦建立西汉王朝的时间还早两年。对于赵佗的称王建国"有其积极的历史作用和意义。首先，赵佗继任嚣为南海尉后，'绝道聚兵自守'，诛秦长吏，'以其党为假守'，既挡住了北方各种武装力量的南下，使岭南地区免遭兵燹之祸，也稳定了内部，为灭亡秦朝做出了贡献。其次，……南越国建立后，岭南地区的统一和郡县制都得到了扩大发展，秦始皇统一岭南后建南海、桂林、象三郡，但只有南海郡统治比较有效，设有郡尉，其他二郡尚无，而且在岭南还有土著划地称王……'击并桂林、象郡'后，派使者前往统治，为了加强对象郡的控制，将之划分为九真、交趾二郡……南越国建在越人聚居地区，在天下大乱的情况下，有效地避免了该地区倒退回部族分治、酋长林立的状态"[8]。这时，原归象郡"遥领"的海南岛是归南越国的直接管辖呢？或者是归交趾管辖？或者仍是处在自管自立的状态？史书没有记载。笔者推测，既然海南岛在归象郡管辖时基本上处于自管自立的状态，这时应该仍是如此。

关于秦文化对海南的影响，早期的史书未见记载，只在明代《正德琼台志·风俗·俗有古风》引《外记》说："海南自秦并天下，始为南越外境，通于中国。秦以水德王，其数用六，今琼人行使铜钱，犹用六数，以六文为一钱，六十文为一两，六百文为一贯。又田禾以六把为半担，十二把为一担，亦用六数，皆秦旧俗也。"

第二节　南越国对海南的治理

从公元前204年南越国正式建立，到公元前111年被伏波将军路博德所灭，南越国存在了近一个世纪，其间经历了第二代南越王赵眜、第三代王赵婴齐（谥号明王）、第四代王赵兴、第五代王赵建德的统治，而仅赵佗一人就统治了南越国71年（一说南越国共历97年，赵佗去世后的四世仅延续26年）[9]，死时年龄达102岁[10]，是古代罕见的寿星。

赵佗，原本是秦朝的武官，是真定（今河北人），自从他在秦二世三年（公元前207年），乘秦末乱世之际兼并了桂林、象郡并称王之后，已拥有"东西数千里"的土地面积，辖地已相当于今天的广东、广西、海南和越南的北部地区。公元前206年，汉高祖刘邦虽已为汉王，中原大地仍狼烟四起，刘邦与项羽之间的战争正处在激烈的混战之中，根本无暇顾及边远的岭南。公元前204年乘机自立为南粤武王，因以南武城而王名。

公元前202年，刘邦登基称帝，建立了大汉王朝，刘邦忙于加强中央集权，巩固国家统一，恢复和发展经济，而对于岭南这个自封的异姓诸侯王，只能采取安抚的政策。于是，汉高祖十一年（公元前196年），刘邦便极不情愿地正式承认这个地方割据政权并派能言善辩的陆贾出使南国，"立佗为南越王，与剖符通使，使和辑百粤，毋为南边害，与长沙接境"（《史记·南越列传》）。刘邦在封赵佗为南越王的诏书中说："粤人之俗，好相攻击，前时秦徙中县之民南方三郡，使与百越杂处。会天下诛秦，南海尉佗居南方长治之，甚有文理，中县人以故不耗减，粤人相攻击之俗益止，俱赖其力。今立佗为南粤王。"（《汉书·高帝纪》）而赵佗也充分发挥了他的武能打仗、文能治国的军事、政治和外交才能：对于皇帝使臣的到来，既显示他已越化，在岭南一心一意为朝廷确保岭南平安，又让朝廷知道南越国的强大。于是，他先是以"魋结箕倨"（即越人的头上盘髻，双腿盘坐）之礼迎见贾陆，继而拿自己与汉朝的大臣萧何、韩信，甚至与皇帝相比谁贤，最后告诉贾陆："吾不起中国，故王此。使我居中国，何渠不若汉？"赵佗一方面好酒好菜招待陆贾达数月之久，临走时还送给他大批金银珠宝，促使陆贾回朝后向皇帝为赵佗说了不少好话（《史记·陆贾列传》）。其实，这时赵佗的称帝之心已昭然若揭，只是因为陆贾的受贿行为才使汉朝廷被蒙在鼓里。

公元前196年，对于南越国来说是一个鼎盛时期。其时，汉高祖刘邦已风烛延年，吕雉高后执掌着朝中大权，有人向她呈请禁止向南越国转卖铁器，以限制南越国武力的强大和经济的发展。实际上吕雉向南越国禁止的还不止铁器一项，据清人梁廷楠《南越五主传》记载：吕后时，"禁绝南越关市金铁田器及马牛羊畜，毋得关以牝"，"牝"就是雌性的，也就是说卖给南越国的牲畜只能是雄性的，以限制南越国的牲畜繁殖，这就给赵佗找到了武力扩充过境和称帝的机会。他说："高帝立我，通使物，今高后听谗臣，别异蛮夷，隔绝器物，此必长沙王计也，欲倚中国，击灭南越而并王之，自为功也。"随后，赵佗便与长沙王打了一场破袭战，而后，又"以兵威财物赂遗闽粤、西瓯、骆，役属焉，东西万余里。"这是南越国历史上疆域面积最大的时期，也就是在这时赵佗公然明目张胆地当起了南越国的皇帝。

汉文帝即位后，采取了"与民休养生息"、"无为而治"的政策，使社会生产力得到很快地恢复与发展，出现了一个社会和平安定、经济快速发展与繁荣的局面。但他面对南越国这样一个俨然如天子的"武皇帝"还无力征服，只好恩威并重，遣人说服。汉文帝先是"乃为佗亲冢在真定，置守邑，岁时奉祀。召其从昆弟，尊官厚赐宠之"，继之在公元前179年（文帝元年）派陆贾以太中大夫的身份第二次出使南越，要求赵佗"去帝制黄屋左纛"。赵佗也曾信誓旦旦地表示"老臣妄窃帝号，聊以自娱，岂敢以闻天王哉！"实际上，赵佗表面上对朝廷称臣纳贡，对内仍以帝居，自称为"南武帝"。汉景帝即位后，赵佗仍然对西汉朝廷"称臣，使人朝请"，对在南越国内"窃如故号名"，直到赵佗在汉武帝建元四年（公元前137年）卒。

赵佗死后，他的孙子赵眜（也为赵胡）即位（此时因其太子婴齐被送往京都长安充当皇帝的宿卫），是为第二代南越王，公元前137～约前122年在位。他对汉朝廷称为南越文王，在南粤国内却自称为南越文帝。

汉武帝于公元前137年即位，是两汉史上雄才大略的皇帝。他先是北击匈奴，解除了边疆之危，继而在公元前135年出兵讨伐闽越。公元前120年又在长安西南开凿昆明池训练水军，为讨伐江南天气湿润、河流较多的南越国作了充分的准备。按照当时"三岁一朝"的规矩，诸侯国王必须按期朝见天子，汉武帝也多次召赵眜入朝，每一次赵眜都"称病"，拒不入见，给了汉朝廷灭南越提供了一个口实。

公元前122年赵胡死，此前在他病重期间，婴齐已从京都回到南越国，因"臧其先武帝、文帝玺"而在王位争夺中抢得了先机，当上南越国王，是为南越明王，对内称南越明帝。婴齐在长安为宿卫时，曾娶一位邯郸人樛氏女为妻并生一子取名兴，婴齐即位后就上书皇上，要求封樛氏女为王后，子兴为嗣。婴齐也遵照赵佗祖训"事天子期无失礼，要之不可以说好语入见。入见则不得复归，亡国之势也"（《史记·南越列传》），也像先祖和赵眜那样至死都不敢入朝，仅派遣儿子次公到长安充当宿卫。这样，婴齐在南越国过了几年或明或暗的皇帝生活。汉武帝也在积蓄力量，随时准备剪除这个"外有君臣之名，内有敌国之实"[11]的封建割据势力。

大约在公元前113年婴齐死，太子兴即王位，尊其母樛氏为太后。南越国因赵兴年少，由樛氏辅佐。樛氏是中原人，即汉人，而南越国的丞相吕嘉及其以下官吏七十余人全为越人，汉越人之间围绕南越国的政治走向展开了一场激烈地斗争：直接的起因是樛氏与婴齐未婚时，经常与霸陵人安国少季私通，樛氏这件颇不光彩的事当时在婴齐为王时南越国的人早就知道，南越国的大臣"多不附太后"。元鼎四年（公元前113年），汉武帝派安国少季出使南越国，宣谕"王、王太后以入朝，比内诸侯"，樛氏"欲倚汉威，数劝王及群臣求内属。即因使者上书，请比内诸侯，三岁一朝，除边关。于是天子许之，赐其丞相吕嘉银印，及内史、中尉、大傅印，余得自置。"遭到吕嘉等人的坚决反对，一场力主内属与反对内属的残杀就此展开。吕嘉先是杀了王、王太后及汉朝使者，接着就"遣人告苍梧秦王及其诸郡县，立明王长男越妻子术阳侯建德为王"，吕嘉还发兵守要害处。汉武帝遂"令罪人及江淮以南楼船十万师往讨之"（《史记·南越列传》）。此时，路博德将军还以卫尉的身份兵屯在桂阳，这在《史记·南越列传》中记载的很清楚。所以，许多史书在记载这一事件时，直接说路博德来平叛南越，忽略了这一过程。

大概是汉朝前面的军队平叛南越不太顺利的原因，元鼎五年（公元前112年）秋，汉武帝又封在桂阳的路博德为伏波将军南征岭南。《史记·南越列传》是这样记载的："出桂阳，下汇（即湟）水，主爵都尉杨僕为楼船将军，出豫章，下横浦，故归义越侯二人为戈船……元鼎六年冬，楼船将军精卒先陷寻陕，破石门，得越船粟，因推而前，挫越锋，以数万人待伏波。伏波将军将罪人，道远，会期后，与楼船会乃有千余人，遂俱进。楼船居前，至番禺。"

经过一场惨烈的战斗，番禺城破"吕嘉、建德已夜与其属数百人亡入海，以船西去。伏波又因问所得降者贵人，以知吕嘉所之，遣人追之。以其故校尉司马苏弘得建德，封为海常侯，越郎都稽得嘉，封为临蔡侯。"吕嘉与赵建德都作了汉军的俘虏。汉军又西进骆越、夜郎。南越已平，"遂为九郡"。《集解》徐广曰："儋耳、珠崖、南海、苍梧、九真、郁林、日南、合浦、交趾。"

对于路博德将军是否登上海南岛的问题，有许多学者皆力主路曾率军登上海南岛。细读《史记》和《汉书》的记载，路博德将军的主攻目的是消灭南越国，当时南越国的都城在番禺（今广州），番禺被攻破后，路博德作为主帅就留在了番禺。这从路博德"遣人追之"，苏弘得赵建德、南越的郎官得吕嘉、居翁"谕骆越属汉"、"戈船、下厉将军兵及夜郎"等一系列战事中可以证明，路博德的军队登上海南岛扫清南越国的残余势力是完全可能的，但路博德本人就未必亲自登岛。

赵佗在统一了岭南之后，也借鉴了汉朝的郡国设置，在南越国内实行了封王封君的制度，在行政区划上采取了郡县制。如《史记·南越列传》记载："苍梧王赵光者，赵王同性，闻汉兵至，及越揭阳令定自定属汉"，说明赵光和赵定都是南越国封的"王"和"县令"。又"遣人告苍梧秦王及其诸郡县，立明王长男越妻子术阳侯建德为王"，这个赵建德就是参与南越国叛乱的主要人物之一。所以，有专家研究说："任设南海郡、桂林郡，取消象郡，而于其地设交趾、九真二郡。南海郡下设的县，可考者有番禺、龙川、博罗、揭阳、浈阳、贪涅等数县。桂林郡下设的县，可考者有布山、四会等。交趾、九真二郡下设的县，除象林县之外，其余的不见于记载。南越国除行郡县制之外，还仿汉朝，分封几个王、侯……南粤国分封的王侯至少有五、六个。"[12]

对于南越国的开国之君赵佗该如何评价？史家们褒贬不一，其中比较一致的看法是，他在南越国称帝是一种分裂国家、逆历史潮流而动的行为，必然招致南越国的灭亡；另一种评价为"南越国内聚居着百越民族，民族关系十分复杂，汉文帝曾经致书赵佗，表示赞成'服领（岭）以南，王自治之'（《汉书·两粤传》）。这就决定了南越国可以根据不同情况，由南越国自行决定一些制度或措施，故其有一定的特殊性"[13]。这种说法虽有一定道理，但赵佗公然与朝廷对抗、甚至在他的影响下，南越国的几代人都称帝，终究是不能被历史所原谅的。他所被人称道的大概主要是"和辑百越"，为南方百越族的社会稳定和经济发展起到了积极作用。同时，为了"和辑百越"，确定汉族王室与土著越族通婚的惯例，对促进民族融合也产生了积极的影响。如后来的越相吕嘉，其为越族，"相三王，宗族官仕为长吏者七十余人，男尽尚王女，女尽嫁王子兄弟宗室"（《史记·南越列传》），赵婴齐娶中原女子为妻，生下儿子赵兴等都是民族通婚的例证。

那么，在这近一百年的时间内，海南岛归谁统治，又是如何统治的呢？虽然史书并没有明确的记载，可是，我们从零碎的文献资料和考古发掘材料中可以证实。

张荣芳先生已在《汉朝治理南越国模式探源》一文中注意到赵佗改郡县后，除南海郡有六个县、桂林郡有两个县、交趾、九真二郡只有一个县可考之外，"其余的不见于记载"。这就是说，在赵佗建立的南越国内还有许多县或王、侯均失于文献记载，尤其是原三郡之一的象郡竟没有一个县或王侯的记载，而这些地方恰恰是各氏族比较集中的地方。笔者认为，既然南到交趾都归南越国管辖，而与广州更近的海南岛也归南越国管辖则是肯定的，这从南越国宫苑遗址的考古发现得到了证实。

南越国宫苑遗址是从赵佗建都番禺开始，到公元前112年南越国被灭的南越国的宫属，通过近十余年的考古发掘，遗址里出土大批在板瓦上拍印或戳印的文字。这些文字有的是"万岁"字样，表明是南越王自称皇帝时的建筑材料，有的刻着南越国的官署，如居室（主管宫中之狱，是拘禁犯人之所）、左官（负责烧造南越王宫廷用砖的官署机构）、右官（是与左官对应的职官）、苍梧（今广西梧州一带）等[14]，更多的是参加建筑南越王宫殿的人名。在这些人名中，有来自"秦始皇于'三十三年，发诸尝逋亡人、赘婿、贾人略取梁陆地（即岭南），为桂林、象郡、南海，以适遣戍'和'三十四年，适治狱吏不直者，筑长城及南越地'的那批来自中原的高级劳工（当然还有本地和附近的越人），在赵佗手下以军事化管理的形式从事责任制的南越王宫属的建造。从拍印文字看，他们是以籍贯进行编组劳作的，初步的研究表明，其中有山东、河北、安徽、江苏、福建、四川等地人"[15]。

在南越王宫苑遗址中，出土的9件拍印于筒瓦里面"人脸形图案"颇为特殊，"它和一般的人面纹图案的显著区别有两点：一是有奇大无比的双耳，二是头上长'角'。根据上述出土文字瓦的内容分析，这类瓦是不会文字的工匠拍印上去的，也应该是一种籍贯的表示法……南越国御苑遗址出土的人面图像板瓦的制作者，应是秦汉时来自海南岛北部的工匠，其'儋耳'是这一地区人民最重要的习俗特征，椎髻则是岭南越人的普遍特征，这一时期这一地区没有文字，中原文字也未得到普及（这和中原有显著差别），故以最简单的图像符号区分自己的产品"[16]。此说甚确。但吴凌云先生认为瓦是通过琼州海峡交往到番禺这种说法又值得商榷。

笔者认为这应是"儋耳国"的人参加了南越国宫苑的建造而留下的标记。在秦朝的时候，秦始皇曾役使天下七十余万人为其筑阿房宫和陵墓，《史记·秦始皇本记》记载："隐宫徒刑者七十余万人，乃分作阿房宫或作骊山"，"可以判断在秦始皇陵附近出土的带有'某地某工'印记的砖瓦，是就地烧制的，而不是由各地把砖瓦烧成后运来的"，"这些陶工的身份也与中央官府制陶作坊内的劳动者有别，他们的身份应属于自由民或者绝大多数为自由民"[17]。西汉为诸侯王筑造陵墓的工匠身份稍有变化：这时，既有本诸侯国内被征调的工匠，也有同姓王其他诸侯国的工匠被调去"支援"的性质。由于南越国的情况比较特殊，他不可能在擅自称帝的情况下再有汉代的刘姓诸侯王来派工匠"支援"，所以，他所役使的工匠只能是南越国管辖下的工匠。

图5　南越国苑遗址出土的人面纹瓦

另外，南越王宫苑遗址还出土有"左犁"、"长犁"的字样，其中"左"字是"左官"的省文，"左官奴和左官卒后面的单、犁、窑、最、史、藤、安等陶工人名，他们的身份是奴隶、更卒或服鬼薪刑的刑徒"[18]，这些拍印于板瓦里面的 4 件瓦也不能排除是海南岛黎族先民所造的可能，这一点笔者已有考证[19]。

确定了海南岛上的人当时曾参与了为南越王宫苑的建造，就说明了海南岛当时归南越国管辖。故《汉书·昭帝纪》载儋耳时，颜师古曰："儋耳本南越地。"对于海南岛上黎族社会的记载我们已在第三章中进行了考证，结论是在先秦时期黎族先民仍处在原始社会部落联盟阶段，又经过一百年左右的南越国统治，黎族已经与汉文化有了较多的接触，汉人也对生活在海南岛的黎族有了更多的了解。如最早记载儋耳和穿胸国的便是成书于战国时期的《山海经》，西汉时期的《史记》已经将南越单独列传，东汉的《汉书》记载更详，《越绝书》的作者一般认为是东汉初年的袁康、吴平，对南方越族的记载有了专著。但纵观整个汉代史书，对于黎族的社会形态方面的记载皆不详，只有《汉书·武帝纪》在记载儋耳时，应劭曰："儋耳者，种大耳，渠帅自谓王者耳尤缓，下肩三寸。"

由此可见，这时黎族先民的部落首领自称为"渠帅"，可能有更大的首领在南越王赵佗时被封为王或侯。那么，参与南越王宫苑建设的属于儋耳国的这些工匠的身份就不会是奴隶或"服鬼薪刑的刑徒"，而应是儋耳国派去的自由民。

第三节　西汉政府对海南的统治

汉武帝时期在海南岛上设立的儋耳、珠崖郡，是海南历史上第一次明确地有了郡县组织，也标志着海南岛正式纳入了西汉中央王朝的统治，意义非常重大。但许多人都把汉武帝时期在海南岛上设立的两郡将儋耳排在珠崖郡的前面，也是不符合史实的，因为无论是在汉代以前，或者是在两汉时期，儋耳郡都比珠崖郡重要。也有人将汉武帝的设郡称为"第一次将海南岛纳入中国的版图"更是与事实不符，这一点，笔者已有考证[20]。另外，多数学者认为汉武帝元鼎六年灭南越后，分其地为儋耳（治所在今儋州市境）、珠崖（治所在今海口市境）、南海（治所在今广州市境）、苍梧（治所在今广西梧州市境）、九真（治所在今越南清化西北）、郁林（治所在今广西桂平西南）、日南（治所在今越南北部）、合浦（治所在今广东徐闻县南）、交趾（治所在今越南河内市境）共九郡，而周振鹤先生通过考证后认为应分其地为十郡，即象郡仍大汉王朝直接管辖的疆域终于扩展到了南海，尤其是得了南海中的大岛，更是在中央王朝的心目中得到了一种占有性的满足。《汉书·地理志》这样记载："自合浦、徐闻南入海，得大洲，东西南北方千里，武帝元封元年略以为儋耳、珠崖郡。"同书《贾捐之传》又说："初，武帝征南越，元封元年立儋耳、珠崖郡，皆在南方海中洲居，广袤可千里，合十六县，户二万三千余。"开始的时候，设置在海南岛上的儋耳、珠崖两郡直接归西汉中央朝廷管辖，汉元封五年（公元前106年），设交趾刺史部，通察九郡，治所在交趾龙编，儋耳、珠崖两郡便归交趾刺史部管辖。但是，汉武帝元封五年始设的刺史部（长官称刺史）的职责主要是"掌乘传巡视郡国，岁尽入奏，居无常所"。当时在全国仅设13人为刺史，"秩六百石，掌奉诏巡察诸州，以六条问事，刺举所部官吏非法之事，故名"，到汉成帝时刺史的权力才有提高，秩也升至二千石，到东汉末年，刺史"已凌驾于郡守之上，专一州军政，已非前期专司督察之任"（《中国历代官职词典》）。所以，实际上，交趾刺史并非汉朝的一级政府，故史书多不记载儋耳、珠崖两郡便归交趾刺史部管辖的事。

汉代除了在海南岛设置两郡之外，还在郡下设十六个县，其中，儋耳郡辖县五，这些县主要分布在海南岛的西部地区；珠崖郡辖县十一，主要分布在海南岛的北部、东部及南部地区。

儋耳郡在先秦及秦、南越国时期都是黎族先民的聚居区，至少有部落联盟组织"儋耳国"和"穿胸国"的存在，汉武帝在此设立儋耳郡主要是为了加强对黎族先民地区的统治。海南岛上余下的大片区域也有黎族先民散居，西汉在北部设郡，标志着政治中心地位正在悄悄地形成。

这两个郡的具体在今何处，还有较大的争议。早期的文献一般引《茂陵书》的记载："珠崖郡治瞫都，去长安七千三百一十四里。儋耳去长安七千三百六十八里。"《茂陵书》为汉代人所作，他不可能进行实际测量，这一数据应是估算或推算的，且该书已在西晋时亡失。到明朝时出生在海南的唐胄著有《正德琼台志》是海南第一部通史性的著作，里面有较多的记载，可是，在珠崖郡治问题上竟有三处记载说是汉时的珠崖郡治，其中，一处记载："珠崖郡，汉置，在县东南东潭都石岭村，址存。"卷二十七《古迹》，该村位于海口市遵谭镇东谭村，今人郭克辉先生力主此说[22]。一处记："琼山县琼崖岭在城南十里，即古珠崖郡城址"，"琼崖神岭，在南二十里东潭都，平地中峙起一峰，即古珠崖地，上有神庙，旧称珠崖侯王，后罢珠崖，唐以地属琼州，因

保留下来[21]，可备一说。

大汉王朝直接管辖的疆域终于扩展到了南海，尤其是得了南海中的大岛，更是在中央王朝的心目中得到了一种占有性的满足。《汉书·地理志》这样记载："自合浦、徐闻南入海，得大洲，东西南北方千里，武帝元封元年略以为儋耳、珠崖郡。"同书《贾捐之传》又说："初，武帝征南越，元封元年立儋耳、珠崖郡，皆在南方海中洲居，广袤可千里，合十六县，户二万三千余。"开始的时候，设置在海南岛上的儋耳、珠崖两郡直接归西汉中央朝廷管辖，汉元封五年（公元前106年），设交趾刺史部，通察九郡，治所在交趾龙编，儋耳、珠崖两郡便归交趾刺史部管辖。但是，汉武帝元封五年始设的刺史部（长官称刺史）的职责主要是"掌乘传巡视郡国，岁尽入奏，居无常所"。当时在全国仅设13人为刺史，"秩六百石，掌奉诏巡察诸州，以六条问事，刺举所部官吏非法之事，故名"，到汉成帝时刺史的权力才有提高，秩也升至二千石，到东汉末年，刺史"已凌驾于郡守之上，专一州军政，已非前期专司督察之任"（《中国历代官职词典》）。所以，实际上，交趾刺史并非汉朝的一级政府，故史书多不记载儋耳、珠崖两郡便归交趾刺史部管辖的事。

汉代除了在海南岛设置两郡之外，还在郡下设十六个县，其中，儋耳郡辖县五，这些县主要分布在海南岛的西部地区；珠崖郡辖县十一，主要分布在海南岛的北部、东部及南部地区。

儋耳郡在先秦及秦、南越国时期都是黎族先民的聚居区，至少有部落联盟组织"儋耳国"和"穿胸国"的存在，汉武帝在此设立儋耳郡主要是为了加强对黎族先民地区的统治。海南岛上余下的大片区域也有黎族先民散居，西汉在北部设郡，标志着政治中心地位正在悄悄地形成。

这两个郡的具体在今何处，还有较大的争议。早期的文献一般引《茂陵书》的记载："珠崖郡治瞫都，去长安七千三百一十四里。儋耳去长安七千三百六十八里。"《茂陵书》为汉代人所作，他不可能进行实际测量，这一数据应是估算或推算的，且该书已在西晋时亡失。到明朝时出生在海南的唐胄著有《正德琼台志》是海南第一部通史性的著作，里面有较多的记载，可是，在珠崖郡治问题上竟有三处记载说是汉时的珠崖郡治，其中，一处记载："珠崖郡，汉置，在县东南东潭都石岭村，址存。"卷二十七《古迹》，该村位于海口市遵谭镇东谭村，今人郭克辉先生力主此说[22]。一处记："琼山县琼崖岭在城南十里，即古珠崖郡城址"，"琼崖神岭，在南二十里东潭都，平地中峙起一峰，即古珠崖地，上有神庙，旧称珠崖侯王，后罢珠崖，唐以地属琼州，因

名琼崖神岭，今合祀于灵山祠"。卷五又记，该村位于今海口市龙塘镇潭口村委会博抚村，今人黄培平先生力主此说[23]。第三处在今海口市旧州镇的古城址，该志记载说："旧州在县东南四十里麻钗都一图，滨江筑城，引小渠为壕，址迹俱在，呼为旧州，不知何代立。"今人梁统兴先生说："旧州就（是）汉珠崖郡治、唐代的崖州治，其遗址在今旧州镇旧州村。"[24]可见，就是明朝的唐胄也没有搞清汉代珠崖郡城址所在何处。

上世纪90年代，文物部门在龙塘镇博抚村组织了一次考古勘探，"在岭顶上，从南面仰视，气势宏大，人工建筑的夯土城墙明显存在，基本呈正方形，坐北向南，北墙长约160米，西墙长约155米，城墙上宽约6米，内残高平均约2米，符合汉代郡县一级建筑规模……城内地表有较为广泛的西汉早期之遗物分布，可见有布瓦、砖、罐、瓮、壶等残片，陶质以西汉时期典型的黄白色陶为居多。总之，从初步的考古调查资料表明，可以断定这是一座西汉时期的古城，这一点是毫无疑义的。综上所述，汉置的珠崖郡治遗址，在今距府城东南11公里的龙塘博抚村北侧的珠崖岭上，是有较为可靠的依据的"[25]。可是，问题的解决并没有那么简单，在随后的1999年的正式考古发掘，不但否定了珠崖岭城址是西汉时期的可能，而且连郡城的可能也被排除，它仅仅是一座唐代的一座军事城堡[26]。2006年11月，海口市地方志办公室又组织召开了一次"汉珠崖郡"的专题学术研讨会并出版了论文集，笔者也曾作《论汉珠崖郡》[27]一文。综合这些年的海南史学界研究的成果，西汉珠崖郡治的具体位置仍然没有定论。

那么，儋耳郡治呢？由于目前尚未进行考古发掘，史家仍按志书的记载，以位于今儋州市西北三都镇旧州坡说之。2008年秋，笔者曾前往实地考察，也未发现汉代的实物证据。

至于儋耳郡下辖的五个县（儋耳、至来、九龙，其余两县无考）、珠崖郡下辖的十一个县治（瞫都、山南、玳瑁、苟中、紫贝、临振、珠崖、乐罗、颜卢、永丰、顺潮），唐玲玲、周伟民先生著的《海南史要览》和李勃先生著的《海南岛历代建置沿革考》均有考证，但由于他们所使用的材料不同，其结果也不完全一样。这些县治的大体位置在：

1. 儋耳县：依《通典·州郡十四》昌化郡儋州的记载："今义伦县"，"义伦，汉儋耳县城即此"。义伦县故城在明清时期的儋州城西北三十里滴滩浦，今儋州市三都镇旧州坡新村。

2. 至来县：宋乐史《太平寰宇记》卷一百六十九记："昌化县西一百八

十里，二乡，汉至来县"，"即元封年置，始元五年（公元前82年）省，并属珠崖，初元三年废。故治在今昌江县西北"，即今昌江县昌城乡旧县村。

3. 九龙县：宋乐史《太平寰宇记》卷一百六十九记："感恩县东至二百二十五里，二乡，汉九龙县地"，故址在感恩县九龙山下，即今东方市感城镇义学村西北。

4. 珠崖县：《海南岛历代建置沿革考》引西汉刘向的《列女传·珠崖二义》记："珠崖二义者，珠崖令之后妻及前妻之女也。"刘向卒于公元前6年，"珠崖令"即珠崖县令的简称。说明在公元前6年以前，珠崖县已存在，当在今海口市北部。

5. 暗都县：西汉珠崖郡治。汉代《茂陵书》作"都郎暗"，唐《元和郡县志》作"本暗县"，另有"潭都县"、"郎暗县"等称呼，可能为异名同地。按宋乐史《太平寰宇记》卷一百六十九记："舍城县，旧崖州郭下县，旧三乡，汉潭都县地，隋旧县。"

6. 山南县：《汉书·元帝纪》记载：初元三年（公元前46年）春，"珠崖郡山南县反，博谋群臣。待诏贾捐之以为宜弃珠崖，救民饥馑。乃罢珠崖"。《海南岛历代建置沿革考》引元代人胡三省注"山南县盖置于黎母山之南也"的记述，山南县当在今陵水县或三亚市境内。

7. 玳瑁县：又作"瑇瑁县"。按王象之《舆地纪胜》卷一百二十四引《元和郡县志》记载："本汉瑇瑁县地"，故地应在今海口市琼州府城南。清雍正年间的《大清一统志》作"琼州故城"条"在今琼山县南"，"以县西六里琼山得名"，"故县在今县南六十里"。《海南岛历代建置沿革考》一书认为，应在今海口市北部。但在今海口市境内既有珠崖、暗都县，又有玳瑁县，还有下述的颜卢县、永丰县等，似乎又过于密集。

8. 紫贝县：王象之《舆地纪胜》卷一百二十四"文昌县"条目中记载："在州东一百里"，《太平寰宇记》卷一百六十九记：文昌县"汉紫贝县地"，"紫贝山，元属紫贝县"。《元和郡县志》记：文昌县"本汉紫贝县地"。《海南岛历代建置沿革考》记："紫贝山"今称"紫贝岭"，汉紫贝县治故址在今文昌市文城镇城内。

9. 苟中县：王象之《舆地纪胜》卷一百二十四"澄迈县"条目中记载："在州西五十五里"，《太平寰宇记》卷一百六十九记：澄迈县"汉苟中县地"，在今澄迈县美亭乡东南隅。

其余的临振县（故址在今三亚市崖城镇）、乐罗县（故址在今乐东县乐罗镇）、颜卢县（故址在今海口市美兰区灵山镇多吕村）、永丰县（故址在今琼海市塔洋镇境）、顺潮县（今陵水县境）等都缺乏早期的史料记载，又没有直接的实物证据和地面城址遗迹，这种情况正符合西汉统治海南的实际。

从西汉时期海南岛上的这些郡县的所在位置，我们可以清楚地看到，从这时开始已经基本奠定了以后两千余年的行政区划格局。

第四节　西汉末至东汉朝廷对海南的管辖

从汉武帝元封元年（公元前110年），在海南岛上建立儋耳、珠崖两郡及十六个县之后，到汉昭帝始元五年（公元前82年），朝廷在海南岛上撤销儋耳郡，将其辖区并入到珠崖郡，汉元帝初元三年（公元前46年），汉朝政府又无可奈何地撤销了珠崖郡。至此，西汉政府的政治势力在黎族先民的反抗与斗争中，汉朝在海南岛推行的郡县制也仅仅存在了65年便基本上宣告结束，海南岛走向以土著居民自存自生为主、汉代朝廷管理名存实亡的时期。

（一）西汉朝廷被迫放弃对海南岛的统治

在黎族先民的不断反抗和斗争中，海南岛长期处于动荡不安的局面。其中以汉武帝末年（公元前87年）的珠崖太守、会稽人孙幸被杀和甘露元年（公元前53年）有九个县的联合行动最为激烈。公元前53年的这一次惊动了朝廷，皇帝派护军都尉张禄率兵镇压，汉军损失惨重，"前日兴兵击之连年，护军都尉、校尉及丞凡十一人，还者二人，卒士及转输死者万人以上，费用三万万余，尚未能尽降"（《汉书·贾捐之传》）。

汉元帝即位后的初元三年（公元前48年）春，珠崖郡山南县的黎族先民又一次举行暴动，汉元帝召开文武大臣商议对应之策，朝堂上发生了增兵镇压与撤军撤郡的激烈争论，以御史大夫陈万年和驸马都尉乐昌侯王商等人为代表的一方力主派兵镇压，"以为当击"；而以丞相于定国、谋臣贾捐之为代表的另一方则云"不当击"。王商"当击"的理由："珠崖内属为郡久矣，今背叛逆节，而云不当击，长蛮夷之乱，污先帝功德，经义何以处之？"贾捐之"不当击"的理由说得非常充分，主要有：

1. 汉朝疆土廓地泰大，已长期征伐不休，今又逢关东大灾，民众久困，连年流离失所，已成"社稷之忧"，"今陛下不忍恸恸之忿，欲驱士众挤之大海之中，快心幽冥之地，非所以救助饥馑，保全元元也"（《汉书·贾捐之传》，以下均见此文）。换句话说，就是国家内地尚在灾难之中，已无力救助，那还能顾得上"南方万里之蛮"？

2. 居住在海南岛上的"骆越之人，父子同川而浴，相习以鼻饮，与禽兽无异，本不足置县也。颛顼独居一海之中，雾露气湿，多毒草虫蛇，水土之害，人未见虏，战士自死。"这是说的海南岛的自然环境和本地的风土人情，本来当初就不应该在这里设置郡县。

3. "非独珠崖有珠、犀、瑇瑁也，弃之不足惜，不击不损威。其民譬犹鱼鳖，何足贪也。"这一条说海南岛的珍贵土特产，不仅海南所独有，即使舍弃海南岛，在其他地方照样可以得到，不值得花费大批银两去占有该地。

4. "往者羌军言之，暴师曾未一年，兵出不踰千里，费四十万万，大司农钱尽，乃以少府禁钱续之。夫一隅为不善，费尚如此，况于劳师远攻，亡士毋功乎？"这是说，过去曾在征服羌军一隅之地时就花费四十亿的银两，现在路途遥远，一旦前去征讨就会将士伤亡惨重，劳而无功。

5. 海南非"冠带之国"，要了也没有什么用处，不如放弃珠崖，用省下的这笔费用专门抚恤关东的饥民。

廷议的结果是皇帝采纳了贾捐之的意见，于是，汉元帝颁下诏书曰："珠崖虏杀吏民，背畔为逆，今廷议者或言可击，或言可守，或欲弃之，其指各殊。朕日夜惟思，议者之言，羞威不行，则欲诛之；狐疑辟难，则守屯田；通于时变，则忧万民。夫万民之饥饿，与远蛮之不讨，危孰大焉？且宗庙之祭，凶年不备，况乎辟不嫌之辱哉！今关东大困，仓库空虚，无以相赡，又以动兵，非特劳民。凶年随之。其罢珠崖郡。民有慕义欲内属，便处之，不欲，无强"。"珠崖由是罢"。汉元帝的诏书虽然列举了一大堆冠冕堂皇、体恤民情的理由，但国库空虚、无力南征的现实，对他来说无疑是朝廷被迫放弃珠崖郡的主要原因。

其实，造成西汉朝廷被迫放弃对珠崖郡的统治与管理，原因是多方面的，有西汉朝廷对海南的政策和管理不当、选用官吏不当、官吏腐败等，也有黎族先民此时尚处在原始社会的部落联盟阶段对于汉朝发达的封建制度不能马上适应的原因。贾捐之作为封建朝廷的待诏金马门（汉有金马门，为待诏之所，士人常常能在此因得到皇帝的召见而进身为官）所总结的必须放弃对珠崖郡统治的理由不会（也不可能）做出实事求是的分析，他的理论是站在皇帝的立场上而言的，并非为了国家（尽管常常皇帝自诩为国家的代表）、民族，更非为了天下的老百姓。他处处强调海南岛地理气候环境恶劣，而且又说了许多污蔑不实之词，如说住在海南岛的黎族先民"与禽兽无异"，"其民譬犹鱼鳖"

等，但其中也不乏对海南岛的地理气候环境和风土民情的记载，如他说的"颛顼独居一海之中，雾露气湿，多毒草虫蛇，水土之害，人未见虏，战士自死"，便是一例。所谓的"雾露气湿"可能就是指的"瘴气"。《汉书·南蛮西南夷两粤朝鲜传》记："南州水土温暑、加有瘴气，致死亡者十必四五，其不可三也。"《汉书·严助传》又记："南方暑湿，近夏瘴热，暴露水居，蝮蛇口（上草字头，中间一石字，下为两个虫字）生，疾病多作，兵未血刃而病死者什二三，虽举越国而虏之，不足以偿所亡。"唐颜师古注曰："瘴，黄病"。疑为因大陆北方人不服水土而导致的上吐下泻疾病，这种病从秦朝到东汉马援南征岭南时都是困绕将士的一大疾病。如《汉书·晁错传》记载晁错在追述秦王朝"南攻扬越，置戍卒"之事的时候说道："扬粤之地少阴多阳，其人疏理，鸟兽稀毛，其性能暑。秦之戍卒不能其水土，戍者死于边，输者偾于道。秦民见行，如往弃市。"《史记·南越列传》在记载南越攻打长沙边邑的事又说："高后遣将军隆虑侯灶往击之，会暑湿，士卒大疫，兵不能逾岭。"《史记·南越列传》又有"南方卑湿"的记载。《后汉书·马援列传》：马援击武陵蛮时，"会暑甚，士卒多疫死"。《后汉书·宋均传》："军士多温湿疾病，死者多半。"

贾捐之所说的"骆越之人，父子同川而浴，相习以鼻饮"，这可能就是黎族先民的一种生活习惯，南方水多，又夏天湿热，父子在同一条河里洗浴是很正常的现象，这在西汉中原士大夫讲究"君君、臣臣、父父、子子"的人看来是很不体面的。至于"鼻饮"是什么，唐、周二先生解释是"当时汉人对黎族集体对酒缸用嘴含细竹筒吸酒，作较远距离的观看，因而误记。此一误传的习俗，也延续至今。"[28]说法很有道理，但要说贾捐之误记也可能有些冤枉他。其时海南岛上已有大批汉人，对于这些土著人的生活习俗应该亲眼所见。贾捐之称为"鼻饮"，也有可能因为海南当时尚无水井，人们饮用水要到河边，用竹子制作的筒杆吸饮，远远望去像大象的鼻子饮水，故称"鼻饮"。

《汉书·贾捐之传》："其民暴恶，自以阻绝，数犯吏禁，吏亦酷之，率数年壹反，杀吏，汉辄发兵击定之。自初为郡至昭帝始元元年二十余年间，凡六反叛。反后七年，甘露元年九县反。辄发兵击定之。元帝初元元年，珠厓又反，发兵击之。诸县更叛，连年不定。"《汉书·地理志》"自初为郡县，吏卒中国人多侵凌之，故率数岁一反。元帝时，遂罢弃之。"

当时，从表面现象看西汉的政权组织已占有海南全岛，郡县制也已经得到推广，各级行政区划也已建立起来，但实际上"长吏之设，虽有若无"（《三国志·吴书·薛综传》），即使有些郡县派了官吏管理，这些官吏因远离朝廷，"九甸之外，长吏之选，类不精核。汉时法宽，多自放恣，故数反违法"（《三国志·吴书·薛综传》）。汉朝在海南建立的郡县行政组织多位于交通要道，以区区几万人也不可能占据全岛，在一些黎族先民居住比较集中的地方，汉人还无法深入其内，而且，对于尚处于原始社会部落联盟阶段的黎族先民来说，他们还过着每隔两三年都要迁徙一次的生活，汉朝的军队要在此屯田并扎下根来在这里生活居住，汉朝一切诸如思想文化意识、生活方式、气候环境的适应、语言上的交流（如《后汉书·南蛮西南夷列传》记："凡交趾所统，虽置郡县，而言语各异，重译乃通"）、地方风俗（主要是汉人不尊重里人的风俗习惯，如《三国志·吴书·薛综传》记："珠崖之废，起于长吏睹其好发，髠取为发"。《太平御览》卷三百七十三记："朱崖人多长发，汉时郡守贪残，缚妇女割头取发"）等一系列的矛盾便接踵而生，当这种矛盾发展到一定程度不可调和、汉朝中央政府又没有妥善的解决办法（比如尊重俚人的生活习惯和风俗等，当然那时也不可能做到这些）时，就意味着统治的失败。特别是这些官吏"自以阻绝，数犯吏禁，吏亦酷之"，这就必然会引起土著人的群起反抗，"自初为郡县，吏卒中国人多侵凌之，故率数岁一反"（《汉书·地理志》）。

西汉按照朝廷的规定，在这些新开拓的郡县本来是不让土著人纳税服徭役的，如《史记·平准书》记："汉连兵三岁，诛羌，灭南越，番禺以西至蜀南者置初郡十七，且以其故俗治，毋赋税。"《三国志·吴书·薛综传》也说："县官羁縻，示令威服，田户之赋，裁取供办，……不必仰其赋入以益中国。"可是，地方官吏往往以"贡献"的名义，对黎民百姓进行巧取豪夺，其搜刮黎族先民的产品并不比纳税少。如《后汉书·南蛮列传》载："武帝末，珠崖太守会稽孙幸调广幅布献之，蛮不堪役，遂攻郡杀幸。幸子豹合率善人还复破之，自领郡事，讨击余党，连年乃平。"这些也必然会引起土著人的坚强抵抗与斗争。

况且，西汉时黎族先民的人口已有了很快的发展。对于西汉海南岛的人口数量，《汉书·贾捐之传》第一次有了明确记载："广袤可千里，合十六县，户二万三千余。"可是，汉代的人口平均一户有多少人？是指的汉人或是黎族先民？如是两者都有，汉族与黎族先民的比例各是多少？史学界争议颇大，主要观点有：其一，明代海南人王佐（1428～1512）所著《琼台外纪》载："武帝置郡之初，已有汉人三万之数"，今人王俞春先生说："汉武帝时海南建立郡县后，根据汉户籍制，对海南的户口也进行了调查登记，全岛有2万3千余户，人口约10万人，其中汉人约有3万人"[29]。其二，司徒尚纪先生引葛剑雄的《论西汉时期人口的地理分布》一文》说："若以每户6口计算，为13.8万人，密度为每平方千米4人"（司徒尚纪：《海南岛历史上土地开发研究》，海南出版社1992年）。其三，据林蔚文先生研究："汉元始年间（公元1～5年），是西汉人口发展的鼎盛时期，但岭南七郡人口的总数与地域面积平均，人口密度仍很稀少。其中交趾四郡每平方公里为9.6人，九真郡3.0人，日南郡0.7人，合浦郡1.4人，郁林郡0.6人，苍梧郡2.5人，南海郡1.0人。有的地区如含洭、浈阳、曲江等山区至东汉时仍人烟稀少，个别地区则荒无人烟，无人经营和开发"[30]。元始年间海南的儋耳、珠崖郡已合至合浦郡管辖，那么，按面积计算，海南岛上才有几万人。其四，李勃先生"认为《汉书·贾捐之传》所载岛上有'户二万三千余'，当多数为汉人"[31]，那么，如果再加上黎族先民的话，海南岛上的人数少说也有十几万人。笔者认为应以王俞春先生的"10万人左右"比较符合实际，问题的焦点主要集中在"善人"的多少。

所谓"善人"，在汉代及其以前的文献里主要有两个意思：其一指有道德的人，《左传·襄公三十年》："善人，国之主也"。其二指具有普通身份的人。司马迁《报任少卿书》："且夫臧获婢妾。韦昭曰：奴以善人为妻，生子曰臧。"在这里应特指汉人。"善人"的身份构成比较复杂，主要应包括：1. 在海南任职的官吏；2. 守边和屯田的军人；3. 从事商业者，如王佐说："善人乃武帝置郡之初，已有三万之数。此皆远近商贸兴贩货利，有积业者及土著受井受廛者，通谓之'善人'"（民国《儋州县志》卷一）；另外，可能还包括"徙中国罪人，使杂居其间"的汉人。这些人加起来有三万之众、黎族有七万之众应该是比较符合实际的。

对于"民有慕义欲内属，便处之，不欲，无强"的结果，汉人回到内地没有？也有不同的说法。李勃先生认为："因为他们都是来自大陆的汉人，尤其是他们曾帮助汉朝镇压过黎族先民起义，担心汉朝统治势力撤离本岛后会被黎族先民报复，而'内属'就可以得到汉朝的保护。但'内属'未必非要过海。如《汉书·贾捐之传》说：'珠崖内属'为郡久矣。由此看来，汉朝虽罢珠崖郡，但为了保护那些'慕义欲内属'之民，有必要在岛上继续驻兵和设立地方政权。"[32]似乎言外之意，大多数汉人并没有迁入大陆，东汉朱卢县的设立也缘于此。这种说法有可商议之处。

自汉元帝初元三年（公元前46年）撤销珠崖郡以后到东汉初年的这几十年时间内，海南岛的人口数量剧减，下降到了最低点，而从东汉初以后，人口又有缓慢地提升。据西汉元始二年（公元2年）的人口统计，合浦郡的面积56970平方千米，每平方千米人口1.4人，到东汉初年的人口统计，合浦郡有5398户，人口78980人，如《汉书·地理志》卷二十八下记载："合浦郡，户万五千三百九十八，口七万八千九百八十。县五：徐闻、高凉、合浦、临允、朱卢"，"朱卢"二字下有"都尉治"一行小字，显然是后人的补注。《汉书》的作者班固死于东汉永元四年（公元92年），可以视作东汉初的人口统计数字。再到东汉永和五年（公元140年）的人口统计，合浦郡仍辖五县，户数为23121，人口86617，每县平均户数4624.20，每户平均口数3.75[33]，这便是《后汉书·郡国五》卷三十三记载的："合浦郡，武帝置。雒阳南九千百九十一里。五城户二万三千一百二十一，口八万六千六百一十七"，合浦郡也包括徐闻、高凉、合浦、临允、珠崖等五县。

从公元前46年罢珠崖郡，到光武帝建武十九年（公元43年）之间，海南岛也没有发生大的战争，而人口却剧减，这不能不说是汉人大批内迁的结果。所以，应该说，自从西汉王朝在海南岛上撤销了珠崖、儋耳郡之后，海南岛就实际上处于一种无政府的状态，东汉时仅属合浦郡中的一个县，也徒有虚名，但仍在名义上归汉代中央政府管辖。

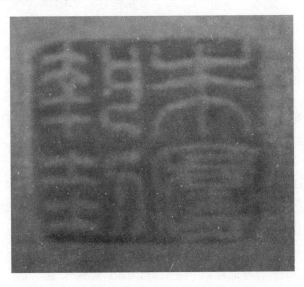

图6　汉代的"朱庐执刲"银印印文

西汉末年，海南岛上曾设立"朱庐"县的重要证据是 1984 年 5 月在乐东县志仲镇潭培村出土的一枚银质官印，该印呈正方形，兽首蛇身钮，通高 1.9、边长 2.4、厚 0.8 厘米，印面上铸"朱庐执刲"四字，阴文篆书，该印现藏海南省博物馆。

可是，对这枚银印的"执刲"的含义史家却争议颇大，如谭其骧先生考证为是"一个战国时楚国的爵名，秦汉之际楚怀王曾沿用以封曹参。不久刘邦定天下，改用了秦制，这个爵名就不可能再出现了。由此可见，朱卢当是先汉已有的部族名，这颗印应为那时的楚国铸以颁赐被封为执刲的朱卢酋长的……执刲爵位仅次于列侯。《百官公卿表》'凡史，秩比二千石以上皆银印青绶'，朱卢执刲既用银印，知其品位应在三数百石至千石的县令长之上。是则朱卢酋长被封为执刲时朱卢还不是县，设县当犹在其后"[34]。海南多数学者都不同意谭其骧先生的观点，但又都没有说出驳斥谭先生的理由，所以，到现在"朱庐执刲"银印还有许多谜团没有被揭开。

（二）东汉初年马援再次征服海南

东汉初年，锡光和任延分别为交趾、九真太守，此二人在当地教民铸造铁制农具，推广牛耕，兴办学校，传播礼仪，深受骆越民众的拥护。可是，到了苏充任交趾太守时就为政苛刻，激起交趾鹿冷县女子征侧、征贰（一说姐弟俩，一说姐妹俩）领导的反抗。建武十六年（公元 40 年），征侧、征贰正式起兵一举攻下交趾郡后，九真、日南、合浦民众也皆纷纷响应，并很快占领岭南六十余城，征侧自立为王。东汉朝野为之震惊，此时，有一位在中国古代史上颇具影响的人物走进汉光武帝刘秀的视线，此人便是马援。

马援，生于汉成帝永始二年（公元前 14 年），字文渊，扶风茂陵（今陕西兴平县东北）人，是一位美男子，原姓赵，是战国时赵国的一位名将赵奢的后裔，赵奢被赵惠文王赐号为马服君，从此，他的后代便改姓马。马援年长十二岁时父母双亡，便成为孤儿，他常以"丈夫为志，穷当益坚，老当益壮"激励自己，此句成为后世的至理名言。

马援"眉目如画"，"身高七尺五寸"。建武十八年（公元 42 年），刘秀就拜这位英俊潇洒的虎贲中郎将马援为伏波将军，扶乐侯刘隆为副将，督楼船将军段志等率大小楼船 200 余艘，兵士 2 万余人南击交趾。所谓"楼船"，李昉《太平御览》引《越绝书》记载："楼船者，当陵（陆）军之楼东。"茅元仪《武备志》卷一百一十六记载："楼船者，船上建楼三重，列女墙，战格，树旗帜，弩窗矛穴，状如小垒。"但段志在行至合浦时就病卒，马援兼统水陆各军沿海而进,《后汉书》记:"遂缘海而进,随山刊道千余里。"建武十九年四月,马援攻破交趾,斩征侧、征贰,传首京都洛阳。马援被封为新息侯,食邑三千户接着,"将楼船大小千余艘,战士二万余人,进击九真贼征侧余党都羊等",斩获五千余人。马援到交趾后还在那里立铜柱,"为汉之极界",如今,这几根铜柱在哪里,也成为不解之谜。

岭南悉平,马援于建武二十年(公元44年)秋班师回朝。可是,当他在进击"武陵蛮夷"(今湖南常德市)时却病故军中,时年已为建武二十五年(公元49年),后追谥为忠成侯。又据《后汉书·马援列传》的记载,马援并非死在路上,而是马援回朝后,光武帝赐给他兵车一乘,位列仅次于九卿,许多人都来向他祝贺,他的一位叫孟冀的好友,也在宴会上举杯祝贺。马援在列举了不及前人路博德的功绩伟大的谦辞后,说现在匈奴、乌桓尚在北边扰乱,自己想请命率军征讨,"男儿要当死于边野,以马革裹尸还葬耳,何能卧床上,在儿女白手中耶?"意思是说,大丈夫应该为国战死沙场,用战马的皮包裹尸体,驮回安葬,怎能眷恋妻儿之情老死在家中呢?后来,"马革裹尸"就成了一句成语,用来比喻军人为国报效疆场。

对于马援是否亲自率军登陆海南岛,也是一桩谜案。早至宋代争议就已有之:一种意见认为他来过海南岛,如苏轼在《伏波庙记》有载,宋代赵汝适的《诸番志》卷下也记:"马伏波平海南也,命陶者作缶器,大者盛水数石,小者盛五斗至二三斗者,招到深峒归降人,即以遗之,任意选择,以测其巢穴之险夷。黎人止取二三斗之小者。诘之,云:'来时皆悬崖缘木而下,不取大者,恐将归不得。'以是知其峒穴深而险峻不可入。"明代人唐胄在《正德琼台志·名宦·马援》也载,他在征讨过程中,曾"抚定珠崖,调立城郭,置井邑,立珠崖县",马援还令士兵穿渠灌溉,凿水井,今称"马伏波井"等,今人郭沫若、王俞春(《海南移民史志》)、李勃(《海南岛历代建置沿革考》)等都力主此说,并有详细地考证。另一种意见认为他并未登上过海南岛,持此说法的同样是宋朝人,代表人物为朱熹的《朱子语录》。明代海南人王佐甚至说,不但马援未曾登上过海南岛,就是他的士兵也未登上海南岛。他在《平黎记》中记载:"后伏波新息侯特以隔海立县,招抚功,未尝一卒渡海。"(明万历《儋州志·地集·平黎》),他还在《一论东汉立珠崖县》一文中说:"马伏波未尝征珠崖,后汉也未尝有珠崖地也。"今人谭其骧、唐玲玲、周伟民先生主张此说。唐、周二先生说:"正史及文士的著作均认为马伏波也未过海南,民间的传说却从陶器、建伏波井等事说马伏波来到过海南。正如唐胄所指出的，饮马儋耳等说，皆无所稽，不足为据。就目前所能看到的史料判断，应以马援'抚定珠崖'之说较为准确，既是'抚定'，说明马援部下的军队来过海南……但马援本人是'抚定'珠崖，作为主帅，未必亲临海南。"[35]两说均有一定的道理。

看来，马援是否登上海南岛的问题解决需要进一步挖掘史料和考古发掘的证据。但现在几乎可以肯定的是，不论马援到没到过海南岛，他的军队是来到过本岛的，否则的话，海南不会有那么多的传说故事都与马援有关。若马援平定了交趾，立下南极碑，而对南极之内的海南岛却置之不理，就说不过去了。古代有这样的习惯，军队的名称常常以将领的名字来称之，所以，无论马援是否亲自登上海南岛，人们都会只记马援的名字。明代人王佐说在汉代的将士"未尝一卒渡海"也有些偏激。上世纪90年代曾分别在儋州和东方市发现两件青铜釜（作炊具使用），其中一件高55.3.口径61厘米，重达33.7千克，足够100人的用餐，而且铜釜的口沿外侧附有两两相对的椭圆形绳索耳，耳上立两只兽，明显具有汉代器物的特征，极有可能是汉代将士在此地驻营时留下的遗物。

不论马伏波将军是否来过海南，他对海南，对岭南，对于汉朝乃至历史上的功绩都是巨大的，所以会受到包括海南在内的世世代代的人永远缅怀、敬仰和祭祀。史书记载，从东汉章帝建初二年（公元78年）在当年马援班师回朝的途经之地（今广西横县）就开始建庙燃香祭奠了。北宋徽宗宣和年间，在路博德被封为忠烈王的同时，马援也被追封为佑顺王，祀名宦祠。海南点燃祭祀两伏波将军的香火至迟也在宋代。如宋代王象之的《舆地纪胜》记载："二伏波庙在郡城北六里龙歧村，宋建，祀汉二伏波将军、苏轼撰庙记，与雷州同。"

（三）东汉时期的海南岛是"内属"还是"化外之地"？

东汉光武帝建武二十年（公元44年），马援率军平定了征侧、征贰在南方三郡的反叛之后，海南岛的人们又过上了一段稍微安定的生活。明帝永平十年（公元67年），"儋耳降附。奋来朝上寿，引见宣平殿，应对合旨，显宗异其才，以为侍伺候"，"李贤注：儋耳郡，武帝置。故城即今儋州义伦县也"（《后汉书·张纯附子奋传》卷三十五）。对于这一重要的历史事件，明代人黄佐在《广东通志·郡县志·琼州府》卷六十一中有详细的记载："僮尹，丹阳人，举孝廉为郎，需次京师。永平十七年二月，儋耳慕义贡献。其夷诡异，皮连耳匡，分为数支，状如饥肠，累累下垂。渠帅贵长耳，皆穿而缒之，垂肩三寸。见者诧为异物，不敢正视。是时甘露频降，树枝内附，公卿百官皆以为祥瑞显应，征在远人，乃集朝堂，称觞上寿。适张纯子奋袭武始侯来朝，亦与焉。尹从奋引见便殿，应对合旨，显宗奇尹才美，因拜儋耳太守。尹至郡敷政未久，下诏擢为交趾刺史。还至珠崖，戒敕官吏，毋贪珍赂；劝谕其民，毋镂面颊，以自别于峒俚，雕题之俗自是日变。建初中，以尹能匡俗信民，厚加赏赐，迁武陵太守。"

从上述两处文献记载来看，后者是前者的补充，说的都是僮尹在交趾任职的经过，前面说僮尹在明帝永平十年"儋耳降附"，后者记"永平十七年二月，儋耳慕义贡献"，前后相差十七年，所以，清代人王先谦《汉书集解》引钱大昭曰："按《本记》：儋耳诸国贡献，公卿奉觞上寿，在永平十七年。此脱七字。"这是对的。上述《广东通志》说的很清楚，"儋耳降附"之后"因拜儋耳太守。尹至郡敷政未久，下诏擢为交趾刺史"，正是因为儋耳的内附，僮尹被封官为儋耳太守，但他当太守的时间很短，便被提升为交趾刺史。任职期满后在回来时到珠崖，在建初（公元76～83年）中又迁武陵太守。这是一个非常连续的年限，如果是永平十年就显然间隔时间太长。

那么，对于西汉初元三年罢珠崖郡以后到东汉末的260余年，海南岛归谁统治，也就是说，是归汉朝中央政府在此设立的珠崖县管辖，还是因属于"化外之地"而被朝廷放任自流？这里首先涉及到珠崖县是否在海南岛的问题。

早在上世纪80年代，史学家谭其骧（以下简称谭文）和杨武泉（以下简称杨文）二先生就曾展开过激烈地争论。谭先生主张"大陆王朝未在岛上设治，全岛不在王朝版图之内"，此岛一直属于"化外之地"，而"大陆王朝重新在岛上设置郡县，实始于梁"[36]；接着杨武泉先生用大量的文献证明了汉代的确有朱卢县的设置[37]，谭先生又逐条驳之，双方你来我往，各抒己见，对于一些史书记载不清的问题有些已基本明了，但对于海南岛究竟是属于汉代王朝管辖还是"化外之地"仍意见不一。直至现在，虽然海南学者也参加了该问题的讨论，也仍然没有超出二人的研究成果。纵观二人的争议主要集中在下列几处文献的考证上：

1. 杨文引《北堂书抄》卷七三引谢承《后汉书》云："陈茂性水，有异志，交趾刺史吴郡周敞辟为别驾从事。敞欲到朱崖、儋耳，茂谏曰：'不宜冒险。'敞不听。涉海遇风，船欲颠覆，茂仗剑呵骂水神，风息得济。"据此，杨先生认为，"如果岛上连一个县也没有，不属交趾郡管辖，尚有何'行部'

可言?"谭先生则认为"敝欲到朱崖、儋耳"一句非原文，乃后人所加，不足为凭。

2. 杨文引刘向卒于成帝绥和元年（公元前 8 年），晚年作《列女传》，其中有《珠崖二女》传云："二义者，珠崖令之后妻及前妻之女也。女名初，年十三。珠崖多珠，继母连大珠以为系臂。及令死，当送丧。法，内（纳）珠入于关者死。继母弃其系臂珠，其子男年九岁，好而取之，置之母镜奁中，皆莫之知。遂逢丧归，至海关，关候士吏搜素得珠十枚于继母镜奁中，吏曰：'嘻！此值法，无可奈何，谁当坐者?'"谭文认为，这条记载里的"珠崖令"是指珠崖郡某一县令而言，并未实指县名叫"珠崖"。

3. 杨文引《三国志·薛综传》记载，薛综在黄龙三年（公元前 46 年）上疏曰："自臣昔客始至之时，珠崖除州县嫁娶，皆须八月引户，人民集会之时，男女自相可适，乃为夫妻，父母不能止。"谭文认为这一条"始至之时"应指建安十五年以前，始至之地应指交趾，不可能指已废之珠崖，他所提到的是前代故事。

4. 杨文引宋人王象之的《舆地纪胜》卷一二四引《元和郡县志》记："吴大帝于徐闻立珠崖郡"，注："元和志在赤乌二年"。又云"于其地立珠官一县，招抚其人，竟不从化"。这个"于其地"乃指于珠崖故地。西汉时有海关把守，吴时置珠官管理珠之生产与岁贡而即称其县为珠官，所以吴、晋、宋三朝之朱官县，亦当在岛上。谭文说，《舆地纪胜》琼州、吉阳军二郡沿革引元和志都说孙吴立珠崖郡于徐闻县境，又"于其地置珠官县"，这个县设立在雷州半岛上，今海北的合浦、海康等地也是有名的采珠之所，珠官县故址在合浦县南。

汉代海南岛既有"朱庐执刲"之银印，那一定是朝廷定制的，"朱庐"之名就不是讹名或错名，而是正名。又谭文说《百官公卿表》"凡吏，秩比二千石以上皆银印青绶"，朱庐执刲既用银印，知其品位应在三数百石至千石的县令长之上。该印若为朱卢县官印，"朱庐"既与"朱卢"县名不符，也与其秩品不合，这的确是一个无法自圆其说的问题。

纵观这一阶段的海南历史，基本上可以这样说：自从"罢珠崖"郡之后，汉朝基本上疏于对海南岛的管辖。东汉时仅属合浦郡中的一个有名无分的县。永平十七年（公元 74 年），儋耳之民又重新"慕义贡献"于东汉王朝。东汉末期在海南岛上仍然只有一个珠崖县，将交趾刺史部改称交州刺史部并迁治广信（今广西梧州）。而且，由于海南岛就只设一个县，在许多情况下只是徒有虚名，多数汉人已经内迁大陆，生活在海南岛的黎族先民时附时"叛"，已不可能再引起朝廷的足够重视，所以，正史一般不记。

第五节　汉代海南的社会发展

秦汉以前，居住在海南岛的人与汉人的联系交往较少，汉人对居住在海南岛的人也非常陌生，故早期文献出现很多误记。汉代，随着儋耳、珠崖两郡及十六县的设立，大批汉人的迁入海南，中原地区的先进文化也在岛上传播，促进了海南社会经济的全面发展和原始社会部落联盟的解体，具体体现在：

（一）黎汉民族交融与海南岛的开发

我们知道，在汉代以前的文献里，对生活在海南岛的黎族先民有时称为"蛮"，有时称为"蛮夷"，从汉代的文献开始有了"里"的称呼，如《后汉书·南蛮列传》卷七六记载："建武十二年（公元 36 年），九真徼外蛮里张游，率种人慕化内属，封为归汉里君。"李贤注："里，蛮之别号，今呼为里人。"如果说称"蛮夷"含有贬义的话，那么，"里"是"骆越"汉语的音译，黎族先民的首领"渠帅"有的还封为"里君"。"东汉以后，骆越故地土著改称俚，海南岛又为俚人分布地域的一部分，后来俚人再改称为黎。"[38]

虽然当时郡县的设置还仅限在海南岛上的交通要道和人口稠密的地方，汉文化还不能深入黎区腹地，但黎人与汉人的较多接触已不可避免，黎汉的生活方式、风俗习惯等都会相互影响。《后汉书·南蛮西南夷列传》记载："凡交趾所统，虽置郡县，而言语各异，重译乃通……后颇徙中国罪人，使杂居其间，乃稍知言语，渐见礼化。"东汉初年，锡光和任延分别为交趾、九真太守，此二人在当地教民铸造铁制农具，推广牛耕，兴办学校，传播礼仪，深受骆越民众的拥护。僮尹为交趾刺史时"还至珠崖，戒敕官吏，毋贪珍赂；劝谕其民，毋镂面頬，以自别于峒俚，雕题之俗自是日变。建初中，以尹能匡俗信民，厚加赏赐，迁武陵太守"（《后汉书·张纯附子奋传》卷三十五）。"峒"与"洞"同音相通，是黎族的基层社会组织，汉代开始有了"峒俚"的记载，加上上层的部落酋长、首领的"里君"、"渠帅"，表明黎族社会正在向私有制社会转化。

汉代以前，大陆移民多迁徙岭南，是否再迁向有琼州海峡之隔的海南岛，史书没有明确的记载，即使有的话也多凭推测，而到了这一时期则可见来自移民的具体地域、姓氏、落籍地点的最早记录。如明唐胄在《正德琼台志·沿革考·感恩》中记载："黄支去徐闻几万里，舟行以岁余计，民俗略与珠崖类，汉人尚金缯远往交易，数年乃还，况珠崖与徐闻对岸，舟仅日夕可至，地多诸异产，而人有不乐向乎！且观秦置桂林、南海、象郡以谪徙民，与越杂处。又史志：'越处近海，多犀、象、毒瑁、珠玑、银、铜、果、布之凑，中国往商贾者多取富焉'，则秦有至者矣。又称'凡交趾所统，虽置郡县，而人如禽兽，后颇徙中国罪人，使杂居其间，乃稍知言语，渐见礼化'，则汉郡后又有至者矣。郡志载：建武二年，青州人王氏与二子祈、律，家临高之南村，则东汉有父子至者矣。"

建武二年即公元26年，青州即今山东人，临高在汉代时尚为黎人的聚居区，王姓父子非因"罪人"或守边的将士，而是在海南任职的官吏落籍海南，临高《王氏族谱》有记：王琳，汉代来琼，总管南黎，卜居临高包登村。汉代也有随路博德、马援的部队征海南时落籍者，如儋州市《符氏族谱》载：东汉光武十八年（公元42年），其"大祖三兄弟随马公援渡琼，即卜居大拖坡，继徙于沙发园。"

西汉时岭南与中原的贸易还仅限于南越国的都城番禺，如《史记·货殖列传》记："番禺亦其一都会也，珠玑、犀、毒瑁、果、布之凑。"东汉时已扩大至岭南沿海，当然应包括海南岛。《汉书·地理志下》记载：岭南"越处近海，多犀、象、毒瑁、珠玑、银、铜、果、布之凑，中国往商贾者多取富焉"。《三国志·吴书·薛综传》又记：海南岛"远珍名珠、香药、象牙、犀角、毒瑁、珊瑚、琉璃、鹦鹉、翡翠、孔雀、奇物，充备宝玩"。

西汉时，整个岭南还处在刚开发阶段，故《史记·货殖列传》记载："楚越之地，地广人稀，饭稻羹鱼，或火耕而水耨。果隋蠃蛤，不待贾而足。地执绕食，无饥馑之患。以故□□偷生，无积聚而多贫。是故江淮以南，无冻饿之人，亦无千金之家。"《汉书·地理志下》又记："江南地广，或火耕水耨。民食鱼稻，以渔猎山伐为业，果蓏蠃蛤，食物常足。"到东汉随着大批商人来海南经商并落籍海南和"海上丝绸之路"的形成，海南的土著人也有了经商致富的意识。"《外纪》所谓皆商贾有积业，土著受井廛，及夷虏历世久远冒产供役者，其商贾、土著入版籍为生养之胎，夷虏冒产供役者即招徕之由也。"（《正德琼台志·户口》卷十）

（二）汉代黎族先民的经济社会发展

汉代以前，黎族先民的渔猎和采集经济还占有很大的比重，经常过着每隔一段时间就要迁徙一次的生活。汉代在海南岛实行了郡县制以后，黎族的生活居住区域被分隔占领，迫使他们相对地固定下来，同时，汉人的屯田和先进的农业生产技术及生产工具的传入，有利于推动黎族先民的社会生产力的提高。

1. 定居的农业进步。汉代的海南在汉人居住区和黎族先民与汉人接壤地区，已经告别石器时代，直接进入铁器时代，最主要的标志是犁耕在海南的推广。《汉书·地理志》记："自合浦、徐闻南入海，得大洲，东西南北方千里，武帝元封元年略以为儋耳、珠崖郡。民皆服布如单被，穿中央为贯头。男子耕农、种禾稻纻麻，女子桑蚕织绩。亡马与虎，民有五畜，山多麈麖。兵则矛、盾、刀、木弓弩、竹矢，或骨为镞。"黎族男耕女织的社会分工已经形成，畜牧业已经产生。

《后汉书·循吏列传·任延》又记："九真俗以射猎为业，不知牛耕"，"延乃令铸作田器，教之垦辟，田畴岁岁开广，百姓充给"，一时，"风雨顺节，谷稼丰衍"。九真郡在今越南清化、河静一带，中原农耕技术在九真推行。海南与九真同属交趾管辖，九真能推行，海南也应传入此技术。东汉的杨孚在《异物志》记载："稻，交趾冬又熟，农者一岁两种。"这被专家认为是越人农业耕作史上另一件划时代的事件。双季稻的栽培种植，固然有其自然气候等方面的因素，但是与古老的稻作民族——骆越人长期生产实践和丰富的稻作农耕经验也是密切相关的。

《史记·南越列传》说到吕后禁止向南越王输入铁器和牝马牛羊时曾引起赵佗的强烈不满，这里的牛，当是黄牛，即用于拉犁耕作的耕牛，可见当时牛耕已占重要位置。《水经注·温水》载："九真太守任延始教耕犁，俗化交土，风行象林。"说明用牛犁耕技术已在岭南广泛传播，但对于居住在偏僻山区的黎族先民而言，可能仍然处在"火耕水耨"阶段。

2. 铜鼓。先秦时期，骆越人流行一种蒙兽皮的陶制打击乐器，先秦文献称为"陶鼓"，即陶制的鼓，为泥质硬陶，身作腰鼓形，两端开口，中空，器身上附兽形提梁，下接喇叭形实心座[39]。这主要用在农事方面的祭祀仪式之中，如春耕之始祈求神农氏保佑，风调雨顺之类；而且也用于仲春之昼"逆暑"，中秋之夜"迎寒"。总之，季节变换之时，先民时常用陶鼓等乐器伴奏进行祭祀农业神的活动。

汉代时，黎族先民的打击乐器——鼓，已经由土鼓发展成为铜鼓。据《广州记》载："俚僚铸铜为鼓，鼓以高大为贵，面阔丈余。"《随书·地理志》载："诸蛮铸大铜鼓，俗好相杀，多构仇怨，欲相攻击则鸣此鼓，到者如云。"古代南方铜鼓之所以只是一头有面，这与铜鼓的功能有关。这些铜鼓在古代的一个基本职能是以其声音传递信息，"会集击之，声闻百里以传信"（清·檀萃《滇海虞衡志·志器》）。因而，当时的铜鼓使用者们对铜鼓的一个基本要求，就是声音要洪亮，要能传得远。明人曹学佺说："铜鼓，……声响者为上，易牛千头。"（曹学佺《蜀中广记》引《上南记》）冷水冲型铜鼓流行于我国西汉中期至南北朝，隋唐以后就已经绝迹了。

海口市五公祠今存一面铜鼓，1967年在昌江县出土，鼓高65厘米、鼓面铸有四只青蛙，其中三只逆时针站立，另一只为顺时针站立。将蛙铸于鼓面，是骆越人崇蛙敬蛙的习俗，有可能是从蛙图腾转化而来。有专家认为似与初民"祈雨"有关。"考今日华南各地，尚以蛙蛤或蟾蜍为雨天动物，谓蟾蜍出穴，天必大雨，此盖因天将大雨，自有显明预兆或现象，蟾蜍感觉灵敏，为避免大水冲击，故预先离穴外出，初民间蟾出雨降，辄以为蟾与雨有连带关系，欲天降雨，必展蟾蜍出现，越人铸蛙蛤（与蟾蜍形状相近）于鼓面，或是隐祈降雨，亦未可知。据周去非记载，广西'所在庙宇，皆有铜鼓'，可知铜鼓必与娱神或祭祀有关。"[40]

3. 汉代黎族纺织业的巨大成就。前面已经说过，第一次造成海南土著居民群起反抗的原因，竟是珠崖太守孙幸大肆掠夺黎民的"广幅布"。

何谓"广幅布"？"幅"按现代的话说是指布的长度和宽度。当时，中原地区出产的布宽仅为二尺二，而海南岛生产的布已达宽五尺。西汉时的五尺合今115.5厘米，东汉时合今117.5厘米，这是大陆中原人都不能纺织的宽布料。若"广幅布"再染上五彩缤纷的颜色，便称为"五色斑布"。三国时代吴国人万震在其《南州异物志》中记载："五色斑布似丝布，吉贝木（即木棉树）所作。此木熟时，状如鹅毛，中有核，如珠绚，细过丝绵。人将用之，则治其核。但纺不绩，任意小轴牵引，无有断绝。欲为斑布，则染之一色，织以为布，弱软厚致。"

由于广幅布较宽，缝制出的衣服少有缝隙，加上木棉质的布柔软平整，纹线细密，又有五颜六色的颜色花纹，可能是汉朝官员直至朝廷都非常喜爱的原因。"五色斑布"是先染而后再纺织成布的。这样织出的布颜色不易褪色，色泽均衡，无色浆糊孔，无斑块，而且像原来的棉花一样质地柔软。在汉代，先染后织与先织后染是有严格区别的，正如现代研究纺织史的专家所说："染色有染丝（先染后织）与染帛（先织后染）之分，且以先染后织为高贵。"[41]

这时黎族纺织所用的原料仍应是以"苎麻"、"苧麻"、桑树为主，《汉书·地理志》在记载汉珠崖郡时说："男子耕农、种禾稻、苧麻，女子蚕桑织绩"，说明在秦汉时期，海南岛种植苎麻、桑树并养蚕织绩已很普遍。广州南越王墓中出土有 100 匹以上的织物，品种有绢（冰纨绢、砑光绢、黑油绢、朱绢、紬、绣绢）、纱（朱纱、纚纱、绣纱、印花纱、）、罗、素色锦等，以朱砂涂染织物。南越王墓出土的大批织物，正如《西汉南越王墓·南越国的考古发现和研究》报告总结中所说："南越国的纺织物及其原料来源，大部分应是本地生产和织造的。贵县罗泊湾 1 号墓出土的纺织工具和南越国时期墓所出的苎麻织物，表现南越国已有自己的纺织业。《汉书·地理志》载，儋耳、珠崖'男子耕农，种禾稻苎麻；女子桑蚕织绩。'史料反映的时代虽然稍晚，但说的是远处海岛之地。那里的古代文明，多半来自南越。"[42] 所以，南越王墓中出土的绣绢、绣纱，极有可能来自于海南黎族先民的进贡。

海南黎族纺织的另一种原料仍是木棉树，称为"吉贝"。晋人张勃在其《吴录地理志》中记载说："交趾定安县有木棉，树高大，实如酒杯，口有棉，如蚕之绵也。"《梁书·林邑传》也记："吉贝者，树名也。其华成时，如鹅毛，抽其绪纺之以作布，洁白与纻布不殊，亦染成五色，织为斑布也。"

4. 汉代黎族先民的服饰演变。在远古时期，生活在海南岛的黎族先民是"被发"的，即不将头发束起，而中原地区在春秋战国时期的发饰有笄和梳篦，秦汉时期头顶戴冠，"男子直接把冠罩在发髻上，秦及西汉在冠下加一带状的颎与冠缨相连，结于颌下，至东汉则先以巾帻包头，而后加冠"[43]，男子到 20 岁（称为弱冠）都要举行加冠礼。被发是岭南先民古老而鲜明的生活特征，而且，从原始社会一直延续下来。海南设立儋耳、珠崖两郡以后，随着大陆汉人迁琼的人逐步增多，海南黎族与中原文化的交往也日趋频繁，至少在东汉时期，黎族已有人有戴帽子的习惯。《三国志·吴书·薛综传》记：东汉时，锡光为交趾太守，"乃教其耕犁，使之冠履；为设媒官，始知聘娶；建立学校，导之经义。由此已降，四百余年，颇有似类。"

《论衡·率性》记载："南越王赵佗……背叛王制，椎髻箕坐，好之若性。"《后汉书·南蛮传》载："凡交趾所统……项髻徒跣，以布贯头而着之。"《三国志·薛综传》又记："椎髻徒跣，贯头左衽。"说明直到汉代的黎族先民还保留这种习惯。所谓"椎髻"，就是将头发盘成椎状。据《汉书·陆贾传》所记，陆贾在见到南越王赵佗的情景时说："魋结箕踞见陆生。"索引注曰："谓为髻一撮似椎而结之。"唐颜师古注曰："一撮之髻，其形如椎。"唐司马贞《索引》又说："谓夷人本被发左衽，今他（佗）同其俗，但魋其发而结之。"

从汉代出土的文物上可以看出，汉代南越国的"椎髻"主要有下列几种形制：女性的特征是将头发从下往上盘，下粗上尖。如广州南越王墓中就出土玉舞人的发饰被人们认为是岭南妇女"典型的椎髻"；男子的发型有三种，其中，一种是单髻，如南越王墓出土儋耳人的"戳印人面瓦纹"；第二种是双髻，形似单髻，但在头顶两侧各盘结一髻，形似一对耸立的角；项髻是将头发梳于脑后挽束成椎状髻。我们可以从广西罗泊湾一号汉墓出土的漆绘竹节铜筒图案中看到这种发型。

　　"徒跣"就是赤着脚走路，这一风俗与海南的天气炎热有关，也与中原穿鞋的习惯有较大的区别。大概在汉代以后，由于海南黎族先民与大陆汉人来往交流的增多，受中原礼仪文化的影响也逐步凸显出来，黎族先民也开始有了穿鞋的习惯。

　　文身习俗从战国到东汉文献都有记载，当时的人们之所以将蛇画于面颊，主要还是为了避蛟龙之害。如《汉书·地理志》又记："粤地……其君禹后，帝少康之庶子云，封于会稽，文身断发，以避蛟龙之害。"

　　雕题之习也是海南岛上的先民古老的风俗，其雕题的方法已于前述，应和文身的方法类似。到了东汉时期，在汉族的官吏心目中，这些黎族妇女的文身与雕题的装饰美总被认为是不文明的，所以有了开始禁止的记载。受这些影响，黎族的文身与雕题在某些地方有了改变。东汉明帝永平十八年（公元75年），僮尹还至珠崖（今海口市境），"劝谕其民毋镂面颊，以自别于峒俚，雕题之习，自是日变"（明嘉靖《广东通志·列传·名宦》）。虽然明代人的记载是为僮尹歌功颂德，有些夸大其词，他也不可能在几年的任职时间内让所有黎族妇女的文身与雕题之习彻底改变，但有些与汉族居住较近的黎族妇女有的已不再文身与雕题则是可能的。

　　耳饰是海南岛上的先民最典型的一种装饰，也是一种最古老的装饰之一。早在《山海经》（战国时期）的文献里就有了"儋耳"或"离耳"国的人有耳饰的记载，说明黎族先民男女都在耳下垂环以为饰。汉代及其以后，出现了酋长式的部落联盟，这些部落联盟的酋长或称为"渠率"或称为"王"，戴的耳环越大说明职位越高，而且越美。如《汉书·武帝纪》云：元鼎六年（公元前111年）"遂定越地，以为……珠崖、儋耳郡。应劭曰：……儋耳者，种大耳，渠率自谓王者无缓，下垂三寸"。《后汉书·南蛮西南夷列传》又记：武帝元鼎五年（公元前112年），"珠崖、儋耳二郡在海洲上，东西千里，南北五百里。其渠帅贵长耳，皆穿而缒之，垂肩三寸"。《后汉书·南蛮西南夷列传》还在记载"哀牢夷"时："应劭曰：……儋耳者，种大耳，渠率自谓王者无缓，下垂三寸。哀牢人皆穿鼻儋耳，其渠帅自谓王者，耳皆下垂三寸，庶人则至肩而已。"

注释：

【1】何光岳著：《百越源流史》，江西教育出版社，1989年版，第80~81页。

【2】【3】黄留珠：《秦文化南播》，载中国秦汉史研究会编《秦汉史论丛》，江西教育出版社，1994年版，第254页。

【4】【30】林蔚文著：《中国百越民族经济史》，厦门大学出版社，2003年版，第10、25、81页。

【5】何英德：《骆越与"南岛语族"的海洋文化的关系》，载蒋炳钊主编《百越文化研究》，厦门大学出版社，2005年版，第142页。

【6】【31】【32】李勃著：《海南岛历代建置沿革考》，海南出版社，2005年版，第27、57、58页。

【7】【19】【20】阎根齐：《海南岛何时纳入中国的版图》，《海南大学学报（人文社科版）》，2009年第1期。

【8】【11】刘敏：《'开棺'定论——从'文帝行玺'看汉越关系》，中国秦汉史研究会等编：《南越国史迹研讨会论文选集》，文物出版社，2005年版，第25、29页。

【9】彭年：《中国古代海洋文化的先驱》，中国秦汉史研究会等编：《南越国史迹研讨会论文选集》，文物出版社，2005年版，第226页。

【10】广州市文物管理委员会等：《西汉南越王墓》，文物出版社，1991年版，第324页。

【12】【13】张荣芳：《汉朝治理南越国模式探源》，中国秦汉史研究会等编：《南越国史迹研讨会论文选集》，文物出版社，2005年版，第2页。

【14】【18】南越王宫博物馆筹建处、广州市文物考古研究所：《南越宫苑遗址》，文物出版社，2008年版，第144~190、150页。

【15】【16】吴凌云：《南越文物研究三题》，中国秦汉史研究会等编：《南越国史迹研讨会论文选集》，文物出版社，2005年版，第106页。

【17】袁仲一著：《秦代陶文》，三秦出版社，1987年版，第53页。

【21】周振鹤：《秦汉象郡新考》，《历史地理学读本》，北京大学出版社，2006年版，第256~257页。

【22】郭克辉：《珠崖郡治今何处？》，《海南日报》，1985年6月5日。

【23】【25】黄培平：《珠崖郡治遗址辨正》，《琼山国家历史文化名城》，东西文化事业公司，1999年版，第37、40页。

【24】梁统兴著：《琼台胜迹记》，南海出版公司，2000年版，第81页。

【26】海南省文物考古研究所等：《海南琼山市珠崖岭古城址1999年发掘简报》，《考古》，2003年第4期。

【27】阎根齐：《论汉珠崖郡》，载海口市方志办公室编《汉珠崖郡研究文集》，香港银河出版社，2007年版，第107页。

【28】【35】唐玲玲、周伟民著：《海南史要览》，海南出版社，2008年版，第40、29页。

【29】王俞春著：《海南移民史志》，中国文联出版社，2003年版，第82页。

【33】梁方仲编著：《中国历代户口、田地、田赋统计》，上海人民出版社，1980年版，第19、25页。

【34】谭其骧：《再论海南岛建置沿革》，中国人民大学书报资料中心《先秦、秦汉史》，1990年第2期。

【36】谭其骧：《自汉至唐海南岛历史政治地理——附论梁隋间高凉冼夫人功业及隋唐高凉冯氏地方势力》，中国人民大学书报资料中心《先秦、秦汉史》，1988年第5期。

【37】杨武泉：《西汉晚期至萧齐海南岛不在大陆王朝版图之外》，中国人民大学书报资料中心《先秦、秦汉史》，1990年第2期。

【38】王学萍主编：《中国黎族》，民族出版社，2004年版，第4页。

【39】徐新希：《陶鼓、牙璋与闽越文化的源头》，载蒋炳钊主编《百越文化研究》，厦门大学出版社，2005年版，第79页。

【40】黄明珍：《闽越原始宗教文化的在探讨》，载蒋炳钊主编《百越文化研究》，厦门大学出版社，2005年版，第224页。

【41】陈维稷主编：《中国纺织科学技术史》（古代部分），科学出版社，1984年版，第85页。

【42】广州市文物管理委员会等：《西汉南越王墓》，文物出版社，1991年版，第484页。

【43】黄能馥编著：《中国服饰通史》，中国纺织出版社，2007年版，第36页。

第五章

三国至隋朝时期的海南社会

从三国到隋统一以前的近四百年时间里，中州大地分裂割据，战乱频仍，灾祸不断，社会发展受到严重摧残，而海南岛因远离大陆政治中心，少受战乱之苦，社会生产力稳步发展，大多数黎族已进入文明社会的门槛。被海南人尊敬的"冼太夫人"，为海南社会的安定发展起到了积极的促进作用。

第一节　三国至隋朝的海南建置

从三国至隋朝的近四百年时间，对于海南来说，大约可分三国吴、晋朝、南朝（宋、齐、梁、陈）和隋朝等几个大的发展阶段。其中，从三国到梁为缓慢地恢复阶段，隋朝海南三郡和十余个县的建立奠基了中央王朝对海南岛行政区划的设置。

（一）三国时期的海南建置

魏（公元 220～265 年）、蜀（公元 221～263 年）、吴（公元 222～280 年）三国的鼎立格局的形成，起始于东汉的最后一位皇帝（史称汉献帝）刘协在位，时在建安元年（公元 196 年），此时的东汉朝廷已名存实亡。此年，曹操把汉献帝迎到许昌（今河南省许昌市东）定都，曹操统一北方。建安四年（公元 199 年）在官渡（今河南省中牟县东北）发生了我国历史上著名的以弱胜强的战役——官渡之战，从此，曹操统一北方。建安十八年（公元 213 年），曹操被封为魏公，二十一年（公元 216 年）七月，曹操又被封为魏王，不但自己有了都城，还有了自己的国号，史称"曹魏"，主要占据今淮河两岸的中原地区。公元 220 年，曹操的儿子曹丕定都洛阳、称帝改元黄初，标志着三国时代的正式形成。公元 265 年，司马炎代魏称晋，魏亡。

蜀国，史称"蜀汉"，主要占有今四川、云南、贵州等地。以公元 220 年刘备在成都称帝为标志，国号汉。公元 263 年为魏所灭。

吴国，史称"孙吴"或"东吴"，主要占有今长江中下游和岭南地区，以公元222年孙权在建业（今江苏南京）称吴王为标志。黄龙元年（公元229年）孙权在武昌（今湖北鄂城）称帝，国号吴，旋即迁都建业。直到公元280年才被晋所灭，是三国中存在时间最长的国家。

三国时期，海南岛归吴国的交州（州治治所东汉时期在龙编县，即今越南北宁省仙游东；建安八年移治广信县，即今广西梧州；十五年移治番禺县，今广州市；永安七年又移治龙编县）管辖，史书记载比较清楚，历来无疑义，主要依据的是《三国志·吴书·士燮传》的记载：建安十六年（公元211年）"岭南始服于孙权"。

《三国志·吴书·士燮传》又记："建安十五年，孙权遣步骘为交州刺史。骘到，燮率兄弟奉承节度。而吴巨怀异心，燮斩之。权加燮为左将军。建安末年，燮遣子廞入质，权以为武昌太守，燮、壹诸子在南者，皆拜中郎将。"宋代司马光的《资治通鉴》卷六十六也有更详细的记载："孙权遣番阳太守临淮，步骘为交州刺史，士燮率兄弟奉承节度。吴巨外附内违，燮诱而斩之，威声大震。权加燮左将军，燮遣子入质。由是岭南始服于权。"

对于三国时期吴国是怎样管理海南的？即行政区划是怎样设置的？史书记载简单，历来就众说纷纭。这一问题实际上是东汉撤销在海南设立的珠崖、儋耳两郡后，中央朝廷是否放弃了对海南岛的管理的争议之延续。其中，以史学家谭其骧先生为代表的一方力主"大陆王朝未在岛上设治，全岛不在王朝版图之内"，此岛一直属于"化外之地"，而"大陆王朝重新在岛上设置郡县，实始于梁"[1]；另一方是以杨武泉先生为代表，力主汉代的确有朱卢县的设置[2]。到了三国时期，吴国在海南岛的行政区划设置并没有大的改变，以至于史家多引用三国时期的文献资料。

海南史家也主要分两种观点，其中，一种以唐玲玲、周伟民先生为代表的力主"吴国没有在海南岛上建置，孙权所立的珠崖郡，不在海南岛上"，"只在雷州半岛上另立朱崖郡和朱庐、朱官两县，遥领海南"[3]；另一种是以李勃先生为代表的一方，力主"孙吴已复置珠崖、儋耳二郡。其中珠崖郡领徐闻、朱卢、朱官三县，郡治在徐闻县，朱卢、珠官二县均在清代琼山县东境。儋耳郡治和属县未详，约在陆凯迁为建武校尉后废"[4]。两者所引文献几乎相同，结论却截然相反，问题在对史书的不同理解。这一阶段的大致情况是：

《三国志·吴书·吴主传》记载：黄武七年（公元228年），"是岁，改合浦为珠官郡"。说明此时的"珠官郡"治并不在海南岛上，而是在琼州海峡北边的合浦（即今广东省徐闻县）。吴赤乌五年（公元242年）"秋七月，遣将军聂友、校尉陆凯以兵三万讨珠崖、儋耳"（西晋陈寿撰《三国志·吴书·吴主传》）。《三国志·吴书·诸葛恪传》南宋裴松之注：友"后为将，讨儋耳，还拜丹阳太守，年五十三卒"。明万历年间的《广州通志》卷六十一又记："及孙权将围珠崖，恪荐友为太守，诏加将军，与校尉陆凯。既奏捷，留友治之。友虑师久致疫，简其精锐自卫，余先遣还。权大说，征为丹阳太守。"由此观之，聂友在征海南前并非为实际的珠崖太守，或者说聂友已被诸葛恪推荐为珠崖太守，他与陆凯一起来征讨海南岛，征讨结束后暂留海南任职，但不久就升任为丹阳太守。

薛综在黄龙三年（公元231年）一封上疏中，陈述了很长的一段海南岛发展的历史，其中有"秦置桂林、南海、象郡，然则四国之内属也，有自来矣。赵佗起番禺，怀服百越之君，珠官之南是也……自臣昔客始至之时，珠崖除州县嫁娶，皆须八月引户，人民集会之时，男女自相可适，乃为夫妻，父母不能止……吕岱既至，有士氏之变。越军南征，平讨之日，改置长吏……今日交州虽名粗定，尚有高凉宿贼；其南海、苍梧、郁林、珠官四郡界未绥，依作寇盗，专为亡叛捕逃之薮"（《三国志·吴书·薛综传》）。说明此时的"珠官郡"治如果设在海南岛的话，存在与西汉时期的珠崖郡位于"珠官之南"断然不合。

赤乌九年（公元246年），孙权又要征讨珠崖和夷州（今台湾），他在征求全综的意见时，遭到了全综的极力反对，全综告诉孙权："初，权将围珠崖及夷州，皆先问综，综曰：'以圣朝之威，然何向而不克？然殊方是域，隔绝障海，水土气毒，自古有之，兵入民出，必生疾病，转相污染，往者俱不能反，所获何可多致？猥亏江岸之兵，以翼万一之利，愚臣犹所不安。'权不听。军行经岁，士众疾疫死者十有八九，权深悔之。"（《三国志·吴书·全综传》）从这段记载中可知，孙权的确发动了一次对海南的战争，历时一年有余，因吴军将士不服水土，损失惨重。这时称海南为珠崖，并不意味着设立管辖海南岛的郡县治所就设在海南岛上，而是对海南岛这片地方的代称。

还有，笔者以为，宋代王象之的《舆地纪胜·琼州》引《元和郡县志》记载："吴大帝于徐闻县立珠崖郡"，"于其地上立珠官一县，招抚其人，竟不从化"一句中的"招抚其人"，应源于东汉时期由于在海南岛上撤销了儋耳、珠崖郡，大批汉人内迁，此时在徐闻县立珠崖郡并立珠官县，招抚的应该是汉人，而不是指海南岛上的土著居民。

对于三国时期吴国在海南的治理，笔者以为吴永章先生的评价最为贴切：

"建置初期，事属草创。虽设官治理，但未建整套官僚机构。其治理政策的总原则是：意在'羁縻'，实行松散统治。"（吴永章著：《黎族史》，第24页）正如《三国志·吴书·薛综传》所说："长吏之设，虽有若无"，"县官羁縻，示令威服"。所以，既不能说当时海南为"化外之地"，就不归中央王朝的统治，也不能像内地的行政区划设置那样健全，而是中央王朝从来就没有宣布放弃对海南岛的统治，只是中央王朝强大了就派兵征服，否则，就不管不问。

（二）晋朝的海南建置

晋朝又分西晋和东晋。西晋从公元265年司马炎代魏称帝，都洛阳，至咸宁六年（公元280年）灭了吴国，统一全国。建兴四年（公元316年），被北方匈奴贵族建立的汉国所灭（此时北方已进入十六国时期），史称"西晋"；建武元年（公元317年），司马睿在建康（今南京）重建晋朝，称帝建都，至元熙二年（公元420年）被宋武帝刘裕所灭，史称"东晋"。西晋历四帝52年，东晋历十一帝104年，共150余年。

晋朝的海南岛建置仍处在缓慢的恢复和发展之中。初归交州合浦郡管辖，后又恢复珠崖郡的设置。但珠崖郡和朱卢县的设置是在海南岛上或是在对岸的徐闻，至今仍是在争论不休的问题，实际上这也是东汉以后的海南岛究竟是"化外之地"或者是中央朝廷的管辖范围的问题的延续和外延。

同样，海南史家也有两种观点，其一是唐玲玲、周伟民先生的说法：晋代所置"珠崖郡，是在对岸的徐闻县境"，"但置郡之后，仍然遥领，海南仅属羁縻而已"[5]；其二是李勃先生的说法："三国吴珠崖郡之'珠官县'，在海南岛清代琼山县，则晋代合浦郡之'珠官县'也当在此"[6]。

对于晋朝仍然沿用了吴国的珠崖郡和珠官县的设置，史家的认识是一致的，主要依据的是《晋书·地理志下》的记载，交州："赤乌五年，复置珠崖郡。……平吴后，省珠崖入合浦。"同书又记，合浦郡领六县："合浦、南平、荡昌、徐闻、毒质、珠官。"又据梁朝沈约的《宋书·州郡志四》有明确的记载，朱崖属徐闻："合浦太守，汉武帝立。孙权黄武七年更名珠官，孙亮复旧，先属交州，领县七，户九百三十八，去京都水一万八百。合浦令，汉旧县。徐闻令，故属朱崖，晋平吴，省朱崖入合浦。朱官长，吴立，朱作珠。"如果珠崖郡治设在海南岛上，人口才区区"户九百三十八"，而据西晋太康元年（公元280年）的人口统计，合浦郡辖县6个，有户数2000，每县平均户数333.33，每户平均口数6.57人[7]，那么，当时海南岛的人口才有938×6.57＝4362人，这一人口数字以居住在珠崖郡的人绝大多数为汉人计算，比较合理。

实际上，当时居住在海南岛的人口仅黎族的先民就有"十万家"之多。如宋代李昉的《太平御览》卷六十九引《晋书》记载："朱崖在大海中，遥望朱崖洲大如菌，举帆一日一夜至，周匝二千里，径度七八百里，可十万家，女多姣好，长发美鬓。"这里的"朱崖"也是指的海南全岛，故海南岛称为"朱崖洲"。

"珠崖"的来历以产珍珠故名，朱崖、珠官、朱官、朱卢、朱庐等称谓皆为"珠崖"的别称，有时可指珠崖郡，有时可指珠官、朱官、朱卢县。

总之，晋代的海南岛属交州管辖，朱崖郡和珠官县的治所都设在合浦郡。但这时的"遥领"与秦朝时象郡的"遥领"海南还有很大的区别：秦以前的"遥领"是还没有专门对海南岛的行政管理机构，而此时的"遥领"是海南岛的行政管理机构仅仅驻扎在徐闻而已。所以，无论是吴国，或者是晋朝，都没有放弃对海南岛的实际管辖。

（三）南朝宋的海南建置

从公元420年宋武帝刘裕灭了东晋，到589年隋文帝杨坚统一全国的170年的时间里，我国历史上形成了南北对峙的分裂局面，史称"南北朝"时期。在南朝，从公元420年刘裕代晋到589年陈国灭亡，经历了宋、齐、梁、陈四代，海南也先后归属这几个国家的统治。宋朝从公元420年刘裕灭东晋并称帝建国号为宋，都建康（今南京）开始，至公元479年被南齐所代替，共历八帝60年，也史称"刘宋"。

南朝刘宋对海南的建置，主要有两条梁朝人沈约的《宋书》记载的文献比较可靠，其余的均来自时代稍晚的文献或考证：其一是《宋书·文帝纪》记载：元嘉八年（公元431年），"春正月庚寅，于交州复立珠崖郡"；其二是《宋书·州郡志》的记载："合浦太守，汉武帝立。孙权黄武七年更名珠官，孙亮复旧，先属交州，领县七，户九百三十八，去京都水一万八百。合浦令，汉旧县。徐闻令，故属朱崖，晋平吴，省朱崖入合浦。朱官长，吴立，朱作珠。荡昌长，晋武分合浦立。朱卢长吴立。"其他如明万历年间的《广东通志》卷五又记："建武中置珠崖县，属合浦。赤乌五年复为郡，统徐闻、朱卢、珠官三县，仍隶交州。晋省郡入合浦如故。宋元嘉八年复立，寻罢之，仍以朱卢、珠官属越州。"

清代雍正年间的《广东通志》卷五除上述记载外，在"复置珠崖郡"一句以后，还加上了"治徐闻"三字。这就清楚地告诉我们，宋朝元嘉八年

（公元 431 年）重设的珠崖郡归交州管辖，统领徐闻、朱卢、珠官三县，郡治在徐闻县境内，而不在海南岛上。但宋朝不久就撤销了珠崖郡的设置。

又清代的徐文苑《东晋南北朝舆地表》卷五记载："宋元嘉八年，分置珠崖郡。二十二年，置宋寿郡，省珠崖。"宋文帝元嘉二十二年，即公元 445 年。可见，珠崖郡在南朝宋时期仅存在了十余年的时间。

至于朱卢、珠官二县治的所在位置，史书无明确记载，李勃先生仍主张"朱卢、珠官二县在海南岛琼山县"[8]；而唐玲玲、周伟民先生说："宋朝珠崖郡仍属交州及越州遥控"[9]，虽未明指朱卢、珠官二县治也在徐闻，其意是非常明白的。

（四）南朝齐的海南建置

南朝齐是从公元 479 年萧道成代宋称帝，建国号齐，都于建康（今南京）开始，终于公元 502 年被梁所代。在短短的 24 年里经历了七位皇帝，可谓是短命王朝。

南朝齐的几代皇帝皆凶暴嗜杀，科敛无度，尤对边远地区疏于管理，涉及海南的建置记载仅有《南齐书·州郡志上》：越州合浦郡领九县——"徐闻、合浦、朱卢、新安、晋始、荡昌、朱丰、宋丰"。李勃先生认为，此时已不提珠官，当已撤销珠官的设置，而且，朱卢县的县"治所在徐闻县（今广东徐闻县南）"[10]，甚确。

（五）南朝梁的海南建置

梁朝从公元 502 年萧衍乘齐内乱，起兵夺取帝位，改国号为梁，仍都建康，历史上也称萧梁，至公元 557 年陈霸先代梁自立止。梁朝共经四帝 56 年。

梁朝在岭南的政治舞台上产生了一位重要人物——冼太夫人（以下还有专门叙述），她在梁大同五年（公元 539 年）"请命于朝，故置州，统属于广州都督府"[11]。梁朝所设的州称崖州。但以宋代王象之的《舆地纪胜》引《元和郡县志》记载："梁置崖州，又于徐闻县立珠崖郡，竟不有其地。"说明海南岛上既有归冼夫人统治的崖州行政区划管理机构，在对岸的徐闻县又有一个挂了名的或者说虚设的管理海南的"珠崖郡"机构。这一徒有虚名的"珠崖郡"一直到隋初才彻底地退出人们的视线，如明代黄佐《广东通志·图经》记载："梁置崖州及珠崖郡，隋初郡废。"

另据明代海南人唐胄的《正德琼台志·沿革志》记载："广州都督崖，崖治义伦。初，冯冼夫人世为南越首领，在父母家能谏止史挺侵掠，领表海南、儋耳，归者千余峒，后适冯宝，梁末宝卒，岭南大乱，夫人怀集百越，崖赖以安。"以往，史家常将"海南、儋耳"之间省去顿号，已有人指出："海南儋耳"这一词应该是并列结构，是指"海南诸国和海南岛的儋耳"之义才对。"'海南'一词在当时并不只指海南岛，而是指东南亚一带。到了宋代，'海南'才专指海南岛。"[12]这一解释颇有新意。

梁朝的崖州是统领海南岛上的最高行政建置，至于州下管辖的县数，史书缺乏明确记载。后人记载："《通志》云，孙吴、刘宋置珠崖郡，只在徐闻遥统之耳，至是，置崖州于儋耳，而琼、崖、儋、万入焉。"（清道光《琼州府志·历代沿革表》）据此，崖州当下辖四县。李勃先生在《海南岛历代建置沿革考》中说至少有二县，即义伦县和朱卢县。唐玲玲、周伟民先生在《海南史要览》中认为：当时海南岛上除崖州外，"珠崖郡所辖县：朱卢县、珠崖县"，即一郡两县。文新国先生认为："冼夫人在当时已废除的原儋耳郡建立崖州。下辖 10 个县：义伦、感恩、颜卢、毗善、昌化、吉安、延德、宁远、澄迈、武德。"[13]不知有何所据。但有一点是几乎可以肯定的，就是从梁朝开始，郡县制不仅实实在在地设立了在海南岛上，而且，从此在海南岛设立的郡县一代比一代的逐步增多，所以，有人说"大陆王朝重新在岛上设置郡县，实始于梁"[14]。

（六）南朝陈的海南建置

陈朝也是南朝时期的短命王朝之一，从公元 557 年陈霸先代梁自立为皇帝，改国号曰陈，仍都今南京，到公元 589 年被隋所灭，共历经五帝 33 年。陈朝的版图在梁侯景之乱以后是南朝最小的王朝。

陈朝在海南的建置基本上与梁朝的相同。《陈书·南康愍王传》卷十五有记：陈宣帝太建四年（公元 572 年），使南康王子方泰"迁使持节，都督广、衡、交、越、成、定、明、新、合、罗、德、宜、黄、利、安、建、石、崖（等）十九州诸军事、平越中郎将、广州刺史，以袁洪为朱崖太守"。说明陈朝时海南岛仍归广州都督府管辖。

（七）隋统一全国后的海南建置

公元 581 年，杨坚代北周称帝，建国号曰隋，开皇三年（公元 583 年）定都大兴（今陕西西安）。开皇九年（公元 589 年）灭掉了南朝的最后一个国家陈，中州大地在分裂了几百年后又终归统一。但隋朝仅经历了隋文帝、炀帝两代，共三十八年的时间，便在农民起义的炮火中土崩瓦解、迅速灭亡了。

早在隋文帝建都之初，他就简化地方行政机构，罢天下各郡，以州统县，实行州县两级制，在重要的州设总管府，至开皇九年灭陈后又将这一制度推广全国。

在隋灭陈之际，被奉为岭南人的"圣母"的冼太夫人因助隋平叛番禺首领王仲宣有功，追赠冼夫人的丈夫冯宝（其时冯宝已亡）为广州总管、谯国公，而冼夫人为谯国夫人，并置"谯国夫人幕府，置长史以下官署，给印章，听发落六州兵马，若有机急，便宜行事"（《北史·列女·谯国夫人冼氏》卷九十一）。整个岭南（包括海南岛）已归冯冼氏家族统治。

后来，"番州总管赵讷贪虐，诸俚僚多有亡叛"，冼夫人又"招慰亡叛"，并"亲载诏书，自称使者，历十余州，宣述上意，谕诸俚僚，所至皆降"。隋文帝遂"赐夫人临振县汤沐邑一千五百户。赠仆为崖州总管、平原郡公"。这里涉及到三个行政区划设置和行政职务：一是崖州总管，是统领海南的最高行政职务，并设有总管府；二是在今三亚设有临振县，是崖州下面的辖县；三是冼夫人的个人封地为"临振县汤沐邑一千五百户"。

"汤沐邑"制度最早可能起源于西周至春秋时期，是诸侯朝见天子，天子赐以斋戒自洁之邑地。战国至秦时期，实行了封君食邑制，即将"公赋税"收入的一部分地税分封给列侯和国君，但封邑内的治民权仍归郡县管理。汉代以后，"汤沐邑"便成了皇帝赐予皇后、公主及贵族等收取赋税及管理的封地。"除国家对土地行使拥有权外，受封赐者享受一切特权，实际上成了当地的统治者和法人。冼夫人封为谯国夫人，等同于王侯的地位。圣上将临振县赐给冼夫人作汤沐邑，这就使临振县不仅成了隋朝的皇家封地，也成了冼夫人及冼氏家族在海南岛上的'邑国'。"[15]

冼夫人大约死于仁寿二年（公元602年）。该年，隋文帝被太子杨广所杀。杨广即位后更加强了对海南岛的行政区划设置。大业三年（公元607年），隋炀帝"罢诸总管"，"改州为郡"，崖州也改称珠崖郡，领义伦、武德、临振等四县。大业六年，又置儋耳、临振两郡，连同珠崖郡，在海南岛上共设置三郡十余县（有十、十一、十二、十四县诸说）。如《隋书·地理志下》的记载："珠崖郡，梁置崖州。统县十，户一万九千五百。义伦（带郡）、感恩、颜卢、毗善、昌化（有藤山）、吉安、延德、宁远、澄迈、武德（有扶山）。"而依明万历年间的《琼州府志》引元《一统志》的记载，则珠崖、儋耳、临振三郡领县十二："大业中改为朱崖郡，领县十二：义伦、感恩、颜卢、毗善、昌化、吉安、延德、宁远、澄迈、武德。隶扬州司隶刺史，又析西南地置临振郡"（该处实际只指出九县）。

今人李勃先生考证为领县十四，即舍城（治今海口市琼州府城东南龙塘镇境内）、颜卢（治今海口市美兰区灵山镇多吕村）、武德（治今海口市琼州府城东南五十里）、琼山（治今海口市琼山区南部新民乡境内）、澄迈（治今澄迈县东北老城镇）五县归珠崖郡管辖；义伦（治今儋州市西北三都镇旧州坡）、毗善（治今临高县北东英镇境内）、昌化（治今昌江县昌城乡旧县村）、吉安（治今昌江县昌城乡新城村）、感恩（治今东方市感城镇感城村）五县，治所在义伦；宁远（治今三亚市崖城）、临川（治今三亚市崖城东南）、陵水（治今陵水县陵城镇）、延德（治今乐东县西南尖峰镇白沙村南边）四县，治所在宁远县。[16]

隋朝在海南岛设置的三个郡和十余个县，不仅是（从公元前46年即初元三年"罢珠崖"郡，改为朱卢县，隶合浦郡之后，汉朝基本上疏于对海南岛的管辖，到南朝梁大同年间）五百八十余年的时置时弃的恢复，表明了隋王朝对海南统治的加强，更重要的是奠定了海南的行政机构基础，以后的唐宋元明清等一千余年基本上在此基础上增设或调整。因此，"隋朝的设置郡县之举，在海南历史上具有划时代的意义！自此以后，海南的行政区划，列入中国行政区的基层单位，直接由中央政权所管辖了"[17]。

第二节　洗夫人对海南的历史功绩

岭南历史上著名的洗氏女首领有两位：其中，一位生长在秦末汉初时期的南越国，史书说："论越女之贤者，以洗氏为首。洗氏，高州人，身长七尺，兼三人之力，两乳长二尺余。当暑远行，两乳辄搭肩上。"她在秦末五岭丧乱时，"集兵保境，蛮酋不敢侵轶。及赵佗称王，洗氏乃赍军装物用二百担入觐。佗大欢悦，与论时政及兵法，智辩纵横，莫能折，乃委其治高凉，恩威振物，邻郡赖之。今南道多洗姓，皆其支流云"（清屈达均著《广东新语》）。另一位便是洗太夫人。可是，奇怪的是，第一位洗夫人竟没有留下名字；第二位洗夫人有的说她名百合，也有说她名冼英。联想到岭南母权制的残余一直延续了很长的时间，女性在社会上享有很高的地位并受到尊重，也常常成为世袭的部落首领，所以，不能排除从秦末到南北朝的洗氏和洗氏夫人、冼太夫人都是高州的洗氏世袭首领的可能。

南北朝是我国历史上长期对立和分裂的时期，频繁的战乱给人民带来了无穷的灾难，而且，那时的岭南是少数民族的杂居地区，他们"往往别村，各有统帅，无君主，恃在山险，不用王法"，加之俚僚各族"好相攻击"，"岭表苦之"（《北史·列女·谯国夫人冼氏》）。渴望祖国和平统一，过上安居乐业的生活是岭南人民的迫切愿望。

据《岭南冼氏宗谱》记载："冼氏之先，源出于沈子国，亦周之苗裔。"也有人考证说：冼夫人"始祖名劲，字元吉。家本武帅，世为曲部，广州中兵参军。晋元兴三年（404年）海寇卢循陷广州时殉职。""其后代分为三支：一支留居南海、番禺，今中区冼族属此支；一支迁高州、电白，而为今日南路冼族之祖先；一支迁海南，而为今日南路冼族之祖先。"（参见卢方圆、叶春生主编的《岭南圣母的文化与信仰》一书）。今海口市龙塘镇潭口村委会的玉仙西村的冼姓保存着清光绪十一年（1884年）编写的《冼氏族谱》，内中记载了该支冼氏的迁琼始祖名冼琼，任盐官，宋朝时来琼，入籍东潭都，即今址。

这位冼夫人本为高凉（一说今广东阳江西，一说今广东电白新村，一说茂名市。那时的高凉包括今天的阳江、阳春、电白、高州、化州吴川等县及茂名市一带），这一带在公元1世纪至7世纪，居住着为数众多的俚人，也就是我们习惯上所说的百越人，与生活在海南岛上的黎族的先民同族同称。她的生卒年月也有多种说法，影响较大的是《广东百科全书》说她生于公元522年12月，卒于公元602年。

冼夫人出生在南越国的一个世族首领之家，"辖部落一万余户"。她小时候就很聪明，善于筹略，还能行军用师，镇服诸越，很快成为远近闻名的少年女英雄。

大约在她年长18岁，也就是在南梁大同初年（公元535年）的时候，她与冯融的儿子冯宝喜结连理，从此，她也开始被尊称为"冼夫人"。这段政治上的婚姻极其成功，一方面冯宝与当地少数民族首领的结合，实际上也是实现了各民族之间的融合，巩固了她在高州的统治基础，继续领任高凉太守，后封谯国公；另一方面，冼夫人贤明聪慧，能征善战，学习汉族礼仪，规劝亲族为善，保境安民，助成大业，深受越人的拥护和爱戴。这是因为冯宝是俚人地区的汉族官吏，当初冯宝的"号令不行"，很难取得俚人的信任。正是有了和冼夫人的婚姻，冯宝就受到俚人的尊重。如《广州人物志·冯宝传》所记，每当冼夫人与冯宝出行时，俚人"望双旌而拜，迎者相望，戒其下曰：'冯都老来矣'，毋为不善"。冯冼的珠联璧合成了俚人社会的权力、智慧和道德的化身。

也就是在洗夫人与冯宝成婚前后，她的英名已使海南岛上的黎族尊为可信赖的领袖，于是，"海南儋耳归附者千余洞"，不久，她就又"请命于朝，故置州"，恢复了在海南岛郡县制的历史。

对海南岛来说，这是非常具有历史意义的功绩：东汉以后，中央朝廷等于是放弃了在海南岛的统治与管理。从此至南朝梁大同年间的五百八十余年，珠崖郡时弃时置，有时又改郡为县，说明中央王朝在海南的统治仍处在动荡不安中。洗夫人这次重新在海南岛上设立州县，隋"大业中，珠崖改为郡"，使海南岛牢牢地被控制在中央朝廷的统治之下并不断加强，客观上有利于海南岛的经济和文化发展。

洗夫人的超人智慧和胆略是从她参与的几次平叛开始的，也是她一步步走向政治舞台的基础。梁武帝太清二年（公元548年），梁朝廷内部侯景叛乱。侯景是我国历史上著名的狡猾多计、反复无常、叛服不定的混世魔王。他起先为北魏的一员大将，东魏灭了北魏，他就成了东魏丞相高欢的署下。后来又叛附西魏。他又觉得西魏的宇文泰不行，就又率军投奔了南朝梁武帝。到了梁武帝太清二年（公元548年）的八月，侯景再次反叛，围攻京城。广州刺史元景仲举兵响应侯景，西江都护、高州太守陈霸先攻灭元景仲，迎定州刺史萧勃为广州刺史。

简文帝大宝元年（550年），高州刺史李迁仕暗通侯景，假借救援京师，企图在高州举事，但因怕自己兵力有限，派人去召冯宝，打算挟持冯宝一同造反，以调拨他的部队去攻打梁都督陈霸先。冯宝正准备出发，被洗夫人制止，并告诉冯宝一个擒拿李迁仕的计策：她带一千多精兵，挑着礼物到高州送礼。李迁仕见洗夫人是个女流之辈，其兵又都挑着担子，便不再设防。等洗夫人的部队全部进入城内，便突然发动攻击，李迁仕猝不及防，大败而逃。也有史书记载说，是洗夫人与陈霸先合作，擒杀了李迁仕。

公元557年，陈霸先称帝，建立了陈朝。可是，次年，洗夫人的丈夫冯宝就去世了。洗夫人便派年仅九岁的儿子冯仆率岭南各部落酋长到丹阳朝见陈霸先，冯仆被封为阳春太守。

陈宣帝太建二年（公元570年），广州刺史欧阳纥又反。欧阳纥又想联合冯仆共同起兵，洗夫人告诉冯仆："我忠贞报国已经两代，不能为了你就有负国家。"洗夫人就亲自带领百越酋长固守城池，在和陈朝的军队联合夹击下，欧阳纥自杀。陈朝因为洗夫人立下的汗马功劳，封冯仆为信都侯加平越中郎将，转石龙太守。洗夫人也随封为中郎将，石龙太夫人。

可是，这时，人生中的三大不幸都被她占全了：洗夫人先是早年丧父，中年丧夫，如今又在公元584年长子冯仆死。这一次又一次的打击并没有使她消沉，她在悲痛中擦干了眼泪，继续领导岭南人民维护地方的安宁，也维护国家的完整与统一。公元589年，陈为隋所灭。岭南的各郡就共奉洗夫人为郡主，尊为"圣母"。

隋文帝刚建国，就派他的儿子杨光让陈后主叔宝给洗夫人写信，告诉她陈国已亡，要她归顺隋朝，并把她先前送给叔宝的扶南犀杖和兵符都拿来验证。洗夫人这才知道，陈的确已亡。她只好召集首领几千人，整整地哭了一天，最后毅然决定，派孙子冯魂迎接隋文帝的大将韦洸前来广州安抚。隋军在洗夫人的大力支持下，很快统一了岭南，结束来三百多年的大分裂局面。韦洸被洗夫人的深明大义所感动，马上奏请朝廷封洗夫人的孙子冯魂为仪同三司，封洗夫人为宋康郡夫人。

隋文帝开皇十年（590年），也就是隋朝刚建国的第二年，洗夫人下辖的番禺少数民族首领王仲宣真的反了，岭南的多数首领也跟着起兵，韦洸战死。

岭南又一次面对生死抉择。洗夫人马上派孙子冯暄驰援韦洸，消灭王仲宣。但冯暄和王仲宣的部将陈佛智有生死之交，不肯进兵。洗夫人又大义凛然，将孙子冯暄逮捕囚禁，另派小孙子冯盎带兵进攻陈佛智，击败王仲宣，广州终于获得了保全。洗夫人亲自披甲骑马，撑着锦伞护卫隋朝的大将裴矩巡抚各州，号召各地首领都来参拜，并接受隋朝的官爵。

隋文帝大为惊喜，封冯盎为高州刺史，并赦免冯暄，封为罗州刺史。追封冯宝为广州总管、谯国公，封洗夫人为谯国夫人，同时，还赋予她很大的权利：如开谯国夫人幕府，可以不经朝廷批准，自置长史以下官吏；授予兵权，指挥六州兵马，遇有紧急情况，可以便宜行事。隋文帝还送给她丝织品五千段，皇后也送给她珍贵的首饰等。这使洗夫人极其荣耀。洗夫人就把隋文帝送的这些礼品装在金匣子里和梁、陈两超所送的东西分别放在库房里，每到逢年过节，就把这些东西陈列出来，以训示子孙，要他们忠心报国，并说自己已经历了梁、陈、隋三个朝代，都是一心一意忠于朝廷，保境安民，才有这样好的结果。隋文帝很高兴，赐她临振县（今三亚市崖城）汤沐邑一千五百户，并追封冯仆为崖州（今海口市）总管、平原郡公。

仁寿初年，大约在公元602年左右，她又为岭南人民免遭生灵涂炭做了一件除暴安良的大好事。原因是由于番州总管赵讷的贪虐，引起了一场"诸俚亡叛"。她不顾年近九十岁的高龄，挺身而出，上书言事，历数李讷罪状，还

"亲载诏书，自称使者，历十余州，宣述上意，谕诸俚僚，所至皆降"。当然，这十余州，也包括海南岛上的崖州等州县。

也就在此后不久，这位一生戎马生涯，功勋卓著，深受岭南人民拥护和爱戴的领袖去世，享年90多岁（一说80多岁）。隋朝闻讯，马上送丝织品一千段，谥号"诚敬夫人"。

隋朝灭亡后，她的孙子冯盎继承她的大业，拥有从广州到梧州再到海南岛一带两千千米的范围，有人劝他自立为南粤王，他坚决不肯。唐朝武德五年（公元622年），以岭南二十州归唐，唐高祖又任他为上柱国、高州总管，并封他为越国公。

冯盎的曾孙冯元一也是一位人物。在唐长寿三年（694年）二月，有人向朝廷诬告说岭南流人谋反，广州的300多人被斩首，时为潘州刺史的冯君衡受到株连，年仅11岁的儿子元一虽被免死，但被阉割，送往京城宫里当了武则天的宦官并改名为力士。冯力士虽聪明伶俐，也颇得武则天的宠爱，但一件偶然发生的事，使他被逐出禁宫，又被宦官高延福收为养子，从此姓高了，这就是后来红极一时的宠臣高力士。

再后来，冼夫人的后裔冯崇债又在崖州（今三亚市）任别驾。公元748年，鉴真和尚第五次东渡日本未果，漂流到了海南岛的南部振州江口（今三亚市崖城宁远河大蛋港出海口），冯崇债就热情接待了鉴真一行。

冼夫人与岭南人，特别是与海南人的这份情缘，不仅让世世代代的老百姓祭祀悼念，而且还把她奉为神灵来崇拜。在诸多纪念方式中，建庙祭祀是最常见、最流行的一种方式。高州是冼夫人的家乡，大约从她逝世之后不久，她的孙子冯宝就在当地官府的支持下建起了祭祀她的庙宇。以后，整个岭南竞相建庙。据不完全统计，仅高州一市就有冼太庙63座（一说约200座），在海南岛上见诸史书记载的也有30余座（有说50余座），遍及海南各个市县，其中最著名的可能要数儋州市中和镇的济宁庙和海口市新坡镇梁沙村的冼太夫人庙了。

儋州市中和镇的济宁庙始建于唐代，宋代的大文豪苏东坡在被贬儋州三年的时间内，曾专门到这里拜谒，并写诗一首："冯冼古烈妇，翁媪国于兹。策勋梁武后，开府隋文时。三世更险易，一心无磷缁。锦伞平积乱，犀渠破馀疑。庙貌空复存，碑牌漫无辞。我欲做铭志，慰此父老思。遗民不可问，偻句莫余欺。爆牲菌鸡卜，我当一访之。铜鼓葫芦笙，歌此送迎诗。"（《苏东坡续集·冼庙》）

那么，这说明中和镇的济宁庙在苏东坡来到海南之前，已经存在了很长时间。宋高宗时追封洗夫人为显应夫人，赐庙额曰"宁济"。从此，海南的一些祭祀洗太夫人的庙宇有的就改称了"济宁庙"，儋州市中和镇的济宁庙可能就是在这时称此名的。

济宁庙即使从北宋时期算起，至今也有了一千余年的历史，并且在历代官府的主修下，仍可看出当年的辉煌：该庙三进，由大门、拜亭和大殿等部分组成，殿内的洗太夫人塑像威风凛凛，气宇轩昂，圣母形象栩栩如生；而文昌市文城镇、澄迈县老城祭祀洗夫人的庙宇则称作"柔惠庙"，就是在南宋年间又加封其为柔惠夫人而故名的。而只有今三亚市崖城镇的祭祀洗太夫人庙的名称比较特殊，在这里被称作"境主庙"。

究其原因，还是隋文帝赐封临振县（今三亚市）为其汤沐邑的缘故。当时，洗夫人能收取管辖内一千五百户的租税，已是不菲的数字，所以，生活在这里的人也就尊其为"境主"。

和海南的其他祭祀洗太夫人庙相比，位于海口市新坡镇梁沙村的洗太夫人庙不仅建筑规模宏大，历经多次重修，海南每年祭祀洗太夫人的节日——"军坡节"长盛不衰，而且古人还赋予她许多近乎神话般的传说故事，很是娓娓动听。

相传，琼州三名士之一的梁云龙（另两位是丘濬和海瑞）在明朝科举考试时屡次不第，后来听说丘濬是因为拜了洗夫人才考中进士的，就如法炮制，也去到丘濬建的洗夫人庙祭拜，并许愿如果考中了进士将来一定在家乡为其建一座庙，后来梁云龙如愿以偿，高中进士，便在村里还愿建起一座祭祀洗太夫人的庙。也有人说梁云龙是一位能征善战的儒将，每次战前，他都会受洗夫人的梦中指点战术，致使他百战百胜。有一次梁云龙的指挥所就设在一座洗夫人庙里，当夜，梁云龙梦见洗夫人告诉他，要把她的灵魂带回海南。战争结束后，梁云龙就将皇帝奖给的金银铸造了一尊洗夫人像带回故乡梁沙村建庙供奉。还有人说，洗夫人来海南后开始就住在梁云龙家，并在梁家认"干爹"、"干娘"，洗夫人离开梁沙村时，为了报答梁家人对她的热情款待和认干女儿之情，提出愿留下"书种"或"黑种"，由梁家任选其一，梁家人认为"黑金（即书本）比黄金贵"，"有黑金就会有黄金"，所以就选择了"书种"。后来，经过几代人的努力，梁家就终于出现了梁云龙进士。于是，梁云龙为了感谢婆祖洗夫人，就用黄金铸一尊洗夫人像并建庙奉祀。

这些善意的传说多半是靠不住的，例如，洗夫人是生活在南朝梁至隋三代，而梁云龙的迁琼始祖是北宋的金紫光禄大夫梁肱在开宝年间由荆阳（今安徽太湖）迁来的，梁氏宗祠里的一幅对联写的很清楚，该联曰："发迹荆阳来北宋，肇基梁沙在开宝"。此时已距冼夫人去世五百余年。

有一点是几乎可以肯定的，那就是冼太夫人与海南岛曾经有过很深的情缘，所以，到现在海南的大部分地区仍然保留着崇拜冼夫人的习俗，谓之"婆期"，其活动规模远在祭祀自己祖宗的"公期"之上。大概从隋朝以后，海南地方的人就把冼夫人当作自己祖宗的"婆娘"了。也正因为如此，梁沙村的冼夫人庙最初称"梁沙婆祖庙"，梁沙村也被称为"婆祖外家"。看来，曾任湖广巡抚、提督军门、死后赠兵部座侍郎的梁云龙花费巨资来建设"梁沙婆祖庙"决不是一时的感情冲动，而是祖祖辈辈信奉冼太夫人有灵的结果。

因为，据记载，梁沙婆祖庙是明万历三十年（1602年）由梁云龙倡建。到了清嘉庆十六年（1811年）十月初二至次年的五月二十四日，才将该庙迁至今址。可是，在那不堪回首的"十年浩劫"中，这座让海南人祭拜了四百年的庙宇也和其他名胜古迹的命运一样，被当作"四旧"彻底砸烂了。

由纪念冼太夫人而产生的军坡节，据说从唐代就已热闹非凡，一千多年来长盛不衰，如今已成为海南每年一次的重要节日活动。所谓军坡节，就是节期纪念活动中模仿军队出师的仪式，在海南谓之"装军"，凡参加这个活动的，均谓之"发军坡"。也有说军坡节起源于拜神，神为最大，信民称之为"君"，"君坡"为君居之地，因"君"与"军"同音，久而久之，便叫成"军坡节"。

在崖州古城，军坡节被称为"装军节"，是每年的农历四月初八至十二日在崖州城内举行的，主要活动是抬公、游神。队伍有令旗队、骑马勇兵队、抬公队、游神队、金童玉女队、八音队、腰锣鼓队等，模仿冼夫人出兵巡游村坊，表示接受冼夫人的检阅，抵御外侮、保家卫国求平安的决心。

冼夫人在社会动荡时期，把毕生的精力致力于维护国家统一、促进民族团结、保境安民上，并为此作出了杰出的贡献，让世世代代的中国人民永远不忘。由于对冼太夫人的"护国安民"的信仰与历代统治王朝的正统思想是一致的，所以，岭南的这位"圣母"总是会受到历代皇帝的追封，除上述封号外，还有南汉时期冼夫人被封为"清福夫人"，明朝时被封为"高凉郡夫人"，清朝同治十二年，冼夫人又被追封为"慈佑夫人"。史书对她为维护多民族国家的统一所作出的贡献评价为"女中奇男子，千古推为第一"。

第三节 三国至隋经济文化的发展

三国至隋朝的四百年里，海南岛较之大陆有一个相对安定的社会环境，中央王朝在多数情况下都无暇顾及对海南的治理，采取了"羁縻"政策，有利于黎族社会的发展。从总的情况看，这一时期海南处在缓慢的恢复与发展时期。

（一）中原大批迁来海南促进了社会经济的发展

两汉之际，"江南"仍被看作"缘边"之地，迁来海南戍边的人较多。而东汉以后迁来海南的多是一些避难的文化人或富豪，有的是举族或举家迁徙，不仅带来了中原地区先进的农具、耕作方式、文化理念，还带来了财富、经商和科学文化知识，使海南有史以来第一次出现了"商旅平行"、"田稼丰稔"的局面。

在这批移民中比较著名的人物有：

程秉，博古通今的大学者，他原为汝南南顿（今河南项城县）人，"逮事郑玄，后避乱交州，与刘熙考论大义，遂博通五经"（《三国志·吴书·程秉传》）。

薛综，原为沛郡竹邑（今安徽宿县）人，曾任交州、合浦太守"少依族人避地交州，从刘熙学"（《三国志·吴书·薛综传》）。薛综"自斯以来，颇徙中国罪人杂居其间，稍使学书，粗知言语，使驿往来，观见礼化。及后锡光为交趾，任延为九真太守，乃教其耕犁，使之冠履；为设媒官，始知聘娶；建立学校，导之经义。由是已降，四百余年，颇有似类"。《三国志·薛综传》又有记载：薛综在黄龙三年（公元前 46 年）上疏曰："自臣昔客始至之时，珠崖除州县嫁娶，皆须八月引户，人民集会之时，男女自相可适，乃为夫妻，父母不能止。……土广人众，阻险毒害，易以为乱，难使从治。"

全综，吴郡钱塘（今浙江杭州市）人，"是时中州士人避乱而南，依综居者以百数，综倾家给济，与共有无，遂显名远近"（《三国志·吴书·全综传》）。

吕岱，"广陵海陵（今江苏泰州市）人也，为郡县吏，避乱南渡"（《三国志·吴书·吕岱传》）。后任交州刺史。

移民中更多的是身份低下的劳动者，如《三国志·吴书·薛综传》记载："其南海、苍梧、郁林、珠官四郡"，"专为亡叛捕逃之薮"。

东汉至三国以前，由于汉朝基本上放弃了对海南的管辖，大批汉人内迁，导致海南岛的人口急剧减少。按东汉永和五年（公元140年）合浦郡的人口统计，当时每县平均有4624.2户，每户平均有3.75人，计有17340人．这些人应包括海南岛的人，即实际纳税的人，而在海南岛的人有"二万三千二百二十一户（口八万六千六百一十七人）"[18]。

西晋太康元年（公元280年）的人口统计，合浦郡辖县6个，有户数2000，每县平均户数333.33，每户平均口数6.57人，那么，当时朱官县的人口才有"户九百三十八"（《宋书·州郡志四》），计有4362人，这应是居住在合浦郡的朱官县人口，而并不包括居住在海南岛的黎族人口。当时居住在海南岛的黎族先民就有"十万家"（《太平御览》卷六十九引《晋书》）之多。

又经过了三百余年的发展，到隋朝"珠崖郡，辖县十，户一万九千五百"（《隋书·地理志》下）。如果按西晋太康元年的每户平均口数6.57人计算，则有128115人。这些人应是载入纳税名额的人口，既不包括冼夫人的"汤沐邑一千五百户"，也不包含不纳税的黎族先民，所以，当时海南岛上应至少有15万人左右。但若按梁方仲先生编著的《中国历代户口、田地、田赋统计》数字，隋大业五年（公元609年），珠崖郡辖县十，每县平均有1950户，每户平均有3.75人，珠崖郡有73125人。所以，当时的这些人口统计数字并不十分准确，只是一个参考数字，关键是黎族一个"峒"的具体人口数目不清。

大批中原文化人的迁入和海南人口的增加，促进了海南的快速发展，如明代海南人丘濬在《南溟奇甸赋》所总结的："魏晋以后，中原多故，衣冠之族，或官或商，或迁或戍，纷纷日来，聚庐托处，熏染过化，岁异而月不同，世变风移，久假而客反为主，剧狂悍以仁柔，易介鳞而布缕，今则礼义之俗日新矣，弦诵之声相闻矣，衣冠礼乐彬彬然盛矣。"

三国至隋时期，黎族的大部分人已过上了较稳定的"男耕女织"的农业生产为主的生活是可以肯定的。如早在《汉书·地理志下》就记：珠崖、儋耳郡"男子耕农，种禾稻苎麻，女子桑蚕织绩。亡马与虎，民有五畜，山多麈麖。兵则矛、盾、刀、木弓弩，竹矢，或骨为镞。""兵"一般指铜铁等金属武器，种植禾稻表明已发展到稻作农业阶段，"教其耕犁"表明这时还从中原传入了先进的犁耕技术，使社会生产力有较大提高。

（二）海上丝绸之路的发展

三国时期，吴国的造船业非常发达，带动了南海"丝绸之路"的发展，海南岛在南海"丝绸之路"的中转站和补给站地位确立下来。宋代李昉的

《太平御览》卷六十九引《晋书》记载："朱崖在大海中，遥望朱崖洲大如菌，举帆一日一夜至，周匝二千里，径度七八百里，可十万家，女多姣好，长发美鬓"。北魏郦道元《水经注·温水》记：朱崖、儋耳二郡，"在大海之中，南极之外。"吴国曾数次远征海南岛和台湾岛（时称夷洲），从大陆到海南岛已可借用风"帆"的力量提高航行速度，达到"一日一夜"可至。这一航行速度一直到明朝的海瑞赴广州考举人时也不过如此。

宋孝武帝大明四年（公元460年），为了开通大陆与南海的水上航道，皇帝曾"遣前朱提太守贾沈、龙骧将军武期率众南伐，并通朱崖道，并无功"（《广东通志·前事略》卷一八二）。这里的"功"只能作"功效"解释，而不能作"没有开通"或劳而无功的解释，说明这时从大陆到南海的航线已经畅通，只是对宋王朝来说还没有获得巨大的经济效益。可能在此前后，宋朝的商船已登上西沙群岛，如"我国考古工作者曾在西沙群岛的北岛发现一个瓷器残底，上面写有南朝宋'大明'年号（公元457～465年），可见南宋室对南海诸岛的经营和开发"[19]。这件瓷器的发现证明了至少在南朝宋时期，我国的瓷器已作为贸易珍品远销东南亚，并已把西沙群岛作为南海上的中转站。

公元226年，即吴国黄武五年，孙权派出的两位使臣朱应和康泰出使东南亚各国，回来后分别了《扶南异物志》、《吴书外国转》，记载了"所经及传闻，则有百数十国"，从此，开通了吴国与东南亚的经商贸易，吴国与东南亚商船往来不断于南海上。《南齐书·南夷林邑国》记："商舶远届，委输南州。故交广富实，牣积王府。"《梁书·王僧儒传》又记："海舶每岁数至，外国贾人以通贸易。"

中国商船带去吴国生产的精致瓷器、丝绸，再运回国内罕见的明珠、香药、犀角等。《隋书·地理志下》在记载海南都会时写道："所处近海，多犀、象、玳瑁、珠玑，奇异珍玮，故商贾至者，多取富焉。"《三国志·吴书·薛综传》也说："贵致远珍明珠、香药、象牙、犀角、毒瑁、珊瑚、琉璃、鹦鹉、翡翠、孔雀奇物，充备宝玩，不必仰其赋入，以益中国也。"《隋书·食货志》卷二十四又记："岭外酋帅因生口、翡翠、明珠、犀象之饶，雄于乡曲者，朝廷多因而署之，以收其利，历宋齐梁陈，皆因而不改。"

（三）黎族先民名称的演变和社会发展

我们在上一章里曾经讨论过，在先秦至秦汉时期，居住在海南岛的黎族先民是来自广西骆越人的一支，汉人称其为"蛮"或"百越"。东汉以后的文献还偶有提及，但称"俚"或"俚僚"的现象多了起来，这意味着什么呢？

现在大家公认的黎族最早称"里"的记载,是《后汉书·南蛮列传》,该书说:"建武十二年(公元36年),九真徼外蛮里张游,率种人慕化内属,封为归汉里君。"这时的"里"还未带人字旁,明显是黎的汉读音。《后汉书·南蛮西南夷列传》载:东汉初,交趾女子征侧、征贰姐妹起义,"九真、日南、合浦蛮里皆应之"。里,李贤注曰:"蛮之别号,今呼为俚人。"可见,里即俚,"俚人"还不是专指在海南岛上的土著人,而是指广州西南部的大部土著。

三国时代吴国人万震的《南州异物志》记载:"广州南有贼曰俚,此贼在广州之南,苍梧、郁林、合浦、宁浦、高凉五郡中央,地方数千里。"明嘉靖《广东通志·列传·名宦》记载:东汉明帝永平十八年(公元75年),僮尹擢为交州刺史,还至珠崖,"劝谕其民毋镂面颊,以自别于峒俚,雕题之习,自是日变。"显然,这里的"峒俚"称谓只是明朝人的说法,还不能说明东汉时黎族即有"俚"称。唐代李复任岭南节度观察使时,还说"琼州久陷于蛮僚中,因奏置琼州都督府以绥抚之。"这说明唐代时的黎族也可称"蛮僚"。

有专家这样认为:"岭南地区经过两汉、吴、晋四百多年的统治,封建制度在岭南地区已经巩固下来,而原来南越王国的基地——南海、苍梧、郁林、高凉、合浦、新会等郡的土著居民,虽然由于占统治地位的封建制度限制着他们发展奴隶社会,但也经过长期的竞争和兼并而逐渐出现了各个以姓氏为部族标志的强大部落集团。从前以语系或语言、风俗为划分的瓯、骆、乌浒的族名从史籍上消失了,被官方根据他们汉化程度而区分的俚、蛮、僚的称号便出现在〈晋书〉上……当时百越族中的一部分(即晋及南朝时代的俚人和部分僚人)的上层人士,已完全汉化了。"[20]

还有人认为:"俚人是广东的土著民族,他们的先民就是所谓百越。…俚人分布较广,发展水平也很不一致。早在东汉末年,今广西玉林、贵县一带就十多万乌浒人,即俚人内属,设七县,成为封建王朝的编民。…自郡县设立以后就一直存在着'俚人不宾'。"[21]

这就说明,从三国到隋朝时期,由于居住在今广东西南部的大批的"俚僚"人迁入海南岛,生活在海南岛的土著人已与他们同化,都可称为"俚僚"人或"俚人"。如《隋书·地理志》又记载:海南"其人性并轻悍,易兴逆节,椎结蹲踞,乃其旧风。其俚人则质直尚信,诸蛮则勇敢自立,皆重贿轻死,唯富为雄。巢居崖处,尽力农事。刻木以为符契,言誓则至死不改。父子别业,父贫,乃有质身于子。诸僚皆然。"但也有人不同意这种观点,认为

"在广东西江、广西浔江、郁江以南至越南北部的广大地区，其土著居民自东汉以至南北朝，皆称为俚人或俚子。这一地区，西汉以前为骆越地带，不是因居民迁徙变化，而是因为东汉以后已由骆越改称俚的缘故"[21]。

南朝至隋，洗夫人为广东西南部高凉郡的俚人，与海南岛黎族的先民俚人同称，都是不争的事实。"谯国夫人洗氏者，高凉人也，世为南越首领，部落十万余家。夫人幼贤明，在父母家抚循部众，能行军用师，压服诸越。每劝宗族为善，由是信义结于本乡。越人俗，好相攻击。夫人兄南梁州刺史挺，恃其富强，侵掠旁郡，岭表苦之；夫人多所规谏，由是怨隙止息。海南、儋耳归附者千余洞。"（《北史·列女·谯国夫人洗氏传》）她的汤沐邑也在今三亚市的崖城镇。既然"儋耳归附者千余洞"，整个海南岛都已归洗夫人的管辖，洗夫人在治理海南期间，众多大陆俚人迁居海南岛也是可以肯定的。因此，这时的海南土著人已改称"俚"人，实际上是又一次民族融合的产物。

这里还有一个问题，即"俚僚"是同一族的称谓，或是"俚人"与"僚人"为两个土著民族的问题。吴晗先生在《洗夫人》一文中就直接称为"俚族僚族人民忍受不了，纷纷逃往"（《光明日报》1961年1月14日）。可见，他认为"俚、僚"是两个民族。吴永章先生引《魏书·僚传》："僚人，至于忿怒父子不相避，惟手有兵刃者先杀人。若杀其父，走避，求得一狗以谢其母。母得狗谢，不复嫌恨。平常劫掠，卖取猪狗而已"，似乎也主张"僚人"为另一土著民族[23]。联系到《隋书·地理志》所记载的"其俚人则质直尚信，诸蛮则勇敢自立，皆重贿轻死，唯富为雄。……诸僚皆然"等，当时海南还有"僚人"的一支存在。

三国至隋朝的俚人风俗，《隋书·地理志》有较详细地记载：越人"铸铜为大鼓，初成，悬于庭中，置酒以招同类。来者有豪富子女，则以金银为大钗，执以叩鼓，竞乃留遗主人，名为铜鼓钗。俗好相杀，多构仇怨，欲相攻，则鸣此鼓，到者如云。有鼓者号为'都老'，群情推服。本之旧事，尉陀于汉，自称'蛮夷大酋长、老夫臣'，故俚人犹呼其所尊为'倒老'也。言讹，故又称'都老'云"。清道光年间《广东通志·冯融传》："蛮酋戎其下曰：'冯都老来矣，毋为不善以婴罪戮。'""都老"是俚语长老、长官或首领之意。据此，有人认为俚人首领和其下属交谈，能用汉语，可见当时俚人已经兼通汉语。

三国时代，俚人的传统纺织技术有了较快发展。对此，吴国人万震的《南州异物志》记载："五色斑布似丝布，吉贝木（即木棉树）所作。此木熟时，状如鹅毛，中有核，如珠绚，细过丝绵。人将用之，则治其核。但纺不绩，任意小轴牵引，无有断绝。欲为斑布，则染之一色，织以为布，弱软厚致。"这里有一句关键性的话，就是"但纺不绩，任意小轴牵引，无有断绝。"虽然俚人的棉布纺织之法是用"小轴牵引"织成的，但能够"如珠绚，细过丝绵"，也是朝廷的贡品。《三国志·吴书·士燮传》又记："建安十五年，孙权遣步骘为交州刺史。骘到，燮率兄弟奉承节度。……燮每遣使诣权，致杂香细葛，辄以千数，明珠、大贝、流离、翡翠、玳瑁、犀、象之珍，奇物异果，蕉、邪、龙眼之属，无岁不至。壹时贡马凡数百匹……燮在郡四十余岁，黄武五年，年九十卒"，"岭外酋帅因生口、翡翠、明珠、犀象之饶，雄于乡曲者，朝廷多因而署之，以收其利，历宋齐梁陈，皆因而不改。"（《隋书·食货志》卷二十四）

另外，由于在这几百年里海南的"长吏之设，虽有若无"，"县官羁縻，示令威服，田户之赋，裁取供办，……不必仰其赋入以益中国也"（《三国志·吴书·薛综传》），客观上给海南带来了相对稳定的发展环境，"自是溪洞之间，乐樵苏而不罹锋镝"（周广、郑业崇等辑：《广东考古辑要·人物·冯融传》卷三十九）。

第四节　黎族的早期文明社会

文明社会是在原始社会生活基础上发展起来的更高一级的社会，以私有化、阶级分化、国家与城市的产生等为标志，是由野蛮时代进入文明时代的发展。在海南岛上的黎族从何时走进文明社会的，海南学者有两种不同的说法：一是认为宋朝已进入文明社会；另一种意见认为：黎族从汉武帝在海南岛设立两郡开始，"引起黎族社会的重大变革，黎族原始父系氏族公社开始瓦解，黎族社会原始公社开始向阶级社会过渡"，黎族在原始社会瓦解后，越过了奴隶社会发展阶段，直接向封建社会过渡。到了唐代"封建制度建立了起来"[24]。

人类的文明起源问题是社会学、历史学、考古学等各学科都在研究的热门话题，恩格斯《家庭、私有制和国家的起源》一书从社会组织和所有制的变化探讨了阶级和国家的起源，至今有指导意义。但是，由于世界各国的社会经济发展模式和水平千差万别，进入文明社会的特征也不一样，中国是一个多民族国家，在进入文明社会的进程中更是多种多样。问题的症结在于文明起源的标准是什么？

田昌五先生把文明起源的标准归结为："一、社会分工，二、父权家族。如果再加一条，那就是民族的产生和形成了。这三条是相互联系，不可分割的，总起来也可称为三条标准：文字、铜器和城市。"[25]李学勤先生则提出了评判文明的四条标准：1. 要有城市（作为城市要能容纳五千人以上的人口）；2. 文字；3. 要有复杂的礼仪建筑（是为了宗教的、政治的或者经济的原因而特别建造的一种复杂的建筑）；4 冶金技术的发明和使用。[26]李伯谦先生从国家的基本职能（管理职能、暴力手段）分析，认为上述四条标准是有缺陷的，他提出了十个方面的情况，至少其中的大部分条件具备了才能说形成了国家、出现了文明。这十个条件是：1. 从聚落的发展过程来把握聚落的出现、发展，到大型、特大型聚落的出现；2. 特大型、大型聚落有无防御设施；3. 特大型、大型聚落是否出现了宗教礼仪中心广场，有无大型建筑，它们的功能在不同时期是否发生了变化等；4. 聚落墓地是否出现分化，贵族阶层是否拥有自己特定的墓区；5. 大型聚落内部有没有出现专用的手工业作坊与集中一处的仓储设施；6. 聚落出土的遗物当中，有无专用的武器和象征最高权力的权杖等；7. 是否出现了异部族的居民及其遗存，他们和本聚落贵族阶层的关系是什么；8. 各级聚落之间是否存在上下统辖关系，是否存在赏赐与纳贡关系；9. 大型聚落对外辐射的半径有多大？如玉石、铜料等稀缺资源的获得方式如何。[27]

以上这些史家研究的文明起源标准都是针对农业地区的文明，而对于以渔猎经济长期占主导地位的岛上少数民族地区的文明未必完全适用，更何况海南的黎族存在着经常迁徙、居住在深山与外部、迁来海南的时间有早有晚等复杂因素，有的跨进文明时代的门槛较早，有的在新中国成立前还过着原始社会的生活。面对如此复杂的现象，我们该如何把握黎族文明起源的进程？

笔者认为，应以只要占多数的黎族或者说与汉人接触较多的黎族已走进了文明社会，那么，就应当归之为文明社会，因为这些人是先进生产力的代表，是文明的传播者，引领了时代的潮流。试从下列几个方面分析：

（一）黎族文明起源的基础

先秦时期居住在海南岛的黎族先民与大陆的汉人联系交往很少，当大陆中原地区已走向奴隶制繁荣的时候，活动在儋州一带的黎族先民有的已建立了部落联盟式的"儋耳国"或"穿胸国"，有的还处在原始社会母系氏族阶段。

秦朝时期，随着秦军的几次南征，汉文化已扩展至岭南，但对海南岛上居民影响还较少。到了西汉武帝时期，中央王朝在海南岛上设立儋耳、珠崖两郡和十六个县，这些郡县治的位置都在黎族先民的边缘和交通要道。过惯了原始社会生活的黎族，对于来自高度发达的封建社会制度的推广进行了顽强地抵触。公元 46 年，汉朝政府不得不在黎族先民的一次次反抗中被迫撤销了在海南岛的行政区划建置。这一时期，黎族的原始社会组织体系在汉文化的强大外力推动下正在缓慢的解体之中。

三国到南朝梁以前的几百年间，吴、宋、齐朝政府对边远地区的海南岛采取了松散的管理统治，行政管理机构和"长吏之设"都"虽有若无"，黎族的原始社会组织在相对稳定的大环境中自生自立，一批新的文化符号不断涌现，原始社会解体的内外条件已基本成熟。

梁至隋朝，冼夫人这位"岭南人的圣母"，又是皇朝御封的海南的最高领袖，在推动大部分俚人（黎族）的原始社会解体，跨入文明社会的门槛中发挥了助推士的作用。这一时期正是海南大部分俚人进入文明社会的时代。

（二）海南文明社会的标志

对照文明社会的诸多条件，无论从俚人的社会组织结构、生产力发展水平等方面，都能体现出文明社会的特征：

1. 社会组织结构

南朝梁至隋，海南的最高行政机构是崖州，置于梁大通四年（公元 532 年）。上归广州都督府管辖，下辖珠崖郡及义伦、朱卢等县。崖州州治置都督府，在今儋州市西北三都镇旧州坡，长官称都督，掌管全州的军民之政。

陈朝的行政机构设置与梁的基本相同，但由于冼夫人助陈统一了岭南，冼夫人被封为中郎将（位仅次于将军，秩比二千石）、石龙太夫人，冼夫人的儿子冯仆为石龙郡太守，母子二人已成为岭南的最高统治者，"海南、儋耳归附者千余洞"大概也是在这时归冼夫人管理的。

隋文帝灭陈，统一全国后罢天下各郡，以州统县，实行州县两级制，在重要的州设总管府。冼太夫人又因助隋平叛有功，追赠冼夫人的丈夫冯宝为广州总管、谯国公，封冼夫人为谯国夫人，并置"谯国夫人幕府，置长史以下官署，给印章，听发落六州兵马，若有机急，便宜行事"，这就是说，整个海南岛已归冯冼氏家族统治。

后来，冼夫人又"招慰亡叛"，并"亲载诏书，自称使者，历十余州，宣述上意，谕诸俚僚，所至皆降"。隋文帝遂"赐夫人临振县汤沐邑一千五百户。赠仆为崖州总管、平原郡公"。

从梁至隋的近百年中，海南至少有三个行政区划设置和行政职务都与冼夫人有关：一是崖州总管，是统领海南的最高行政职务，并设有总管府；二是在今三亚设有临振县，是崖州下面的辖县；三是冼夫人的个人封地为"临振县汤沐邑一千五百户"。冼夫人封为谯国夫人，等同于王侯的地位。皇帝将临振县赐给冼夫人作汤沐邑，这就使临振县不仅成了隋朝的皇家封地，也是冼夫人及冼氏家族在海南岛上的"邑国"。

岭南人尊称冼夫人为"圣母"，比起原始社会的部落首领也发生了性质上的变化：冼夫人对于中央王朝来说，是海南岛的地方长官，代表了封建国家的利益；对于海南的俚人来说，又是俚人部落的最高酋长，保留了较多的原始社会的残余（如冼夫人出生在拥有十万余家的部落联盟时期，正是俚人的社会大变革时代，女性首领是世传的，女性受到社会的尊重等），所以，她既是一家之主、一族之主，又是封建社会的上层人士。冼夫人之后，黎族的首领便由原始社会的世袭制变为封建王朝的任命制。冼夫人就完成了这种社会制度的大转变。

在俚人的社会基层，第一次出现了"洞"的记载。"洞"也作"峒"，是汉语的音译。梁大同年间（公元 535～546 年），"儋耳归附者千余洞"，基本上包括了海南岛上俚人的绝大部分。这就是说，这时俚人的基本社会组织是以"洞"为单位的。"洞"的原意是指"人们共同居住的一定地域"，"一般以山岭、河流为界，有的地方要立碑、砌石，有的地方则种树、栽竹、插木板、埋牛角等作标志"[28]。这与原始社会的氏族组织有本质的区别，原始社会的氏族组织是以血缘关系来区分不同的氏族集团的，本氏族内部禁止通婚，而"洞"的社会组织是按地域划分的，大体相当于汉人的乡、村。尽管我们目前对俚人在这一时期每个"洞"的户数和人数还不太清楚，宋代以后才有明确记载，按照后代的记载，大约一"洞"有 20～100 户不等，大的"洞"可辖几十个村落，最小的"洞"只辖一个村落。

所以，无论从俚人的高层人士或是从社会的基层，在南朝梁至隋时期已完成了由原始社会的部落联盟向封建社会制度的转化，但还保留较多的原始社会的残余也是很正常的现象。

2. 城市与其他重要建筑

城市的产生是随着社会分化，有的聚落发展为中心聚落，并演化为具有权力中心意义的城，承担起保护、控制、管理领地内社会资源的功能。目前我国已发现原始社会末至奴隶社会初的城或城堡约 50 余座，大多分布于黄河中下游、长江中下游等以农业经济为主的地区。

海南城市的产生与发展也有极其特殊性。在西汉早期，"儋耳国"的人曾参与过南越国的筑城事宜，我们已在第四章中论述。汉代设立的儋耳、珠崖郡及十六个县，应该是有城市的，如传说儋耳郡城就是西汉楼船将军杨仆所筑，到东汉马援再次率军登上海南岛时，又"扶定珠崖，调立城郭，置井邑，立珠崖县"（《琼州府志·马援传》卷二十九）。《三国志·吴书·孙胤传》又记："赤乌十一年，交阯九真贼攻没城邑，交部骚动。以胤为交州刺史、安南校尉。"

但海南城市的设置、概念和大陆的城市有很大的不同，而且筑城的目的也主要是汉人防范黎族的，并非是黎族先民的"市"发展到一定程度的需要。大陆最初的"筑城以卫君，造郭以守民"（《吴越春秋》），因此，所筑的城大都高大坚固，且按照当时的礼仪制度而造形规整，而黎族是以渔猎经济占主导地位的民族，经常性的迁徙就决定了他们不需要动用很大的财力人力固定一处，来建设城墙及其他设施，到了梁至隋时期，黎族先民的生活发生了很大的变化。

冼太夫人的"汤沐邑"在今三亚市崖城镇附近，古代大的城曰都，小的曰邑。古时宗庙是政权的象征，一些宗教建筑也设在"邑"内。《左传·庄公二十八年》："凡邑有宗庙先君之主曰都，无曰邑。邑曰筑，都曰城。"中国最古老的宗教，可称之为上帝教，或社稷教，或土地教。所祀的鬼神分为上帝、天神、地祇、人鬼（祖先等）四类。这种上帝教或社稷教遍及太平洋区域。

越人（亦称粤人）祭祀百鬼的记录也在东汉时期，如《汉书·郊祀志》记载："粤人俗鬼……粤巫立粤祀祠，安台无坛，亦祠天神上帝百鬼，而以鸡卜。"冼夫人死于隋初，她死后随即就有隋朝的官府在其家乡为其建祠祭祀。清《重修慈佑冼太夫人庙碑》记："抚辑百越，境内晏然。既没，部民思其功德，自通郡大邑以及小市穷乡，莫不庙祀。"

海南的灵济庙传说始建于唐代。《诸蕃志·海南》卷下记载：昌化郡"灵济庙在镇安门内，即儋耳夫人祠也。绍兴间，封显灵夫人。海外黎峒多窃发，惟儋独全，夫人之功也"。（按：绍兴间，指南宋初公元 1131～1162 年间。儋耳夫人，系指三十六峒都统领、宜人黄氏。建庙祭祀儋耳夫人，虽出自宋朝统治者的提倡，但黎人也确爱戴她。）同书又载：淳熙元年（1174 年）五指山"生黎"峒首王仲期诸峒首 81 人，"诣琼管公参，就显应庙研石歃血，约誓改过，不复抄掠犒赐遣归。"从黎人首领去瞻拜显应庙一事说明，自隋以后，灵济庙已成为俚人祭祀冼夫人的宗教建筑。

临振县既然为冼夫人的"食邑"，就必然有居住、管理的建筑或其他的安全设施。梁大通四年（公元 532 年）。冼夫人"请命于朝"，在海南设置崖州，成为掌管全岛的军民之政，州设都督府，也必然有衙门公共建筑，崖州城已成为统领海南的政治经济和文化中心。所以，退一步说，崖州城即使没有像大陆城市那样的高大土城墙，城市的管理职能的大型公共建筑也一定是有的，只是我们目前还没有发现而已。

3. 金属冶炼技术

新石器时代晚期，人类在生产活动中偶然从矿石里得到了金属，发现了金属的特性和优点，遂开始主动冶炼金属。人类使用的第一种金属是铜。在中原地区发现的含锌黄铜片和含镍白铜片距今约公元前 4000 年左右，是已知我国时代最早的金属器。甘肃省东乡林家出土的公元前 2700 年左右的青铜小刀是已知我国时代最早的青铜器，其模范工艺证明当时已掌握了青铜冶炼技术。青铜是纯铜与铅、锡的合金，相比纯铜硬度高、熔点低、易冶炼铸造等突出优点，因此得到广泛使用。海南岛上已出土战国时期的青铜环形器，极有可能是黎族先民的权力象征的礼器，但对于是黎族自己铸造或是从大陆带来，无以为证。汉代时，又在海南岛上出土较多的大型铜釜，其中一件双耳上各卧两只小鸟，腹呈圆形，高 49 厘米、宽 66 厘米，重达 30.7 公斤。口沿外敞，原有盖，能供 200 人左右炊用。多数人认为是伏波将军的军队登陆海南时留下的炊具。

但下列材料就可证明，至迟在隋朝生活的海南岛俚人已完全掌握了青铜铸造技术。《隋书·地理志》有较详细地记载：越人"铸铜为大鼓，初成，悬于庭中，置酒以招同类。来者有豪富子女，则以金银为大钗，执以叩鼓，竟乃留遗主人，名为铜鼓钗"。铜鼓是黎族文化的重要特征，"越人善铸铜鼓，凡是古代越人居住过的地方，几乎都有铜鼓出土"[29]，时代从汉代到明清的都有。毫无疑问，俚人的铜鼓是他们自己制造的，他们也早已进入青铜时代。

4. 贫富差距与奴隶

汉代的时候整个岭南尚处于蛮荒之地，"楚越之地，地广人稀……无积聚而多贫。是由江、淮以南，无冻饿之人，亦无千金之家"（《史记·地理志》）。说明在汉代以前，岭南的百越人还没有出现较大的贫富差异。赵佗为南越国王时，儋耳国曾派其国民参加了其宫殿建设，这些参加人的身份并不是奴隶，而应是儋耳国的自由人。

汉代以后，随着大陆私有制的传入破坏了黎族先民原始社会的社会组织和经济基础，社会观念也发生了巨大变化，贫富不均的现象已非常普遍。《隋书·地理志》记载：海南"其俚人则质直尚信，诸蛮则勇敢自立，皆重贿轻死，唯富为雄。巢居崖处，尽力农事。刻木以为符契，言誓则至死不改。父子别业，父贫，乃有质身于子。诸僚皆然。"贫富不均的现象不仅出现在酋首与普通俚人之间，甚至达到父子之间的差异，这已经是文明社会导致的结果。

"岭外酋帅因生口、翡翠、明珠、犀象之饶，雄于乡曲者，朝廷多因而署之，以收其利，历宋齐梁陈，皆因而不改"（《隋书·食货志》卷二十四）。所谓的"生口"就是指奴隶，将买卖奴隶与翡翠明珠等珍奇异宝及犀象动物并列，说明在俚、僚族社会内部已严重的不平等。

5. 农业文明

据专家研究，我国的古代农业发展可分三个阶段：第一个阶段为原始锄农业，即砍倒烧光农业。这种农业类似于后来的刀耕火种或火耕水耨，不过较此更原始一些。第二阶段为耒耜耕作农业。这时已经不是在清除耕地上的杂草或树木之后将其晒干烧毁，随之挖洞点种，而是进一步翻耕土地实行种植了。第三阶段为犁耕农业。这是由耒耜耕作发展而来的。犁耕农业又可分为前后两个阶段，以曲辕犁的出现作为分界线。在大陆中原以农业经济为主的地区刀耕火种是原始社会的耕作方式，耒耜耕作方式介于原始社会末至奴隶制时期，犁耕方式占据整个封建社会。

海南岛上的黎族在相当长的时期一直过着以渔猎经济为主、经常性的迁徙生活，稻谷产量较低，仅由妇女收割谷穗，农业经济很不发达，稻谷的种植在汉代以前还停留在火耕水耨阶段，这是较为原始的农业生产方式。汉代以后，随着封建的郡县制在海南的推广，黎族先民被迫固定在一定的区域，农业经济逐步占据主导地位，来自大陆的人士带来了先进的犁耕农具和生产方式，使农业文明也跨越了耒耜耕作阶段，而一步就踏入犁耕农业之门。

黎族先民的农业发展迎来了社会生产史上的第一次革命（尽管外力起到了很大的推动作用），促成了社会内部一系列的分工，如农业与手工业等。早在《汉书·地理志下》就记载：珠崖、儋耳郡"男子耕农，种禾稻苎麻，女子桑蚕织绩"。男子主要从事耕作，女子则从事养蚕、纺织、制陶、照看子女等繁重的家务劳动，一种封建社会的"男主外，女主内"的家庭关系已初步形成。

美国历史学家斯塔夫里阿诺斯曾经论述过男女不平等产生的原因："由于新石器时代的农业技术相当简单，妇女可以耕种居住地周围的土地，并可以继续采集她们所能发现的各种食物，因而，她们依然与男人一起是平等的食物提供者，依然与男人保持平等的地位。随着犁、灌溉技术和诸如冶金术之类的新工艺的出现，所有这一切都起了变化。先进的新型农业为文明提供了经济基础，但同时又破坏了妇女在经济上的独立地位，因而也破坏了她们在社会上的独立地位。妇女们发现要参与新的农业是非常困难的，因为新的农业要求人们照料托重物的牲畜、砍伐树木、维护灌溉渠道、保养犁和其他农具，而这类工作并不适合女人做，因为它们要么太繁重，要么会让她们无法长时间地照看小孩。于是，妇女们渐渐地不再是与男人平等的食物提供者。她们把越来越多的时间花在家里，照顾自己的小孩和丈夫。男人们逐渐地控制了新的农业和新的行业，而妇女们则变得孤立起来，处于从属地位。"【30】

隋以前，俚人的家庭已出现了男女不平等、出现了奴隶买卖的现象，更多的则是有人身自由的平民，国家机器也出现了：冼夫人拥有一支强大的队伍，长期协助中央王朝镇压地方军阀的叛乱。朱崖人王万昌也有军队，如《隋书·炀帝纪上》记载：大业六年（公元601年）十二月，"朱崖人王万昌举兵作乱，遣陇西太守韩洪讨平之。"《隋书·韩洪传》又记："未几，朱崖民王万昌举兵作乱，诏洪击平之。以功加位金子光禄大夫，领郡如故。俄而，万昌弟仲通复叛，又诏洪讨平之。"

当然，我们不可否认，有些黎族先民直到宋代以后还居住在几乎与世隔绝的自然山洞里，过着原始社会的生活，而且黎族先民一直没有本民族的文字，但这并不能作为判定原始社会的标准。因为在我国55个少数民族中，只有十几个民族有自己的文字，我们不能说他们都没有进入文明社会。

笔者之所以没有把汉代的黎族先民纳入到文明社会，主要是黎族先民的原始社会根深蒂固，其解体过程十分缓慢，社会发展又特别不平衡，经过了几百年的发展演变，到冼夫人时期大多数俚人已完成了从原始社会到文明社会的转化，即已走进文明社会的行列。

注释：

【1】【14】谭其骧：《自汉至唐海南岛历史政治地理——附论梁隋间高凉冼夫人功业及隋唐凉冯氏地方势力》，中国人民大学书报资料中心《先秦、秦汉史》，1988年第5期。

【2】杨武泉：《西汉晚期至萧齐海南岛不在大陆王朝版图之外》，中国人民大学书报资料中心《先秦、秦汉史》，1990年第2期。

【3】【5】【9】【16】【17】【18】唐玲玲等著：《海南史要览》，海南出版社，2008年版，第45～46、47、52、64页。

【4】【6】【8】【10】【15】李勃著：《海南岛历代建置沿革考》，海南出版社，2005年版，第85、110、115、117、126页。

【7】梁方仲编著:《中国历代户口、田地、田赋统计》,上海人民出版社,1980年版,第45、25页。

【11】海口市地方史志办公室编:《冼夫人研究文集·冼夫人年谱》,南海出版公司,2009年版,第419页。

【12】【13】文新国:《论冼夫人与海南》,海口市方志办公室编:《冼夫人研究文集》,南海出版公司,2009年版,第10、12页。

【19】韩振华著:《南海诸岛史地研究》,社会科学文献出版社,2001年版,第177页。

【20】于城:《对冼夫人的历史评价》,卢方圆等编《岭南圣母的文化与信仰》,黑龙江人民出版社,2001年版,第43页。

【21】练铭志:《谈谈冼夫人登上政治舞台的历史条件》,载卢方圆等主编《岭南圣母的文化与信仰》,黑龙江人民出版社,2001年版,第71~72、75页。

【22】王学萍主编:《中国黎族》,民族出版社,2004年版,第4页。

【23】吴永章等:《越风与客俗关系源流新证》,载蒋炳钊主编《百越文化研究》,厦门大学出版社,2005年版,第151页。

【24】【28】【29】高泽强等著:《海南黎族研究》,海南出版社,2008年版,第14、76、3页。

【25】田昌五著:《中国古代社会发展史论》,齐鲁书社,1992年版,第4页。

【26】李学勤:《辉煌的中华早期文明》,光明日报,2007年3月8日。

【27】李伯谦:《关于文明形成的判断标准》,中国文物报,2010年2月5日。

【30】[美]斯塔夫里阿诺斯著,吴象婴等译:《全球通史》,北京大学出版社,2006年10月,第58页。

第六章

唐及五代的海南社会

唐朝对海南的统治空前加强，仅在海南岛上就设立五个州、二十余县。随着大批朝廷高官贬来海南岛，产生了一种独特的文化现象——贬官文化。唐朝也是海南历史上儒学、道教和外来的佛教、伊斯兰教等宗教文化传入时期。整个唐朝，海南的政治、经济、文化等都有较快发展。

第一节　唐朝对海南的加强统治

唐朝是我国封建社会的鼎盛时期，经济、文化等一系列发展都达到了空前繁荣，全国人口达到 7000 万（当时欧洲最大的国家人口才 300 万），向唐朝朝贡的国家和地区 70 余个。唐朝从公元 618 年高祖李渊在今陕西西安建都称帝，到公元 907 年哀帝李柷的皇帝位被朱全忠建立的大梁取代，历经 290 年。

大梁（公元 907～923 年）建立后，中国又一次出现了南北割据的大分裂局面。在北方，先后出现了梁、后唐、后晋、后汉、后周，史称五代；在南方和山西地区，也先后出现了吴、南唐、吴越、楚、闽、南汉、前蜀、后蜀、荆南、北汉等十国，这一时期史称五代十国。

南汉政权是在唐昭宗天复四年（公元 904 年）刘隐为清海军节度使的基础上建立的，其弟刘䶮（他称帝后的自造字）于公元 917 年称帝，辖今广东、广西和海南三省，都广州，国号越，后又改为汉，史称南汉。公元 971 年为北宋所灭，共历四主，55 年。

（一）唐代对海南统治的加强

冼夫人去世后不久，仁寿四年（公元 604 年），隋文帝就被太子杨广（隋炀帝）所杀。隋炀帝于大业三年（公元 607 年），"改州为郡"，"罢诸总管"，崖州也改称珠崖郡。隋末时，冼夫人的孙子冯盎因平叛五州獠乱有功，被隋炀帝封为汉阳太守。后来，就随隋炀帝伐辽东，并升任左武威大将军。隋朝灭亡后，奔回岭南，吞并各部，自称为总管。有人劝他称王，他告诫臣下："吾居越五世矣，唯恐或堕先德，敢自王哉！"唐高祖武德五年（公元622年）七月，将拥有的岭南之地归降唐朝，海南岛也随之归为唐朝的统治。

唐初在海南岛的行政区划设置基本与隋朝的相同，但从高祖武德五年（公元622年）开始，历经了贞观元年（公元627年）、贞观五年（631年）、贞观十三年（639年）、高宗显庆五年（660年）、高宗龙朔二年（662年）等几次大的调整和名称上的变化，使海南岛上的州和县的设置数量都达到顶峰。这一过程大致为：

1. 隋末至高祖初。"高祖受命之初，改郡为州，太守并称刺史"（《旧唐书·地理志》）。冯盎统治下的海南归唐朝后，也设置三个州，三个州统归高州总管府管辖。武德五年（622年），始以地降，高祖析为高（今广西阳江）、罗（今广东廉江）、春（今广东阳春）、白（今广西博白）、崖（今海南海口市境）、儋（今海南儋州市境）、林（今广西桂平）、振八州，授益上柱国、高州总管，封越国公。

唐朝初期武德五年州以下的设置史书记载较为简略。现代史家吴永章认为三州下辖共十二县，其中，"崖州领县四：颜城、澄迈、临机、平昌；儋州领县四：义伦、昌化、感恩、富罗；振州领县四：宁远、延德、临川、陵水"[1]。在这十二个县中，平昌县为武德县更名而来，颜城县为颜卢县更名而来，富罗县由毗善县改称。新增临机、临川、陵水三县。但李勃考证为十四县："本岛置崖、儋、振三州及舍城、颜卢、琼山、澄迈、平昌（新置）、临机（新置）、义伦、富罗（以毗善改名）、昌化、感恩、宁远、临川、延德、陵水等十四县。"[2]后者比前者多出了崖州所领的舍城、琼山两县，并且在名称上也有不同，如崖州领的颜城县，李勃先生称"颜卢"县。按《新唐书·地理志》的记载：崖州珠崖郡"县三，下。以舍城水名。西南有勤连镇兵。有颜城县，本颜卢，贞观元年更名，开元后省。"说明是唐贞观元年才改为"颜城"的，而在此之前应名"颜卢"，琼山县也是贞观元年才新置的，当以吴永章先生的说法为是。

2. 唐太宗贞观元年。贞观元年（公元627年），在崖州州治设立都督府，并改颜城县为舍城县；改平昌县为文昌县，"文昌"县名自此始，并一直延续到现代；析昌化置吉安，析颜城县的一部分置琼山县，"琼山"之名自此始，也一直延续到现代；析延德县一部分置吉安县。都督府始设于东汉末年，原为临时出征的领兵统帅，三国魏黄初中置都督诸州军事，专管地方军事，南北朝以后渐成定制。北周武成元年（公元559年），改都督府为总管府。唐武德七年（公元 624 年）复改称都督府，在广州设大都督府，崖州的都督府归属之。"都督掌督诸州兵马、甲械、城隍、镇戍、粮廪，总判府事。"辖十州以上者称大都督府。都督府设都督官职一人，从二品至从三品不等。都督府之上还设有道，道设采访处置使，简称采访使。贞观元年将全国划分为十道，海南岛归岭南道管辖。这样，唐朝的中央政府在海南岛设置了与大陆无异的完备的行政区划。

3. 唐太宗贞观五年。唐贞观元年的时候才始置琼山县，到贞观五年（公元 631 年）的时候，又增置万安、富云、博辽三县，属琼州（《新唐书·地理志》）。因此，琼州的最早设置应在此时，所以，有专家说"第二次于贞观元年（627 年），在崖州设都督府，统帅各州县军政，并增置琼州"[3]，琼州的设置始于此时可能有误。至于"琼山"之名因何而来，史书记载较详，如《大明一统志·琼州府·琼山》条记："在府城南六十里。山下有琼山、白石二村，土石俱白似玉而润。盖其石似琼瑶，故名。"明万历《琼州府志·山川·琼山县》也记："在县南六十里白石都。山下有琼山、白石二村，土石白如玉而润，县以此名。""琼山"这一美丽而又赋予诗意的名称一直沿用至现代。

贞观五年的时候，增置了琼州，领县五：琼山、临机、万安、富云、博辽，治所在琼山县；崖州领县三：舍城、澄迈、文昌；儋州领县五：义伦、昌化、感恩、富罗、吉安；振州领县五：宁远、延德、临川、陵水、吉阳，使海南岛上的州达到四个，而且，县的设置也达到二十余个。

3. 唐太宗贞观十三年，海南岛仍有四州，即崖、儋、琼、振。贞观十三年（639 年）又分琼山、澄迈的一部分置曾口、颜罗、容琼三县，以属琼州；以原来琼州所辖的万安、富云、博辽划归崖州管辖。

4. 唐高宗显庆五年。显庆五年（660 年），析容琼县一部分置乐会县，以属琼州管辖。至此，琼州领琼山、乐会、曾口、颜罗、容琼五县（注：李勃先生认为乐会县应为临机）。

5. 高宗龙朔二年。龙朔二年（662 年），析崖州、振州之一部分，置万安州，领万安、富云、富罗、博辽、陵水等四县，治所在万安县。至此，海南岛上共有一都督府、五州、二十二个县，是中央王朝在海南岛设立政府数量的顶峰时期。

唐朝初期对海南岛的行政区划设置在短短三十余年的时间内，如此的反复调整和增加数量，说明了什么问题呢？或者说，唐朝在全国少数民族居住比较集中的地区或边远地区先后设立了 836 个羁縻府州县，海南岛自然也属于边远和少数民族聚居区，而中央王朝竟没有在海南设立一个羁縻政府呢？以前史家都以"说明唐朝对海南岛的重视"而一笔带过，显然，这是尚没有解决的问题，笔者推测，主要原因可能有三：

1. 隋朝及其以前的百年时间里，海南岛一直都是洗冯氏的势力范围，也一直处在羁縻状态，唐朝建立后需要加强中央集权和大一统的统治。

隋末，洗夫人的孙子冯盎乘天下大乱之际奔还岭南，占据了番禺、高凉、苍梧、珠崖等地，实际上是拥有了整个岭南。当唐朝的大将李靖率军来平定岭南时，李靖秉承皇帝旨意，对岭南采取了比较温和的"慰抚"政策，"遣人分道招抚，其大首领冯盎、李光度、宁真长等皆遣子弟来谒，靖承制授其官爵"（《旧唐书·李靖传》）。"（武德）四年，盎以南越之众降，高祖以其地为罗、春、白、崖、儋、林等八州。"（《旧唐书·冯盎传》）《新唐书·诸夷蕃将·冯盎传》又记："武德五年，始以地降高祖，析为高、罗、春、白、崖、儋、林、振八州，授盎上柱国高州总管，封越国公。"大唐王朝决不会将如此大的范围授予一个俚人血统又是隋朝降将的冯盎来羁縻治理，分州由唐臣管辖是其必然。

唐朝对于冯盎也一直是有戒心和警惕的。如唐太宗李世民在位的贞观元年（627年），因冯盎与谈殿等人的迭相攻击，冯盎就很久没有入朝，诸州前后有十几次奏称冯盎有反象，唐太宗准备令岭南数十州的兵力前去讨平，这时，谏官魏征劝止说："中国初定，岭南瘴疠险远，不可以宿大兵。且盎反状未成，未宜动众。"太宗问："告者道路不绝，何云反状未成？"魏征答："盎若反，必分兵据险，攻掠州县。今告者已数年，而兵不出境，此不反明矣。诸州既疑其反，陛下又不遣使镇抚，彼畏死，故不敢入朝。若遣信臣示以至诚，彼喜于免祸，可不烦兵而服。"（《资治通鉴·唐纪八》）唐太宗就听从了魏征的建议，派使臣来岭南慰谕，冯盎也遣其子智戴随使者入朝。如果不是魏征的直言敢谏和唐太宗的兼听则明，一场战火不可避免，唐朝在海南岛的建置也将会是另外一种结局。

2. 隋朝以后，海南岛在全国和朝廷心目中的地位日益重要，汉人登岛的人数急剧增加。

3. 从唐朝初期屡次对海南的行政区划进行调整，每一次都有加强的现象分析，实际上唐朝是实现了由沿海地区向中心腹地逐步扩展的进程，即实现了从"汉在北、黎在南"到"汉在外围，黎在腹地"的转变。

（二）唐代对海南统治的松散时期

从唐高宗乾封二年（公元667年）到德宗贞元五年（789年）的120余年的时间里，为唐代的中央政府对海南统治的松散时期。主要原因是：这一时期，琼州地区落入俚人的掌管之中。清康熙《琼州府志·平黎》卷八记载："唐乾封初，琼东南诸乡没于山峒蛮，至德宗贞元庚午，凡一百二十四年，岭南节度使李复始攻克之。"民国《感恩县志·建置·古迹》记载："唐都督府有二：一在县境，后陷于黎峒。"宋·王象之《舆地纪胜·琼州》又记："《琼管志》云：黎人屡攻破县，迁徙不一，今见治南管村。"

李复在收复琼州时，战况异常激烈，"悉力攻讨，累经苦战，方克旧城"（清康熙《琼州府志·海黎志》卷八）。

（三）唐代对海南统治的稳定时期

唐玄宗开元元年（713年），改崖州之临机县为临高县，"临高"之县名至此始，并一直沿用至现代。开元九年（721年），徙万安州州治于陵水县。开元年间（713~741年），撤销崖州的颜城县，并入舍城县。天宝元年（742年），改崖州为珠崖郡、儋州为昌化郡、振州为延德郡、琼州为琼山郡、万安州为万安郡。天宝五年（746年），"省琼山郡参军两员及其属县丞三员、主薄三员。全岛共有一都督府、五郡及二十四县"[4]。

唐肃宗至德二年（757年），改万安郡为万全郡，万安县为万全县。乾元元年（758年），又将珠崖郡、昌化郡、延德郡、琼山郡、万全郡分别改称为崖州、儋州、振州、琼州和万安州。乾元年间（758~760年），新添洛场县，属儋州，废吉安县。

唐德宗贞元元年（785年），万安州治所由陵水县移还万全县，并改万全县名为万安县。贞元五年（789年），岭南节度使李复收复琼州后，奏请朝廷，升琼州为都督府，废崖州都督府，从此，海南岛的政治、经济和文化中心便从崖州转移到了琼州。海南近现代称"琼崖"、简称为"琼"等皆缘于此。

可见，从唐玄宗到唐德宗统治的七十余年，对海南岛的设置与前代基本上没有大的变化，处于比较稳定的时期。

（四）唐代在黎族聚居区的州县设置

在黎族聚居区内设立州县一级的行政区划，专管俚人事务，是从唐代开始的。有唐一代，大体在黎族聚居区内先后设立镇州、忠州和落场县、落屯县。尽管受时代限制，所设州县的时间很短，也未能发挥有效治理黎族事务的作用。也正因如此，文献对它的记载并不清楚。

1. 落屯县。唐高宗永徽元年（650年）分吉阳县之一部，置落屯县，属振州管辖（《舆地纪胜》卷一二七）；又据《新唐志七上》记载：振州延德郡："落屯，下。天宝后置。""天宝"乃唐玄宗的年号，在公元742～755年。二者谁对谁非，无考。明嘉靖《广东通志初稿·古迹略》卷五琼州条记载："故落屯县，在万州东五十里，……即今落屯村，熟黎杂居之。"故址大体在今三亚市崖城镇。

2. 乐会县。唐高宗显庆五年（660年）置，属琼州（《新唐书·地理志》）。《宋史·地理志》又记："乐会，下，唐置，环以黎峒，寄治南管"，说明唐朝已在黎族居住的中心腹地设置县，县治因不断遭到黎人的破袭而迁徙不定或"寄治南管"，如《舆地纪胜》引《琼管志》记："黎人屡攻破县，迁徙不一。今见治南管村。"故址在今三亚市烟塘镇福石岭管区泗村。

3. 落场县。唐肃宗乾元年间（公元758～760年）置（《新唐书·地理志》）。其故址，据清道光《广东通志·古迹略·城址》卷一一二记载：琼州府定安县"废忠州（唐置），在县南黎峒中"。同书在琼州府崖州条目中又记："落场废县，县在黎峒心，……黎中落窑峒，古落场县地。"依次观之，当在今定安县境内，但李勃先生考证"其故址在明儋州治（今中和镇）南四十里之'洛寔村'（又叫'落窑峒'）"，存疑。

4. 镇州。据李勃先生考证，"赵昌于元和元年（806年）三月为岭南节度使，次年四月献黎峒归降图，则镇州都督府当置于元和元年或元和二年初。其罢废之年及其属县名称，现已无考"[5]。《宋会要辑稿·方域五·节镇升降》记载："镇州，大观元年建，仍为龙门郡，下都督府。升为靖海军，寻废。""大观"乃北宋徽宗的年号，"元年"乃公元1107年。同书《方域七》又记：政和元年（1111年）十二月二十三日，"广南西路转运副使陈仲宜等奏：据昌化军状，昨于大观元年六月内于海南黎母山心置一州，以镇州为名。"可见，北宋时期沿用了这一建置。故址在今东方市东方镇中方黎村。

《旧唐书·宪宗本纪》云：元和二年（807年）四月"岭南节度使赵昌进琼管儋、振、万安六州六十二洞归降图。""琼管"为琼州的别称，那么，这里所说的"六州"仍少了一州，这一州很可能是是镇州。

5. 忠州。唐懿宗时期，辛、傅、李、赵四位将领奉命进兵琼山南境黎峒（今定安县西南），并擒住了俚人首领蒋璘等，于是，在咸通五年（864年）奏请朝廷在其地置忠州。七年后，因唐朝将士死亡甚多，诸将便领兵而还，忠州也随之弃置（《正德琼台志·沿革考》）。

唐中央王朝在黎族聚居区设置的州县，可能还不止这些，如陵水在当时也是黎族居住比较集中的地方。虽然这些州县存在的时间极为短暂，但开创了在黎族聚居区设置州县的行政区划先例，而且，从唐高宗到唐懿宗时期，历代朝廷在不断地增加对黎族聚居区的建置，对黎族的统治也在不断加强。

（五）南汉在海南的州县设置

公元 917 年，南汉建国后，对辖下的疆土实行路、府、县的三级行政区划管理。南汉国共分 47 个州，其中，在海南岛上的有五州及十四县（或说十五县），每州的管辖大体是：

琼州领县三：琼山、临高、乐会（李勃先生称临高为容琼），治所在海口市府城镇南。废曾口、颜罗二县。

万安州领县二：万安、陵水（吴永章先生称富云、博辽二县，经李勃先生考证该二县已在唐末改称）。治所在今万宁市大茂镇旧州村。

振州领县三：延德、临川、落屯（李勃先生称领宁远、吉阳二县），治所在今三亚市崖城镇。

崖州领县三：舍城、澄迈、文昌（吴永章先生称领县四，加上了临高县）。治所在今海口市南。

儋州领县四：义伦、昌化、感恩、落场（吴永章先生称领富罗一县）。治所在今儋州市中和镇。

南汉时期，海南到底是设置十四县或十五县，每州所辖的县数，吴永章和李勃先生两说都各有所据，只是所引文献的不同而产生的分歧。因南汉存世时间较短，当时和稍早的文献记载较少，都缺乏强有力的依据，需要进一步研究。

海南在从唐到南汉的三百余年时间里，先后出现了二十余个县名在今何处，史书记载庞杂，现已无遗物遗存，且多为时间较晚的地方文献，绝大部分又都缺乏考古资料和实物证据，因此，只能指出其大概位置，留待今后验证。

从隋末至南汉时期在海南岛的县治位置大体如下：

1. 舍城。为崖州治所，在今海口市琼州府城东南龙塘镇的珠崖岭上。

2. 颜城与颜卢县。治所在今海口市美兰区灵山镇多吕村。

3. 澄迈。治今澄迈县东北老城镇。

4. 琼山。为琼州州治，治今海口市琼山区新民乡仙民管理区白石村。

5. 曾口。治今澄迈县东南永发镇博罗村。

6. 临机与临高。治今临高县东北马氎乡境内。

7. 乐会。治今琼海市东北烟塘镇福石岭管区泗村。

8. 颜罗。治今海口市东部（或说在今定安县境内）。

9. 容琼。县治在今琼海市大路镇西部。

10. 平昌。治今文昌市东路镇下路桥南。

11. 义伦。为儋州治所，治今儋州市西北中和镇。

12. 落场。治今儋州市西北。

13. 富罗与毗善。治今临高县东英镇北。

14. 昌化。治今昌江县昌城乡旧县村。

15. 吉安。治今昌江县昌城乡新城村。

16. 感恩。治今东方市南部感恩镇感城村。

17. 宁远。为振州治所，治在今三亚市崖城。

18. 吉阳。治今三亚市东北。

19. 临川。治今三亚市崖城东南。

20. 陵水。治今陵水县东北。

21. 延德。治今乐东县西南尖峰镇白沙村。

22. 落屯。治今乐东县东南。

23. 万安。治今万宁市北（治今万宁市万城镇）。

24. 富云。治今万宁市境（或说县治在今陵水县陵城镇）。

25. 博辽。治今万宁市境（或说在清陵水县东北）。

第二节　唐及五代海南的军事、经济和文化发展

唐代的海南岛人口剧增，贫富分化加剧，封建的管理体制在海南广泛推广应用，经济和文化都获得较快发展，主要在以下几个方面：

（一）唐朝海南的军事发展

据《唐六典·尚书户部》记载，唐前期的军事制度是实行的府兵制，这是一种征兵制的兵役制度，也是一种兵农合一的征兵制。《新唐书·兵志》载："府兵之置，居无事时耕于野，其番上者，宿卫京师而已。若四方有事，则命将以出，事解辄罢，兵散于府，将归于朝。"府兵需要自备武器、甲胄和衣粮。到唐玄宗开元年间，府兵制才改成了募兵制。

唐朝对海南岛的重视体现的一个重要方面，就是对岛上各地驻军的加强，总兵力有十万之众，是历史以来最多的。加上在黎族地区的募兵，这是一个相当大的数字。宋代人乐史的《太平广记·酷暴三·韦公干》载："崖州东南四

十里至琼山郡。太守统兵五百人，兼儋、崖、振、万安五郡招讨使。凡五郡租赋，一供于招讨使。四郡之隶于琼，琼隶广。海中五州岁赋，廉使不得有一缗，悉以给琼。军用军食仍仰给于粤北诸郡。每广州易帅，仍赐钱五十万以犒钛。"

唐朝驻扎在海南的军队称为"戍卒"，有时称"镇兵"。这些士兵驻扎在海南岛除少部分由朝廷拨付银两外，绝大多数靠海南的地方赋税，加重了人民的负担。《新唐书·宋庆礼传》记载：武则天时，宋庆礼任岭南采访使，"时崖、振五州首领相掠，民苦于兵。使者至，辄苦瘴疠，莫敢往。庆礼身到其境，谕首领大谊，皆释仇相亲，州土以安。"

清道光年间的《琼州府志·经政志》卷十七又记："五州各有戍兵（武后时五州首领相掠，岭南采访使宋庆礼罢五州戍兵各一千），后控兵十万，以四将统之，……置都督府及五州招讨使以领之。"

唐代时，开始有了黎族也加入了政府军队的记载。如《正德琼台志·兵防》卷二十曰："民壮，即唐宋元黎兵"，"唐，黎兵无额。"这里的"无额"应是无定额的意思。黎兵不仅参加维护本地的治安，有时也应征到别的地方去镇压黎族的反抗。

（二）海南的人口和经济

唐代设置万安州的意义，如专家所说的那样，使"唐代的州县建置，已从沿海一带溯南渡江而上，扩大到岛南和岛东南沿海，同时向腹地和纵深方向推进，在历史上第一次完成环岛的建置事业，从而对后代产生深刻的影响。……环岛建置完成之后，初步形成了汉在外、俚在内的民族分布新格局"[6]或者说"使黎、汉分布状态，从早期的'汉在北，黎在南'变为'汉在外围，黎在腹地'的新格局"[7]。

唐代为了加强管理和增加赋税的需要，对全国的人口统计有了明确而详细的数字。如唐贞观十三年（639年）的人口统计，崖州7县，户数6646，平均每县949.29；儋州5县，户数3956，平均每县791.20；琼州5县，户数649，平均每县129.80；振州4县，户数819，平均每县204.75。四州合计有户12070。

到天宝元年（742年）海南的人口统计是：珠崖郡3县，户数819，每县平均户数273；琼山郡5县，户数649，每县平均户数129.8；延德郡5县，户数819，每县平均户数163.8，平均每户3.44人；昌化郡5县，户数3309，每县平均户数661.8；万安郡4县，户数2997，每县平均户数749.25[8]。五州合计有户 8583。另据唐代杜佑所著的《通典》卷一八四记载：珠崖郡"去西京七千四百里，去东京六千七百里。户二千五百，口一万二千"。平均每户合 4.08 人。德宗、宪宗时期的人，曾任岭南节度使，其数字较为可靠。

从唐初到唐中期（史载唐朝前期从 618 到 755 年，共 138 年，这是唐朝的繁荣强盛时期，出现了政治统一，社会安定，国家强盛，经济文化高度发达的局面，有了贞观之治和开元盛世的大治局面），海南的人口不升反降，甚至比隋以前的人口还少许多，琼山一个县的人口只有 100 余户，当时只有每户 2.6 人，这是一个非常奇怪的现象，可能有如下原因：

1. 唐代中期以前，赋税是按人头征收的。《旧唐书·食货志》记载："赋役之法：每丁岁入租粟二石。调则随乡土所产，绫、绢、絁各二丈，布加五分之一。输绫、绢、絁者，兼调绵三两；输布者，麻三斤。凡丁，岁役二旬。若不役，则收其庸，每日三尺。有事而加役者，旬有五日免其调，三旬则租调俱免。通正役，并不过五十日。"人们为了逃避赋税，少报户数和每户的人数是很正常的现象。海南又是边远地区，黎族还没有完全脱离经常迁徙的局面，给少报和漏报人口提供了客观条件。就全国而言，当时登记在册纳税人口只占总数的 50%，海南可能更少。所以，上述的人口数量只是纳税的人口，而不是海南的总人口数量。

到了唐德宗建中元年（780）正月，朝廷废租庸调制，颁行两税法，取消了租庸调及各项杂税的征收，保留户税和地税。这时，百姓负担的赋税主要由两部分构成（一部分为谷物，按田亩多少征收；另一部分为税钱，按户等高下征收）。这次赋税征收的标准由税丁转向税产，被称为是"中国赋役制度发展过程中划时代的变革"，但海南的人口统计还是 100 多年前的原数，反映出唐代边远地区为了逃避赋税，人口漏报严重的现象。

2. 海南当时驻有大量的府兵，总数约有 10 万之众，这些人既不纳税，也不在户口统计之列。

3. 海南当时有大量的奴婢，也不在人口统计之内。如《新唐书·冯盎传》记载：唐太宗给冯盎之子冯智戴的"赏予不可计，奴婢至万人"；万安州的大首领冯若芳"掠人为奴婢，其奴婢居处，南北三日行，东西五日行，村村相次，总是冯若芳奴婢之往处也"（日·真人元开著：《唐大和上东征传》）。唐德宗年间（780～805 年），在琼山郡守韦公干家从事手工业劳动的奴仆就达数百人之多，"郡守韦公干者，贪而且酷。掠良家子为臧获，如驱犬豕。有女奴四百人，执业者大半。有织花缣文纱者，有仲角为器者，有熔锻金银者，有攻珍木为什具者，其家如市，日考月课，唯恐不程"（唐·李昉《太平广记·韦公干》）。这些家奴也是无户口的。

4. 海南在宋代时始有正式的"熟黎"和"生黎"之称，而直到此时，"生黎"还不知道"供赋役"为何物，说明他们是不纳赋税的，这些人当然不在人口的统计之列。

5. 唐代的海南是佛教的传入与兴盛时期，寺庵内有大量的僧徒和尼姑。如唐武宗会昌五年（845年）灭佛时，一次就毁掉"大中寺院4600所，小庙4万余处"，"强令僧尼26万500余人还俗，没收良田数千顷，解放寺奴15万人"。五代显德二年（955年），"所存寺院2694所，废30336所，僧尼系籍者61200人"（《旧五代史·周世宗纪》）。这些庞大的人群"游手游食，易服以逃租赋"（《旧唐书·傅奕传》），也不在人口统计之列。

6. 唐代时在海南岛海岸已形成一批蛋户和疍民，这些人居无定所，也是不纳赋税的。唐宋以降珠江三角洲"以舟为室，视水为陆，浮生江海"、"采海物为生"而被称为"海上水居蛮"的蛋户，就是秦汉之际"美嬴蚌而简大牢"的岭南越人的后裔[9]。

基于以上理由，笔者认为唐代海南的人数应比隋朝有一个明显的增加，而不会少于隋朝。所以，有人认为，唐代海南岛的人口约有七八万人，而且还包括黎族，这一数字显然偏低，总数应有20万人左右（其中，黎族应有10万人），至少也有十几万人。

大陆向海南大规模的移民出现在五代时期，其时，中原大地，战火不断，而岭南则相对安定。《五代史·南汉世家》记载说："是时天下已乱，中原人士以岭外最远，可以避地，多游焉。唐世名臣谪死南方者，往往有子孙或当时仕宦遭乱不得还者，皆客岭表。"北宋苏东坡的《伏波庙记》也载："自汉末至五代，中原避乱之人，多家于此，今衣冠礼乐斑斑然矣。"

（三）海南的农业

在农业方面，农作物已经达到一年两熟或三熟的粮食生产。清道光《琼州府志·舆地志》引唐徐坚《初学记》载："《广志》曰：'南方地气暑热，一岁田三熟，冬种春熟，春种夏熟，秋种冬熟。'今惟琼郡则然。"该书还记："有三熟之稻，八登之蚕，各种夏熟曰小熟。"

日本人真人元开在《唐大和上东征传》中记：天宝年间，鉴真和尚漂流至崖州（今琼山县南）时，曾目睹当地"十月作田，正月收粟；养蚕八度，收稻再度。男着木屐，女着布絮。人皆雕题凿齿，绣面鼻饮，是其异也。"又

《续资治通鉴长编》卷三一〇记载："朱崖军颇有生、熟黎峒米。"此时，海南岛上的居民若养蚕可以达到一年收八次，若种田也可以一年三熟的水平，足见社会生产力已经有了很大的提高。

唐代海南的贡赋已根据不同地域的特产：崖州，"下。土贡：金、银、珠、玳瑁、高良姜"（清光绪《澄迈县志·舆地·物产》）；振州"下。土贡：金、五色藤、盘斑布、食单"；儋州"下。土贡：金、糖香"；万安州"下。土贡：金、银"（《新唐书·地理志》）。

唐贞观之治时期，就全国而言，确实达到了社会安定、经济空前繁荣的局面，如"商旅野次，无复盗贼，囹圄常空，马牛布野，外户不闭。又频致丰稔，米斗三四钱，行旅自京师至于岭表，自山东至于沧海，皆不赍粮，取给于路。入山东村落，行客经过者，必厚加供待，或发时有赠遗。此皆古昔未有也。""至〔开元〕十三年封泰山，米斗至十三文，青、齐谷斗至五文。自后天下无贵物，两京米斗不至二十文，面三十二文，绢一匹二百一十二文。东至宋、汴，西至岐州，夹路列店肆待客，酒馔丰溢。每店皆有驴赁客乘，倏忽数十里，谓之驿驴。南诣荆、襄，北至太原、范阳，西至蜀川、凉府，皆有店肆，以供商旅。远适数千里，不持寸刃。"（《贞观政要·政体》）这里的"岭表"指整个岭南，当然也包括海南岛。"海南村户，在唐时已称极盛，故李赞皇诗云：'鱼盐家给无墟市，禾黍年登有酒尊'，可以想其物产之饶富矣。"（清道光《琼州府志·杂志》）

唐朝对于边远地区的海南岛在税收方面给予了一定的优惠政策，如唐时规定：岭南税米，上户一百二斗，次户八斗，下户六斗，而"若夷獠之户，皆以半输"（《旧唐书·食货志》）。但在五代时期，因南汉政权偏安一隅，政治腐败，随加重了劳动人民的负担，赋税剧增。南汉刘𬬮大宝六年（961年），"琼州斗米税五钱"（清吴任臣《十国春秋·南汉·后主本纪》）。

（四）工商业

在手工业方面取得的成绩斐然，主要表现在：一是从事手工业的劳动者向专业化、集约化发展。唐德宗年间（780～805年），琼山郡守韦公干家从事手工业劳动的奴仆已达数百人之多。唐李昉在《太平广记·韦公干》记有："郡守韦公干者，贪而且酷。掠良家子为臧获，如驱犬豕。有女奴四百人，执业者大半。有织花缣文纱者，有伸角为器者，有熔锻金银者，有攻珍木为什具者，其家如市，日考月课，唯恐不程。"

二是出现了专门的新行业和闻名全国的产品，如黎族民间的手工编织业已很发达。唐代段公路《北户录》卷三记载："琼州出五色藤，合子书囊之类，花多织走兽飞禽，细于绵绮"，"出红箪……椰子坐席、蒲褥、笋席。"唐刘恂在《岭表录异·补遗》中又记："南土多野鹿藤，苗有大如鸡子白者，细于箸，采为山货，流布海内。儋、台、琼管百姓皆制藤线，编以为幕。其妙者，亦挑纹为花药鱼鸟之状。业此纳官，以充赋税。"唐代海南手工业的发展为纺织业奠定了雄厚的基础。

唐代海南商业的发展主要体现三个方面：第一，随着商品交换的需要，出现了许多的"墟市"。上述李赞皇诗"鱼盐家给无墟市，禾黍年登有酒尊"[10]，即指李德裕被贬崖州所看到的情景。第二，海南的土特产品运往大陆和大陆产品来海南，出现了一批富商，也增加了商品和文化的交流。《隋书·地理志》记："所处近海，多犀、象、玳瑁、珠玑，奇异珍玮，故商贾至者，多取富焉"。第三，海外的一批商人定居海南岛，伊斯兰教和佛教也随之传入。海南的伊斯兰教是在唐朝时先从今三亚市传入的，今三亚、陵水都曾发现有大批的唐代伊斯兰教徒的墓地。

唐代的伊斯兰教徒墓地主要分布在今三亚市的海滩上，在梅山镇、崖城镇、羊栏镇等地，都发现规模巨大的伊斯兰教徒墓群，有的甚至占地20余亩，100多座墓葬，时代从唐延续至明朝的都有。这些墓葬一般为竖穴土坑，无葬具和随葬品，死者头朝西北，面朝西，表示面向伊斯兰圣地麦加。墓碑上刻有阿拉伯文"凡大地上的，都要毁灭"等[11]。

三是海上交通非常发达。"唐代从广州启航，经西沙、南沙群岛到波斯湾、红海的'海上丝绸之路'航线更为繁盛兴旺。唐人称之为'广州通海夷道'……这条航线的交通中转，必须经过海南岛。"[12]唐穆宗长庆三年（823年），郑权出任岭南节度使，韩愈在给其送行时说："隶府之州，离府远者，至三千里，悬隔山海，使必数月而后能至……其南州皆岸大海，多洲岛，帆风一日，踔数千里。"有专家认为"三千里"洲岛就包括南海诸岛。往来南海的船只多了，就必然派生出像冯若芳、陈武振那样的专营劫舟的大海盗。其中，冯若芳"每年劫取波斯船二三艘，取物为己货，掠人为奴婢"；陈武振也"家累万金，为海中大豪。犀、象、玳瑁，仓库数百。先是西域商船漂溺至者，因而有焉"（《太平广记》卷二八六）。

（五）城乡建设

唐代海南的城乡建设成就主要表现在两方面：一是砖瓦的推广；二是海南的主要城市皆有了土城墙。

1. 唐代海南的茅草屋

唐代及其中期以前，民居还是茅草屋，甚至在中晚唐时期连岭南道的所在城市——广州也"城内有大量的竹茅茨屋，不仅影响市容，而且'火灾岁起，煨烬无余'，'广人以竹茅茨屋，多火'。至宋璟任广州都督时始'教之度材，变以陶瓦……栋宇之利也自今始'"[13]。海南岛属于岭南的边远地区，城内城外均为竹茅茨屋是几乎可以肯定的。

据《新唐书》卷七十八和《旧唐书》卷一一二记载：唐德宗贞元年间，岭南节度使李复遣兵收复琼州后，才"教民作陶瓦"，"劝导百姓，令变茅屋为瓦舍"。

2. 唐代海南城市发展的重要标志——土城墙

城，在古代汉字中有两个含义：一是指城墙，二是指城市。城的外城墙为郭，郭在甲骨文中就是一个有上下两个门楼的城墙。我国目前已经发现距今四五千年的原始社会末至奴隶社会初的城址约五十余座，都是用土堆建再进行夯筑而成的土城墙。城有城门，城里有类似后世的宫殿建筑、街道，城外有壕沟等设施，说明早期的"城，以盛民也"（汉代许慎《说文》）。

海南在秦汉以前，生活在这里的黎族先民尚处在原始社会末期的以峒（洞）为组织形式的部落联盟阶段。他们主要依靠狩猎、捕鱼和采集为生，不可能长期固定在一处，也没有必要花费大量人力物力来营造城墙而住进一个封闭固定的城内，所以，一直到宋代时还记载："有夷人，无城郭，殊异居。"（宋代乐史《太平寰宇记·琼州》）

西汉虽然在海南岛破天荒地第一次实行了郡县制，有了珠崖、儋耳两座郡城和十六座县城。但由于汉代政权遭到了连年大规模聚众反抗，造成汉代官府根本没有时间来大规模地兴师动众堆土夯筑城墙。据笔者考证：汉代的珠崖郡和儋耳郡在筑城时，并不像大陆城市那样四周筑有高大坚固的夯土城墙，而是只在四周用木棒或竹子之类围个城圈。城里也不会搭建很多坚固的房子和衙署建筑，而只是搭建一些简陋的房子，能够起到防御作用就行了，这就是汉代海南岛上的城与郭。[14]在从三国到隋朝的几百年时间里，也没有海南城市防御设施的记载，估计也和汉代一样，所谓的"城墙"都是用竹或木栅栏围成。

海南岛虽在唐代时城址较多，但通过正式考古发掘已被证实的唐代城址，仅有今海口市龙塘镇博抚村的珠崖岭上一座，通过对它的分析研究，可以帮助我们认识和了解这一时期海南的城市面貌。

珠崖岭城"平面近方形，边长155～160米，周长约750米"，城的四周有夯土城墙，为平地起筑，墙基宽6米，墙高约5米，"仅在南城墙中部发现一豁口，当为城门，现存城墙残高1.5～2米"[15]。该考古发掘简报最后结论为："根据城址的规模及形制，推测它可能属于军事城堡。靠近城内北部的中间地带发现有建筑硬面，这里可能存在建筑。城内文化堆积很薄，文化性质单纯，皆为中、晚唐至五代时期的遗物。由此看，城的使用时间不长，至宋代时可能就已经废弃。"

这里面也存在着许多争议的问题。如该城址的性质，考古发掘简报的结论说："根据城址的规模及形制，推测它可能属于军事城堡。"言外之意，由于该城的范围较小，不具备唐代崖州郡城的条件，只能称得上军事设置的城堡。

笔者以为，这里既是唐代的城址（已被考古发掘所证实了的），又是一座州治城址，鲜明地体现了海南古城的独特之处：

首先，唐代时，海南岛的人口虽有大量增加，但与大陆中原州县相比，人口密度还是稀少的。而且，这样少的人口也不会全居住在城内，城内居住的人口数量便可想而知。由此可以断定，珠崖岭城址当初在筑城和规划布局时，并不是主要考虑到市民的居住和城市的第二个作用——市的需要，而主要是适应军事防御的目的。因汉唐时期，海南的官府、军队的设置是军政合一的性质。所以，城内居住的是军队和衙署合一的办公机构，但却没有了市场、街市、广场等设施。礼制建筑中的衙署、寺庙、宫观、学校等建筑在这里也基本不见。所以，无论称它为"军事城堡"或"郡城"，其含义都是一样的，即唐珠崖岭城既是郡城，又是军事城堡。

其次，鉴于上述原因，珠崖岭城的布局、城门、面积、城墙上的设置等方面，都不是按照封建的礼制所建。在平面近方形、周长约750米的范围内，偌大的珠崖岭城圈仅有一门供出入，则更多的考虑了军事上的防卫因素[16]。如大陆这一时期的州城多为东西南北城墙各一门，而海南的州城多是北边无城门。显然，尽量减少城门的数量，主要是从安全方面的考虑。

其三，唐朝以前，州城墙的设施多为用竹木围成的"城栅"，而非土城墙，到唐朝时期才开始使用夯土的城墙。如琼州：清道光《琼州府志·建置志》载："贞观五年（631年），析崖之琼山置琼州，在白石都筑土城，其广三里。"清道光《广东通志·宦绩录四·李复传》又记：贞元间（785～804年）收复琼州后，"便令降人权立城厢，开剪荆榛，建立城栅，屯集官军"；儋州城也是在唐武德五年（公元622年），儋州州治也迁往今儋州市西北部中和镇，建起了极其坚固的夯土城墙。至于崖州城，人们常将唐代李德裕的

《登崖州城作》一首诗"青山似欲留人住，百匝千回绕郡城"理解成土筑城墙，称其为"极其坚固"，这也有待商榷，"百匝千回"应是指的"城栅"而非土城墙。如元代王仕熙《竹篱啼鸟》诗曰："长栅连城护落晖，多情幽鸟韵依依。风清树橄鸣相应，雨过沙头立未归。"该诗描写的就是崖州城。

其四，唐代海南的官府及其他主要建筑，应使用了砖瓦材料。这在珠崖岭城址的考古发掘中已经得到证实。

第三节　儒学的发展及道、佛、伊斯兰教的传入

至迟到唐代，儒学及道、佛、伊斯兰等几大宗教都传入海南，大力促进了海南文化的发展。

（一）儒学

"儒学"是对儒家文化的称谓，孔子是儒家文化的集大成者。孔子，字仲尼，春秋后期鲁国陬邑（今山东曲阜）人。被人尊称为"永恒的人类的导师"[17]。

孔子死后几百年都不像现在那样有名气。至汉平帝元始元年（公元元年），孔子第一次受封为褒成宣尼公；北魏太和十六年（492年），孝文帝又封孔子为文圣尼父；北周静帝大象二年（580年），追封孔子为邹国公；隋文帝开皇元年（581年），再封孔子为先师尼父；唐太宗贞观二年（628年），升孔子为先圣；唐高宗乾封元年（666年），尊孔子为太师；武后载初元年（689年），又为隆道公；唐玄宗开元二十七年（739年），就封孔子为文宣王了。这一千多年是孔子由师为父，由父升公，再由公变为王的层层升级。

随着孔子的逐步受封，祭祀孔子的庙宇，称孔庙；因孔子曾做过鲁国大夫，他的弟子便尊称孔子为夫子，后人便习惯称祭祀孔子的庙为夫子庙；又因孔子被后世尊封为文圣人，而称为文庙；在有些地方将祭祀孔子与学校合二为一，就称为学宫。同时，由于孔子被皇帝尊称圣人，也享受了只有皇宫才能使用的最高级别的黄色琉璃瓦顶，全国大小城镇的孔庙几乎无所不有，就连地处祖国南部边陲的海南岛也不例外。几乎海南的所有孔庙以前都曾称"学宫"，有时也称"儒学"，这是古代都曾在孔庙内设立学校的缘故，使这所尊孔祭孔的地方，又有了教书育人的功能。而且，由于一个地方只有一所儒学，且是官办的，又在孔庙之内，有着绝对正统的地位。

孔子还被誉为中国私人办学的始祖，儒学又是汉代以后历代统治者学习的

核心课程，莘莘学子们在孔庙内读书，不仅首先接受了儒学建筑的威严尊贵，更会对儒家文化耳濡目染，率先接受儒家思想，促进学子的勤奋刻苦好学。有人认为："南北朝以后，在国学设庙祭祀孔子成为一项制度，而且皇帝本人也亲临国学行礼祭拜孔子。在各地的府州县学中，同样立孔庙祭祀。"[18]也有史书记载说，早在北宋景佑元年（1031年），文学家范仲淹在任苏郡守时，在全国率先将府学与文庙合建在一起，形成了庙学合一的体制，以后全国的许多州县都竞相效仿，海南的孔庙与学宫大体也源于此。

孔庙、儒学和学宫是何时传入海南的，史书没有明确记载，笔者以为，应在唐朝时期，如《太平广记》记载："自广南祭海十数州，多不立文宣王庙。有刺史不知礼将释奠，即署一胥吏为文宣王亚圣，鞠躬侯于门外。或进止不如仪，即判云：'文宣、亚圣决若干下'。"唐朝时，皇帝诏令全国各地设立孔庙，儒学逐渐占据正统地位。

据专家研究，"在贞观时期升孔子为先圣，颜子（颜回）为先师，提高了孔子及孔学的地位，凡中央的国子学及地方上的州郡县学皆普遍设立孔庙。孔庙或在学馆内，或在学馆的东西左右，总之在一定区域内因地制宜而设置"[19]。海南岛上最早设立的孔学也应在此时。

唐初的学校有京师学和州县学两大类，在京师设有六学，即国子学收三品以上子弟；太学召收五品以上子弟；还有四门学，律学和书学、算学。唐代地方的府、州、县有官学和私学两种。官学即官府所办的学校。一般在下都督府招收学生50人，下州40人，下县20人，海南的州县均属下州县，招收的学生当为此数。学习内容以经学为主。唐玄宗开元年间在敕令中规定："诸州县学生年二十五以下，八品子若庶人并年二十一以下，通一经以上及未通经，精神聪悟有文词史学者，每年铨量举送所司简试，听入四门学充俊士。"这是说，在州县学习的学生能通一经以上的，或者虽未通经，但符合年龄要求的，就可以由州县的长官举送到京城入四门学读书。

在隋唐时期，学生要向教师行"束脩礼"，这是一种颇为古老的传统礼节，史书记载起源于孔子，即学生把所赠送的十条干肉束在一起以作为奉献教师的礼物。

唐代的海南还已传入了"释奠礼"。这是在学校中陈设酒食以祭奠孔子的礼节，也是凡有孔学的地方都必须具备的，起源相当早。《礼记·文王世子》载："凡学，春官释奠于其先师，秋冬亦如之。凡始立学者，必释奠于先圣先师。"早期的学校都是和孔庙在一起的，当时还规定："凡学校新建，或每年逢春秋两季即仲春（二月）、仲秋（八月）的上丁日（干支中的第一个丁日）为地方学校祭孔的日期。中央国子监学则为四时祭，每年春夏秋冬举行四次。"称为大祀，而地方州县则属小祀。祭祀时，由州县的博士主持，州县官也要参加，"届时，钟鼓齐鸣，丝竹管匏合奏，读祝文，唱赞歌，礼生舞文武二舞"，仪式非常隆重。故《旧唐书·忠义·王义方传》记载：吉安（今海南省昌江县）"行释奠之礼，清歌吹龠，登降有序"。

唐代的另一类学校即由私人所办的学校，其中一类是由学者私设的学馆，来聚徒教学，学生称其为门生；其二是由儒士所办的童蒙教育，由于这些学校多位于乡间，常被称为"乡校俚儒"，"俚儒"有俗儒的鄙意。

明代海南人钟芳记载："自唐以前，学校之政未立，造士之方多阙。"（钟芳：《钟筠溪集·琼州府学科目题名记》）而在贞观年间，王义方被贬到儋州后，只任吉安县丞，在"吉安，蛮俗荒梗。义方召诸首领，集生徒，亲为讲经，行释奠之礼，清歌吹龠，登降有序，蛮酋大喜"（《旧唐书·忠义·王义方传》）。这是有史以来第一次专门为黎族子弟办的学校，为传播中原汉文化具有重要的意义。

又据有专家考证："海南自贞观以后，崖州、儋州、琼州、万安州州县所在地，均立州县学，由州县司吏儒师掌理，置博士一人……中宗以后乡社均设小学（即学馆），讲明经义外并旁及章句疏义，直至晚唐以后蔚然成风。"[20]

（二）道教

道教是我国地地道道、土生土长的宗教，大约有五千年的发展历史。最早来源于《易》和阴阳八卦。《系辞上传》记载说："古者包牺氏之王天下也，仰则观象于天，俯则观法于地，观鸟兽之文与地之宜，近取诸身，远取诸物，于是始作八卦，以通神明之德，以类万物之情。"包牺氏是原始社会的酋长类人物，历史上的许多功绩都归于其名下。暂不说历史上是否真有这样一位万能的人物，说明至少原始社会的八卦图形和意识已经朦朦胧胧地存在了。后来周文王就作了"冠居群经之首的《周易》，是我国古代现存最早的一部奇特的哲学专著。这部奇书的思想光华，是通过神秘的'占筮'外衣，焕发出恍惚窈冥的象征色彩"[21]。战国时的老子《道德经》，高度地概括了得道成仙的思想体系和《易》经中的哲学原理，又经东汉张陵创立的五斗米道宣扬，道教的传播影响之大日益深远。

道教的宗旨就是宣扬人的长生不死，得道成仙。"道教是多神宗教，它在发展的过程中渐渐形成高位神，最高是三清神：元始天尊住玉清境，灵宝天尊住上清境，道德天尊住太清境。其中元始天尊地位最高，但影响最大的却是道德天尊，即太上老君，它是由老子神化而来的。作为太上老君的老子，既被认为是天神，又被认为是创立道教的教主。"[22] 道教在长期的形成和发展中，广纳百川，吸收和借鉴了儒家思想、黄老之学、阴阳五行、神仙方术、炼丹长生等教义，最终成为民间传播最广的宗教信仰。笔者曾对海口市的宗庙进行调查，在一百多座寺庙中，属于道教的建筑占总数在 80% 以上，而且绝大多数都建于清代，足见道教文化在海南影响之深。

道教的建筑最初称"庙"。《尔雅·释宫》记载："室有东西厢曰庙，无东西厢有室曰寝。"意思是说，院内坐北朝南的房屋建筑只有后寝的称为寝室，在寝室的前面左右两侧有了东西厢房的就称为庙。汉代的墓顶上用于祭祀墓主人衣冠的称"祠"，在墓冢旁边用于祭祀墓主人牌位的建筑称"庙"。后来，不仅在墓上建祠堂，在家中也建祠堂，而庙则成了祭鬼神的建筑。在远古的时候，就是我们常说的"鬼神"也是有区别的，《礼记·祭法》说："大凡生于天地之间者皆曰命，其万物死皆曰折，人死曰鬼，此五代之所不变也。"这就是说，人死后的灵魂才能成为鬼，也即鬼魂。古代对自然的天象则称为"神"，如《礼记·祭法》说："山林川谷丘陵，能出云，为风雨，见怪物，皆曰神。"神的种类特别多，有自然界的神，如天、地、日、月、星辰、虹、风、雨、雷、电、山川、大海、河流、湖泊等；有人编造出的神，如玉皇大帝、西王母、东王公、嫦娥、女娲等；有的来自对自然界动植物的敬畏而奉为神的，如蛇、龟、虎、豹、狼、鱼、五谷、树木；有的则是人们设想中的动物神，如龙、凤、麒麟、玄武等，不一而足，五花八门。

我国地域辽阔，南北气候环境差别较大，自然条件和社会经济发展也不平衡，所以，各地崇祀的神的种类、祭祀的方法不尽相同。海南岛四面环海，自古受海潮、台风、地震的威胁较多，所以，人们祭祀与海神有关的庙也较多。

海南的道教起源于何时，史书也无明确记载，依道教的建筑而言，至迟也在唐朝。清光绪《昌化县志·寺观》记载："景昌观，《九域志》：唐乾封中置。"乾封（公元 666~668），唐高宗的年号。景昌观成为海南史上记载的最早的道观。海南尊崇的神主要有下列几位：

1. 玄武大帝。玄武大帝是道教所奉的尊神之一，相传在隋炀帝时，玉帝将自己的三魂之一，化身投胎于净乐皇后，皇后夜晚梦见吞噬太阳，由此身怀六甲，15 个月后太子降生于王宫。太子生得高大威猛，跨越东海游玩时遇天神授给宝剑。长大成人后太子厌恶尘世，他舍弃王位、辞别父母，到武当山上修行，经历42年功成果满白日升天，被玉帝册封为"玄天上帝"镇守北方。后来龟神和蛇神常在海上作乱，危害航海至深，于是玄武大帝化做神仙，将龟蛇两神制服了，所以玄武大帝又成为降妖镇邪、保护航海、统领一切水族的水神。玄武大帝是中国道教推崇的神，对其形象和威武气势的描述最早出现于宋代文献中。海南能见到的祭祀玄武大帝的庙多为明清时期的。

图7　儋州中和镇济宁庙

2. 洗夫人。洗夫人在隋朝时便被尊为"圣母"。奉祀洗夫人的庙宇统称洗太庙。清光绪《茂名县志·山川》记载："俗呼洗太庙者，从石龙之初封也。"由于洗夫人曾受封石龙太夫人，古人又喜欢以"太"表示辈分的尊崇或高贵，所以民间多尊称为洗太夫人或洗太、洗太阿婆、阿太等，其庙便称洗太庙。也有称洗太宫的[23]。

儋州市中和镇的济宁庙有说始建于唐代，宋代的大文豪苏东坡在被贬儋州三年的时间内，曾专门到这里拜谒，并写诗一首："冯洗古烈妇，翁媪国于兹……庙貌空复存，碑板漫无辞。我欲作铭志，慰此父老思。"（《苏东坡续集·洗庙》)，那么，这说明中和镇的济宁庙在苏东坡来到海南之前，已经存在了很长时间。宋高宗时追封洗夫人为显应夫人，赐庙额曰"济宁"。从此，海南的一些祭祀洗太夫人的庙宇有的就改称了"济宁庙"，儋州市中和镇的济宁庙可能就是在这时称此名的。

（二）佛教

佛教是世界三大宗教之一，在公元前 6 世纪起源于古印度，两汉时期（多数人认为公元前 2 年，即汉哀帝元寿元年）传入我国。佛教的创始人释迦牟尼被尊为佛，意为觉或觉者，汉音译为佛陀、浮屠、浮图。

早期佛教的基本原理是四谛，所谓"谛"就是真理的意思，四谛指苦谛、集谛、灭谛、道谛。苦谛指人的一切皆有生、老、病、死苦；集谛指造成人生苦的原因是本性的无知；灭谛指断灭诸苦的措施是让人进入无忧无欲的涅槃境界；道谛是教人为达到涅槃境界而遵循的方法。

从公元 1 世纪中叶，印度佛教又产生了大乘佛教（以普渡众生为宗旨，自认为他们的理论是运载无量众生到达彼岸涅槃境界的大舟、大车，故称大乘）和小乘佛教（以前诸派提倡个人修行和解脱的方法贬为小乘）。后来，大乘佛教又派生出大乘空宗、大乘有宗学派。

唐朝又产生了高度中国化的佛教宗派——禅宗。禅宗提倡坐禅时住心于一境，冥想玄理，称为禅定，是成佛的基本功。主要经典是《金刚经》。民间称为禅门，对和尚则称为禅师或禅客。南禅师徒之间的授受是以心传心，心心相印，理解契合，不立文字，不依经卷"，"念此经不懈，可以延年益寿，逢凶化吉，且能修行成佛，到达天国"[24]。唐代佛教又分北南两大支系，即"北渐南顿"。

南宗教派的创始人为慧能（638～713 年），俗姓卢，新州（今广东新兴）人，他主张修佛速成，直指人心，见性成佛，故又号为南禅、渐门。"直证本心"，"顿悟成佛"是他的思想体系。他著有《坛经》被称为中国僧人写的唯一称为"经"的著作，《坛经·疑问品》中的"苦海无边，回头是岸"，"放下屠刀，立地成佛"都成为佛家的经典名句。由于南宗的这些教义不太讲究大量译经、读经、大搞宗教仪式和长时间坐禅修炼，只要"直证本心"，就能"顿悟成佛"。这非常适合海南岛当时读书识字的人少、蛮荒灾多的情况，所以，很容易在海南岛上传播。

佛教在我国传播过程中，分南北两路进行，其中，南路是从古印度，经斯里兰卡，经东南亚进入我国的云南、海南、两广等省，主要是小乘佛教；另一路从古印度，经西域传入我国西部和北部，以大乘佛教为主。因佛教与我国土生土长的道教的教义不同，以后，便在长期的争夺僧众信徒、正统地位中既有斗争、碰撞，又有融合、相互吸收，成为我国影响较为广泛的几大宗教之一。

佛教何时开始在海南岛上传播，迄今无定论。笔者以为应以海南最早的佛寺建筑为标志。这与唐朝皇帝的信佛有关。唐朝的高宗、玄宗、武则天、肃宗、代宗等皇帝莫不崇信佛教，于是便诏令天下州县，广建佛寺，海南最早的佛寺也在这时建起。

唐朝武则天时，海南有两座最著名的寺院，均称"大云寺"，因内藏大云经故名。其中，一座建在崖州城，故址在今海口市琼州府城南。唐中宗时（684 年），废大云寺，建"中兴寺"（后改名叫龙兴寺）。开元年间（713 ~ 741 年），改称"开元寺"。公元 748 年，鉴真和尚第五次东渡日本行至振州，次年他又从振州来到崖州，"住进开元寺的第三天，城里突然失了火，开元寺也遭了殃"，鉴真便重修寺院，"寺院的佛殿、经堂、砖塔很快就建起来。鉴真还用存余的木材造了一座一丈六尺的释迦像。新寺院落成后，鉴真登坛授戒，将律度僧"[25]。故随同的日本弟子真人元开所著的《大唐和上东征记》载的冯崇债"遣诸奴，各令进一椽，三日内一时将来，即构佛殿、讲堂、砖塔"是可信的。由此可证，海南佛教的传入至迟在唐代中期。

南汉乾亨（917 ~ 925）年间，开元寺已毁，于是在旧寺原址重建一寺，并将开元寺改名为"乾亨寺"。"北宋琼管帅周仁浚重修该寺时认为，南汉留下的乾亨寺实际上是唐代的开元寺，因而复名开元"[26]。北宋绍圣四年（1097 年）苏东坡被贬琼州别驾，曾住在开元寺十余天。

另一座建在振州（州治在今三亚市崖城镇），也叫大云寺。公元 748 年，鉴真和尚第五次东渡日本，六月二十七日，鉴真率三十余人从扬州出发，在大海上漂行了半个多月，来到了海南岛的南部振州江口（今崖城镇宁远河大蛋港出海口），振州别驾冯崇债（冼夫人的后裔）率领四百多名兵丁迎接鉴真一行到崖州城中，并举行法会，由鉴真授戒。之后，又正式将他们三十余人安置在大云寺。鉴真看到大云寺年久失修，便筹集资金，建造佛殿，用了一年的时间才将佛殿建好。

鉴真又把准备带去日本的佛具、佛像、经典等全部捐给了大云寺，让僧徒向群众宣传蛋港佛经。今大云寺遗址尚存，位于崖城镇水南二村西南 2 公里，在宁远河出海口的冲积沙丘上。遗址面积约 1000 平方米。采集有青砖、板瓦、筒瓦和莲花形云纹瓦当等标本。

今海口琼州府城在唐代时有著名的开元寺，为唐玄宗开元年（713 ~ 741 年）唐代天宝七年（748 年）鉴真高僧第五次赴日渡海，途遭不幸，被狂风刮向海南岛上的振州，鉴真和尚又亲自主持兴建了大云寺（今三亚市崖城镇水南村）。足以说明唐代海南的寺院是极其隆盛的。

佛教的活动场所称寺院，寺原本是中国古代的官署建筑，《汉书》注曰："凡府庭所在，皆谓之寺。"如大理寺，从夏商就称大理，北齐便有此名称，是掌管刑狱、司法的官署。佛教传入中国后，佛教活动的场所也称寺或寺院。

　　寺院的布局及梁架结构与海南古代民居及庙宇建筑没有什么大的不同，如常见的寺院一般在南北中轴线上由南而北，依次为山门殿（山门）、天王殿、大雄宝殿、法堂、藏经阁，在大雄宝殿的左右两侧，设置东西配殿，包括伽蓝殿、观音殿、罗汉堂等，也相当于庙宇中的东西配房。

　　（三）伊斯兰教

　　伊斯兰教是世界三大宗教之一，由穆罕默德于公元七世纪初在阿拉伯半岛创立。公元 622 年，穆罕默德在阿拉伯半岛的库巴主持修建了世界上第一座清真寺（当时称礼堂），不久又在麦加建造了第二座，名曰"先知寺"。该教以《古兰经》为经典，亦奉《圣训》，相信"安拉是唯一的真神，穆罕默德是安拉的使者"。

　　伊斯兰教的教义，有专家概括为"六信"和"五功"。这"六信"是：1. 信安拉，相信安拉是宇宙中唯一的全知全能的造物主，无始无终，无所不在；2. 信使者，相信安拉在不同时期派遣到人间的使者传达神意，治理人世；3. 信天使，相信安拉所造的精灵妙体，他们是安拉的忠使和助手，是人类的朋友；4. 信经典，相信《古兰经》是安拉的语言，它是神圣完美的，是国家立法和穆斯林生活的最高准则；5. 信后世，相信今生短暂，后世长存，人死后灵魂不死，世界末日到来时将复活，接受安拉的审判，虔诚行善者升天堂，背教有罪者下地狱；6. 信前定，相信一切自然与社会事物，包括人生吉凶祸福，社会治乱兴衰，皆由安拉预先安排妥当，人力无法加以改变。

　　伊斯兰教的宗教活动场所初称"礼堂"，宋代称"祀堂"或"礼拜堂"，元明两代便称为"清真寺"、"真教寺"、"清教寺"、"清修寺"。

　　"清真"一词在汉语里作"纯洁质朴"解释，"清"是指真主清静无染，不拘方位，无所始终，"真"是指真主独一至尊，永恒常存。

　　清真寺既是伊斯兰教徒宗教活动的场所，又是穆斯林群众平时礼拜、沐浴、庆祝，伊斯兰教节日如开斋节、宰牲、圣纪以及婚丧大事时举行仪式的地方，因此，它是在所有古代建筑中，用途最为广泛的宗教活动场所。

　　伊斯兰教何时传入我国，目前有不同的说法，但史学界比较一致的观点是把唐高宗永徽二年（651 年）大食国派使节来长安朝贡，作为伊斯兰教正式传入中国内地的标志。

伊斯兰教传入的方法与佛教不同，主要是借助行政使者和商人因经济上的交往而来到大唐，也同时就把这种宗教信仰带来并只在他们内部传播。当时，传入我国的途径有两条：一是陆路，经波斯、阿富汗和西域，到大唐的京都长安；另一路是海路，经波斯湾和阿拉伯海、孟加拉湾、马六甲海峡到我国南海沿岸。如《全唐文》卷七五记载：唐文宗太和八年（834年）下诏"南海番舶，本以慕化而来，固在接以仁爱，使其感悦"，"其岭南、福建及扬州蕃客，宜委节度观察使常存。除舶脚、收市、进奉外，任其往来通流，自为交易，不得重加税率"。

　　此时，海南岛已成南海到中国大陆的补给站，无疑，传入海南岛的途径也是从南海而来。正如有专家所说："迄至唐代，中国与中亚和西亚各地的交流关系进入了新的发展时期。……唐宋时期波斯（伊朗）、大食（阿拉伯）商船往返广州经海南岛时，常常会遇到台风而停泊岛上。"据《太平广记·陈振武》条又记："唐振州（今三亚市）民陈武振者，家累万金，为海中大豪，犀、象、玳瑁、仓库数百。先是西域贾船漂舶溺至者，因而有焉，海中人善咒术，俗谓得牟法。凡贾舶经海路，与海中五郡绝远，不幸风漂失路，入振州境内，振民即登山披发以咒诅，起风扬波，舶不能去，必漂于所咒之地而止。武振由是而富。"由此观之，今三亚市应是伊斯兰教传入海南岛的首站。

第四节　海南贬官文化的形成

　　将一些政治斗争失意和"罪"不该死的官员贬到海南岛，早在隋朝就有了先例，隋炀帝时，滕穆王杨瓒之子杨纶被贬到海南，向来被称为"海南历史上的第一个贬官"[27]。有唐一代，海南岛成为贬官的重要场所，有史书记载者多达六十余人，海南贬官文化形成。

　　将罪人流放边远地带在中国起源甚早，如史载尧曾被"流共于幽州"（《尚书·尧典》）。西周时期便有了一套完备的流放制度，经过几千年的发展变化，对于不同犯罪的人也有了不同的惩处手段和措施，其中，"贬谪"便是适合于古代政治犯罪的一种。汉许慎《说文》："贬，损也"，"谪，罚也"，就是作为惩罚手段，将朝廷认为有罪的官员到生活条件极其艰苦的地方去减损他的意志和身骨。贬谪的形式也多种多样，有降级者，有给予空衔者，有外迁之后明升暗降者，更多的是一降到底。被贬之人的结果也不一样，有终生客死贬地者；有一贬再贬，条件越来越艰苦者；有被贬之人还在路上就被平反昭雪者等等，不一而足。

唐朝高官一旦遭贬就必须马上整理行装，带着家眷前往贬地报到，沿途所经之地官府签字画押。在贬地还要定期向朝廷汇报情况并接受当地官府的看管和监督。如唐玄宗天宝五年（746年）规定："应流贬之人，皆负谴罪。如闻在路多作逗留，郡县阿容许其停滞。自今以后，左降官量情状稍重者，日驰十驿以上赴任。流人押领，纲典画时，递相分付。如更因循，所由官当别有处分。"（《唐会要·左降官及流人》卷四一）德宗建中三年（782年）又规定："诸流贬人及左降官身死，并许亲属收之。本贯殡葬，其造蛊毒移乡人，不在此限。"（《唐会要·左降官及流人》）

据史书记载，有唐一代竟有60多位名人被贬海南，曾庆江、周泉根等先生考证为67人。[28] "自唐以来，宰相谪琼者，（高宗）显庆二年（657年）八月贬韩瑗振州刺史；（武则天）天授元年（690年）春一月贬韦方质儋州司马；延载元年（694年）九月贬李昭德陵水令；（中宗）神龙二年（706年）六月贬敬晖，（德宗）建中二年（781年）贬杨炎，俱为崖州司马；（顺宗）永贞元年（805年）贬韦执谊，（宪宗）元和十年（820年）闰正月贬皇甫钺，（宣宗）大中元年（847年）再贬李德裕，俱为崖州司户；（懿宗）咸通十四年（873年）九月再贬韦保衡澄迈令；（昭宗）光化三年（900年）六月贬王博，天佑二年（905年）五月贬独孤损，皆为崖州司户。"（清道光《琼州府志》卷十三）其中以李德裕、韦执谊二位对海南都影响最大。

李德裕，被古代海南人祭祀的五公之首。真定赞皇（今河北赞皇）人，字文饶，是一位很有才能的政治家。曾在文宗大和七年（833年）和武宗开成五年（840年）两次出任宰相，所以说，他是一位很出名的唐代高官。他在朝中的政绩十分突出，为政六年，内制宦官，外抑藩镇，使国家民族获得了暂时的安定。但他不久却陷入一场旷日持久的牛李党争中不能自拔。

唐代的牛李党争发生在宪宗和宣宗年间（806~839年），以牛僧孺、李宗闵为首的一方与以李吉甫、李德裕为首的两派朋党之间进行的一场政治斗争，无所谓谁对谁错。但由于这两党之间相互倾轧长达40多年，朝中的大臣几乎无人能幸免，都自觉不自觉地陷进这个无底的旋涡之中，也把唐朝的政治推向了深渊。

两党长期逐鹿的结果也各有胜负：穆宗长庆三年（823年），牛党骨干李逢吉执政，提拔牛僧孺为宰相，李德裕被贬出首都，任浙西观察使；文宗时牛僧孺、李宗闵同时任宰相，李德裕又被贬任四川节度使；敬宗皇帝即位，李德裕还朝，牛僧孺、李宗闵等牛党分子全部被贬往外地；宣宗时期，牛党骨干白敏中（白居易的堂弟）执政，李党又全遭罢斥，其首领李德裕在大中元年（848 年）谪贬潮州司马。"大中二年（公历仍为该年）由洛阳以水路经由江淮而赴潮州，其年冬始至潮阳，但在秋九月甲子，他还在途中，又被谪贬为崖州司户。三年正月（849 年）才到达珠崖郡。十二月十日己未病殁。年六十三岁。算来他到谪所仅仅一年光景便死去了。李德裕死后，他的弟子留在崖州，其后人化为了黎人。"[29]

唐顺宗时宰相韦执谊，为陕西西安人，字宗仁。原为尚书左丞、正仪大夫、中书侍郎、同中书门下平章事、崇文馆大学士修国史、赐紫金鱼袋，可谓权倾一时。韦执谊因在永贞元年（805 年）受内禅，与王叔文为同党，谋诛除宦官失败，坐贬崖州司户参军。七年后，死于崖州贬所（今海口市龙泉镇），死时年仅 48 岁。有"一年宰相，七年流贬"之说。后来，朝廷"以事可原，蒙旨诏还，未及而卒"。再后来，李德裕又贬崖州，李德裕看着与他类似的遭遇，写了一篇《祭韦相执谊文》，成了李德裕一生的绝笔。韦执谊子孙落籍琼山，成为韦姓渡琼始祖。

李德裕死后，其子李烨在大中六年（852 年）才获准扶枢北归，葬于家乡洛阳。"后裔在岛上，并且流落到南部被黎族同化"[30]；韦执谊弟韦执询六世孙韦彦陵"入赘黎女，后化为黎"。清张庆长《黎歧纪闻》记载："唐相李德裕贬崖州，其后有遗海外者入居崖黎，遂为黎人，其一村皆李姓，貌颇与别黎殊，唐时旧衣冠，闻尚有藏之者。"

唐代海南岛何以会成为贬官之地，公认的原因是岭南，包括海南岛在内，在唐代时与中原相比仍属于蛮荒之地，尤其是海南岛与大陆为琼州海峡相隔，"雾露气湿，多毒草虫蛇水土之害"，贬到海南算是最为严重的惩罚。

被贬到蛮荒的海南岛，对于过惯了衣食无忧、呼风唤雨的高官们有些是抱着"万死投荒"、必死无疑的态度，意志消沉，郁郁寡欢，聊此一生。但也不乏明志自勉和把毕生知识奉献给海南者，如王义方办第一所黎族学校。正是这些拥有先进知识的文化人在来到以后，不仅带来了先进的中原文化，他们的后代落籍海南也促进了黎汉的民族融合，逐步改变了海南的经济面貌和文化状态。

第五节　黎族社会的发展

唐朝统治海南的几百年内，土著黎族的社会生产力有了较快发展，黎族的生活、习俗等方面也都产生了明显变化。

唐朝官府和统治阶层也不断遭到黎族的反抗。如高宗乾封二年（667年），"琼东南诸乡没于山峒蛮"（清康熙《琼州府志·平黎》），从乾封二年到贞元五年（789年），琼州地区竟落入黎族达120多年，岭南节度使李复收复琼州时"悉力攻讨，累经苦战，方克旧城"（清道光《广东通志·宦绩录》），甚至造成县治不断搬迁，居无定所的情况，如宋代王象之《舆地纪胜·琼州》记载："唐《志》云：显庆五年置乐会县，隶琼州。《琼管志》云：黎人屡攻破县，迁徙不一，今见治南管村。"

"黎"族的称谓从这时开始。从原始社会到唐以前黎族有过多种称呼，如"里"、"俚僚"、"夷僚"，如唐杜佑《通典·州郡十四》记载："五岭之南，人杂夷僚"等，都是汉人对黎族的称谓。

最早称海南岛的土著民族为"黎"的是唐末刘恂《岭表录异》中的记载："儋、振夷黎，海畔采（紫贝）以为货。"尽管有时也还使用原来的"越"、"夷"等称呼，但毕竟这些称谓在逐步减少，而且越来越多的正被"黎"称所取代。从此，称海南岛的土著民族为"黎"族一直沿用至今。

"唐初，高祖李渊在宴会上见到突厥颉利可汗即兴起舞、南越酋长冯智代（应为戴，笔者注）咏诗时就曾说过：'胡越一家，自古未有也。'太宗李世民也曾说：'自古皆贵中华，贱夷狄，朕独爱之如一。'……（李渊父子）认为蛮夷戎狄即使语言文字不同，风俗有异，只要他们能守礼知义，改袭中华衣冠，也就是接受了中华文化。它就是怀仁、慕化的中国人了。从这一观念出发，统治者与各族接触交往，只要他们能感慕向化，遵奉中华礼仪，行君臣之礼，并以一定的方物朝贡，便认为是天下一家了。唐皇帝行文于国内外，对内部臣民称'皇帝'，对四边诸民族国家酋长共同遵奉为'大可汗'，都是从天子君临四方这一国家观念中产生。"[31]

冯智戴为洗夫人的后裔、冯盎长子，也是"俚人"的首领。唐初时，以质入朝，初授卫尉少卿，累迁左武卫将军。他能够在皇帝面前"咏诗"，已足见其文化水平之高。

唐代的黎族虽然仍有人还居住在自然岩洞里，但大部分黎族已经住在比较宽敞的上下两层的干栏式房屋内。这是南方普遍流行的一种干栏式建筑。《旧唐书》卷一百九十七记:"土气多瘴疬,山有毒草及沙虱、蝮蛇。人并楼居,登梯而上,号为'干阑'。"

唐代万安州黎族的服饰就特别出名。唐代杜佑《通典·州郡十四》记载:万安州:"女人以五色布为帽,以斑布为裙,似袋也,号曰都笼。以斑布为衫,方五尺,当中心开孔,但容头人,名之曰缌缠。"

这就说明以下几个问题:1. 妇女已经戴帽子。海南先前的妇女是戴巾的,即用布来包头裹发,这是当时无论男女,也不分身份高低贵贱和大江南北都戴的,只不过大陆男子到成年人举行弱冠礼以后才戴,样式和质料可能也不一样。海南的妇女则以五色布为帽。"五色布"可能是用棉花制作成的帽子,能遮阳光、挡风雨。在大陆有用黑纱网络缝于帽的沿边而下垂的帽子,称为"帷帽"。2. 妇女已穿"通裙"。据专家考证,百褶裙源于"桶裙"。桶裙之称,源于唐代。如《旧唐书·南蛮西南蛮传》载:南平僚,妇人横布两幅穿中而贯其首背,名曰通裙。按:僚人,属百越民族系统;通裙,即桶裙。后世百越族属长期流行桶裙之制[32]。只不过,黎族人称这样的桶裙为"都笼",就是贯头衣的形制,上面织染五色花纹。到宋代时便称为"黎桶"了。3. 斑布,就是用树皮布制作的有纹饰的布。可见,临振县用树皮生产的"斑布"到唐代时获得很大的发展并已经成为振州的贡品。

据《新唐书·地理志》记载:"琼州珠崖郡,下。土贡:金、银、珠、玳瑁、高良姜。振州延德郡,下。土贡:金、五色藤盘,斑布、食单。儋州昌化郡,下。土贡:金、糖香。万安州万安郡,下。土贡:金、银。"从这些记载中可以看出,海南当时进贡给朝廷的物品都是本地的土特产,只有振州延德郡的贡品除了珍贵的金子之外,就是五色藤盘和斑布、食单。虽然海南其他地区的黎族也纺织斑布、食单,可能以振州生产的为最佳。

"食单"是一个什么样的纺织品未见史书记载,从字义上分析可能是用木棉花织成的布单,汉代时称为"单被",可能在唐朝时期这种织物已不仅仅用于服饰,而主要用于日常生活,所以,唐朝时又有"食单"之称。它的纺织原料可能已经使用新的木棉品种,即棉花。据清光绪三十四年的《崖州志·花类》记载:"木棉花,有二种。一木可合抱,高可数丈。正月发蕾,二三月开,深红色,望之如华灯烧空。结子如芭蕉,老则折裂,有絮茸茸。黎人取已作衣被。一则今之吉贝,高仅数尺。四月种,秋后即生花结子。壳内藏三四房。壳老房开,有绵吐出,白如雪。纺织为布,曰吉贝布。卢多逊《水南风景》诗'山下小园收吉贝'是也。"

据专家研究，棉花传入我国，至少在 2000 年以前，大约有三条不同的途径：其中，第一条是南路，最早是印度的亚洲棉，经东南亚传入海南岛和两广地区，时间在秦汉时期，之后传入福建、四川等地区。第二条途径是由印度经缅甸传入云南，时间大约也在秦汉时期。第三条途径是非洲棉经西亚传入新疆、河西走廊一带，时间大约在南北朝时期。直到宋元之际，棉花才传播到长江和黄河流域广大地区。由此可知，海南是棉花从东南亚传入时代最早并用作纺棉的地区。

唐代黎族的纺织品已有精美的花纹图案，有植物纹、花草纹、动物纹和方格、菱形、圆圈等几何纹饰。如《太平广记》中记载唐代德宗年间（780～805 年）韦公干家的奴仆数百人中，有"织花缣文纱者"。唐代刘恂在《岭表录异·补遗》中记载的藤编织品图案："儋、台、琼管百姓皆制藤线，编以为幕。其妙者，亦挑纹为花药鱼鸟之状。"而唐代海南铜鼓上的花纹纹饰"其身遍有虫、鱼、花、草之状"（刘恂《岭表录异》）。椰雕"即截开一头，沙石磨之，去其皱皮，其斓斑锦文"。

唐代时，始将黎族的"文身"称为"绣面"。文身，也称"纹身"、"雕青"、"扎青"、"刺绣"等。这是海南黎族非常古老的习俗，可上推自原始社会，古文献里都是以"文身"称之，唐代时开始有了"绣面"的称谓，且与文身经常互用。如《唐大和上东征传》记载：振州"男着木笠，女着布絮，人皆雕蹄（题）凿齿，绣面鼻饮，是其异也"。这是随鉴真和尚东渡的日本和尚在振州的亲眼所见，比较真实可靠。

唐代还将面部刺绣的称"绣面佬子"，在脚上刺绣的称"绣脚"。[33] 宋代乐史的《太平寰宇记》记载："《山海经》曰，儋耳即离耳也，皆镂其颊皮，上连耳匡，状似鸡肠下垂。在海渚，不食五谷，食蚌及鳖而已。俗呼山岭为黎，人居其间曰生黎，杀行人，取齿牙，贯之于项，衣炫骁勇。有刀未尝离手，弓以竹为弦，绩木皮为布，尚文身，富豪文多，贫贱文少，但看文字多少以别贫贱。"宋代以后的文献几乎不再见有"文身"的记载，如《太平寰宇记·岭南道十三》记琼州黎人，"女人文领"，《文献通考·四裔考》引《桂海虞衡志》记："绣面乃其吉礼。"《诸藩志》记："女及笄，即黥颊为细花纹，谓之绣面。"

唐代的黎族可能已用金银簪头饰。簪用以束发，又名"笄"。钗为妇女的束发装饰之物，有金、玉、银、铜、骨角之别。《太平广记》中在记载唐代德宗年间（780～805 年）韦公干家的奴仆数百人时说道："织花缣文纱者，有伸角为器者，有熔锻金银者，有攻木为什具者，其家如市。"在《新唐书·地理志》记载海南四个州郡的贡品中有崖州、振州、儋州的贡品，都有金银一项，可见，海南生产的金银为当时的上乘之作，也当然会用于妇女的头饰簪或钗之类。唐玲玲、周伟民先生所说的"男子椎髻跣足，插银铜钗，花幔缠头，戴藤六角帽；妇人高髻，钗上加铜环，耳环垂肩"[34]，可能就起源于此时期。

注释

【1】【7】吴永章著：《黎族史》，广东人民出版社，1997 年版，第 39、41 页。

【2】【4】【5】李勃著：《海南岛历代建置沿革考》，海南出版社，2005 年版，第 159、179、215 页。

【3】【6】【12】【20】唐玲玲、周伟民著：《海南史要览》，海南出版社，2008 年版，第 76、78、86、88 页。

【8】梁方仲编著：《中国历代户口、田地、田赋统计》，上海人民出版社，1980 年版。

【9】中国秦汉史研究会等编：《南越国史迹研讨会论文选集》，文物出版社，2005 年版，第 212 页。

【10】清光绪三十四年的《崖州志·艺文志》将该诗列在了宋卢多逊的《水南村为黎伯淳题》诗名下。

【11】【23】【25】黄怀兴著：《三亚史迹叙考》，南方出版社，2006 年版，第 9、19 页。

【13】广州市文物考古研究所编：《广州文物考古集·唐代岭南道城市发展论略》，文物出版社，1998 年版，第 111 页。

【14】【16】阎根齐著：《海南古代建筑研究》，海南出版社，2008 年版，第 79、82 页。

【15】海南省文物考古研究所等：《海南琼山市珠崖岭古城址 1999 年发掘简报》，《考古》，2003 年第 4 期。

【17】［日］井上靖：《孔子》，人民日报出版社，1990 年版，第 3 页。

【18】龙霄飞、刘曙光著：《古代庙坛》，辽宁师范大学出版社，1996 年版，第 76 页。

【19】【29】【24】【31】【33】徐连达著：《唐朝文化史》，复旦大学出版社，2003 年版，第 281、230、379、83 页。

【21】黄寿祺、张善文：《周易译注》，上海古籍出版社，2001 年版，第 1 页。

【22】牟中鉴、张践著：《中国宗教通史》，社会科学文献出版社，2000 年 1 月，第 258、572 页。

【26】梁统兴著：《琼台胜迹记》，南海出版公司，2000 年版，第 317 页。

【27】周泉根著：《隋唐五代海南人物志》，三环出版社，2007 年版，第 44 页。

【28】【30】曾庆江、周泉根、陈圣燕著：《海南历代贬官研究》，南方出版社，2008年版，第41、88页。

【29】郭沫若校注：清光绪三十四年《崖州志·李德裕在海南岛上》，第521页。

【32】吴永章、谢开容：《越风与客俗关系源流新证》，载蒋炳钊主编《百越文化研究》，厦门大学出版社，2005年版，第150页。

【34】唐玲玲、周伟民：《对历代治黎策略演变的反思》，载《首届黎族文化论坛文集》，民族出版社，2008年版，第50页。

第七章

宋元时期的海南社会

宋朝是一个积贫积弱的朝代，由于政治重心的向南转移，朝廷采取了一系列步骤，加强了对海南岛的统治与治理，海南的经济文化得到很快发展。元朝统治海南九十年，开始时采取了高压政策，后来有所调整，在一定程度上有利于促进海南的社会发展。

第一节　宋元时期的海南建置

宋代海南的行政区划设置较前加强，并在黎族聚居区设立有专门管理黎族的机构；元朝基本上延续了宋朝的设置。

（一）北宋时期的海南建置

后周显德七年（960 年），时任殿前都检点、宋州归德军节度使的赵匡胤乘后周内乱之际，从今河南商丘率军直逼京都（今河南开封），在一场不流血的陈桥兵变中，导演了一曲"黄袍加身"的游戏，接管政权，建立宋王朝，史称北宋。

北宋从公元 960 年赵匡胤称帝起到 1126 年金兵攻入京都开封止，共历 9 个皇帝，统治时间 167 年。高宗建炎元年（1127 年）赵构在南京（今河南商丘）称帝，揭开了南宋的序幕，到祥兴二年（1279 年）被元帝国灭亡，史称南宋。南宋又经历了 9 个皇帝，存世 153 年。北宋和南宋朝合计，经历了 18 位皇帝，320 年。

北宋初年，在海南岛的行政区划设置基本上沿用了唐和南汉的制度，将其统治区域分为十五路，以后有十八路、二十三路，是加强中央集权的主要措施。每路设帅（掌军事和民政）、漕（即漕运，掌管一路的钱粮、财赋等）、宪（掌管刑狱及监察）、仓（主管粮仓、贸易、河渡、水利等）等司，海南属岭南路管辖，宋太宗淳化四年（993 年），把岭南作为一个地方行政区域，统称"广南路"。宋太宗至道三年（997 年），将岭南路分成广南东路和广南西路，广东、广西自此而得名。海南隶属于广南西路，治所在今广西桂林。

宋太祖开宝四年（971年）四月，"以岭南儋、崖、振、万安等四州隶琼州，令广州择官分知州事"（《续资治通鉴长编·太祖》）。即在海南岛设四个州，皆为下州，隶属于琼州管辖。次年，宋王朝就对海南的行政区划进行了一次小范围的调整，是海南宋代行政区划正式实施的开始，也是宋代首次将琼州统领海南地的开始，即将崖州并入琼州，另将唐代的振州改名崖州（宋以后的崖州州治在今三亚市崖城镇，宋以前的崖州州治在今海口市）。

琼州：下辖琼山（治今海口市琼州府城）、舍城（宋神宗熙宁四年，即1071年并入琼山县，治今海口市琼州府城东南）、澄迈（治今海口市琼州府城东北）、文昌（治今文昌市北）、临高（治今临高县南）、乐会（治今琼海市）等六县。

儋州：治所在宜伦县（今儋州市中和镇），领县四：义伦（公元976年改称宜伦）、昌化（熙宁六年改昌化、感恩二县为镇，归宜伦县管辖，宋神宗元丰年间又恢复县的设置，治今昌江县西）、感恩（治今东方市市南）、洛场。

崖州：治所在宁远县（今三亚市崖城镇），领县二：宁远、吉阳（熙宁六年改宁远、吉阳二县为临川、藤桥二镇，归朱崖军管辖。吉阳县治在今三亚市东）。

万安州：治所在万宁县（今万宁市大茂镇旧州村），领县二：万宁、陵水（熙宁七年改为镇，归万宁县管辖，宋神宗元丰年间又恢复陵水县的设置。陵水县治在今陵水县北）。

宋神宗熙宁六年（1073年），改儋州为昌化军，崖州为朱崖军，万安州为万安军。将州改称为军，不仅只是名称上的变化，有许多政治上的含义：以"军"为单位的行政区划，始于唐初，《新唐书·兵志》载："唐初，兵之戍边者，大曰军，小曰守捉、曰城、曰镇。"可见，当时是在边远的军事要地而设立的，到了宋朝便将这个"军"的军事组织作为地方行政区划推广至海南。当时"军"的级别有二：一是与府州同级，隶属于路；二是与县同级，隶属于府州。宋高承《事物纪原》记载："宋朝之制，地要不成州，而当津会者，则为军，以县兼军使。"在海南设立的军均为下州级。

宋太宗至道三年（公元997年），将全国划分为十五路，海南归广南西路管辖，以后不断有增减。路长官称安抚使，掌管军事和民政。北宋熙宁年间（1068~1077年），改琼州为琼管安抚司，已经管辖全岛，并将儋州、万安州、崖州分别改名为昌化军、万安军和朱崖军（宋代的军是军政合一的长官称谓，一种与知府、知州同级，另一种与知县同级，此为前者）。

宋徽宗崇宁五年（1106 年）复置延德县，治所在乐东县尖峰镇白沙村南，归朱崖军管辖。

宋徽宗大观元年（1107 年）六月，在黎母山腹地置镇州（州治在今东方市东方镇），"为下都督府，赐军额曰静（靖）海，知州领海南安抚都监"（《宋史·王祖道传》）。辖昌化、感恩县，并改延德县为军，又置通远县为军治。镇州设立后因该地出产货物不多，加之黎峒偏远，往还人少，故于宋徽宗政和元年（1111 年）撤销。在黎族腹地设置州级政府仅仅存在了四年。同时，还改延德军为感恩县。其境划归琼州管辖。

此时，全岛共立一安抚司、一节镇（镇州靖海军）、一州（琼州）四军（昌化、万安、朱崖、延德）、十五县（即镇州之镇宁、龙门、昌化三县，琼州之琼山、澄迈、文昌、临高、乐会五县，昌化军之宜伦、通华、四达三县，万安军之万宁、陵水二县，延德军之通远、感恩二县）、二镇（即朱崖军之临川、藤桥二镇），是北宋以来建置最多的时期。

需要说明的是，由于北宋一代的建置变动比较频繁，海南岛上县的数量史书记载和现代史家的考证多不一致。如在 1100 年以前的设置，依据清道光年间的《琼州府志·沿革》记载为十三县，其中琼州六县，儋州三县，万安州二县，崖州二县；吴永章先生考证为十一县[1]，即琼州五县，南宁军三县，万安军二县，朱崖军二县，实际为十二县；唐玲玲、周伟民先生引明代的《正德琼台志·沿革表》的记载考证为十三县[2]；李勃先生考证为十县，其中琼州五县，昌化军三县，万安军二县，朱崖军二镇[3]。可见，北宋时期，海南大体为十二个县。

（二）南宋时期的海南建置

南宋时期政治动荡不安。宋钦宗靖康元年（1126 年）冬，金兵攻破东京（今开封）。次年四月，金贵族在京城内一番大肆搜刮后，俘虏徽宗、钦宗两位皇帝和宗室、后妃等数千人，以及教坊乐工、技艺工匠、礼乐仪器、金银财宝、皇家藏书等退回北方，史称"靖康之变"，以此为标志，北宋灭亡。在"靖康之变"中，只有宋哲宗的废后孟氏和宋徽宗的第九个儿子、此时在外作康王的赵构幸免于难。建炎元年（1127 年）五月，赵构在南京（今河南商丘）南门外登基，重建宋王朝，史书以此作为南宋的开始，赵构也就成了南宋的第一位皇帝。但不久，他就一路南逃，从南京到扬州，不久，又从扬州到建康（今南京），再后来在临安（今浙江杭州）建都。

南宋因金兵的不断南侵和皇室贵族的向南迁徙，南方的地位日益重要，对海南岛的建置都在名称上改来改去。如宋高宗绍兴六年（1136年），废昌化军为宜伦县、万安军为万宁县、吉阳军为宁远县，皆归琼州管辖。绍兴十三年（1143年），又恢复宁远县为吉阳军、宜伦县为昌化军、万宁改称万安并为万安军。宋理宗端平二年（1235年）改昌化军为南宁军。

（三）元代的海南建置

1206年，蒙古族领袖在成吉思汗的领导下建立了蒙古汗国，在相继灭掉了西辽、西夏、金等国以后，于1271年由忽必烈建立元朝。至元十六年（1279），元朝灭掉了南宋，统一全国，定都大都（今北京）。至正二十八年（1368年），朱元璋领导的农民起义军攻入大都，元朝灭亡。元朝自忽必烈于1271年定国号算起至1368年灭亡，经历了11帝，共98年。但对于海南岛来说，到明洪武元年（1368年）六月，元朝海北海南道元帅等向明军递上降表，至此，海南岛又归明朝统治。海南实际归元朝统治的时间只有90年。

宋端宗祥兴二年（1278年）六月，南宋的最后一位皇帝逃至广东。十月，元将阿里海牙率兵进抵雷州。元军派遣宣慰旧帅马成旺招降，却遭到琼州守将赵与珞等人的殊死抵抗。元朝为了加强对海南岛的统治，设立了较为复杂的管理机构，主要有：

1. 琼州路安抚司。元朝在各路设行中书省，简称为"行省"或"省"。海南设"海北海南道"，简称"海南道"，隶属于湖广行中书省。元朝初期（即至元十五年，1278年），在雷州设立两个机构辖海南。其中，一为海北海南道宣慰司（简称宣慰司，长官称宣慰使，意为宣传朝廷的意旨以安抚地方的特使），是掌管军政的隶属于湖广行中书省的派出机构，治所在雷州路（今广东海康县），辖有海南岛上的琼州、南宁军、万安军、吉阳军，并改琼州为海北海南道宣慰使司；二是海北海南道肃政廉访司（肃政廉访司初称为提刑按察司，至元二十八年改称之），至元三十年（1293年）置，隶属于江南行御史台，掌管纠察所属地方官吏，并兼劝农事。每道设廉访使、副使各二员，秩正三品，另有金事、经历、知事、照磨兼管各一员。肃政廉访司与宣慰司为同级机构，互不隶属。治所与辖区也相同。

关于海北海南道宣慰司的始设时间，李勃先生考证甚详，"始置于至元十五年。当时治所未定，至元十七年才定在雷州路"[4]。但"宣慰使"只是海北海南道宣慰司的长官，并不能说明海南当时已有海北海南道宣慰司的机构，而在海南岛真正设立的统管军民事务的行政区划则是"琼州路安抚司"。如《元史·百官志七》记载："宣慰司，掌军民之务，分道以总郡县。行省有政令则布于下，郡县有请则为达于省。有边陲军旅之事，则兼都元帅府。其在远服，又有招讨、安抚、宣抚等使。"

琼州路安抚司是元朝在少数民族地区设立的主管军民事务的机构，隶属于海北海南道宣慰司管辖，长官称安抚使，官阶低于宣慰使或宣抚使。据徐连达先生主编的《中国历代官制词典》载：宋朝罢节度使、观察使之后设置了安抚使，以处理路一级的地区军民事务。元代时便作为行政机构设置安抚司，多置于边境和少数民族地区，总辖军民，秩正三品，长官有达鲁花赤、安抚使、同知、副使、金事、经历、知事各一员。

琼州路安抚司的始设时间也应与海北海南道宣慰司的设置同时，即至元十五年，《正德琼台志·沿革考》、明万历《琼州府志·沿革志》等书记载甚详。

2. 琼州路军民安抚司。琼州路军民安抚司的始设时间一直有争议。有人认为，至元十八年（1281 年），改为琼州路军民安抚司；吴永章先生认为，"至元二十八年（1291 年），改琼州路安抚司为琼州路军民安抚司，省吉阳县，其南宁、吉阳、万安三军仍宋制"[5]。唐玲玲、周伟民先生在琼州路军民安抚司的设置时间上说的不太具体，他们认为"至元二十八年（1291 年）至天历二年（1329 年）置琼州路军民安抚司"[6]。李勃先生认为，"元成宗大德二年（1298 年）五月之前，琼州路安抚司改为琼州路军民安抚司"，主要依据是《元史·成宗纪二》载："（大德二年）五月辛卯，罢海南黎兵万户府及黎蛮屯田万户府，以其事入琼州路军民安抚司"[7]。此说比较可信，但仍没有始设琼州路军民安抚司的具体时间。

从宋朝开始，已有了"海南"专指今海南岛的称谓。如《宋会要辑稿·方域》记载："欲琼州招置二百人，就于本州驻扎，经略司准备将领兼海南水陆都巡检一员，于白沙港岸置寨，统辖水军，弹压盗贼。"这条文献中也可以证明，至迟在这时已有了"海南"专指今海南岛的称谓。

3. 乾宁军民安抚司。元文宗天历二年（1329 年），将琼州路军民安抚司改称为乾宁军民安抚司。同年十月，升定安县为南建州，并移治于琼牙乡（今定安县城）。

至于定安县为何能升为南建州，还有一段与皇帝有关的来历：元英宗至治元年（1331 年），蒙古亲王图帖睦尔因皇室争斗而被贬至琼州，这也是海南历史上唯一一位被贬的皇帝。他在海南期间，黎族"峒主王官事之以礼"，给他留下了一份情意。到了泰定元年（1324 年）正月，他被诏回朝。天历元年

（1328 年）即皇帝位，第二年十月，就下诏"改琼州军民安抚司为乾宁军民安抚司，升定安为南康（注：应为建）州，隶海北之帅府，以南建洞主王官知州事，佩金符，领军民"（《元史·文宗纪》）。南建州黎族首领王官任知州，是宋代以来黎族被朝廷任命的级别最高的官员。

元顺帝元统二年（1334 年）十月，又改乾宁军民安抚司为乾宁安抚司。

4. 黎兵万户府。在黎族居住的集中地区还设立了专管黎族事宜的"黎兵万户府"。万户府是元朝设立的统领军队的机构，在各路设万户府，各县设千户所。兵有蒙古军、探马赤军。万户府分三等，统兵七千以上者为上万户府，秩正三品；五千人以上为中万户府；三千人以下为下万户府。实际上，"黎兵万户府"还有兼管黎族民兵和事务的职责。治所设在今海口市府城，直接归海北海南道宣慰司都元帅府管辖。据李勃先生考证，"黎兵万户府"的设置时间"当在元世祖至元十五年（1278）之后、至元二十四年（1287）之前"[8]，甚确。

5. 黎兵千户所和百户所。"黎兵万户府"下辖千户所（正五品），千户所下有百户所（正七品）。至元三十年（1293 年），元将就以邓高为统领，在五原、仁政、遵化、义丰、潭揽、文昌、奉化、会同、临高、澄迈、永兴、乐会各设一所，全岛共十二所（又称十二翼）千户所，以统领之。"元统二年十月，湖广行省咨，海南僻在极边，南接占城，西邻交趾，环海四千余里，中盘百洞，黎獠杂居，宜立万户府以镇之。中书省奏准，依广西屯田万户府例，置黎兵万户府。万户三员，正三品。千户所一十三处，正五品。每所领百户所八处，百户正七品。万户、千户、百户兼用土人。"（《元史·百官志八》）此时，千户所又增加一处，即万安千户所。故元统二年（1334 年）以后在海南设立的千户所有十三处，为正五品。其官职自万户以下都任用黎族"峒首"，并世袭其职。千户所不仅统率属下"黎兵"，还兼管地方上的军事和民政。

千户所也分上、中、下三等，统兵七百以上者为上千户所；五百以上者为中千户所；三百以上者为下千户所。每千户所设达鲁花赤一员，千户一员统领。《元史·百官志八》记载："国初，典兵之官，视兵数多寡，为爵秩崇卑。长万夫者为万户，千夫者为千户，百夫者为百户……千户之下置总把。"

6. 黎兵屯田万户府。大德二年（1298 年），置黎兵屯田万户府，归琼州路军民安抚司管辖。元统二年（1334 年），又设立湖广黎兵屯田万户府，统千户十三所。元代实行屯兵制，即"金土民为黎兵，用则为兵，散则为民"（《正德琼台志·兵防下》）。屯田所的建立，既使元朝政府加强了对黎族的有效统治，也使黎族固定下来，又解决了元朝的赋税问题，是当时比较先进的管理办法。当时，"每所兵千人，屯户五百，皆土人为之。官给田土、牛、种、农具，免其差徭"（《元史·顺帝本纪》卷三八）。客观上有利于黎族农业的发展。元朝在黎族地区有屯田性质的万户府、千户所、百户所等军事行政管理机构，使对黎族地区的管理大大加强。

元朝除上述机构外，还有三个军（即南宁、万安、吉阳）和十三个县，基本上延续了宋代的建置。南宁军领三县：宜伦、昌化、感恩；万安军领二县：万安、陵水；吉阳军领宁远一县。另有七县：琼山、澄迈、临高、文昌、乐会、会同、定安，直接归在琼州设立的司管辖。其中，会同、定安两县是至元二十九年（1292 年）六月，将新附的黎峒 519 峒划分出来，增设会同县，同时，将琼山县之一部划出设立定安县。

第二节　宋元时期对海南的政策变化

宋朝对海南的统治政策，基本上实行的是以安抚为主，社会相对稳定。到了元朝的统治者转变为以武力征服为主、兼用黎族土官的政策，造成了有元一代"患无宁日"的局面。

（一）宋朝的羁縻政策

宋王朝在统治海南以后，接受了汉代以来强化统治的教训，全面在黎族居住区推行土官制，即对黎族的峒首授以低微的官职和封爵，被史家认为是治黎政策的一大转变。这一政策的实施有助于社会安定和民族团结，从而促进黎族的经济文化迅速发展。

有宋一朝，虽然在三百多年内黎族的反抗活动也有十余次之多，但比起元朝统治海南的九十年竟有二十余次，显然，宋朝的海南还是基本稳定的，况且，在这十余次中绝大多数都属于偶然事件而发，没有形成大的反抗规模，事件很快被平息，社会影响也较小。而真正称得上规模的只有三次，都发生在南宋时期。一次在宋理宗嘉定（1208～1224 年）初年，琼山黎人王居起反，"王居起倡乱，屡抚屡叛"。绍定四年（1231 年）复大入寇，僭号南王，"残害临、澄、昌三邑，琼州城门昼闭"（清道光《琼州府志·防黎》卷二二），次年平息。为此，朝廷还专门立一通《大宋平黎颂碑》。另一次是理宗端平元年（1234 年），黎人"侵陷临高、澄迈，占据昌江"（清光绪《临高县志·黎岐·黎患》卷十五），经一个月就被平息。最后一次，也是规模最大的一次，发生在南宋末年的咸淳六年（1270年），"咸淳六年春，琼黎犯边，以钦守马成旺征之。成旺与子抚机间关数十战，恢扩省地。乃命抚机专管截黎出入，诸峒始不敢肆。"（清道光《琼州府志·防黎》卷二二）

对于历次黎族的反抗，封建统治王朝总是用"黎乱"来载入史册，充满了污蔑之词，现在有些史书又称之为"起义"也有不妥之处，笔者以为称之为"反抗"更为贴切。

宋朝对黎族的治理策略，自始至终采取了宽松的"羁縻"政策，按照明代海南人海瑞的话说，是"误宋者，在一'和'字，姑为一切扶绥之计，不可以策黎也"[9]。

所谓"羁縻"，汉代已有该词。如《史记·司马相如列传》记载："盖闻天子之于夷狄也，其义羁縻勿绝而已。"《索隐》曰："羁，马络头也。縻，牛缰也。"《汉官仪》'马云羁，牛云縻'言制四夷如牛马之受羁縻也。"这是对边疆少数民族的一种贬义，但它说出了对边疆的一种统治方式。南宋蔡沈《书集传》解释说："要服，去王畿已远，皆夷狄之地，其文法略于中国。谓之要者，取要约之义，特羁縻而已。"宋李焘《续资治通鉴长编》卷七二记载：大中祥符二年（1009年）十一月，"琼崖等州同巡检王钊言：黎母山蛮递相仇劫，臣即移牒委首领捕送为恶者，悉还剽夺赀货及偿命之物，饮血为誓，放归溪洞，皆已平静。上曰：朕常戒边臣，无得侵扰，外夷若自杀伤，但用本土之法，苟以国法绳之，则必致生事，羁縻之道正在此尔。"宋朝对海南的羁縻政策主要表现在以下几个方面：

1. 授予黎族首领为官职和爵位，以黎治黎。据吴永章先生研究，宋朝黎族授官爵者有16人[10]，其中有：北宋皇佑、熙宁年间的琼州王氏祖被朝廷授予"三十六峒都统领"（《宋会要辑稿·蕃夷五》）；熙宁（1068～1077年）中有黎酋补官；元丰三年（1080年）有"海南黎人陈被，盖五洞首领，异时强盛，且为中国患，今请出兵自效，宜有以抚纳之，仍乞经略司勿得预事。上命张颉处其事，颉命一摄官过海，呼出陈被等，补以牙校而去"（《续资治通鉴长编》卷三〇九），牙校为军队的低级小校；南宋乾道六年（1170年）授予王平和王利学的承信郎（约为从九品的散官）、符安节的进武校尉（宋朝始置，位为从九品的承信郎之下）、符安礼的进义副尉（无品，比进武副尉还低一级，遇有进武副尉阙时补上）；乾道七年，封琼州三十六峒都首领黄氏为宜人（宋代命妇的封号，文武官从六品、六品的母妻可封为宜人）；乾道九年（1173年），封黄文广为巡检（宋朝始置于沿海或关隘要地的武官，属州县指挥）。其他还有承节郎等，都是不起眼的小官。

应该承认，宋朝封给黎族首领的这些官职大都不是朝廷在品的实职，而都是不在品的虚职，但对于黎族首领来说，由于可以世袭，也得到了朝廷的认可，就使得黎族首领"得是足矣"（《续资治通鉴长编》卷三〇九）。对于朝廷来说，只需要拿出很少的俸禄或赏赐，就可达到治黎的目的。可谓一举双得。

2. 对黎族的抚绥政策。一旦遇有黎族闹事，朝廷不轻易派兵镇压，而是由黎族首领自己解决；黎首只要定期朝贡，以表示臣服宋王朝，朝廷就会给予赏赐。剿抚并用、以抚为主，是这一时期的政策特征。如明朝人戴璟总结说："宋时，诸峒黎叛服不常，或剿或服，而卒从抚为多。"（明嘉靖《广东通志初稿·生黎》）

值得研究的是，这时黎族的首领还多为女性，并由女性世袭。上述 13 个首领中就有："王氏祖父母及母黄氏，自授官爵封号以来，逐月俸给不曾请领"；皇佑（1049～1053 年）、熙宁（1068～1077 年）琼州三十六峒统领王二娘；嘉定九年（1216 年）"诏宜人王氏女吴氏承袭三十六洞统领事。以广西经略琼管司言，据澄迈县谭官村父老谢汝贤等称，大宁寨与权承袭宜人吴氏并邻。并嘉泰二年，宜人王氏年老，乞将邑号及三十六洞统领职事与嫡女吴氏承袭，弹压经管一十余年，管干边面肃静，黎民安居"（以上见《宋会要辑稿·蕃夷五》）；"绍兴间，琼山民许以为乱，黎人王日存母抚谕诸峒，无敢从乱者"（明《正德琼台志·平乱》卷二一）。女性受到社会的尊重是海南古代社会的一大特色。

3. 宋朝时设寨，外围用栅栏。寨既是基层的行政区划组织，又是用作防御和镇压的军事据点。这是用大陆的统治方法在海南的推广，"寨置于险扼控御去处，设寨官，招收土军，阅习武艺，以防盗贼"（《宋史·官职志七》）。宋代海南见诸文献记载的有西峰、安寨（在澄迈县），临高县安定寨、定南寨，崖州通远寨、延德寨，乐会县大宁寨、南营寨等。宋朝还设有水寨军，既防止黎人的反抗，又弹压沿海海盗。

4. 在黎族聚居区招"黎兵"、"土兵"、义兵以控制黎人。明《正德琼台志·兵防下》有记："宋，黎兵无额。"指的是无限额。《文献通考·四裔考八》又记：乾道九年（1173 年），"义兵统制黄文广屡战有功，并欲推赏，以澄迈县巡检权移驻扎乐昌县，控制黎人。"黎兵自备武器，平常在家务农，战时为村寨效力。张书言任琼管安抚大使时还成立有"弓箭社"。

5. 减免租赋，鼓励黎族耕种农田。宋王朝对黎族人民多采用较为宽松的"民不服役，田不输赋"。黎族的传统一向是狩猎见长，唐以后，随着人口的逐步增多，可供猎物剧减，再加上封建王朝的诸多限制，迫使黎民固定在一定区域内从事农业耕种。宋王朝更是采取一系列的减免租赋政策，鼓励黎族耕种农田。

6. 元代的海南屯田：宋朝因在海南的驻军较少，尚没有屯田的记载。元朝在海南实行了屯田制，以解决军队的给养。《元史·兵志》记载："海北海南道宣慰司都元帅府民屯。世祖至元三十年（1293 年），召募民户并发新附士卒，于海南、海北等处屯田。成宗元贞元年（1295 年），以其地多瘴疠，纵屯田军二千人还各翼，留二千人与召募民之屯种。大德三年（1299 年），罢屯田万户府，屯军悉令还役，止令民户八千四百二十八户屯田，琼州路五千一十一户，为田琼州路二百九十二顷九十八亩。"黎族通过屯田开发土地成了空前的壮举。

（二）元朝对海南统治政策的变化

元朝是一个种族歧视非常严重的社会，他把统治下的人分为四等，不同等级之间，在科举、官吏选用、军队、刑罚等方面都有严格的规定。其中，第一等是蒙古人，第二等是色目人（包括北方一带的少数民族），第三等是汉人（包括女真、契丹、高丽等族），第四等是南宋遗民。由于海南岛是元朝灭宋最晚的地区之一，生活在海南岛的人被元朝统治者视为最下等的人，所以，元朝一改宋朝对海南的羁縻政策，而主要表现为武力征服和残酷镇压两个方面。

在武力征服方面，主要是元朝初年在征服海南的过程中发生过两次大的战争。其中一次是至元十六年（1279 年）至十八年。十六年，朱国宝为海北海南道宣慰使，他到琼州后对于南宁军谢有奎等黎人的不服，还能示以信义，使"黎民降者三千户，蛮洞降者三十所"，"十八年，又攻破临高蛮寇五百人，招降了居亥、番亳、铜鼓、博吐、桐油等十九峒，遣部将韩旺率兵略大黎、密塘、横山，诛首恶李实，火其巢，生致大钟、小钟诸部长十有八人"（《元史·朱国宝传》）。正是朱国宝的征服黎族有功，才使他封为镇国大将军、海北海南道宣慰使都元帅。

第二次是至元二十八年（1291 年）至至元三十年，元军动用兵力两万余人，通过长达三年的战争手段使海南全境降附。对此，明嘉靖年间的《广东通志》卷六八记载甚详："至元二十八年辛卯，琼州路安抚使陈仲达诣阙陈平黎策。五月，授海北海南道宣慰司都元帅，命同廉希恕等将蒙古汉军顺化军七千二百人，益以民兵一万四千，收诸黎。仲达病卒。十一月，湖广行省平章阔里吉思以分省都师，命仲达子谦亨等分兵统剿。又明年七月，阔里吉思被诏还朝，乃以余贼付都元帅朱斌，斌统兵深入人迹不到之处，黎巢尽空。明年（指至元三十年）春，刻石五指黎婺而还。是役凡三历年，剿平清水等峒符十九、符察、陈萃、梁六犊、王郎、王嗣、陈子渊、黎福平等渠魁，降附者不可胜数，得峒六百，户口二万三千八百二十七，招收户口一万三千四百九十七。"

元朝统治海南以后，改变了黎族基本不供赋役的政策，无论其生黎熟黎，"其赋与齐民等"（《正德琼台志·学校》卷十六）。"海岛生夷叛服不常，按摊威望素著，夷人帖服，生黎王高等二十余洞，皆愿输贡税。"（《元史·也先不花附传》）这严重增加了黎族的负担，加上元代的赋税名目繁多，赋税较重，造成"黎乱"频发。

据有人统计，"宋代海南'黎乱'爆发的次数共达 14 次。而元代海南'黎乱'较之于宋代几乎增加了一倍，达 27 次之多，如果再加上不被记录在册的'黎乱'恐怕更多。在规模上，宋代海南'黎乱'参加的人数最多也只有上千人。而元代海南'黎乱'参加的人数竟达四、五万之多，这种规模的'黎乱'对于人口稀少的海南地区来说是罕见的"[11]。况且，元朝的'黎乱'常常还有"立国设官"、"僭号南王"之举。规模比较大的"黎乱"除了元朝刚开始征服海南的几次，主要发生在元朝末年，如：皇庆二年（1313 年），"黎人王奴欧等反，立国设官，伪称平章元帅，焚劫百姓，次年被平定"（《新元史·云南湖广四川等处蛮夷》卷二百四十八）；至顺元年（1330 年）至元统二年（1334 年）的一次是元朝规模最大的"黎乱"。清道光《琼州府志·防黎》卷二二有比较详细的记载："至顺元年，澄迈黎王官福等寇乾宁西界都元帅关，关军水尾失利，谭汝楫会诸军击败之，加汝楫为总兵都镇抚。既至军曰：'南建州居上流，乾宁居下流，若水退，贼渡江，乾宁危矣'。乃沿江置堠障，与万户刘琪分守之。贼复寇石山等处，汝楫与其子康力战，康遇害，关军不援，遂陷澄迈。时澄迈黎贼王六具遣其徒王吾数千人寇临高，逼南宁军，军判罗伯龙率义兵诛之。王官福复自东入寇，汝楫渡江出救，与守将设计大败贼党。时黎贼王马等皆反，陷会同、乐会、文昌诸邑，王官福据南建州，土贼王周亦纠十九峒黎蛮二万余人，乘间作乱，命调广东、福建兵隶湖广左丞移剌四奴讨之。"

元朝的土官制度与宋朝的不同。元朝不仅授予黎族首领较高的官职、官阶并世袭其职，而且拥有统率属下黎兵，兼管地方上的军事和民政实权。如"王丽珠，万州人，世为峒首。元至正间，陈子瑚陷州城，元帅陈安远拟授万安县主薄。已而……升县尹，统民兵保障"（清道光《广东通志·列传》）。"县尹"为县的长官。更有担任知州者，如天历二年（1334 年），黎族峒主王官就曾任南建州知州（《元史·文宗本纪二》）。

峒首统率下的黎兵主要用于镇压本地的反叛，一般"自备鞍马、兵器"，有时也被派往外地，甚至是岛外。管理得法是元朝统治秩序的维护者，不得法时又是"黎乱"的基本队伍。

第三节　宋元时期海南的社会发展

宋朝时期，随着中央政治和文化重心的南移、海南的地理位置日益重要、大批汉民迁至海南，其社会发展取得了空前的成就；元朝因蒙古族的残酷统治，海南的社会发展受到一定影响，但在部分领域也取得过不菲的成绩：

（一）宋元时期海南人口的变化

有宋一代海南有多少人口，一直是个令人迷惑的数字。依《宋史·地理志》卷九十的记载，宋神宗元丰初年人口统计的数字为：琼州五县共 8963 户，昌化军 835 户，万安军 270 户，吉阳军 251 户。共计为 10337 户。即使按每户5.4 人的最多统计，整个海南岛也仅 5 万余人，与前朝和后代相比差距很大。唐玲玲、周伟民先生分析主要有两个原因：一是人民为了逃避赋税和徭役，大量地隐瞒漏报人口造成的；二是大部分黎族不纳赋税，未编入宋朝的户口统计之列。[12]

笔者怀疑宋朝的这些人口统计只是汉人和生活在城里的人口，以朱崖军为例：丁谓被贬崖州时，说崖州城"户口都无二百家"（《全唐诗·丁谓诗》）。另有宋人周辉在《清波杂志》中记载："境内止三百八户"（指吉阳军，今三亚市崖城）。这两处记载都说明当时的崖州城内也就二三百户，代表了整个朱崖军的人口数量，其余的昌化军、万安军的情况与此相似。但也说明海南当时在总体上仍属于人口稀少的地方。《宋史·地理志六》卷九十记："宋初，以人稀地旷，并省州县，然岁有海舶贸易，商贾交凑……儋、崖、万安三州，地狭户少，常以琼州牙校典治。"

可能还有一个原因：由于海南属边远地带，在后来的几次人口统计中都是抄袭原来的数字或压根就没有统计。如太平兴国五年至端拱二年（980～989

年）的全国人口统计，崖州有户数 351；到北宋元丰（1078～1085 年）初年，琼州有户数 8963，其中，昌化军 835 户，万安军 270 户，吉阳军 251 户；崇宁元年（1102 年），琼州 4 县户数 8963。事隔一百余年，海南的户口竟一字未变，已经是很好的说明。

宋代海南的人口统计数字可能还不包括黎族在内。因为在宋朝时，黎族的大部分是属于"生黎"，是不纳税的，即使"熟黎"纳税，人口也少，如"化外黎人闻风感慕，至有愿得供田税比省民者"（朱熹《琼州知乐亭记》，载《晦庵集》卷七九）。靠志愿纳税的人毕竟是少数。故宋代赵汝适的《诸蕃志·海南》记载："黎人峒落日以繁滋，不知其几千百也。咸无统属，峒自为雄长。"

宋朝海南岛上黎族的人口数量更是未知数，但我们从黎族有多少峒，每峒有多少人的记载中，基本上有一个粗略的数字。《诸蕃志·海南》记载：宋徽宗崇宁（1102～1106 年）中，王祖道抚定黎人达"九百七峒"，"结丁口 64000，开通道路 1200 里"。《宋史·王祖道传》又记："黎人为患六十年，道路不通。今愿为王民，得地千五百里。……海南一千二十峒皆以团结，所未得者百七十峒；今黎人款化，则未得者才十之一耳。"王祖道此时为广西经略使，海南属之，颇有政绩。他的统计基本上是准确的。此时，宋朝连"得者"和"未得者"两项合计应有 1190 峒，接近隋朝冼夫人治理海南时的 1200 峒的数量。

黎族总的数量在宋徽宗大观元年（1107 年）有一个估计。宋徽宗在这年十一月二十五日的诏书中说："凡前世羁縻而弗可隶属者，莫不稽颡竭蹶，顺附王化，奄有夷峒，殆千余所，怀保丁民，逾十万计。"平均每峒合 80 余人。宋周去非的《岭外代答》卷二记载："淳熙元年（1174 年），五指山生黎峒首王仲期，率其旁八十峒，丁口一千八百二十人归化；诸峒首王仲文等八十一人，诣琼管公参，就显应庙砍石歃血，约誓改过，不复抄掠，琼管犒遣归峒。"若按宋代一丁口有 4.36 人[13]计，每峒合 99.19 人，即平均每峒有人口 100 人左右。

上述在新附黎人峒寨地区设立的会同、定安二县，就有 2 万余户。如果按每户五口人计算，则仅这两个县黎族人口就有 10 万余，加上五指山等地黎族聚居区的人口，宋代时海南有人口至少在 15 万人以上。

元朝时期，海南的人口统计终于有了比较准确的数字。《元史·地理志》卷六三记载："海南一路十三县总人口十六万六千余人。"元朝有如此具体的数字，主要得益于两个方面：一是黎族无论是熟黎或生黎，都要纳税赋役；二是元王朝势力较前更深入黎区并多次大规模的"籍户"（即户口统计，登记造册）和"阅实户数"。这时的海南人口统计自然就包括黎族在内。

元代在乾宁军民安抚司以后（即 1329 年以后）有户 75837，人口 128184，每县平均户数 10833.86。其中，南宁军辖 3 县，有户 9627，口 23652 人；万安军辖 2 县，有户 5341，口 8686 人；吉阳军辖 1 县，有户 1439，口 5735 人。另一数字，海南有户 92244，口 166257 人。[14]

元代黎族峒的数量也有所增加。按《元史·朱国宝传》卷一六五的记载，"黎民降者三千户，蛮洞降者三十所"。这样，每峒达 100 户。按《元史·世祖本纪》卷十九的记载"海南新附四州峒寨五百一十九，民二万余户"，最少的每峒也有 40 余户。每峒的人口按《元史·文宗本纪》卷三十三的记载，"王周纠率十九洞黎蛮二万余人作乱"，则平均每峒合 1000 余人，这还是参加"作乱"的人数，如果一个家庭按 5 口人计算，至少有 10 万人，加上其他市县，这时的黎族人口至少应有十几万，这是一个非常可观的数字。

（二）农业的发展

宋朝海南农业取得的成就主要表现在：因屯田使海南有了大面积的开垦；引进了优质占城水稻和海外的小粒花生品种；修渠堰灌溉，提高了粮食产量和旱涝保收。

宋真宗年间（公元 998～1022 年），海南从占城（今越南）引进了新的水稻品种，称为"占稻"。明唐胄《正德琼台志·土产上》记载："宋真宗年间，海南引来占稻种，占稻有数种，性耐水，择高田。五六月种，七八月收，有播种六十日熟者，谓之'六十日'。即宋真宗遣使取种占城，分布江淮诸处者。"占城稻的引用不仅解决了海南田园荒芜，粮食缺乏的问题，还很快地传入内地江淮流域，为古代中国的发展作出了重要贡献。

占城稻还具有耐旱、早熟的特点，"北宋真宗以后在南方逐渐推广。此后不但平原地区的水田普遍种植，而且水源比较充足的丘陵，也辟为梯田，推广的面积越来越广，这被誉为近千年来我国粮食生产上所经历的第一次革命"[15]。

宋元时期，都曾修渠灌溉农田。清顾祖禹《读史方舆纪要·广东六》卷一〇五记载："宋开宝八年（975 年）知州李易上言，州南五里有峻灵塘，开修渠堰，可溉水田二百余顷即此。或曰：潭，盖黎母山水所汇也。"琼山县东高山的岩塘坡，"延袤二百余丈，分流为二派，溉田各数百顷"；澄迈县东的祥塘，"乡人筑堤堰水溉田"（清·周广等辑《广东考古辑要·堤堰》卷九）。

元朝也曾兴修水利。见于如下记载：元大德二年（1298 年），开凿昌化县洪口溪，导水东流，"沿流计设陂十三所，沟十八条"（清道光《琼州府志·舆地·水利》）。至元三年（1337 年），琼山县修筑堤闸，"获水利者一十八处，成熟田者千有余顷。"

（三）海上丝绸之路的繁荣

有人认为，"唐宋时期，从大陆泉州、广州等地前往东南亚、南亚、东非、北非和地中海国家的商船，以及上述国家前来中国大陆的商船，大多都要在陵水湾或海口浦停靠休整、补给物品和淡水"[16]。其实，到了宋朝，海南岛在海上丝绸之路上已远不止"补给站"的作用，而是将大量的海南土特产运往南海沿岸诸国，又换回海南需要的珍品，海上贸易已成繁荣海南经济和官府税收的主要来源。

宋代由于停靠海岛的船只增多，海南岛沿海出现了近十个著名的码头和港口。如《宋会要辑稿·方域》记载：绍兴三十二年（1162 年），"欲琼州招置二百人，就于本州驻扎，经略司置将领兼海南水陆都巡检一员，于白沙港岸置寨，统辖水军，弹压盗贼"。其他港还有：郡（指琼州）东水路半日至文昌铺前港，半日至清澜港，日至会同调懒港，半日至乐会博敖港，半日至万州莲塘港，日至南山李村港，日半至崖之临川港，俱无隐泊处。西水路半日至澄迈东水港，半日至临高博浦港，日至儋州洋浦港，日至昌化乌泥港，日至感恩抱罗港，日至崖之保平港，俱有湾汊可泊舟（明唐胄《正德琼台志·海道·海境》）。

南洋各国番船也常到琼州海口浦、白沙津贸易，海南的各种热带作物、珍贵木材和南药，以及珍珠、玳瑁、蜜蜡、五色藤等土特产，源源不断地输往邻国。

宋朝记载南海"海盗"日见频繁，也偶称"海贼"，说明航行于南海的船只多了起来。如《宋史·陈尧叟传》记载："陈尧叟加恩黎桓，为京州国信使……又桓界先有亡命来奔者，多匿不遣，因是海贼频年入寇，尧叟悉捕亡命，归桓，桓感恩，拼捕海盗为谢。"《正德琼台志·海防》又记："旧《志》绍兴间，置水寨军一屯三百，弹压本路沿海盗贼，而无琼者，恐《志》略也。"

宋代的海上丝绸之路还成为海南回族的来源。宋朝大批回族人迁来海南已经不是一家一户或个体的迁移，而往往是一个团体、一个族群的迁徙行为。

《宋史·占城传》载：雍熙"三年（986 年），其王刘继宗遣使李朝仙来贡。儋州上言，占城人蒲罗遏为交州所逼，率其族百口来附"。

元朝海南的造船业有所发展。如《元史·世祖本纪十一》卷十四记载：至元二十四年（1278 年）九月"湖广省臣言：海南琼州路安抚使、南宁军总管谢有奎、延栏总管符庇成，以其私船百二十艘、黎兵千七百余人，胁征交趾"。据此推算，则每船可载十余人"[17]。

宋时期海上丝绸之路的繁荣还体现在海上船舶管理机构的成立。"到乾道年间（1165～1173 年），在海南设立琼州市泊分局，隶属广州市舶司。为了适应海上贸易的需要，宋代海南岛沿海的港湾开始形成固定的停泊点，来往于大陆的商船主要停泊在琼山的海口浦、白沙津和澄迈的石𥕅港。在北宋熙宁十年（1077 年）以前，琼州的商税额只有 4285 贯，而熙宁十年这一年全岛的商税收入则达到 19597 贯，增长速度很快。这个商税额，是征收海南土特产的香料、槟榔、小马、翠羽、黄蜡、苏木和吉贝的收入，也包括船舶税。"[18]但也有人认为，"从这些港口来往船舶的频率，可知是时海南虽没有设立是舶司，但民间贸易的商船，路过海南岛停泊，已络绎不绝"[19]。既然宋代官府有大量的税收，就会有船舶的管理机构，因此，宋朝设立海南船舶分司是完全可能的，但不可能称"分局"。

宋乐史《太平寰宇记·岭南道十一》记载："海南琼州北十五里极大海，泛大船，使西风帆三日三夜到地名崖门。从崖门入水江，一日至新会县。从新会县入，或便风十日到广州。海南琼山、澄迈、临高、文昌、乐会等地，"皆有市舶，于舶舟之中分三等，上等为舶，中等为包头，下等名蜑舶，至则津务申州，差官打量丈尺，有经册以格税钱，本州官吏兵卒仰此以赡。"（赵汝适《诸蕃志·海南》）宋代海上贸易已使用"大船"，这样的船究竟有多大，史无记载，但这几年的西沙群岛的考古材料可以充分证明。李光贬到海南后，亲眼目睹了海南岛对外通商的情景，遂写下一首《阜通阁》诗，其中有"千帆不隔云中树，万货来从徼外舟"（李光《庄简集·阜通阁》卷五）的名句来形容其繁荣程度。

频繁的南海船行与贸易，促进了海南人对南海诸岛的认识。宋周去非在《岭外代答·地理门》卷一记载说："海南四郡之西南，其大海曰交趾洋。中有三合流，波头喷涌而分流为三：其一南流，通道于诸藩国之海也；其一北流，广东、福建、江浙之海也；其一东流，入于无际，所谓东大洋海也。南舶往来，必冲三流之中。传闻东大海洋，有长砂、石塘数万里，尾闾所泄，沦入九幽。昔尝有舶舟，为大西风所引，至于东大海，尾闾之声，震汹无地，俄得大东风以免。"宋代的《琼管志》记有"东则千里长沙，万里石塘"。又《琼管志》引《舆地纪胜》卷一也有"千里长沙，万里石塘"的记载，有专家据此认为，这里的"千里长沙，万里石塘"是泛指南海诸岛之始。

清代顾祖禹《读史方舆纪要·崖州》记："宋天禧二年（1018 年）占城使言：国人诣广州，或风漂船至石塘，即累岁不达。石塘在崖州海面七百里。"北宋曾公亮《武经总要》卷二十记载："命王师出戍，置巡海水师营垒"，"治刃（左有鱼字旁）鱼入海战舰"，"从屯门山用东风西南行，七日至九乳螺州"。"从当时的航行里程计算，九乳螺洲应该就是西沙群岛，乳螺是时人对西沙群岛的形象的称呼。宋末代皇帝端宗赵昰在宋朝灭亡前曾逃亡到西沙群岛的七洲洋"[20]，说明在宋朝时期，西沙群岛已经纳入到大宋王朝的管辖范围，并不断派军舰巡逻。

（四）宋元时期复杂的移民成分

宋朝建立后，随着全国政治、经济和文化的重心也向南移，迁入海南岛的汉人多了起来，特别是南宋靖康（1126～1127 年）以后，皇室成员大批从中原迁往临安（今杭州），中原战乱纷仍，形成了历史上第一次迁居海南的热潮。据有人统计，"宋代到海南岛的大陆移居达 10 万人"（王俞春《海南移民史志》引陈铭枢《海南岛志》），几乎占据海南岛原人口的一半以上。宋朝移民的成分也极其复杂，主要有：

1. 到海南任职的官员，期满后落籍海南。据王俞春先生统计，"宋代从大陆各地渡琼任职期满后落籍海南者共有 40 余人，子孙后代繁衍，他们也就成为各姓过琼始祖"[21]。如北宋开宝年间的琼州知州周仁浚落籍琼山上邕（今海口市龙塘镇潭口），成为海南周姓迁琼始祖之一。

2. 戍边将士者。宋朝有大批军队驻扎海南，期满后就择地而居，娶妻生子，或与海南当地人融合成为"熟黎"。前者如浙江嘉兴海盐人朱廷玉在景德四年（1005 年）奉命来琼征海寇，镇琼 17 年，待回朝时，留夫人及七个儿子于琼山县；安徽合肥人秦旺原为驻守昌化军千户，南宋淳佑五年（1245 年）卒于昌化营所，子孙就定居此地，成为海南秦姓迁琼始祖。

3. 因避乱而到海南贸易经商或务农者。这样的人口最多，而且往往是整家或整族的移民。南宋靖康时期，皇室贵族和富商大贾被金兵一路追赶南逃，先居临安，再居福建莆田，最后落籍海南。元初时现在的海南农村，80% 以上的人都有族谱记载，称祖先来自莆田县。若再往前追溯就源于中原地区，非官宦世家，即名门望族。当然，更多的是因避乱而逃难的普通民众。如宋赵汝适在《诸蕃志·海南》记载："闽商值风飘荡，赍货陷没，多入黎地耕种之。归官吏及省民经由村峒，必舍其家，恃以为安。"

来自占城（今越南）的回民也归此类。时值占城国与安南国、真腊国之间的战争，占城国民不断越海来琼，或避难，或经商。《宋史·占城传》记载：雍熙三年（986 年），"其王刘继宗遣使李朝仙来贡。儋州上言，占城人蒲罗遏为交州所逼，率其族百口来附。"有人追溯到来自占城的回民原为阿拉伯人，"番俗本占城人，宋元间，因乱，挈家驾舟而来，散泊海岸，谓之番村番浦。今编户八所三亚里，皆其种类也"（罗香林著《蒲寿庚传·海南岛蒲氏回教徒考》引《古今图书集成》）。

因宋朝廷鼓励移民在黎族居住区内的官荒地上开垦耕种，一方面影响了黎族的传统射猎生活，另一方面也给黎人的耕种造成威胁。《续资治通鉴长编》卷三三九记载：元丰六年（1083 年）九月，"知琼州刘威言：朱崖军土脉肥沃，欲乞委本军，除旧系黎人地不许请射外，余许诏诱客户，请系官旷土住家耕作，仍立赏格激劝。从之。"

《宋会要辑稿·蕃夷五》又载："琼管体量安抚朱初平言：海北之民占请黎人田，黎人无所耕种，恐致生事，乞禁止。"

但在这些"熟黎"中不乏原来是大陆来的移民，后来在此居住久了便被黎化而成为"熟黎"。如元代人马端临的《文献通考·四裔考》引宋·范成大的《桂海虞衡志》记载："熟黎贪狡，湖广、福建之奸民、亡命什焉，侵轶省界，常为四郡患。"宋代周去非的《岭外代答·外国上》说的更明白：生黎"本不为人患。熟黎，多湖广、福建之奸民也，狡悍祸贼，外虽供赋于官，而阴结生黎以侵省地"，所以，这些人的成分特别复杂。

4. 贬谪者。这是对海南文化发展最有影响的一批。因宋朝内忧外患的加剧，朝野的政治斗争异常激烈，一批斗争失意的文化人被贬流寓到海南岛。据专家研究，"整个宋朝三百多年的时间里被贬岭南的官员至少有 400 人之多。而比岭南更为遥远的海南则是对这些官员更重的一种处罚。综观宋朝，因为各种各样原因，被处置到海南的各级官宦大约有八十人之众"[22]。在这些贬官中，以北宋苏东坡以及南宋的李纲、李光、赵鼎、胡铨最为著名。

苏轼（1037～1101 年），字子瞻，号东坡居士，称"大苏"，眉州眉山（今四川眉州）人，是中国古代文坛上的巨星。"他的诗词、散文等表现了豪迈的气概、丰富的思想内容和独特的艺术风格，代表了北宋文学的最高成就！

他与父亲苏洵、弟弟苏辙文名满天下，并称'三苏'，一同位列'唐宋八大家'之中，这简直是文学史上的一个奇迹。"[23]他的书法也被列为"北宋四大家"之一。

北宋绍圣元年（1094年）六月，苏轼被一贬再贬，来到惠州（今广东惠阳）作宁远军节度副使。不久，他又因写了一首《纵笔》诗而被惠州的地方官送至朝廷，被宰相章惇诬陷，将他贬到更加穷僻荒凉，被称为"一去一万里，万之万不回"的海南岛的儋州。

苏轼于绍圣四年（1097年）四月十九日从惠州启程。六月九日，携幼子苏过到达雷州海康县（今广东徐闻）海边，故清《崖州志》卷二〇的记载，苏轼"由徐闻县直至澄迈县通潮驿，非今日由海安至海口也"。十一日，苏轼乘船渡海至澄迈县老城通潮驿登岸，住在驿站的通潮阁。因他此时尚有琼州别驾的虚职，便来琼州府报到，住在城南的开元寺。十多天后，他于七月二日到达儋州，时年已62岁。

绍圣五年（1098年）四月，朝廷派湖南提举常平官董必赴广西查访，听说他住在官舍，就将苏轼逐出，从此，他过起了"此间食无肉，病无药，居无室，出无友，冬无炭，夏无寒泉，然亦未易悉数，大率皆无耳"的生活。儋州知府张中送些物资接济苏轼。为此，张中不久后还被告发，调离儋州。

求才若渴的儋州人听说来了当代大文豪，就帮他建起了房子，称"桄榔庵"；有的人送上了酒菜；四方学子更是蜂拥而至，拜师学艺。苏轼也不负众望，既忙着授徒育人，又帮助当地的村民耕地劳作，传授中原先进的农耕技术，教育当地人研墨制砚、酿酒、写诗作画，渐渐地使他的生活充实起来，也对海南产生了深厚的友谊和情感。以至于后来他就自称为海南人，他在《别海南黎民表》中写道："我本海南民，寄生西蜀州。忽然跨海去，譬如事远游。"

苏轼在儋州三年的艰苦岁月，创作了大量的诗歌和散文，并书写了一批赋、铭、颂、书信等，涉及到海南的许多风土人情、地理历史、人物建置，后来就被其弟苏辙辑为《儋耳手泽》、《海外集》等。他也给海南人民留下了许多名垂千古的文物古迹，如儋州市的东坡井、载酒堂，还有因纪念他而建的东坡书院等。他的幼子苏过陪伴苏轼十余年并随苏轼在海南生活三年，形影相随，耳濡目染，诗文艺术大有进步，苏轼曾夸奖他说："小儿少年有奇志，中宵起坐存黄庭。近者戏作凌云赋，笔势仿佛离骚经。"苏过的一篇《论海南黎事》真实地记载了在海南的所见所闻。

1100 年（元符三年）正月，徽宗即位，六月十七日，他正式接到朝廷的命令，要他内迁回朝。六月二十日，他正式登舟离琼，写下了《六月二十日夜渡海》诗篇，是他跟海南人民的最后道别。他写道：

> 参横斗转欲三更，苦雨终风也解晴。
>
> 云散月明谁点缀，天容海色本澄清。
>
> 空余鲁叟乘桴意，粗识轩辕奏乐声。
>
> 九死南荒吾不恨，此游奇绝冠平生。

他刚抵合浦不久，就被任命为舒州团练副使。而且北归一路上被连提几级，至英州时，恢复朝奉郎职务，并兼提成都府玉局观。他先是接到圣旨去永州（今湖南零陵）居住，又接圣旨回朝任职，从常州到了杭州，就在他将要离开常州去京赴任的时候，却不幸病故，享年 66 岁。

李纲（1085~1140 年），今福建邵武市人，字伯纪，号梁溪，是北宋与南宋之交的著名抗金英雄，也是一位很有才华、又有魄力的宰相，命运与苏轼也多有近似之处。

李纲北宋政和二年（1112 年）中进士，官居兵部侍郎、亲征行营使。宋徽宗宣和七年（1125 年）十二月，金兵挥师南下，直逼京都开封。已经被金兵打得魂飞胆丧的宋徽宗赵佶，一面遣使求和，一面号召天下"勤王"，并把皇位让给太子赵桓，带着他的家眷大臣一路南逃，这位新皇帝便是宋钦宗。赵桓当上皇帝后还曾一度鼓起勇气抗金，取年号曰"靖康"，以表明抗金的决心。此时，宋钦宗就启用著名的主战派大臣李纲，把他任命为兵部侍郎，守卫京师，不久，李纲就被提拔为兵部尚书。

南宋高宗建炎元年（1127 年），李纲为尚书右仆射兼中书侍郎。他为大宋王朝制定了治国、整军、抗金的十大主张，上《急先务疏》，荐举宗泽、岳飞等主战的名将抗金。这一次，李纲也仅做了 75 天的宰相，又被诬陷，贬至鄂州（今湖北武汉）。建炎二年十一月，又贬至万安军（今海南省万宁、陵水一带）安置。

李纲于这年 11 月 25 日在海口浦登陆，三天后便遇赦北归。他是五位先公中贬居海南岛时间最短暂的官员。绍兴元年（1131 年），官复资政殿大学士，以后又在今湖南长沙、江西南昌等地任职。绍兴十年（1140 年），病逝于福建苍山，赠少师，谥号忠定，是海南第一楼祭祀的"五公"之一，被朱熹评价为"虽以谗间窜斥，濒九死，而爱君忧国之志，终不可得而夺，亦可谓一世

之伟人矣!"（清张伯行《续近思录》卷一四）

李光（1078～1159 年），字泰发，又名泰定，号转物居士，越州上虞（今浙江上虞）人。北宋崇宁五年（1106 年）进士，曾任太常博士、右司谏、秘书少监、端明殿学士、江东安抚大使、知建康府、礼部尚书、吏部尚书、参知政事、资政学士等职。

李光任参知政事时，正值奸臣秦桧为相。南宋绍兴十一年（1141 年）冬，秦桧以"莫须有"的罪名杀害岳飞之后，便又设计陷害李光，秦桧指使万俟卨"论光阴怀怨望，责授建宁军节度副使，滕州安署"。三年之后，李光又被迁往"远恶边鄙之地"的琼州，在今五公祠旁金粟庵住了 6 年，于绍兴二十年（1150 年）又因政敌吕愿中等告他与胡铨"诗赋唱和，讥讪朝政"，被秦桧再贬为昌化军（今儋州市中和镇）编管。绍兴二十五年（1155 年），秦桧死，李光才被量移湖南郴州安置。绍兴二十八年官复原职。二十九年致仕，行至江州（今江西九江）时病逝。孝宗即位后，赠谥号庄简。

李光来到海南岛上仍做他的学问，还不遗余力地培养人才。他居琼达十一年之久，其中，在儋州生活六年，为海南传播中原先进文化作出了突出的贡献。

赵鼎（1085～1147 年），字元缜，自号得全居士，闻喜（今山西闻喜）人。宋徽宗崇宁五年（1106 年）进士，曾任司勋员外郎、右司谏侍御史、参知政事、资政学士等职。

南宋绍兴四年（1134 年），赵鼎被任命为相，就力主推荐岳飞为统帅。绍兴八年（1138 年），高宗为了和金人议和，起用早年叛降金人、被金人放还的秦桧为相。此时，一直力主抗金、恢复中原的宰相赵鼎被排挤出朝，"以忠武节度使出知绍兴府，寻加检校少傅，改奉国军节度使"。在秦桧率同僚为赵鼎送行时，赵鼎竟"不为礼，一揖而去"，使秦桧更加恼怒。不久，就将赵鼎贬至泉州，接着又被贬到兴化军（今福建莆田），再移漳州，又责清远军节度副使，潮州安置。绍兴十四年（1144 年），赵鼎又受到中丞詹大方的诬陷，最后来到了吉阳军（治在今海南省三亚市崖城）。

赵鼎在吉阳军寄住在水南村的裴闻义家里闭门谢事，不与任何人来往。后来，因吕愿中的诬告，再被贬为昌化军（今儋州市中和镇）编管。

只有广西将军张宗元偶尔遣兵校拿药、酒、米、面。秦桧闻知，责令吉阳军守每月上报赵鼎的表现，并把张宗元调离广西。赵鼎因此更加贫病交加。他给朝廷上书说："白首何归，怅余生之无几；丹心未泯，誓九死而不移。"秦桧看后说："此老倔强犹昔。"绍兴十七年（1147年），朝廷下诏"赵鼎遇赦永不检举"。

赵鼎表明了誓死不从秦桧的意思后，自忖必然会遭受秦桧的更大迫害，甚至还会连累家人。于是他就告诉儿子："桧必欲杀我。我死，汝遭无患；不尔，祸及一家矣。"遂于这年（1147年）八月绝食而死。临死前，在自己的铭幡上题下了正气凛然的诗句："身骑箕尾归天上，气作山河壮本朝。"大有宁死不屈的英雄气概。

赵鼎死后，初葬于今海南省昌江县的旧县村，次年得旨，归葬于浙江石门。今昌江县旧县村仍有赵鼎衣冠冢。赵鼎死后10年，才被追封为丰国公，赠太傅，谥忠简。

胡铨（1102~1180），字邦衡，号澹庵，江西庐陵（今江西吉安）人，是五公中被贬海南岛上时间最晚的一位。宋高宗建炎二年（1128年）中进士，历官枢密院编修、秘书少监、起居郎等职，也是南宋著名的历史学家。

他力主抗金，反对秦桧。绍兴八年（1138年），他给皇帝呈上《戊午上高宗封事》疏，请皇上力斩投降派秦桧、王伦、逊近三人。秦桧得知后，就硬给他加上了"狂妄凶悖，鼓众劫持"的罪名，将他定为流放最为严重的级别——除名，交由昭州（今广西平乐）监管。但在许多大臣的反对下，胡铨被改为广州监管盐仓。绍兴九年（1139年）改任威武军判官。绍兴十二年，又遭到谏官罗汝楫的弹劾。按秦桧意要将他斩首，因高宗"上不忍诛"而把他送到了新州（今广东新兴）编管。

这时，朝野各地到处都是秦桧的党羽，在新州，他因一首《好事近》诗而被守臣张棣告发，说他"谤讪怨望"，便于绍兴十八年（1148年）正月，最后被贬到吉阳军。秦桧死后不久，即绍兴二十五年（1155年）十二月，胡铨才被移往衡州（今湖南衡阳）编管。胡铨在海南岛上生活了近十年时间。

胡铨在被贬海南的时间内，为黎族同胞办学设教，传播中原文化，深得海南人民的敬重。绍兴三十一年（1162年）正月，胡铨得以自便。孝宗即位后将胡铨召回朝廷，任宝文阁待制、奉议郎。后又知饶州（今江西鄱阳）、吏部郎官、秘书少监。有一次皇帝颇为同情地对他说："你流落南方二十余年，却没有像屈原那样葬入鱼腹，实在是祖宗天地留你，让你来辅佐朝政的。"胡铨闻此，不禁悲痛不已，泪流满面地说："我三次被贬流落南海，如入虎口，哪还侈望能有今日？"从这一段对话中，可以清楚地看到胡铨对自己被贬二十余年的感受。

隆兴二年（1164 年），胡铨任国子监祭酒；不久，任兵部侍郎，率兵督战于射阳；乾道七年（1171 年），拟提拔重用为文渊阁侍郎，胡铨坚辞不就。淳熙七年（1180 年），卒于故里，谥忠简。

第四节　宋元时期海南文化教育事业的发展

宋朝的海南文化教育事业是从起步到快速发展的时期，主要表现在佛、释、道等各种宗教开始盛行起来，各地开始有了学校并培养了十余名进士和一批举人，马祖信仰传入海南。

（一）儒学教育的发展

宋朝是尊孔和祭孔都比较隆盛的时代，海南的大部分孔庙都建在这一时期，称为文庙，因海南儒学多设在文庙内，所以也称学宫。

海南规模最大、设施最完备的学宫是琼州府学宫，因奉诏而始建于北宋庆历四年（1044 年），故址在今海口市府城镇东门印刷厂，由礼堂（后改称大成殿）、讲堂（后改称明伦堂）以及东西两庑和戟门等组成。仁宗重视琼州文教，特命国子监教授宋守之为琼州知州。元丰年间（1078～1085），琼州学宫已成为全岛学宫的代表。南宋淳熙九年（1182）朱熹为之作记并写明伦堂额。其他保存下来的文庙也大都始建于宋代，如文昌市文庙始建于北宋庆历（1041～1048）年间，澄迈县文庙始建于南宋咸淳三年（1267），临高县文庙始建于南宋等。

宋代大力提倡儒学，一批文化人到海南任职和贬到海南，都为人才培养发挥了重要作用。北宋太宗年间，海南有了第一所小学——宝芳小学。庆历四年（1044 年），琼州有了官办府学，琼山、澄迈、临高、文昌、儋县等也都有县学，但大部分称为学宫。景佑四年（1037 年），朝廷"诏藩镇始立学，他州勿听。庆历四年，诏诸路州、军、监各令立学，学者二百人以上，许更置县学。自是州郡无不有学。始置教授，以经术行义训导诸生，掌其课试之事，而纠正不如规者"（《宋史·职官·教授》）。海南的大部分州县学便在此时兴办。

由于宋朝政治重心的南移，在海南也设立了贡院。明万历《琼州府志》记载："贡院，在（琼山）县北天宁寺旁。宋南渡，琼设科取士于此，试期以六月，额十三名。"

不仅如此，黎族子弟这时也能到郡学里读书了，宋代王象之《舆地纪胜·琼州》记载："新学，在郡学之左庑，黎人遣子弟入学。"州县文官还到学宫讲经授业。如《琼州府志》卷二九记载："宋守之，庆历年间知琼州，教诸生讲五经于先圣庙，建尊儒阁，暇日亲为讲授，置学田，以资膏火，由是州人始知好学。"

全国真正教育制度的确立是在宋代，因为这时的书院具备了藏书、教学和祭祀为一体的三大功能。海南两处最著名的东坡书院也建于此时。琼州府城的东坡书院是"北宋末期，琼人在'东坡读书处'（今苏公祠）开设东坡书院，但规制甚微，其外连洞酌、临清、濯缨三亭，内设课舍和讲堂，其后便是东坡祠"【24】。另一所便是儋州的东坡书院，它是在元代延佑四年（1317年）春，为了纪念苏东坡而在当年"载酒堂"原地"构堂三间而像其中，周以堂庑门室，作东坡词。元泰定三年（1326年），又将东坡词迁往城东，更名为'载酒堂'"【25】。

苏轼在儋州三年（1097～1100年）期间，就培养了海南第一位举人琼山人姜唐佐。故明代人吴节在《琼州府学鼎建新堂记》中曰："自昔郡学之制，则始于庆历，详于淳熙，有自来矣。人物之盛，在宋时有扬誉苏门者焉，有驰声甲科者焉，亦有文擅乡邦者焉。"《正德琼台志·风俗》卷七又记："琼僻居海屿，旧俗殊陋，唐宋以来，多名贤放谪，士族侨寓，风声气习先后濡染，不能无今古淳漓之别。"该书《人物》卷又说："科目自隋莫盛于进士，琼在宋四榜连破天荒，又继以年少探花，为人争艳，所以盛启乎后有自矣。"

何人为海南岛上第一位进士？宋代有多少进士？史书颇有争议：第一名进士有陈应元、陈孚、符确诸说；中进士者有十二人、十五人诸说。今依王俞春先生说"琼山人陈孚曾从学于宋守之，是众生中出类拔萃者，后来参加会试，成为海南第一位考中进士者"，"两宋海南出生的进士共有15名之多，从此海南便开始有人到朝廷和大陆各地做官"【26】。

海南在宋代破天荒的从边远蛮荒之地走出十余名进士，历代史家都给予很高的评价，具有划时代的意义。从此，海南岛甩掉了"文化沙漠"的帽子，崇文重教之风悄然形成。

元朝，因民族歧视政策所限，统治者不重儒学，科举制度时兴时废，在统治中国近百年的时间内仅举行科举考试十六次，录取进士1139人，最少的一次才录取进士35人，是隋唐以来科考次数和进士人数都最少的朝代，海南竟无一人考中进士。

元朝所谓的"兴学"、"劝学"大都是一些有识之士的个人所为，对海南的文化事业发展，主要体现在两方面：

图8　澄迈县宋元时期的美榔双塔之一

其一是学校较前有了增多，"重学重教"之风正悄悄发展。如清《琼州府志·宦绩》卷二九记载：拜都"延佑二年（1315年），为海北海南廉访使司副使，崇重学校"；"天历初，又有贾焕……为廉访使，爱民厚俗，尝著《勉学篇》以示士子，皆深得宪体，而尤著意于学校作养云"（《琼州府志·宦绩》）。范梈也在延佑初年"巡历遐僻，不惮风波瘴疠，所至兴学教民"。

其二是元代还在黎族的聚居区设立"寨学"。据清道光年间的《琼州府志·海黎》卷二二记载：从至元年间，海南的黎族居住区便有了专门为黎族子弟而设立的学校，阔里吉思平黎后，"从省幕乌古孙泽议，立寨学训谕诸峒"。

（二）佛教的发展

宋朝对佛教的传播有所控制，如《宋会要辑稿·道释》载："建隆初，诏佛寺已废，不得再兴"，但海南各县都建有佛寺。

元文宗皇帝图贴睦尔于至元元年（1321年）被放逐来海南三年，受到当地士民的善待，他即皇帝位后，仍念念不忘在被放逐时居住过的地方——琼州府城和定安县人民给予他的关照。所以，当他回朝即位皇帝以后，便下诏大兴土木，在琼州府城营建普明寺，以酬答神明对他的保佑。

海南现存有宋元时期的佛塔，如海口市石山镇的儒符石塔、澄迈县美亭乡美郎村的美榔双塔等，都始建于宋元时期，也都用石条建造成多层，高达十余米，尤其是美榔双塔不仅巍峨雄伟，结构复杂，而且雕刻精湛，代表了海南古代建筑艺术的成就。

琼州府城北郊、今海口市红城湖路南的天宁寺始建于宋，初名天南寺。明洪武二十六年（1393 年）建殿宇、两廊、普庵讲堂和六祖讲堂。洪武三十年（1397 年）又建二殿并僧房三间。永乐年间已成"海南第一禅林"。正统八年（1443 年），又增建了观音阁，"成为海南殿宇最为宽阔、经书最为齐全、住寺僧人最多的寺院"[27]。

（三）道教的盛行

北宋道教已分南北两大派别，其中南宗以张伯端为代表，被奉为全真道南宗的始祖。至北宋末至南宋初的时候，海南岛上出现了一位被道家尊为全真道南宗五世祖的白玉蟾最有影响。

白玉蟾，"号海琼子。至雷州，继白氏后，改姓白，名玉蟾，字以阅众甫，号海南翁，一号琼山道人，一号蠙庵，一号武夷散人，一号神霄散吏，一号紫清人"（彭耜：《海琼玉蟾先生事实》）。可谓海南古代有最多名号的人。

白玉蟾原名葛长庚。祖父葛有兴原为福建闽清人，北宋熙宁八年（1075 年）以教授的身份来海南任教，落籍琼州五原都（今海口市石山镇典读村）。有人说白玉蟾生于宋光宗绍熙五年（1194 年），也有人认为他生于宋高宗绍兴四年（1134 年）。白玉蟾"尝于黎母山中遇仙人，授以洞元雷法。养真于松林岭，长游方外，得翠虚陈泥丸之术"（清乾隆《琼山县志》）。陈泥丸即陈楠得道术。《琼山县志》说：白玉蟾 16 岁离家真正开始学道生涯，16 岁这年只是到黎母山寻师，并在儋州松林岭养真多年，23 岁方才离开海南岛，便远游四方，执著求道，著有《云游歌》、《博罗县驿》等传世，今有《白玉蟾集》。

白玉蟾对宋代道教的主要贡献，是他创立了传行神霄系雷法的符箓教派，他还是海南第一位有史可查的诗人。

南宋时期山河破碎，朝廷大力宣扬忠勇义气的英雄人物，并通过加封来巩固皇权，安定民心，使道教活动的载体——庙观，迅速多了起来。如三国蜀汉大将关羽死后八百余年都没有引起人们的太多关注，到了宋哲宗绍圣三年（1096 年）才被封为"烈王"，徽宗时又加封其为"忠惠王"、"武安王"、"义勇武安王"，高宗时封为"壮缪义勇王"，孝宗再封其为"英济王"。元朝时还在不断加封，如元文宗时封其为"显灵义勇武安英济王"。由于封建皇帝的大力提倡，全国各地的祭祀庙宇迅速发展起来，海南也不例外。

政和七年（1117年），宋徽宗令全国各州府修建神霄玉清万寿宫，供奉长生大帝君、青华帝君等神灵，海南虽为"南极"，也纷纷建起道观。海南各县见诸史书记载的道观有：今琼州府城：玄妙观、玉皇殿（玉皇庙）、佑圣堂；临高县：永兴观；文昌市：觉照堂；儋州市：玄妙观；万宁市：玄妙观，有道士五十余名；三亚市崖城镇：真武堂。今海口市五公祠的一通宋徽宗的"神霄玉清万寿宫诏碑"，已成全国罕见的珍贵文物。此外还有儋州市中和镇的济宁庙，北宋时为祭祀"岭南人的圣母"冼夫人而建。

（四）元代妈祖文化的传入

妈祖是我国东南沿海的女神，名林默娘，被后人尊称为妈祖。相传她生于宋太祖建隆元年（960年），是今福建省莆田县湄洲岛都巡官林愿的第六个女儿。她出生时就与常人不同，红光入室，异香扑鼻，弥月不哭，故名为"默娘"。她八岁读书，十岁诵佛，十三岁通道，常神游出海，救助渔民。宋太宗雍熙四年（987年），她因抢救狂风大浪中的渔民，被风浪卷走了，但她并没有死，遂化作神灵升仙而去，人们还经常见她"裳衣朱红，飞翔海上"，于是成了能消灾除祸、保佑渔民航海平安、扶正压邪、救苦救难、广施仁德、慈仁宽厚、有求必应的靖海女神。

南宋以后，在皇帝的不断御封中被一步步抬高，完成了由人到神的转化。南宋绍兴二十年（1150年），她被封为"灵惠夫人"。宁宗时，初封为"灵惠助顺显卫妃"。元至元十八年（1281年），封为"护国明著天妃"。明洪武五年（1372年），再封为"昭教纯正孚济感兴圣妃"。清康熙二十二年（1683年）终于完成了天后的封衔"护国庇民昭灵显应仁慈天后"。

从《正德琼台志》、明万历和清道光《琼州府志》等书记载，海南人对于妈祖的信仰是从元代时传入的。如《正德琼台志·坛庙》卷二六记载，元代海南建天妃庙有四座，其中，琼山府：天妃庙在海口，元建；万州：天妃庙在城东，元建；崖州：天妃庙在州西南海边，元立；感恩县；天妃庙在县西，元乡人韩德募建。清道光《琼州府志》卷八记载："天后庙，一在白沙门，一在海口所，元建。"

据周伟民先生考证："历代皇帝对马祖进行了34次褒封。其爵位从'夫人'、'妃'直至'天妃'、'天后'，并被人尊称为'天上圣母'。同时皇帝还颁诏天下，'春秋谕祭'，编入国家祀典。终元一代，五次褒封，遣官致祭全

国 15 座著名妈祖庙，祭仪、祭品、祭文均入典制，盛况空前。"【28】

另外，宋代在琼州、万州等地还有祭祀舶主的庙，称"舶主都纲庙"，大体也属于道教的范畴。宋代是海南的海上丝绸之路繁荣时期，随着中外商船在南海航运的增多，海南岛沿海形成了许多著名的港口供商船停泊贸易。如宋王象之《舆地纪胜·琼州》记载："神应港，琼州白沙津蕃舶所聚之地。"这些船昼夜航行于海上，难免会经常遇到大风大浪和海盗的袭击。南宋淳熙十五年（1188 年），海南船民就曾遇到过一次飓风，幸存下来的人将船停泊在自冲一港，就相信得到了神灵的保佑，故名"神应港"。于是，也在港上建庙，祭祀海神。

海南最早记载祭祀海神的庙宇在宋代文献，庙宇称"舶主"。在万安州东北三十五里会通都新泽港有昭应庙，其神原有庙祀名舶主（《正德琼台志·坛庙》）。宋赵汝适《诸蕃志·海南》记载："城东有舶主都纲庙，土人敬信，祷卜立应，舶舟往来，祭而后行。"

第五节　海南黎族的社会发展

宋代海南的熟黎多数已和汉族呈杂居的局面，农业、商业等方面都取得了长足的进步，特别是宋元时期的黄道婆来海南学习黎族的纺织技术，并经过她的革新和在大陆的推广，为中华民族纺织业的发展做出了重要贡献。

（一）"生黎"与"熟黎"的形成

我们前面说过，唐代时已有称生活在海南岛上的土著人为"黎"，但那时尚不普遍。宋朝不但在多数情况下称"黎人"，而且还有了"生黎"与"熟黎"的区别，同时，黎人还有了姓氏和名字。宋代王象之的《舆地纪胜》引《系年录》记："黎母山诸蛮环居，号黎人。去其省地远，不供赋役者号生黎，耕作省地者号熟黎。熟黎之外，始是州县。四郡各占岛之一陲，朱崖在岛南，既不可取径，则复桴海，循海岛而南，所谓开涉鲸波也。四郡之人多黎姓，盖其裔族，而今黎族乃多姓王。"南宋人范成大的《桂海虞衡志》记："而今黎人乃多姓王"，宋赵汝适的《诸蕃志·海南》卷下记载："峒自为雄长，止于王、符、张、李数姓"，说明是受汉人的影响而起的姓。

宋代所谓的"生黎"，主要是因他们长期生活在偏僻的山区，不常与外界接触，自然也不纳赋税；而"熟黎"则是与汉人接触较多，已经以农耕为主并向官府纳赋役。如南宋人范成大的《桂海虞衡志·志蛮》条记载："黎，海南四郡坞土蛮也。坞直雷州，由徐闻半日至，坞之中有黎母山，诸蛮环居四旁，号黎人。内为生黎，外为熟黎。山极高，常在雾霭中，黎人自鲜识之。久晴，海氛清廓时，或见翠尖浮半空，下犹洪濛也。山水分流四郡，熟黎所居已阻且深，生黎之巢深邃，外人不复迹。黎母之巅则虽生黎亦不能至。相传其上有人，寿考逸乐，不与世接，虎豹守险，无路可攀，但觉水泉甘美绝异尔。"

至于唐宋时期，以黎取代僚、俚称呼的来历，说法不一，其中比较普遍而且流传较早的说法，是因在其居住的地方称为"黎"或"黎母山"而得名。如宋乐史的《太平环宇记》记载："俗呼山岭为黎，人居其间，号曰生黎。"《广东通志》卷三三〇则把这两种说法结合起来，认为"俚户，蛮之别落也，后汉谓之俚人。俗叫山岭为黎，而俚居其间，于是讹为黎"。《大明一统志·琼州府·山川》卷八十二又记："黎母山，在定安县南四百里。山有五峰，又名五指山，极高大，屹立琼、崖、儋、万之间，为四州之望。每昼云雾收敛，则一峰耸翠插天，至晡时复敝不见。相传婆女星常降此山，一名黎婆山，方言讹为黎母山。"可见，今五指山在明朝以前还称为"黎母山"。

（二）黎族的土特产与商业贸易

宋代海南的土特产增多，有的成为朝廷的贡品，有的远销海外。其中以"土产名香、槟榔、椰子、小马、翠羽、黄蜡、苏木、吉贝之属"（《岭外代答·外国上》）最有名气，而以《诸藩志·海南》的记载最为详尽："土产沉香、蓬莱香、鹧鸪斑香、笺香、生香、丁香、槟榔、椰子、吉贝、苎麻、楮皮、赤白藤、花缦、黎巾莫、青桂木、花梨木、海梅脂、琼枝菜、海漆、荜拔、高良姜、鱼鳔、黄蜡、石蟹之属。其货多出于黎峒。"尤其是黎族的槟榔，已成为闻名海内外的重要土特产。如王象之《舆地纪胜·琼州景物》记载："琼人以槟榔为命，产于石山村者最良。岁过闽广者，不知其几千万也。"《岭外代答·槟榔》又云："槟榔生海南黎峒……海商贩之，琼管收其征，岁什据什之五。"

黎族主要用土特产进行贸易。《诸蕃志·海南》卷下记载：黎人"无盐、铁、鱼、虾，以沉香、缦布、木棉、麻皮等就省地博易，得钱无所用也。"《岭外代答·外国上》卷三记："四州军征商以岁计，商贾多贩牛以易香。"《诸蕃志·海南》卷下又记：（黎峒）"俗以贸香为业。"《岭外代答·香门》载："省民以牛博之于黎，一牛博香一担。"

元马端临的《文献通考·四裔考八》卷三三一引《桂海虞衡志》载：商人"或负约不至，自一钱以上，虽数十年后，其同郡人擒之以为质，枷其项，关以横木，俟前负者来偿乃释，负者或远或死，无辜被系，累岁月至死乃已。复伺其同郡人来，亦枷系之，被系家人往负债之家痛诉责偿，或乡党率敛为偿，始解。凡负钱一缗，次年倍责二缗，倍至十年乃止，本负一缗，十年为千缗，以故人不敢负其一钱。客或误杀其鸡，则鸣鼓告众责偿曰：某客杀我一鸡，当偿一斗。一斗者，雌雄各一也。一雄为钱三十，一雌为五十，一斗每生十子，五为雄，五为雌，一岁四产，十鸡并种为六斗，六斗当生六十鸡，以此倍计，展转十年乃已。误杀其一鸡，虽富商亦偿不足。客其家，无敢损动其一毫"。

（三）工具制造业

在手工业方面，除了纺织业的卓越成就外，海南的黎刀、黎弓、黎兜鍪最令人称道。宋代周去非的《岭外代答·外国上·海外黎蛮》记：黎人"佩黎刀，刀刃长而二柄甚长，以白角片长尺许，如鸡尾靶子饰。"据吴永章先生研究："黎刀的主要特点有二：一是式样长靶短刃。一是外表精美，织细藤缠靶，靶端插长尺许，如鸡毛状饰物。这些附属物，除起美观作用外，前者还有便于使用的实际价值，后者则可增加佩刀人的威严感"[29]；黎族的"黎弓，海南黎人所用，长弰木弓也。以藤为弦。箭长三尺，无羽。镞长五寸，如茨菰叶。以无羽，故射不三四丈，然中者必死"；而黎族的所谓"兜鍪"则是戴在头上的盔甲，与中原汉人不同的，黎族是用藤编织而成的，所以，既轻又富有韧性。

（四）农业

农业在宋代主要的成就就是引来了今越南的优质稻种和对农田的灌溉。如清道光《琼州府志·舆地志·风俗》记载："自宋播占城禾种，夏种秋收。"《续资治通鉴长编》卷三一〇记：元丰三年（1080年）十二月庚申条载"朱崖军颇有生、熟黎峒米"。清代顾祖禹的《读史方舆纪要·广州》卷一〇五记载："宋开宝八年（975年）知州李易上言，州南五里有峻灵塘，开修渠堰，可灌水田二百余顷即此。或曰：潭盖黎母山水所汇也。"

部分黎族在宋朝时期的合亩制正在解体。《续资治通鉴长编》卷三一〇记载："黎峒田土，各峒通峒占据，共耕分收"，"共耕"就是黎族的"合亩制"。

（五）纺织业

海南的纺织业在宋元时期取得了非凡的成就，尤其是崖城（今三亚市崖城镇），本来就很著名的棉纺织业，因来了一位革新家黄道婆而名扬海内外，并使我国古代传统的棉纺织手工业向前迈进了一大步。

有关黄道婆的记载，最早见于元代人陶宗仪的《南村辍耕录》卷二四："闽广多种木棉，纺织为布，名曰吉贝。松江府东去五十里许，曰乌泥泾。其地土田硗瘠，民食不给，因谋树艺，以资生业，遂觅种于彼。初无踏车、椎弓之制，率用手剖去籽，线弦竹弧置案间，振掉成剂，厥功甚艰。国初时，有一妪名黄道婆者，自崖州来，乃教以做造捍弹纺织之具，至于错纱配色，综线絜花，各有其法。已故织成被褥带帨，其上折枝、团凤、棋局、字样，粲然若写。人既受教，竞相作为，转货他郡，家既就殷。未几，妪卒，莫不感恩洒泣而共葬之。"

海南清代光绪年间的《崖州志·杂志二·遗事》所记载的与元代《南村辍耕录》的内容相似。

黄道婆，名佚，也称黄婆、黄母、黄四娘、宋五嫂等，都是人们对她的尊称。她生活在宋末元初，是中国古代棉纺织技术革新家，为松江府乌泥泾（今上海县龙华乡东湾村）人，大约出生于南宋末年的 1245 年左右，十二三岁时流落崖州（今三亚市崖城），在此居住达三十余年，到元代元贞年间（1295～1297）才返回故里。黄道婆来到海南的崖城学习纺织技术，并能成为"世界级的科学家"（英国著名科学家李约瑟《中国科学技术史》语）。

崖州黎族的纺织水平和技术在宋代时已取得很大成就。《南村辍耕录》卷二四在记载时有一句"已故织成被褥带帨，其上折枝、团凤、棋局、字样，粲然若写"。其中的"被褥带帨"是四种不同形制的织物。所谓"被"，可能是黎族的"黎单"、"黎被"。唐朝时称"食单"。宋代有"花被"、"黎幕"、"黎单"、"黎饰"等称呼，如《诸蕃志·海南》卷下记载：吉阳军"妇人不事蚕桑，惟织吉贝、花被、缦布、黎幕"。《桂海虞衡志·志器》记载："黎幕。出海南黎峒。黎人得中国锦彩，拆取色丝，间木棉挑织而成，每以四幅联成一幕"，"黎单。亦黎人所织。青红间道，木棉布也"。《岭外代答·服用》又记："海南所织则多品矣。幅极阔不成端正，联二幅可为卧单者，名曰黎单；间以五采，异纹炳然，联四幅可以为幕者，名曰黎饰"。海南在宋代时就已能织出此物，元代时海南崖州又出现了"崖州被"，黄道婆回到乌泾泥以后，松江地区很快就出现了闻名天下的"灿烂夺目，所创造的具有江南特色的'乌泥泾被'可与'崖州被'媲美"（《上海县志·人物卷·黄道婆传记》）。

《岭外代答·服用》又记："海南所织则多品矣。幅极阔不成端正，联二幅可为卧单者，名曰黎单；间以五采，异纹炳然，联四幅可以为幕者，名曰黎饰。"到了元代这种由一幅幅组成的单便称为"被"，又因这是由崖州所产，故名"崖州被"；褥，即为褥子，是黎族铺在身子下面的被单，故黎族称为"卧单"。带子的种类很多，黎族常用于筒裙上的装饰。帨是黎族的手巾。

注释

【1】【5】【10】【14】【17】【29】吴永章著：《黎族史》，广东人民出版社，1997 年版，第 58、161、66、163、175、95 页。

【2】【6】【12】【15】【16】【19】【20】【28】唐玲玲等著：《海南史要览》，海南出版社，2008 年版，第 101、161、104、96、127、138、186 页。

【3】【4】【7】【8】李勃著：《海南岛历代建置沿革考》，海南出版社，2005 年版，第 2259、281、283、301 页。

【9】朱逸辉、劳定贵、张昌礼校注：《海忠介公全集》，东西文化事业公司，1998 年版，第 99 页。

【11】符瑞青：《元代海南"黎乱"述评》，符瑞青博客 606169：—历史组—81505：学科论文。

【13】梁方仲编著：《中国历代户口、田地、田赋统计》，上海人民出版社，1980 年版，第 163 页。

【16】【18】【21】【26】王俞春著：《海南移民史志》，中国文联出版社，2003 年 8 月，第 126、125、110、123 页。

【22】曾庆江等著：《海南历代贬官研究》，南方出版社，2008 年版，第 166 页。

【23】由兴波编著：《苏轼·序言》，北方妇女儿童出版社，2002 年 10 月版。

【24】【27】梁统兴著：《琼台胜迹记》，南海出版公司，2000 年版，第 91、143 页。

【25】阎根齐著：《海南古代建筑研究》，海南出版社，2008 年版，第 137、155 页。

第八章

明代的海南社会

几千年来，在史家的记载里，海南岛一直是"蛮荒"和"瘴疠之地"的代名词。从明朝开始，海南岛便有了"南溟奇甸"的美称，海南的各种社会文化教育事业也达到了空前的繁荣。

第一节　明代海南的建置

明朝在统治海南的三百年时间里，明显提高了对海南岛重要性的认识，不断调整海南的行政区划设置，此影响一直延续到近现代。

（一）海南行政区划的调整

从朱元璋洪武元年（1368 年）在南京称帝定都，到朱由检崇祯十七年（1644 年）李自成率领的农民起义军攻破北京，推翻明朝，大明王朝共历十六位皇帝，277 年。之后，明朝的残余势力逃到江南和东南沿海，先后建立了弘光、隆武、鲁王、绍武、永历、定武等政权，海南岛便是明朝势力延续最晚的地区之一。当年洪武元年（1368 年）春正月，明太祖朱元璋在南京称帝登基，二月，朱元璋就派遣廖永忠为征南将军向广州、海南进发。六月，元朝海北海南道元帅罗福、海南分府元帅陈乾富相继递上降表，那时海南岛就开始归入明朝的统治。

明朝当年建国就将海南归入中央王朝的版图，是海南历史上时间最快的一个朝代，但它的延续时间却比其他地方晚了几十年。原因是清顺治元年（1644 年），清军攻占北京后，次年清军占领南京。顺治四年（1647 年），清军攻陷广州，接着，清军总兵官阎可义等攻入琼州，海南虽然在名义上已归清朝统治，但实际上由于南明的桂王政府辗转逃奔于两广之间，一直到顺治九年（1652 年）八月，清兵才渡海收复琼州，但是直到康熙十六年（1677 年）五月，清朝才稳定了在海南岛的统治，海南岛才算正式归入清朝的统治版图。因此，明朝在海南的实际统治大约在 300 年左右。

称海南岛为"南溟奇甸"的来历：海南纳入明朝的统治之后不久，吏部按以往的惯例向皇帝奏称"凡庶官有罪被黜者，宜除广东儋、崖等处"。然而，朱元璋并不这么认为，他说："前代谓儋、崖为化外，以处罪人。朕今天下一家，何用如此。若其风俗未淳，更宜择吏以化导之，岂宜以有罪人居耶！"（《明太祖实录》卷四八）从此，将贬官遣至海南岛上的现象便销声匿迹。

仅仅在两个月前（即洪武二年十一月），朱元璋还在诏令中说，"海南、海北之地，自汉以来列为郡县，习礼之教，有华夏之风"；他在《劳海南卫指挥》敕中又说："南溟之浩瀚，中有奇甸方数千里。历代安天下之君，必遣仁勇者戍守。地居炎方，多热少寒，时忽瘴云埋树，若非仁人君子，岂得而寿耶？今卿等率壮士连岁戍此，朕甚念之。今差某往劳。"（明万历《琼州府志·艺文志·御制》）一百多年后，已身为文渊阁大学士的海南人丘濬读到这篇敕令时兴奋不已，写下流传千古的绝世名篇《南溟奇甸赋》，把海南描绘得奇峻无比，并首次把"南溟"与"奇甸"联系在了一起，从此，"南溟奇甸"一词便作为海南岛的美称。

所谓"溟"，即大海的意思；"甸"，古代指郊外的地方，合起来就是说南海边的一处宝地。皇帝对海南有这样的认识，促使了明朝对海南政策的一系列变化，包括加强了对海南的行政区划设置。

明朝的地方行政区划实行的是行省、府、州、县四级制，在统一了海南之后，实行的是府、州、县三级管理体制。洪武元年（1368年）十月，就改乾宁安抚司为琼州府，南宁军为儋州，万安军为万州，吉阳军为崖州，隶琼州府，改南建州为定安县。其时，琼州府为海南岛上的最高地方政权，统领全岛的三州和十三县。其中，琼州府直辖七县：琼山、澄迈、临高、定安、文昌、乐会、会同，治所在琼山县（今海口市府城镇）；儋州领宜伦、昌化两县，治所在宜伦县（今儋州市中和镇）；万州领万宁、陵水两县，治所在万安县（今万宁市万城镇）；崖州领宁远、感恩两县，治所在宁远县（今三亚市崖城镇）。

洪武二年六月，又"以广西海南府州隶广东省"（《明太祖实录》卷四三）。整个海南岛从隶属广西行省管辖而改为海南全岛归广东省管辖，琼州府成为统领全岛的最高地方政权一直延续到清朝和近现代——至1988年海南建省，可谓影响深远。

（二）加强了海南行政机构的设置

明初还在海南设立了下列行政机构，级别较前有所提高，管理功能有所完善并覆盖全岛：

1. 都察院分司。这是中央都察院广东道监察御史出巡海南岛之官署和驻节之所。其职代天子巡狩，按藩服大臣及府州县官，考察举劾，兼巡视仓库，查算钱粮，勉励学校，表扬善类，剪除豪强等事。据李勃先生考证，海南正式创建都察院在万历七年（1579 年），地点在琼州府城西街，直至清顺治九年（1652 年），才改为总镇府[1]。

2. 布政分司。洪武九年（1376 年），明朝改称行中书省，分全国为十三布政司，其中有广东布政使司，琼州府就归属广东布政使司管辖，但它并不属于地方政权。长官为参政（从三品）或参议（从四品），设一员，掌管全岛粮储、屯田、清军、驿传、水利和抚民等事。海南布政分司约始置于宣德年间（1426～1435 年）。正统五年（1440 年）知府程莹创建于琼州府（今府城）门铺之左。正德四年（1509 年）知府王子成迁建于兵备府之左。

3. 海南兵巡提学道。这是广东省提刑按察司的派出机构，也是海南岛的最高司法、监察、军政和教育管理机构，始设于万历七年。

在职官的设置上，琼州府设置知府、同知、通判、推官、经历、知事、照磨、检校、教授，训导；州设知州、同知、判官、学正、训导；县一级设知县、县丞、主簿、典史、教谕、训导。诸职官都由朝廷从大陆派遣。

4. 设立了比较完备的基层组织。明朝海南的基层行政组织有乡、厢、都、里、图等。《正德琼台志·乡都》卷十二记载："今制联民有乡、里、都、图、区、保之名，虽与古异，亦先王乡井同田，使百姓亲睦之意也。"其中，"图"略相当于现在的乡，"都"略相当于现在的村。有人认为都、图作为行政区划之名始于明代。明朝海南的基层组织不仅包括汉族，其他少数民族如黎族、回族、苗族都包括在内。

明朝海南的行政区划和各种行政管理机构健全之后，一直比较稳定，二百余年都没有发生大的变化，而且，与全国的形势发展与调整也基本上同步进行，府州县的级别已不再是先前的下一级，与大陆的同级机构人员配备和级别在品阶上已无二致，说明朝廷对海南的行政建置比较重视，没有了一些人为歧视性的政策，基本上适应了海南的社会发展，也说明海南已不再是边远落后的地区，而是与大陆的融合已相当密切。但是在个别时期仍略有调整，如洪武元年（1368 年）十月将元朝的乾宁安抚司改称的琼州府，到洪武二年降为州，次年又恢复为府。

明朝初期，除个别的府直接归中央政府管辖，长官级别较高（如应天府长官正三品）外，其余绝大多数的府皆隶属于省，长官称知府，正四品。早期还将府分为三等，以后，全国的府均为正四品，琼州府亦然；州为明朝的第三级行政区划，掌一州之政的长官称知州。明初，直隶于布政使司的为直隶州，一般都有属县，知州级别为正五品，不辖县的州长官为从五品，设在海南的州的长官皆为从五品；县的长官级别也是如此，初期的时候，将全国的县分上、中、下三等，长官上县为从六品，中县为正七品，下县为从七品。元朝至明初的时候，设在海南的州县多为下州或下县，以后县的长官便一律改为正七品。

明朝对海南的第一次比较大的区划调整是在明英宗正统四年（1439 年）六月，"省广东琼州府儋州附郭宜伦县、崖州附郭宁远县、万州附郭万宁县，俱入本州"（《明英宗实录》卷五六）。这次调整是将海南的儋州、崖州和万州的州治所在地的县并入州，由州直接管辖，避免了机构重叠。这样，明朝的琼州府领三州和十县。

（三）军事布防

明朝加强对海南的统治主要还体现在增加了驻扎海南的军事机构和兵力的配备，在洪武年间逐步健全，中期以后略有调整。

1. 成立海南卫指挥使司。海南卫指挥使司是海南全岛的最高军事兼屯田的领导机构。始置于洪武五年（1372 年）置，治所在琼州府城，下辖左、右、中、前、后五个千户所（治所均在今海口市）和清澜、万州、南山、儋州、昌化、崖州、水会七个守御千户所（有的千户所为洪武五年以后逐步添置）明朝以 5600 人为一卫，1220 人为一千户所，112 人为一百户所。

2. 分守琼崖兼海防参将府。府官琼崖参将是明朝中后期镇守海南岛的最高军事长官，始设于嘉靖十九年（1540 年），职务位于副总兵之下，无品级，无定员。到清朝时，方为正三品武官。琼崖参将之官署，便称为"参将府"。明朝的这些军事管理机构和将士还受到"海南兵巡提学道"的监督。

3. 明朝在海南的卫所制。明朝"自京师达于郡县，皆立卫所"，"天下既定，度要害地，系一郡者设所，连郡者设卫"（《明史·兵志》）。这一制度在明初时便在海南很快推广。如：洪武三年（1370 年），明朝在琼州府设立东、西两个千户所，海南分司隶广东。洪武五年（1372 年），明王朝在海南设卫（约 5600 人），卫下设千户所（1120 人）、百户所（112 人）。百户所设总旗 2（每旗辖 50 人）个、小旗 10（每小旗 10 人）个。其军官，卫称指挥使，所称千户、百户。洪武六年（1373 年）东、西二所改为左、右所。洪武七年（1374 年）在府城设立中、前、后三个千户所。洪武十年（1377 年），又于府城增设中左所。洪武十七年（1384 年），在崖州开设守御所。

万历二十八年（1600 年），平黎按察副使林如楚设立水会守御所。至此，海南共设立 12 个千户所。形成北部内陆 6 所，东路海岸 3 所，西路沿海 3 所的守备形势。但吴永章先生认为，海南共有 11 个千户所"海南卫下辖前、后、中、左、右 5 所。在整个海南地区，还先后设立有守御千户所 6 处。故史有琼州'原设海南一卫及在外儋州等六千户所'"[2]，可能是未把最后在水会设置的守御所计算在内。

明朝卫、所的军土有军籍，世袭为军，大部分屯田，小部分驻防。军饷的大部分由屯田收入支给。明朝中叶以后，海南屯田多被军官吞蚀，大部分军士破产散亡。

卫所在体制上，受广东都指挥使司统管。卫设指挥、镇抚、经历、知事。指挥，通督东、西两路者，称为提督，成化十五年（1479 年）改为总督；分督一路者称督备。

4. 明朝在海南的海防设置。由于明朝时期海盗盛行并经常登陆海南岛上，中期以后，为了加强海防和对黎族地区的控制和防范，东西二路先后设置许多堡驻防。如隆庆元年（1567 年），在白沙港设立要寨，称白沙寨，寨有前、后、左、右四司。万历四十五年（1617 年），于三亚港设水寨守备，水寨设前司分总一员。万历末在内陆驻防方面，加设定安太平营，总兵力 241 人（含黎兵 71 人），在临高南略营驻防兵力 179 人，在儋州日南营驻防兵力 118 人，在崖州设乐平营、乐安营、乐定营，乐平营兵力 90 人，乐安营兵力 396 人。

5. 明朝的"关津"制度。明朝实行"关津"制度，即在主要的交通关口设立巡检司，盘查行人，缉捕走私和逃囚。明朝在海南设立了 15 个巡检司，每一巡检司设巡检 1 人，有弓兵若干。根据《正德琼台志》卷二十（兵防·民壮）记载，在海南的兵种还有民壮和土舍黎兵。

第二节　海南的社会经济发展

明朝采取了一系列措施，促进了海南社会经济的全面发展，主要表现在土地的大面积开垦、人口的增多和商业的繁荣等。

（一）明朝的屯田制度

据专家研究，明朝初期的这十二个千户所"所领旗军，分为操军、备倭军和屯军三部分。操军和屯军原额设 15927 名，其中屯军 2497 名"[3]。这些将士有的携家带口，有的在这里娶妻生子，人口当有数万。明朝采取军屯的办法，一边屯田，一边守疆。当时规定，军屯人员三分守边，七分屯种。关于屯田的数量，有一个逐年增加的过程。如洪武三年（1370年），全岛有元代所立屯田十一处，其中，琼山县二：遵化、石山；澄迈县五：水南、水北、曾家、保义、槟榔；临高县三：定南、田牌、新安；定安县一：潭榄，拨隶各县（《正德琼台志·兵防·屯田》卷二十）。后来，又有大幅度增加，有明一代，卫内外11所，额设屯田22处，共田96顷，该粮约15000石。其具体办法是："每军1名，岁种2石，受田20石，获米18石，除去12石作为本人粮饷外，余6石则纳官。"[4]

屯田的座落位置并不一定距离千户所很近，有的甚至在很遥远的地方。如海南卫的左千户所屯田有二处：南黎、清宁，俱在定安县。海瑞的五世祖海答儿于洪武十六年（1383年）从军来到海南，住在琼州府城西北隅的左千户所，而他的屯田却在今屯昌县新兴镇石峡村。[5]

明朝在海南实行的屯田制度，在早期对于保障海南的地方安定，传播中原的农耕技术，促进生产发展起到了积极的作用。据明《广东通志》、《正德琼台志》和清道光《琼州府志》等书记载，洪武二十四年（1391年），琼州共垦田19 856顷；正德八年（1513年）增达20 295顷30亩；万历十年（1582年）增达34 763顷55亩；万历四十三年（1615年）又增达38 347顷68亩。海南的粮食生产总量也较前有了大幅度的增长。明代海南粮食生产以种植水稻为主，岛内基本上可以自给。当时海南人就有谚语谓"东路槟榔西路米"，又云"盖郡东界田不及西界，故荒年多取给于西；西田不及黎田，故河下每日米船多出黎村"。

另外，明朝屯田还有一个重要作用，就是促进了汉族和黎族之间的文化交流。正如明代海南人钟芳在《平黎碑记》中记载，"始设沿海卫所，仗兵威以宣政理，而将士来自中土与民杂居，久之，语言习俗诗书礼让之风，渐摩屇乎穷绝，而科第与中州等，乃知圣神不言之化，卓冠万古不易测者矣"（钟芳《钟筠溪集·记·平黎碑记》）。

在明朝中期即万历年间以后，屯田的弊端便暴露出来，主要表现在屯田士兵大量逃逸、守边形同虚设、侵占民田严重，特别是大量侵占黎族的田产，激起黎族与汉族之间的矛盾。至清朝早期这一延续了二百余年的制度便彻底消失了。对此，万历《琼州府志》卷七作过精辟的阐述："昔人于琼环黎置屯，沿屯置田，即古者湟中、许下遗意，至深远也。盖屯军为防黎而设，屯田为养军而设。今大不然，民侵其居，军虚其籍，且逃绝相寻，是谓有屯无军。官舍土豪包占管业，且争讼不已，是谓有军无田。"明代海南人海瑞也在《上兵部图说》记载："海南卫十一所屯田，正以防御寇也，今其地附近黎登版籍为良民久矣，屯军一无所为，可拨其田为民田，迁军余别营屯田于黎峒中。"（《海忠介公全集》）

（二）海南的人口

"在明代，内地迁居海南的移民有 47 万之多。将明代移民与历代移民情况比较来看，当时居住在海岛上的民众，不仅有汉族、黎族、回族、疍族，而且还有苗族迁入；不仅是内地居民迁入海岛，而且岛内居民开始外迁东南亚各国，移民现象及移民文化，日趋复杂。"[6]洪武初年，海南岛有 66 800 户，289 500 人，较之元代海南人口有了明显的增加。又根据《正德琼台志》的五次统计数字，明代海南最高的户口统计数字是永乐十年（1412 年）的统计，户数达 88 606 户，人口数达 337 479 口。

按照明朝万历六年（1578 年）广东每户平均口数 3.85 人推算，《大明一统志》的海南人口在嘉靖、隆庆年间应有人口 90420 × 3.85 = 348117 人，按《读史方舆纪要》的估计应有 88 110 × 3.85 = 3 392 235 人。考虑到以上两书都是估计的数字，而且，陵水县和感恩县竟是人口完全一样，说明这些数字并不精确，但也可以看出明朝海南人口发展的大致情况：明初，海南约有 19 万人，以后每年渐升，至万历年间达人口最多时期，约 34 万人左右。这也说明海南的人口从明初洪武年间到万历年间发展很快。

（三）赋役制度

明初曾在全国范围内大规模清查户口土地，洪武十四年（1381 年）造黄册，对全国的户口进行详细登记。以后每十年建造一次，每次各造四册，分户部、布政司、府、县各存一册，作为征收赋税和征发徭役的依据。洪武二十年（1387 年）起，在全国范围内进行丈量土地，造成土地清册，分行各州县。

明初的赋税以田赋为主，分夏税秋粮。海南夏税所征有苎麻、桑丝、豆、芝麻、米，其中桑丝、苎麻交"本色"，称"桑麻折米"。自永乐十年（1412 年）后，夏税基本上改征米为主了。

盐课。据明代海南人唐胄的《正德琼台志·盐场》卷十四记载，明代海南的盐场有大小英感恩（琼山）、三村马裊（临高）、临川（崖州）、新安（万州）、陈村乐会（文昌）、博顿兰馨（儋州）等，各盐场设盐课司，置盐大使一人。六大盐场"原额正丁五千零二十四丁，办直不等，共盐六千二百五十三引三百十二斤八两"（每引四百斤）。

杂泛。属临时编佥的徭役，基本上是大小衙门的职役，诸如跟随官员听差的随从皂隶、在公堂上听候差唤的直堂皂隶、看守监狱的禁子、看守仓库的库子和斗级、在衙门看门的门子、做饭的斋膳夫、解运税粮官物的解户、养马的马夫等等。另外还有驿传、民壮、借倩夫。驿传，即在官府驿递中服的差役，主要为政府传递公文，接送及款待过往官员、使官；民壮，即明代民兵；借倩夫，为海南特有。《正德琼台志·徭役》卷十一是这样描述的："每图十老内，除见年催粮均徭三老外，馀七老，每日各供夫一名，号曰排年夫。成化丁未，张守英迁移府治，暂起应工，今遂为例。"

由于杂泛差役及里甲正役负担繁重，所以有了正统至景泰、天顺年间均徭法的改革，以及弘治年间均平法的改革。均徭法是将各级政府所需佥派差役的项目、轻重等级和名额确定下来，实行按里甲轮役的办法；所有差役，以户口为单位编佥，以里甲人户的丁粮多寡作为标准。

在均徭法施行的初期，基本上是以力役征发为主，不过，白银货币作为征纳手段也进入领域，大致在弘治至正德间（1506 年前后）就出现了银差力差的区分。

根据《正德琼台志·徭役》卷十一对琼州府辖下州县施行情况的记载可知，在海南轮役的周期有十年一轮和五年一轮两种情况，而黎族地区黎图人户编派差役，盐户、蛋户被差役者，免其盐课和田粮；由府、州、县定各户丁粮，编定上、中、下三等户，编佥户等时以丁粮多寡为标准，丁多则力差，粮多则银差；以人一丁粮一石计算，上户各编银 8 钱，中户银 7 钱，下户银 6 钱。

琼州府三州十县通融编佥，佥役之权归官府控制，丁粮多的州县，编佥后多余的人户拨补丁粮稀少的州县。各州县所差各役及数量不等，各役所编定银标准，《正德琼台志·徭役》卷十一又记载说：

"银差：直厅门子，合得皂隶斋夫各十二两，膳夫、水手各十两，马夫四两，学库子、清军、书手各七两，门子六两，贴解户三十两。

力差：估工食银库子，府广盈估银五两，架阁一两五钱，仪从二两五钱，琼山耳房、儋州财帛俱五两，昌化财帛四两，澄、临、文、陵仪从各五两，万、定、会、乐四两，感恩三两；皂隶三两五钱，内文、会、乐、陵各三两，感恩三两五钱；弓兵三两五钱，预备仓斗级、门子各五两，禁子五两；分巡道门子，琼山五两、澄、临、定、文、会、乐、儋、万、崖、昌、陵俱二两，感恩一两五钱；分守道门子，琼山二两五钱，临、定、文、会、乐、儋、万、崖俱二两，感恩一两五钱；兵备府门子二两五钱，公馆门子俱二两，惟感恩一两五钱；铺司兵俱二两五钱，感恩二两；解户四十两，渡夫二两，先贤祠、景贤祠、城隍庙、灵山祠门子俱二两。"

可见，银差在差役比例上比力差少，但银差的编银额比力差高。明中期以后，里甲正役除了"管摄一里之事"外，又向各级衙门提供乡饮、祭祀和士大夫送往迎来、举子赴京考试盘缠津贴等一切杂泛支费。

里甲负担的加重，导致"均平"的改革，即用按丁粮征收货币赋税作为地方公费开支的办法，取代原来由甲首到官府值日、供应各种衙门不时之需的办法。所定标准是人丁钱 300 文，米一石钱 334 文。

从明代中期开始实行的一条鞭法，就是将赋税徭役的各个项目合并为一条编派的意思，即将以往以户口为单位、按人丁事产多寡的等级金派差役的办法，改为将差役折为银，并制定出比例税率、分别按丁、田（粮）派征。万历五年（1577 年），广东开始推行一条鞭法。

根据康熙《琼山县志·赋役志》卷五记载，嘉靖四十年（1561 年）中给事中姜性曾奏行一条鞭事；至 1584 年（万历十二年），即张居正于万历九年（1581 年）全面推行一条鞭法后，琼州也在万历九年开始清丈田地，施行一条鞭法。此时，海瑞正在琼山老家闲居，便积极地投入到帮助官府清丈的事业中。在实际清丈过程中海瑞还和琼州分巡道唐敬亭发生了一番争执：唐敬亭清丈的办法是按每里所有业主的粮籍来清丈，而海瑞则坚持按地域图册来清丈。[7] 这是海南的特殊情况所造成的，"粮在此里，田坵又不在此里，散在二十里、三十里亦有之。大约黄册粮数，一半田在本里，一半田在别里，地方相去或二三十里、八九十百里外"。丈量田地后计亩定税，即按原来的税额均摊于丈出的土地上，重新整顿各类田地的科则，区别腴瘠，确定起科轻重的原则。如果丈量出来的田地数多于原额，科则就减轻，反之，丈量出的田地数少于原额，科则就要提高。

可见丈量田地如奉行不善，就反给人民带来危害，所以临高知县陈侯、文昌知县罗近云丈量田地成功，得到人民赞颂。合并在条鞭之内的项目，及在丁粮的分配比例上，各地并不完全一样。

琼州各州县合并在条鞭内的项目有"粮料"、"四差"、地亩饷、地塘等租银、起运银（解送司库）及水脚银（作为搬运费的附加税）、京库金花银（纳京库的）及水脚银、对蛋户征收的鱼课及附加税、课妇女人口的户口盐差银、驿传额银等。

在田粮方面，官米民米同派，在丁粮的分配比例上，琼山县官米每石征银0.320109两，每石派"四差"银0.322267两；民米每石征银0.062668两，每石派"四差"银0.468164两；而丁役，每丁派征银0.30973两，田粮每一石征银数略高于人丁征银数。

（五）海南农业和手工业经济的发展

明初颁布了一系列有利于生产发展的措施。海南各州县发动农民兴修水利和垦田，海南卫及各千户所先后实行屯田，促进了海南土地的开发和农业生产的发展。

明代，海南主要的经济作物有荔枝、槟榔、椰子、桑、赤麻、苎麻、棉布、蓝靛、豆、花生等，种植较前增多。明代海南的畜牧业也有了进一步的发展，主要表现在明代以后耕牛增多，并且在万州出现了"牛羊蔽野"的景象（《正德琼台志·风俗》）。广东"肇庆、新兴客反岁货牛于琼"（《正德琼台志·土产·牛》卷九）。

明代海南的手工业也有发展。除了棉纺业、丝织业外，还有银、漆、铜、铁、木、皮、蔑、雕刻、画、染、藤、泥、水、石、窑、席等小手工加工业。崖州的织锦，琼山、澄迈、临高、乐会所产的"美人葛"布，万州的藤制品，澄迈的"黄村席"以及当时的椰雕制品等，都是佳品。

此外，造船业、制盐业有了发展。明代，海口是广东有名的造船业中心。

商业也发展起来。各州县集市贸易相对繁荣，有了更多的墟市。据《正德琼台志》卷十二记载，至明正德年间，全岛共有墟市122个，其中琼山40个，澄迈20个，临高14个，定安8个，文昌9个，会同6个，乐会3个，昌化2个，万州6个，崖州2个，儋州10个，感恩、陵水各1个。府、县分别设立了课税机构，对商业贸易进行统一管理。明初琼州府设课税司，为商税征收的总机关，于万州、文昌设分局。隆庆元年（1567年）裁撤琼州课税司，其事务交由琼山县河泊所管理。

岛内外交通贸易港口有海口港、白沙古渡、烈楼私渡、澄迈石石䃥港、临高凫港、文昌清澜港和铺前港、乐会博鳌港、儋州大村港和新昌港、陵水水口港、感恩北黎港、崖州临川港、万州乌场港等。岛南还开辟了望楼港、毕潭港、桐栖港等一些新港。岛内的交通也有所改观。当时本岛与大陆的联系，有由海路到达大陆沿海各港口的，有经徐闻去往国内各地的。

（六）城市建设取得巨大成就

在朱元璋时期提出的"深挖洞、高筑墙、广积粮"政策影响下，海南的城市建设在有明一代取得了巨大成就，主要表现在以下四个方面：1. 海南的大部分城池都在此时扩建、重建或新建（如下表）；2. 绝大多数城墙都由原来的土城改成了砖石城墙，使之更加雄伟坚固，多数古城墙保存至今；3. 城墙的设施比较完善（如城门楼、城垛口、护城河等）；4. 城市内的礼制建筑皆备（如孔庙、城隍庙、钟鼓楼），奠定了海南古城布局的基础。

明代海南筑城一览表

城市名称	地点	性质	时间	形制	资料来源
海南卫城	今海口市琼州府城	卫城（新建）	洪武十七年（1384年）	"筑海南卫城。"	《明太祖实录》卷一六二
海口城	今海口市老城	所城（新建）	洪武二十八年（1395年）	"安陆侯吴杰筑海口城，拔后所于海口守御。"	清道光《琼州府志·兵制》卷十七
水会所	琼山县西南三百里水蕉村	所城（新建）	万历二十八年（1600年）	"平黎，按察副使林如楚筑水会所城。"	清道光《琼州府志·兵制》卷十七《嘉庆重修一统志·琼州府·古迹》
琼山县城	今海口市琼州府城	县城（扩建）	明初	"旧志云，宋时故在城外，明初广城，始围入城内。"	道光《琼州府志·古迹》卷十一
澄迈县城		县城（重建）	成化年间	"澄水迈山，四面环绕，县治宅焉。元毁于寇。洪武三年（1370年），即旧址重建。""创筑城垣"。《琼州府志·建置·城池》：澄迈县城，始为土城，周仅百丈。弘治元年（1488年），"拓址甃石，周五百八十丈，高一丈三尺"。	道光《琼州府志·古迹》卷十一清康熙《琼州府志·秩官》《琼州府志·建置·城池》
定安县城		县城（新建）	正德年间	罗昌任定安县令"邑前无城郭，昌鸠工兴筑，身亲其事，阅六年告竣"。又据《琼州府志·建置·城池》：元代设县时无城郭，正德五年（1510年），定安县城"相继鸠工砌石，周五百九十三丈，高一丈四尺"。	清光绪《定安县志·宦绩》卷四《琼州府志·建置·城池》
文昌		县城（新建）	嘉靖年间	杨子充任琼州府同知"建文昌、会同、乐会三县城池，皆亲定形势"；又据《琼州府志·建置·城池》：文昌县城，隆庆六年（1572年），"督建以石，周三百五十丈，高一丈五尺"。	清雍正《福建通志·人物》卷四三《琼州府志·建置·城池》

城市名称	地点	性质	时间	形制	资料来源
会同		县城（新建）	嘉靖年间	杨子充任琼州府同知"建文昌、会同、乐会三县城池，皆亲定形势"；又据《琼州府志·建置·城池》：会同县城，隆庆六年（1572年），"垒以砖石，周三百八十丈有奇，高丈五尺"。	清雍正《福建通志·人物》卷四三《琼州府志·建置·城池》
乐会		县城（新建）	嘉靖年间	杨子充任琼州府同知"建文昌、会同、乐会三县城池，皆亲定形势"；又据《琼州府志·建置·城池》：乐会县城，隆庆六年（1572年），"运石建筑，周三百七十二丈"。	清雍正《福建通志·人物》卷四三《琼州府志·建置·城池》
临高县城				《琼州府志·建置·城池》记载：正统八年（1443年）"始垒石为垣，周六百丈，高一丈"。	《琼州府志·建置·城池》
儋州				洪武六年（1373年），"拓址筑基，运石鸠工，周四百七十二丈，高二丈五尺"。	《琼州府志·建置·城池》
五指山		县城	嘉靖十九年（1540年）	于是议者谓德霞地势平衍，拟建城立邑，招新民耕守。注：未建。	《明史·广西土司列传》卷三一九
崖州	今三亚市崖城镇	州城		州城，宋以前系土城。庆元戊午（1198年），始砌砖，创女墙，绍定六年（1233年），拓其址，自东门起，至海南道止，周二百四十二丈，高丈有六尺。十八年，千户李兴复加砖石，仍设三门，各建敌楼。计雉堞一千一十有七，铺二十，外浚濠斩（下有土字），周五百五十七丈，深一丈五尺。己卯，千户周崇礼添筑月城。正统元年（1436年），千户陈政、洪瑜复立吊桥。成化二十四年（注明成化只有二十三年，即1488年）、千户王粲，弘治乙丑（1505年）千户胡徵區其门。东曰阳春，西曰镇海。崇祯十四年（1641年）知州翟罕重修，增高三尺。	清光绪《崖州志·建置志·城池》

第三节　教育和文化的繁荣

由于明朝前期统治者推行招抚怀柔政策及对文教的重视，明代海南的教育与文化成绩粲然，终于迎来了人才辈出的时代。

（一）各类学校的兴建

明朝海南的学校分府学、州县学、书院、社学和义学等，从明初开始便如雨后春笋般兴建起来，而且数量众多。

1. 学宫的兴建。府学是海南的最高学府。大概受南京将府学设在孔庙里，称为"学宫"的影响，海南也在孔庙里办"学宫"。洪武二年（1369 年），宋希颜为首任琼州知府，便"建学宫，规模宏远"。同年，董俊任昌化知县，也"兴作学校"。正德年间，王耕直任文昌县丞，"推重儒术，修学宫，建书院"。甚至在黎族聚居区也有"兴学宫，置子弟"之议（《明世宗实录》卷三五一）。

2. 社学的普遍。各州县普遍办起属于初等教育（也有称乡村教育）的社学。如嘉靖年间，张子宏任琼州知府，就"建文庙，立社学"；万历年间，罗鹗任文昌知县，"立社学课士"。据统计，明朝全岛共有社学 187 所，其中，琼山县 81 所，澄迈县 19 所，临高县 11 所，定安县 3 所，文昌县 7 所，会同县 5 所，乐会县 15 所，儋州 18 所，昌化县 3 所，万州 6 所，陵水县 2 所，崖州 16 所，感恩 3 所。

明朝在黎族聚居区也建有社学，如吴俸在万历二十九年（1601 年）任琼州府抚黎通判期间，就在水会所建社学，专门招收黎族儿童习读。

3. 书院的兴起。书院是集祭孔、教学、藏书为一体的教育机构，大多由儒家士大夫及社会名流创建，如大学士丘浚创建的奇甸书院，户部侍郎唐胄创建的西洲书院；江西布政使司右参政郑廷鹄创办的石湖书院及王弘诲创建的尚友书院等。根据各方志的记载，明代海南共有书院 23 所。其中，琼山县除奇甸、西洲二所之外，又有东坡书院、崇文书院、粟泉书院（在东坡书院旧址创建）、桐墩书院、石湖书院；澄迈县有天池书院、秀峰书院；定安县有尚友书院、菜漪书院；文昌县有玉阳书院；会同县有应台书院；乐会县有安乐书院；临高县有谵庵书院、通明书院；儋州有湖山书院、振德书院、天堂书院、义斋书院、松台书院、图南书院；万州有万安书院。明朝政府把书院与府、州县学同等看待，书院同地方学校一样，经常选派高才生参加科举考试。

4. 义学。义学是私立学校，在天顺、成化两朝办得最多。琼山县在天顺年间有义学 6 所，至清初尚存的有琼山南关精舍、石门义学、敦仁义学，澄迈县秀峰义学，乐会县迈阳义学，儋州许氏义学和兰村德义书馆及义斋等。

此外，海南在卫所还兴办"卫所学"，专门教育"武弁子弟"（《正德琼台志·学校下》卷十六）。

明代各类学校的兴办，促使海南的民风民俗发生了显著变化，也迅速缩短甚至消除了与大陆的文化差距。正如海南人丘濬在《琼山县学记》中所说："今日衣冠礼乐之盛，固无以异于中州，其视齐鲁亦未或有过之者。"（《丘文庄公集·记》卷五）海南另一著名人物唐胄也在《正德琼台志·学校》中自豪地说："迨于我朝圣圣相承，薄海内外咸建学宫，遴选硕师以专教道，是以贤才辈出，有进列六卿入座者矣，有视草玉堂兼信史者矣，亦有明习经史、肇登桂籍者矣。"

（二）海南考生的便利条件

明朝发生了对海南教育来说一件非常有意义的事，就是由海南的兵备道长官兼行提学道的职权。

提学道的全称是"提督学道"，是全省最高的教育管理行政机构，长官称提学官。因海南归广东管辖，明朝中期以前，广东设有提学道。当时"提学道主持的考试就有院试、岁试和课试。院试是童生考试的最高阶段，经过县试、府试录取的童生参加，合格者就成为生员，分配到府、州、县学读书。岁试是提学道对在学生员评定优劣的考试。课试则是对欲参加乡试的生员进行考试……每三年考两次，由提学道巡回主考"[8]。

如此频繁的考试，海南的考生都要到琼州海峡对岸的雷州去考，因此曾出现过全船考生沉入海底的惨剧。万历七年（1579 年），在朝中任翰林院检讨官的海南人王弘诲上疏皇帝《请改海南兵备道兼提学疏》，得到了皇帝批准，从此海南专管兵戎之事的兵备道兼行提学道的职权。从此，府试、岁试和课试都在海南岛上举行，大大方便了海南考生。

王弘诲曾在《请改海南兵备道兼提学疏》中记载了海南考生的盛况："琼州府所辖地方为州者三，为县者十，环海而周为里者凡三千有奇，青矜学子每岁集督学就试者不下数千计。"

（三）海南的人才辈出

明代的海南因"崇文重教"之风的形成，终于迎来了人才辈出的时代。

在有明一朝的二百多年中，全岛共有贡生 1 048 人；中举人数共 604 人，其中琼山县 299 人，澄迈县 30 人，定安县 47 人，文昌县 60 人，会同县 17 人，乐会县 18 人，临高县 18 人，儋州（包括宜伦县）40 人，昌化县 5 人，万州 32 人，陵水县 3 人，崖州（包括宁远县）25 人，感恩县 7 人，海南卫 3 人；中武举共 12 人，其中琼山县 7 人，澄迈县 2 人，文昌县 1 人，崖州 2 人；中进士人数共有 66 人。

根据王俞春先生的统计："历代海南出生的学子中进士者有 112 名，而明代中进士者就达 66 名，占了多半，……其中官至宰相者 1 人（丘濬）、任各部尚书者 3 人（薛远、廖纪、王宏海）、任侍郎者 2 人（钟芳、唐胄）"，"就连偏远的感恩县，明代也出了举人 7 名，岁贡 83 名，在县内外任官者有 55 人"[9]，一时出现了父子进士、同村进士的人才繁荣景象。

这些进士都在朝廷或大陆任职，其中不乏朝中重臣。如薛远（琼山前所人，正统七年进士，曾任户部、工部侍郎、南京兵部尚书）、廖纪（陵水人，弘治三年进士，曾任工部侍郎、兵部吏部尚书）、唐胄（琼山东厢人，弘治十五年进士，曾任南京户部右侍郎、北京户部左侍郎）、钟芳（原崖州后迁琼山人，正德三年进士，曾任太常寺卿、南京兵部户部右侍郎）、王弘海（定安县雷鸣龙梅村人，嘉靖八年进士，曾任国子监祭酒、吏部左侍郎、礼部尚书）。

海南名人《明史》为之立传的就有三人：

邢宥（1416～1481），字克宽，号湄丘，今文昌市文教镇水吼村人。在明代海南人物中，与丘浚、海瑞齐名，被后人称为"一鼎三足"。

邢宥于正统六年（1441 年）中举，正统十三年（1448 年）登二甲进士，授为御史。次年，任四川道监察御史。景泰二年（1451 年）出巡福建。天顺四年（1460 年），任浙江台州知府，有治绩，后被诬告而被谪为泉州府晋江丞。不久案情辨清，明宪宗复其职，改知苏州府。

邢宥在苏州府任上有政绩。后被右金都御史宋杰推荐，晋升为浙江布政司左参政仍理府事。半年后，宋杰卒，邢宥代为右金都御史巡抚江南。不久，改任左金都御史，兼理两浙盐政。成化六年（1470 年），他以有病请求退休还乡。盖"湄丘草亭"，以读书写作自误。成化十七年（1481 年）病逝，享年65 岁。次年，明宪宗遣官员谕祭。

邢宥为官二十余年，奉公守法，清正廉洁，例任皆有政声。至退休时"囊橐萧然如书生时"。他一生好读书，勤于写作，有《湄丘集》十卷传世。《明史》为之立传。

丘濬（1420～1495年），字仲深，号琼台，别号深庵，又号海山道人，琼山县西厢（今海口市府城金花村）人。

丘濬自幼丧父，靠母亲李氏教诲。"生有异质，读书过目即诵，日记数千言。儿时信口为诗歌，语皆警技"，被誉为"神童"，"稍长博观群书，遍借之市肆，虽释老技术之编，亦所不废，年十七始习举业，落笔为文，数千百言立就，优出伦辈"（《正德琼台志·人物·名德》卷三十六）。

正统九年（1444年），丘濬举乡试第一。以后两次进京参加会试，中副榜，留国子监学习。景泰五年（1454年）参加殿试，中二甲第一名（即传胪），赐进士出身，选为翰林院庶吉士（候补翰林官），后授为翰林编修。成化年间，擢为侍讲，进侍讲学士、学士，迁国子祭酒，进礼部右侍郎掌祭酒事，特进礼部尚书掌詹事府事。弘治四年（1491年）加太子少保，不久命兼文渊阁大学士参预机务。

丘濬于弘治六年（1493年）因患眼疾免朝参。弘治七年加少保。弘治八年卒于任上（北京东郊私第），享年七十六岁。赐葬于今海口市府城西八里水头村五龙池之原。御赠为太傅，谥文庄。正德年间，朝廷赐在其家乡建祠，名为"景贤"，"祀浚配于宋学士苏轼，以风示天下"（《正德琼台志·人物·名德》卷三十六）。后来府城有街道命名为"文庄路"。

丘濬为人正直，为官四十余年，克己奉公。一生著述甚丰，主编和参编的历史典籍有《寰宇通志》、《明英宗实录》、《明宪宗实录》、《宋元纲目》等，还撰写《世史正纲》、《大学衍义补》、《丘文庄公集》、《琼台会稿》等史学、理学、经济学著作。他是明代著名的史学家、理学家、经济学家和文学家。《明史》为之立传。

海瑞（1514～1587年），字汝贤，一字国开，号刚峰。琼山县下田朱桔里人（今海口市府城镇朱桔里）。

海瑞4岁丧父，靠母亲谢氏抚育。嘉靖二十八年（1549年）考取举人。嘉靖三十一年（1552年）会试不第。次年，被授为福建延平府南平县教谕。嘉靖三十七年（1558年）升任浙江淳安知县。嘉靖四十三年（1564年）升任北京户部云南司主事。

嘉靖四十五年（1566年），海瑞冒死上疏，被打下死牢。两个月后，嘉靖帝崩，获释，复官职。在隆庆年间改任兵部，又接连晋升为尚宝丞、大理右丞、两京左右通政，以右佥都御史巡抚应天十府。由于掌吏部的高拱对海瑞暗藏怨恨，也有意贬压海瑞，海瑞回乡。万历初，张居正当国，不让其复职，海瑞居家将近 16 年。

万历十二年（1584 年）张居正卒，次年，海瑞复职，召为南京右金都御史，在赴任途中朝廷又改任为南京吏部右侍郎。后来又改任为南京右都御史。万历十五年（1587 年）卒于任上，享年 74 岁。万历皇帝遣许子伟护送其灵柩回琼（今海口市西侧滨涯村）安葬，御赠太子少保，谥忠介。

海瑞一生正直，坚持正义，嫉恶如仇，清正廉洁，是我国历史上著名的清官，被百姓称为"海青天"。有《海瑞集》传世。《明史》为之立传。

明代海南地方志的编纂超过了宋元两代，其中以嘉、万两朝的编修最多。据《广东通志》、《正德琼台志》及其他文人著述中记载，明代海南方志一共29 种，但除了《正德琼台志》传世外，其余 28 种均佚。《正德琼台志》为唐胄所修撰。全书共 44 卷，但传世本已佚其中的二十二卷、四十三卷。该志是在王佐的《琼台外纪》及旧本《琼州府志》的基础上修纂的。凡历代郡邑沿革、地理疆域、海潮气候、山川水利、物产赋役土贡、风俗乡情、交通桥梁、驿站兵防、公署书院、楼阁庙宇、秩官名宦、流寓人物、轶闻杂事、艺术诗文等皆记，资料极为详备。

（四）苗族的迁入

苗族迁入海南是具有非常意义的大事件，丰富了海南古代文化的内涵。苗族迁入海南的原因可能是明朝实施"以苗制黎"的结果；迁琼的时间大约在明孝宗弘治至神宗万历年间，是分批分期地进行的；至于迁来的地点和成份现在还没有一致的认识，如王俞春先生认为"海南苗族大部分是瑶族的后裔，其祖先来自两广北部山区的蓝靛瑶"[10]，而唐玲玲、周伟民先生则认为"在明代，苗族称为苗黎，是从广西的士兵调来防守的"[11]。因各有文献依据，一时还难以说清谁是谁非。

较早记载苗族被征调海南的时间是弘治十四年（1501 年）七月，当时在海南岛上爆发了规模空前的黎族联合反抗官府的起义。经过是儋耳七方峒（今白沙县境）不堪明王朝的苛重赋役，在符南蛇首领的领导下，"三州十县诸黎峒各皆领箭，闻风响应"。闰七月，拥众万余围儋州。八月，围昌化县。九月，分兵攻打临高县。官军调两万余人镇压，被黎人打"死者不可胜计，自是贼势益炽，郡城为之惊动"（《广东通志·外志·俚户》卷二八）。符南蛇"拥众七方，众号十万，地险兵锐，势难卒灭，而三州外应，强党以倍"。朝廷急命两广总兵毛锐统汉、达官军及偎、土兵 10 万至儋州。文中所说的"偎兵"就是从广西征调来的士兵，这些士兵完成打仗任务后，有的就落籍海南，成为了海南新的族群。

嘉靖十八年（1539年）至二十八年（1549）之间，有几次都征调两广的"俍兵"来镇压黎族的叛乱。如嘉靖二十年九月，总督蔡经、总兵参将程鉴调广西田州、向武等地目兵8万，合汉、达官军10.2万征崖州、陵水。"目兵"也是指广西壮族的土兵。嘉靖二十八年八月，朝廷又征两广汉、达官军及土舍兵9000人攻崖州境内的黎族。十二月，总兵官陈圭、总督欧阳必进广西两江俍僮土官目兵及广东、海南汉、达军兵87000余人。

万历四十年（1612年）十一月，崖州黎岐反，总兵王鸣鹤督各路官兵及西粤俍兵攻击。黎岐被镇压后，"改乐活为乐安，调广西药弩手三百名屯守，统以把总"（清道光《琼州府志·兵制》卷十七）。

这些被征调的苗族人到海南落藉时，沿海边平原地带和大小河流两岸聚居，但因为中部南部山地多被汉人地主或黎峒所囤占，苗人只好在高山大岭间流徙游居，过着以烧垦为主、兼营狩猎和采集以及防织蜡染等家庭手工业的自给自足的经济生活。对此，光绪《崖州志》卷十三《黎情》云："皆能升木如猱，不供赋税，不耕平土，仅伐岭为园，以种山稻。一年一徙，岭茂复归。……辩发衣履，与民人同。惟妇女黎装……死则火化，或悬树杪风化。善制毒药着弩末，射物，虽不见血亦死。兼有邪术，能以符法制伏人禽。最为生熟黎歧所畏服。"

清道光《琼州府志·兵制》卷二十又记："儋州又有苗黎，凡十村，约九十余家，男妇不满千人，所居近冯虚峒，附归该峒黎总兼管，性最恭顺，出调南市贸易，从无滋事。盖前明时，剿平罗活峒叛黎，建乐安城，调广西苗兵防守，号为药弩手，后迁居于此，即其苗裔也。"

苗人保持着浓厚的原始宗教信仰。苗人普遍相信"禁术"，即方志中所谓"邪术"和"符法"，生病常请道公查禁，被诬为"禁公"、"禁母"者常被无辜杀害。他们相信万物有灵、崇敬祖先，每逢节日或婚庆，都杀牛吹笙击鼓祭祖，而且有特定的仪式、歌谣、经文、舞蹈。苗人节日主要有"三月三"，民俗事象上有煮五色米饭纪念"五王"，祈求丰年等行为。虽有自由恋爱的习俗，但婚姻多由父母作主，并盛行入赘婚。婚礼十分隆重，有一套规章礼仪，配有合婚歌、婚礼歌和舞蹈。

（五）天主教的传入

天主教，也称耶稣教或基督教。过去一般都认为是在清朝时期传入海南的。[12]可是，《海南史要览》一书认为，天主教传入海南的历史应在明朝，而且与王弘诲有关，甚有见地。

大体情况是：万历二十六年（1601年），利玛窦来到南京，王弘诲不仅热情接待了这位天主教传教士，而且还和他一起到北京去祭孔，试图见皇上，"祭孔日前夕，礼部尚书王忠铭（王弘诲）把神父带往天坛。天坛居住的道士是御前乐师，举行次日典礼的预演时，全身各种珍贵的披挂，木偶似的。利玛窦同王大人的儿子和扈从一起坐在前排"（法国·裴化行《利玛窦评传》）。

按照当时的礼节，王弘诲作为礼部尚书，接见利玛窦是很正常的，可是，王弘诲及其儿子王保罗（教名）就加入了天主教，就让人匪夷所思。"当后来王保罗回到海南岛之后，就积极地展开传教工作。19世纪80年代初，美国基督教长老会海南传教团到海南传教，写下了《棕榈之岛——海南概况》一书。"[13]

第四节　黎族的社会发展

明朝初期，朝廷对海南的黎族实行了"怀柔"政策，有利于黎族的稳定和发展；中期以后，海南也和全国一样政治腐败，黎族就反抗不断。在明朝黎族纺织业取得的最突出成就是龙被。

（一）明朝的治黎政策

明朝初年，受朱元璋"天下一家"、"以化导之"的思想影响，对黎族采取了以"安抚"为主的怀柔政策，收到了良好的稳定效果。至永乐年间这一政策仍在发挥作用。如永乐四年（1406年），皇帝在给南岐都黎首陈忠的复敕谕中说："恁每都是好百姓，比先只为军卫有司官吏不才，若害恁上头，恁每害怕了，不肯出来。如今听得朝廷差人来诏谕，便都一心向化出来朝见，都赏赐了回去。今后恁村峒人民都不要供应差拨从，便安心乐业，享太平的福。但是，军卫有司官吏军民人等，非法生事扰害恁的，便将着这敕谕直到京城来说，我将大法度治他，故谕。"（清咸丰《琼山县志·黎七》卷十二）

对于黎族的朝贡，皇帝也采取了与其他少数民族一样的每三年派人朝觐和进贡一次的政策，后来，对贡物还作了严格的规定。《明太宗实录》永乐十四年五月条记载："广东儋州土官王贤佑率生黎峒首王撒、黎佛金等来朝，贡马。赐钞币遣还。上谓行在礼部臣曰：'黎人远处海南，素不沾王化，今慕义来归，而朝贡频繁，殆将困乏，非存恤抚之意。自今生黎土官、峒首俱三年一朝，著为令。'"

当时，黎族还有私贡，即一些地方官员为了邀功行赏而收缴的不在朝贡期限的贡。永乐三年（1405年）抚黎知府刘铭就曾率各州县土官入贡马匹、黄蜡、土香、蚺蛇皮、良姜、益智子（《正德琼台志·田赋》卷十一）。海南土官或首领携带大量的土特产朝贡，朝廷回赐给钞币、布帛、绢衣等，从价值上往往超过贡品的许多倍，黎族首领又获得荣誉和封官，因此都乐此不彼。《明宣宗实录》卷一九记载：宣德元年（1426年）七月，"赐广东乐会县黎首黎宁及万州黎民张初等钞、布帛、袭衣有差。初，黎宁等至京，上谓尚书胡滢曰：'黎人居海岛，不识礼义，叛服不常，祖宗时专设官抚绥，今来朝，当加赍之。'故有是赐"。

明朝中期以后，政治腐败，朝廷对黎族的各项政策难以落实，黎族反抗事件经常发生，海南的在朝官员和有识之士不断给朝廷献计献策，但多没有被采纳。如嘉靖年间在朝中任吏部给事中的郑廷鹄就给皇帝上《平黎疏》（载《石湖遗集·疏》）。尤其是海瑞，从考取举人的答卷，到后来的在朝执政，为治黎倾注了大量心血。他在《治黎策》中就提出了开通十字路，设县所城池、招民、置军、设里、建学、迁创县所、屯田、巡司、驿递等一系列治黎措施，其中，"一个超越时代的前瞻思想，即在黎族聚集区开通十字路，用通商贸易加强黎族与周边汉族的往来，以促进民族团结，实现民族和解和海南安定。海瑞的这一远见卓识一直到了清末光绪十三年（1887年）才由抚黎将军冯子才得以实施"[14]。

（二）土官制度

明朝建立了一套比较完备的管理黎族的制度。在琼州府设流官知府和推官各一员专职抚黎外，还在黎族居住地区普遍设置土官，而且土官皆有衙门。土官有州、县及峒各级文官员。永乐年间又增加了武职土官。土官的职责"专一抚黎，不预他事"（《琼州府志》卷二二）。其中，州一级的土官有同知、判官，县一级的土官有知县、县丞、主薄、典史、巡检、副巡检、舍人等。按"所招民数多寡授以职"，"以劳绩之多寡，分尊卑之等差"（《明史·土司列传》）。据《明史·广西土司列传》记载：永乐四年（1406年），琼州通判刘铭招抚生黎峒首罗显、许志广、陈忠等三十三人朝贡，"向化者万余户"，"帝遂授（刘）铭琼州知府，专职抚黎，仍授显等知县、县丞、巡检等官，赐冠带钞币，遣还。自是诸黎感悦，相继来归……通计前后所抚诸黎共千六百七十处，户三万有奇。"

土舍也即土官，是专门为统治黎族而设。清道光《万州志·黎兵议》卷九记载："往年之土舍即土官也，专督黎兵，颇得借兵威以弹压黎岐，故缓急可用。今不必别设官哨，选近黎民户有身家识黎情少有勇略者二人，立为正副土舍。稍假以冠带，宠异之。"

据《明宣宗实录》卷六一记载：宣德五年（1430 年），"广东崖州宁远等处土官三十余处"，《明孝宗实录》卷二二一又记：弘治十八年（1505 年），感恩、昌化二县有土官衙门二十四处皆因当年未去朝贡违限。永乐初年，海南全岛共设 41 个土舍，其中，琼山县 3 个、澄迈县 3 个、临高县 4 个、定安县 4 个、文昌县 1 个、乐会县 2 个、儋州 7 个、昌化县 2 个、万州 3 个、陵水县 1 个、崖州 9 个、感恩县 2 个（清道光《琼州府志·兵制》卷十七）。从这也可以看出明朝黎族的分布情况。

据吴永章先生研究，整个明朝有文献记载的海南黎族土官朝贡的次数竟有 44 次之多，表明了明代中央王朝与土官间的君臣关系空前密切；黎族地区与内地的联系空前加强。[15]

随着黎族土官设置的增多和土官势力的强大，土官与明中央王朝的矛盾也日益凸显出来，至宣德四年（1429 年），朝廷便以"峒黎多侵扰"为由，撤销了抚黎流官的设置。正统五年（1440 年），又撤销土官设置。万历四十四年（1616 年），再革去土舍。

（三）黎族的分布与人口增长

明代的黎族大部分聚居在中部和西南部山区，北部、西部、东南部沿海及内陆的黎族与汉族交错杂居，仍分"生黎"与"熟黎"，但已有了"黎岐"或"岐黎"的称谓。如清光绪《定安县志·宦绩》卷四记载：成化年间"设立土舍，调度防御，黎岐患息"，"其内层山所包为岐黎"（海瑞《海忠介公全集·上兵部图说》）。但多数文献仍以"峒黎"称之。

在五指山腹地的五指山、鹦歌岭地区的黎族，当时被称为"生岐"、"乾脚岐"、"遐黎"。所谓"生岐"，是指由于山高林密，"与州县隔远，故足迹少到民间"者（清光绪《临高县志·艺文类》卷十七）。清初顾炎武的《天下郡国利病书·广东下》进一步解释道："琼州府万州夷僚，名曰歧人，即隋志所谓施（左少一方字）也。有二种，远控黎峒不服王化者为生歧，近旁黎图稍知羁縻者为熟歧。"清初屈大均的《广东新语·人语》又说，黎人"其别种，有生歧者尤犷悍，虽生黎亦辄畏之。大抵五指山多生黎，小五指山多生歧。歧，隋所谓施（左少一方字）也。黎，汉所谓俚也，俚亦曰里，《汉书》曰九真蛮里，又曰归汉里君，是也。熟歧稍驯兽。其巢居火种者为乾脚岐。……计黎歧疆围凡一千二百余里，绝长补短，可四百有奇，山势盘旋若嬴然，黎举种尽落居其外，歧居其中"。

黎族的一支有的称为"遏黎"。明朝顾岕《海槎余录》记载："深黎自婺岭以北曰遏黎，其俗去黎益远，习俗又相违，居常以椰瓢蔽体，更闲习弓矢。"有人解释为"'生岐'，与州县隔远，故又名'遏黎'……总之，'生岐'、'乾脚黎'、'遏黎'，是明代黎族群体中社会发展阶段相对落后者。他们居于僻远山区，与外界交往甚少。政治上，尚不沾王化；经济上，尚'刀耕火种'；生活上，尚'巢居'，'以椰瓢蔽体'；性格上，则最为勇悍。因'生岐'与黎人虽属同一人们共同体，但彼此的发展程度差异较大，这就是史书往往把明黎称作'黎岐'的原因所在。"[16]此话极有道理。明代对黎族的不同称谓便成了清代海南五大方言的来源。

明朝黎族的基层社会组织称为"峒"，如明朝田汝成在《炎徼纪闻·蛮夷》记载：黎人"其地有五母山，山之中皆黎族盘踞，聚而成村者曰峒"。海瑞在《平黎图说》中又说："峒乃黎村总名，每峒皆有数十村"，"其中村分属土舍管者为熟黎，不属土舍管者为生黎。其生熟亦不定，有旧熟而今反为生者，有旧生而今反向化为熟者，有居旁内层山而熟者，有居旁外层山而生者"[17]。

明朝海南比较有名的峒有：琼山县的清水、南歧、南韩等峒，文昌县的斩脚峒，乐会县的大小踢峒，会同县的麻白峒，定安县的南间峒，儋州的七坊、洛基、洛贺、羌花峒，万州卑纽、黎苎峒等。海瑞在《平黎疏》中说："黎人居处皆宽广峒场，耕作皆膏腴田地，非得地不可耕而食。文昌县斩脚峒等黎，琼山县南歧等黎，今悉输赋听役，与吾治地百姓无异。"他又在《上兵部图说》中记载："各州县去黎峒远者二百余里，近者一百里，亦有二三十里者。黎歧盘踞之地，绝长补短，大约方四百里，周围一千二百里……峒乃黎村总名，每峒皆有数十村。图所载村乃村之大者。其中村分属土舍管者为熟黎，不属土舍管者为生黎。"[18]

明朝黎族每峒有多少村、每村有多少户、每户有多少人，都是难以计算的数字。据清初屈大均《广东新语·人语》记载：黎岐"二三十里间辄有一峒，峒有十数村"；海瑞也在《上兵部图说》说过："每峒皆有数十村"；嘉靖《广东通志》卷三六又记："峒之大小不同，大者千余家，小者百余家"。这样的情况，即使是官府掌握的数据也是称为"本朝庙算"（《明史·广西土司列传三》）。但我们从下列文献中可以粗略看出明代海南黎族的大致人数：

《明太宗实录》卷八七记载：永乐十一年（1413年），"东洋都民周孔珠诏谕包黎等村寨人王观巧等二百三十户，愿附籍为民"。

《明太宗实录》卷九五记载：永乐十三年（1415年），"琼州府生黎峒首罗广寿等来朝，籍其属归附凡三百三十七户，七百九十五口"，平均每户合2.359人。

永乐三年（1405年）四月辛卯"广东都司奏，琼州府属县七方等八峒生黎八千五百人，崖州抱有等十八村一千余户俱已向化"（《明太宗实录》卷三四），则每峒1062～131人。

又据清初顾炎武的《天下郡国利病书·广东下》记载的黎族峒的数量，明代海南12州县中，共有黎族峒1260个（注：吴永章先生记1360个可能有误），其中，琼山县126个、澄迈县137个、临高县239个、定安县112个、文昌县35个、乐会县53个、儋州209个、昌化县93个、万州93个、陵水县30个、崖州92个、感恩县41个。

《明史·广西土司列传》记载：永乐四年（1406年），"通计前后所抚诸黎共千六百七十处，户三万有奇。"每户按2.359人计算，时有7万余人。

顾炎武所说的明朝海南黎族有1260个峒，可能是前后出现的峒数总和，否则，每峒按1062计，1260个峒就有130多万人，即使按最少的131人计，也有165000人。总之，海南黎族有几十万人是有可能的。无论如何，明代黎族的人口峒的数量较之前代有了明显的增加，人口数量也应有大幅度的增加是基本的事实。

（四）黎族的赋役

明初，"熟黎"皆纳粮当差，而"生黎"仍不服徭役。如《琼州府志·防黎》卷二二记载：洪武二十九年（1396年），大理寺丞彭与民向皇帝奏言："琼州府所属周围俱大海，内包黎峒，民少黎多。其熟黎虽是愿化，上纳秋粮，各项差役，俱系民当。其生黎时常出没，劫掠连年，出镇征剿，为害不息。"

到嘉靖年间，海南的黎族已形成以五指山为中心的在各州县都有黎族分布，汉人多居沿海平地，黎人多居高处山区的局面。黎族大都被编入都图和载入黄册鱼鳞图册，"悉输赋听役，与吾治百姓无异"；如永乐十年（1412年）造册，"又将熟黎各户未报丁口报作新招归附黎户本年籍册内，暗分去本府州县人民，立作二万余户，四万九千余名，名为梗化黎人，不伏差役"（明王佐《鸡肋集·进〈珠崖录〉奏》）。

明罗曰褧的《咸宾录·南夷志》卷八记载："黎，今儋、崖、琼、万州坞上蛮也。坞之中有黎母山，诸蛮环居四旁，号黎人。内为生黎，外为熟黎。"《明史·广西土司列传三》卷三一九又记："琼州黎人，居五指山中者为生黎，不与州人交。其外为熟黎，杂耕州地。"明顾岕在《海槎余录》中也载："儋耳与琼、崖、万三处鼎峙为郡，参以十县十一守御所。其地孤悬海岛，平旷可耕之地多在州遭，深入则山愈广厚，黎婺岭居其中以为镇……然其中则高山大岭，千层万叠，可耕之土少，黎人散则不多，聚则不少，且水土极恶，外人轻入，便染瘴疠，即其地险恶之势，以长黎人奔窜逃匿之习，兵吏焉能制之。"

（五）黎族纺织的重大成就——龙被

海南黎族的纺织发展到明朝，迎来了崭新辉煌的时代，也取得了极其重要的成就，这就是黎锦中龙被的产生与迅速发展。因为龙被一向被评价为"是文化品位最高、技术最精湛的织锦工艺美术品，它集纺、织、染、绣四大工艺技术于一体。因此，这种织品也就成为黎族进贡历代封建王朝的珍品之一。龙被的花纹图案造型生动，构图严谨，色彩浓烈，层次分明，款色多样，具有十分鲜明的艺术特征"[19]。

图 9　海南省博物馆展出的龙被

而且，至明代，黎锦龙被的品种花色丰富多彩，纹样也开始了变化，"出现了龙凤呈祥、鲤鱼跃龙门、蛟龙入海、青龙升天、龙凤朝阳等图案纹样，这些图案纹样反映了佛、道、儒等汉民族文化特征"[20]。

　　据专家研究，当时海南黎族的龙被图样是封建的官吏将绘制好的图形交给黎族妇女，黎族妇女再按照图样精心织作而成。"与民间纹样相对应的是，在官办织造局内设计的和来自宫廷的纹样，这类纹样气势雄伟、富丽堂皇，主要是按各朝代典章制度规定的龙袍霞帔及宫廷装饰用锦的纹样。"[21]

　　明代的黎锦龙被图案不仅构图严谨，左右对称，形象逼真，生动活泼，富有动感，而且给每一个花卉、动物都赋予了一定的象征意义，到处都充满吉祥如意的思想意涵。如海南省博物馆展出的龙被中有三幅为一组的，其中中间的一幅正中就突出了一条正面龙（龙首上戴有玄武，即龟与蛇的合体，额上有祥云缭绕），下面两条龙首向上仰望。该幅就突出了龙的主题意涵；左右两边的龙被上各织一龙，龙首朝向中间的龙。每条龙皆四爪，另一爪藏而不露。整组龙被共有五条龙，因此，可以称"五龙图"。"五龙图"以外是用万字符号组成的边框线，绕五龙一周，结构非常严谨。

　　该龙被左右两边还各一幅，图案也严格对称，每幅的上下两端各绣一只插花瓶，花有财富、富贵的含义，瓶取其"平"的谐音，合起来就有富贵平安的寓意；图案的中央各绣一只喜鹊，站在花枝上，皆朝向中间的龙，有"喜鹊登枝"、"喜气洋洋"、"喜上枝头"或"独占花魁"之意；喜鹊上下各有许多葵花，又称"向日葵"，葵花向着太阳，向着光明，向着希望，是一种充满美好幸福的象征。边框的上方中央也是一插花瓶，左右两边各有两只喜鹊，均朝向中间的插花瓶。边框的下方荷花和木棉花图案，有"瓜瓞连绵"、"子孙繁衍"的美好寓意。这就将大量的汉文化与海南本地丰富多彩的黎族文化恰如其分地融合在了一起。

　　在黎族传统称谓中，并非只有织龙纹的被才可称"龙被"，有些比较高级的织被虽然织有蛙纹、人体纹等也称为"龙被"，显然，这是后来将龙被的概念扩大化的结果。如哈方言土语分支抱怀人的"龙被为三联幅，被底以白色为主，以棕色、枣红色棉线和金黄色的蚕丝线为主题花纹色调，花纹图案以圆形化的人形纹为主体，人形纹均作叉腰状，胸部和下身织有钱币孔纹。被子边沿以锁形纹作边饰纹样。由于该被图纹构图技法较为抽象，且多以棕色或金黄色的蚕丝线作为质料，给人一种神秘而庄重的感觉"[22]。

　　明代时，海南黎族织出的龙被并没有全部贡给朝廷，黎族还将这些极其珍贵的织物用于宗教和祭祀祖先的场合。另外，由于这些龙被图案中的龙是四爪，也常常容易和蟒衣或飞鱼服相混淆。如"蟒衣是饰以蟒纹的一种服装。制作蟒衣时，如蟒为正面坐姿图，其外形往往织得与龙一样，只是少一爪而已，故又称蟒龙服"，飞鱼服"是明代特有的服装，服装上饰有飞鱼图案，正面和背面图案排列相同。飞鱼服只有皇帝的心腹可穿，它是一种荣耀的标志，仅次于蟒衣。飞鱼图案头如龙，身似鱼，能飞，它是在蟒形上加鱼鳍、鱼尾稍作变化而成的"[23]。还有人认为，黎锦中的各种图案是她们在长期的社会生产生活实践中创造出来的，它来源于自然，取材于自然。

第五节　明代影响海南的重要事件与天灾

明朝天顺年间以后，海南频繁发生的黎族反抗斗争、因封建王朝的腐败导致的海盗侵扰和万历年间的一次大地震，都对海南的社会发展产生了重要影响。

（一）黎族人民的反抗斗争

从明英宗天顺年间开始，封建统治阶级不断兼并土地，加重了对黎族人民的剥削压迫，由封建王朝扶植起来的黎族上层，也和汉族官僚豪强一样，大量侵占土地，奴役人民，因此，不断激起黎族人民的反抗。至成化、弘治年间及至嘉靖中叶，黎族人民暴动遍及全岛各个黎族地区，不但次数多，反抗斗争规模也是空前的。

据《琼州府志》里的记载，明代黎族民众比较大的反抗斗争就有十余次。黎人的斗争每每遭到明政府的军事镇压。其中，有两次规模最大。一次发生在弘治十四年（1501 年）夏。是年，儋州七方峒土官符南蛇聚众暴动，并刻箭传约，一时间三州十县黎民闻风响应。明代海南人王佐在《鸡肋集·平黎记》中记载："儋州七方峒黎符南蛇倡乱，环海州县峒黎皆应之，攻儋州临高、昌化县，陷感恩县，抗拒官军……撼动海外三千里。"明王朝有感海南的统治受到严重威胁，连忙调遣官军二万多人分五路追剿。符南蛇率领黎兵据险迎击，歼灭官军三千多人。明王朝又调集征瑶将军毛锐统率十万汉达军及俍土兵增援镇压。符南蛇领导的起义军经过一年多的艰苦斗争，终于被镇压下去。"符南蛇死，斩首一千五百六十有奇，平贼巢一千二百余所，俘其属千四百人，追回被掳者一百五十人，获器械一千六百九十有奇"（《明实录·孝宗实录》），可见其惨烈程度。

另一次是嘉靖十八年（1539 年）万州鹧鸪啼峒、陵水县黎亭、岭脚、郎孟诸峒等大规模的反抗斗争。黎兵曾攻下陵水县 96 个村庄。至嘉靖十九年，"总督蔡经以崖、万二州黎岐叛乱，攻逼城邑，请设参将一员，驻扎琼州分守"（《明史·广西土司列传》）。后来，至嘉靖二十年九月，朝廷抽调广西田州、向武等地目兵 8 万，合汉、达官军 10.2 万人征剿。到这年十二月才被镇压下去。黎峒被破 270 多个，有 5000 多人被斩首。

黎族这些大规模的反抗虽然被残酷地镇压下去，但不久，小规模的反抗迭起，致使明王朝在海南的统治大大削弱。

（二）倭寇和海盗的侵扰

从洪武年间（一说从元末），海南岛就屡遭倭寇的骚扰和抢掠，海南守军和海南人民一直奋起抗击。如洪武十五年（1382 年），倭寇进犯万州，海南卫指挥翟兴率军还击，捉获寇首钟奴欧等和船只 60 艘（《正德琼台志·海寇》卷二十一）。永乐九年（1411 年），倭寇骚扰陵水、昌化，崖州百户王英在反击进犯陵水寇贼的战斗中牺牲（清光绪《崖州志·海防志二·海寇》卷十二）。永乐十一年（1413 年），倭寇来犯崖州，百户尹敬等追贼至万州独洲洋，"与贼对敌战死"。弘治十二年（1499 年），海贼寇儋州，海南卫指挥周远率军还击，擒获贼寇吴球等 18 人并船只器械。弘治十八年（1505 年），又有海贼寇掠，指挥徐爵率军出击，擒获贼寇傅鸣阳等 17 人（《正德琼台志·海寇》卷二十一）。正德年间，临高等地人民纷纷组织起来成立义勇军，进行抗倭自卫斗争。正德十二年（1517 年）二月，倭寇在临高石牌、白庙等村登岸"烧劫民舍"，掳掠人口，当地义勇配合官军还击，把敌寇追击至白浦大洋，共斩杀寇敌 15 人，缴获贼船 4 艘，夺回被掳掠的 5 名男子（《正德琼台志·海寇》卷二十一）。正德十四年，渤泥番人寇榆林港，守军还击，斩获 24 人（清光绪《崖州志·海防志二·海寇》卷十二）。

至嘉靖年间，"海盗"对海南的劫掠最为频繁。嘉靖三十年（1551 年），海贼新会人张酉进犯澄迈石䂫港和琼山列楼、石窝等村，指挥王克振、千户俞宗带兵抗击。6 月间海盗又来犯，指挥陈忠言、万户郁英在反击中战死。8 月间，海盗从大林港登陆寇掠铺前，9 月寇掠昌化和儋州，均被海南明朝守军击退（《儋县志·海黎志·海寇》卷八）。隆庆年间，海盗又一次大规模地登陆，先后包围了临高、定安、万州等城，并且攻破了文昌、乐会县城，还在城内居住了很长一段时间，如入无人之境。[24]此时，海瑞正是在家闲居期间。他闻知情况后接连几次给两广总督写信，痛斥朝廷的腐败和官军的无能。

万历十年（1582 年）戚继光转战到广东情况才有所好转。至万历末年，广东倭患最终扫除，而屡犯海南的海盗在海南军民的抗击下，也基本上远逃。

（三）万历年间的海南大地震

万历三十三年（1605 年）五月二十八日，海南历史上发生了有文献记载以来的最大级别的地震。《琼州府志·杂志》卷十二载："三十三年五月二十八日亥时，地大震，自东北起，声响如雷，公署、民房崩倒殆尽，郡城中压死者。地裂，水沙涌出，南湖水深三尺，田地陷没者不可胜纪。调塘等都田沉成海，计若干顷。二十九日午时，复大震，以后不时震响不止。"

署府事同知吴钱（上有山字旁）申文曰："少选传城东门为流沙壅闭矣，再传望云楼忽没不见，而四门无睥睨之旧观矣。达曙，徒跣奔祷于文庙、城隍庙、社稷坛及各神祠，则又见金碧威仪荡然渐败，而明昌塔且斩焉如截矣。"（明万历《琼州府志·杂志》卷十二）

据专家考证，"这次地震 8 级，烈度 11 度，震中在琼山县"[25]，波及整个琼北地区，今海口市东北至文昌市北部的东寨港 72 个村庄沉入海底。至今，海底还保留着比较完整的村落遗址。

这次灾难并没有受到朝廷的关注和救助，因此它对海南的经济生活产生了重要影响，许多人逃离海外谋生，开启了海南人向海外移民的新时代。

注释

【1】【3】李勃著：《海南岛历代建置沿革考》，海南出版社，2005 年版，第 319、349 页。

【2】【4】【6】【15】【16】吴永章著：《黎族史》，广东人民出版社，1997 年版，第 230、235、200、215、272 页。

【5】【7】【14】【24】阎根齐、陈涛著：《粤东正气——海瑞》，海南出版社，2008 年版，第 3、141、29、143 页。

【8】周济夫著：《琼台小札》，中国文联出版社，2003 年版，第 59 页。

【9】【10】王俞春著：《海南移民史志》，中国文联出版社 2003 年版，第 165、149 页。

【11】【13】唐玲玲、周伟民著：《海南史要览》，海南出版社，2008 年版，第 220、244 页。

【12】阎根齐著：《海南古代建筑研究》，海南出版社，2008 年版，第 193 页。

【17】【18】朱逸辉、劳定贵、张昌礼校注：《海忠介公全集》，东西文化事业公司，1998 年版，第 109、102 页。

【19】郝思德、黄兆雪：《从民族学材料看黎族与骆越族的关系》，载《首届黎族文化

论坛文集》，民族出版社，2008 年版，第 30 页。

【20】谭珍良：《横看成岭侧成峰》，载《首届黎族文化论坛文集》，民族出版社，2008
年版，第 173 页。

【21】赵承泽主编：《中国科学技术史·纺织卷》，科学出版社，2002 年版，第 223 页。

【22】韦慎：《黎族抱怀人织锦图纹赏析》，载《首届黎族文化论坛文集》，民族出版
社，2008 年版，第 161 页。

【23】黄士龙编著：《中国服饰史略》，上海文化出版社，2007 年版，第 153 页。

【25】梁统兴著：《琼台胜迹记》，南海出版公司，2000 年版，第 14 页。

第九章

清朝的海南社会

    清朝从顺治元年（1644 年）迁都北京到宣统三年（1911 年）因辛亥革命灭亡，共历十一帝 267 年。如果从清太祖努尔哈赤万历十一年（1583 年）辽东起兵算起，到万历四十四年即天命元年（1616 年）满族建国，再到宣统帝浦仪退位，则共经历 329 年。

    清朝是中国封建社会的最后一个王朝，专制主义中央集权比以往更强化，如戴逸先生所言，这是"宋、明以来历史发展的必然趋势。——统治一个版图辽阔、人口众多又有许多少数民族的国家，中央权力必须集中，而在封建的经济和政治条件下，这种中央集权必然表现为专断皇权的加强"[1]。当然，清朝也是中国封建制度走向衰落和开始崩溃的时期。清末发生在道光二十年（1840 年）的鸦片战争就使中国的社会形态发生了变化，从此，中国进入了半殖民地半封建的近代社会。

    关于清朝前史的分期方法有多种分歧，有基于矛盾变化的，有基于经济发展的，将诸因素综合起来，我认为可按照翦伯赞先生的分法：统一时期（1644～1683 年），即清军入关至统一台湾；鼎盛时期（1684～1795 年），即康熙统一全国至乾隆"让位"；由盛转衰时期（1796～1840 年）即白莲教起义至鸦片战争来掌握这阶段清史的脉络[2]。

第一节 清朝在海南统治的确立与稳固

    清朝在海南统治的确立与稳固和明朝的情况不同，经历了一番长期而曲折的过程。海南岛是明朝势力延续最晚的地区之一。如唐玲玲先生所述"顺治年间，海南岛成为南明政权的将领们战败后逃奔的临时避难所，他们在这里联合海南民众，抵抗清军，离反无常"[3]。

    清朝从顺治元年（1644 年）清军入关并迁都北京，开始分兵追杀农民起义军及弘光、隆武、鲁王、永历、绍武等几个南明政权始，直到顺治十二年

（1655年），清政府才任命朱之光为清朝第一位琼州府知府（清雍正《广东通志·职官志四·知府》卷二九）；而直到康熙元年（1662年），清政府才基本剿灭了海南的反清势力。

根据雍正《广东通志·编年志二·国朝纪》及道光《万州志·前事略》等书的记载，顺治四年（1647年）二月，清朝总兵官黄恩、阎可义，副将李栖鹏统兵渡海，攻入琼州，"夏四月，琼州降"。至此，清朝的统治力量登上了海南岛。但开始时局势并不稳定，明朝的残余势力仍在酝酿反抗。

由于清朝到任的州县官严厉推行薙发令，伤害了海南汉族和黎族人民的感情，所以各地人民也掀起反薙发斗争。在万州，曾降于清朝的故明千户曹君辅就联合黎哨陈朝、曾镶等"帅众鼓噪入城"，杀死了清朝任命的万州知州戴纶和吏目朱九锡，一度占据了万州城。后来，清朝派兵克复万州，曹君辅逃入黎峒。又据光绪《崖州志·黎防志三·明季事迹》记载，儋州、昌化、感恩、临高、陵水等州县"皆乱"。在崖州，故明千户洪廷栋、镇抚胡永清聚众反清。清崖州知州于有义莅任，胡永清投降。顺治五年（1648年）三月，于有义"传檄西里士民薙发效顺"。彭信古率领黎族民众反抗，四月，于有义兵败自刎。"有义既死，州中大乱。故明千户洪廷栋、镇抚胡永清复反。清总镇李栖鹏遣参将张登雾率军救崖，进攻不克，遂拥众归。"

顺治五年（1648年）四月，清朝广东提督总兵官李成栋在广东叛清归明，并挟迫清朝广东巡抚佟甲投降南明，请迎永历帝进入广东。因此，桂王朱由榔的永历政权一时间恢复了广东全境。

同年冬，南明桂王总兵陈武至崖州黄流，黄流民与彭信古等帅众迎之，入乐安营据守。接着陈武率众击败据儋州的林六，据儋州、昌化、感恩等州县。陈武升号"宫保府"，陈武妻子蒋氏号称"女总兵"。在万州，曹君辅又纠聚黎人攻万州，清万州知州邓士廉弃城北走，曹君辅人据万州（道光《万州志·前事略》及光绪《崖州志·黎防志三·明季事迹》）。康熙《昌化县志·兵防志》又记："故明将官占据郡城，海南诸州县皆乱。"顺治七年（1650年）陈武自儋州回昌化，杀昌署章社、知县林亭，开征钱粮。

次年，清廷命平南王尚可喜、靖南王耿仲明各率所部共二万兵力同征广东。顺治七年初，清军连陷广东韶州、英德、清远，年末攻陷广州。之后的兵庵所向即为琼州。

顺治七年，陈武派遣妻子蒋氏率领流众到崖州，故明千户洪廷栋、镇抚胡永清迎接入城，蒋氏纵容所众大肆掠夺，要求被抓的民众"倾赀取赎"，否则杀之，因不能赎身而被杀害的达三百多人。"抱鼻黎谭亚皎、生员陈廷献其兵共攻蒋氏不克。后蒋氏离崖往儋州。"顺治八年，陈武率兵数千入据崖州。府城闻急，遣将程鹏、蔡茂分讨陈武，不克。

顺治九年三月，陈武帅众攻陈廷献，武大败之后，遁去儋州。"陈廷献入崖州"（光绪《崖州志·黎防志三·明季事迹》）。琼将遣将张士益招降陈武。陈武的标将陈德、杨挺削发领兵百余赴琼州府效用，陈武泊海投诚随征。八月，省清军攻下琼州府，恢复琼州。与此同时，清军参将马正龙也带兵五百攻下万州。顺治十年（1653年）七月，曹君辅、曹宏锡父子被俘，"解琼州伏诛"，其余的抗清残余势力或通海寇，或深入黎峒，蓄势待发（道光《万州志·前事略》）。

顺治十一年（1654年）六月，陈武闻大西军余部、故明晋王李定国收复了广西全境，并攻下广东诸郡县后，就又反戈归顺南明，并受命渡海入琼。陈武与潜伏在昌化的余党庄翼宇配合，在深夜逾城杀戮城守李耀祖，生擒知县欧阳思，夺印占据昌化。接着，攻克临高县。在崖州的彭信古等人也起而响应，复据崖州。陈武在昌化兵败，"跳城南向儋州，征将林贵获其首级献捷"。彭信古退据乐安，桂王琼州知府黄士谔等和陈武弟陈虎也相率逃入乐安。清军围攻，黄士谔、陈虎、彭信古等逃人办铳黎峒，十二月，"大兵还州"，海南全境被清军占据。

顺治十六年（1659年）六月，延平王郑成功、张煌言率军十七万大举北伐，破瓜洲、下镇江及其属邑，围困南京，收复太平、宁国、池州、广德、徽州、无为、和州等四府三州二十四县，在江南、皖南地区再次掀起反清的高潮。十一月，黄士谔、彭信古等闻郑成功攻陷江南诸郡，复率办铳、抱牒、头塘、官坊、罗活、抱由、抱怀诸黎起应。游击马可任上书告急。

顺治十七年（1660年）正月，起义就被清军击溃，黄士谔、彭信古等均被擒拿，并被"函其首以献"。至康熙元年（1662年），活动于乐万地区黎峒的黄士昌投顺于清。至此，海南岛上的反清势力基本被铲除。

康熙十二年（1673年），平西王吴三桂首先在云南发动叛乱。随后，耿精忠、尚之信及桂、贵、川、湖等握有重兵的汉族巡抚、总兵相继起兵反叛，这就是历史上的"三藩之乱"。琼州所属三州十县亦皆降逆，昌化知县高日旦先故，训导莫恒吉、城守卢仪、典史叶拱宸"俱受伪职，缴印"。在清朝重兵打击及分化下，耿精忠、尚之信先后再度降清，闽、粤、赣等省首先平复。康熙十五年（1676年）琼属三州十县也随之"归正"。康熙十八年（1679年）八月，琼州府"另造县学新印，颁发到各县"（光绪《昌化县志·经政志·时事附》）。

李勃先生认为，清朝在海南的统治，"至康熙十六年（1677 年）才逐渐稳定"[4]；唐玲玲先生则说，"到康熙十五年（1676 年）战乱才大体上告一段落，清朝在海南岛上的统治才基本上稳定"[5]。笔者以为，直到康熙十九年（1680 年），郑成功部将谢昌、杨义又曾在海南登陆，并一度攻克澄迈、定安两县城，但不久即被清朝剿灭。这之后，清朝才稳固了在海南的统治。

这里值得一提的是海南黎民反清力量的存在。明朝的海南出现过大规模的黎族人民起义，而且此起彼伏，明朝镇压起义的将领亦对黎民进行过大屠杀。"但问题在于，当清军以排山倒海之势进军南方推向广东的时候，南明政权的官员则渡海聚结黎民的勇武力量，抵抗清军统治海南岛。黎峒成为作战时隐蔽力量的退路，黎人成为他们最后一支战斗的生力军。"唐玲玲先生在《海南史要览》中，提出了问题，但没有回答问题[6]。那么，缘何黎民的勇武会成为南明政权官将纠结的力量呢？

笔者认为，这应该与明朝治黎政策（虽有对抗争者的镇压，但也有招抚、怀柔）有关；还与清初一系列惨绝人寰的屠城事件与影响有关，更与严厉的"薙发令"有关（严重地伤害了黎族人的民族尊严）；也应该与占据海南郡域的南明官将对黎民的着意利用有关（进可利用其民之勇，退可利用其山居之险幽。大多前明封建官员将领的所谓忠于故主之心，值得质疑，他们顺叛无定，其政治态度完全以个人利害为转移，他们必然会千方百计对黎民进行拉拢利用）。

第二节　清朝在海南的地方建置

清朝在海南的行政设置仍沿袭明代制度，因此政区建置变化并不大，到清末光绪年间，海南的地方建置才有了较大的变化。

（一）清代海南的行政区划

清朝的地方行政区划，大致分为总督辖区、省、道（乾隆年间始）、府（州、厅）、县几级。清朝时海南仍属广东省。

海南岛上所设的琼州府属于广东省海南道。海南的行政区化为一府（琼州府）、三州（崖州、儋州、万州）、十县（琼山、文昌、澄迈、定安、临高、乐会、会同、昌化、感恩和陵水县），名称一如明朝。

在县以下，形式上基本沿袭明代里甲体制，编制乡、都、图、里、厢等。根据道光《琼州府志·都市》的记载：琼山县分7乡，共领110个都图；澄迈县分2乡，共领39个都图；定安县分3乡，共领36个都图里；文昌县分3乡，共领38个都图；会同县1乡，领7个都图；乐会县分12乡1屯；临高县分3乡，共领12个都，52个图；儋州分33里；昌化县分附郭和2乡，领6图半；万州分2个厢，32个都；陵水县领6个乡，9个图；崖州领4个厢，17个里；感恩县分3个都，领6图半。

随着清王朝封建统治的深入，有许多黎村已被纳入都图的管辖范围，由州县直接统治。据道光《琼州府志·黎情》记载：琼山县东黎"立里甲编差"，西黎都九峒中"今南歧五峒编差"；澄迈县西黎、南黎四都在明代已编差，但尚记入黎籍，至清代隶属永泰乡，南黎除原一、二都之外，又增设三都，其后，"虽有黎都之名，实元黎人之实"；崖州的"熟黎"，"其户口编入图甲，有司得而治之，故不为人害"。另有许多生黎地区，由于被纳入清朝统治系统而成为熟黎地区。据道光《琼州府志·户口》的统计，自雍正八年（1730年）至雍正十年（1732年），归化附入版图的黎人共4410丁口。在道光年间，附籍黎人丁口约有20万。海南几乎所有黎族地区都划入清朝统治范围了。

清代的乡都里组织，在形式上虽然沿袭了明代的里甲制，但在性质上已发生了根本的变化，它的编制，已经不是一种以家庭和人口为中心的组织，而变成一种以田地赋税为中心的结构。

清朝还在基层实行保甲制。其制规定：不论州县城乡，每十户立一牌长，十牌立一甲长，十甲立一保长。每户给印牌悬挂门上，上写户主姓各和丁口数，并登入官册，以便稽查。迁移需注明来往处所。同时责成地主、窑主、厂主对所属佃户、雇工严加管束，将其附于牌甲之末或本户之下，如有反抗事件发生，一并连坐治罪。令各客户皆立册簿，登记住宿姓名、行李等，以便考察。清朝政府通过保甲制，对各族人民进行着严格的控制。[7]

另外需要一提的是，在清朝，南海行政区划已趋于稳定，清政府已确定这片地域属于琼州府的管辖范围。具体说来，南海诸岛隶属万州管辖。道光《琼州府志》和道光《万州志》均记载：万州有千里长沙、万里石塘……这一带海域均在广东水师和琼州府水师巡逻范围之内。"清康熙丙申年（1716年）测绘的《大清中外天下全图》、雍正二年（1724年）的《清直省分图》、乾隆二十二年（1767年）的《大清一统天下全图》和嘉庆五年（1800年）的《清绘府州厅总图》以及嘉庆二十二年（1818年）的《大清一统天下全图》

等，都把西沙群岛、南沙群岛分别标绘为'万里长沙'、'万里石塘'而列入清朝版图。"[8]

（二）清代海南行政、军事机构的设置及军事布防

清朝在海南设置了一些行政机构加强对海南的管理，如掌理全岛的行政机构琼州府；如全岛后来最高行政机构雷琼道；属于军事机构的琼州镇；属于治安管理机构的巡检司及其专门针对黎治的土官、抚黎机构等。

1. 琼州府。清朝沿袭明制，在海南设琼州府，统辖全岛三州十县，为海南道治所，治所仍驻琼山县。长官设一员，称知府，掌全府之政。原秩正四品，乾隆十八年（1753年）降为从四品，变成雷琼道的下属官员（《清史稿·职官志三》）。顺治十二年（1655年），琼州府第一任知府朱之光到任。

琼州府的属官有府同知，正五品，管理抚黎、防海事务。首任琼州府同知为郭玉升，顺治十二年（1655年）到任（雍正《广东通志·职官志四·同知》）。府通判，正六品，职掌基本同于同知，康熙年间裁撤。府推官，正七品，职掌刑名，康熙年间裁撤。府经历，正八品，综理署内各种庶务，收发公文，康熙年间既裁又复。府学训导，从八品，康熙年间既裁又复。府司狱，从九品，掌所属监狱，雍正年间裁撤。府仓大使，从九品，掌管仓庾。乾隆三十一年（1730年）裁撤，改设雷琼道库大使[9]。

清朝海南三州（儋州、万州、崖州）无属县，隶属琼州府。三州长官为知州，俱从五品，掌一州的治理，以刑名、钱谷为要。十县长官为知县，正七品，掌一县的治理。

州的属官曾设州学学正、州学训导、州吏目、州仓大使（仅儋州设）等；县级属官设县丞（仅琼山、澄迈、文昌、临高县设）、县学教谕、县学训导、县经历（仅琼山县设）、县典史。诸职官都由朝廷从大陆派遣。可见，在职官的设置上，与明朝相比变化也不大。

2. 雷琼道。雷琼道原属于广东省提刑按察使司的派出机构又兼海南最高监察机构，清中叶以后，成为海南最高行政机构兼最高监察机构。康熙十五年（1676年）"罢兼提学"。康熙二十二年（1683年），改为分巡雷琼道，辖雷州府、琼州府，治所仍驻琼州府。而道光《琼州府志·政经志·文职》则记为："康熙十三年（1674年）改设分巡雷琼道。"笔者认为以李勃的考证"康熙二十二年（1683年）改为分巡雷琼道"，即以《清圣祖实录》卷110的所记为准[10]。

"雍正八年（1730年）改分巡海南道加兵备衔"，专辖琼州一府，驻扎琼

州，加兵备衔，即兼管海南军事和节制都司、守备、千总、把总等武官。这是清政府对海南的治理加强的表现。乾隆十八年（1753年）后，废参政、参议、副使、佥事诸衔，定为分守道、分巡道，其长官俱称道员，定正四品。同年，知府降为从四品，雷琼道道员成为琼州府知府之上的常设行政长官。

3. 巡检司。巡检司设巡检，每司设一员，从九品，是地方治安管理官员，隶属于州或县，设立于州、县关津险要处。掌管抓捕盗贼，诘问奸宄、管理河防。李勃根据清代文献记载，得出"清朝前期，琼州府所辖巡检司至少有二十所"，即琼山县有二所、文昌县有二所、澄迈县有三所、临高县有二所、儋州有二所、万州有一所、崖州有三所、感恩县有一所、陵水县有二所[11]。这样，相比于明朝，清朝多设了五个巡检司，加强社会治安。

4. 海关。康熙二十四年（1685年），清政府宣布撤除"禁海令"，"开海贸易"，并设立四个海关，即粤海关、闽海关、浙海关、江海关，管理东南沿海的对外贸易及征收关税等事务。粤海关最高长官为粤海关监督，在粤海关下设总口七处，其中一处即为琼州海口总口。海口总口依例设总口委员一人，治所驻琼山县。海南在海口总口之外又设有多处分口：铺前口、清澜口、沙老口（会同）、乐会口、万州口、儋州口、北黎口、陵水口、崖州口，这就是所谓的常关。清朝的海关行政在鸦片战争前是独立自主的。乾隆十二年（1757年），清政府关闭了其它三个海关，只留下粤海关，广州成为唯一对外贸易口岸。

5. 治黎的土官、抚黎机构、镇黎机构。本来在西南各省少数民族地区，清初沿用了明朝的土司制度，到雍正以后，又陆续进行改土归流，以进一步加强对该地区的直接统治。在海南，清朝也没有完全遵行明朝的土司制度，而是随着形势的发展，在不同历史阶段采用不同方式，或是在黎区设置职位较低的黎族土官，负责管理黎族基层民众，或设置流官专职抚黎。

清朝的抚黎机构主要有海防抚黎同知署和"抚黎局"（鸦片战争后），但是，清朝对海南黎族的治理理念，基本遵行了明朝的宽严相济思路：既有怀柔政策，又有镇压政策。同时运用行政机构，尤其是基层行政机构的设置，把各村寨黎民包括比前朝更多的一些生黎地区纳入清王朝严密的管理网络。

黎族土官：清初，黎族的暴动方兴未艾，尤以崖州抱鼻、抱显、罗活、官坊、头塘及定安、琼山境内黎族更为甚，黎族社会动荡不安，因此，自顺治年间至康熙前期，清政府沿用了明朝的土舍制，利用故有土舍导民归顺，抵御反清势力。据史料记载："顺治十四年，因逃民久潜黎境，导引落洒诸黎侵扰乡

村。县令城守觅得故土舍王启英之母张氏为酋，母着仝差役叶志引至黎峒传
谕。明年春，（张）氏带落洒、峨茄、拐锁、可邦、婆梅五村之黎数百黎到县
投诚。县令城守赏给花红、盐、牛，仍令誓血刻箭如约。众黎额首以归，即搜
逐逃民导黎为患者，如萧三、蒙大、蒙四、苏民仰、符兆麟等解县，鞭死示
众，自是导谋之萌稍息。"（光绪《昌化县志·经政志·原黎》）但是，实行了
三百多年的土舍制弊病丛生。曾在昌化、崖州两地任官的陶元淳曾在《议设
土舍之患状》中指出：土舍制的弊病"略有四端"（《皇朝经世文编·兵政十
九》）。文中对买卖土舍职位，土舍欺上瞒下，滋事生非，对百姓的敲诈勒索，
势力强大不好控制等，都做了详实述论。故康熙八年（1669 年）废除。

　　清朝在海南的统治确立并逐渐稳定下来以后，开始在黎区设都图甲里以及
黎峒，并在黎区遍设土官，加强对黎民的控制。

　　峒原是黎族地区的氏族组织，自此变成了清朝基层政治组织。据李勃统
计，清代全岛黎族村峒共有 1203 个，其中琼山县 126，澄迈县 137，临高县
239，定安县 111，文昌县 35，乐会县 55，儋州 209，昌化县 33，万州 94，陵
水县 31，崖州 92，感恩县 41[12]。根据光绪《崖州志·经政志·村峒》的记
载，清政府在黎族地区设置土官，并未完全一体化。既有设峒长、总管、哨官
三级土官的，也有设峒长、总管、哨官、黎甲（黎首）四级土官的，也有设
峒长、黎首（黎甲）或总管、哨官二级土官的。土官由黎族上层担任，各级
土官大抵世袭，主要是对黎民进行行政上的管理，并帮助官府征发赋税。各级
土官权限分明。

　　从生活在雍正、乾隆年间的张庆长所撰写的《黎岐纪闻》中，可印证清
朝对黎族土官的设置、权限分配等情况："黎头辖一峒者为总管，辖一村或数
村者为哨官。大抵父死子代，世世相传，间有无子而妻代之及弟代之者，为众
心所归而公立之也。凡小事听哨官处断，大事则报诸总管，总管不能处，始出
面控告州县"；"熟黎多纳官粮，其中地颇荒阔，不可以方丈计，唯岁纳粮若
干而已"；"生黎则各食其土，不入版籍，止设有黎练、峒长之类统辖之，遇
有事，峒长、黎练以竹箭传呼，无不至者，其信而畏法如此。"可见，黎族地
区的行政管理、赋税内容和赋税管理都比较简单，而生黎地区虽设峒长、黎练
等土官，但不入版籍，不纳粮编差。

　　清朝时期，随着统治的逐渐深入和加强，黎族地区的封建化、汉化进一步
发展了，许多生黎地区逐渐被纳入封建统治网络，成为熟黎地区。特别是雍
正七年（1729 年）以后，"各峒生黎咸愿入版图"（《皇清职贡图·琼州府

黎人》）。

雍正八年（1730 年）正月，"崖州黎峒三十九村生黎王那诚、向荣等，定安县潮村等处十四村生黎王天贵等，琼山县番否等处十八村生黎符天福等，陵水县生黎那萃等，共二千九百四十六人，输诚向化，愿入版图，每丁纳银二分二厘，以供赋役"（道光《广东通志·岭蛮》）。总督郝玉麟等奏闻。奉雍正帝旨，将地丁银两，减去一分二厘，止收一分。且令有司加意抚绥，悉心教养，务令安居乐业，各得其所。从此，诸黎感激，悉为良民（《嘉庆重修一统志·山川·黎峒》）。

应该说，清朝对黎族土官的设置及对生黎的优抚政策是一种土流兼治的统治方式，理顺了管理制度，顺应了历史发展情势，对维护清王朝在海南的统治是有利的，这一制度一直延续到清代后期。

海防抚黎同知署：琼州府的属官之一府同知，正五品，主要职责就是管理抚黎、防海事务的。海防抚黎同知署就是清朝海南最高抚黎机构，与琼州府同时设立。即便在清初乱世，清地方官员亦崇尚抚黎。如顺治年间陵水县的知县张凤徵，"在兵燹之时，抚定流移，兴复学校，政教大行，黎歧三十九峒，闻风向化"（道光《琼州府志·官师志·宦绩下》）。

镇黎机构：所谓镇黎机构，就是清政府在黎族地区设立的军事机构。康熙二十八年（1689 年），清王朝在镇压韩有献等人的暴动之后，开始在黎族山区各交通要道设立琼山水尾营、定安太平营、崖州乐安营、儋州薄沙营、陵水保亭营五个军事据点，派绿营兵驻守，防范黎族暴动。雍正十二年至乾隆五年（1734 年至 1740 年），又先后在临高、万州、崖州设立和舍、龙滚和永宁三个巡检司，专职稽查黎民出入（道光《琼州府志·海黎志八·防黎》）。

鸦片战争前，黎族起义的次数，唐玲玲先生根据史料统计：顺治年间 12 次，康熙年间 31 次，乾隆年间 3 次，嘉庆年间 6 次，道光年间 7 次[13]。每次，清政府都是派正规军进行清剿的。相比而言，清朝对海南黎族社会的控制和影响比历朝都加强了。

6. 琼州镇。清朝的主力军队是八旗兵，驻扎在全国各要冲地带，由中央直接掌管；清朝的地方军队则是绿营兵，因使用绿色旗子而得名，与八旗兵同为清朝常备兵，大部分分驻各个省，以一省或数省为军区，以总督或兼提督衔的巡抚为最高军事长官，提督则为一省绿营兵的最高武官。广东省除了广州、惠州、肇庆有总督或巡抚、提督各标驻守外，在江海要地设立了兵防七镇，琼州镇就是其一，镇设"镇守总兵官"一员，地位仅次于提督。绿营兵由最高到最低逐级实行标、协、营、汛编制。"镇守总兵官"及以上将帅均建"标"，包括督标、抚标、提标、镇标等。协为第二级编制单位，长官为副将。下一级编制单位"营"则由参将、游击、都司、守备统兵分防。汛是基层编制单位，由千总、把总、外委等分别统领（《清史稿·职官四·提督等官》）。

琼州镇始设于顺治八年（1651年），当时称为"琼州水师镇"，治所在琼州府城西门内，是清朝海南最高军事机构。其长官称"琼州镇水师兼陆路总兵"或"琼州镇总兵官"，简称"琼镇"或"总镇"，正二品，掌理一镇军政，是清朝驻守海南的最高军事长官，受两广总督、广东水师提督和广东陆路提督节制。而琼州镇标以及儋州营和万州营还受"广州将军"（广东八旗最高长官）节制。

琼州镇总兵官下设副将、参将、游击、都司、守备、千总、把总、经制外委、外委把总、额外外委等官。琼州镇总兵官先后统辖一标镇、二协（琼州水师协、龙门协），共十营，士兵共有 8 229 名。

需要一提的是，清政府在海南加强了海防力量，比明代有进步。针对海南特殊的地理位置，还施行了特殊的政策。清初，闽粤沿海和台湾一带是抗清的重要地区，为切断浙闽粤沿海与海外的联系，清廷多次下禁海令。如顺治十三年（1656年）七月，清政府颁布了"禁海令"，严禁江南、浙江、福建、广东、山东、天津等地商民船只出海贸易，也严禁外国商船来华贸易，"不许片帆入口"（《顺治实录》卷一百零二）。顺治十八年（1661年）清政府曾发布"迁界令"，命令山东至广东的沿海居民内迁 50 里。康熙三年（1664年）又下令再内迁 30 里。海南虽未令迁界，但在环岛沿海立界 2700 里，禁民外出，因此一时间，"片板不敢下海，小民不敢望洋"（光绪《崖州志·艺文志·书牍》）。

除了常备军绿营兵的布防外，清政府还在海南地方招募乡勇哨兵，寓兵于民，协助绿营兵，是治安保障的地方辅助武装力量，主要是对付海寇劫掠和防范人民起义，尤其是防范黎人叛乱。乡勇哨兵的作用很是得到清政府的认可。

综上所述可见，清朝对海南的军备、海防比以往任何朝代都更重视，清朝对海南的统治较前朝更加强了。

清朝海南的行政区划及各种行政、军事管理机构健全之后，相对稳定，在清朝前史二百余年中并没有发生大的变化，基本上适应了海南的社会发展。

第三节　海南的社会、经济发展

清朝前期由于统治者调整统治政策，促进了海南的社会、经济全面发展，主要表现在人口（包括移民）的增多、土地的大面积开垦、自然经济相对稳定和工商业的繁荣等。

（一）清代海南的人口

根据各种史料分析和专家论断，清朝的全国人口总量，包括几乎各省的总量（海南是肯定包含在内的），都是增加的，何炳棣先生估计那时候，中国"人口激增，到道光三十年（1850 年）可能已达 4 亿 3 千万"[14]。

海南的人口增加，与有利的物质条件和清初统治者的开明治理是息息相关的。土地利用的不断改进，耕地面积的扩大，单产的提高，多种农作物的稳步改善，农具的改进，黎汉交流的扩大，"生黎"的不断归化、移民的增加，对外贸易的发展使人口流动的频繁等，都是人口增长的有利因素。

王俞春先生在《海南移民史志·历代人口统计一览表》中转引《海南百科全书》中的数据"清朝道光十五年（1835 年）年，海南总人口 125 万人"，但他在同书中又说"在清朝统治的 200 多年中，大陆各界人士迁琼者比历朝有成倍增加。据清嘉庆《大清一统志》第 169 册载，到清嘉庆年间（1798 ~ 1820 年），大陆向海南的移民发展到 149 万多人"[15]；而唐玲玲先生在《海南史要览》中说，海南人口"嘉庆年间又增加到 150 万人，至道光十五年（1835 年）年，降为 125 万人"[16]。显然，这几组人口估计数据有矛盾出现，移民人口数应该远远低于总人口数。还有，一般计算人口的方法都是以户或丁折 4 或 5 口，相乘得出。可是以这种方法计算明朝和清朝人口数量受到何炳棣先生的质疑，甚至否定。

清初政府以明代后期各府县的赋役全书作为征调的依据的，清朝的"原"丁额与明末的完全一样。何炳棣先生说："如果清朝定下的原丁额并不代表真正的成年男子人口（当时的丁役在形式上已转为交钱粮），那末在此后五年一度的丁口编审总数也并不反映清初人口增长的实际。"[17]因此，清前期的丁统计数既不是人口数，也不是户数或纳税的成年男子数，而只不过是赋税单位而已。所以，会出现增丁"七升八合一勺九撮"的描述，有的丁数"会出现 15 位小数点"。

随着政局稳定，清朝丁数缓慢增长。根据若干材料证明，一些地方官出于习惯和传统道德的支持，以及公众对增加丁额的强烈抵制，"当地丁口上报数的增加一般都并不能反映当地人口增加的实际状况。……根据当地人口的多寡和贫富程度每次上报三四百或一二百这样微小的增加，已经成为地方官的惯例"[18]。

乾隆三十二年（1772年），五年一度的丁口编审终于废止。乾隆帝曾谕令各省督抚，并充分调动地方保甲系统试图确定全国的实际人口。由于缺乏稽核制度、缺乏持久的督促等技术、制度原因，至道光三十年（1850年）地区户口登记的缺漏无法避免。尤其是广东户口登记缺漏的现象相当普遍，除了无法登记的移民、商人，以及受动乱等的影响难以登记外，由于广东远离京师，百姓粗犷难制，最有利可图的海外贸易使省级和地方行政机构无不贪污腐化，最终导致乡绅常贿赂当地胥吏以免除保甲登记。

因此，如何炳棣先生所说，"明、清和近代一系列人口数据中，没有一项是基于真正人口普查的。乾隆四十一年（1776年）至道光三十年（1850年）这些年间的数据似乎比其他任何时期的数据都更准确，但有些年度的总数中还有地区性的遗漏，其原因官方往往未作明确解释"[19]。所以，笔者认为，清朝中国的人口统计数字一直是低于实际的，以道光十五年（1835年）的人口数字为例，海南的人口至少应高于125万，可能达到200万。

（二）清代海南的移民

海南是一个历代都有大量移民迁入的地方。明末清初，随著明朝残余势力的失败和清统治的确立、稳固，又一次引起大陆人口向海南岛的迁移。

清初，为了逃避战乱，有不少大陆官民士子举家渡海到边远的海南定居。这一时期移居海南岛的汉人中，有相当一部分是继续进行反清复明斗争的人士。他们在斗争失败后逃入黎族山区，成为本岛居民。在这一时期，也有闽广人为避免祸乱迁入海南岛的。"有家谱明确记载明末清初迁入海南的姓氏有林、陈、侯、严、詹、李、叶、张、蔡、王、施姓等。如《林氏宗谱》中记载，明末六牧林蕴二十九世孙肖山﹒自潮州澄海迁文昌县白延之笃家村；清康熙丁卯二十六年（1687年），九牧林兢二十六世孙世魁、奇昌，渡琼居定安龙门和梅村等。这时闽人南迁海南岛往往是同乡亲戚结伴而行，如文昌严氏与詹、李、叶、蔡、王、施等七姓亲朋一同渡琼，占籍文昌县。"[20]乾隆十八年（1753年），清政府发布《敕开垦琼州荒地》诏令后，闽广人移居海南日增，以致引起岛内人口的流动迁徙。

康熙年间撤消禁海令，允许商船出海贸易后，从大陆东南沿海各地到海南从事商贸活动及定居的商人增多，在琼州府城及海口所城内外定居者尤多。王俞春先生估计，"清代在海口、府城定居从事商业贸易的人口至少也有数千人……原籍广东顺德的左兴义，左兴仁兄弟，就是清代来海南文昌经商，后来定居文城内北门，成为左姓入文先祖的；福建莆田人罗健，因经商贸易经广东人琼，后落籍琼山县石九村；广东南海县人孔宏集、孔宏林兄弟，也是明末清初渡琼经商，落籍琼山县大林群上村。清乾隆十八年（1753 年）福建人黄绍余、黄绍荣兄弟也来琼经商而人籍"[21]。海禁的解除，使闽粤桂沿海迁琼的疍民也增多了，在海口港附近落居者最多。

清朝大陆移民对海南的社会经济发展无疑是起了积极的作用的，虽然客家人与黎族人为争夺地盘发生过流血冲突，但随着时间的推移，民族间的融合、相互的依存不断加强了。

（三）清朝海南的赋税

清初的赋役制度沿袭明制，以"田赋"和"丁役"为征收内容。顺治九年（1652 年），清政府在海南颁布《赋役全书》，起科"以万历四十八年会计粮差为例"（光绪《崖州志·经政志二·派征则例》）。因此，清政府不再做"户"的统计，而是开始编审丁口。

顺治五年（1648 年），清政府所定的丁口编审之法是不分户籍为军、民、匠、灶，又各分上、中、下三等。凡民男十六岁至六十岁称丁，女称口，男未成丁也称口。届期人丁造册层层上报，达于户部。凡载籍之丁，六十岁以上开除，十六岁以上添注，增丁即增赋。

顺治十一年（1654 年），清廷规定三年编审一次人丁，造册上报时，详载原额、新增、开除、实在四个方面的数字。丁分民丁、站丁、土军丁、卫丁、屯丁，还载每名人丁征银若干，隐匿捏造者治罪。至顺治十五年（1658 年）改为五年编审一次。在摊丁入亩、丁银固定后，乾隆三十七年（1772 年）停止编审。

清初海南的田赋面积，原额加上新开垦数，共计 41448 顷 32.84 亩。全岛蠲免田赋面积达到 11466 顷 5.39 亩，实征额 29982 顷 27.495 亩。而康熙三十一年至乾隆八年的豁免，而此实际是明至清康乾时期的虚额——自明末至清初，"虚粮"、"虚丁"情况十分严重，地方政府往往以在籍人口"赔累逃绝"，填补虚粮数额（道光《琼州府志》卷十三《经政·土田下》）。

清代的田地依"三等九则"划分确定田赋科则。据道光《琼州府志》记载，琼山县官、民田地塘各分为 9 则；澄迈县官民田地塘各分 5 则，沟池分民地 2 则；定安县官民田各分 3 则，民地 2 则；文昌县官民田塘各分 6 则，民地 1 则；会同县官民田各分 3 则，民地塘分 2 则；乐会县官田分官田、学田 2 则，民田地塘分 7 则；临高县官民田地塘各分 5 则；儋州官民田地塘各分 5 则，又分官地 1 则；昌化县官田地塘分 3 则，民分 4 则；万州田地塘官分 5 则，民黎分 6 则；陵水县官田地塘分 5 则，民地 1 则；崖州官民田地塘各分 5 则；感恩县官田地分 4 则，民黎田地塘分 4 则。各州县税率没有统一的标准，而是根据地区条件差异有别，比如万州、昌化县的田地塘税率，官税比民税高，陵水县则相反，官税比民税低。

除了按田地科则派征田赋外，清初顺治年间还按照明代的一条鞭法，派征各项物料和"四差"（均平、均徭、民壮、驿传）银。

丁赋的派征。查考海南方志，至康熙年间早期，海南各州县都采用随粮均丁的办法编审丁额。"论粮编丁"，使方志上所记的编丁口额，已转化为赋税计算单位，其中包括男丁和女口的编额。征丁银按照各州县的条件，分不同的标准征收。如琼山县每丁征银 3 钱 9 厘，定安县 3 钱 6 分 3 厘，会同县 1 两 3 钱 2 分 6 厘，昌江县 4 钱 9 分 2 厘 3 毫 8 丝 6 忽，崖州 3 钱 2 分 6 厘 8 毫 5 丝 6 忽，感恩县 8 钱 3 分 5 厘 7 毫 6 忽，万州 4 钱 7 厘 6 毫 6 丝 1 忽，陵水县 6 钱 1 分 6 厘（见《琼州府志》卷十三）。可见，会同县的丁银标准最高。

康熙五十五年（1716 年），清政府在广东试行"摊丁入亩"的改革，将丁银摊入田赋银中统一征收。据专家推测，海南各州县在雍正年间开始实行摊丁人亩的改革，真正把人口银派入田亩中征收。为逃避赋税，海南人不必隐瞒丁口，而是着力隐瞒土地。每丁所占土地越发减少。根据道光《琼州府志》卷十三的记载，乾隆年间全岛丁口所占土地平均 5.86 亩，相比于康熙五十年的平均数 37.4 亩减少得很多。相比于土地统计的不实，人口的增长确是事实。

在海南的赋税中，除了地丁税及其附加税外，还有盐课、关税和各种杂税。

1. 盐课。清前期盐课基本沿用明制，分为场课和引课两部分。场课包括灶户的人丁税和晒盐的盐摊税。道光《广东通志》卷一百六十六"琼州府"记载："琼州各场不设埠，惟额征场课银三千四百五十两三钱零九厘。"康熙二十年（1681 年）在原额上每万斤加征盐课银 15.8 两，作为常额。每丁盐课分为 0.46 两和 0.37 两两种。至康熙二十六年（1687 年）每丁盐课增 0.48 两和 0.39 两。至康熙三十二年（1693 年）各免除半数，至乾隆二年（1737 年）又免半数。除灶丁纳盐课之外，州县女口纳食盐课银，即盐钞银。其中崖州每口派盐钞银1厘9毫9丝9忽，感恩县每口7厘1毫3丝8忽，儋州每口1分2厘7毫，昌化县每口5厘6毫9丝，万州每口1分9厘3毫6丝6忽，陵水县每口3分3毫8丝8忽。

2. 鱼课。其税制基本上沿袭明朝，其中有鱼料等附加税和遇闰加征。

3. 关税。这是康熙二十四年（1685年）海关设立后创设的新税项。关税分为货税和船税两种。货税是按货的精粗轻重征收，船税是按船的大小分三等征收，还征收"规礼银"（每船征收银1950两，折实纹银1700余两）和"百分之六"的附加税。

4. 杂税。其税目税额大体上沿袭明朝的税制，如有门摊、商税、酒税、花藤税、田房税契、牛税、薪税补饷、槟税、抽收官地铺税、田租税、船税、当税、契税、比附地利税等。"契税"和"当税"是清代新创设的税项。"契税"，即土地家屋买卖典当向官府登记时所纳的税；"当税"，即当铺营业税。

在康熙年间，清廷曾下令减免渡海牛税、船税、薪税补饷、比附钞钱等。乾隆十一年（1746年）又给予减免薪税。

5. 土贡。海南土贡项目有金、银、珠、玳瑁、蜜腊、布、盐、木、藤、槟榔、椰子、沉香、海漆、荔枝、波罗蜜、南药等。自雍正年间始，逐渐把海南的土贡项目作为固定银两，编入到正赋中。官府需要自拨银款购买所需特产。"康熙十三年停解本色物料。二十五年，奉文全解，令俱折色归并地丁项下征解"；"自雍正间，将本色物料均改折色，编入正赋折征，每年汇同地丁起运项银报解，拨支兵饷。内仍分款造册奏销，官民皆便。至沉香一种，独产琼南，分由督抚岁发价银交郡守采买解省。虽有土贡之名，而实非同前代取之于民也"（道光《琼州府志·乾隆府厅州县图》）。

（五）黎族的社会经济发展

清朝，黎族地区的经济进入了发展较快的时期。有的地区"力田岁皆两熟，并植杂粮"（道光《琼州府志·海黎志八·黎情》），"所产稻谷，足敷一年之食"，其中"崖陵一带，尚有黎米出粜"；一些过去比较落后的山区，"耕种之法，力农之具，均与内地无异"（知不足斋《琼黎一览·琼崖黎歧风俗图说》）。张庆长在《黎岐纪闻》中描述，在土质较好的地区，黎民"依山为田"，所种的稻谷"所获较外间数倍，其米粒大色白，味颇香美"。

黎汉之间的经济交流日益扩展，使得熟黎地区的商品经济发展起来。在毗邻汉族的黎族地区增辟了许多墟市，如儋州调南、定安县岭门、临高县兰洋和南丰等，作为黎汉贸易的市场。黎族的各种特产与汉族的铁器等生产工具及其他生活用品发生交换。如张庆长在《黎岐纪闻》中记述说：黎锦、黎布，被汉族商人"或用牛或用盐易而售诸市，海南人颇用之"。不少来自惠州和潮州的人深入黎民中，"多以沽酒为业，外贩赍绒线盐布等物入而易之。……惠潮人入黎者，多坡地种烟，黎人颇用之"。墟市之设，贸易的发展，密切了汉黎的经济联系，促进了黎族地区的经济发展。但是，在五指山等少数黎族地区，还保留着原始氏族的生活状态。所以，清朝黎族社会仍旧存在着发展的不平衡问题，而且，在大部分黎族地区，还存在着严重的贫富差距、阶级分化、民族矛盾等社会问题。

张庆长在《黎岐纪闻》中记载：黎人以牛之有无多寡计贫富，大抵有牛家即为殷实，有养至数十头及数百头者，黎内谓之大家当。……俗好铜锣，……藏铜锣多而佳者为大家，犹外闻世家之有古玩。"当时的黎族富户，往往有牛数百头，并收藏大量铜锣——"以十数牛易一锣"。而贫穷者，连一头牛也没有。

光绪《崖州志·黎防志一·黎情》记载：斩牛祭祀的时候，"少者，辄鞭挞交加。富者，插以银羽，披以花衫，率以游村"。而且，大量的土地都集中在黎族地主——那些世袭土官及富有的"大家"手中，甚至汉族地主也想方设法占夺黎族农民的土地，他们都以租佃、雇佣的方式剥削黎族农民。汉族商人有的雇佣贫弱，使"穷者借以资生"，也有奸商用各种不当手法欺负黎人，甚至对黎人放高利贷进行剥削。张庆长在《黎岐纪闻》中这样记载："近日颇有奸贪之徒，春借秋偿，倍息取利，心不古矣。"为此，乾隆年间曾颁布过"禁赊债"的诏令，然所禁难止。"岁饥，汉奸放债盘剥，黎人苦之，出掠乡村。"（道光《琼州府志·海黎志·防黎》）

康熙年间在崖州供职的陶元淳在《清禁崖州营将军肆虐状》中描述过黎族粮长（清政府在黎族设立土官前存在）与汉族地主及官将勾结，以征纳钱粮之名，"从中盘剥，尽入私囊"的情形，官兵们勒收粮赋"额粮一石，私收数倍"，"乐平营兵每岁称奉差票各村责办獭皮、灰炭、木料、大竹等送入营内"，官兵"一入黎村，辄勒索人夫，肩舆出入，酒浆鸡黍，攘撅罄尽，花梨不能运出，则令黎人另采赔补"。遇到反抗，就"擅锁平民入营拷打"。另外，大陆大量移民也往往与当地黎民发生争地等冲突。

随着黎族封建化程度的加深，封建剥削压迫日益严重，乾隆、嘉庆、道光三朝中，黎族人民不断起来进行反剥削的斗争。如乾隆四十六年（1781年），崖州乐安官坊村黎首造反。嘉靖二十二年（1817年），西报贤村黎族人民暴动。道光九年（1829），崖州洋淋峒的黎族农民在黎亚鸡、张红须、张亚基等领导下发起反盐店的斗争，附近的抱腊、抱麻、抱蕴峒以至五指山区的黎族纷纷响应，声势浩大，把官军打得大败。道光十三年（1833年），爆发了儋州黎人黎亚义发起的反压迫斗争，反抗斗争席卷整个儋州，给予当地汉族地主、高利贷者、奸商以沉重打击。

（六）清代海南的农业、手工业和商业贸易

清初，海南的土地至少荒芜三分之一，农业发展滞后。顺治年间及康熙年间实行蠲免赋税、并一再蠲免赋税、奖励垦荒、组织军队屯田、大力招民复业、兴修水利等积极恢复发展农业经济的政策，尤其是康熙一朝把恢复农业经济放在首位，把招民复业和垦荒多寡作为对地方官的考核和升黜标准。雍正帝也是屡颁劝农诏书，要求各省督抚各级地方官吏大力招民垦荒，令借牛、种、口粮起业，宽其起科年限，水田六年，旱田十年，著为定例。乾隆年间，继续与民休息，奖励耕垦。

从康熙初年起，清廷多次蠲免广东赋税，仅康熙六十一年（1722年）全省三次普免，八次积欠蠲免。其中，康熙二十八年（1689年）蠲免琼州府属澄迈、临高等县田赋银71900两。乾隆十一年（1746年）清廷下诏《敕免琼州牛薪等项无著税银》，"著将广东琼州府所属应征牛薪等税内无著银两，加恩永远豁免，俾边海贫民不致有追呼之扰"（道光《琼州府志·敕免琼州牛薪等项无著税银》）。

乾隆十八年（1753年），诏依广东巡抚所请，《敕开垦琼州荒地》敕文云："上谕：内阁，据广东巡抚苏昌等奏称琼州为海外瘠区，贫民生计维艰，查有可垦荒地二百五十余顷，请照高、雷、廉之例召民开垦，免其升科等语。著照该抚等请，查明实系土著贫民，召今耕种，免其升科，给与印照，永为世业。仍督率所属，妥协办理，庶土遗利、俾该处贫民得资种植。"（道光《琼州府志·艺文·敕开垦琼州荒地》）还有其他像广东巡抚苏昌那样为民请命的地方官。光绪《崖州志·宦绩志一·名宦》就记载了梅钦和陶元淳的惠民事迹，崖州知州梅钦"为民请豁荒米一千四十七石二斗九升有奇。并请豁军屯米一千九十八石，在任八年，多惠政"。摄崖州的陶元淳也曾为民，"请除荒米数十余石，士民感之"。

从顺治年间开始，清朝就组织军队在海南境内各州县进行屯田。据统计，原额屯丁共计183丁，至雍正年三年（1725年），屯种熟田74顷78亩（道光《琼州府志·经政志·屯田》）。据道光《琼州府志》统计，自康熙元年

（1662 年）至嘉庆十一年（1806 年），全琼新垦升科田地达 3112 顷 48 亩。

清代复修前代陂塘十三处，疏浚前代沟渠二十条；新筑陂十三处，堤坝圩岸三处，闸门四个，新凿沟渠五条。如康熙五十一年（1712 年），雷琼道申大成、知府林文英、琼山县知县王赟在原苍茂圩岸"筑滚水坝，启三门，架桥于上视水大小，以时蓄泄，极灌溉之利，五图农民皆赖焉"。康熙六十一年（1722 年）澄迈县开凿头燃沟灌溉那留等田。康熙三十八年（1699 年）水利使吴孔惠捐赀重修万州洪口溪上所设陂渠，又于第二陂处凿吴家沟，"灌东山洋田千亩"；康熙五十二年（1713 年），万州乡人吴应宗捐赀筑大埂陂，开沟连接十余里，灌田 800 亩等。水利的兴修使得土地贫瘠干旱的文昌、昌化、感恩等县的粮食生产能力有所改进。

海南种植的主要粮食作物是水稻，无论粳稻、糯稻，品种都较前朝有增加，还有旱稻、番薯、黍、菽、麦、粱，以及椰子、槟榔、甘蔗、芒果、花生等经济作物，与明朝相比，清朝海南的许多经济作物都进入了商品流通领域。道光《琼州府志·风俗》记载：槟榔"四州皆产，文昌、琼山、会同特多"。槟榔、椰子的销售收入往往大于谷物，甚至有的地方依赖槟榔的收入缴纳粮税，如专家所说，"18 世纪和 19 世纪初期，花生全面传入经济比较落后的粤西，包括雷州半岛和海南岛北岸，这些地区成了花生的重要输出地"[22]。

农业的发展，商业的繁荣使清朝海南的手工业较前代兴旺。制糖业、酿酒业、榨油业、制麻业、纺织业、藤器业、皮革业、渔具加工业、椰壳加工业、采矿业、造船业等手工业都发展起来，其中好多行业已较为发达。如，海南的传统行业制糖业到清朝发展成为普遍的行业。琼山、澄迈、临高、儋州、崖州、万州、陵水等地，都是当时重要的蔗糖产区，清朝前期，"琼之糖其行至远，白糖则货至苏州天津等处"（道光《崖州志》卷五）。当时农村用牛拉石轱辘榨蔗手工制糖的小糖寮遍及全岛，每个小糖寮每昼夜能榨甘蔗几千斤。

酿酒业也是传统行业，也发展较快，酒的类别有粮酒、果酒、药酒三种。其中粮酒又有米酒、番薯酒、粟酒、烧酒、高粱酒、黄酒、老酒等七个品种；果酒有荔枝酒、三白菊酒、甜酒、蔗酒、山柑酒、龙眼酒、花酒、捻子酒、黄桐酒、石榴花酒等十个品种；药酒有鹿蹄酒、七香酒、金银花酒、桑寄生酒等四个品种。

纺织业，一直是海南手工业中的佼佼者，产品畅销岛内外。除了生产传统的棉纺织品吉贝布外，还有棉丝混合纺织品及麻织品。临高、乐会等地出产的棉丝纺织品"绌"，颇负盛名。

文昌一带还盛行制麻业。儋州出产的"油红被"，厚实如毯，"紫花悦"美丽花纹，很是受人青睐。黎族各种纺织品的质量到清朝时也有所提高。此外，藤器业、榨油业、皮革加工业、渔具加工业、椰壳加工业等也是较为发达的行业。

由于清代放宽了对采矿的限制，海南出现了私人采矿业，主要有儋州的锡矿和昌化的铜矿。

清朝政府开放海禁后，海南同大陆和海外的贸易恢复和发展起来。至雍正年间，海口已发展成"商贾络绎，烟火稠密"的商业城市（雍正《广东通志》卷七）。

海口的海运贸易日益发达，有的商船远达日本国。乾隆年间，海南的土特产外销日隆，东南沿海，尤其是福建、广东到达海南的商人、商船络绎不绝。大陆各地客商在海口先后建起会馆。如广东南海、番禺、顺德、东莞、新会等地商人在雍正年间建立的广行五邑会馆，乾隆年间建立的潮州会馆、高州会馆、兴潮会馆、福建会馆、漳泉会馆等。岛内各地商人也纷纷组建起会馆。如敖峰会馆，就是康熙年间，由琼山、定安、澄迈等地经营牛皮业的商人建起；文昌会馆则是嘉庆年间由文昌商人在海口建起。

在海南的商人们不仅与大陆沿海各地，而且与日本和南洋各国都频繁进行贸易。海口、乐会、儋州、崖州、陵水是海南主要的关税来源口岸。各税口在道光年间每年税收达23800两。海南到内各项税收每年约7318两（道光《琼州府志》卷十四下）。

清朝海南各州县的墟市比明朝增多。根据道光《琼州府志》统计，清朝海南共有墟市三百来个，其中，琼山44个，定安36个，澄迈59个，文昌43个，会同14个，乐会16个，临高15个，儋州33个，昌化3个，万州27个，陵水4个，崖州10个，感恩3个。有许多新的墟市出现在汉黎交界处。

总之，清前期一系列稳定和恢复农业、发展经济的宽厚措施，以及某些地方好官的惠政，人民的勤劳，使海南的社会相对稳定，耕地面积增多，水利事业发展，作物品种增加，农业、手工业和商业贸易较前代都大有进步。

第四节　海南的文化教育

清初的民族高压政策和清前期的文字狱盛行，摧残了汉文化，也影响了文化教育的发展，但另一方面，清朝统治者为了巩固满洲贵族的统治地位，积极推行招抚怀柔政策笼络汉族知识分子，极力挽救、利用日渐没落的封建文化，继续通过科举考试吸纳人才，扩大统治基础。

清代海南的教育与文化成绩虽然没有明代时成绩粲然，但也有可圈可点之处。

（一）各类学校的兴建

按照赵尔巽等编撰的《清史稿》的记载，清朝的学校，沿袭明制。各府、州、县儒学，由官府给予经费，优免在学生员，并赈助贫穷生员。各学教官，府设教授，州设学正，县设教谕，各一，皆设训导辅佐。生员入学考试，以《四书》、《孝经》、《性理》、《太极图说》、《通书》、《西铭》、《正蒙》等书命题。到雍正年间，儒生考试时都要背录康熙帝颁布的《圣谕广训》。各地方武生附儒学，通称武生。各省又设书院，辅学校的不足。又有社学、义学，社学是以乡为单位设置，择文行优者担任社师，免其差役，并酌量给予谷物粮食、饲料、牲畜等——"量给廪饩"。凡近乡子弟十二岁以上令入学。义学在各省府、州、县多设立，教孤寒生童，或少数民族子弟。清朝的学校管理非常严格。顺治九年（1652年）礼部奉旨刊立（学规）卧碑晓示生员，要求学生遵从封建礼教，不许有任何异端行为。内容包括"忠君报国"、"忠厚正直"、"爱身忍性"、"不交结势要"等，需要特别指出的是以下这些规定："军民一切利病，不许生员上书陈言"、"不许纠党多人，立盟结社，把持官府，武断乡曲"、"所做文字，不许妄行刊刻，违者听提调官府治罪"等。在府、州、县学讲堂左边即立着刻有这些钦定的学规条文的石碑。

清朝的统治者对以孔孟之道为核心的封建文化非常重视，以之作为统治思想，并号召满洲贵族学习封建儒学。从根本上说，儒学是与王朝专制和小农经济相配合的，儒学内在地含有维系专制政治文化的思想依据，因此，为清统治者所推崇。

清初的几个皇帝顺治、康熙、雍正、乾隆等，都对孔子大加推崇，赐予各种封号。顺治帝封孔子为"大成至圣文宣先师"，康熙帝封孔子为"万世师表"，雍正帝赞誉孔子"尊师重道，备极敬诚，典礼之隆，超越古今"，乾隆帝曾经九次到山东曲阜拜视。当然，儒学重视心性修为，强调德治，主张民本思想，对统治者有一定的良好影响。可惜，事实上清朝统治阶级穷奢极欲，吏治腐败，此封建制度使然，非儒学可使之有根本改变。

由于清政府对汉官和汉族知识分子的笼络及一定程度的重用，清朝海南道、府、州、县的主要官员大多是进士、文人出身的汉官，因此他们比较重视地方文教事业，注重兴学育才，因此海南的学校林立。清朝海南的学校也基本沿袭明制，分府（儒）学、州县（儒）学、书院、社学和义学等，数量较多。

1. 府（儒）学、州县（儒）学的复兴。入清，琼州府儒学以及各州县儒学都遭到不同程度的损坏，但从康熙年间开始，又被地方政府修葺兴建或重建扩建起来。海南的一府（琼州府）、三州（崖州、儋州、万州）、十县（琼山、文昌、澄迈、定安、临高、乐会、会同、昌化、感恩和陵水县）普遍建立起儒学。

基本办学情况是这样的：琼州府学额进二十四名，廪生四十名，增生四十名，一年一贡，武学额进二十四名；琼山县学额进十五名，廪生二十名，增生二十名，二年一贡，武学额进十五名；儋州学额进十五名，廪生三十名，增生三十名，三年二贡，武学额进十二名；崖州学额进十二名，廪生三十名，增生三十名，三年二贡，武学额进十二名；万州学额进十二名，廪生三十名，增生三十名，三年二贡，武学额进十二名；澄迈县学额进十二名，廪生二十名，增生二十名，二年二贡，武学额进十二名；临高县学、文昌县学、定安县学、会同县学、乐会县学都与澄迈县学同；陵水县学、昌化县学、感恩县学各额进八名，廪生二十名，增生二十名，二年一贡，武学额进八名。

清朝的地方儒学是学生取得科举考试资格的场所。儒学的教学内容以钦定的或中央御纂的儒家经典以及各种圣谕为主。康雍乾三朝所颁布的《训饬士子文》、《圣谕广训》、《朋党论》等都印成书，特藏于海南各儒学的尊经阁，每个月朔望由校官带领学生到明伦堂（讲堂），先望阙行跪拜之礼，然后由校官对学生宣读，无故不到的学生，要受到惩罚（乾隆《崖州志》卷十）。儒学的经费主要来源于地方财政开支，同时各儒学都有自己的学田，田租收入也是其办学经费来源。

2. 书院的兴起。书院是海南学校教育中很重要的一部分，一般由地方官和儒家士大夫及社会名流创建。清立国之初是禁抑书院的建设的，从雍正朝起，清政府开始提倡设立书院，"雍正十一年，命直省省城设立书院，各赐帑金千两为营建之费。……其不足者，在于存公银内支用"（《清朝文献通考》卷七十）。到乾隆朝更加重视书院的发展，认为"书院之制，所以导进人材，广学校所不及"（《清实录高宗实录》卷二十），并开始着力规范书院的管理，如改山长为院长，严格师资规格，规定以上谕作为课程等。

清代海南的书院众多，琼山县所建居最。其中海内外知名的是琼台书院，它于清康熙四十九年（1710 年）由雷琼巡道焦映汉创建，焦映汉是清朝时比较有名的学者。他将琼台书院建在与行政道署、军事机构呈三足鼎立之势的琼州府的市区，体现了他对文教、对书院的重视。琼台书院的主讲都是当时琼州府的一流学者，如学识渊博的道台焦映汉就常到书院讲授。乾隆三十四年进士、曾作为总校书秘书参加《四库全书》编纂的琼山人吴典，在告老归乡后也曾担任过琼台书院的主讲。另外，道光年间的知府周鸣銮、喻溥也都在琼台书院做过主讲。

图 10　琼台书院的魁星楼

琼台书院的学生，开始时是由各州县派送，后改为严格的考试招生，阅卷封闭，张榜公开。所招生徒，最多时达到八十多人，要求全年连续学习十个月。海南历史上唯一的一个探花、定安县人张岳崧，就曾在琼台书院就读。

清代是海南建设或重建书院最多的时期。如乾隆三十八年（1773 年）分巡道德庆曾重修琼台书院，嘉庆年间和道光年间，琼台书院因得到官绅们的捐银被一再扩建；雍正年间，郡人陈国安等倡建了海门书院；苏泉书院是在乾隆十年（1745 年）由琼州知府于霈和琼山知县杨宗秉因二苏祠（苏轼、苏过）捐资修建；雁峰书院也建立于乾隆年间；乐古书院则是举人陈家修、柯呈秀等将明朝的一所义学重新修葺改建而成。

各州县也建起新的书院，如会同县的端山书院，乐会县有温泉书院，儋州的东坡书院、丽泽书院、桄榔书院，昌化县的双溪书院，万州的万安书院，陵水县的顺湖书院，感恩的九龙书院，澄迈县的景苏书院、澄江书院，定安县的尚友书院，文昌县的蔚文书院，临高县的澹庵书院、鹅江书院、临江书院，崖州的珠崖书院等。

关于清代海南书院的具体数量，有不同的说法，如王俞春先生在《海南移民史志》中认为，仅琼山县就有书院 25 所。[23]唐玲玲先生认为，"琼山县（书院）10 所，……清代海南的书院，有据可查的有 32 所"[24]。究竟清代海南有多少书院，还需要继续研究。但可以肯定的是，清代海南的这些书院绝大多数是建立于鸦片战争之前的。

清代海南书院一般聘主讲者一至二名，称为山长或院长。省城以下书院的讲师称作教谕，由地方长官与教官、绅董等会同选拔。书院招生，但不收学生费用。如琼台书院的生徒每月能得到书院发给的一两银子的"膏火费"，很吸引生源。

书院的经费来源于府县拨款、官民捐款、田租收入等。书院都置有一定的田产，所置田产多为官府拨给，也有官员及绅士直接给书院捐献或捐钱购置的，田产收入是书院费用的主要来源。琼台书院就有学田二十五块。而且，官民捐款的剩余以及各项租息，均"转发当商生息"，即都借给商人以取息生利（道光《琼州府志·书院·琼台书院》）。书院同官学一样，经常选派学生参加科举考试。

3. 义学和社学的建立。义学是私立的学校，但清朝前期的义学多是地方政府出资办的，社学则是乡村进行初等教育的学校。

根据专家统计，清朝海南建有 30 多所义学和一些社学。如琼山县的南关义学、石门义学、敦仁义学、府治义学、珠崖义学、范贤义学、梯云义学等，以及窦荫社学、海门社学等；澄迈县的秀峰义学、南离义学和大美社学、石湖社学、嘉乐社学、铁江社学、瑞溪社学、杨宦社学等；定安县的昌建义学；文昌县的铜山社学、虎山社学、石峰社学、五云阁社学、嘉田社学、攀龙社学等；会同县的正蒙清馆义学；乐会县的迈阳义学；临高县的县东社学；儋州的许氏义学、兰村德义书馆、古儋义学及义斋等；另外，昌化县还有 3 所义学，万州、陵水县各有 1 所义学，感恩县也有 2 所义学。

为稳定黎族社会，清政府要求各地方官学招收黎族子弟读书，也主张在黎族地区兴办学校。能进入府州县学的都是黎族中的上层子弟，一般黎族子弟多在义学和社学读书。清朝前期在崖州、儋州、万州、定安县、昌化县、感恩县及陵水县的黎族地区普遍设立义学，教化黎族子弟。在义学结业的黎族子弟，可进入府州县学，之后可参加科举考试。到乾隆后期，因为生源、语言等问题，黎族义学面临停办。直到鸦片战争后冯子材入琼，黎族教育再度受到重视。清朝在黎族地区开设官办学校，则是鸦片战争后光绪三十四年（1908 年）的事。

清代各类学校的兴办，使海南的文教事业继续发展，逐步消除了与大陆的文化差距。

（二）人才众多

清朝基本上承袭了明朝的科举制度，但与明朝略有差异。如清初在科举中增加了八旗科，考试的内容、场次不仅与汉人的科举不同，南方各省录取进士的名额比明代有所减少，而清政府给予海南的取士名额就更少了，且从海南到北京参加会试和殿试，路程之遥，费用之巨，往往使贫苦学子难以负担。清代海南中进士的人数比明代少，这是不能排除的客观因素。

清代海南所出的人才也很多，但是著名人物相对比较少，在《清史·列传》和《清代七百名家传》中均不见一个海南人。在人才培养上，清朝海南中进士人数的具体数字，有不同的说法。根据王俞春先生统计，终清一代，海南人考中进士的有 31 人，中举人的有 187 人。[25]海南出生的进士、举人，除了有不少人在朝廷任职之外，还有很多人在全国各省的府、州、县任职，充分发挥了海南人的聪明才智。

值得一提的是，嘉庆十四年（1809 年），定安县举人张岳崧上京会试，进士及第后，参加殿试，考中了一甲第三名，成为海南历史上唯一的一个探花。海南如此荒远之地也能出这等人才，嘉庆皇帝曾特批手谕"何地无才"！

张岳崧（1773～1841 年），字子骏，又字翰山、懈山，号觉庵、指山，也号指生，自幼聪明过人。金榜提名后，历任翰林院编修、国史馆协修、会试同考官、文颖馆纂修、教习庶吉士、四川乡试正考官、陕甘学政、文渊阁校理、翰林院侍讲、江苏常镇通海兵备道、两浙盐运使、大理寺少卿、詹事府詹事、湖北布政使、护理湖北巡抚等职。他为官清廉，关注民生，而且博学多才，善诗文书画。清代《国朝画征略》将他列为广东四大书法家之一。最可贵的是，他晚年辞归故里，在琼台书院授徒三年。他还对国治、吏治、经济、水利等都深有研究，颇有见地，一生笔耕不辍，著作等身，著有《公牍偶存》一卷，《筠心堂文集》十卷，《筠心堂诗集》四卷，《运河北行记》一卷，《训土录》一卷，并编纂了海南现存时间最近、内容最完整的志书《琼州府志》（共四十四卷）。

吴典（1740～1789 年），琼山县人，生于富裕人家，乾隆三十四年（1769年），赴京会试，进士及第后，参加殿试，名列二甲第四十七名。两年后，吴典朝考入选，授职翰林院编修。乾隆三十八年（1773 年），清朝编纂《四库全书》的浩大工程启动了，吴典被选拔参与此项工作，成为唯一的一个参加编纂《四库全书》的海南人。

吴典曾任四库全书馆分校官等官职。乾隆四十七年（1782年），作为出色的编纂者，吴典被"赐宴文渊阁"，赏《文渊阁赐诗》、笔十管、墨十笏、龙尾砚一方、玉如意一柄、文绮十副、龙缎二匹。他在京任职期间，与同乡王斗文联络其他在京琼籍人士，出钱出力地筹建了琼州会馆，从此，赴北京的海南人真正有了立足之地。后来，吴典为父居丧回乡，担任了琼台书院的掌教，最终卒于任上。他去世前的当年，海南发生大饥荒，他为了赈灾，把家里的陈粮都拿出来，还派人带一千两银子去潮州买粮济民。吴典一生为官谨慎，持守气节，行善无数，至今让海南后人感念。

海南众多的名贤雅士为后人留下了不少传世诗文。如以诗文扬名的谢宝、杨景山、王承烈、黄河清等人。

（三）地方志的编纂

清朝康、雍、乾时期，国家统一，君主专制加强，社会秩序稳定，思想文化也出现了一定程度的繁荣。盛世修史，康熙年间，要修《大清一统志》，因此下令各个省限期修志，而各个省为了编纂省志，就下令各个州县修志上报。此后，又以六十年修一志作为定制，所以，清朝前期，全国掀起了修志的热潮。海南在这个时期也编纂了多种地方志，许多文化上的成就都收集其中，也比较详尽地记录了全岛及各州县其他方面的史料。

在鸦片战争前，海南共修全岛性的地方志共有四种：《琼郡志》十卷，牛天宿、朱子虚等编纂，康熙十五年（1676年）刊行；《琼州府志》十卷，焦映汉、贾棠等编纂，康熙四十五年（1706年）刊行；《琼州府志》十卷，肖应植、陈景埙等编纂，乾隆三十九年（1774年）刊行；《琼州府志》四十四卷，卷首一卷，明谊、张岳崧等编纂，道光二十一年（1841年）修成，光绪十六年（1890年）刊行。

海南各个州县的地方志数量众多，据有关专家统计，终清一代有五十七种，而在鸦片战争前，则共有三十五种。这三十五种地方志中，《琼山县志》占三种，分别是潘廷候、吴南杰等编纂的十二卷本《琼山县志》，康熙二十六年（1687年）修成；王赞修纂的十卷本《琼山县志》，康熙四十三年（1704年）刻行；于霈、杨宗秉编纂的十六卷《琼山县志》，乾隆十二年（1747年）刻行。另外还有《澄迈县志》四种、《定安县志》二种、《文昌县志》四种、《会同县志》五种、《乐会县志》二种、《临高县志》一种、《昌化县志》二种、《万州志》二种、《陵水县志》五种、《崖州志》一种、《感恩县志》

二种。

清代地方志的编修，较好地保存了地方政治、经济、社会、文化发展等各方面的历史资料，但是因为康熙、雍正、乾隆三朝的文化专制，也销毁了许多珍贵的史料。比如，在人物立传和收录书籍方面，遵照康熙四十三年（1704年）确定的修《明史》的准则，有关抗清反清的相关人物，都不允许收进人物志中。

（四）戏剧的发展

据《正德琼台志》的记载，早在元末明初海南各州县有一种"杂剧"，可见，此时已传入海南，后来闽剧、湖广剧、潮州正音戏、白字戏等先后随移民传入。在长期的文化交流中，杂剧、闽剧、湖广剧艺术元素与本地民歌、音乐交融，形成了海南地方剧种"土戏"，它是琼剧的前身，初步形成的时间当在明朝末期。也有人认为它源出于江西弋阳腔，明朝中叶经闽南传入海南后，吸收民间小调、民歌而逐渐形成。戏剧传入以后，就逐步发展成为具有海南地方特色的剧种，称为"海南戏"，到近代才被称作琼剧的，现为海南省最大的剧种。

清朝前期，海南的地方土戏演出非常流行，成为丰富人们精神生活的主要歌舞娱乐生活。民国学者陈明枢在他的《海南岛志》中说："清康乾年间，土剧班最盛行，侵淫全岛，妇孺老少，几无不识唱土剧。"

清朝雍正年间，入居海南的闽、广、潮人经常凑钱邀请家乡的地方戏班来海南演出，海口的福建会馆、高州会馆、潮州会馆、五邑会馆内都有固定的演出戏台。而海南方言与闽南、潮州方言属于同一语系，海南土戏很容易就吸收了这些外来剧种的戏剧成分。

其实，海南土戏的发展，自元朝出现以来，一直受到中原文化的影响。正是大陆文化和海岛文化的交融糅合，培育了海南土戏的茁壮生命力。到嘉庆年间，海南土戏进一步普及开来，地方戏班流动于各地演出。海南土戏宣扬善恶有报，讲述老百姓喜闻乐见的各种传奇故事，再加上唱词易听易懂，很受广大人民欢迎。

海南木偶戏在清代康乾年间也大有发展。这时的木偶戏被称为"公仔戏"，仍在海南文昌、临高一带盛行。文昌木偶戏的唱曲是海南土戏的唱腔，木偶由人操作表演，人偶同演，以偶为主，以人为辅，唱少白多；临高木偶戏的表演者化装后手擎木偶，唱念做打，人偶同一，自在诙谐，唱腔以"阿罗哈"为主，优美动听。

"道光十五年（1835年）以金公仔、白玉娃等名角为主的'琼城梨国班'应邀到安南西贡演出《琵琶记》、《白兔记》、《金印记》等剧目，首创琼剧出国演出先例。随后有'福堂班'、'凤兰班'等30多个琼剧班到新加坡、暹罗、马来西亚、印尼、金边、文莱、吕宋（菲律宾）等东南亚国家演出。"[26] 到了清末民初，琼剧就享誉岛内外了。

（五）天主教、基督教的传教活动

清初，海南全岛受洗礼的人数升达二千多，但由于海南的动乱状态，明朝进入海南的基督教传教士，如马特斯、鲁伯里等，都去了安南避乱。一时间，天主教、基督教传教士在海南的传教活动停顿下来。

海南的局势逐渐稳定后，法国传教士安特连·古烈斯隆、约翰·福尔格等来到海南，开始在琼山传教。康熙初年，海南受洗礼的人数增加到近四千人，传教区从琼山、定安扩大到文昌境内。

康熙五十九年（1720年）康熙帝下诏禁止西洋传教士传教。雍正、乾隆、嘉庆、道光四朝也一再重申禁令。因此，在海南的传教士纷纷逃往澳门。至道光年间，海南的信徒相继脱教，海南的传教活动基本停止。

注释

【1】戴逸主编：《简明清史》，人民出版社，1980年版，前言。

【2】翦伯赞主编：《中国史纲要》第3册，人民出版社，1963年版。

【3】【5】【6】【13】【16】【24】唐玲玲、周伟民著：《海南史要览》，海南出版社，2008年版，第250、254～255、254、258、271、318～319页。

【4】【9】【10】【11】【12】李勃著：《海南岛历代建置沿革考》，海南出版社，2005年版，第368、385～386、376、388、390页。

【5】【6】【13】【22】唐玲玲、周伟民著：《海南史要览》，海南出版社，2008年版，第254～255、254、258、318～319页。

【7】【20】林日举著：《海南史》，吉林人民出版社，2002年版，第269、284页。

【8】海南省地方志办公室编：《海南省志·建置志》，南海出版公司，2006年版，第21页。

【14】【17】【18】【19】【22】何炳棣著：《明初以降人口及其相关问题1368～1953》，三联书店，2000年版，前言，第1页、41、38～39、302、216页。

【15】【21】【23】【25】【26】王俞春著：《海南移民史志》，中国文联出版社，2003年版，第171、171～197、184、491、212页。

主要参考书目

[1] 吕思勉著：《中华民族源流史》，九州出版社2009年

[2] 张跃虎著：《珠崖田野上的华夏魂》，广东旅游出版社2009年

[3] 海口市地方史志办公室编：《冼夫人研究文集》，南海出版公司2009年

[4] 周文彰总主编：《海南历史文化大系》（105卷），海南出版社/南方出版社2008年

[5] 宋增伟著：《制度公正与人的全面发展》，人民出版社2008年

[6] 南越王宫博物馆筹建处等：《南越宫苑遗址》，文物出版社2008年

[7] 曹锡仁等：《策论海南》，南方出版社2007年

[8] 赵丰、金琳著：《纺织考古》，文物出版社2007年

[9] 黄能馥编著：《中国服饰通史》，中国纺织出版社2007年

[10] 李学勤主编：《中国古代文明起源》，上海科学技术文献出版社2007年

[11] 何星亮著：《中国少数民族图腾崇拜》，五洲传播出版社2007年

[12] 海口市地方志办公室编：《汉珠崖郡研究文集》，香港银河出版社2007年

[13] 刘军著：《河姆渡文化》，文物出版社2006年

[14] 海南省地方志办公室编：《海南省志·建置志》，南海出版公司2006年

[15] [美] 斯塔夫里阿诺斯著，吴象婴译：《全球通史》，北京大学出版社2006年

[16] 袁行霈、严文明等主编：《中华文明史》，北京大学出版社2006年

[17] 海南省地方志办公室编：《海南省志·民族志》，南海出版公司2006年

[18] 张荣芳著：《秦汉史与岭南文化论稿》，中华书局2005年

[19] 李勃著：《海南岛历代建置沿革考》，海南出版社2005年

[20] 蒋炳钊主编：《百越文化研究》，厦门大学出版社2005年

[21] [奥地利] 弗洛伊德著：《图腾与禁忌》，上海人民出版社2005年

[22] 中国秦汉史研究会等编：《南越国史迹研讨会论文选集》，文物出版社，2005年

[23] 王学萍主编：《中国黎族》，民族出版社2004年

[24] 陈铭枢著：《海南岛志》，海南出版社2004年

[25] 陈光良著：《海南经济史研究》，中山大学出版社2004年

[26] 徐连达著：《唐朝文化史》，复旦大学出版社2003年

［27］周济夫著：《琼台小札》，中国文联出版社2003年

［28］王俞春著：《海南移民史志》，中国文联出版社2003年

［29］范基民、杜汉文：《海南土改运动亲历记》，南海出版公司2003年

［30］林日举著《海南史》，吉林人民出版社2002年

［31］林蔚文著：《中国百越民族经济史》，厦门大学出版社2002年

［32］陈文华著：《农业考古》，文物出版社2002年

［33］苏云峰：《海南历史论文集》，海南出版社2002年

［34］夏军：《民国时期海南岛经济规划开发述略》，民国档案2001年

［35］郁龙余：《特区文化论丛》（2），海天出版社2001年

［36］侯杨方：《中国人口史》（第六卷），上海：复旦大学出版社2001年

［37］王幼平著：《旧石器时代考古》，文物出版社2000年

［38］梁统兴著：《琼台胜迹记》，南海出版公司2000年

［39］牟钟鉴等著：《中国宗教通史》，社会科学文献出版社2000年

［40］何炳棣著、葛剑雄译：《明初以降人口及其相关问题1368～1953》，三联书店，2000年

［41］郝思德、黄万波编著：《三亚落笔洞遗址》，南方出版社1998年

［42］吴永章著：《黎族史》，广东人民出版社1997年

［43］韩振华著：《南海诸岛史地研究》，社会科学文献出版社1996年

［44］刘君德：《中国行政区划的理论与实践》，华东师范大学出版社1996年

［45］海南省地方史志办公室：《海南省志·人口志》，南海出版公司1994年

［46］田昌五著：《中国古代社会发展史论》，齐鲁书社1992年

［47］中南民族学院编辑组：《海南岛黎族社会调查》，广西人民出版社1992年

［48］广州市文物管理委员会等：《西汉南越王墓》，文物出版社1991年

［49］罗尔斯著、何怀红等译：《正义论》，中国社会科学出版社1988年

［50］杨鸿勋著：《建筑考古学论文集》，文物出版社1987年

［51］李友谋著：《中国原始社会史述》，中州古籍出版社1986年

［52］陈维稷主编：《中国纺织科学技术史》（古代部分），科学出版社1984年

［53］任继愈著：《中国哲学发展史》，人民出版社1983年

［54］戴逸主编：《简明清史》，人民出版社1980年

［55］［日］小叶田淳：《海南岛史》，张迅斋译，台湾：学海出版社1979年

［56］翦伯赞主编：《中国史纲要》，人民出版社1963年

［57］陈植：《海南岛新志》，商务印书馆1949年

［58］陈植：《海南岛资源之开发》，正中书局1948年

［59］李待琛：《海南岛之现状》，世界书局1947年

［60］许崇灏：《琼崖志略》，正中书局1947年

［61］［德］史图博：《海南岛民族志》，亩傍书房 1943 年

［62］协会台湾支部：《海南岛体验实记——大支那的一只眼》，南洋协会台湾支部 1939 年

［63］江应樑：《历代治黎与开化海南黎苗之研究》，新亚细亚 1937 年

［64］林缵春：《琼崖各县农业概况调查报告》，中山大学农学院推广部编印 1935 年

［65］陈铭枢：《海南岛志》，上海：神州国光社 1933 年

［66］［法］萨维纳：《海南岛志》1928 年

海南大学 2009 年度重点社科课题
本卷由海南省教育厅高校科研资助项目资助 （批准号：hjsk 2001 – 14）

高校社科文库
University Social Science Series

教育部高等学校
社会科学发展研究中心

海南大学2009年度重点社科课题

汇集高校哲学社会科学优秀原创学术成果
搭建高校哲学社会科学学术著作出版平台
探索高校哲学社会科学专著出版的新模式
扩大高校哲学社会科学学科科研成果的影响力

高海燕/著

海南社会发展史研究
（近现代卷）
History of Social Development in Hainan （VolumeII）

光明日报出版社

海南社会发展史研究
（近现代卷）

高海燕 著

CONTENTS 目　录

导　言

　　中国近现代是个特殊的时代，经历了 19 世纪下半叶到 21 世纪共 170 年的历史，也走过了中国从传统社会向近代社会过渡的艰难历程。今天的 21 世纪是个全新的时代，中国在经历了从上个世纪 80 年代开始的经济转制、社会转型、技术发展和思想文化的巨大跃迁后，到今天，新中国建立已逾六十周年，海南特区成立已经有二十多个年头。在这个阶段，中国经济高速发展，取得了举世瞩目的巨大成就。海南的特区建设也在摸索中走出了自己的道路，并取得了国际旅游岛的国家战略定位。在这个重要的历史性时刻，回顾我们走过的艰辛但终见成效的现代化历程，总结历史留给我们的经验和教训，对于明确我们肩头的历史重任，树立发展和改革的信心，明确未来的发展方向，都具有相当重要的意义。

　　国内对海南史的研究多偏重于宋代和明代而忽略近代。最早的研究可上溯到魏源、张穆等经世派掀起的第一次边疆史地研究高潮，这一时期对海南的记载只限于地方志。以后日帝侵华，出于对海南资源的觊觎，非常注意对海南社会的调查，留下了不少官方日文资料，也有一部分研究著作。同时因有开发海南的动议，也留下了部分琼籍研究者的资料。新中国成立后，因早期政治运动较多，留下了不少关于阶级斗争和政治斗争的材料，同时由于对海南国防前哨地位和橡胶岛的定位，也有不少经济发展的资料。现存的资料以文史资料、党史资料、革命史资料、回忆录、人物传记、地方志较多。总的看来，海南历史资料中偏重介绍自然地理和风俗习惯的较多，起义史、斗争史比社会史、文化史多，同时对民族史，特别是黎汉融合与同化的民族因素比较重视，对海南近代的发展道路及兴衰嬗替的原因缺乏宏观分析和理论探讨，方法上也有局限性。

　　正是由于海南近代史的研究较薄弱，所以研究此课题一方面可以填补本领域的空白点，从理论上突破海南史研究重方志不重理论、重古代史不重近代史的传统，另一方面也可以从近代化的角度揭示海南社会变迁的深层原因，从而揭示影响海南社会发展的一般规律，为当前海南的社会建设和发展提供一定的历史借鉴。

在海南建设国际旅游岛这一重要的历史时刻，对海南近现代以来的社会变迁进行梳理和分析，意义重大。今天的发展建立在对历史的了解和尊重上，今天的建设者需要具备战略家的远见和历史的眼光，这一切，都需要对之前与现状密切相关的历史有充分了解。

改革开放三十年来，海南经济特区取得了巨大的成就，对改革开放有着深刻而独到的理解，对特区建设有独到的经验，这些都为我们留下了弥足珍贵的经验与教训，记录这一重要的历史进程，意义重大。

所以希望通过对海南近现代社会发展史的研究，至少可以达到以下几个目标：

首先，通过对史料的收集和整理，初步描绘出晚清、民国、新中国三个历史时期海南社会变迁的基本轮廓，总结出各个时期海南社会变迁的特点。

其次，通过深入分析史料，初步勾勒出各个时期海南经济、社会、文化的变迁，概括出各个时期不同政权在开发海南方面的经验和教训。

最后，通过对三个时期海南经济、社会、文化现代化的比较，从总体上阐述晚清以来海南社会现代化的过程和得失成败，为今天的继续建设提供借鉴。

但是，研究海南近现代社会发展史，确实存在着不少难题。最关键的是，研究基础薄弱。本卷要探讨的问题，大多数还没有人做过。比如，对海南近现代史的长时段研究，以前没有人做过；对晚清、民国、新中国海南的社会变迁进行横向比较，以前没有人做过；全面系统地梳理海南近现代三种政权形态下的社会变迁，是一个系统工程，以前还没有人做过；利用新挖掘的政府档案和口述史料进行研究，以前还没有人做过；将近现代史和当代的海南建设密切联系起来，并对当前的建设者提供重要的借鉴，这样的成果目前还极少。

对于这种情况，本卷准备从两个方面着手解决：第一，使用新史料，主要有南京档案馆的政府档案、日本外务省资料、台湾相关研究中的海南史料、广东省档案馆、海南省档案馆的一些未刊资料和内部参考资料。第二，提出新见解，由于本课题关注的是海南特色，从这个角度挖掘资料和提出见解，往往与众不同，具有重要的参考价值。

就研究内容而言，本课题对这段历史进行了纵向和横向两方面的梳理：纵向主要是厘清从晚清到新中国海南社会变迁的历史，记述的时间上起1840年，下讫 2010 年，按时间顺序分为晚清时期、中华民国时期、新中国成立后三个阶段，横向主要是从中央对海南的定位与开发治理、海南的经济发展、社会变迁、文化演进等四个方面进行梳理。

就横向而言，本课题是按照时间序列来分章节的。总共分为三章。第一章主要从清代中央对海南的定位与治理出发，梳理了晚清海南经济、社会、文化的变迁轨迹，并初步探讨了晚清海南社会变迁中出现的一些新因素，比如近代教会的产生、殖民地文化的萌芽、客家人的迁入、移民、"猪仔"与华侨、由讨到抚的治黎政策与黎变、近代港口城市的兴起、加强琼防、"制法救台"、海南国防前哨地位的形成、近代农工商贸的发展等。

第二章勾勒了民国海南的社会变迁。包括广东军政府、北洋政府、南京政府、日本据琼时期、光复后共五个阶段，特别探讨了军阀统治时期的孤岛经济特色和灰色经济，包括博彩业、色情业、毒品业和人口买卖的情况，国民政府的剿匪与治黎，近代华侨经济的形成，日据时期多元政权的治琼政策，日本的掠夺式开发与殖民教育，冯白驹领导的抗日斗争，光复后的海南经济危机等。

第三章描述了新中国海南开发、开放背景下的社会变迁，重点分析了新中国成立之初海南作为国防前哨与橡胶岛的历史定位，以及在此定位下海南经济的发展和社会风俗的整体转变，还有海南建省的进程、经济特区的建立与国际旅游岛的构建，以及在此背景下海南在经济、社会、文化诸领域出现的新情况、新问题，在此基础上，一方面总结改革开放过程中海南出现的问题，另一方面，勾勒出海南未来的发展方向。

在上述的内容基础上，我们希望解决这样几个问题：

1. 晚清以来的海南社会究竟是怎样变迁的？2. 黎族和汉族的社会变迁是一致的吗？3. 华侨对海南社会变迁有怎样的作用？4. 西方文明对海南现代化有什么影响？5. 民国和新中国时期的海南社会有什么重大差异吗？6. 日本在据琼时期究竟实行了怎样的开发政策？7. 国家政策是如何影响海南近现代社会变迁的？8. 近现代海南的文化传统、风俗习惯、思维模式发生了怎样的变化？9. 鸦片战争以来，海南社会变迁的历史对当前的海南建设有怎样的启示？

很显然，这些问题都不好回答，但是我们希望能通过从史料爬梳中找到一些答案，并提出自己的一点想法，也算是抛砖引玉吧。

需要说明的是，本卷尽可能地使用图片资料，以求图文并茂，形象生动。这一特点也是本卷的内容决定的。本卷的内容有繁有简，篇幅有大有小，结构安排并不一定完全均衡，这一方面取决于所涉内容的重要性和相关资料的丰富性，另一方面也取决于本文的结构预设，作者认为不需要详述的就会显得比较简单，当然，这样的预设不一定合适，是一件见仁见智的事。

我们年轻识浅，总有力所不逮的地方，还请专家学者予以匡正。相信随着新材料的不断发现和整理、新的研究视角的拓展，本领域的研究会是一番新气象。

第一编
晚清时期的海南社会发展（1840～1911）

第一章

晚清政府对海南的统治

　　1840 年鸦片战争以后，中国开始沦为半殖民地半封建社会，中国的社会结构和经济结构都出现了重大的变化。随着整个中国的半殖民地化，我国第二大岛的海南也开始了半殖民地化的进程。特别是第二次鸦片战争以后，海口被开辟为通商口岸，外国资本开始大规模进入海南，海南的经济结构发生了巨大的变化。与此同时，近代以来的海防危机使海南的海防地位日益突出，在这种形势下，清政府对海南的开发日益重视，对海南的统治日益加强。

第一节　晚清时期的海南政局

　　海南岛位于中国最南端，是中国第二大岛，北面是琼州海峡，东临太平洋，南面是连绵不绝的诸多小岛屿，西面与大陆、越南形成著名的北部湾。由于海南岛远离中央行政中心，一直不被封建统治者重视；加上闭塞落后，向来被中原王朝视为"南荒"，官兵视为畏途。然而，自海上丝绸之路兴起并逐渐取代陆路丝绸之路之后，海南岛成为连接东亚、东南亚与欧洲、非洲的海上必经之路，其重要的经济和战略地位日渐凸显，成为近代西方资本主义窥视与掠夺的对象。但从另一个角度来说，海南能够从一个封闭落后的"蛮荒"之地解脱出来，走向世界舞台，也是由于这个契机。

一、海口的开港

海口港也叫秀英港，位于海口市西北部，海口湾中部海岸线上，北隔琼州海峡，与雷州半岛相望，因其地处琼州海峡中枢，自宋元以来就成为我国大陆与东南亚各国通航的必经港口。海口港既可"控制我国南部沿海的交通，又扼两广的咽喉"①的特殊地理位置，呈现出极其重要的经济和战略价值，因此素有"琼州门户"之称。海口的开港可以认为是海口开放的开始。

海口的开港是由一系列不平等条约的签订来完成的。第二次鸦片战争以后，英、法、俄、德等国逼迫清政府将琼州（海口）开放为通商口岸。中法战争之后，法国势力控制了海南。

（一）一系列不平等条约的签订

海口开港是经由1858年的《天津条约》的鉴定实现的。《中英天津条约》第十一款规定：

"广州、福建、厦门、宁波、上海五处已有《江宁条约》准通商处，即在牛庄、登州、台湾、琼州等府城口，嗣后皆准英商亦可任意与无论何人买卖，船货随时往来，至于听便居住货房买屋、租地、起造礼拜堂、医院、坟茔等事，并另有取益防损诸节，悉照五口通商无异。"

《中法天津条约》第六款规定：

"中国多添数港，准令通商，屡试屡验，实为近时切要，因此议定将广东之琼州、潮州，福建之台湾、淡水，山东之登州，江南之江宁六口，与通商之广州、福州、厦门、宁波、上海五口准令通市无异。其江宁俟官兵将匪徒剿灭后，大法国官员方准本国人领执照前往通商。"

此后数十年，其他西方列强"以利所在，莫不垂涎，冀图分肥"②，竞相要挟清政府签订此类不平等条款，将琼州开辟为商埠。清政府一方面因忙于应对国内人民的反抗，一方面迫于列强的威胁，"外交政策，日趋软化，每有要求，辄皆接受"③，对于德国、丹麦、比利时、西班牙、意大利、奥地利等其

---

① 《中国民族问题资料·档案集成》，第42卷，中央民族大学出版社，2005年12月，第5页。

② 陈植著：《海南岛新志》，商务印书馆，1949年，第58页。

③ 陈植著：《海南岛新志》，商务印书馆，1949年。

他西方列强也要求将琼州列为通商口岸的要求全部同意。在 1861 年签订的《中德条约》、1863 年签订的《中丹天津条约》、1866 年签订的《中意北京条约》和 1869 年签订的《中奥商约》中，均规定了琼州为通商口岸。至此，海口被迫向多国开放。

图 1.1　1870 年，琼州港（海口）的两个入口之一

（二）沦为法国的势力范围

清光绪二年（1876 年）琼海关的设立，标志着海南进入了一个新时期。从此海南岛结束了长期以来对外封闭的状态，开始了全新的历史，虽则这个转变是极为痛苦的历程。在 1884 年到 1885 年的中法战争之后，法国势力全面控制了越南。在 1895 年中日甲午战争之后，法国借三国干涉还辽的机会，对中国提出新的要求。当欧洲列强在中国划分势力范围时，法国政府在 1897 年 3 月又对清政府提出将与越南相邻的中国海南岛不割让给他国的要求。对此，清政府做了如下的答复："法国因与中国有亲善之关系，急盼中国不将海南岛移让与他国，或为他国停泊军舰贮藏煤炭之处等。因查琼州（即海南岛）为中国领土，无论如何决不移让他国，且查现在亦无以前列各项与他国之事。相应函复，希即查照。"清政府变相地同意了法国方面的要求，海南沦为法国的势力范围。

二、列强的进入与领事馆的设立

随着海口开放为通商口岸，欧美列强的势力纷纷进入海南岛。英国率先在海南设立领事馆。1876 年，英国驻广州领事协同驻琼副领事来到海口，租借房屋，设立办事机构。① 此后，列强纷纷在海南设立领事馆，主要有：英国（1860 年设领），美国（1872 年设领），日本（1873 年设领），德国（1881 年设领），法国（1888 年设领），奥匈（1895 年设领），葡萄牙（1897 年设领），意大利（1899 年设领），比利时（1902 年设领），挪威（1907 年设领）。

海口的开港及外国领事馆的设立，意味着海南开始全面向西方开放。英、法、美等殖民主义国家开始向海南岛倾销鸦片、棉纱、洋油等商品，企图打开海南市场，掠夺海南原料。同时，西方传教士在海南的势力也日渐增强，对海南的传统文化造成了一定的冲击。海南岛逐渐沦为半殖民地半封建社会。但从在另一方面来看，海南的农业、工业、商业贸易、教育等获得了新的发展契机，逐渐向近代化迈进。人口开始大规模向东南亚迁入，不但开发了东南亚，也使海南引进了新的农业物种。同时，海南的开放改变了海南传统的社会结构和生活方式，从事工商业的人口越来越多。海南开始了近代化的历程。

第二节　晚清政府对海南的政策

海南岛位于中国领土的最南端，是中国的海防前沿，鸦片战争之后，一直是外国资本主义觊觎的对象之一。清政府鉴于海南地理位置的重要性，对海南的开发越来越重视，特别是光绪年间，张之洞对于海南的综合治理和开发更是取得了巨大的成就。

一、海防前沿

海南岛的地理位置非常独特，北以琼州海峡与大陆分开，西临北部湾与越南相对，东濒南海与台湾岛相望，东南与南洋相邻。这种独特的地理位置决定了海南的海防前沿地位。

（一）海防危机

海南孤悬海外，与越南隔海相望，海防地位十分重要，明代人就已经认识清楚，胡宪曾经这样描述海南：

"天下郡邑滨海者有之，未有若琼之四面环海者，其东西广袤九百里，南北长一千一百四十里……郡邑封疆反四面环列，占城、暹罗诸番西南外峙，东

---

① 小叶田淳：《海南岛史》，台北出版社，1979 年，第 306 页

北又与闽浙诸洋相通，稍或撤备则门庭皆侵敌矣，广东处东海之边，而琼又当其南，实南缴之要害也。"①

鸦片战争后，西方列强纷纷进入中国，强占势力范围。自英国侵占香港后，列强"于中华洋面诸岛，莫不欲探得善地，为开设埠头、停顿兵轮之所"。法国在1883年进军越南后，开始威胁到海南。光绪《临高县志》载："十年秋，有法国兵船三艘泊琼山、海口……法人尝登桅颠持远镜测我营垒，度我虚实，见我军严备兵船在海上游巡，越三日而遁。十一年春，又有法船一大艘泊于海岸，窥探两昼夜乃去。"②

海南面临的严峻情况引起了清政府的重视。早在光绪八年（1882年），光绪帝就下谕旨："张树声所称中国筹边之策，惟有令滇粤防军，守于城外，仍以剿办土匪为名，籍图进步……即派吴全美统带使赴廉琼一带驻扎，认真操练，作为防剿黎匪巡辑重洋之师，仍不时驶往越南洋面游弋。"③

光绪九年（1883年），两广总督张树声再次上奏清政府，说明海南所面临的海防危机，认为法兵在攻破越南山西后，"将犯琼州，欲据以为质，图索兵费"，并向清政府禀明，自己已经为保卫琼州做好安排。"彭玉麟所部湘楚各营，即可专顾琼州一路"，"着该尚书择地驻扎，妥筹调度，迅饬各营，驰赴琼州，会合吴全美师船，扼要严守"。④清政府也认为"琼州孤悬海外，备御空虚，甚为可虑"，随即按照张树声的布置，积极备战。

随着法越事态的扩大，在琼州驻扎的彭玉麟认为筹办防务的人才紧缺。清政府随即派曾纪渠、李鸿章、左宗棠等迅赴广东，听候差遣。之后，又命令张树声整顿水路团练。

然而，在广东官员内部乃至清廷内部，对于筹办海防、抵抗法军的认识分歧很大。在具体的海防布置上，彭玉麟和张树声发生了严重的冲突，这就大大削弱了抵抗派的海防力量。中法战争爆发后，抵抗法军成为大势所趋，积极主战的张之洞被调为两广总督。

① 袁国客：《张之洞治理海南黎族述评》，《西北第二民族学院学报》，2003年1期，第17页。
② 刑定纶纂、钟元棣修《中国地方志集成—海南府县志辑》（光绪临高县志），上海书店出版社，2001年，第711页。
③ 广东省地方史志编委会办公室编：《清实录广东史料六》，广东省地图出版社，1995年，第60页。
④ 广东省地方史志编委会办公室编：《清实录广东史料六》，广东省地图出版社，1995年，第100页。

张之洞在任山西巡抚时就已经意识到广东的海防危机，也预料到中法之间必起纷争。光绪八年四月二十日（1882年6月5日），张之洞连上两份奏折：《越南日蹙宜筹兵遣使先发豫防折》和《请遣重臣驻粤筹办越事片》。在第一份奏折中，张之洞提出了"成算、发兵、正名、审势、量力、取道、择使、选将、筹饷、议约、相机、刻期、广益、定局、兼筹、持久"等十六条谋略，称"今日事势不防不可，欲防不能，非庇属国无以为固吾圉之计，非扬兵威无以为议条约之资"。光绪九年十一月初一（1883年11月30日），张之洞接连上了《法衅已成敬陈战守事宜折》、《法患未已不可罢兵折》和《越事关系大局请断自宸衷片》。在这些奏折中，张之洞全面论述了抗击法军的必要和策略，并奏请清廷抗战到底。

张之洞被任命为两广总督后，开始积极筹备海防。对于海南的海防地位，张之洞有全面而深刻的认识，应该是晚清时期对海南危机有清醒认识的第一人。他认为海南是广东乃至中国的屏障，"为海疆第一要冲"[1]，"琼岛一隅，在中国则如石田，如赘瘤，令他人据之，则全粤不能日安枕，非一国之觊觎，实为列帮所瞩目"[2]。对于海南的海防危机，张之洞认为是最为严重的，"溯查自海防有事以来，琼州情形最为紧急"，"琼州孤悬海外，逼近越南，情形较台湾尤为吃重"。[3] 因此，张之洞多次给清政府上奏，着力增强海南的海防力量，命令海南守兵对海南的重要港口如榆林港、马袅港等加强防范。同时，他还亲自到海南巡视，了解海南情况，积极应对海南的海防危机。

（二）治理措施

张之洞治理海南的措施主要有以下几条：

首先，剿黎及设立抚黎局。

海南是一个多民族居住的地区，岛内民族的安定与边疆的稳定密切相关。清光绪年间，海南多次爆发大规模的汉族和黎族人民起义。因此，镇压黎族起义，安抚岛内各族人民，是清政府控制海南的首要措施，"灼见孤岛筹防，必先自清内患始"。张之洞甚至认为，海南内部动乱比海南的海防危机更为严重，"查琼州离省过远，限隔大洋，若非预为筹备完固，令其战可守，自固藩篱，一旦有事，无论水路赴援，断然无及，惟是峒黎叛服不常，客匪勾煽为

---

① 苑书义：《张之洞全集》（奏议二十三），河北人民出版社，1998年，第619页。
② 苑书义：《张之洞全集》（奏议二十七），河北人民出版社，1998年，第715页。
③ 苑书义：《张之洞全集》（奏议十九），河北人民出版社，1998年，第519页。

患，疾在腹心，遑云外侮。"①

清代在海南岛设立琼州府，隶属于广东省。清政府与历代封建统治者一样，将海南看作蛮荒之地，烟瘴之区，不加开发，而且将犯了罪的人发配至此。此外，许多被遣散的兵勇、被压迫的边疆百姓也杂居在这里。久而久之，海南岛变成了各类人聚居的混杂之地。② 原来的土著黎族多居住在海南岛黎母山一带，他们以"峒"为组织结构。土著黎族交通闭塞，与外界沟通交流少，一直保持着独特的风俗习惯，清政府称之为"生黎"。而在黎母山外围的海口、儋州、万宁、感恩、文昌等地，交通相对便利，与外界保持着较频繁的联系，因此被称为"熟黎"。除了黎族，海南岛还生活着大量的汉族人民。这些汉族人民在不同的时期，由福建、两广等地大量迁入海南，统称为"客家人"。在海南客家人有老客、新客之分，"老客寄居百余年，较为安分。新客则多系同治年间恩平、开平、高明……等处滋事客匪"③。

清朝末年，海南进行反清起义的主要是客家人和黎族人，"地瘴而瘠，民弱而惰，其为地方之害者，一曰客匪，一曰黎匪"。"琼州远在海南，黎匪不时滋扰，为害地方。该处客民，复与勾结生事，若不严行剿捕，何以永遏乱萌。"④

光绪四年十一月（1878年），琼州汉族和黎族千人举行起义，"广东儋州客匪，因临高县土民枭谷争斗启衅，辄敢聚众肆扰"⑤。这次起义，两广总督刘坤一在查明事情的起因后，对起义人民进行分化瓦解，对"所有首要各犯，及随同焚杀各伙党，务当悉数歼除，不准一名漏网"。

光绪七年（1881年），汉族、黎族人民又掀起了新的一轮起义。清政府对于这次起义十分重视，认为若不加以剿灭，则后患无穷，"匪徒勾结滋事，若不从严惩办，必致养痈贻患"。所以，清政府下了一道御旨：

"谕军机大臣等。给事中戈靖奏，广东琼州地方，土客汉夷杂处，从前署雷琼道刘镇楚，办理客匪善后事宜，未能持平，致安插雷州所属之客民，逃往

① 苑书义：《张之洞全集》（奏议二十七），河北人民出版社，1998年，第715页。
② 马东玉：《张之洞大传》，团结出版社，2008年，第123页。
③ 赵德馨：《张之洞全集一·请派大员澈办琼州客黎各匪折》，武汉出版社，2008年，第434页。
④ 广东省地方史志编委会办公室编：《清实录广东史料》，广东省地图出版社，1995年，第56页。
⑤ 广东省地方史志编委会办公室编：《清实录广东史料》，广东省地图出版社，1995年，第13页。

琼州边界，结党要盟，创立天地会名目，分股在万州、陵水、安定等处，勾结黎匪，剽劫乡村，裹胁良民入会，叠次滋扰崖州、万县，戕官抢杀……着张树声、裕宽饬令该处地方文武，随时认真防范，并将滋事要犯严行捕治，以遏乱萌，毋任稍有讳饰，致贻后患。"①

　　光绪十一年（1885 年），临高、儋州一带发生大旱饥荒，民不聊生，米价昂贵，人心动摇，客民黄邹保集合新老客民两千余人于十一月起义。起义者攻占了临高的和舍、岑昆、隔丰，儋州地区的报舍、田表、乐基、那大、四方山、大星，澄迈地区的金江、司瑞溪等地，"所到村庄，恣意焚杀，勒索资财"②。张之洞闻讯后，立刻派总兵刘成元、琼州知府谦贵率领清军 5 营 2500人，"以两营防黎，以三营剿客，黎匪旋退"。之后，又派参将陈荣辉、提督张拔萃率兵前往镇压，最后收复金江、那大等地，擒斩刘真赞、陆真佑、林鸿猷等，而黄邹保、温河清则率众到陈荣辉营投诚。事后张之洞奏请，"请照光绪五年安插儋、临客匪成案，将此股投诚丁口移徙钦州之白龙尾，垦荒自给等情形来"。

　　然而，海南岛内居民也纷纷要求清政府发兵，继续剿灭剩下的客匪、黎匪。张之洞也认为，"未剿而抚，亦非长策"。为了达到彻底剿灭客匪、黎匪的目的，张之洞奏请冯子材去琼州继续处理客、黎起义事件。

　　就在冯子材七月抵达琼州之时，陈钟明、陈钟青已组织了数千人，攻占了定安的雷鸣、南闾、仙沟，澄迈的新吴，儋州的感恩等地。同时，之前黄邹保起义时陈荣辉招抚的"客匪"、"黎匪"，又重新与起义队伍融合，致使"抚局竟未就绪"。

　　冯子才到达琼州后，命人送信劝降陈钟明等，当即遭到严词拒绝。冯子材经过详细勘探，九月与张之洞电商定议，议定：

"客则临以兵威，分别良莠，诛其凶悍为乱、抗拒不悛者，抚其安分谋生、真心悔罪者。或即用为官兵前驱，攻黎自赎，或迁往他处相宜地方……黎则先剿积年逆首陈钟明一股，先将附和扰害之外匪乱黎痛加惩创，以次招徕良黎，宣布朝廷德意，相机推兵。如其事顺情通，再议深入老山，驯定辟土

① 广东省地方史志编委会办公室编：《清实录广东史料》，广东省地图出版社，1995 年，第 49页。
② 赵德馨：《张之洞全集一·请派大员澈办琼州客黎各匪折》，武汉出版社，2008 年，第 434 页。

之策。"①

此后，清政府正式下令，命冯子材督办琼州客黎事宜，其镇道以下官员、琼州各营兵勇都要听冯子材的节制。谕旨为："此项客黎各匪，必应分别良莠，剿抚兼施，着冯子才督率各营相机办理，以靖地方。"②

冯子材剿黎的具体步骤为：

第一，先"剿"。冯子材先是分三路进攻陈钟明的巢穴打密、什密两寨，这两寨地处万山之中，道路险远，难以攻破，而陈钟青更是占据万州的长沙寨，与陈钟明互为犄角。于是冯子材采用分化瓦解战术，致使陈钟青手下的林开信将陈钟青等杀死。长沙寨一役，冯子材获胜，陈钟明从什密亲率大军赴万州复仇。冯子材调兵遣将，督饬各军探险深入，最后集合三路大军，对打密山、什密山的陈钟明部进行围剿，陈钟明在逃窜中被杀，清军获胜。

随后，中、东两路清军由万州、陵水进剿其余十余股"黎匪"，主要是马岭的黄清、廖二弓的胡那肥两股势力。很快，马岭、廖二弓、十八村先后攻破，乐会七峒的王打文也被打败。

西路清军进驻澄迈、临高、儋州边界的和舍、司那、大市等处。该处为黎、客杂居之地。他们在此地招抚白沙峒花黎、干脚黎，以牛、酒等安抚。

客民在清军来到琼州后，既不出犯官军，亦不造册听候安插。直到几个月后，才有三百余人慑于清军的威势，表示愿意安抚迁徙。冯子才派人押送渡海，分发到电白、吴川、茂门等地安置。

对于冯子材此次进剿黎人、客人起义，清政府比较满意。谕：

"此次进剿黎客各匪，连破峒寨，歼擒首逆，办理尚属得力，任着相机调度，剿抚兼施，俾臻安辑。所以迭次出力员弁，准其择优保奖，以示激励。"③

琼州黎、客起义，除了崖州，基本上被镇压了。为了达到"永靖地方"的目的，张之洞于光绪十三年六月（1887年）上奏继续剿办崖州黎：

"琼州黎客各匪，自上年八月奏明大举激办，剿抚兼施，各路以次廓清。惟南境崖州一隅，黎歧怙恶负嵎，未经勘定"，"惟崖州一属处琼郡之极南，距府城将近千里，山谷最深，瘴毒最重，从古人迹未到之处，该处生岐最悍，自道光九年至十一年戕官为乱，经前督臣李鸿宾督军剿平，卒以官兵未能深

① 赵德馨：《张之洞全集一·请派大员激办琼州客黎各匪折》，武汉出版社，2008年，第435页
② 《清德宗实录》卷229，第89页。
③ 《清德宗实录》卷237，第189页。

入，草木岭以北黎村，自此叛为生黎，不纳丁粮，抱塞、抱丑、打荡等村黎匪四出，焚杀甚惨，绅民屡经禀请剿办。又陵、崖交界之卜马峒在五指、七指之间，地势深险，素为匪窟，尤应乘机勘定"，因为"黎世为琼患，惟崖最甚，合琼势计之，崖独居其半。"①

光绪十三年三月（1887年），经张之洞奏请，清政府派冯子才继续剿灭崖州黎吉文香、谭亚吉等部。冯相荣、冯相华等督率各营士兵合力并进，在藤桥、三亚一带进攻崖州黎所在地南林岭。清军四面仰攻，于二十五日攻入南林岭。至此，崖境"黎乱"一律肃清。事实证明，"剿抚兼施"对平定黎人和客民之乱和安定地方秩序起到了有效的作用。

第二，后"抚"。在平定黎、客之乱后，全岛肃清。为了招抚黎客民人，张之洞提出了著名的《抚黎章程》十二条，并通过设立抚黎局，委员办理抚黎事宜的办法，对琼州进行治理。冯子才带兵平黎后，就在岭门、南丰、悯安等地各设抚黎局一所。至光绪十五年（1889年）八月，清政府在琼州八个地方设立了抚黎局，"现在琼州黎境，分设抚黎局八处，各派委员一两人，文武参用"②。同时，招募土勇数百名或数十名，以协助抚黎局委员处理当地民事，缉拿盗匪，修路垦田，设立墟市以招揽客商。

张之洞设立抚黎局的目的，是因为海南黎族地区"皆系扼要之所，即为将来设官控制，应增应移张本"。也就是说，是为将来设官建制，进一步加强集权控制做准备。至于需要设官的地区，首先是那些地形险要且比较偏远的地区，这样做可以将这些天高皇帝远的化外之地纳入政府的行政管理体系中，"凡形势冲要、距城辽远之地，如定安之十万峒，万州之什密峒，定安之凡阳，感恩之古振州，崖州之大本弓，琼山之水会所等处，皆须设官"③，因此，对于定安十万峒牛栏坪、红毛峒凡阳、万州太平峒什密、陵水县宝亭司、崖州罗活峒乐安司和感恩县古镇州嘱等要冲之地，清廷不仅派兵驻扎，还准备进一步设官管理。

除军事要冲之外，需要设官的地方还有经过弹压的黎村，对这些地区，设官主要是进行开发，使其能永远安定，不再滋事。"既以弹压黎村，兼防土团

---

① 赵德馨：《张之洞全集一·全琼肃清分别裁留营勇通筹善后事宜折》，武汉出版社，2008年，第537页。

② 赵德馨：《张之洞全集二·全琼肃清汇奖出力员弁折》，武汉出版社，2008年，第229页。

③ 苑书义：《张之洞全集》（奏议二十一），河北人民出版社，1998年，第563页。

扰害，并经理开垦、招商、修路诸事，方不致通者复阻。此六处均应量设同知、通判、州判、县丞等官，并移至营汛。"① 这些地区拟设一府六县。而在实际的开发和治理过程中，黎民不仅被迫剃发改装，还被造册编户，到光绪十三年（1887年）六月，已编户黎民达20余万。除中部深山之外，五指山腹地的黎人大部分纳入州县的统治范围，政府对黎族地区的管辖大大加强。

据袁国客分析，抚黎局实际上就是地方官府设于黎区的统治机构，下设黎团总长，统辖县属黎境；黎总之下有总管，统辖全峒；峒内黎户十家为一排，三排为甲，三甲为保。所有保、甲、排各长，一般都由黎族充当。黎总和总管一般由黎人中有势力者担任。至于最高首脑抚黎局长，则由地方官府直接委任汉族官吏。如此层层管辖，使清代统治在黎区内又深入一大步。②

张之洞设立抚黎局的目的最终是为了在海南设立官制，由朝廷编制取代黎族世代世袭的村长、峒长。但是，清政府内部对在海南设官有分歧，张之洞的建议得不到有力的支持，再加上经费不足，负责海南建置规划的官员杨玉书病故，在张之洞调离两广总督后，一府六县的建置以及在军事要冲设官的计划并没有得到落实。

设官之外，张之洞颁布了《严禁扰害良黎示》以安抚民心，"若有不消团绅苛索肆扰，强占黎产，奸商假借官势，侵夺盘剥，准许黎民赴道府州县衙门及各防营喊禀，定即从严惩办。"此外，还告诫黎民，"亦当安分守法，毋起争端，毋蹈覆辙，汉黎和睦，永绝猜嫌，同享乐利。"③ 张之洞的设官与安抚措施，对于稳定、开发海南起到了重要的作用。

第三，加强军事力量。光绪朝以前，清朝在海南军事上的布防，主要是为了安内和抵御海盗的侵扰，水陆兵力甚至远逊于前朝。清朝真正重视海南的战略地位，开始建设琼州海防则是在中法战争爆发、海防缺陷暴露以后。《清实录》记载："琼州孤悬海外……均连越南，防务重要，应设电线，请动海防经费。"光绪十一年（1885年），清廷在琼廉之间铺设了海底电报线，并在海口修建了"镇琼炮台"。光绪十四年（1888年），清政府又下旨，在"琼州海口展至黎峒各处电线一千九百零一里"，"在屯昌、万州、陵水、岭门、那大、儋州、昌化、凡阳等处设立报房八所"。中法酣战之际，为巩固广东海防，张

---

① 苑书义：《张之洞全集》（奏议二十一），河北人民出版社，1998年。
② 袁国客：《张之洞治理海南黎族述评》，《西北第二民族学院学报》，2003年第1期，第20页。
③ 赵德馨：《张之洞全集七·严禁扰害良黎示》，武汉出版社，2008年，第238页。

之洞在包括琼州在内的广东沿海的水路战略要地，共添募勇丁一万三千九百名。

战后，清廷鉴于法人已占全越，时刻觊觎琼州，而"广东防务紧要，廉琼一带，甚行空虚，必应整顿水路各营，以资控扼"①，就同意张之洞在原有之兵制酌设水陆练军。

为进一步加强南疆海防，光绪十三年（1887年）十二月，张之洞出巡各海口，先到达琼州，亲自考察琼州各口岸。之后，为加强海口的军事力量，又筹建秀英炮台5座，购置克虏伯大炮五尊。秀英炮台的建设费银20余万两，于光绪十七年（1891年）建成，作为"海南第一炮台"。秀英炮台亦是近代洋务运动在本岛的最大成果。

光绪十五年（1889年），张之洞在《建筑琼廉海口炮台折》中奏请："建筑琼廉海口炮台炮堤，该设台炮车炮，以固防局。"其具体为：海口城西五里的秀英山，地势最好，距敌人较近，冈阜高广，可以东西兼岸，应筑台七座；海口城西十里的西场，地亦坚实，其地亦可登岸，应筑台三座。每台各配大炮一尊，均二十四生、三十五倍口径长炮，以便近、远攻；海口西南的大英山，地势高耸，俯瞰海口，其地亦可登岸，应筑台五座，配十五生长炮五尊。张之洞认为，只有加大建设海口炮台，方可"防敌人万一屯踞海口"②。

张之洞的这些主张，全面又深刻地认识到海口对于清政府治理边疆的重要性，认识到海口在西方列强对海口的虎视眈眈。然而，对于张之洞的主张，清政府却并没有采纳，谕：

"琼廉防务，张之洞前于巡视海口折内，奏明兴办，惟系统陈大概情形，并未将筑台若干，购炮若干，先行咨商海军衙门筹定请旨。现在阅时已久，始将购炮筑堤各节，一一陈奏，均系动用巨款，率行定议，殊属不合。张之洞着传旨申饬，所奏琼廉等处先办各事宜，仍着该衙门议奏。"③

① 《清德宗实录》，卷164，第309~310页。
② 赵德馨：《张之洞全集二·建筑琼廉海口炮台折》，武汉出版社，2008年，第273页。
③ 广东省地方史志编委会办公室编：《清实录广东史料》，广东省地图出版社，1995年，第226页。

图 1.2　建于 1890 年的秀英炮台，位于海口秀英港东南侧

此外，张之洞在调任两广督抚之前，曾奉旨撰绘《广东沿海险要图说》一卷，于光绪十五年十月十二日（1889 年 11 月 4 日）上呈。琼州有榆林港，水很深，可以停泊大兵轮，是极好的港口。张之洞准备在琼州设防，并经营榆林港，经营经费及炮台购买也已经完成。然而，张之洞于十月二十二日调离广东，这个计划便落空了。

第四，进行综合治理。正如张之洞所言，海南岛孤悬海外，交通极为不便，讯息传递也异常艰难，一旦遇警，无从援应，只能自为战守。因此琼州防御必须依靠自身，外界难以援手。琼防的这种特点决定了经济上的建设开发才是加强其防御实力的根本办法。琼州防御必须以自身的经济实力为依托，以自身的经济发展为基础，自给自足，自我建设。因而建设琼防就必须以发展琼州为先导、为根本，否则必定是事倍功半。然而，海南不单地处偏远，而且物产贫瘠，米粮仰给海北，经济基础薄弱，再加上岛内黎客之乱不断，度日已属不易，哪里还能谈得上御敌。

针对琼州防御的现实情况，在中法战争期间，张之洞曾给予琼州大量援助。拨款、运粮、调拨军火，甚至在琼州与大陆之间铺设了电报线来解决通讯不畅的问题。然而，这些援助终归只是一些临时性的应急措施，张之洞更多的还是希望琼州能自建自防。他曾多次指示琼州镇道，赶紧备战，速办海防，广储军火，囤积米粮，选练民团助战，密雇商船通军讯，以及筑垒掘堑，制造战守之具等，都应预为筹谋，不得持陋侥幸。1884 年 10 月他应雷琼道王之春所请，如数发给四个月饷银，分别抵拨琼属地丁及海口税项等款，以资军食。后又在 10 月中旬将王之春请求调拨的军火运抵海南，并指示必须善为布置、操练，妥为存储、检点、经理以发挥实效。同时他也指出"琼州总以自制火药为上策"，并打算将磺片、工具以及工匠等送往海南。

中法战争结束和剿灭黎族叛乱后，张之洞开始全面推进对海南的治理。从加强政治统治、经济开发、加强军事力量等方面着手，通过建设榆林港、开通十字路等改善交通状况。同时，张之洞还特别关注海南的文教事业，重视兴办义学乡塾，关注琼州乡试会试，寻访海南历史名人的后代。通过对海南的综合治理，增强了海南的实力，提高了清政府在海南的控制力，从而提高了海南的海防力量。

图 1.3　清末封疆大吏——张之洞

二、经济开发

张之洞认为，想要真正增强海南的海防力量，就必须加强海南自身的经济力量，开发海南。因此，在平定黎族暴乱之后，张之洞就提出了开发海南的《抚黎章程十二条》，其中包括开路、设官、垦田、开矿等内容。这个意见被清政府采纳，海南的经济开发进程由此开始。

（一）开路

海南岛的地势是中部高，四周低。自宋代以来，中部的黎族已经接受了中央政府的管辖，但其落后的道路系统使得黎族相对处在一种闭塞的状态中。清政府在镇压黎、客起义时，深感海南岛道路崎岖，交通闭塞。张之洞认为，开发海南岛道路，对于安抚海南岛居民、加强清政府在海南的统治具有重大的意义。光绪十二年（1886 年）八月，张之洞给清廷上奏，"抚黎以开路为先，开凿险隘，芟焚林莽，令其四通八达，阳光照临，人气日盛，则岚瘴自消，水毒自除"，"倘能从此长驱深入，仿照前明以来海瑞诸人开通黎峒十字路之议，据其腹心，通其险阻，令其剃发向化，设立土目，从此渐开矿利，广植禾蔗，增其赋税，利民通商，于海防实大有益。"① 清政府采纳了张之洞的主张，命张之洞、冯子材在海南开辟十字路。这次开路，成效很大。

要开路，必须先对海南岛进行全面的考察。综合考察后，他们选出了几处要塞之地，并在这些地方开辟十字路，"北以十万峒之牛栏坪为要，东以太平峒之什密为要，东南以宝亭司为要，南以罗活峒之乐安司为要，西南以古镇州峒为要，皆出入要冲，可以屯兵足食之所。"于是，张之洞奏请朝廷，在这些地方计划开辟十二条道路。见下表：

表1.1　海南岛道路开辟情况表②

所处方位	起讫地点	途经地点	负责人
东北一路	乐会嘉渍市、山北牛栏坪	石壁、船埠、加岭、中平、河滥、五指山	道员杨玉书
正北三路	定安铜甲口、山南水满峒	毛祥口、五指山	
	陵水乌牙、崖州藤桥	宝停司	
	宝停司、崖州属乐司	五指山	
东南一路	崖州三亚口、山西凡阳	华林大岭、五指山	知府冯相荣
正西三路	儋州南丰市、山南水满峒、红毛峒、荣安司、儋州调南市、古振州峒北	大水、三门、红毛、合棘诸峒、番乡、毛匪诸峒、五指山、凡阳七坊、刀缸诸峒	道员方长华
西南一路	昌化、荣安司	古振州峒东	道员方长华
正南一路	崖州九所市、乐安司	乐平汛东	知府刘保林
正北一路	定安岭门、山南小水满峒	蛇峒、十万峒、牛栏坪、南劳峒、五指山	知府孙鸿勋
西北一路	岭门、红毛峒	三坑溪、猪母湾、加钗峒、黎母山	

这十二条大路相互首尾连接，四通八达，共三千六百余里。《清史稿》写

① 赵德馨：《张之洞全集一·请派大员澂办琼州客黎各匪折》，武汉出版社，2008 年，第 436 页。
② 赵丕强：《光绪年间清朝对海南岛道路的开辟及其成效》，《经济与社会发展》，2004 年第 05 期，第 120 页。

道："东路三，西路三，南路、北路、东南路、东北路、西南路、西北路各一。奥区荒徼，辟位坦途，人以为便。"同时，有令各州县修建小路与大路相连，纵横贯通，"统由冯子材考核督催，并琼州道府激励各属绅团同力协助……纵横贯通，同时并举，分地定限，会合联接。勇团土黎并力作工"。① 这些小路分别是：万州五道，陵水三道，定安四道，崖州两道，澄迈二道，儋州、临高、感恩、昌化、乐会、会同各一道，共计22道。②

张之洞提出，开路事宜应该参考明代海瑞、俞大猷等人提出的开路主张，加以改进推广。他要求所开之路如井字形，小路、大路连接。大路要求是1.6丈为宽，极险处以8尺为宽。人力不能解决的地方，就由炸药炸开。开路所到之处，"伐木焚莽，搭桥凿井，测绘地图，察看河道，可否航运，以备运出山内药材、木材等山货。测看各山矿苗种类，以备开采；考察山内地势土质宜种何物，以阜物产而赡琼民。"

此次开路，在张之洞和冯子材的整饬监管下，各道府官员认真负责，开路计划进行的十分顺利。光绪十三年二月十八日，署崖州副将方敬致电报喜道："钟仁宠开路，由万州五甲，抵五指山下潘雅村。"③ 而潘雅村山石难开，坚固异常。张之洞电告冯子材，用炸药炸开。光绪十三年四月十八日，冯子材电告张之洞："据万绅钟仁宠禀，现全琼黎峒各路开通。"④ 七月，冯子材电告海南岛内全部路段已完成。

张之洞接到各地喜报后电说："崖路工成，请即委验。"海南岛道路的开通，对开发海南，增强黎族与大陆的经济文化交流以及稳定南海、加强边疆治理起到了重要的作用。

（二）移民垦田

十字路开通以后，海南黎族聚居地区交通畅通，张之洞派人勘察黎人田地，认为海南土地"皆属饶腴，土暖雨多，一岁三熟，远胜于琼属山外州县"，"即山谷之中，亦多产佳木、药材，并无荒崖弃土"，"种禾、种薯、种蓝、种蔗，无所不宜，听民自便"⑤。所以，张之洞积极鼓励汉族人民及黎族

① （清）朱寿朋：《光绪朝东华录》卷二，中华书局，1984年。
② 赵德馨：《张之洞全集一·请派大员澈办琼州客黎各匪折》，武汉出版社，2008年，第436页。
③ 赵德馨：《张之洞全集七·致陵水杨道》，武汉出版社，2008年，第393页。
④ 赵德馨：《张之洞全集七·致陵水冯督办》，武汉出版社，2008年，第407页。
⑤ 赵德馨：《张之洞全集一·全琼肃清分别裁留营勇通筹善后折》，武汉出版社，2008年，第537页。

人民移民垦田，并规定："开通田业，三年之内，不收赋税，三年之外，毋从轻则起征，断不科敛。"张之洞为鼓励人民在海南移民垦荒，制定了一系列优惠政策，"民人愿入山垦种者，听其自择地段认垦，报官勘明给照，三年内免其升科"，规定"有能集资前往，雇募黎岐开垦，一人名下认垦至千亩及万亩以上，三年成熟者，酌量给以千、把、外委武职"，"垦田既有恒者，后得功名"①。尽管张之洞制定了一系列鼓励优惠政策，移民垦荒效果却不是很好。由于海南民族成分复杂，客、黎矛盾深，加上瘴病严重，移民垦荒没有取得预想中的效果。

（三）助商开矿

海南昌化县境内大艳山有丰富的矿藏资源。清代前期，清政府采取封山政策，禁止开产。同治四年，林腾汉勾结外国人开采昌化铜矿，被当地官员禁止。到了光绪十三年，广东香山人张廷钧集资往开，雇佣当地黎人作工，开采的铜矿质量较好，得到广东大吏的支持，"现经设法鼓舞开通，并许由县营力为保护，免致土黎索扰"②。对于张廷均开采铜矿，清政府为何一改以往的阻挠态度而采取支持的态度呢？这主要是由于当时广东省经费紧缺，"粤省正在设局赚钱如此矿畅旺，赚钱即可取资琼产。"同时，这样也可减少对外国铜矿的依赖。此外，为助商开矿，张之洞还制定了优惠政策，"昌化大艳山石碌矿山，税关厘三年内一概全免，三年后察看情形再酌办"③，"拟将昌化石碌及铜斤凡贩运出琼州者，自光绪十四年起，三年之内所有山税及关税、厘金概行暂免"，并规定"其余琼属五金等矿如有集资开办亦即一律办理"④。张之洞助商开矿的举措对于开产海南矿藏、开发海南资源起到了重大的效果。

（四）招商伐木

海南地处热带，历来森林资源丰富。到了清末，海南仍然有大片地方被森林所覆盖。"山内林木茂美，田土饶沃"，海南岛茂密的林木，是海南开发的宝贵资源。但同时，茂密的森林容易产生瘴气，不利于海南的发展。张之洞十分重视海南森林的开发，认为招商伐木是开发海南的一向重大举措。

为了招商伐木，张之洞制定了《琼州伐木免税垦田给奖片》和《招徕商

① 赵德馨：《张之洞全集七·招徕商民赴琼州伐木、垦田示》，武汉出版社，2008年，第238页。

② 赵德馨：《张之洞全集一·全琼肃清分别裁留营勇通筹善后折》，武汉出版社，2008年，第539页。

③ 赵德馨：《张之洞全集七·致琼州朱道、昌化职员张廷玉》，武汉出版社，2008年，第407页。

④ 赵德馨：《张之洞全集二·琼州开矿暂免税厘片》，武汉出版社，2008年，第49页。

民赴琼州伐木、垦田示》，给予伐木者以优惠的政策。"查木料出口，向有关税、厘金。兹特酌定，由琼州出口者，三年之内，所有关税、厘金全行宽免。官山则指定地方，限于四年，给以护照，准其开采。""获利必厚。"①

此外，为了落实招商伐木政策，张之洞令雷琼道朱采在抚黎局内附设招商局，并委任官员专办招商伐木之事。招商伐木，分为官办和商办二法，"官办则派员率带土勇深入老山，无论良材杂树一律砍伐，成材者堆积溪河两岸，转售商人，丛杂者一并蔓除，亦可充搭栅盖屋为薪之用，藉以豁其阴挂，消其瘴气。商办则指定何山，限以四至，先给护照，始令开采。官山量材纳税，黎产公平价买"②。

三、沿海贸易区

早在宋代，海南岛的海上贸易就已较很发达了。海南岛因"形势险要，略加人工，便成良港"③，航海位置优越，海外贸易发达。海南岛设立市舶司是在南宋孝宗年间，称为琼州市舶公司，属广州市舶司管辖。海南岛的沿海城镇与越南的小宗贸易往来比较活跃。至康熙二十四年（1685年），清政府设立了粤、闽、浙、江四大海关。粤海关管辖广东省50多个关口，其中总口七个，海口是总口之一。海口总口下设九个署税管，12个分卡。它的职能是检查货物，征收关税、船税和规税。

第二次鸦片战争后，清政府被迫与英国、法国、俄国签订《天津条约》。条约中都有将琼州开辟为通商口岸的要求。但因为英国有开放温州的要求，条约于同治八年（1869年）修正，新的条约《中英新约》规定："英国议开温州口岸，通中国照允罢论，中国议将前约所载之琼州口岸作为罢论，英国亦照允。"

然而，对于这个近在咫尺的良好市场，英国人并不善罢甘休，并且志在必得，"办妥一切有关口岸开放的必要事宜"，"纵使暂时有用炮艇加以保护的必要，也在所不计"。④ 琼州与香港商业往来密切，也就是与国际市场联系密切，西方列强自然虎视眈眈。据《海南岛史》记载1872年英国领事对于海南贸易

---

① 赵德馨：《张之洞全集七·招徕商民赴琼州伐木、垦田示》，武汉出版社，2008年，第238页。
② 赵德馨：《张之洞全集一·全琼肃清分别裁留营勇通筹善后折》，武汉出版社，2008年，537页。
③ 陈植：《海南岛新志》，商务印书馆，1949年，第3页。
④ 旅华英侨商会：驻京英公使论天津条约修约问题呈文6，英国国会档案，中国第12号（1869年）。转引自连心豪：《近代海南设关及其对外贸易》，民国档案，2003年，第105页。

22

所说的话："砂糖和油是主要的输出品。他们在这种贸易方面，沿岸航路的沙船，无法和外国的商船竞争。南方是砂糖、食油交易的中心，最好在那里设一个开港地，使中国船和各港联络，为外国船集积货物，再将外国船输入的货物配给到廉州、高州、琼州各府去，然而这又不大可能。"他接着说："这四个府的油产量极为丰富，大多数都用沙船运到广东南面十二里的陈村去，再从陈村分配给消费地……配给到高州府的电白、水东，海南的海口，雷州半岛的诸港口。"① 由此可以看出，英国人对于开发海南的这块市场，早已计划在内。

图1.4 "琼海关1893"古界碑

1871年9月13日，中日《通商章程海关税则》第一款就明确规定开放琼州。1876年4月1日，根据中英《烟台条约》，外籍税务司管理的琼州海关终于在海口正式成立。同时成立琼海关税务公署，原海口总口及其所属分口、卡改称"常关"，英国人博朗就任琼海关税务司。

琼海关是清光绪二年（1876年）在琼州设立的管理对外贸易和征收关税的专门机构，其性质属于"洋关"。其前身为属于"常关"之"海口总口"。与琼海关密切相关的有清代海关及粤海关。

---

① 小叶田淳：《海南岛史》，学海出版社，1979年，第282页。

清代海关有"常关"和"洋关"之别。所谓"常关"，亦称"旧关"，指鸦片战争前在水陆交通要道或商品集散地所设的税关，包括"工关"和"户关"。"工关"指清朝工部所辖的以征收竹、木为主的税关。"户关"指清朝户部所辖的主要征收百货关税的税关。康熙二十四年（1685年），清廷开放海禁，开始设立江、浙、闽、粤四海关，管理对外贸易和征收关税事务。这虽为对外通商设关之始，但其性质与内地常关相同，皆属于常关之"户关"。鸦片战争后，近代海关设立，工关与户关合称常关或旧关。光绪二十三年（1897年），常关按其与通商口岸距离之远近，分为四种："五十里内常关"、"五十里外常关"、"内地常关"和"延边常关"。光绪二十七年（1901年），八国联军攻占北京后，强迫清朝签订的《辛丑条约》，规定"五十里内常关"的税收，由"洋关"征收，作为支付庚子赔款之用。这样，距离通商口岸五十里内的常关，归海关洋税务司管理，为帝国主义列强所控制；五十里外的常关仍由中国官吏——海关监督管理。

所谓"洋关"，亦称"新关"，指鸦片战争后在各通商口岸设立的海关。起初，"洋关"也监督管理。咸丰以后，各地"洋关"俱置税务司（主管海关税务官员之职称）进行管理，统辖于总税务司（统管全国海关关税之官员），而税务司和总税务司悉为洋人担任。于是，中国关税自主权、海关行政管理权和关税收支权等，皆被帝国主义国家所夺取。帝国主义直接掌握中国海关行政权后，任意扩大海关管辖范围，设立海务部、工务部，掌管港口和航道疏浚等。此外，甚至插手或代管邮政、教育和商标登记等与海关行政完全无关的事务，使海关长期成为帝国主义侵略中国的一种工具。

粤海关乃广州海关的旧称，始设于康熙二十四年（1685年），初驻澳门，后移至广州，其大衙门设在省城五仙门（今广州市海珠区广场五仙门），最高长官为粤海关都督，掌征收和管理对外贸易事务，统辖省城、澳门、乌坎（在惠州）、庵埠（在潮州）、海安（在雷州）、梅菉（在高州）、海口（在琼州）等总口七处，小口六十余处。咸丰九年（1859年），设粤海关于广州沙基，此后，其行政权为洋税务司所夺。

琼海关之前身为"海南总口"，亦称"琼州总口"，治所在今海口市新华北路，成立于粤海关之后的康熙年间，为粤海关的七处"总口"之一。下辖岛内铺前、清澜、沙老、陵水、乐会、北黎、崖州、儋州等八个分口及十二分卡，并兼管廉州、钦州两个分口及其属卡。"海口总口"初由粤海关监督，派官员管理，后监督裁撤，或由巡抚，或由广州副将，或由粮道，或由将军派员驻管其事务。至乾隆十五年（1750年）六月，复置粤海关监督，复由其派员驻琼管理。咸丰八年（1858年）第二次鸦片战争后，清廷被迫鉴定《天津条约》，增开琼州等处为通商口岸，琼州海口港向英、法等国开放。开埠初期，进出口贸易事务仍由"海口总口"管理。光绪二年（1876年）三月，清廷设"琼海关"，归粤海关兼理，建琼海关税务司，公署在今海口市中山路尾南侧。设税务司一人，副税务司二人，皆以洋人任之；监督一人，由中国人担任，但有职无权。公署内设三部：税务部、海务部、工务部。税务部，领导由税务司兼任，工作人员分为内班、外班、海事班三种；海务部，由巡工司领导，负责管理船舶进出口及港内外灯塔等助航设备，后还监管气象测录、码头仓库和船只检疫等；工务部，负责管理海关的财产及修理等技术性工作。琼海关成立后，原"海口总口"及其所属各分口、分卡，改称"常关"或"旧关"。同月，将洋税（对华洋船装运的货物所征之税）和常税（对华船装运的货物所征之税）名目分开。洋税归琼海关征收，常税则归"常关"。光绪二十七年（1901年），琼海关税务司接管附近周围"五十里内常关"。琼海关全面推行洋关制度，唯海关总税务司指令是从，为帝国主义列强倾销商品、掠夺中国资源，大开方便之门。1887年7月1日，琼海关开始对行驶于香港、澳门与琼州之间的帆船贸易进行监管。海南岛与南洋各地往来贸易向称发达。1896年，琼海关在海南岛南端的三亚榆林港设立分卡，规定所有前往南洋各地贸易的帆船、汽船每次起航前须向海关申请出洋牌照，交由榆林港分卡查验，始准起航。

光绪二十二年（1896年），海关总税务司英国人赫德诱迫清政府准其在全国开办邮政。因而，在同年四月，琼海关在海口设立邮政局，由税务部监管。海口邮政局，亦称琼州邮政局，系清末海关岛邮政最高机关。最初属于一等邮局，所辖区域为海南全岛及徐闻一县。后因经费问题，改为二等局。宣统三年（1911年）海关与邮政分开，海口邮政局才与琼海关分离，改属于邮政部。

图 1.5　1906 年琼州寄广州红条封，背贴蟠龙邮票 2 分一枚，由琼州常关柜房（琼海关）寄出

第二章

晚清时期海南的经济发展

第二次鸦片战争后，海南成为最早开放的通商口岸之一。海南从一个封闭的自给自足的封建经济社会开始转变为半殖民地半封建经济社会。鸦片走私贸易、外国资本主义的经济掠夺和清政府沉重的赋税，给海南的发展设置了重重障碍。但也就是从这个时期开始，海南近代化开始起步，海南历史进入了一个新时期。不仅农业发展有了新的突破，新的经济作物开始引进，经济作物种植更加广泛，华侨经济快速发展，而且近代化的工矿盐业、交通运输业和贸易金融业逐渐兴起。可以说，这一时期，传统的障碍和近代化的突破在海南经济发展中交替进行。

第一节　半殖民地半封建经济的开始

1840 年鸦片战争，外国资本主义列强依仗其"船坚炮利"，轰开了古老中国的大门，中国开始沦为半殖民地半封建社会。海南社会内部的经济也随之发生了深刻的变化，开始走上了半殖民地半封建社会。

一、鸦片走私贸易

鸦片走私贸易在鸦片战争前就开始了。1840 年《南京条约》签订后，各国列强要挟订立了类似的条约，他们打着"利益均沾"的幌子，通过对我国海关权的控制，将鸦片不断销入中国。

海南处在中国沿海，一直深受鸦片的毒害。在湖北任职的海南人张岳崧，与林则徐是好朋友，他在道光十九年（1839 年）七月回海南奔丧时，协助林则徐禁烟。光绪《定安县志》载："道光十九年（1839 年），因鸿胪爵滋奏严禁洋烟。七月，湖北布政张岳崧奉讳抵里，承督抚意，协理禁烟。至累、至琼、至县，各集乡绅设局收缴烟具，发药劝戒。士民、生童应试及赴乡闱者，

27

俱要互结。"① 张岳崧回乡后，四处奔波，竭力将海南的鸦片清除。

第二次鸦片战争后，鸦片被冠之以"洋药"之名而允许进口，使鸦片贸易合法化。1887 年，清政府对鸦片另征极大的厘金后，鸦片走私更加严重。如下图 1.6 显示，1888～1893 年，从琼州海关私运鸦片数量在 5 年中增加了 3 倍。

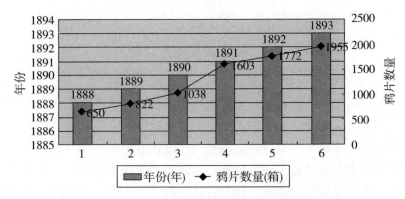

图 1.6　1888～1893 年从琼州海关输入中国的鸦片数量②

鸦片走私贸易给海南人民带来了巨大苦难，也使得清政府的税收遗失。以 1893 年为例，一年中从琼州海关走私鸦片，偷漏税厘计达 21 万白银。正如琼州道官府对走私鸦片的奏折中所指出："惟自十三年（1887 年）以后，税厘既定并征，则被运洋药（鸦片）者未免费钜，以数洋药亦由新加坡购装华船而输入海南各口子，既不赴英呈报，又不定纳税厘。"③

光绪二十四年（1898 年）中法战争后，法国掠取了广州湾的特权，将之辟为自由港。走私商贩利用这一有利条件，从香港购置鸦片，并用帆船运至广州湾，再通过海安港将之偷运到海南岛销售。据光绪三十三年（1907 年）至宣统三年（1911 年）的统计，通过广州湾输入的鸦片就有 3593 箱。鸦片的大量私运进口，大大干扰了海南的合法贸易，妨碍了清政府的税收收入。外国资本主义在海南大肆走私鸦片，获取高额利润，严重阻碍了海南的经济发展。

二、外国资主义本对海南的经济侵入

海南地处热带，物产丰富，盛产热带作物，农业经济发达。粮食作物以水

---

①　吴应廉创修、王映斗总撰：光绪《定安县志》卷十《杂志》，海南出版社，2004 年 2 月，第 802 页。

②　小叶田淳：《海南岛史》，学海出版社，1979 年。

③　范基民主编：《文史集粹》，海南省政协文史资料委员会，2000 年，第 157 页。

稻、番薯、玉米等为主，经济作物以棉花、桑、麻、甘蔗、槟榔、竹子、荔枝、椰子、烟草、蓝靛等为主，手工业以纺织业、盐业、砂糖业、烟草业、榨油业、窑业、养蚕业等为主。海南岛物产的丰富，正如《琼崖志略》中所描绘的：

"琼崖耸立海外，中原远望，天涯万里。山海之气，能出云雨，能产万物。土地肥沃，植物繁荣，海产充足，矿苗丰富。若谋开辟，诚足取之不尽，用之无穷也。"①

鸦片战争之后，外国商品潮涌而来，海南传统的自给自足的农业经济趋于崩溃，古老的手工业也趋向解体，海南逐渐被卷入西方资本市场。19世纪末，法国势力控制广州湾后，为仿照英国人在香港实行零税率而使香港日益繁华的做法，法国人宣布进出广州湾的货物不用征税。这就使得大量的商品在广州湾起卸，之后大规模进入广州、海南、潮汕等地。表1.2是1876年至1911年广东各海关进出口贸易总值统计表，这个表不但反映了海南与广东其他各口岸贸易总值的数值对比，更反映了清末海南日趋卷入西方资本主义市场的态势。

表1.2　广东各海关进出口贸易总值表②　　　　　　　单位：关平两

	汕头	广州	九龙	拱北	三水	江门	琼州	北海
1876年	18241968	25739690	—				684772	—
1881年	19442301	31508942					1821743	1800856
1886年	21112425	37593405	—				3017826	2978759
1891年	26212308	45957092	35548258	999422		—·	2079686	410173
1896年	27276490	46160343	49388222	12596298			1760185	468513
1901年	44425745	59990264	49128622	14606412	2607466	—	4429866	422189
1906年	43198688	94108696	41971859	15383943	3378940	373220	6737000	247886
1911年	51415696	102224621	44247708	18230466	5685249	550189	5415249	245758

外国资本主义对海南的经济入侵，导致海南的经济格局发生了巨大的变化。一方面，外国商品大量倾销海南市场。海口被开辟为通商口岸后，西方列

① 许崇灏：《琼崖志略》，台北学生书局，1981年，第2页。
② 广东航运史编委会编：《广东航运史》（近代部分），人民交通出版社，1994年10月，第134页。

强一步步打开海南市场。据陈正祥在《海南岛地理》中统计，海南岛自咸丰八年对外贸易以来，几乎年年都是入超。① 外国资本主义输入海南的商品主要是鸦片（当时称为"洋药"）、洋纱、毛料、洋油、火柴、铁料、香烟、白糖、安尼林染料等。据粤海关统计，仅 1886 年，海南岛鸦片进口量高达 1916 担，价值白银 149 万多两，占当年进口货总值的 64.72%。大量鸦片的输入，直接毒害海南人民的身体和精神，导致大量白银外流。洋纱，1876 年输入海南岛仅 39 担，1882 年增至 3167 担，价值白银 60336 两，到了 1891 年，竟高达 17184 担，价值白银 287399 两，十五年来增至 450 倍。棉纱是英国品，过于高级，所以大量销售的是印度品。而进入到海南岛后，70% 在文昌销售。② 大量洋纱的输入，严重破坏了海南原有的棉纱业，致使海南农村家庭作坊式的棉纱业纷纷破产，农村经济萧条。洋油，1882 年为 6980 加仑，价值白银 1393 两，1890 年高达 491540 加仑，价值 80030 两。③ 这样，海南岛向来作照明用的花生油、海棠油，几乎处于濒临绝迹的状态，严重打击了海南岛原有的榨油业。1886 年时外货输入的顶点，表 1.3 是根据小叶田纯在《海南岛史》中的统计，鸦片、棉纱、洋油输入海南的海关输入税数量对比及各产品输入的时间对比：

表 1.3　外货输入的海关输入税　　　　　　　　　　　　单位：两

	鸦片	棉纱	洋油
1882 年	5290	523	16
1886 年	6471	1178	21
1890 年	3008	2141	750

从对比中可以看出，棉纱、火柴两样日用品的增加比较明显，而非日用品鸦片遽然减少。

由于海口与香港之间航线的方便，英国汽船在香港与海南之间定期来往英国商轮经常在海口靠岸。同时，来往于厦门、香港之间的荷兰船也经常将海口作为中转站。1882 年在海口出入的汽船数量 478 艘，载重 199346 吨。而到了

---

① 陈正祥：《海南岛地理》，正中书局，1947 年，第 70 页。
② 小叶田淳：《海南岛史》，学海出版社，1979 年，第 283 页。
③ 《粤海关志》卷九，转引自刘耀荃：《黎族历史纪年辑要》，广东省民族研究所，1982 年，第102 页。

1891 年，增加到 591 艘，350060 吨。这些外国汽船所造成的贸易总额每年为 200 到 300 万两。① 除去海口输入的外国商品外，清澜、长蛇等方面的沙船也从新加坡载鸦片、洋油等输入海南岛。

1902 年到 1911 年清政府的最后十年间在海南所呈现出的最大变化是日本的商品大量增加，并成了主要的输入国。至 1894 年日本输入海南的棉织品总额不过 290 打，而在清政府的最后十年，总额竟然增至 109636 打，而且物美价廉，很快挤掉欧美，成为输入海南商品的最主要国家。

另一方面，外国资本主义压低价格大肆掠夺海南的土特产品。从琼州被开辟为通商口岸后，海南就开始大量输出砂糖、椰子、槟榔、芝麻、瓜子、花生、土布、烟叶、生猪、牛皮等。西方列强攫取海南的土特产品，一部分供给本国人使用，更多的是作为商品原料，加工后销往全球，从中赚取高额的差价。据《粤海关》记载，从 1882 年至 1890 年这八年间输出的总额分别是：1882 年为 886776 两，1884 年为 1253080 两，1886 年为 l400710 两，1888 年为 125498 两，1890 年为 935742 两。② 外国资本主义对海南丰富资源的大肆掠夺，致使海南手工业的破产，造成手工业者生活的贫困。

农业方面，由于外国资本主义的刺激，海南人民开始大规模的种植外来经济作物，而粮食种植则越来越少，以致无法自给。林日举认为，自 1891 年第一次从越南北部和香港输入大米后，城镇及官方食粮逐渐依赖于洋米，陷入了外国资本主义的控制之中。

商业方面，由于本土手工业和传统农业的萧条，城镇及农村原本的墟市日益减少。如下表 1.4 所示海南各州县墟市对比：

表1.4　海南各州县墟市对比③

	明（万历以前）	清前期（道光以前）	清末
琼山	40	44	27
澄迈	20	59	20
定安	8	36	15

① 小叶田淳：《海南岛史》，学海出版社，1979 年，第 286 页。
② 《粤海关志》卷九，转引自林日举：《外国资本主义侵琼及岛内人民的抗争》，琼州大学学报，1998 年第 4 期（19），第 97 页。
③ 林日举：《外国资本主义侵琼及岛内人民的抗争》，琼州大学学报，1998 年第 4 期（19）。

续表

	明（万历以前）	清前期（道光以前）	清末
文昌	9	43	33
会同	6	14	6
乐东	3	12	5
临高	14	16	13
儋州	10	36	31
万州	6	27	9
崖州	2	10	11
陵水	1	4	1
昌化	2	3	1
感恩	1	3	2
总计	122	307	174

随着外国资本主义的进入，海南商业资本加剧膨胀。西方列强日益与封建官吏、地主、高利贷剥削者结合，加剧了海南岛农民土地的集中，迫使大批农民丧失了土地，沦为地主的佃农，或者是外国资本主义者的廉价劳动力。在这一时期，海南岛地主阶级通过高利贷剥削，控制农民，并以土地契约的方式占有大量农民土地。外国资本主义的侵略与海南本地的封建地主阶级沆瀣一气，共同压迫、剥削海南人民，使得海南人民的生活日益贫困。外国资本主义进入海南后，海南已逐渐成为他们的商品市场和原料产地，政治及经济上日益沦为半封建半殖民地。

三、晚清时期海南的赋税制度

1840 年鸦片战争后，随着社会性质和经济格局的变化，中国的赋税制度也由传统的封建赋税制度逐渐演变为半殖民地半封建社会的赋税制度。在海南主要表现为旧税的加重、新税的增加和赋税管理的地方化。

（一）旧税加重

田赋、盐税和杂税是中国历史上长期使用的税目。"清代田赋的名目繁多，主要有地丁银、漕粮和租课三种。"[①]清末的田赋在沿袭前清岁额的同时，

---

① 黎雄峰：《海南经济史》，海南出版社，2008 年 4 月，第 224 页。

不断增加附加税，如有赔款随粮税、警税、铁路税、学捐、地方自治捐、麻地捐、花生地捐、房捐等等，不胜枚举，都是田赋加派。

光绪以后，为赔款和举办新政，清政府准许各省自行筹款。在广东则新加三成粮捐。在海南虽各省记载不全，但从仅有的资料来看，田赋也是不断增加的。陈铭枢在《海南岛志》中记载："本岛田赋以地丁、民米为主，渔课、椰税、杂税及籍谷副之。"① 在儋州，"原总共实征地丁银10407.255两，外带征火耗银1831.629粮，实征民米3451.5石。降至清末，地丁岁额增至11728.516两，民米增至4088.287石。光绪末年至1911年，该县田赋征率为每一钱银缴纳官粮钱198文，每一升米缴纳官粮钱47文"②。按上述税率计算，儋州加征的官粮钱总共88945956文。

盐课是重要的财政来源，中国封建统治者都很重视盐课的征收。在光绪之前，各州县均按丁摊。光绪以后，对新开的盐田按丘征税，并将征收的盐课作为地方行政费用。如崖州临川场，在"光绪十三年至三十四年，共开得晒生盐天五百七十五丘，每丘征银一两，共银一千二百八十三两"。1902年清政府开始设立盐运委员会管理运盐事项。自这一年起，清政府开始征收运盐税和过卡抽厘。

（二）新税增加

在旧税加重征收比率的同时，清政府又增加了很多的新税，包括猪厘、十字有奖义会、府税、屠猪捐、烟税、地税、酒税、印花税等。有一些是从西方引进来的税制，如印花税、所得税。其中，猪厘是在光绪初年从琼山县开征，后来扩大到各州县。烟税是在1902年开征的。《儋县志》记载："光绪壬寅年（即光绪二十八年，1902年），本县开始征收烟税，癸卯年（即光绪二十九年，1903年）又开始征收猪厘。"台炮经费于光绪十六年（1890年）开征，此后，又不断增加，至1902年"合原加两额，已有五十余万两"。光绪三十四年（1908年），牛皮屠牛捐、船课开征。屠猪捐是在1902年，广州自创。海南于1903年开始征收屠猪捐。酒税在1902年时在广州开征，海南的酒税在1909年开征。民屯田房税契也在清末时在海南开征。陈铭枢的《海南岛志》记载："查广东民屯田房税契，始自清同治六年（1867年）。当时全省税额十万两，匀派各厅州县征收，分别税科羡耗四项，每产价银一两，计征纹银4分有

① 陈铭枢：《海南岛志》，海南出版社，2004年2月，第205页。
② 黎雄峰：《海南经济史》，海南出版社，2008年4月，第225页。

奇。"此后，民屯田房税契也不断增加，至宣统元年（1909 年）岁末，这一税收竟达到了六十万两以上。

（三）赋税管理地方化

自鸦片战争以后，清政府处在内忧外患的困境之中，大量的赔款更使得清政府的财政税收依赖于地方，对地方的控制力越来越弱。咸丰四年（1854 年），清中央承认地方截留和自行筹款的合法性。此后，地方行政势力不断上升，对财政的控制越来越强，赋税管理制度越来越趋向于地方化。光绪二十五年（1899 年），清政府将丁漕、盐课、盐厘、常关税、海关税、厘金等，都列入"各省入款"项目，而"中央入款"之数约当"各省出款"中"解京各项"的数额。这样一来，赋税的征收和押解都控制在地方督抚的手上了，赋税制度的地方化形成了，中央政府的财政收入完全依赖于地方财政解款。

鉴于户部对各省赋税节度不灵，光绪三十二年（1906 年），御史赵炳麟奏请划分中央税收与地方税收，设地方财政官吏，来管理地方赋税的征收和押解。光绪三十四年（1908 年），清政府拟在京设置清理财政处，各省设清理财政局，并派员清理地方财政。但这一举措依然没有改变赋税管理地方化的局面。各省仍然控制着地方赋税，许多税收均委托地方官代管，如钱粮、房契等。同时，各省还巧设名目，开始自行征税，并招商承包。在海南，防务经费、印花税、地税、屠猪捐、台炮经费等均由地方官府招商承办。盐课于1907 年由华丰公司专运，猪厘则归琼山县办理。

1876 年琼海关设立后，关税划分为常关税和洋关税。此后，常关税和洋关税也慢慢地由海南地方官员负责征收。据《海南岛志》记载："惟办事人员皆监督亲信私人。"到1910 年，"五十里内常关"的税收也由琼海关负责。

第二节 海南经济的早期近代化

清政府在鸦片战争失利后，中国的锁国大门被列强的大炮打开，东南沿海口岸便处于开放前沿，海南经济的近代化由此萌芽。这主要表现为近代贸易、金融业、工矿业、交通运输业的发展。与此同时，农业在这一时期也有了新的变化。

一、农业的发展

海南岛地处热带，热量、水量丰富，"有三熟之稻，八登之蚕"①，低田一

---

① 道光《琼州府志》卷三

岁三收，养蚕一岁八登。特别是南部的崖州"腊月种，三月收，四月种，七八月收，三冬皆可艺谷"①。由于海南岛地形复杂，水文组合多种多样，耕作制度和作物组成丰富多彩。海南岛的农业发展历史悠久，技术成熟。明清时期，海南岛由明代洪武二十四年（1391年）的30万人口，近200万亩耕地和水塘，上升到清道光十五年（1835年）的125万人，380万亩耕地和水塘。鸦片战争以后，海南农业最大的变化就是热带经济作物的引进以及华侨兴办的近代农垦实业。

1887年5月，曾去南洋经商的张廷钧与候补道杨玉书一起上书两广总督张之洞："今日请开港，实为筹海计也，港门两岸宜筑炮台控制之，内立埠头，中可容轮船数十艘，通黎山之出产。张主事愿觅外洋咖啡、吕宋烟麻……每年销售外洋，似是为穷黎开衣食之源。其港口较埠头为胜。与香港不相上下……此外，一开埠头，则崖东南西三路皆活，实为富琼第一要策。"② 张廷钧和杨玉书意在引进南洋的经济作物，繁荣榆林港，发展海南经济。但此时，他们的主张没有得到足够的重视。直到进入20世纪，海外经济作物才逐渐引进海南。

（一）经济作物的引进及种植

1. 橡胶业的兴起

橡胶树是热带雨林植物，对土壤、气候、温度等条件有较严格的要求。海南岛处于热带北缘，由于南海环抱及南太平洋的气流作用，热带气候特征明显，有许多热带经济作物在海南岛上生存、发育、成长和繁殖。而得天独厚的自然条件、丰厚的经济收入和故土的便利，驱使那些敢于冒险的华侨回到海南，种植橡胶，兴办橡胶农垦业。

在海南岛乃至中国，最早种植橡胶的是光绪二十八年（1902年）时蔡季刍和曾金城。蔡季刍是20世纪初第一批从马来亚（现马来西亚）来海南种胶的华侨之一，他曾经先后赴福建和海南考察，在考察中发现福建的土质和气候并不适合橡胶树的生长，最终便决定在儋县（今儋州市）建胶园。蔡季刍与曾汪源、曾金城父子等人合股开办了当年全国最大的胶园——天任胶园，后因种种原因，蔡季刍从天任胶园分出，自己创办了易通公司。侨居南美秘鲁的华侨曾汪源和曾金城父子从马来西亚引进胶种，在海南儋州那大附近的洛基乡试

---

① （明）韩俊：《议平黎疏》，载民国《文昌县志》，卷一五《艺文志·疏》。

② 张之洞《张文襄公全集》（卷192）中国书店1990年，第309页。

种，并获得成功。① 此后，越来越多的华侨回乡种植橡胶业。

1904年，由区干寅等人创办的儋州第一家华侨实业——侨兴有限公司成立。他们开发了儋州历史上最早的胶园——侨兴胶园。

1907年，华侨区慕颐、胡子青办起了那大橡胶园，引进上万株巴西三叶橡胶种苗。经过近十年的精心培育，已可顺利割胶。

1906年，旅德华侨何述启与叔父何麟书等人合股组成乐会琼安垦务有限公司，并集资5000银元购买胶种，从海外船运回琼，在琼海辟地17公顷，创办了琼安胶园，并自创荣华垦植有限公司。琼安胶园培育成功4000株胶种。

2. 胡椒业的兴起

除了引进橡胶业外，有的华侨还引进了胡椒。胡椒也是一种重要的热带经济作物。马来西亚、印度尼西亚一代的华侨曾传"四颗胡椒可养活几口之家"，说明胡椒具有巨大的经济价值。清末，这一经济作物传入海南后，增加了海南热带经济作物经营的品种。

3. 咖啡的引进

海南岛咖啡种植也是由琼侨开其先河。1898年，有华侨从南洋引种咖啡苗于文昌县南阳乡。1908年，又有华侨从马来亚带回咖啡种苗在儋县那大和定安石壁试种，继而又试种于文昌县蓬莱、澄迈县福山等地，于是咖啡在海南种植渐次普及。

4. 传统经济作物的种植

晚清时期，除了引进向橡胶、胡椒、咖啡等经济作物，海南传统的经济作物也有不少人种植，如投资经营椰子、槟榔、甘蔗等。1908年陈启隆投资2万元在距离藤桥七里的海浪村种植椰子、槟榔、甘蔗1000亩，其中椰子5000株。

但是，自近代以来，随着与槟榔功能相似的烟草的大量种植，粤人吸烟风气日盛，而嚼食槟榔的习俗渐变。在两广清代晚期成书的地方志中都极少提到嚼食槟榔之习。由于风气习俗的转变，琼州府的槟榔生产日益衰落。

晚清海南甘蔗生产与槟榔一样进入一个新的发展阶段。晚清海南种植甘蔗的人很多，砂糖亦因此而成为海南位居第一的输出品，特别是海口开港（1858年）后，每年向华北、东北输出砂糖多达20万担。但是，随着外国资本主义对海南的经济掠夺日盛，海南的甘蔗种植业也大不如以前。

---

① 符和积主编：《海南文史资料》第六辑，南海公司出版，1993年，第147页。

（二）华侨与热带经济

广东是近代资本主义萌芽最早的地区之一，海南是处于这一地区的海上大岛，颇受影响，自然经济不可避免地受到冲击，渐渐孕育着商品经济的诸多因素，为民族资本主义的产生提供了有利的条件。大规模热带经济作物的引进及种植园的出现，拉开了热带经济作物商品生产的序幕，进一步增添了海南岛的近代化色彩。

热带经济作物的经营属于近代产业，所生产的产品都是输往外部市场，利润高，诱惑大，因此，引进热带经济作物，创办近代农垦公司在清末的海南十分兴盛。华侨兴办的这些热带经济作物种植园，采取资本主义方式经营，农场主主要通过雇佣方式进行生产，按时或按量付给工人工资。橡胶生产等虽然带来了丰厚的利润，但是由于外国资本主义的掠夺，加上清政府的沉重税收负担，因此，生产势头还是显得十分脆弱，"经常因国内外举世动荡，造成市场销售不顺，经营者经常不得不停产，致使一些作业园地凋零甚至荒芜，热带经济作物种植发展显得畸形、缓慢"①。

二、工、矿、盐业及交通运输业的兴起

（一）工业

鸦片战争之前，海南是以自给自足的农业、手工业为主导的小农经济。到了近代，随着全国资本主义的产生和发展，海南岛内的资本主义工业也开始产生和缓慢地发展起来。到了清末民初，海南岛内兴起的中、小工业有二十多种，包括纺织业、糖业、制皮业、油业、窖业、炭业、罐头业、椰壳业、印刷业、牛皮器业、鞋业、水及汽水业、肥皂业、玻璃业、渔网业等等，其中很大部分的工业是在传统手工业的基础上，引进西方近代化机器，采用近代化组织模式进行生产。

这个时期，海南岛内资本主义工业发展的一个重要特点，就是私人资本主义工业的发展出现了高潮。随着商品经济的活跃，为了谋求更多的利润，许多商人也兼营工业，或把商业资本转化为工业资本，在海口和其他地方兴办了一批中、小工业。据黎雄峰在《海南经济史》记载："其中织造厂，海口15家，府城2家，文昌2家，加积1家，而最大的是海口锦源、锦兴两家，有织机100余台，其余的则为30～50台。榨油厂，海口、儋县、临高、琼山、澄迈、

---

① 罗民介：《海南农垦社会研究》，海南出版社，2008年4月，第8页。

陵水、文昌等有 50 多家。制糖业 200 家。制帽厂，光海口就有 20 多家，食品厂，海口有 10 家。陶瓷厂，琼山、定安 10 余家……"①

从这些数据可以看出，清末的海南，近代化的工业有了一定的起步。但总体来说，海南岛的工业受资金、技术的限制，更受当时外国资本主义、清政府的压榨，机械化水平还比较低，工人人数在万人之下。

（二）矿业

海南的矿藏比较丰富，一直未被系统开掘过。著名的有儋州乌翔岭锡矿、石碌山铜矿。道光《琼州府志》载"生金出岭南……旧崖州出金，花金有花采者贵"。

清末，随着各国及内地商人络绎不绝地接踵而来，他们除了对海南农业、手工业和特产虎视眈眈外，掠夺的对象也开始注视海南的矿藏。其中最主要的是石碌岭铜矿的开采。

据《昌江县志》记载：石碌岭铜矿的开采，有史记载可上溯到明代。清朝有关开采石碌岭铜矿的记载就更多了。这些记载明确记录，明清政府都严禁私采石碌岭铜矿。同治四年（1865 年），江苏候补马道禀请开采，并得到当时广东巡抚郭嵩焘的批准。这次开采承办人为香县监生林腾汉。取得开采权之后，林腾汉便私下串通洋人 10 人，2 名英国人，8 名新加坡人，于该年十一月初八到达昌江、儋州交界的海头港停泊，招工进山开采。由于林腾汉私下串通洋人合股开采石碌山铜矿，违反了清政府于咸丰八年（1858 年）与英法分别签订的《天津条约》。因此，同治四年（1865 年）腊月，正当林腾汉准备招工进山的时候，雷琼兵备道孙观、琼州知府王福会秉两院，请行禁止并奉命立案，督同昌化县迅速将监生林腾汉严拿解省，以凭发审，严究办理。次年，即同治五年（1866 年）二月，琼州十三属绅士，又以戕伤地脉，害及生灵，借鉴前车，思防后害为由，复联呈两院，请为立案，永远严禁，不准开凿。联呈获当时广州将军兼署两广总督瑞麟、广东巡抚郭嵩焘批准。到了光绪年间，石碌铜矿"议开"之事，也曾出现两次。但最终，石碌山的铜矿都没有获得很好的开发。

除了石碌山的铜矿外，儋州的乌翔岭锡矿也很有名。在光绪年间，海南华侨及地方绅士即以资本主义方式经营锡业。在光绪二十六年（1900 年），华侨兴办的华兴公司在儋州的乌翔岭开发锡矿。岑春煊任两广总督期间，曾于光绪二十九年（1903 年）派人去海南开采儋州锡矿，后来因投资大收获少而停办。光绪三十三年（1907 年），华侨区慕颐等人集资 100 万在儋州垦植橡胶的同时开采锡矿。宣统元年（1909 年），侨兴公司又以金沙公司名义呈请开采儋州锡矿，第二年出矿砂万余斤，第三年出矿沙两万余斤。矿沙往南洋提炼，成色很好。但由于技术落后，开采成本大，又经营不善，导致亏损而停采。

（三）盐业

海南四面环海，海岸长，沿海的海水含盐度很高，因此，海南制盐业向来发达。海南的盐业一直是受官府控制。进入近代后，在华侨投资兴办企业的热潮中，光绪三十四年（1908 年），福建华侨胡子春在三亚建立大盐场，直引海水晒盐，并创设侨丰公司。宣统年间又有润生、褚生两个公司在琼山开发盐田晒盐。这个时期，海南其他一些盐场也获得一定程度的发展。

（四）交通运输业

历史上海南岛的交通十分落后。直到清代以前，"岛上没有一个人工筑造的港口，船舶全停在天然港湾内。运输工具基本靠原始的马车、牛车和人力独轮车等"①。但是，鸦片战争后，海南的交通运输状况得到了巨大的改观。

首先是英、法、德、挪威、丹麦等国轮船进出海口的数量不断增加，接着，我国官办、商办的轮船、帆船、汽船航运业也发展起来。海运的发展进一步拓宽了海南的交流渠道，海南岛与外界的交往翻开了新的一页，商家的往来和物资的流通进入新的阶段。

第二次鸦片战争以后，海口被开辟为通商口岸，海口海关被外国列强所控制，进而控制了海南的航运业。西方列强先后在海口办起了轮船代理公司。1876 年，英国一家汽轮公司开办了由香港经海口至北海、越南海防的海运业。十多年后，先后有荷兰、法国、挪威、瑞典的汽轮公司参与这一航线的海运业。单就挪威一方，1909 年在此航线上运行的船只就有 88 艘，运力共约 6 万吨。1910 年，德国洛特伊公司的汽轮垄断了由海南至汕头、香港、曼谷、新加坡的业务。

泰国的华侨富商也加入到曼谷至海口的航运，他们所经营的轮船公司承揽了这一业务。1910 年租用挪威 2 艘轮船，后来又加租 2 艘德国轮船，扩大航运。

其次，光绪年间对海南的开路取得了显著的成就。光绪年间清朝开发海南

---

① 黎雄峰：《海南经济史》，海南出版社，2008 年 4 月。

岛首先是开十字路。这次开路由张之洞和冯子材指导监督。张之洞认为"抚黎以开路为先"，在平定客、黎起义时，即要求冯子材及琼州地方官员在海南岛内开辟道路。为了开辟海南民族地区道路，张之洞等制定了详细的计划，最终在海南岛开辟了十二条大路、二十三条小路，极大地改善了海南民族地区的交通状况。这十二条大路首尾连接，与小路纵横贯通，四通八达，共三千六百余里。据光绪《临高县志》记载："光绪十三年春，……开通'十'字大路，直至五指山麓止，阔一丈五尺。……开入山小路，从县属之东洋地方起，直至琼山县界番溪峒止，宽八尺。沿途各津要，设桥凿井。"

清朝在海南岛各处的顺利开路，为实施《抚黎章程》十二条创造了前提，为此后的移民垦田、招商伐木、助商开矿、设官之制、除弊化俗等措施创造了条件。此次海南岛的开路，促进了海南的社会经济发展水平，推动了海南岛的近代化。此外，对于加强中央政府对海南的统治、维护祖国边疆的稳定、加强黎族与外界的联系都起到了重要的作用。

总的来说，晚清时期的海南工、矿业、盐业和交通运输业都获得了一定程度的发展，推动了海南的近代化。但由于受当时会环境的制约，加上资金不足，技术落后，还是没有得到一个质的突破，处在近代化的萌芽状态。

二、贸易、金融业的兴起

海南地处南疆，是中国的南大门和第二大岛。海岸线漫长，有大小良港数十处，处于日本至马六甲海峡的中点、东西海洋交通要道上，又是一个拥有丰富的热带、亚热带特产资源的地方，这种特有的条件决定了海南在贸易交往中的重要地位，而近代贸易的发展又促进了海南金融业的兴起。

（一）贸易的发展

海南岛"地处热带，天赋独厚，稻可三作，薯竟六熟。他如他省不可发育之树胶、椰子及奎宁、咖啡、香蕉、菠萝之属，分布全岛，莫不随处滋繁，实为我国唯一热带资源。至若石碌、田独之铁矿，蕴藏既富，品质尤良，而环岛海面，渔场棋布，鱼类特饶，盐场星罗，盐产丰美。他如森林之蓄积，畜牧之富源，尤属所在皆是，不胜枚举"[1]。琼州开放通商并独立设关，促进了海南对外贸易的发展，造就了海口商埠的繁荣发展，使之成为海南对外贸易商品的集散地。第二次鸦片战争后，琼州被指定为对外开放的通商口岸，外国商船

---

① 李待琛：《海南岛之现状》，世界书局，1947年，第3页。

可以自由出入海南岛，海南岛的对外贸易兴盛起来。

据陈铭枢在《海南岛志》上记载，1882年至1890年，从岛上输出的物品以砂糖为主，还有瓜子、花生、槟榔、芝麻、土布、兽皮、生猪、烟叶等，大部分输往香港、越南、马来西亚等地。输入的货物主要是日常生活用品，如棉纱、石油、白糖、冰糖、大米等，而最多的就是鸦片。据统计，1882年出入的外国汽轮达到497只，1891年为591只。而这八年海南岛输入的外国货物共计5540776两，输入的中国大陆货物为1156897两。每年这些外国汽轮的贸易总额是200万两至300万两之间。1891年以后外国船只增多，输入的商品和输出的商品都有所增加。据有关资料统计，1902至1911年，海关收入总额达2316568两，比前十年明显增加。其中，海关总收入以1906年为最高，为296341两；输入税以1909年为最高，为110284两；出口税以1908年最高，为7800两；船钞以1910年最高，为21164两。从这些数据中可以看出，对外贸易在海南经济中占有的重要地位。同时，它也反映了海南在对外贸易中的出超地位。

外国商品和资本输入触动了海南的自然经济。鸦片战争之前，海南岛是自给自足的自然经济占主导。鸦片战争以后，尤其是琼州被开辟为通商口岸之后，大批外国商品涌入海南。光绪十七年（1891年），海南岛首次从越南北部和香港大批量输入大米。海南岛内的居民对外国商品的依赖性越来越高。同时，大量经济作物的种植，正是通过对外贸易获取利润。随着外国商品的不断涌入以及海南经济作物的种植，海南的对外贸易发展越来越迅速。

（二）近代汇兑业的兴起

早在清朝中期，中国就有了规模较大的票号和钱庄等金融机构。随着外国资本主义的入侵，以及近代华侨的产生，海南岛具有近代意义的金融业产生了，主要表现在民信局汇兑业的出现。

民信局，也称为信局，是散布于华南和东南亚各地，从事汇兑、邮递等业务，同时介入移民与家乡之间的各项委托事宜的服务机构。唐玲玲在《海南史要览》中将这种为适应华侨汇兑而设立的民信局叫侨批业。民信局并不限于将零碎的款项寄达寄款人指点的地点，往往还接受代写书信之类的事务。当锡矿山、橡胶园或其他职业的华侨往家乡寄送款项时，便会去附近的民信局的分馆或代理店，将地址和款项一并交给民信局，委托他们送至家乡。民信局设在华南地区的联络点或代理店，则有专人守候，一旦接到汇款和邮件的递送业务，就立即带上现金，按新信封上的地址送达收件人家中。海南自近代以来，就有大量的人移民到海外，琼籍华侨为了方便把钱寄回家乡，在南洋设立了不少的民信局。据王翔在《棕榈之国——清末民初美国传教士看海南》中的记载，在新加坡，琼籍华侨开设的民信局汇庄即有 20 多家，主要集中在新加坡的三条海南街及其附近，其中海南二街，可以算是"汇兑街"。在这条街上的海南汇庄有 12 家之多，包括四宝文、南同利、民安行、三盛、富裕、丰盛、南方等。由此，我们可以推算出，设立在海南岛的民信局汇庄一定不在少数。民信局汇总业是近代性质的汇总业，在海南的兴起有助于海南经济的近代化。

第三章

晚清时期海南的社会状况

　　海南是一个传统农业形态的多民族聚居的海岛，岛内民族众多。晚清时期，海南社会发生了巨大的变化。随着外国资本主义大规模进入海南，大量外国商品涌入，农民和手工业者生活日益陷入困境，大量人口迁往海外，岛内本地人口减少，海外琼籍华侨日益增多。同时，西方基督教传入海南，改变着海南人的宗教信仰和生活。此外，这个时期海南的教育状况也和全国一样，朝着近代化方向转化。

第一节　人口与移民

一、人口

　　海南岛的户口记载最早见于《汉书·贾捐之传》："儋耳、珠崖二郡合十六县，户二万千余。"西汉以后，迁入海南的人口不断增加。清朝乾隆十八年（1753年）发布《敕开垦琼州荒地》后，大陆移民大批进入海南，争夺地盘。

　　咸丰八年（1858年），琼州开港后英、法等西方资本主义列强先后进入海南广大城乡。同时，外货输入不断增加，尤其是绵丝、汽油的输入，极大地冲击了海南的传统农业、手工业和商业，迫使大量农民破产，手工业工人失业人数急剧上升，劳动力资源相对过剩，许多居民不得不迁移海外，这使得晚清海南的人口比起1840年之前少了很多。据《海南省志·人口志》记载，在嘉庆年间，人口是150万，道光15年（1835年）海南人口为125万，呈现缩减趋势。① 而到了琼州被开辟为通商口岸之后，海南人迁往海外的人数更是有增无减。这些大规模的外迁，使得海南的人口锐减。

---

　　① 海南省地方史志办公室：《海南省志·人口志》，南海出版公司，1994年，第20页。

二、移民

所谓移民，是指具有一定数量一定距离在迁入地居住了一定时间的迁移。移民是伴随着人类社会的产生而产生，并伴随着人类社会的发展而发展的一种社会现象。海南本身是一个移民组成的海岛，在历史上经历了五次大迁徙。[①]在历史上迁入海南岛的主要有黎族、客家人、回民、苗族等。在清末年间，海南岛的移民主要是海南人迁往海外的迁出移民。

1840 年鸦片战争后，西方的坚船利炮轰开了中国的大门。咸丰十年（1860 年），《中英北京条约》签订之后，清廷正式准许自由出洋。同治五年（1866 年），清廷与英法两国驻京公使签订沿海各省招工章程二十二款，其中首要一点是"中国政府，允许华工出国"。自此以后，沿海各地百姓开始出洋打工，形成了对外的移民高潮。海口开港后，琼州门户洞开，大批海南人远涉重洋，前往海外谋生。

（一）海南人迁往海外的原因

海南人迁往海外的原因很多。大多数学者认为出外谋生是包括海南人在内的中国人迁往海外的最直接原因。光绪三十四年（1908 年）的《商务官报》记载：

"昨年华侨之多，为最近十年所罕睹，考其因，则以中国南方农产歉收，及米价暴腾之故，此等移民皆送达新加坡者，现新加坡似能收容二十万内外，几尽送往矿山及农圃，或再转送至马来半岛及和属印度等地。……昨年契约移民，即订立契约而去者，以契约之故，其由香港、汕头、海南各地至新加坡，不须船价，此数为 24089 名。"[②]

此外，海南岛是通往东南亚贸易通商的要道，海路来往十分方便。在海口被辟为通商口岸后，海口成为贸易的集散地，各殖民地掠夺、诱骗、招募华工的规模和数量激增，南洋各国到沿海的"猪仔官者"，直接到海口买"猪仔"，这就使得海南人在清末的出海数量猛增。

（二）海南人迁往海外的状况

海南人迁往海外主要是迁往东南亚一带。《文昌县志》记载："1858 年 5月清廷与英法分别签订《天津条约》，海口辟为通商口岸。其时东南亚英、

---

① 罗香林：《客家研究导论》，台北南天书局出版，1992 年。
② 陈翰笙：《华工出国史料汇编》，中华书局，1984 年，第五辑，第 194 页。

荷、法殖民地正大搞开发，锡矿业和橡胶业急剧发展，垦荒、筑路、开矿、掘河，建城市、设工厂，都需要大量廉价劳动力。商业也随之发达，去南洋者不愁无工做、无就业。"在这样的大背景下，大批贫苦的文昌人到南洋谋生，并通过同乡宗亲关系，相互携带，人数逐年增加。

据有关资料统计，从1876年至1898年的23年间，仅通过客运出洋的琼侨人数就达24.47万人左右，平均每年1万有余，最多年份竟达2万余人，其中文昌人占半数以上，几乎都是青壮年劳动力。① 他们多从清澜、铺前等乘三桅帆船于冬至前后启程，趁北风之势，随波漂流一个月左右，方抵越、泰、马、星等地。两港每年对开十余艘，每艘乘客百数十人。

对于海南在清末迁往海外的状况，《海口海关志》有这样的记录：

"海口口岸开埠初期，没有专门从事客运的客船，进出境旅客只能搭乘货船进出。1882年，在海口设立两个外国商行，经营本港与新加坡、曼谷的客运业务。1883年，本港与新加坡通航，此后来往于本港和新加坡的旅客增多。1887年，由于越南需要劳工，海南旅客出境增多。由海南前往曼谷的旅客，由1887年的1000人增加到1894年的6000人。前往新加坡的，1894年达7351人。1902年至1911年间，由于连年粮食缺乏等原因，许多人被迫往国外寻求生计。这十年间，自海南岛往新加坡的旅客达171004人，往曼谷76487人。"②

"琼州海关"1904年报告记录了1876年至1902年间由海口赴南洋等埠的旅客盛况。该报告说：

"计自光绪二年（1876年）以来，所有旅客出入，年盛一年。查开埠之第一年九个月中，华人之由洋船出入，不满三千名。迨至光绪八年（1882年），则增加其数，将近一万一千名。嗣后则愈旺，及至光绪十一年（1885年），已愈24000名之数，十四年（1888年）时，则增至31000名上下。自此十年之后，竟至35000名有奇。迨至二十八年（1902年），则增过45000名有奇，洵称最旺。其故盖因载客之轮船，轮位固已洁净简便，水脚又极相宜，加以外出各工人，在船均有下役伺候，起居饮食，较之家居尤为舒服，是人皆乐于搭船远游也。"③

---

① 海南省地方史志办公室：《海南省志·人口志》，南海出版公司，1994年，第11页。
② 《海口海关志》。
③ 《海口海关志》。

新加坡第一次有户口统计记录是 1824 年，人口共有 10638 名，其中华人
3317 名，没有列出省籍。1881 年新加坡的户口统计，分别列出各省籍华人人
数。海南籍人为 8319 名。1911 年为 32432 人。而且，去新加坡谋生的海南人
回来的较少。如下表 1.5 所示 1902 年至 1911 年去新加坡和及返回海南的情
况表。

表1.5　　清末若干年海口出入境游客统计表　　　　单位：人次

时间	海口至新加坡	新加坡至海口	海口至暹罗	暹罗至海口
1902 年	16252	5030	4929	4420
1904 年	14633	6279	5980	3522
1906 年	11878	2947	6779	6423
1908 年	11948	2543	9533	7607
1910 年	27990	5155	12193	9157
1911 年	32431	9051	9464	9723

大致来说，鸦片战争到清朝覆灭的半个多世纪，海南人移往海外共有两次
高潮：

第一次是在 19 世纪五六十年代。此时，外国资本主义的商品逐渐进入海
南，而清朝统治日益腐败，海南人民深受西方列强、本国统治者的压迫，再加
上人口压力、不断增加的天灾，海南人民的日子越来越不好过。第二次鸦片战
争之后，英法与清政府签订的《北京条约》规定：

"凡有华民情甘出口，或在英（法）国所属各处，或在外洋别地承工，俱
将与英（法）民立约为凭，无论单身或愿携带家属，一并赴通商各地，下英
（法）船只，毫无禁阻。"

因此，海南人民为了生存，大批移居东南亚各地。

第二次是在 19 世纪末叶到 20 世纪初。这个时候，由于欧美资本主义国家
加速开发东南亚地区，使得这里对劳动力需求猛增。此时，新加坡、马来西亚
等地，橡胶种植业日益兴起，马来半岛上锡矿业亦有大的发展。但东南亚本身
的劳动力远远不能满足其开发的需求，海南人从地缘因素考虑，大规模移往东
南亚。光绪三十三年（1907 年）十一月三十日至次年二月三日的两个多月时
间里，从海南岛海口港向新加坡等处移民者，"男子 3101 名。妇女 33 名，幼

童 306 名"。

（三）卖猪仔

在海南华侨出国潮中，有两个基本的途径，一是所谓"猪仔"的被输出，二是自主的出口。在西方的文献中，把拐卖华工叫做"coolie trade"，我国译做"苦力贸易"，我国一般的文献资料用当时的俗称，称之为"卖猪仔"。鸦片战争之后到 1911 年华人移民海外，大部分属于这种"苦力贸易"。

海峡殖民地（主要是新加坡）的猪仔贩运是在英国殖民当局操纵和庇护下，由当地华人黑社会恶霸式人物出面经营的。海峡殖民政府设有很多华民政务司专管华人事务。猪仔头在新加坡设立收容华工的客馆，即"猪仔馆"，"这些客馆同厦门、汕头、澳门、香港、海口等地的猪仔馆互通声气"①，大肆诱拐海南、澳门等地的人民，至新加坡出售。而在贩运过程中，这些华工全部被锁在船上。苦力船被称为"海上浮动地狱"，其阴森惨厉的情景十分恐怖。在漫长的海途中，华工受尽难堪的折磨和迫害，其死亡率极高。"猪仔"被贩运过程中也极凄惨，外国船主为了赚钱不顾人们的死活，把"猪仔视如猪牛，拥挤装载，卫生条件极为恶劣，难以忍受。如常贩运"猪仔"的德商"山打根"船，按其面积容量，只能容纳 800 余人，而从海口到暹罗却装载了 1000 多人。据《华工出国史料汇编》一书记载：光绪三十一年"由海南帆船载来'猪仔'数十名，不肯登岸，林阿八（猪仔头）亦曾请荷兵在船弹毙十余名云，……及至境或偶沾疾病，不能行走，而荷差仍鞭之，无人过问"。又载："光绪三十三年正月十一日有'昌利'号船载'猪仔'250 余名，……其中 2 名'猪仔'不听约束，被'猪仔'头竟将此二人砍碎投之于水滨。"②

到了新加坡之后，一名华工的售价约九十到一百元之间。出售之后，与买主订立契约，期限从半年至三年不等。在契约时期内，一切由雇主摆布，受尽雇主的鞭笞、殴打。契约期满后，如果华工债务未还清，则契约无限期延长。一位西方记者在描述这种猪仔贸易中说到："契约华工劳役一听主人之便，华工虽至劳死，亦非所顾，较之黑奴又下等矣。盖黑人乃永久劳役，主人常恐其积劳致疾，有误其工，故待之较优。若劳工则因期限有定，如严加逼责，必致期满尚有余力。故在八年内，力求其食用少而出力多。"③ 由此可见，这些华

① 陈翰笙：《华工出国史料汇编一》，中华书局，1985 年，第 5 页。
② 海口市政协文史资料编辑委员会：《海口文史资料》第六辑，第 157 页。
③ 《伦敦威斯敏斯德评论》，《外务部档》，转引自陈翰笙：《华工出国史料汇编》，中华书局，1984 年，第 1 辑，第 15 页。

工在海外的生活是如何困苦。

香港、澳门是贩卖华工的大本营。自海口被开辟后，海南也有不少此类贩卖"猪仔"事件。据《华工出国史料汇编》载：《光绪三十三年一月十七日琼海关税务司申呈护理两广总督兼关和道字第1008号文》和《光绪三十三年一月十七日琼海关代理税务司呈琼崖道复函钞字第3324号文》统计，清光绪二年至二十四年（1876~1898）从海南出洋的有24万余人，其中大多数是"猪仔"苦力。

清光绪二十二年至三十三年（1896~1907），海南出洋共20万余人，平均每年2万人以上。据《光绪三十三年清廷驻新加坡总领事孙士鼎给外交部报告》提到："每年从香港、澳门、海口、汕头等地到新加坡的华工约十余万，其中百分之七十是'猪仔'。"①

清政府对于华工出国的态度，总体来说是完全不顾人民的死活。当初实行海禁，将海外华工视为他族，对华工被虐漠不关心，"人已出洋，已非我民，我亦不管"。鸦片战争后，对于侵略者的非法贩卖，听之任之，还签署了一些列出卖华工的条款。同时，一些地方官员，为了个人私利，不惜与这些贩卖者联合，共同将华工推入残酷的"猪仔"生活境地。

根据朱荣基在《光绪末期海口贩运华工出洋若干史实》中说明，当时从海口被贩运出洋的华工，多数为高州、雷州及琼州三地的贫穷百姓。遍布各地的猪仔馆明目张胆、肆无忌惮地利用各种手段诱骗、胁迫这些贫苦人民。这些被骗者的家属，在发现亲人被骗后，尽可能的向"猪仔馆"索人，但并无结果。有些去地方衙门告官，但也很难再要回来了，即使"真准地方官照会领事，与之理论，辗转迟延，早被奸商将人逼送上船，驶去香港，转赴外洋，其奈之何"②。由此，大量的华工被贩卖到海外，从事艰苦的奴役工作。

据光绪三十三年一月十七日琼海关代理税务司统计，从1897年到1906年，从海口出洋的华人情况是：③

光绪二十三年（1897年）	17203人
光绪二十四年（1898年）	20356人

① 陈翰笙：《华工出国史料汇编》，中华书局，1984年，第1辑，第5页。

② 光绪三十三年七月十四琼海关代理税务司申呈护理两广总督兼关务之道字第1008号文，引自朱荣基《光绪末年海口贩运华工出洋若干史实》，第106页。

③ 光绪三十三年一月十七日琼海关代理税务司致琼崖道复函［钞字第3140号］，引自朱荣基《光绪末年海口贩运华工出洋若干史实》，第107页。

光绪二十五年（1899 年）　　　　21836 人

光绪二十六年（1900 年）　　　　15254 人

光绪二十七年（1901 年）　　　　16986 人

光绪二十八年（1902 年）　　　　26560 人

光绪二十九年（1903 年）　　　　22285 人

光绪三十年（1904 年）　　　　　23772 人

光绪三十一年（1905 年）　　　　20396 人

光绪三十二年（1906 年）　　　　22163 人

此外，琼海关代理税务司还特意声明："以上所开十年中出口华人数目，均系本关亲知灼见。此外，每年尚有出口者不少，因未据商报明，无从查悉，所以未开在内，合并陈明。"① 由此可见，每年从海南出洋的人数是多么的惊人。

光绪三十四年（1908 年）二月初八日，琼海关代理税务司在致琼崖道的一份函件中写道：

此地招工出洋之事，则年比一年兴盛。其中有拐带贩卖之弊，人众皆知。"，"查得光绪三十三年十一月三十日，德船'张辽'（号）所装出口往滨角之男人五百十七名、妇女十七口、幼孩三十七名；十二月初一日，德船"孙权（号）所装出口往星加坡之男人五百六十九名、妇女六口，幼孩四十九名；三十四年正月二十六日，璢威船'大发'（号）所装出口往滨角之男人一千二百一名、妇女九口、幼孩一百六名；二月初三日，德船'司马超'（号）所装出口往星加坡之男人八百十四名、妇女一口、幼孩一百十四名。统计不止三个月，出洋之男人三千一百一名、妇女三十三口、幼孩三百六名。此皆系本关查明之实数。若系由正经有合同洋商招往出洋做工者，又当别论。其如此招募此项华工之人，均系无赖客头。"②

过了十天，即光绪三十四年二月十七日，琼海关代理税务司又在致琼崖道的一份函件中称：

"二月初十日，查有德船'甘宁'（号）出口往星加坡装载男子六百六十

---

① 光绪三十三年一月十七日琼海关代理税务司致琼崖道复函［钞字第 3140 号］，引自朱荣基《光绪末年海口贩运华工出洋若干史实》，第 107 页。

② 光绪三十四年二月八日琼海关代理税务司致琼崖道函［钞字第 3324 页］，引自朱荣基《光绪末年海口贩运华工出洋若干史实》，第 108 页。

八名、幼孩一百十六名；二月十二日，查有德船'司马炎'（号）出口往滨角装载男子一千一百九十七名、妇女十一口、幼孩九十一名；二月十四日，查有德船'黄忠'（号）出口往星加坡装载男子六百五十一名、妇女一口、幼孩九十一名。与前次查开之人数，分类合计，是共出洋之男子五千六百十七名、妇女四十五口、幼孩六百四十名。统共不满三个月，总计出洋之男子、妇女、幼孩有六千二百六十六名口之多。而此次之船期，更为急促，计自二月初十日起至十四日止，不过五日，出洋之船则共有三只之数。其所装之人数，又复如此繁众。可见本口各猪仔馆，今年之生意尤较往岁非常兴盛。"①

（四）海南人迁往海外的影响

清末年间，海南人大量迁往海外，他们和其他地方的移民为南洋的开发作出了突出贡献。同时，这些海外移民最终使海南岛成为逾200万华侨的国内重要侨乡。众多华侨是文化使者，他们将纯朴的海南文化带到东南亚等地，使之融入当地社会生活的同时，也汲取了各国民族文化的有益成分，经调适形成了具有包容的、交杂的、开放性的新文化，又通过各种途径传回到海南岛，丰富了海南岛的文化内涵。如清末民初，华侨从海外引进了橡胶等热带作物，即对海南土地利用产生了很大影响。他们带来了资金、先进的技术，以及更加开明的全新理念和管理经验，使海南文化增添了更多开放性和海洋文化特性。刀耕火种的原始农业渐向近代农业迈进，重农轻商的传统观念也发生变化。许多行为准则、文化习俗等也因而有了新的内容，留下了华侨文化影响的深刻印记。

据《琼海关十年报告1882～1891》中说："每年成千上万的（海南）去国外的劳力，回来时带回他们在国外积蓄的少量资金，并且了解和掌握了耕种技术和采矿知识，这些劳力和经验对发展本国和本地区资源的开发有一定帮助。"

三、会馆

海南岛的居民，不管是黎族、苗族、汉族，都是前后从福建、广东等地移入海南的。他们以相助为目的，组成团体，建立会馆，作为集会的场所。这些会馆建立的最初目的，均是经济上的。1840年以后，随着商业的发展，各地商人在经商地建立了自己行会的会馆，会馆的数量越来越多。这些会馆包括外

---

① 光绪三十四年二月十七日琼海关代理税务司致琼崖道函［钞字第3329号］，引自朱荣基《光绪末年海口贩运华工出洋若干史实》，第108页。

地商人在海南建立的，也包括海南人在大陆、本岛、海外建立的。

（一）建立在海南的会馆

清朝时期，大批汉族人民从广东、福建进入海南，为海南的经济开发和发展作出了不可磨灭的贡献。在这些开发者中，商人所起的作用明显。他们从大陆带来各种商品在海南交易，也从海南带去各种土特产品在大陆交易，将海南与大陆的商业联系起来。晚清时期，各种客商在海南建立的会馆主要有广州五邑会馆、潮州会馆、高州会馆、福建会馆。

广州五邑会馆是南海、番禺、东莞、顺德、新会等五邑的商人在海南建立的会馆。会馆创建于康熙十年。而到了光绪二年（1876年）的时候，会馆又定下了新的规则。其旨意是："本会馆宗旨，大家联络乡情，并谋在广州箱货来琼推销，共同联合，雇用帆船载运前来发售，以谋商业发展为宗旨。"① 同时，也规定了具体的一些要求，如救济失业、预防火灾等。

潮州会馆、高州会馆、福建会馆的建立也都是为了相互扶助、相互保护，共同谋求商业的发展。这些会馆均创建于清朝前期。到了晚清的时候，由于海南商业的发展，都获得了新的发展，为海南与大陆的联系作出了突出的贡献。

刘正刚在《从会馆看清代海南的发展》中，引用了彭泽益在《中国工商行会史料集》所记载的这些设立在海南的会馆的会捐情况：

"所有的行商坐贾均分属于各个会馆名下，交纳会捐并在遭遇困难时接受会馆的庇护"。

"广东商人必须交纳的会捐比率依各自营业额计算，每100银元交15至50文钱不等。高州商人在进口烟叶、纸张以及出口槟榔果时交纳的会捐如下：前者每包交35文钱，20斤包每包交13文；后者每10000件交100文钱。汕头、福建和海南的商人则比照固定的税则交纳进出口货物的会捐，这个税则不断地被修改。没有任何事例表明这种附加税是非分或过重的。会捐必须每年三次在固定的期限内上缴，在不能上缴的情况下，商人就要被会馆除名——这是一个可视为相当于破产的事件。"②

（二）海南人建立的会馆

海南人建立在大陆的会馆主要有两个。一个是乾隆年间由于海南商人吴典

---

① 小叶田纯：《海南岛史》，学海出版社，1979年，第252页。

② 彭泽益：《中国工商行会史料集》，转引自刘正刚：《从会馆看清代海南的发展》，《海南大学学报人文社会科学版》，2001年9月，第19卷，第3期，第41页。

的主张，而在北京建立的琼州会馆。另一个则是咸丰四年，在海南对岸徐闻县建立的琼文会馆。建立会馆的目的也是为了联络乡情，促进同乡商业的发展。

海南人建立在本岛的会馆也不少。文昌人在海口于同治三年建立文昌会馆。此外，还有海南别的地方的商人在海口建立的会馆。

1819 年英国人占有新加坡后，大力经营新加坡，因此对廉价劳动力的需求增加。再加上海口开港后，海南本岛的人民生活越来越困苦，于是大批海南移民到南洋，背井离乡，远涉重洋。他们除了把自己的命运寄托在自己信仰的神祇——天后外，还在落脚的地点，自发地建立海南会馆，以便同乡之间相互帮助和保护。下表 1.6 是清末年间海南人在东南亚建立的会馆。

表 1.6　晚清时期海南人在东南亚建立的会馆①

国家	地点名称	创立时间（年）	创建人
新加坡	新加坡琼州会馆	1856	韩旺彝、王志德
马来西亚	马六甲琼州会馆	1869	龙家传（或认为是黄仕进）
	槟城海南会馆	1870	
	太平琼州会馆	1881	刑尚义、陈道山
	新山海南会馆	1881	陈文义
	陈厝港琼州会馆	1882	
	麻坡琼州会馆	1882	
	雪隆海南会馆	1889	叶勇（又名叶荣）
	巴生琼州会馆	1894	陈德万、陈文秀
	山打根海南会馆	1902	林德文、贾宏美
	关丹海南会馆	1904	卢鸿儒、王三职
	林明琼州会馆	1910	何国炯、林尤森等
	丰盛港琼州会馆	1911	韩居丰

上表所列仅仅是晚清时期海南华侨在新加坡和马来西亚所创建的一部分会馆，尚有很多未列出来。此外，这一时期海南人在泰国、越南、吉埔寨等地也建立了很多会馆，如泰国的北汶浪琼州会馆、普吉琼州会馆。这一时期大量海南会馆的建立，反映了海南人迁往东南亚的高涨势头，反映出海南华侨在海外

---

① 寒冬：《海南华侨华人史》，海南出版社，2008 年，第 185 页。

的生活组织状况。海南华侨社团、会馆在海外守望相助，互贫济困，慈善公益，为迁往海外的海南人提供基本的生活和就业帮助，调节会员内部纷争，维护会员利益。同时，会馆积极筹办华侨学校，重视和扶持海南华侨的子女教育，努力传承中华文化，培育乡土文化，增强民族凝聚力。海南会馆为海外华侨的生活、工作作出了突出的贡献，并逐步形成了独具特色的华侨文化。

第二节　妈祖信仰与基督教

海南自古以来就有浓厚的宗教信仰，聚居在海南岛的居民宗教信仰多种多样，并渗透到日常生活各个方面。他们以祖先崇拜为主，其次是自然宗拜。在靠近汉族和黎族杂居的地区还传入道教、佛教和基督教。道教信仰中，传播最为广泛的是妈祖和冼夫人信仰。到了近代，妈祖信仰更是随着华侨到南洋谋生传播到马来西亚、新加坡等南洋地区。鸦片战争以后，琼州被开放为通商口岸，基督教开始大规模进入海南，海南的宗教信仰状况发生了变化。

一、妈祖信仰

妈祖信仰是海南众多信仰中较为广泛的信仰。作为海上保护女神的妈祖，自宋时始，便在我国东南沿海地区形成了较广泛的民间崇拜，海南岛亦不例外。1840 年以后，琼州府妈祖崇拜不仅庙宇林立，香火鼎盛，而且还随着海南人向海外发展而传到了南洋各地。

妈祖，又称天妃、天后、天上圣母、娘妈，是历代船工、海员、旅客、商人和渔民共同信奉的神祇。古代在海上航行经常受到风浪的袭击而船沉人亡，船员的安全成为航海者的主要问题，他们把希望寄托于神灵的保佑。在船舶启航前要先祭天妃，祈求保佑顺风和安全，在船舶上还立天妃神位供奉，妈祖成为海上和水上的保护神。

到了近代，随着大量的琼籍华侨迁往海外，妈祖成为在外拼搏的华侨的精神支柱，也成为海外华侨与同乡人的联系纽带。所以，妈祖信仰与华侨社会有密不可分的联系，妈祖被赋予了新的内容。1857 年韩旺彝在新加坡建立琼州会馆，以此来联系，保护同乡。与琼州会馆同时建立的还有琼州会馆天后宫。"凡所建的琼州会馆，必奉祀天后圣母。"① 由此可以看出，海南华侨对妈祖是

---

① 吴华：《马来西亚华族会馆史略》，东南亚研究所出版社，1980 年 11 月，第 148 页

何等信奉。

1880 年，因新加坡的琼州会馆天后宫旧馆渐旧失修，乃由锦源、永治平、锦成、琼源丰、新日昌、嘉盛、新德兴、协新八家商号担任筹办重建大计。重修工程完成后，于 1880 年举行落成典礼。琼崖人邱对欣，曾撰序文，立碑以纪其事。该序文如下："琼南与新州相界，吾乡懋迁此地者；货物辐辏，商旅云集。旧有会馆祀天后圣母，因岁久倾圯，字向不合，签议重建於兹。澜水迥环，壮襟连之体格；秀峰耸拔，卓笔势于云霄；焕然重新，规模式廓，以今冬落成，不远千里，驰书乞序於余，余以吾乡质朴，颇近古风俗，茂美不侈繁华。所愿服贾来兹者，岁时荐馨，敦崇乡谊，谨身节用，以养父母，每当会集时，与亲旧叙离阔，陈说桑梓故事，以为抚掌之资，至足乐也。喜其大功告竣，书此以吕勖之，是为序。"

妈祖是中国人航海的保护神。1840 年之后，南洋各地对妈祖的信仰更甚，是华侨商人的精神支柱。海南人迁移海外，如果建立会馆，则必定供奉妈祖，建立天后宫。妈祖信仰是琼籍华侨之中的精神纽带，是琼籍华侨与家乡的连结。

二、基督教的传入

基督教是奉耶稣基督为救世主的各教派的统称，包括天主教、东正教、新教及其他一些教派。基督教在唐朝时就传入中国。而传入海南，最早可以追溯到十六世纪。据记载，1563 年，耶稣教派的高戈和他的两名同伴就踏上过海南的土地。公元 1583 年，在菲律宾的西班牙天主教圣芳济会的几个传教士在海途中被台风吹到海南岛，并被海南官员当成流浪者逮捕，并要求接受审判。这些传教士在日记中记录了被关押时的情况："在海南一座城市的监狱里，我看见有一所大房间，关着 100 多名犯人，他们全都是几乎赤裸，脚也被脚镣锁着。夜里我们被关在那所房子里，门口站着一个拿着一面小鼓的看守，他时而轻敲这面小鼓，以与那些守卫在大门外的卫兵们相互呼应。"① 但此时基督教在海南的传播还没有真正的开始。直到近代，英、法、美等资本主义列强依靠武力和不平等条约，派遣一批批的传教士深入海南各地，购买土地，建立建堂，发展教民，办学校、建医院，西方传教士对海南的基督教传播才算是真正开始。

---

① 范基民：《棕榈之岛——清末明初美国传教士看海南》，南海出版公司，2001 年，第 59 页。

（一）基督教的传入过程

1840年鸦片战争后，西方列强依靠不平等条约，不断向中国派遣传教士，有欧美的天主教、耶稣教和沙俄的东正教。派往海南的主要是天主教和耶稣教的传教士。

1. 天主教的传入过程

来海南传教的天主教中，历史最长的是澳门鸣九教区。道光二十八年（1848年），巴黎远东传道会获得了天主教罗马教廷的委派，负责海南岛的传教。咸丰二年（1852年），驻广州的法国巴黎远东教会派出三名神甫到海南岛传教，由其中的吴神甫负责主持。其主要活动地点在文昌县的昌造村、定安县的深水田村和琼山县府城镇等地。① 他们在定安县深水田村举行了第一次洗礼，吸收新教徒。此后，他们在琼山县福同村、府城镇等地设立教堂。

咸丰八年（1858年），清政府被迫与英、法、俄签订了丧权辱国的《天津条约》，其中规定了开放琼州为通商口岸，并允许西方列强在海南岛设立领事馆。同时，"传教宽容条款"被塞进《天津条约》中。② 从此，大批西方传教士凭借西方列强的武力和不平等条约中的特权，纷纷进入海南传教。

光绪二年（1876年），天主教罗马教廷改派澳门鸣九教区的四名葡萄牙传教士来海南主持传教事务。他们在琼山县府城镇打铁巷购买土地，建立天主教府城堂会。其活动的地点也集中在文昌县的昌造村、定安县的深水田村和琼山县府城镇一带。同时，他们在定安县的深水田村设立了一家育婴堂。

光绪二十三年（1897年），法国对清政府施加压力，要清政府做出海南岛不割让给他国的保证。腐败的清政府做出了海南岛不割让与他国的声明。海南岛成为法国的势力范围。因此，法国天主教传教势力在海南的活动越来越频繁。

光绪三十二年（1906年），天主教在海口铜锣园购买私人土地，筹建海口天主教堂。教堂建立初期，由法国的关神甫、李神甫主持。同时，在长沙坡成立了海口会堂，后迁入铜锣园中的海口天主教堂。此后，海口天主教堂先后在海南岛各地区设立了堂口、堂会、医院、育婴堂、修女院、修道院、孤儿院、学校等。从此，"天主教神职人员逐渐集中于海口铜锣园天主教堂，逐步形成了海南地区的天主教活动的领导核心机构，成立海南天主教监牧区，指导全岛

---

① 王禹：《传教士在海南岛》，《清史研究》，1997年，第78页。

② 顾成声：《传教士与近代中国》，上海人民出版社，1980年，第65页。

的天主教活动"①。

光绪三十四年（1908 年），海南岛的传教活动划归广州天主教主教区管辖。法国巴黎双圣心会先后派了九名传教士来海南传教，其中包括一名修女。他们深入海南内地，先后建立教堂，发展教徒，传播基督教教义。同时，在海南各地建立了孤儿院、医院、学校等。

2. 耶稣教的传入过程

就在天主教侵入海南的同时，耶稣教教会势力也不甘落后，纷纷进入海南。最早进入海南的是耶稣会传教士治基善。治基善来中国时间较早，曾任广州地方当局的缉私舰指挥。此后，又在清政府海关任职。清光绪七年（1881 年），治基善来到海南，在琼山县府城的昊氏宗祠内设立临时教堂，定名为"中华基督教琼海区会"，由美国长老会领导。而后，治基善又在澹县那大建立了第一个福音堂。

为了让传教进行的更加顺利，治基善刻苦学习海南话。同时，开办医疗诊所，免费为海南人民看病诊断。在来到海南不到一年的时间里，治基善就进行了一次环岛旅行。每到一个地方，他就给当地人民免费看病，宣传基督教义。

光绪九年（1883 年），治基善在海口设立传教总部。同时，仍然不断外出传教，"在岛上进行穿越乡村的巡回旅行"②。同一年，美国长老会派香便文前来协助治积善。他们一起对海南岛内地进行了一次探索。这次行程，他们深入海南黎族人民聚集的地方，甚至到达了那大与澄迈交界的黎族区、客民区。治基善对那大地区的客民非常感兴趣，于是将他的助手留下来传教。之后，治基善在那大租借了一家商店作为教堂，给当地居民传播教义，同时设立了医疗诊所。

光绪十一年（1885 年），美国长老会派牧师康兴利来海南协助治基善。他们在那大为九个教徒实行了洗礼。康兴利在海口盐灶村附近购置空地，筹建一间楼房作为医务室，一间楼房为住宅。同时，康兴利将传教的总部由海口的西端搬到了琼州府城的唐氏祠堂里。不久，治基善在琼州府城的西南部购买了一块地产，称为"甘蔗园"。

光绪十二年（1886 年），麦坎得利斯、杰尔曼及其夫人来到海南，与治基

① 海南省地方史志办公室编：《海南省志·人口志 方言志 宗教志》，南海出版公司，1994 年，第 478 页。
② 范基民：《棕榈之岛——清末明初美国传教士看海南》，南海出版公司，2001 年，第 63 页。

善、康兴利等一起传教。就在这一年，这些传教士举行了广州传教团海南传教站的第一次例会。

光绪十四年（1888 年），清政府在海南的地方官员赠送那大的一块地皮给治基善，作为建立建堂之用，以酬答治基善给清军为镇压农民起义的士兵治疗热病瘟疫的功劳。①

光绪二十年（1894 年），为扩大基督教在海南的势力，治基善脱离美国长老会，独自到崖州传教。再次来到海南的康兴利、纪路文等，租用琼山县附城镇北门北官村一座三进民房为传教场所，并在后山荒地上建起了一幢楼房，作为住宅。此后，他们又积极筹建中西男女学堂。在此期间，他们分别到岛内各县进行传教活动。

以下是范基民在《棕榈之岛——清末明初美国传教士看海南》中所列的美国传教士在海南的传教过程：②

1881 年，与美国长老教会华南传教团搭上了关系的杰尔弥森（中文名冶基善），于 11 月到达海南，开始传教活动。

1882 年，杰尔弥森进行环岛考察。

1883 年，B. C. 亨利牧师第一次访问海南，与杰尔弥森一起深入内陆地区。

1884 年，在那大租借到一家商店，用作教堂。

1885 年，H. V. 劳耶师来到海南，为 9 名教徒施行洗礼。

1885 年，在琼州府城买下被称为"甘蔗园"的地产。

1887 年，传教士们试图保有"甘蔗园"的地产，导致与当地官绅民众的冲突。

1888 年，在那大得到一块土地用来建造教堂。

1889 年，海南的传教士首次访问雷州半岛，此后一直策划建造雷州半岛传教站。

1891 年，几所教会学校在琼州府城创办。

1893 年，美国长老教会海南传教团成立。

1894 年，在海口买下了一块地产。

---

① 符国华：《基督教在海南的历史与现状》，《海南文史资料第八辑》，1993 年，第 213 页。
② 范基民：《棕榈之岛——清末明初美国传教士看海南》，南海出版公司，2001 年 12 月，第 126～129 页。

1894 年，杰尔弥森与传教团分离，独自在崖州进行传教活动。

1896 年，海口医院和医生住所建成。

1907 年，琼州礼堂的皮瑾礼堂建成。

1911 年，辛亥革命，在海南岛内的传教士来琼州府城和海口。

（二）基督教传入的影响

基督教作为一种异质文化和精神信仰在海南岛的传播对近现代的海南社会发展产生了重大的影响。从基督教传教士在海南传播的过程中可以看出，基督教是与西方列强在海南乃至中国的扩张、侵略同步的。这些传教士是近代以来武力开放中国、开放海南的鼓吹者和辩护者。正如王禹在《传教士在海南》中写到的："它同鸦片战争以后，海南岛开放为通商口岸以及变为法国的势力范围相联系，与基督教传教士在海南岛的活动与海南岛的半殖民地半封建化的加深相始终。"然而，我们也应该认识到，基督教传教士在其传播宗教信仰的过程中，也不自觉地充当了海南社会发展的助推器。他们在传教过程中，设立育婴堂、学校、医院等，客观上促进了海南的开发和近代化。

首先，基督教在传入海南的过程中，激起了民教矛盾，给海南人民带来了苦难。西方传教士依仗帝国主义的武力政策和一系列不平等条约所带来的特权，在海南大量收集有利于西方列强控制海南的情报，为西方列强侵入海南提供条件。同时，他们低价勒索、霸占人民土地，建立教堂，发展当地教民，横行乡里，残酷剥削教民，成为西方列强"保护之下广泛散布在中国各地的独立王国"。1886 年美国传教士在海南购买地产，便导致与当地人民的激烈冲突。据《崖州志》记载，光绪二十二年（1896 年），美国耶稣会传教士治基善在崖州乐罗设立教堂。教民陈庆昌入黎索债，强行霸占黎民耕牛，与黎民发生冲突，被当地人民打死。以"陈庆昌被杀"为是由，美国长老会状告黎民。而清政府在海南的官吏凶残暴烈，将这件事激化。由此爆发了大规模的教民与黎人的冲突，民众与清政府的冲突。这场冲突持续了十多年，清政府派兵镇压才结束。①

其次，传教士在传播基督教的过程中，客观上促进了海南的开发。这主要表现在传教士在促进海南新教育体制形成上所起的作用和开设现代医院推动海南医疗卫生水平这两个方面。

---

① 刑定纶纂、钟元棣修：《中国地方志集成——海南府县志辑》（民国崖州志），上海书店出版社，2001 年，第 115 页。

图1.7　清末在海南的传教士

在教育方面，传教士在海南创立了一批近代教会学校，促进了海南新教育体制的发展，为海南乃至中国的教育提供了一个示范。天主教传教士于宣统二年（1910年）在海口市设立了私利天门小学。美国基督教长老会在光绪十三年（1887年）在琼山县设立匹瑾初级中学、琼山县私利华美中学、那大中西中学堂等。这些教会学校按照西方教育模式，建立正规教学体制，取代了中国传统的教学模式。更为重要的是，这些传教士提倡男女皆可受教育，并创建了一批女子学堂，招收女学生，如光绪二十年成立的中西女学堂。这些教会学校向海南传播近代科技文化知识，培养出了一批海南近现代的优秀人才。如海南大学的创始人之一、杰出的科学家颜任光。颜任光是海南岛崖县人。他从小家境贫寒，在当地的一所教会学校接受初级教育。之后，由教会资送到美国著名的芝加哥大学，学习电学，并获得博士学位。学成归来后，历任北京大学理学院院长、商务印书馆编辑、上海光华大学校长等，为我国文化教育事业作出了突出的贡献。① 又如海南医院的创始人之一、首任院长朱润深。他从小家境贫苦，是由基督教传教士介绍到加积镇教会学校觉民学校读书。后考取美国耶鲁

① 海南省海口市委文史资料委员会编：《海口文史资料》第二辑，海南省海口市委文史资料委员会出版，第32页。

大学，并获得医学博士学位。

在医学方面，传教士在海南建立了一批近代医院，传播了近代医学理论。光绪三十二年（1906 年），天主教传教士在海口设立了中法医院。光绪十一年（1885 年），美国长老会派康兴利在海口盐灶村建立福音医院。光绪二十年（1894 年），在儋县那大镇建立那大医院。光绪二十八年（1902 年），在嘉积建立嘉积福音医院。这些医院都采用西方近代设置模式，设有内科、外科、产妇科、化验室、病床等。①

总之，近代基督教的传入，给海南社会的发展带来了重大的影响。它给海南带来了灾难，也推动了海南的近代化。同时，它与海南本地的宗教信仰并存在一起，相互影响，丰富了海南的文化。

第三节　旧学与新学

海南地处中国的最南端，远离政治统治中心。相对来说，海南的教育一直处于落后状态。直到明清时期，海南的教育才得到快速发展，出现了不少的人才。到了近代，尤其是光绪年间，海南的教育逐渐走向近代化。

一、传统旧学

海口设学，可追溯至宋代。明代《正德琼台志》记载："琼山县学，宋置海口浦。元至正中元帅实德资海牙重修。明洪武四年（1371），知县李思德迁于郡东北东坡书院。九年，知县陈暨迁于南郊。"海口古称海口浦，县学即县儒学。这是海口设学最早的记录。

明清时期，海南的教育有了进一步的发展，私塾、义学数量增多。乐古书院、瀛海书院、海门书院、拔萃书院等书院均是在明清时期设立。

到了清末时期，清政府对海南的教育更加重视。同治八年（1869），琼州太守戴肇长所撰《建义学记》称："从来郡治，以教学为先，小学实学者始进之阶。余来琼州，在城内设府义学，议定章程，择老成自爱儒士为童子师，认真教读，爰筹款五百五十金生息，禀请立案为永久经费，并通饬所属一体筹建，不数月间，琼山设义学二十九所。"②

---

① 海南省地方史志办公室编：《海南省志·人口志　方言志　宗教志》，南海出版公司，1994 年，第 531 页。

② 海口市地方志编纂委员会：《海口市志》，方志出版社，2004 年，第 1679 页。

二、教育制度的改革与新学制

清末，清政府内已经有人不断倡导对黎族进行教育的改革，以促进黎族社会文化的发展，这也是海南岛历史中所固有的因素，即历代海南"筹黎"政策的延续。清末，海南黎族出现了大规模反抗清朝的活动。清光绪十年（1884 年），崖州官府发布文告，树龄崖州所属居民安居乐业，严禁滋事。其中有黎族"其有年纪幼小者，须入书馆，教其读书识字；或各村凑合，敦请先生教学，将来识字，可以记簿或钱债借拟，书籍博内，不为奸民所欺"的话。清光绪十三年（1887 年），在镇压了海南黎族的大规模反抗之后，张之洞提出了《抚黎章程十二条》，设学校、开科举、推行同化政策是其重要内容。

光绪十二年（1886 年），张之洞在《请编定琼州会试中额折》中指出，海南科举人数录取限额太少，必须增加录取名额。由于清政府在海南实行的科举取士名额太少，进一步滋生了海南科举的腐败，不利于海南文教事业的发展。《清实录》记载："咸丰四年（1854 年）七月丁巳，谕军机大臣等：有人奏，广东省每遇岁科考试，州县官所取案首，多系以财行求。琼州府尤甚，往往于未考之先，既已讲定，多则洋银七八百，少则四五百不等，甚至自第二名至第十名，非用洋银数十元亦不能得。儋州、文昌县各文童，每因考试不公，有殴官毁署情事。陋习相沿，任意贿卖。学政所得棚规程仪，由各州县摊派，是以瞻徇情面，将案首全行录取等语。童士为士子进身之阶，似此歈法营私，若不严行查办，何以儆贪吏而挽士风？着叶名琛、柏贵严饬各管道府，于所属州县，认真查察。每遇岁科考试，务当择其文理优长者，置于前列。如有前项积弊，即行据实严参。如学政瞻徇录取，亦即查明参奏，毋稍隐饰。"此类舞弊案，历年都很猖狂，这对于海南的学子十分不公。而海南的书院也经常卷入这种案件中去，这十分不利于海南教育的发展。到了清末，海南的教育水平仍然比较落后。

光绪二十九年（1903 年），张之洞会同张百熙上表申请逐渐递减科举，创办学堂，作为"废科举，兴学校"的过渡。并制定《学堂章程》，将学制分为大、中、小学三段和蒙学、初小、高小、中学、大学预科、大学、通儒院七级。清政府批准了张之洞等人的奏议，颁发上谕，停止科举考试。

清政府废除科举制度之后，"琼台书院改为琼崖中学堂；研经书院合并燕峰书院改为琼山第一高等小学；文昌蔚文书院改为文昌中学院；文昌罗峰书院高等小学堂；崖州珠崖书院改为高等小学堂；感恩县的九龙书院改为高等小学堂等"①。这样一来，新学代替了旧的学制，逐步建立了新的教育系统。新学制的创办和教学内容的改变，使海南学子接触了新的科学知识和思想，也培养了一批具有新思想的近代知识分子。

---

① 唐玲玲：《海南史要览》，海南出版社，2008年4月，第321页。

第二编
民国时期的海南社会发展（1912～1948）

民国时候，国家内忧外患，国力衰竭。国内战乱频繁，民不聊生。国际上西方帝国主义和殖民扩张势力的猖獗，使我国领土千疮百孔。尤其是这一时期爆发的两次世界大战，更给中华民族带来了深重的灾难。海南岛作为我国孤悬海外的第二大岛，正如其地理位置一样，处于中华文化与殖民文化的夹缝之中。民国海南历史也如全中国的历史一样，历经鸦片战争以来的社会变迁之剧痛，动荡与变革、落后与先进激烈进行。地理位置、自然条件、资源禀赋和历史背景的独特性使海南岛社会发展在这一时期表现出更加突出的"岛域"个性。总的来说，民国时期是海南社会变迁历史上一个具有极其重要意义的时代，是从"古代"向"现代"迈进的过渡时期。过渡时期所表现出来的动荡与变革的特征及其后果，影响至今。

第一章

民国时期的海南政局

就地理位置而言，海南岛处于中国的最南部，与大陆隔海相望。一般而言，这样的地理位置容易远离大陆的政治运动，理应不受大陆地区影响。但民国海南历史实践表明，海南政局大则受全国形势的影响，小则直接受广东政局的波及。"政治的动荡是民国时期海南政治的基本特征，而这个特征又呈现出来自岛外的影响和岛内的扰乱。"①

从总体来说，抗战之前，海南政局的变化是随着海南地方政治实体的变化而变化的。辛亥革命至 1927 年南京国民政府建立，政局随广东政局的变化而变化。这个时期，统治海南岛的新旧军阀先后有龙济光、李根源、邓本殷等。南京国民政府建立之后，海南岛又面临广东三陈（陈济棠、陈铭枢、陈策）之争，一直到 1936 年海南重归国民政府的管理。除此之外，岛内的政治斗争也比较突出。表现为：首先，争夺岛内统治权的斗争，这包括革命战争与革命运动；其次，岛内的民间纷争。由于地域与历史的原因，海南岛内的汉族也分为不同的民系，海南岛内民间纷争一直不断，并延续到了民国时期。根据《昌江三千年记》的记载统计："自民国元年到日本侵入海南之前，此书记载村落械斗或民系冲突共有 6 次，其中 4 次皆有数人的伤亡，有的械斗持续达半年之久。"② 落后的地方经济文化，混乱的岛内局面，自身缺乏自主的意识和把握自身发展的能力，导致海南岛的政治势力完全受制于广东省大的政治实体的控制。

第一节　民国历届政府对海南的控制

海南岛因其潜在的资源优势以及地理上与大陆若即若离的关系，地方实力派以及割据势力向来视其为囊中之物，或退保的最后基地，当然也有人将其视为进可推进至两广，退可自保的私产。

一、广东军政府对海南的控制

1911 年 11 月 10 日，广东军政府成立。如何使琼崖地方政权让渡于革命党人，成为粤督胡汉民处理海南政局的重要工作。琼籍华侨、同盟会会员林格兰被任命为为民政总长，王斧（又王斧军）副之，于海口成立总机关，"假海口菜市场，暂驻总机关"。新生政权，一方面派人分巡岛内东西各县，"宣慰官民，解释新政"；另一方面让署理琼崖兵备道刘永滇移交政权。但是，林格兰的举措为刘永滇所不容，加上林格兰为小商贩所殴，故愤而离琼。稍后，同盟会会员、文昌人赵士槐领广东军政府之命，为琼崖安抚使，主持海南政务，

---

①　朱竑、许然：《民国时期海南岛区域文化的发展》，《广东技术师范学院学报》，2006 - 10 - 30。
②　《昌江三千年记》，第 237 页。

但被儋州知府范云梯所拒。兵火相交，同盟会的民军（学生军）损失惨重。赵处理事务失当，军政府明令以黄明堂代替他南下处理海南政局，范云梯畏惧潜逃。① 至此，海南光复后动乱局面始告初安。

早在1909年，根据孙中山的指示，海外琼籍华侨同盟会会员陈子臣、林格兰先后自泰国返回海南，于海口成立了海南第一个资产阶级革命团体——琼崖同盟会支部。由于缺乏必要的武装，琼崖同盟会支部未能承担起革命的重任。另一个原因是由于以海外琼侨为主体的同盟会员对海南的实际情况缺乏一定的了解，他们多半热衷于一蹴而就式的革命模式，故而对革命的艰巨性认识不足，轻视了长期性的准备工作。尽管广东军政府在早期的人事安排上，对琼崖同盟会支部有明确的指向性，但由于自身原因，终是无法左右光复后海南政治走向。

随着各派军阀势力在广东的消涨，海南便成为当权者安插羽翼之地。龙系军阀陈世华、沈鸿英及龙济光本人和陈炯明系军阀邓本殷的势力就是在这种情况下分别进入海南的。海南的政局，在全国各地军阀割据、无法形成强有力的中央政权的大的历史背景下，愈发动荡不安。

二、北洋政府对海南的控制

受武昌首义的影响，1911年11月9日，广东宣布"独立"。此时，署理琼崖兵备道刘永滇也闻风宣布独立，海南的革命转向"和平光复"。不久，刘永滇把驻军兵权交给儋州知府范云梯，政权交易在旧官僚之间进行。由于广东政府政权的不稳定性，加上海南本土以同盟会名义成立的各地组织，短期内无法形成统领全局的领导力量，使得民初海南政局十分混乱。

1913年，反袁的"二次革命"军兴，广东都督胡汉民被免职。7月，继之者陈炯明宣布广东独立。8月，广东护军使龙济光奉袁世凯之命，率兵占领广州而成为广东的统治者，并"委派陈世华为琼崖绥靖督办"②，加强对海南的控制。至1918年，以桂系军阀为主体的"护法军政府"，出于对龙济光在粤西和雷州半岛一带的进攻态势对自身构成严重威胁的考虑，开始对龙用兵。12月，桂系进入海南，龙济光被迫外逃，标志着龙济光在琼统治的结束。1916年7月至1918年12月，是龙济光割据海南的重要时段。

龙济光之后，割据海南的军阀是邓本殷，1920年底，"琼崖道尹、镇守使

---

① 王家槐著：《海南近志》，1995年，第2～5页。

② 陈铭枢修：《民国海南岛志》，上海书店出版社，2001年，第116页。

俱废，改设善后处，以邓本殷为处长，统理军民两政"①。这时，广东政府政局十分动荡：为对抗北京的徐世昌政府，孙中山以"第二次护法"名义，于1921年5月至1922年6月间，在广州担任中华民国非常大总统；6月陈炯明炮轰总统府；1923年初，杨希闵、刘震寰、许崇智等将领，在孙中山的号召下，联合驱逐陈炯明于惠州。3月，陆海军大元帅大本营建立，孙中山任陆海军大元帅，广东政府随之成立；1924年，国共第一次合作、发生镇压广东"商团事件"；1925年3月12日，孙中山逝世；6月，国民党中央执行委员会议决，改组大元帅府为国民政府；同年2月、10月进行二次东征陈炯明；6月，平定刘杨叛乱等等，广东地区成为主要战场，几无宁日。

以陈炯明为主要依靠对象，盘踞在海南的邓本殷集团，与惠州的陈炯明互相勾结。为了化解东征军对惠州的军事压力，陈炯明命邓本殷为"广东南路八属总指挥，使其北渡高、雷，东窥广州"。为了对付邓本殷此次"奉命"军事行动，国民革命军迅速"南伐"②，结束了邓本殷在海南的割据。1926年2月，国民革命军收复海南，邓本殷逃亡香港。

三、南京政府对海南的控制

宁汉合流后，1929年5月，广东省政府决议裁撤各区善后公署，海南设琼崖实业专员公署。6月7日，广东省政府委派原公署参谋长黄强担任琼崖实业专员公署专员。1932年3月20日，琼崖特别行政长官公署成立，并于4月下旬开始办公，至8月该公署裁撤，广东省政府决定设置琼崖绥靖委员会公署，为全岛军民行政最高机关。1936年9月，广东全省划分为9个行政督察区，各设行政督察专员。海南岛为第九区，其专员公署与琼山县政府合设一处。

1933年8月，成立琼崖抚黎专员公署，进一步实施抚黎、化黎措施。1935年撤销抚黎公署，1935年3月，国民党政府在五指山腹地邻近各县境内的黎区划出十二峒，分置白沙、保亭和乐东三县，强化了行政管理。据许崇灏《琼崖志略》记载，当时，白沙是由原儋县属的雅叉、白沙、元门、龙头、炳邦峒，昌化县的霸王、乌烈、大坡、保平、冯虚峒，感恩县属的吴什峒，陵水县的南流、十万峒，定安县的新布营、根铺、加钗、小水峒和思河图，崖县属的红毛上、下峒和道裁、红茂村，琼山县属的加泉、杜湾峒等边沿山区合并而

---

① 王家槐著：《海南近志》，1995年，第4页。
② 王家槐著：《海南近志》，1995年，第69页。

成。保亭县是由原崖县属的首弓、三弓、布打、六罗、抱龙、同甲、水翁峒，陵水县属的保亭、五弓、六弓、七弓、乌牙峒和岭门关、白石图，万宁县属的税司、南桥、西峒、北峒，乐会县属的竹根、太平、茄曹峒和合水图，定安县属的船埠、南引、加冬图和母瑞山等边沿山区合并而成。乐东县是由原昌化县属的七差，感恩县的东方、马隆、鸡叨、峨逆、抱由、甲中、峨沟峒，崖县属的乐安、多涧、抱善、抱江、龙鼻、潭寨、多港、头塘、万冲、番阳峒等山区合并而成。

四、日本据琼时期对海南的控制

日军占领海南后，为加强对海南的控制，最高统治机关曾三次更改名称。1939 年 2 月 10 日占领海南时称第四基地队。同年 11 月 15 日，改为海南岛基地队，下设特务部，称为"总监"。在特务部下分设官房（管理秘书、人事、会计、庶务等行政事务）、政务局（管理民政、教育、外交、情报等行政事务）、经济局（管理农业、工矿、交通、金融、贸易、专卖等行政事务）和卫生局、地政局以及嘉积、三亚、那大、北黎四支部。

1941 年 4 月 10 日，海南岛基地队改称为海南警备府，掌管海南岛的军政大权。在警备府下增设海南海军经理部（管理警备府的财会监督、物品买卖事项）、海南海军军需部（设于三亚，负责各部所需军需品、装备、供给、保管事宜）、海南海军运输部（设于榆林，负责区域运输、补给联络及海上护卫事项）、海南海军工作部（设于榆林，负责各军舰队兵器工作、有线通信装置及修护事项）、海南海军刑务所（设于三亚）。

日本政府出于战争需要，急于掠夺海南岛的优质矿产资源，于 1940 年春在海南岛西部沿海要地——感恩县八所潭（今东方县八所镇）组建日窒海南建设部。下属机构设有港湾部（负责筹建八所港矿砂码头和装卸货物商用码头）、铁道部（主要修建八所——石碌铁路运输线）、输送部（主要负责工程施工所需物资的运输）、矿山部（设于石碌，兼管田独铁矿，主要任务是开发矿山、采矿、钻探工作）、农林部（主要任务是从事农林、牧、副、渔业生产）以及 5 个课室（总务课、劳务课、机械课、电气课、建筑课）。

五、民国政府对海南的控制

1945 年，抗日战争胜利后，海南岛仍设广东第九区行政督察专员公署。1946 年 11 月，广东省政府为了进一步加强对海南岛军政机关的领导，特别设立广东省政府琼崖办事处，设主任 1 名，由第九区专员蔡劲军兼任。1947 年

11 月 28 日，韩汉英被任命为第九区专员。国民党琼崖当局为进一步加强对海南地方的治理，在海南岛各县先后设立了区警察局、保乡会、自卫大队。

1947 年春，国民党琼籍中委陈策重提海南改省旧案，并得于 3 月 24 日在南京召开的国民党三中全会通过。1948 年 8 月 15 日，由立法院再次通过海南改为特别行政区。1949 年 1 月 21 日，张发奎被任命为海南特别行政区长官兼海南建省筹备委员会主任委员，但未赴琼上任。同年 2 月 9 日，李汉魂被任命为海南特区行政长官兼海南建省筹备委员会主任委员，李亦不肯就任。3 月 3 日，行政院在广东举行第四十五次例会，任命陈济棠为海南特区行政长官兼建省筹备委员会主任委员，不久又任命陈济棠兼任海南特区警备总司令。陈济棠于 1949 年 4 月 1 日到海南就职。同一天，国民党政府将海南暂先改为"海南特别行政区"。同时，设建省筹备委员会，由 29 人组成，办公地点设在海口潮州会馆内。

海南特别行政区长官公署下设民政、财政、教育、建设、社会、保警、会计、秘书（包括人事室、机要室、编译室）等 8 个处和海南日报社以及农林、工矿、交通 3 个局。4 月，拟建海南省，设立海南高等法院，并在崖县设立一个高等法院分院，负责全岛 17 个县、市的司法事务，管理海南岛内二审案件。1950 年 5 月 1 日，海南全岛解放，国民党在海南的军政机构全部解体。

第二节　民国时期海南的行政建置变迁

行政区是为实现国家的行政管理与建设，对领土进行分级划分而形成的区域。行政区带有明显的政治色彩，是一种有意识的国家行为。① 与此同时，行政建置对区域社会也往往产生很大影响。随着社会的进步、经济的发展、政权的变更，行政区划的结构体系和诸要素的内容、形式等也将发生相应的变化。② 行政建置的变化主要表现在行政级别、行政区范围和数量的变化上，并通过这些方面对社会发展产生重大影响。

一、民国时期海南的建制沿革概述

由于建省之事被搁置，民国时期海南的行政建制也就不可能发生根本变

---

① 周克瑜：《论行政区与经济区的关系及其协调》，《经济地理》，1994 年，第 14 期，第 1 ~ 6 页。

② 刘君德：《中国行政区划的理论与实践》，上海：华东师范大学出版社，1996 年第，第 3 ~ 26 页。

化。相反，由于民国政局动荡以及广东省政局的动荡，海南行政建制必然受动荡的政局影响而表现出一种"跌宕"式更替。从民初的军民分治，到1920年邓本殷为琼崖善后处处长，统理军民两政，文武官员设置时分时合。自民初至邓本殷统治之初，军政官员的更换，将近二十人，任期长的，不过年半，任期短的，不及半年。① 此外，统理机构名称多变，在1911年11月至1926年2月的时段内，统辖全岛主要有"琼崖临时都督府、琼崖安抚使公署、琼崖民政总长、琼崖绥靖处、琼崖镇守府、琼崖绥靖督办公署、琼崖道、两广矿务督办、琼崖善后处"② 等，名称频繁变更的背后，是民初海南政局的动荡不安。

在地方的行政建置上，民国之初大体上仍袭清制，只不过有些县区易名。到1935年，国民政府又在五指山腹地分别设置白沙、保亭和乐东三县，使县数增加到16个。新县的设立，填补了历史时期长期对五指山黎族地区的管理空白。"更重要的是这种建制表明汉族政治势力，或者说近代文明的巨手已经开始触及海南岛的核心部分，结束了地方政府对本岛腹地地区鞭长莫及而长期维持黎人自治之状况，强化了近代行政的管理，客观上有助于山区发展和社会文化的进步。"③

二、民国初年海南建省动议

对海南建置升级的动议，早在清末，张之洞就已提出过，即改琼崖道为行省，可惜未被重视和采纳。民国元年，孙中山联同梁士诒、徐傅森、吴铁城及林格兰等知名人士倡议海南建省。1912年9月，孙中山应袁世凯之邀北上共商国是。11日，广东旅京同乡30多位知名人士集会欢迎，明确提到了海南建省。与会的陈发檀先生（陈系海南琼山人，为同盟会老会员，曾留学日本，为宋教仁助手，曾任国会议员）极力主张将琼州改为一省。因为琼州为高、雷、廉等府及广西太平等地的屏障，从巩固边防的角度，通过建设榆林港军港，开发天然物产，及移八府之民以实边防等措施，以期保全海南。

孙中山在当天的训词中详细阐述了海南改省的五点理由：

"一、巩固海防，琼州宜改设行省。若置而不顾，甚非国家永久之大计，巩固边防之政策也；二、启发天然富源，琼州宜改设行省。今民国成立，振兴

① 王家槐著：《海南近志》，1995年，第54～55页。

② 李勃著：《海南岛历代建置沿革考》，海南出版社，2005年，第407～408页。

③ 陈剑流、冼荣昌：《海南简史—海南历代行政区划考》，台北：德明出版社，1957年，第24页。

实业，诚为急务，倘不改设行省，则之发达无由；三、文化政策，琼州宜改设行省。且琼州居民普通教育尚未普及，又限于一府，故大学及诸种高等学校，不能设备，以海防要地而人才不足于副之，非保卫之策也；四、国内移民殖民政策，琼州宜改设行省。夫我有地利，而不自启发，流居异域，使外人牛马视之，而奴隶贱之，甚非得策也；五、行政之便宜，琼州宜改设行省。该岛风俗、言语、习惯与广州异，以言语、风俗、习惯不同之人民，合为一省，行政区划之分配，甚不得当……"①

孙中山的琼州设省动议除了"巩固海防"、"启发富源"、"文化政策"、"便利行政"等因素之外，还有从"移民政策"的角度出发进行设计的因素。② 说明孙中山非常赞成海南设省。但不久因宋教仁被刺案，倡仪建省的陈发檀、林格兰等琼籍国会议员南归，建省之议中止。

1921 年 5 月，孙中山在广州任非常大总统，琼崖改省之议再起。根据孙中山的提议，名为"广南省"，设置筹备处。不久，因陈炯明叛乱，筹备终止。③ 建省之议无疾而终，地方官员权力分配上，也难行定制。

三、"海南特别行政区"的设立

据朱竑、许然研究，"海南特别行政区"的设立过程如下：1931 年，孙科等向即将撤消的广州国民政府提出改海南岛为特别区的议案，因为海南"比较不易受军事影响，足为三民主义之实验场"。后因政府内讧，"琼崖行政区"无疾而终。1936 年，陈诚等致电行政院，认为"琼崖关系两广及国防甚巨，有设特区必要"。翌年 5 月，全国经济委员会专门召开了琼崖划设特区讨论会，随后拟出了各种经济建设的初步计划，后因抗战爆发而再次搁浅。抗战胜利后，海南设置特区的议案再次被提出，1947 年 3 月 24 日，中国国民党三中全会决定设立海南特别行政区长官公署。4 月 22 日，国民政府行政院命令撤销广东省政府主席琼崖办公处。7 月初，行政会议通过海南特别行政区行政长官公署组织法，但因时局关系暂缓实行。1948 年 8 月 15 日，立法院通过海南改为海南特别行政区的决议。1949 年 1 月 21 日，正式设立海南特别行政区，直属国民政府行政院。领域包括海南岛、东西中南四沙群岛及其附属岛屿和海域。同年 6 月 6 日，"中华民国"总统明令公布《海南特别行政区长官公署、

---

① 转引自黄进先. 海南开发史略（一），《海南师院学报》，1995 年，第 8 期，第 9 ~ 12 页。

② 王家槐著：《海南近志》，1995 年，第 13 ~ 15 页。

③ 王家槐著：《海南近志》，1995 年，第 58 ~ 59 页。

海南建省筹备委员会组织条例》。1950 年 5 月 1 日，随着国民政府统治的结束和全岛的解放，海南岛进入了新的发展时期。"需要指出的是，这三次改名换冠，多为政治手段和伎俩，除了对海南行政区文化有些许意义外，对海南岛的开发并未产生多大的影响。但毋庸质疑的是，对海南岛政治地位的争论和反复，对其文化的持续发展奠定了必要的基础背景条件。"①

四、日本据琼时期的海军特务部

在日本军队侵入海南岛之后，为了迅速地稳固其统治，日军开始扶植傀儡组织。1939 年 2 月 11 日，即日军进入海口的次日，日本军方召集了海口市内的 200 多位店主，召开了海口维持会的准备委员会的会议。1939 年 2 月 18 日，在日军的直接控制下，在岛内的琼山县成立海口维持会。1939 年 7 月，成立了"琼崖临时政府"，下设各种机构。到 1941 年，在日军占领区的各地都建立了伪政权。

日本在海南岛的最高长官应该是日本海军海南警备府长官，但实际上日军军事管制下的行政事务，在日文资料中称之为"军政"，是由设于海口的海南海军特务部一手来控制的。《中国事变海军作战》记载："1941 年 4 月 10 日新设海南警备府，兼管作战与军政。军政由海南警备府指挥下的海南特务部专任，负责岛内行政及开发。"② 池田清作为海南海军特务部的第一任总监，官衔相当于中将，曾历任日本大阪府知事、警视总监等职务。日军的海南海军特务部实际上是日军在海南岛的最高行政统治机构，或者说是军政府的一种变形。

在日军海南警备府的所属各机构中，除作战部队之外，特务部人数是比较多的，仅次于海南海军建筑部或称为设施部，1942 年 1 月特务部有人员 289 人；日本投降时，在 1945 年 9 月，据日本方面的统计，特务部人员达到 171 人。从 1942 年后海南海军特务部人员不断增加的趋势来看，日本一直在强化对海南岛统治的机构——海南海军特务部的建设，实际上也就是强化日军对海南岛的统治，进而充分地为日本的"海南岛开发"服务。

海南岛海军特务部负责岛内的行政和经济开发，特别是对石碌、田独铁矿的开发。海南海军特务部机构组织如下：官房：第 1 课（秘书），第 2 课（文书会计）；政务局：第 1 课（政务），第 2 课（支那）、第 3 课（文教）；经济

---

① 朱竑、许然：《民国时期海南岛区域文化的发展》，《广东技术师范学院学报》，2006－10－30。
② 河野司：《海南岛石碌铁山开发志．石碌铁山开发志刊行会》，1974 年，第 465 页。

局：第1课（农林水产），第2课（矿业工业），第3课（交通土木），第4课（专卖），第5课（金融），第6课（物资配给、物价赁金），第7课（农业水利、土地改良），经济局下设产业试验所和植物检查所；卫生局：第1课（医务），第2课（防疫），卫生局下设热带医学研究所；地政局：第1课（土地），第2课（地籍）。特务部在三亚、北黎、那大、嘉积还设立支部，并分别在海口、榆林、八所设立临时检疫所。

为了有效加强海南岛殖民地的统治，在教育关系、日语学校、农林、畜产、水产关系、土地制度、卫生制度、专卖关系、电气通信关系、度量衡关系、产业试验场、植物检查所等各领域的官员几乎均由台湾总督府派遣。人员占特务部职员的50%。如政务局第3课（文教）课长林彦太郎为原台湾总督府视学官，政务局第2课（调查）课长山木毅一郎为台湾总督府事务官，经济局第1课（农林水产）课长矢野谦吧二为原台北州事务官，卫生局局长下条久马一原为台北帝国大学教授兼总督府技师，地政局局长水越幸一历任总督府地方课课长、事务官、台中州知事。

第二章

民国时期海南的经济发展

同国内其他经济发达地区相比，民国时期海南岛的经济发展不能算很大，但就其自身的发展轨迹而言，还是有惊人的进步。这种进步在海南历史上是前所未有的，不仅进行了近代化的尝试，而且为解放后海南社会的发展奠定了良好的基础。

第一节　民国时期的海南经济概貌

民国时期，海南政局不稳，战事频繁，自然灾害严重，给经济建设带来了很大的困难。在工农业生产方面，虽有所发展，但基础仍然十分薄弱，技术和生产力水平也很低。

一、农业

民国时期的海南农业生产，由于缺乏水利设施，农田基本上都是"望天田"；加上耕作粗放，生产工具落后，品种低劣，粮食产量很低。由于军阀混战和官僚买办、地主阶级的重重压迫，造成出洋谋生者每年达三四万人。男劳动力多被抽去当壮丁或者到外地打工，因而直接从事农业生产者逐年减少。海南农村多为妇女和一些老弱劳动力务农，一部分土地丢荒。文昌、儋县、乐会等沿海各县平均每个农户耕地不足 6 亩。由于不施或少施肥料，收获量极少。一般播种一斗种子，仅收稻谷 100～300 斤。农作物除稻谷外还有番薯、高粱、玉米、木薯、豆类、经济作物和热带作物等，但发展都很缓慢。

1916 年以后，海南的垦殖业有新的发展。万泉河上游两岸，有积盛、永盛、合益、南兴、亭父、琼安、茂林、锦益、富群、万群、广兴、积锦、积南等 20 多家公司，购地垦荒，种植橡胶，使万泉河上游两岸成为海南垦殖业初期的重要基地。

1934 年，海南的橡胶业逐渐扩大到定安、乐会、文昌等县。据琼崖实业局的调查，全岛已有胶园94处，面积9000亩，橡胶246500株，分布在定安（38处）、乐会（37处）、文昌（7处）、儋县（4处）、万宁（4处）、琼山（2处）、琼东（2处）。1935年，全岛拥有咖啡园69处，5763亩，咖啡33.8万株，其中文昌县60处，琼山县4处，澄迈、定安等县也有种植。年产量0.85万吨。

30年代，全岛共有耕地面积461.64万亩，其中水田208.46万亩，旱田253.18万亩，上等田单造亩产120公斤，中等田90公斤，下等田60公斤，平均年产稻谷25.5万吨。在耕地面积和总产中，琼山县占全岛水稻面积的28%，文昌县占14%，定安县占13%；而产量分别占27%、13%和12%。3县共占面积55%，产量占52%。其余各县仅占面积的45%和产量的48%。这充分证明琼山、文昌、定安等县的农业生产比较有起色，其余各县不够理想。据1935年广东农林局、统计局等方面对全岛13个县的调查，全岛米粮产量35.05万吨，每亩米粮产量平均为86公斤，每农户平均耕地15.7亩，每农户生产米粮平均1.3吨。在13个县中，定安、崖县、澄迈、陵水、乐会、琼山等6个县米粮富余（当时吃杂粮较多，平均每人年有100多公斤稻谷就算富余），其中定安县余粮最多，达1万多吨，其余7县均为缺粮县。

番薯生产在海南的农业生产中占有一定的比例。1936年，全岛番薯种植面积达50万亩，产量10万吨。其中感恩、昌江、崖县分别占全岛种植面积的14%、13%和11%，3县共占38%，形成西部（感恩、昌江）和南部（崖县）两个薯类集中产区。其余各县仅占种植面积的62%。

海南本岛所生产的粮食还不能自给，每年从暹罗等地购入大批米粮。从1911年至1939年的29年中，本岛共生产稻谷1150万吨，平均每年生产30.6万吨，购入粮食35万吨，平均每年购入粮食1.2万吨，其中大米9150吨，面粉1450吨，杂粮1400吨，输入大米最多的年份为4万吨。

到1949年，全岛耕地面积仅有430万亩，农田灌溉面积占耕地面积的4.3%，绝大部分都是"望天田"。粮食单产66.5公斤，总产28.59万吨。花生播种面积10.63万亩，亩产50.5公斤，总产5363吨。芝麻播种面积2.62万亩，亩产18公斤，总产471.6吨。椰林面积1.5万亩，主要分布东部和南部。畜牧业年存栏量生猪50万头，牛37万头。林业由于连年烧林开荒和乱砍滥伐，林业资源锐减，森林覆盖面积从民国初期的50%，下降至解放前夕的35%。

二、工业

民国时期，海南工业基础薄弱，设备简陋，技术落后，生产能力很差，基本上是手工业操作，发展缓慢。1915年，清末举人林居升、华侨姚如轩和美国教徒陈正纪三人合股集资，创办了海南第一家私营电力企业——琼郡启明电灯公司（海口电厂的前身），安装20匹马力的柴油机1台（15千瓦），发电供海口日常生活照明。此后，文昌、琼东、琼山等县城相继购了一批机器发电，仅供照明。1920年，琼郡启明电灯公司的柴油发电机增加到4台，装机容量增至400匹马力（300千瓦）。

从20至30年代，海南开始出现近代工业的萌芽，但发展极慢。计有制糖、制盐、碾米、制革、食品、罐头、电力、制冰、汽水、纺织、椰雕、藤器、木器、制鞋、玻璃、制皂、印刷、陶器、砖瓦、石灰、首饰、烟丝、糖果、服装等20多个行业。但大多数都是手工业经营方式，设备、工具简陋，只能生产简单的初级产品，产量低、质量差。

1924年～1935年间，海南的轻工业有了新的发展，主要是制糖、罐头、印刷和制盐业等一批行业。制糖业主要是手工作坊，主要产地为琼山、澄迈、临高、儋县、万宁、陵水及崖县。当时，全岛制糖业平均年产量达20万担。1924年～1928年，全岛出口红糖共有218560担。罐头工业主要生产热带水果罐头及鱼罐头。1924年，生产水果罐头18482打，鱼罐头1904打。1928年，生产水果罐头增至48208打，生产鱼罐头减至456打。印刷业有刻板、石印及铅印3种。刻板印刷海口有5家，琼山县府城有8家；石印业海口有20余家，府城有2家；铅印业全岛共7家，大都附设于书局和报馆。制盐工业自1908年福建省胡子春在三亚港兴建规模较大且技术较先进的海水晒盐之后，海南有些地方相继仿效，兴建了一批海水盐场，从而加快了盐业生产的发展。1933年，据陈铭枢编的《海南岛志》一书记载：盐场分布于崖县、昌江、感恩、陵水、儋县、临高、琼山、文昌、琼东、万宁等10个县。全岛共有盐务公司122家，盐田（石田）面积277公顷，盐地面积54公顷，盐户973家，每年产盐3万吨。

1914年～1936年间，海南的采矿业有相当的发展。1914年，金河公司开采儋县西场锡矿。1924年，恒源公司在崖县七公岭开采铅矿，后因淘法不当而停办。1934年万发公司采用技术较先进的淘洗方法，效果甚佳。以后，各地公司蜂拥而至，采矿业兴盛一时。1935年，那大已有15家锡矿公司，一度成为全岛锡业中心。所产的锡砂，经过土法冶炼，成为锡锭，运往香港再次进行精炼后销往欧美各国。同年，全岛取得采矿权的公司有 17 家，投入资金 37 万元，开采矿区 34 处，矿工人数达 1700 多人。1936 年，全岛生产锡锭 347 吨，产值 56.15 万元。

1945 年，日本投降后，琼崖国民政府接收了日本遗留下来的一批工厂企业。如机械化程度较高的工业企业 80 多家，计有制糖、食盐、机械、森工、制材、造纸、印刷、电力、建材、食品、烟草、罐头、纺织、服装、鞋帽、陶器、榨油、碾米、饮料、制冰、砖瓦、橡胶、包装、味精、酱油等 30 多个门类。其中建设规模较大的有：田独、石碌铁矿和屯昌水晶矿，藤桥、白莲两家日榨 100 吨的糖厂，装机容量为 4500 千瓦的东方水电站，琼山纺织厂，海口丰田汽车、台拓汽车修理厂等。1949 年，全岛有盐田面积 935 公顷。主要盐场分布在三亚、榆林、北黎、感恩、儋县、后水、海口、塔市、清澜、长圮、潭门、和乐、东澳、新村、保平、九所、海头、马袅等地。全年产盐 2 万吨。全岛电力装机容量共有 1.2 万千瓦，年发电量 13.49 万度。原由琼崖国民政府接收的日本投降时的一批工业企业，因技术人员缺乏、管理不善，工厂和设备多受损坏。至海南岛解放前夕，全岛工业仅存 18 家小型企业和一些手工业作坊，生产设备简陋，技术水平落后，生产能力甚差。全岛工业总产值折合人民币仅 300 万元。

三、交通、邮电

交通：民国时期的交通运输业发展很不平衡。民国初期海南交通落后，大部分地方不通公路。20 至 30 年代，交通运输业发展较快，出现了陆运、海运、空运并举的势头。40 年代以后，交通运输发展处于下滑状态。

海南的公路建设始于 1909 年。最早建成通车的是从府城至海口段 7 公里官路。1919 年，琼崖国民政府投资 3.5 万元，在原有官路的基础上，加宽改建府城至海口公路，揭开了海南公路建设史上的序幕。

1921 年，琼崖善后处颁布了《民办普通车路办法》。1922 年，琼崖善后处设立琼崖全属公路分处，而后，改为公路局，加强了对公路建设的管理。从此，海南的公路建设加快。1928 年，全岛筑成的公路有琼文、文东、临澄、琼定等干线，共 800 公里。1924 年～1928 年的 5 年间，全岛进口汽车达 486 辆，行驶琼文等各干线。1932 年，全岛公路里程增至 1300 公里，营运汽车达到 500 辆。

日本侵琼期间，为了战争的需要，对海南原有的道路进行扩建和改建，计 767 公里，桥梁十余座，其中南渡江铁桥 1 座。日本占领海南岛后，对海上运输进行了大规模的封锁，断绝海南岛与内地及国外的联系。同时在榆林港和八所港，分别建成两座水泥钢筋码头以及筑成榆林至北黎、石碌至八所共276.2公里的铁路干线和榆林港至田独11.5公里铁路支线。日本投降后，仅存榆林至黄流一段铁路通车，其余路段均废弃。海南岛解放前夕，交通设施受到不同程度的破坏，全岛仅有简易公路1045公里，桥梁124座，汽车200辆，除一些主要城镇有简易公路通车外，大部分地方不通汽车。

由于陆上运输业的发展，也推动了海运、空运的开展。20年代，日、法、英、德等国家的商人及香港、曼谷华人富商行驶1000至3000吨大运输船经营海南至广州、香港、海防、北海、南洋等长途航线。海南本地船民主要经营内河运输及环岛沿海运输。本岛船舶分为帆船、轮船、河船、汽艇、小艇5种。帆船全岛100余艘，轮船仅有那大侨兴公司经营的"侨轮一号"、"侨轮二号"，行驶本岛各港口和大陆各埠。1934年4月，西南航空公司开辟了广东线，即在广州、茂名、海口、北海之间，每星期飞行两次，载货搭客。其性质属于官民合办，资本60万元。1938年，即海南抗日战争爆发前夕，本岛公路建设达到高峰，自始建公路至1938年全岛民众先后集资72.5万元，共筑成土路96条，总长1844.5公里，除府城到海口一段由官办外，其余都是民办或官督民办性质。其中最长的一条是环海路，以海口为起点向西行，经澄迈、临高至儋县，南行经海头、昌江、新街、感恩至板桥，东行由崖县经陵水、万宁、琼东至文昌县城，最后向海口回归，全线总长850公里。同时海上运输业也有较大发展。仅以海口港为中心，已有7条航线，即海口—香港—北海—海防线，海口—广州线，海口—厦门线，海口—汕头线，海口—新加坡线，海口—暹罗线，海口—福州线。

邮电：1913年12月，设琼州一等邮局。1924年，琼州一等邮局局长由中国人余泽筠担任，结束了洋人把持琼州邮政的历史。1938年，全岛有二等邮局3处、三等邮局8处、支局1处、代办所67处。1923年，在海口设立琼崖电话总局。1924年，在琼东、文昌、定安、澄迈等县设立电话分局，各局之间可以通话。1927年，在海口设广东省无线电报琼州分局。

日军占领海南岛后，在各县建立了11个电话局，架设了电话线400多公里，铺设了海口至香港和越南海防的海底电缆。抗日战争胜利后，1947年，设琼崖电话管理所，统管全岛电话业务。到1950年，海南岛解放前夕，全岛有海口一等邮局1间，二等邮局有榆林、嘉积2间，三等邮局有文昌、定安、万宁、陵水、崖县、北黎6间，琼山县府城镇设支局1间，各县设邮政代办所

114 处，邮路总长度有 2400 余公里。电信机构有海口电信局、榆林港电信局，北黎、琼山、澄迈电信营业处。海口电信局的员工 61 人。1949 年，设立"交通部电信总局派驻海南特区长官公署电信联络处"，担负全岛各局（处）与六区局的联络工作。

四、商业、金融

（一）商业

民国时期，海南岛的商业出现了兴衰相间的态势。民国初期，社会动乱，商业萧条。1915 年～1916 年间，南洋橡胶、锡锭销路十分畅通，华侨汇回资金丰裕，年达 2000 万元，资金充足，社会购买力旺盛，给商业带来生机。1921 年～1927 年，由于海南各县公路陆续兴建，南洋橡胶及矿产业再次好转，促进了商业流通和经济发展。在对外贸易方面，1925 年～1927 年，全岛进出口总额从白银 1089 万两达到 1252 万两，增长 15.5%，为 20 年代最高纪录。1928 年～1932 年，南洋经济滑坡，华侨汇款萎缩，从 2000 万元减至 600 万元，资金缺乏，社会购买力微弱，商业出现下滑。1933 年以后，侨汇逐步回升，商业又重新兴盛。商业比较繁荣的地区集中表现在本岛的东北部，即琼山、文昌、琼东、定安等县。当时，全岛有商业圩镇 214 个，并形成了五个中心市镇：北部海口，东部便民（文昌县城）、嘉积（琼东县城），西部那大，南部藤桥。海口为全岛商业总汇，全市有店铺近 600 家，经营门类比较齐全。

日本占领海南岛后，商业实行统制政策，市场极为萧条。1948 年，全岛能勉强维持的公司和商店仅 44 家，与抗日战争以前 500 多家相比，下降了 90%。1950 年，海南岛解放前夕，由于工农业生产遭受破坏，交通中断，货币贬值，商业一直走下坡路。

1948 年，国民政府财政部广东金融管理局第九区金融管理处成立后，进一步加强对金融业的管制，以中央银行为首的官僚资本垄断了海南金融业。1949 年 9 月，海南银行成立。至此，全岛银行机构达 22 家，其中国营银行 13 家，省、地银行 9 家，海口市金银找换商号 39 家，侨批局 34 家。

（二）金融

1914 年，中国银行在海口设分号，这是琼崖开设的第一家银行。而后，邮政储金汇业局琼州分局设立，中央银行在海口设立支行，后改为广东省银行海口支行。到 1934 年，海口有银行 4 家，找换钱店 15 间，汇兑银铺及星暹信局（即新加坡、泰国的侨批局）40 余间。

五、岛外贸易

民国时期，海南针对岛外的贸易呈现了快速发展的态势。按照连心豪的研究："近代海南对外贸易始终未能摆脱近代中国对外贸易的共同性，不过还具有也具有一些明显的特征——除前述与香港保持密切的贸易关系外，还拥有著名侨乡出入口岸的特殊地位。……归国华侨在海南投资橡胶、烟草、咖啡、麻菠萝种植业和锡矿开采业，从而从生产环节为海南对外贸易注入了新的因素，开始从根本上改变了海南对外贸易的商品结构，这是近代海南对外贸易的最大特点。"①

细观民国时期海南经济，尤其是岛内与岛外贸易，它已初步具有外向型经济的特征与外貌，实际上也是海南岛特有的原料出口型的经济。海南对岛外的贸易总体上可分两类：第一类是对国外的出口，第二类是与大陆及台湾各地间的贸易往来。对国外的出口，主要以畜禽、土产、矿产为主，对大陆及台湾各地间的出口则主要有红糖、盐、植物油、槟榔、畜禽、水产品、水牛及水牛皮。从海南出口物资的情况来看，香港是最主要的出口地区，向香港提供生活物资是主要的出口手段，因而这种出口，也就必然是一种原料或初级产品的出口。

第二节　民国时期海南的经济法规

为了规范经济发展，民国时期国民政府制定了大量的法律法规。1913 年，法典编纂会起草修订了《票据法》草案。1914 年将清宣统二年（1910 年）农工商部整编的《商律草案》略加修改后，呈请大总统公布施行。同年 1 月 13 日，公布《公司条例》，3 月 2 日公布《商人通例》，这两个条例均于当年 9 月 1 日同时施行。1922 年修订法律馆又起草了《票据法》第二次草案。1925 年，《票据法》草案作第五次修订。

在此期间，曾制定和颁布了一系列商事法规或条例，如《公司条例》（1914 年 1 月）、《矿业条例》（1914 年 3 月）、《商人通例》（1914 年 3 月）、《证券交易法》（1914 年 12 月）、《物品交易所条例》（1921 年 3 月）、《不动产登记条例》（1922 年 5 月）等。

1927 年后，国民政府还制定和颁布了一系列经济法规。如《商法》，主要由《公司法》、《票据法》、《保险法》、《海商法》四个部分构成。这些法律颁

---

① 　连心豪，谢广生：《近代海南设关及其对外贸易》，《民国档案》2003 年第 3 期，第 110 页。

布的时间都在 1929 年 10 月至 12 月之间，但有的后来作了修正重新颁布。

民国时期，虽然先后制定、颁布了一系列商事法规，但始终未设立专门审理经济纠纷案件的机构。所有涉及经济纠纷的诉讼，均作为民事诉讼案件，由法院民事审判庭审理。

第三节　民国时期海南的赋税征收

赋税征收情况的好坏直接取决于官员素质，并与当时社会风气、政局变动息息相关。民国时期，官员素质蜕变、腐败普遍化，军阀割据混战日趋严重。龙济光在任海南两广矿务督办时期，为了确保军费，广开财源，"遣派矿务人员，随在（处）探测矿苗。既而在儋之大星正南村附近，发现金矿。兴工开采，颇有收获"①。然而正常的捐税无法满足庞大的军费开支，捉襟见肘的财政使得地方政府无法正常运作，各职能部门不得不同军阀一道，加入开征名目繁多的杂捐行列之中。"各县市署及城乡警团学各机关团体，皆得自由征收杂捐。税目繁苛，几于无物至税，轻重由己，办法错杂，重重抽剥，有一物数税或十余税者……"。海口市的捐税征收中，"烟灯附加捐"，"每月或每晚每盏灯收银二毫"②，令人啼笑皆非。1924 年，邓本殷为实施渡海作战，"战费孔亟，令各县依岁额加倍征收，时称为双粮"③。迫于压力，各县纷纷执行。"民国十三年，本县实行征收双粮"④。此外，"屋梁每条抽银一元八角，户口每名抽银五角，水牛每只抽银一元，椰子树每株抽银四角，每工抽银一元"⑤。其征收的范围之广，强度之大，实在难以想象。

龙济光在琼期间，以防患水灾设"水灾有奖义会"，开设赌局，后被禁止。1922 年，邓本殷"大开赌禁，各县遍设赌局。凡山舖票、花会、番摊以及诸色杂赌，无一不备。人争趋之，如醉如狂。百业荒废，盗匪四起"⑥。

民国时期，海南出现了新的"商包税"阶层。政府以招标承包方式，将某一种捐税征收的税款数额，包给富豪私商，由承包人运用官府授给的征税

①　王家槐著：《海南近志》，1995 年，第 42 页。
②　陈铭枢修：《民国海南岛志》，上海书店出版社，2001 年，第 151、193 页。
③　王家槐著：《海南近志》，1995 年，第 72 页。
④　王国宪纂：《民国儋县志》，上海书店出版社，2001 年，第 391 页。
⑤　中共海南省委党史研究室编：《琼崖大革命史料选编》，（内部发行）1994 年，第 168 页。
⑥　王家槐著：《海南近志》，1995 年，第 65～67 页。

权，自行确定征收办法，向纳税人收税。承包征税人因此敲诈勒索、大发横财。《民国海南岛志》对众多税目的征收途径，做了极为详细的记载，在"中央收入"项下，除琼海关、琼海洋关、内地税及盐税有正常的办公机构和常设经费以外，其他各税诸如：印花税、禁烟、烟税、酒税、防务经费、煤油特税等或以"委办批商"、或以"承商包办"等方式进行。在"省收入"项下，除钱粮、税契而外，台炮经费、地税、糖类捐、十字有奖义会、府税、牛皮屠牛捐（附牛皮附加捐）、屠猪捐、槟榔出口捐、猪牛出口捐、爆烈品专卖、进口洋布匹头厘费等实行"商包税"。① 从年限来看，上列的诸多"商包税"的征收税种，不全发生在军阀统治时期，也有的是在邓本殷之后发生的。"商包税"的实行可以说是海南税收史上的一个创举，也是军阀时期特有的产物。

第四节　民国政府的海南经济开发

一、民国时期政府对海南的开发

民国年间，最先倡导开发海南资源的是孙中山。他曾把海南岛称之为"我国太平洋大门户"，并指出"海南固又甚富而未开发之地也，已耕作者仅有沿海一带地方，其中央犹为茂密之森林，黎人所居，其藏矿最富"②，强调开发海南的重要性。南京临时政府成立后，孙中山多次提出海南建省问题，并陈述其理由在于巩固海防、开发天然资源、振兴实业、方便行政等等。以后，在其实业计划中，还将海口港列为我国十六大港之一，榆林港列为十五大渔业港之一，以求重点开发。③ 可惜这种开发海南计划，由于后来的政权更迭，军阀割据，未能付诸实施。但值得注意的是，由于孙中山的积极倡导，海南岛丰富的自然资源逐渐引起国人的注意，使得海内外许多有识之士纷至沓来。例如当地的南洋归国华侨、中山大学和岭南大学的农学院研究人员等，经常到海南进行调查和考察，并发表了许多有关开发海南的积极言论。当时的《琼崖时报》、《广东新建设杂志》、《东方杂志》、《新亚细亚月刊》等报刊杂志相继刊出介绍海南的文章。海南岛资源开发的重要性和迫切性，逐步为各界人士所认同："今之海南，吾人急起图之，因有无穷之希望也，若犹轻忽置脑后，几何

---

① 陈铭枢修：《民国海南岛志》，上海书店出版社，2001年，第153～188页。
② 《孙中山全集》第六卷，第332页。
③ 《孙中山全集》第六卷，第333页。

其不为台湾之续也。"①

1919 年春，鉴于海南岛"其蕴藏之富、土候之宜、农矿鱼盐之饶，超越内地诸省"，西南军政府政务会议决定派员赴琼调查，"期得民俗、土宜之真相，然后筹定下手之方"。调查历经"六个月"，并写成实地调研报告，报告称"其中于交通、化黎，尤准据事实，规划将来，卓然可见诸施行"②。不过，由于政权变动和军阀混战，这份调研报告并为得以实行。

到后来陈济棠踞粤时期（1929 年至 1936 年 7 月），陈济棠对海南热带资源的开发构想颇有价值。他上台后即撤销善后公署，改置琼崖实业专员公署；不久，在委派岭南大学农学院教授、广东省建设厅农林局局长冯锐拟定《发展广东三年计划书》中，把广东分为五个庶糖营造区，海南岛即为其中之一，它的实行为后来广东六大糖厂提供了充足的原料。③ 1934 年 9 月，陈济棠又在《救济广东农村计划》中提出海南建立"热带经济林业经营区"的设想，提出在琼崖种植橡胶、高根树、柚林、咖啡、金鸡纳树、椰子等，重点在橡胶，并设树胶、咖啡、椰子等加工厂。④ 不久，在海南建立占地数万亩的军垦农场，种植甘蔗、橡胶等作物。

1936 年 7 月，国民政府从陈济棠手中接管海南岛，并派宋子文视察海南，宋子文视察海南期间提出了"开发海南实业，巩固海南国防"的口号，在国内外引起相当轰动，各界人士就海南开发纷纷发表意见，表示赞同。1937 年 1 月，海南文昌县清澜商会主席翁冠千在致全国经济委员会的呈文中，就开发琼崖"陈付管见"，提出开筑黎境公路，实行化黎、设护垦队等各项建议。琼农会主席林缵春亦上《开发琼崖意见书》，向中央提出建立"开发琼崖研究会"等设想。最值得指出的是，1937 年 2 月 1 日在南京举行第五届常务大会的中华棉产改进会，提出拟具开发琼州岛植棉计划，并呈送全国经济委员会。计划中分析了海南岛之温度、湿度、土质等气候地理条件，为发展海南岛的植棉业提供了科学依据。不久，上海永安公司经理、永安纱厂经理郭顺在考察海南后也决定投资，在海南西北新墟购地 2 万亩，试种棉花。⑤ 在这一片致力开发海南的热潮中，国民政府也将海南开发建设提上了议事日程，军政部次长陈诚积

① 许崇灏：《海南三市》，载 1933 年《新亚细亚月刊》。
② 彭程万、尹汝骊：《调查琼崖实业报告书》，载《交通》序，海南书局，1920 年，第 1~4 页。
③ 冼子恩：《陈济棠办糖厂经过及其真相》，载《广东文史资料》，第 11 辑。
④ 广东省档案馆：《陈济棠研究史料》，1985 年，第 305 页。
⑤ 《琼农》第 36 至 38 期合刊，1937 年 4 月。

极提议："琼崖关系两广及国防甚巨，有设特区必要。"琼崖设置特区一案由此提出。1937年5月3日至22日，由行政院、军委会及内政、外交、财政等各部召开联席会议，讨论琼崖设立特区事宜。经过反复斟酌商讨，并征询广东省政府意见后，由各主管部门参照青海、宁夏、西康等先例，就海南设特区后的行政、铁路、公路、航运、商港、航空、水利、实业等方面提出了较为详实可行的计划。然而，这项计划被日本侵略所中断。

日本占领期间，对海南岛施行以战养战的经济掠夺政策。曾由日本海军特务部拟定海南岛产业五年计划，该计划包括农业、工业、矿冶、交通、动力、水利、都市建筑、移民及教育文化等部门，内容分为建设目标、器材设备、资金需要、员工数额及预期成效等项，拟从1943年起实施，至1947年底完成，极为详细具体。1945年日本战败，国民政府接收海南，到1946年4月，中央设计局在对《海南岛产业五年计划》进行研究后认为："综观该项计划设计周详具体切实，颇有参考价值，其于铁、钨矿藏之开掘，以及耕地之拓植尤堪注意。"因此，"为积极建设该岛计，政府应遣专家前往切实调查，俾明实况，再行根据国家政策拟具建设计划，至日本原拟计划，则可作为主要参考资料"①。

1947年7月，驻菲美国矿务工程专家密勒（Mithe）建议中方应"设法利用日本赔款之机械设备开发我国海南富源"。国民政府资源委员会对此建设的答复为："惟该岛虽多水力尚缺煤矿，安于工业条件不无缺憾，本会对于该岛之工业建设计划正在筹议"②，婉言谢绝了密勒协助开发海南的请求。其实，这一时期的国民政府虽一再声称要拟定开发海南计划，但因其在经历八年抗战之后，又全力投身于内战之中，国内政治黑暗、经济混乱不堪，军事节节败退，根本没有精力谈及海南的资源开发。据1948年1月份广州工商辅导处对海南岛经济事业的调查报告称："自政府接管以来，各种产业以种种关系，大都在于停顿状态中，所谓经济活动之价值，除土产品绝少数工业恢复生产外，一般观之，几等于零。"③海南岛的各种生产事业"惟自光复后二年以来，仍在凌乱状态，除各部会接收承办者，姑不具论外，有因缺乏流动资金，不能运用灵活；有因地方不靖，大部资产已损坏，不能恢复；有因成品产销不灵，时

---

① 中国第二历史档案馆馆藏资料。

② 中国第二历史档案馆馆藏资料。

③ 《海南岛经济事业调查报告》，载《民国档案》1991年1期。

作时缀；有因动力供应不足，无以继续生产"①。而且，对于今后海南之发展亦不抱乐观态度。

1948年8月15日，国民政府立法院通过立法，将海南改为特别行政区，陈济棠出任海南特区行政长官兼海南建省筹备委员会主任委员。但此时的国民政府在海南设立特区，并非是为了发展海南经济，开发海南资源，而是为了加深对华南后方基地的控制，冀以海南为基地，重整旗鼓，继续进行反共内战。因此，陈济棠出掌海南之后，重点在于进行海南防线的军事布置，制订"海南防卫作战计划"。虽陈在赴任前也曾提出："希望琼籍人士向南洋华侨鼓吹，投资建设琼崖，开办矿务"，"准备建筑环海公路，并继续完成榆林港的建设"②，但1949年5月1日，陈济棠到海南就职时，南京已为人民解放军占领，国民党在大陆已全线崩溃。1950年三四月间，人民解放军向海南岛发起全面进攻，将蒋军残部赶出海南，海南岛全部解放。至此，陈济棠的"投资建设琼崖"计划亦成泡影。

二、海南华侨与海南经济开发

由于1929年爆发了世界性经济危机，各种矿业大都萎顿，南洋华侨大受打击，于是资本回流，投在国内事业上，而海南岛便成为投资较为集中的地区。同时，"广东省政府方面也采取了一些吸引侨资返琼建立热带种植园的政策，并派侨务委员会赴琼调查，指定人员驻于当地与华侨接洽投资事宜"③，这种政策激发了华侨的投资热情。华侨投资海南矿产开发事业也方兴未艾，从1933年至1936年的短短4年间，由海南华侨和归侨创办的以开采锡矿为主的各种矿业公司即有17家之多，请领矿区34处，约90,800公亩，职工总数超过一万人。④ 自1862至1949年，华侨投资海南（主要是海口、文昌、琼海、儋县）的资金总额达28,990,401元⑤，成为开发海南的重要资金来源，对发展近现代海南经济起到了不可忽视的作用。在广东省地方政府及华侨实业界等各界人士的积极开发之下，海南经济有了一定发展，交通地位亦有极大提高，成为广州与北海间各港口的航线中枢。从琼海关税收的增涨情形，可以窥其一斑：1921年的琼海关税收总数仅为27,014万两，1929年增涨为56,376万两，

① 《海南岛经济事业调查报告》，载《民国档案》1991年1期。
② 林荟材：《陈济棠、薛岳在海南岛的最后挣扎及其覆灭》，载《广东文史资料》第17辑。
③ 《广东省侨务委员会准备招致华侨来琼垦殖》，载《琼农》第28期，1936年6月。
④ 林缵春：《海南岛之矿业》，载《边事研究》，第5卷1期。
⑤ 林金枝：《近代华侨投资国内企业史研究》第65页。

到 1931 年已达 96,791 万两①。

海南华侨还是海南热带农业的倡导者。他们的开创之功与艰苦的开拓，奠定了今日海南热带农业的基础。民国时期的学者已经注意到海南华侨对于热带农业特别是橡胶的贡献。民国时期的研究者指出："我国能产树胶之地，仅有琼崖一处……年来出洋华侨，在外日久，习知树胶之利，于是回琼崖试种者不乏其人。最初着手者，为乐会县之何麟书氏。于宣统二年（1910 年）自南洋带回树胶种子及秧苗，在定安县属之落河沟地方，开设琼安公司，辟地 250 亩，种植树胶数千株。至第四年始获发芽。……何氏之试验即告成功，内地商人遂闻风兴起。如那大之侨植公司、石壁市之南兴公司、加赖园之茂兴公司、铁炉港之农发利公司，均先后向南洋购运种子回琼种植，结果颇为良好。"据资料记载，儋县"全县原有华侨私营胶园 150 家，主要集中于那大地区，解放前后共种植 14 万株（4600 亩）。其中解放前创办的胶园 37 家，种植橡胶 47000 多株；解放后创办的 113 家，种植橡胶 9 万多株"。截至 1935 年止，海南橡胶园已达 91 家、咖啡园 67 家、菠萝园 77 家②，而这些种植园绝大多数是由华侨兴办的。从这些资料可以看出华侨在民国时期海南热带种植业形成中的引导作用。民国时期海南热带农业的形成，不仅是新的热带作物品种以及种植技术的引进，更重要的是，它是一种区别于海南固有农业经营方式的新式种植园经济模式。它的出现，可以看作是海南社会经济近代化中的突出表现，是海南农业开始具有了近代企业化经营的雏形，对海南社会经济的发展产生了极大的影响。

民国时期，海南社会经济的发展与海南华侨的努力是分不开的。首先海南都市的形成中，华侨的汇款是支持海南都市发展的一个重要动力。有学者指出："海南岛因华侨汇款而形成的非生产性的消费，进而产生了一系列的问题。其一，从本岛薄弱的生产力之上，却形成了显而易见的商业繁荣，此点对于海口市、嘉积市、文昌等（城市）的发展有着巨大的作用。例如'本岛文昌县到南洋谋生者，每年汇款的金额至少有四、五百万元，其经由海口转送，本岛的钱庄几乎都集中于海口市'。中转的商业城市的发展（其中如海口市这样）是其大者。"③ 侨批业在民国成立后逐步发展，并在海口的商业有极大的

① 许崇灏：《琼崖志略》，正中书局，1947 年。
② 中央大学农林研究委员会编：《农艺专刊》第 1 号，1937 年 7 月。
③ 张兴吉：《回望民国时期海南发展 南洋归侨功不可没》，《海南日报》，2009 年 11 月 24 日。

比重，在 1930 年代就有 33 家，1947 年有 36 家，在 1953 年 12 月还有 36 家，其中 34 家是解放前创立的。其中最早的"三盛"创立于 1914 年。

大量资金流动及华侨进出人数的增加，为海口市发展提供了动力，消费型都市得以形成。其中以百货、旅店餐饮业比较发达。据《琼崖实业调查团工商调查报告》所附"广东海口市商会会员名册"：1930 年 10 月海口市有会员商铺 323 家，其中旅店业 23 家，酒楼菜店业 7 家，合计 30 家，占商家总数量的 9.28%；而据琼崖实业调查团 1932 年 5 月的调查，海口市有 572 家商店，其中"旅店业 24 家"，"酒菜业 12 家"，合计 36 家，占商家总数量的 6.29%；据日文资料《海南岛》记载，海口市 576 家商铺中，旅店、餐饮业有 65 家，占商家总数量的 11.28%。商业企业中旅店餐饮业的发达。

此外，海南商业的资本有相当一部分来自于华侨资本。民国时期，海南商业的全力开拓者是海南华侨。1961 年前，海口最高的建筑——"五层楼"，就是由文昌华侨吴乾椿先生于 1931 年投资 50 万银元建造的。该楼占地面积 1684.4 平方米，总建筑面积 8245 平方米，楼高 27.04 米。一层为餐厅及商业用房，二、五层为客房，四、五层的后进为电影剧院。民国时期海口商铺保存到今日的为数不多，其中今日还在营业的"大亚旅馆"（民国时期称大亚酒店）是基本沿用原商号名称的店铺。此酒店上个世纪 30 年代以前属于乐会人何位川的永利公司，何氏在 1931 年 5 月在岛内动乱中被海军陆战队所杀，似乎此后此酒店的主人变为新加坡侨领王先树，抗战时期，日军强占这个酒店，改名为"海南岛酒店"，作为日本军政要员来海南时的接待酒店。到抗战结束后，陈植在《海南岛新志》中记海口商业企业 46 家的名称，其中有海南旅行社和海南企业公司，他说，此旅行社"由华侨及各界人士组设"；而海南企业公司的业务是"琼崖各种经济开拓业务"，负责人冯蔚轩，"为华侨及琼崖人士集资创办"。

海南华侨对海南经济社会的影响，大致有两个方面，其一是一般华侨汇款对海南经济社会的影响，即侨汇的存在影响着海南经济社会的消费与金融的平衡；其二是由侨汇演变出的经济投资，包括侨汇变化出的商业投资和产业投资。民国时期侨汇在这两个方面的表现都很明显，对海南经济社会都有极大的影响。甚至可以说是民国时期海南经济社会发展变化的动力之一。

民国时期的海南经济中，因本地经济还是欠发达的情况，在进出口的贸易中，经常处于入超的地位。为了弥补对外贸易所出现亏空，侨汇是平衡入超的最重要手段。应当说在民国时期，侨汇的存在是维系海南岛经济社会不走向崩溃的关键。

第五节　日本据琼时期的经济"开发"

日本占领海南岛的最初目的是："1939 年 2 月日本军队为切断中国特别是南方的海上运输通道，实现对中国的完全封锁，进行了对海南岛的占领，但是当时随着日本所依赖的海外资源输入的日益的困难，另外日本本土内的自给能力也有一定限度的原因，海南岛的占领政策在前述的对中国的军事上的理由存在的同时，另一方面力求依靠对海南岛资源的开发以实现对日本国内所需的物资进行最大限度的补充。"① 因此，1939 年 2 月日本军队在占领海南岛实现对华的海上封锁的第一个战略目标之后，自然把占领政策的重点转移到了对海南岛进行掠夺之上，日本海军力求使用海南特有的农产品及矿产品来补充其它占领区所不能提供的资源。海南岛的"资源开发"也就不可避免被列入了日本战略物资开发的范围。

按照王裕秋、张兴吉的研究，他们认为虽然日本从占领海南岛之初即确立了对海南岛资源进行"开发"，以达到补充其国内及其他占领地区所缺乏的战略物资的政策，但是在实际过程中这种政策随着战争形势的变化也有不同的变化。他们主要研究了工业方面，认为在工业方面，日本"开发"大致可分为两个阶段：第一阶段是在卢沟桥事变后到太平洋战争爆发之前，日本军队已经逐渐认识到中日两国之间的战争已经进入到了长期持久战争的阶段。第二个阶段是太平洋战争发生到抗战结束。②

第一阶段，王裕秋、张兴吉他们认为："在此阶段的初期，就日军的战略方向而言，虽然日本方面早在 1936 年 8 月广田内阁就把'向南方海洋发展'确定为'基本国策'的一个重要方面，但是否南进还处于犹豫不决之中。日本军部的基本目标是压迫中国屈服并使之成为日本的仆从国，进而在获得中国的物质资源支持下对南或对北发动进攻，实现其征服世界的野心。基于此目的，日本军队攻占海南岛最重要的目的在于断绝中国南方的对外联系，迫使中国投降。同时在日军准备南进之前，即在通过攻占南洋群岛以建立自给自足的富源之前，其所缺乏的战略物资，在海南可得到补充。所以，日本军方对海南

　　① 日本大藏省编：《关于日本人的海外活动的历史调查———海南岛篇》（日文），汉城高丽书林出版社，1985 年。
　　② 王裕秋，张兴吉：《日本侵占海南时期的经济"开发"政策及活动》，《海南大学学报（人文社会科学版）》，2000 年第 3 期，第 25 页。

岛的占领是一种资源掠夺，即尽快地从海南取得相应的物质资源，于是在短时间内完成了所谓的资源开发。为了通过对海南岛资源的'开发'来推动日本的战时经济的发展，因此，这个时期日本对海南岛的经济投入大批的人力、物力。"① 有材料也记载：当时"日本军队及民间开发会社进入本岛稍后一两年内，其必需的除粮食以外的物资，例如衣料、纸张、烟草、饮料等轻工业产品，钢铁、水泥等重工业产品，都是从日本内地及台湾运送而来"②。为配合产业"开发"，日本方面在海南岛策划兴办了一系列的近代工业，但无论从其规模，还是数量、种类都不构成完整的工业体系，只是为配合基础开发而兴办的一些服务性的小型企业，这就是日本在所谓"中国事变"中的现地自给计划，也反映了日本方面急于夺取资源的想法。③

第二阶段，王裕秋，张兴吉同样认为："从 1941 年 12 月太平洋战争爆发到 1942 年 5 月，日本军队在 6 个月内迅速地占领了东南亚及西南太平洋地区。日军以为可以轻松地夺取东南亚的石油、橡胶等战略物资了。但不久由于东南亚地区的资源开发并不顺利，加上美国军队的反攻，所谓'南方战线'的成功并没有带来日本军方所希望的战略物资，故而对海南岛的政策也就相应地发生变化了，不可能向海南岛投入更多的物资，这样就给日军的'海南岛产业开发'造成了困难。"④ 因此，"在太平洋战争爆发后不久，日本军方主要是日本海军调整了对海南岛占领的经济政策，着手建立在海南的最基本的基础工业部门及保障生活供给的工业部门。在建设物资方面有制铁、水泥、铁工机械、造船、润滑油等，在生活物资方面有纺织、造纸、烟草、造酒、制药、玻璃、火柴等。但从其中筹建的项目来看，并没有达到日方所预期的目标，如制铁工业在 1943 年开始建设，1944 年就被迫中止，只生产过 400 吨海绵铁，并没有达到实现生铁自给的目标。又如水泥制造，1943 年为建设水泥厂开始安装火力发电设备，1944 年 1 月末完成了水泥生产设备的装配，但不久就因原料不足而停止生产。另外又准备在 1944 年完成月产 3000 吨水泥厂的建设，但

---

① 王裕秋，张兴吉：《日本侵占海南时期的经济"开发"政策及活动》，《海南大学学报（人文社会科学版）》，2000 年第 3 期，第 25 页。

② 日本大藏省编：《关于日本人的海外活动的历史调查———海南岛篇》（日文），汉城高丽书林出版社，1985 年。

③ 王裕秋，张兴吉：《日本侵占海南时期的经济"开发"政策及活动》，《海南大学学报（人文社会科学版）》，2000 年第 3 期，第 25 页。

④ 王裕秋，张兴吉：《日本侵占海南时期的经济"开发"政策及活动》，《海南大学学报（人文社会科学版）》，2000 年第 3 期，第 25 页。

没有完成。这些基础工业的建设进展得极不顺利，也就谈不上一个整体的工业体系的建设。"①

日本占领海南岛之后，日本企业也依托于日本军方和日本海军的支持，展开了在海南的经济活动。据王裕秋、张兴吉的统计："各类企业及其子公司的总数达到82家。"他们把这些企业大致归了5类："1. 在海南岛的规划企业，其中包括农业及水利事业、畜牧业、林业、水产业、矿产业、工业、电气事业；2. 商业及金融机构，其下有商业、金融业；3. 通信事业，包括军用通讯、民用电话电信事业；4. 交通运输，包括陆路运输、海上运输、港口改造、航空基地的建设；5. 社会公共事业，包括教育、卫生、新闻等。在上述的82家企业中，如按产业门类来区分，农业29家、商业15家、林业8家、工业8家、交通运输业8家、水产业5家、矿业3家、银行3家，造船、烟草、电力、通信各1家。"②

从这些企业归类来看，我们就不难发现农业是日本企业投入的重点。农业在进入海南岛的企业中数量最多，分布也最广，农业政策在日本对海南岛的经济政策中有着重要的地位。究其原因，主要有：第一，要满足驻海南岛军队大批企业人员的生活要求；第二，获得在其他地区所难以获得的热带作物资源如橡胶、椰子干果等；第三，服务于驻军的商业。这些构成日本对海南岛"开发"政策的支柱。

从各企业设在各地的农场及相关设施的生产物资来看，大致有大米、蔬菜、甘蔗、烟草、菠萝、黄麻、棉花、咖啡、药用植物、橡胶、水果等。各企业所兴办的可统计的农场共44处，可统计土地面积是1151.4町步大约合22781亩，而实际上各企业共有64处农场，若以上述比例计算则64处农场的总土地面积大约29078亩，实际的面积可能多一些，在澄迈县据日方资料记载有六处农场，而中方资料记载有八处。③ 在林业上还有橡胶林157町步，一般造林124町步，果林14町步，合计295町步大约合438亩。在与农业相关的设施中，有碾米、制糖、榨油等设施。其中碾米的加工能力日生产15.24吨约合年产5562.5吨；制糖能力：日加工29吨，另有三处年产合计194吨者，总

---

① 王裕秋，张兴吉：《日本侵占海南时期的经济"开发"政策及活动》，《海南大学学报（人文社会科学版）》，2000年第3期，第25页。

② 王裕秋，张兴吉：《日本侵占海南时期的经济"开发"政策及活动》，《海南大学学报（人文社会科学版）》，2000年第3期，第25页。

③ 澄迈县地方志编纂委员会办公室编：《澄迈县大事记》，海南人民出版社，1988年，第45页。

计年产约 10779 吨；榨油日产 0.19 吨，造酒月产 40 石。① 以上数字只是一部分可统计数字，实际情况可能要大些。仅就精米的加工能力来说，似乎只能满足日本驻军及企业人员的基本要求。日军在海南岛的兵力比较多，投降时日本海军约 49400 人，侨民 5800 人，合计约 55200 人。② 如果以每人每年 120 公斤的大米计算，一年需要 6624 吨。由此可知，日本企业碾米的加工能力大致只能满足日本军队及各地会社职员的最低要求，尚没有能力供给市场。③

日本在海南"开发"的企业主要有三井农林株式会社、日本窒素株式会社、南洋兴发株式会社，其中又以日本窒素株式会社最大，其下的企业就是著名的石碌铁矿及昌江水电站。这些企业相当多的部分就是在"二战"时期日本的私人资本和国家政权相结合的"国策公司"，其代表就是台湾拓殖株式会社。应当说，他们不仅忠实地执行日军对海南岛占领政策中的经济政策，并且以此为中心展开他们的活动。

日本企业在海南岛的商业活动在 1941 年之后不断增加，这主要是受到世界各国同日本关系的恶化的影响，但是不久由于战局的变化，日本内地及台湾的物资供给进入了统制化时期，购买商品和海上运输的日益困难，为避免彼此之间不必要的竞争，1942 年 8 月成立了贸易的管理机构，即日本交易公社，1945 年 5 月各会社把自己的业务完全交给公社，各会社的商业活动实际上已经终止。

一、日军侵略海南的军票政策

卢沟桥事变后，日军大举入侵中国，日元随之在沦陷区大量流通，币值大幅下跌，这不仅降低了日本在中国的购买力，也波及日本国内，导致通货膨胀。1938 年 11 月，日本当局发行"新币"——军用手票，以转嫁日元贬值的压力。日军军部制定了《华中、华南使用军用手票的办法》，规定侵华日军在这两个地区一律使用军用手票，禁止使用日元。根据有关资料记载，日军侵华期间，先以 0.6：1 的比例用"日伪中联券"兑换沦陷区人民手中的合法货币，再用"军用手票"兑换"日伪中联券"，比例 0.18：1。这样，中国百姓原来手中的 100 元就变成了不到 11 元的"军用手票"。转瞬间，沦陷区大量

---

① 日本大藏省编：《关于日本人的海外活动的历史调查———海南岛篇》（日文），汉城高丽书林出版社 1985 年，第 78 页。

② 《昭和 20 年（1945）的中国派遣军》，中华书局，1984 年，第 293 页。

③ 王裕秋，张兴吉：《日本侵占海南时期的经济"开发"政策及活动》，《海南大学学报（人文社会科学版）》，2000 年第 3 期，第 25 页。

中国百姓破产。抗日战争期间，日本侵略者通过发行这类"纸币"，从中国掠走的财富达上百亿美元。1938年10月，广东沦陷后，日本侵略军推行军用手票（简称军票），作为日军占领区中通用的货币。日军军用手票有三种。一种票面的正面上部印有"大日本帝国政府军用手票"，标有龙或凤图案，盖有"内阁大臣"印鉴；第二种票面的正面上部印有"大日本帝国政府"字样，加盖红色"军用手票"四字，有"武内大臣"头像；第三种是用红线将原票正面横行"日本银行政府券"和竖行"日本银行"字样划掉，在中间盖红色"军用手票"四字，下方加盖"大日本帝国政府军用手票"字样。最大面值为一百元，最小面值仅一钱。有的反面还注明："如有伪造变造仿造或知情行使者均应重罚不贷"。日本还有另外两种票券随军流通。一种正面印有"日本政府券"和"日本银行"字样，盖有两种圆形图鉴，为"大日本帝国印刷局制造"；另一种正面有"大日本帝国政府纸币"铭文，盖有"内阁大臣"印鉴。有的印刷时间为"昭和十二年"（即1937年），有的为"昭和十八年"（即1943年）。

流通海南的军票主要有两种：一种是以日本银行钞票加盖红色"军用手票"4字，一种是"大日本帝国政府军用手票"。面额有100元、10元、5元、1元、50钱、10钱、1钱等，标明"大日本帝国政府"发行，无论票面面额大小，均不刊号码，规定军票1元合国币1.3元，合省毫券1.8元，可以照规定比价纳税。但市民暗中抵折，军用票实际市价为每元值毫券1.6元，且市民对于军票均采取随时换成国币的态度，连敌伪汉奸亦歧视军票。

图 2.1 日军侵琼时期发行的各种钞票

　　为防止国币在市面流通，影响军票价格而致下跌，伪广东治安维持委员会于 1939 年 6 月 9 日公布《携带现钞出口条例》，通令限制货币出口，规定华人自广州出口者准带军票最多 1000 元或国币 2000 元，或省毫券 3000 元，各种钞票混合携带则只许带 2000 元，白银不许出口，金、银、铜、铁、锡五金则绝对禁止出口。1943 年，日军经理部宣布从 4 月 1 日起，停止军票新钞的发行，已在市面流通的军票仍准自由行使，并规定军票 18 元折合中央储备银行券 100 元，市面各种物价以中储券为单位。

　　此后，日商银行办理兑换只限于以军票兑换中储券，而不得以中储券兑换军票，以陆续收回军票。抗战胜利后，1945 年 9 月 27 日，国民政府财政部制定《收复区敌伪钞票及金融机关处理办法》，主要内容是：（1）收复区内敌伪钞票，除伪钞由政府分别定价限期收换外，敌钞由持有人向指定之银行或机关申请登记，不得在市流通，登记办法另定之。前项所称伪钞之定价及收换期间，由财政部公告。（2）恢复区内人民持有之伪钞，应于政府规定期限内，向指定的银行或机关请求收换，逾期未持请收换者，一律作废。收换办法另定之。政府因伪钞发行所受的损失及登记的敌钞，向日本清算赔偿。（3）收复区内敌伪设立的金融机关，由政府指定国家行局接收清理。（4）收复区内经敌伪核准设立的金融机关，其执照一律无效，限期清理，清理办法另定之。同年10月18日，财政部颁布《收复区敌钞登记办法》，规定敌钞登记由财政部授权中央银行办理，各地登记时间定为1个月，期满即行截止。

中央储备银行是汪精卫为首的伪国民政府于1941年1月6日设立的，次年7月6日在广州设立了广东分行，设有发行支库，并于7月10日开始在广州发行中央储备银行券（简称中储券）。规定从7月10日至24日为新旧币全面兑换时间，新币指中储券，旧币指中国、中央、交通、农业发行的法币及广东省银行毫券。期满即行禁止旧币在广州流通行使，但持有法币不禁止。新旧币比率为1：2，即新币1元兑换旧币2元，新币对军票的比率为100：18，原以军票为本位折合新币时，其折合率为5.555。市面各种物价均改以新币为本位。9月1日，（伪）广东省政府财政厅会同财政部广东特派员公署命令各县自即日起，禁止旧币流通。从1943年4月1日起，日军经理部宣布停止军票新钞的发行，市面各种物价及一切债权债务的清理均以新币为本位。据统计，广东分行自成立至1945年9月22日被接收为止，共发行中储券数额为5,921,796万元。1945年8月日本侵略军投降后，国民革命军第二方面军广州前进指挥所主任张励率领的先头部队于9月7日进入广州，即奉该方面军司令官张发奎电示，广州市和广州收复区各地所有交易，应即恢复以法币为本位，大小票一律行使，不得歧视，所有伪钞，另候中央政府规定办理，并即布告市民周知。此时，在全国范围内只有广东军政当局自行决定单独实行立即完全禁止中储券流通。但由于筹码不敷周转，市面上中储券仍有比价折合流通，广州市法币与中储券的市场比价，在1：13至1：27间升降，黄金每两值中储券30至84.6万元之间。9月19日第二方面军司令部第二次严令完全禁止中储券流通后3天内，法币与中储券的市场比价由1：25跌至1：55，黄金每两值中储券涨落于85至97万元之间。1945年9月19日，财政部派驻粤桂闽区财政金融特派员钟锷和特派员办公处的主要工作人员，由重庆来到广州，这是财政部于复员时期设置的负责处理收复区财政金融事务的临时派出机构。该办公处认为第二方面军司令部的布告不妥，会在社会上引起不良影响，便以急件报请财政部转行第二方面军撤消完全禁止中储券流通的做法，但广东军政当局仍照单独自定的办法办理，没有丝毫的松动。这对广东的金融复员，带来一些影响。因为立即完全禁止中储券流通，持此钞的广大人民生活困难，而且由于人员交通、运输、印制等种种原因，银行机构不能一下子恢复，法币也不能一下子及时满足供应，这样，中储券的一律禁止使用就造成了货币供应和流通脱节的情况。

1945 年 9 月 27 日，国民政府财政部公布了《收复区敌伪钞票及金融机关处理办法》，10 月 28 日，公布《伪中央储备银行钞票收换办法》和《伪中央储备银行钞票收换规则》。规定：（1）伪中央储备银行钞票准以 200 元换法币 1 元。由中央银行及其委托机关办理收换事务。（2）自 1945 年 11 月 1 日起至 1946 年 3 月 31 日止，为收换时间，逾期伪钞一律作废。（3）伪中央储备银行票版，业经接收销毁，其已发行钞票的种类和发行总额，并据财政部派驻京沪区财政金融特派员查报，如有超过原报数额以外和种类不同的钞票，不予收换。凡操纵图利，违反本办法第一条规定的，以扰乱金融论罪。规则具体规定了每人每次收换的限额，何时收换何种券别的时间等问题。广东方面由于未收到《伪中央储备银行钞票收换规则》，为了按期收换中储券，财政金融特派员办公处起草了《广东暂时收换伪中央储备银行钞票办法》3 条，由第二方面军司令部、广东省政府和特派员办公处三方会签实施：（1）自 1949 年 11 月 1 日起，由广州的中央银行、中国银行、交通银行及中国农民银行，按照财政部规定的收换比率办理收换事宜。（2）每人每日暂以换取法币 10 元至 2000 元为限。（3）等到财政部颁布的收换规则到粤后，即遵照部定规则办理。这与后来补寄到广东的收换规则相比，差别不大，不同的只是部定按中储券面额大小分月收兑，广东定的没有在票额大小上分别收换先后。另外，部定最高限额，每次可换法币 5 万元，广东规定只有 2000 元。为了加快收换工作，中央银行广州分行增加委托中央信托局广州分局、财政储金汇业局广州分局和广东省银行转知其所属各分支机构代为收换。至 1946 年 3 月 31 日收换截止日止，广州金市收换中储券总数为 16,961,155,000 元（未含其他县市数），另在接收中央储备银行广东分行时，其业务库存中储券为 470,000,000 元。另外海口收换额为 434,000 元，江门收换额 1,014,000 元，佛山收换额 72,000,000 元，中央银行广州分行接收中央储备银行汕头支行时，其库存中储券为 197,581,070.32 元，中国农民银行汕头分行接收台湾银行汕头支店时，其库存中储券为 72,284,496.29 元。上述各项总计为 177 亿余元，与中央储备银行广东分行发行支库的发行总额比较差别很大，其流出省外及战火销毁者当属不少。

二、日军侵占海南期间各项计划

（一）海南岛农业及移民计划

1939年9月25日，海南岛海军特务部（前身日本海军第五舰队情报部部长前田大佐。该情报部1939年2月14日撤消。比后松永大佐、兼田大佐成为海南日据农业前期管理方面的权威者。）在海口日本总领事馆召开第二次海南岛农政委员会会议（"海南农业开发会议"）。出席会议的有当地三省官员、台北帝国大学田中长三郎、东京帝国大学三浦伊八郎、春日井新一郎、山下知彦等专家学者。开发企业方面的农政委员主要有较早上岛"开发"的台湾拓殖株式会社、海南产业株式会社、南国产业株式会社、日东拓殖农林株式会社、南洋兴发株式会社、伊藤产业合名会社、东洋纺织工业株式会社、田中商事株式会社以及台湾总督府技师等代表。会议制定了《海南岛农业计划》、《海南岛农业实施计划》和《海南岛移民计划》，并指导付诸实施。

　　该《计划》指出海南岛农业开发的目的最重要的是补足日本农产资源的缺陷，成为日本势力圈中热带特产基地，通过改良品种来增加产量，同时丰富本岛居民生活资源。在实施要领中提出两层重要性的考虑，首要的是战略物资方面开发橡胶（南洋橡胶〈后藤〉、南国产业〈有村〉）、埃及棉、麻类（包括苎麻、黄麻等）。第二层意义的考虑是开发大米以及油料作物如落花生、胡麻、海棠树等，树脂类如漆、松脂等，蔬菜及果树，烟草，红茶，药用植物，香料及香辛料，淀粉原料，甘蔗，谷菽类如麦、粟、豆类、玉蜀黍，用材业包括采伐和造林，其他杂类有用植物，畜产，杂类动物饲养如野蚕等。在土地利用上要优先考虑战略物资开发。在经营主体上，则制定由日本内地移民来海南各地适当分散经营开发的战略。

　　第二次海南岛农政委员会会议还制定了农业实施计划，确定了农业及农业移民的掌管机关是现地三省会议及其所属的农政委员会以及具体实施的各株式会社和农业试验所、农民训练所等，并设计了福利设施规划。将来合理计划，建立灌溉和排水系统，并且在大都市附近设计规划相当面积的森林公园。在海岸飞砂地种植木麻黄、海棠树等，设置海岸防风林。

　　农业、盐业、林业、畜牧业资源开发移民限于日本内地温暖地方（冲绳、鹿儿岛、熊本、高知和歌山县等），内地移民和岛民开发不足的场合出台湾人补足。矿业以内地移民和岛民开发矿产，劳动力不足以台湾人及大陆支那人（中国人）补充。渔业劳动力不足以岛民补足。商业及金融业鼓励有经营能力的日本人自由进出，对大陆支那人（中国人）适当抑制。土木建设必要的劳动力可利用岛民共同完成，吸引内地及台湾人来岛，其中希望永久居住者给予特别考虑。

（二）海南岛农政计划

1940 年 2 月 6 日至 8 日再次召开海南岛农政委员会议。出席者有三省会议方面代表、农政委员和台拓等 32 个会社的代表以及台湾总督府官员。会议商讨了反经济封锁农业战略物资生产问题，确定了各株式会社经营地区、经营品种，制定了进一步调查计划。

农政委员会会议召开时正值英法美等国策动针对日本的"ABCD 包围阵"，对日进行经济封锁，海南岛成为日本重要物资生产地，农政委员会对各会社主作和副作经营项目进行计划安排。台拓农林、日东拓殖、南洋兴发等 36 个株式会社在本岛进行实施棉、麻、畜产、用材、油脂、香料、药材等十多种农业开发项目。

日本海南岛海军特务部机构充实以后，经济局第一课农务系设置了农业开发奖励业务，除对会社和本岛农民进行农业开发奖励以外，还大力引进良种和种苗。主要有水稻、蔬菜、果树、棉、蓖麻、黄麻、甘薯、麦、粟、玉蜀黍、黍、大豆、小豆、荞麦、甘蔗等的优良品种。例如：1941 年至 1943 年引进水稻蓬莱种"台中大 5 号"60000 斤，"高雄 10 号"60000 斤，"嘉南 2 号"71960 斤。这些品种可增产 30% 以上。甘薯良种可增产 1 倍，甘蔗良种可增产 2 至 3 倍。除此以外，还对"海南猪"进行改良。海南岛原产上黑下白、凹背凸腹的猪种，胴体肥多瘦少，肉质差，个头小，生长慢，被认为劣质猪种。因此，引进了日本、台湾的良种猪置换，这种种猪，体形好，瘦肉多，肉质好，1 年生长至 125 斤。

在引进良种之外，在农药、农机、农田水利方面，日本农政当局均作了很多工作。自 1941 年和 1943 年从日本内地和台湾导入急需肥料：硫铵 4,639,280 千瓦，过磷酸钙 676,444 千瓦，大豆粕 36,562 千瓦，棉实粕 46,000 千瓦。绿肥及种子。引进绿肥：田菁 72.20 石、赤花豌豆 18.00 石等，总计 143.80 石。引进绿肥种子：田菁、赤花豌豆、青皮豆、富贵豆、柳豆等共计 144.20 石。针对海南岛内各地农机缺乏，农具样式落后、种类繁多、形制不一、不便于大规模农业开发使用的状况，日本殖民当局应各开发会社要求，联系引进了脱谷机、喷雾器、制绳机、深耕犁、作沟机、碎土机、拔根机、移植镘、台湾镰、开垦锹等 61 种农机具。农用药剂导入引进砒酸石灰、大豆展着剂、除虫菊等 11 种农药 2 万多千瓦。农田水利工程方面，日军侵琼期间各殖民开发会社修建完成大型农田水利设施 47 处，受益面积 7171 公顷；未完成 16 处，待受益面积 5776 公顷；计划尚未着手 23 处，待受益面积 414406 公顷。

（三）八所港湾建设实施计划

1940 年 7 月本窒素肥料会社通过《八所港湾建设实施计划》：年矿砂输出量为 300 万吨。筑港工事：第一号防波堤 330 米、第二号防波堤 80 米、岸壁 330 米；物揭场护岸：第一号护岸 270 米、第二号护岸 80 米；波防护岸：第一号波防护岸 150 米、第二号波防护岸 600 米；其他护岸：石椎工 790 米、埋立 454000 立方米；浚渫：内港浚渫 582000 立方米、航路浚渫 217000 立方米；工事用船舶、矿砂输出设备：浮取输入相关设备；各种装载设备及陆上装载设备。工程总预算 25,850,000 日元。

（四）日军侵略海南期间的日本企业

日军侵琼期间，经日本军部批准，日本各垄断资本来海南岛经营产业共有 92 家企业。根据 1946 年国民党政府接收机构统计：日本各大开发株式会社当时在海南岛先后投入总额 6 亿日元的资本。其重点是对海南岛农林水产品的疯狂掠夺。以 1973 年的比值计算就相当于 9,000 亿日元投资（1943 年日元比值是 1973 年的 1,500 倍）。部分行业投资列表如下：

行业种类	投资约数（日元）
农业企业	100,000,000
各种工业	12,000,000
交通业（道路桥梁港湾设备）	153,000,000
矿山业	263,500,000
木材业	9,000,000
水利业	5,000,000
畜牧业	5,000,000
水产业	12,000,000
窑业	5,000,000
盐业	3,000,000
通讯业	6,000,000
食品加工业	6,000,000
其他	0,000,000
合计	600,000,000
日本侨民约有	5,800 人

（五）日军侵占海南期间的经济掠夺

海南岛是日本在太平洋西面的第二道门户，日本军国主义分子海军大佐石丸藤夫在"九一八"事变后，发表了《三年后日本对世界的战争》和《军事上可见海南岛的重要性》两篇文章，特别强调了海南岛在战略上的极端重要性，即若想占据外南洋各地，首先必须占领海南岛。他还在另一篇《被包围的日本》一文中，详细地阐述日本"南进"和所谓的"此守海南"的必要性。日军不仅把海南作为"进窥华南"，侵略南中国和"控制整个太平洋"的"南进基地"，更重要的是把海南作为经济掠夺的战略要地。日军对海南优质的矿物资源和富饶的热带植物、海洋生物等资源，特别是制造武器的优质铁矿石格外重视。

1940年11月30日，汪精卫伪国民政府与日本侵略者签订了《关于基本关系的条约》和《附属秘密协定》。其中规定：日本获得驻扎军队于蒙疆及华北，获得驻扎舰队于长江沿岸和华南沿海，在物资、交通、金融、航空、通信等各个领域，中国方面应提供日本国所需的各种便利，中日合作开发长江流域、海南岛及厦门附近的资源；中国的工业、农业、国防、外交、财政、金融、交通、治安均有给予日本国"援助"的责任，聘用日本人为顾问。所谓的《基本关系的条约》和《附属秘密协定》，使日本在中国和海南的经济掠夺涂上"合法"的色彩。

日本是一个资源匮乏的岛国，入侵海南期间，从海南岛掠夺了大量资源，主要有以下三个方面：

1. 对矿产资源的掠夺

1941年12月12日日本在有关大臣会议上决定了《南方经济对策要略》。把我国东南沿海各岛屿的镍、铁、矾土、铬、锰、云母、磷矿石等矿物资源作为开发重点。日本对海南优质的铁矿石、锡、金、锰、钛、磷、硝石、油页岩、盐等矿物资源大肆开采，对海南矿业资源的掠夺最大宗的是铁矿和盐田的开采，并成立了日本窒素会社和石原产业会社。石碌铁矿，当时日产量3600吨，工人1.7万余人。田独铁矿，每日产量5000吨，工人1.5万名。日本三井盐业会社在北黎至南丰墟之间，设制盐所60处，年产盐3万吨。日本是一个不能自给自足的国家，是一个资源匮乏的岛国。为把开采的铁矿石安全运到日本，还专门在海南南部的三亚至八所修建铁路一条，并兴建了一所可以停泊两艘万吨汽船的码头。

2. 对海洋生物资源的掠夺

海南岛是地处南太平洋的岛屿省份，拥有约200万平方公里的海域，有着得天独厚的海洋资源，特别是海洋生物资源。日本在琼期间，一方面是禁止海南渔民出海捕鱼，凡被抓获，格杀勿论，任意践踏中国人在自己的领土上生产、生活和生存的权益。另一方面大肆强占海南岛的海洋水产品，仅日本林兼商店在榆林港经营的大规模的渔业，用若干艘船底网渔船，每十日可捕鱼2000箱左右，冷冻后运往下关或东京。除此之外，在海口新英港均有日军的渔业公司。入侵时期日本在海南岛的渔业公司，其中以林兼商店、日本水产公司和北海道水产公司业务最大。

3. 对热带农产品的掠夺

所谓的"南方经济对策要略"也把东南沿海各岛屿的橡胶、锡、椰子油、棕榈油等物产作为开发重点。在这些物资开发和掠夺上，日军极力诱导日本企业，使其合作，于是，日本三井、三菱、住友等财阀和其他企业陆续进入东南沿海各岛屿。其中军事要员和经济开发要员就超过4万人。

为把掠夺到的各种资源和加工的产品尽快运回日本和其他被占领入侵地区，日军在海南的三亚、海口等各县和地区，修建了机场、铁路和许多码头、公路、桥梁。他们还占领了榆林、天尾、清澜、东水、七星、铺前、新村、马袅、新盈、黄龙、调楼、洋浦港等优良港，利用这些港口强行将海南的资源源源不断地输往日本和日本军事占领地。

海南土地肥沃，气候宜人，物产不仅丰富，而且盛产橡胶、水稻、咖啡、甘蔗、椰子、芒果、波萝、荔枝、龙眼、灵芝等稀有热带农产品和野生植物。为把海南变成日本的种植、加工农产品的基地，据不完全统计，日军在海南大约建了60多个农场。它们分别是日本的明治制糖会社、盐水港制糖会社、海南拓殖会社、日糖兴业会社、厚生公司、海南兴业会社、海南产业会社、东台咖啡会社三井会社、三井农林会社、南洋橡胶会社、南路产业会社、南洋兴发会社、武田药品式业会社，以及日本的梅林商店和资生堂等，大致分布在海南的海口、三亚、琼山、文昌、定安、儋州、澄迈、临高、万宁、崖县、东方、乐东、通什、加来等地，除此之外，日本的智慧社还在海南经营畜产品、畜产品加工业和木材加工业。可以说，日本的经济掠夺遍布海南岛各个地区和各个行业。

第六节　民国时期的海南城市

一、民国时期城市发展情况

民国时期海南岛的都市发展进程呈现了加快的趋势，这主要得力于对岛外贸易的扩大以及与岛内黎族苗族地区贸易的扩大。海南的城市分为三种类型：第一种是传统的政治中心演变而来的市镇；第二种是由传统的产业，主要是由渔业、盐业为基础而形成的市镇；第三种是由贸易而形成的市镇。在这三种类型中，又以第三种为最多。可以说，在民国时期，除了海口、三亚之外，海南岛内的大部分城市都是这个类型的市镇，但奇怪的是，这一类市镇在后来的历史演变中，相当部分并没有成为今日海南的中心市镇。综观民国海南城市发展情况，主要有三个特点。

首先，商业对海南城市化进程起到决定作用。在民国时期，海南岛城市的发展逐渐脱离了旧有的依托城市中心发展的轨道，以经济、商业的发展为动力，在这个新的趋势下，出现了功能单一型旧城镇的衰落和新城市崛起的情况，海口就是典型的例子。海口的商业不是服务于政治中心的人群，而是依靠口岸的开放而发展，海口的开放口岸，外轮的停靠，改变了海南岛华侨的传统出海港口（以前多在文昌的清澜），同样华侨的回流以及他们所汇回的汇款、资本也必须经过海口，加之海口历来就是海南岛对外联络的港口，贸易的扩大、人口的流动，发展了这个城市。

其次，民国海南城市的基础设施建设得到强化。城市基础设施是为保证人类活动的正常进行，使其始终在一个有序的情况展开活动，使人类的活动有序化。为适应海南社会的发展，海南城市在民国时期都有相应的市政建设，虽然当时的市政建设还是在比较原始的状态，但它依旧体现了城市发展的基本要求。其中以城市街道的建设为中心。

最后，民国时期海南城市中开始出现自治组织。都市中的人群，是分属于不同的职业、阶层等各个不同的利益集团，在城市中这些集团，通常表现为自治性的社团，从而对自己的组织进行有效的管理。从世界城市的发展史上看，这些社团的自治水平通常反映了一个城市的发展水平。海口市最早的行会首先出现在各行业中，各行业也有自己的组织。最早出现的是具有地域色彩的地区行帮。《琼崖实业调查团工商调查报告》中说："琼崖之有商业团体，大抵始自前清光绪初年，当时所谓福建帮、潮州帮、五邑帮、高州帮四大行帮，实为商会之嚆矢。迨至民国成立后，琼崖商人日见开通，知欲谋增进商人相互间之福利，调查商业之兴衰，改良商品以扩广销场，和协商情，以调息商讼，非组织商会不可。于是各县商人先后纷起设立商会。"①

二、民国时期的城市改造与建设

城市与乡村一个很重要的区别就在于人口密度的差异，众多的人口数量与密度，要求城市必须与此职能相一致，即必须满足城市中市民的生产与生活的要求。因而强化城市的基础设施建设就是城市发展中的基本要求。海南岛在经过了民国初年的动荡之后，在 20 年代初期，即使是在邓本殷控制海南时期，城市的建设也开始逐步完善。在文昌，1922 年，陈岛沧经过民选到任文昌之后，"集工拆除旧时文城城垣，扩建街道，整饬店铺，疏浚文昌河。修筑海南第一条文昌到琼山公路，开通了海口至文城之交通，兴建文昌第一公园，成为海南第一个县城公园"。在民国时期，特别是在1927 年以后，随着海南岛内社会的安定，各地市镇的市政建设，都有进步。《广东全省地方纪要》中说：在府城，"商业区内，有文庄路、忠介路、中山路等，均用砂泥铺筑。其小巷及住宅区域之街道，商代改良。城内东西门，各有商办菜市一所。北门外有商办之屠场一所"②。在说到琼山县各地的情况时说："全县共有墟市四十余处。经改良街道者，为云龙、东山、大坡、钟瑞、……等十三市。现在计划改良中者，为那流、永兴等市。"③ 建于明洪武二十八年（1395）的海口城，在清末海口开埠之后，海口市内的道路也得到改造，出现了石板铺造的街道。第一条水泥路面出现在 1920 年，之后 1924 年，海口独立设市，海口开始拆毁旧城墙。拆城之后的海口市街道大多是石板铺成的道路，部分是水泥的路面。

城市的发展，不仅是街道，还有待于各种基础设施的建设，城市文化娱乐设施以及基础设施的建立是城市发展的基本条件。就海口市而言，据《海南岛旅行记》说："公园有大英山之中山公园及府城之第一公园、北门公园共三处，图书馆有琼山县图书馆、六师图书馆、琼中图书馆、琼海图书馆等四处，运动场，有琼崖运动场一处。娱乐场所，有幻真戏院、中华戏院、新戏院、大同戏院等四家，但俱设在海口市。"

公众娱乐场所方面，民国时期，海口开始建设公园，著名者有二处。在海

① 《琼崖实业调查团工商调查报告》。
② 《广东全省地方纪要》。
③ 《广东全省地方纪要》。

102

口城外大英山设立中山公园。在 1935 年琼崖绥靖公署对其加以修整，增加了公园的设施。因大英山在海口市西南，作为夏天的游玩场所又不便，1935 年 6 月，由绥靖公署提议，对海口港的入口所在椰子园加以修整，建成海口公园。林缵春说："出外，途径海南医院而至椰子园。椰子园为海口游乐场之一，后背海南医院，前临大海。其地广而平，中植椰子约百棵，是以名焉。朝晨薄暮，红男绿女来游者，不绝于途。以挹海风清凉，望海水之澎湃，帆船往来，落日红霞，其乐无穷也。"

海南各地市镇的建设，则主要是拓宽街道（马路），扩大店铺（骑楼）。据《民国儋县志》在记载儋县境内市镇的情况时，多用"市政改良"一词，在其记载的 48 处市镇中，有 7 处建设有马路，即新州、王五、中和、新英、长坡、东山市、那大。另外还有 4 处市镇明确记载"未改建骑楼、马路"。类似的例子还反应在海南岛东部的嘉积。嘉积一直是海南经济的重镇。从明代开始聚集成市，清代时已经颇有规模。原有大街小巷 13 条，其建设在上个世纪的二十年代开始，此时拆除了旧城墙，拓宽了街道，以"嘉积新纪元"为名，开辟"嘉祥、积庆、新民、纪纲、元亨"等五条街，并开辟了到周边地区的公路。

海南市镇的改造的动力，一方面来自其自身经济发展的要求，同时，民国时期对海南岛开发的思潮也直接推动着海南市镇改造的过程。比如对南海诸岛的关注，促使人们关注海南岛南部城市的发展，在《西沙岛东沙岛成案汇编》中，附录了"附带经营榆林港计划"，表明对于海南城市发展的新的思路。当然，民国时期海南岛开发的活动，受国内政治、经济形势的影响很深，因而受此推动的海南岛市镇发展也没有一贯性，民国时期榆林的开发，也只是停留在计划的层面上，并没有得到实施。

第三章

民国时期的海南社会

第一节　民国时期海南的社会秩序

以军阀割据为主要特点的民初海南政局，武人跋扈，"军权却是凭凌一切事权上"，政策制定也更多地体现出临时性和随意性的特征。

军阀统治时期，军队是核心问题，因而养兵是最主要的工作。"民国五年，龙济光治琼时，兵额有三旅；民国十三年，邓本殷治琼时，兵额则有四旅"①，为了保证军饷就不得不干涉民政以保证财源。这一点，无论是在龙济光还是在邓本殷割据时期，都有明显的体现。

一、军阀治安与地方恶势力

在邓本殷统治时期，卖官鬻爵，危害乡间表现得尤为明显。"标售军职，按其纳资多寡，给予排连营长之等差。而盗匪复蜕变为军官，横行乡曲间"②，邓氏试图以此来加强自身权力向基层社会的渗透。尽管军民分治，但是以武力为后盾的邓本殷集团，不断干预地方行政，地方官吏的废黜、进退，都以邓氏的意图为指归。"十三县的县长，俨然做替他收账的家奴。"③ 摄于邓氏淫威，部分职能部门也纷纷加入为其筹措军饷之行列。"琼山地方检察长冯汝楠、地方审判厅长陈玉衡，均代邓筹饷。将司法赢余项下，拨充军饷。"邓氏并不满足于此，甚至直接派人接收琼山登记局。④

更为恶劣的是，以安定地方治安为名，公开杀人抢劫。"陈凤起在文昌清

---

① 陈献荣著：《琼崖》，商务印书馆，第24页。
② 王家槐著：《海南近志》，1995年，第65页。
③ 中共海南省委党史研究室编：《琼崖大革命史料选编》，（内部发行）1994年，第72页。
④ 广州民国日报社：《广州民国日报》，1923年第8期，第23页。

乡因勒索不遂枪毙百余人，定安枪毙百余人。陈庆图在定安、乐会、万宁清乡，也是四处勒索，也因勒索不遂枪毙八十余人。其余临高、澄迈、昌江等处，更为惨不忍言。"①

受其影响，地方恶势力开始横行，"律由心造，科罚随意"，儋县德庆警察分所长陈泽湘与驻军连长韩江魁相互勾结，不限管区，"海头至昌江一带，皆为其势力范围，居民受害，惨不忍言"②。地方豪绅地主纷纷采用"重租（季收谷物五成以上）和高利贷（年息一本一利，最重的叫"燕子钱"，月息一本一利)③ 等形式，加重对乡里剥削。

二、革命党与军阀"清匪"

1913 年，为反对袁世凯的独裁统治，进一步推动海南革命形势的发展，林文英经孙中山先生委托，组织琼崖国民党支部以善其后，奉命返回海南与陈子臣等一面筹划建立国民党琼崖支部事宜，一面积极开展海南讨袁斗争。革命者以文昌和琼山交界处的白石溪为中心，设立倒袁的总机关。陈侠农任琼崖讨袁军总司令，"拟占据万宁、陵水、崖县等为根据地，并进一步向府城海口挺进的行动计划"④。1914 年初，随着局势的发展，海南反袁活动由隐蔽活动转入公开的军事斗争。革命党人从文昌向万宁进军，"策动拥有 4000 名武装的黎人首领钟奇曾、钟孟兄弟起来反袁"⑤。琼崖东路的战果辉煌，万宁、陵水、崖县等地相继为反袁军队所克。

然而，这一局面并没有维持多久。随着袁世凯死亡，黎元洪继任为大总统，琼崖讨袁护国军随之解散。但是袁世凯余孽龙济光统治海南，被遣散的军队开始整合，参加讨龙战争。广东督军龙济光，为了稳定自己的统治秩序，认为"南北统一，共和恢复，各省胥皆息战，更何容若辈籍口跳梁"，以"（陈侠农）犹复不悛，胆敢潜结外匪，妄图再举，披猖藐法，扰乱地方"之罪名，要求其在琼的警卫军各统领，"跟踪追击，务期殄灭，以清匪患，而靖地方"⑥。随着龙军的反扑，讨龙军队有的被收编而转为民军，有的沦为土匪。

① 中共海南省委党史研究室编：《琼崖大革命史料选编》，（内部发行）1994 年，第 302 页。
② 王家槐：《海南近志》，1995 年，第 72 页。
③ 中共海南省委党史研究室编：《琼崖大革命史料选编》，（内部发行）1994 年，第 556 页。
④ 海南省政协文史资料委员会编：《海南文史资料》（第四辑），海口：三环出版社，1991 年，第 34 页。
⑤ 林日举著：《海南史》，吉林人民出版社，2002 年，第 346 页。
⑥ ［意］罗斯编辑：《海南岛史料》（第 125 辑），广东公报，1916 年第 7 期，第 29 页。

陈侠农赴京，在参加国会活动中被段祺瑞政府逮捕杀害。

控制舆论，是军阀对付革命党人的又一个手段。革命党人充分发挥舆论的力量，揭露袁世凯的复辟阴谋与卖国罪行。林格兰返琼后，除了与陈侠农一道积极筹划讨袁大计外，着手恢复因其北上担任议会议员而停刊的《琼岛日报》。该报在创办早期，宣传孙中山的民权主义、爱国思想和共和的理念，向民众传播革命理论，影响颇大。南下之后，林在海口商会会长陈家富的资助下复办《琼岛日报》，宣传爱国思想，揭露袁世凯阴谋复辟帝制、出卖国家民族利益的罪行，从而推动着全岛反袁斗争的高涨。

当反袁的力量遭到镇压之后，革命党人缺少武装保护，舆论宣传也行之不远。林格兰的革命行动，深为广东都督龙济光和琼崖督办陈世华等人所不满，1914年4月2日，林格兰遇害于府城第一公园（今琼山区工人文化宫），时年仅42岁。留下了"溘然长逝去悠悠，竟把头颅换自由。我不负人人负我，愿将铁血灌神州！"[1] 的人生誓言，以警后人。

具有讽刺意味的是，海南的舆论宣传并没有因此而终止。从1914年起，"开拯（即罗开拯）先生就开始在农村做民主革命和新文化运动。他以中华革命党党员的身份，一面在农村发展革命组织，一面也鼓吹新文化和白话文"[2]；此外，他们还同岛内进步人士一道，创办学校，作为宣传新文化的主要阵地。

三、嘉积教案与邓本殷借款

1924年6月24日，琼东县嘉积基督教会美国牧师冯卓芝被民军刘善初枪杀。美国领事向邓本殷提出严重交涉并以"保护侨民"为由，派军舰驶入海口外游弋示威，要求惩办凶手，赔款100万元。

为了对付这起意外的外交事件，邓氏随即派陈凤起赴琼东县，以缉拿凶手为名行"清乡"之实。嘉积周围群众闻讯逃避一空，陈凤起纵兵四处搜查，先后捕杀无辜群众达180余人，烧毁民房50余间。就赔款一项，邓氏答应赔款额为40万元，强令琼东、乐会二县筹款。邓的如此举措，引发了岛内外对邓氏的声讨。《新琼崖评论》提出的主张最具代表性，"致力抗议，不许分文损失，若该逆尚要紧迫，当争以严烈手段对付"[3]。面对着岛内外的强烈反对

---

① 陈献荣著：《琼崖》，北京：商务印书馆，1933年，第158页。

② 琼州乡音编辑室：《琼侨史略》，冯子平编著：《走向世界的海南人》，中国华侨出版社，1992年，第152页。

③ 中共海南省委党史研究室编：《中共琼崖党史纪事》，琼岛星火编辑部出版，1992年，第30页。

声，嘉积教案最终以"琼东赔款三万元外，又割让嘉积北门福音堂前面公路给与美帝国主义者"而草草结束。但是，该案与后来邓氏向美国借款有着直接的因果关系。

广州革命政府第一次东征，给陈炯明军阀予以沉重打击，邓为了谋求自保，"派代表入北京勾结段祺瑞，运动将高雷钦廉琼崖两阳八属改为特别区，邓氏自为督办"，段祺瑞政府欲牵制广东革命政府，同意了邓的想法。1925年4月上旬，经由段祺瑞代表杨志澄、陈炯明代表邓伯伟、林虎代表吕一夔、林正萱与邓本殷一起组织的中方代表，同美领事官何莫特及美国银行代表周斗山组成的美方代表一道，在海南进行多方酝酿，4月22日，邓本殷的对美借款方案正式公布。

该方案主要内容为：邓氏以其捏造的实业团体名义，向美国银行团借款，用以开办琼崖实业；贷款额度为三千万（美元，下同），九折交款，利息一分二厘。约定签字之后，即交款一千万元，建筑秀英码头、清澜、榆林、新英等商港；另外二千万元，由美人监督开办琼崖矿产、森林、铁路实业。邓氏此举的本质，是以海南全岛为抵押作为其贷款提供担保条件，"阳借发展实业之名，实欲以为推翻广州革命政府之军费"[1]。

就在该条约即行签字之际，琼崖公民代表陈布公、钱亦能等人及时地将邓本殷借款详细情况披露出来，引起了岛内外舆论的一片哗然。岛内外各社团组织纷纷致电，强烈谴责邓氏这一卖国行径。广州的《新琼崖评论》第二十九、三十期真实地记录了这一历史过程。慑于舆论压力和革命形式的迅猛发展，这一出卖琼崖的条约不了了之。

四、日军侵琼与抗日斗争

（一）"琼崖抗日独立队"

抗日战争全面爆发后，中共琼崖特委根据中共中央的抗日民族统一战线政策，与琼崖国民党当局谈判达成协议，于1938年12月5日，将琼崖工农红军改编为广东省民众抗日自卫团第14区独立队，冯白驹任队长。1939年2月10日，日军侵入海南岛，国民党军撤至五指山区。独立队开赴琼山县潭口渡口袭击日军，3月，独立队扩编为广东省琼崖抗日游击独立队总队。独立总队在琼山、文昌地区取得罗牛桥、罗板铺伏击战和袭击永兴墟、文昌县城日军的胜

---

① 中共海南省委党史研究室编：《琼崖大革命史料选编》，（内部发行）1994年，第319～320、306页。

利，建立了琼文根据地。至年底，共作战 70 余次，歼日军 800 余人。1940 年 2 月，独立总队开赴澄迈、临高、琼山边界的美合山区，建立抗日根据地。9 月，独立总队进行整编，冯白驹任总队长兼政治委员，中共中央派来的庄田、李振亚分别任副总队长和参谋长，游击活动遍及 11 个县。12 月 15 日，琼崖国民党顽固派掀起反共浪潮，独立总队奋起自卫反击，歼其 100 余人，尔后主动撤出美合根据地。1941 年 1 月，独立总队领导机关和特务大队与第 1 支队会合，并以第 4 大队与儋县抗日游击队合编成立第 3 支队。2 月，第 2 支队由临高、儋县调回琼文。3~6 月，国民党军保安团 3000 余人向独立总队发动数次进攻。其间，独立总队电台损坏，与中共中央及中共广东省委中断联系。1942 年 2 月，独立总队以澄迈、临高、儋县地方武装组建第 4 支队。5 月起，独立总队在琼文根据地地方武装和民兵配合下，以一部兵力坚持在内线与日伪军作战，主力突围转移，在外线伏击日伪军。1943 年夏，总队领导机关转移到澄迈县六芹山，并挫败日伪军的"蚕食""扫荡"。1944 年秋，独立总队改编为广东省琼崖抗日游击队独立纵队，共 4000 余人。1945 年 1 月，纵队领导机关及第 1、第 2、第 4 支队的主力大队进至白沙县阜龙地区。7 月初，以这 3 个支队的主力大队组建挺进支队，向白沙腹地进军，建立起白沙抗日根据地。8 月下旬，独立纵队各支队向日伪军实施反攻，收复儋县县城和一部分墟镇。

抗日战争中，琼崖抗日游击队独立纵队在中国共产党领导下，依靠海南岛各族人民，在极端困难的条件下，积极开展抗日游击战争。据不完全的材料统计：海南岛七年抗战，独立纵队对日伪军作战 2200 余次，毙伤、俘敌 5500 多人；缴获敌人机枪 210 多支，步枪 13 万支，小型钢炮 27 门，掷弹筒 98 枚，其余军用品不计其数，攻破碉堡 189 座，部队发展到 5 个支队 7700 余人，根据地人口达 100 万以上，土地占全岛的一半。

（二）海南少数民族的抗日斗争

海南岛有黎族的聚居区，还有部分苗族居住。在抗日战争时期，黎族、苗族和汉族人民一起，亦投入到全国抗日斗争的行列中。冯白驹任队长的"琼崖抗日独立队"，就是一支由汉、黎、苗等民族参加的队伍，在党的领导下，积极开展抗日斗争。

图 2.2 琼崖抗日独立队在文昌县锦山墟与日海军陆战队进行激战场景

1939 年 2 月在海口市以南潭口，独立队狙击企图东进的日军，掩护了海口市人民的撤退。这一仗不仅提高了独立队在群众中的威信，而且鼓舞了海南各族人民的抗日斗志。独立队也在斗争中得到发展，扩大到 4 个大队，成立了总部。日本侵略军在海南岛登陆后，中共琼崖特委还组织领导岛上的黎、苗、汉等族人民进行游击战争。并在琼山、文昌两县交界地区建立了海南岛第一个抗日根据地。

1939 年 8 月，中共中央又派出干部带着电台到中共琼崖特委所在根据地，传达中央的抗日指示。琼崖特委根据党中央的指示精神，决定积极开展"黎运"工作，团结黎、苗等少数民族，发展抗日力量，继续建立抗日根据地。同年冬，中共琼崖特委决定将独立队的主力转移到黎、苗、汉等民族杂居的美合山区，建立抗日根据地——美合根据地，在黎、苗、汉各民族中宣传党的团结抗日政策，建立乡村抗日民主政权，发展生产，建立琼崖公学和农训班、军政干部训练班，使美合抗日根据地成为海南岛抗日堡垒。除美合根据地外，从 1939～1941 年底在海南岛黎、苗、汉等民族杂居区又先后建立了儋县和白沙边界地区、万宁和乐会边界的六连岭地区，保亭和陵水边界地区等 3 个抗日根据地，抗日部队达数千人。

黎、苗等少数民族人民是海南抗日武装的组成部分，许多黎族和苗族青壮年均积极参加抗日游击队。1939 年 3 月昌感、乐东边界地区就有 300 余名黎族、汉族青年参加抗日游击队，他们用各民族人民捐献的 100 多条枪组成了一支抗日武装。昌感、乐东边界地区还有由黎、苗、汉等民族组成的 20 多个民兵中队随时配合独立总队作战。由于党的"黎运"工作的深入，黎族上层中的爱国人士亦参加了抗日民主政权的工作。在当时昌感、乐东边界地区按"三三"制原则组建的"西北团"（乡）、"西南团"抗日民主政权就有黎族上层人士参加，组成了广泛的抗日民族统一战线，使抗日独立总队和抗日根据地得到巩固和发展壮大。

1940年海南各民族抗日武装又粉碎了海南岛国民党军队发动的反共高潮，1941年还抗击了日军对根据地的"扫荡"。军事上的胜利，使抗日武装得到大发展，到1941年底独立总队已由6个大队发展到4个支队10个大队，成立了"琼崖东北区抗日民主政府"以及文昌、琼东、昌江等县级抗日民主政府。到1943年又先后在黎族居住的昌江、白沙边界区、感恩、乐东、崖县边界区，万宁、保亭边界区、崖县、保亭边界区、陵水、崖县边界区新建立了5个抗日根据地。

1941年冬至1942年5月，日本帝国主义妄图把中国变为它南进的后方基地，并在海南岛实行了以"扫荡"和"蚕食"为主的三光政策。对此，根据地的黎、苗、汉等各族人民，进行了顽强的反"扫荡"、反"蚕食"斗争。黎族、苗族人民拿起一切可以利用的武器，配合抗日部队作战，到处有黎、苗、汉各族人民的抗日武装活动，在打击日军的战斗中，有的整乡、整村的群众都投入了战斗，四处出动伏击，歼灭了许多日军，缴获了不少武器和军用物资，反"扫荡"、反"蚕食"斗争取得胜利，保卫了抗日根据地。

1944年秋，日军扫荡气焰被打下去后，海南各族抗日根据地又得到进一步的发展，是年1月，琼崖独立总队改为广东省琼崖抗日游击独立纵队，并准备建立五指山中心根据地。同年冬又建立了白沙农民解放团，许多黎族青年参加了解放团，仅红毛乡和狮球乡参军的黎族青年就有190余人，解放团不断配合其他抗日部队对日作战，取得多次胜利。次年上半年，琼崖抗日游击独立纵队连续拔除了日军的许多据点。为了扩大战果和取得抗日战争的最后的胜利，中共琼崖特委又组建了挺进支队进入五指山中心地区，取得了多次战斗的胜利，控制了白沙县，并于同年8月成立白沙县抗日民主政府。这时海南岛已有16个县建立了各级抗日民主政府，日军只困守着城市的据点。是年8月15日日本宣布无条件投降，海南各族人民的抗日斗争终于取得了最后的胜利。

（三）"琼崖华侨联合总会回乡服务团"

琼侨历来有强烈的爱国主义传统。在抗日战争时期，琼侨他们除筹集财物支援祖国外，还组织以文昌人为主体的"琼崖华侨联合总会回乡服务团"，回琼参加抗日战争。

1. 琼侨抗战总动员

日本与中国是一衣带水的邻邦，历史上中国一直是日本学习的榜样，但日本明治维新后，随着日本国力的增强，日本对中国的态度也发生了根本的变化，从虚心学习转变为肆无忌惮的侵略。抗日战争爆发后，许多海外赤子立即行动起来，纷纷成立各种抗日救国团体，在华侨中掀起宣传抗日的热潮。1938年春，"华侨抗敌动员总会琼崖分会"成立，并发表《宣言》，指出"我黄裔华胄"，"驱逐倭寇，还我河山，洗雪国耻"，"再无容忍余地"，表示"吾济同侨"，"救国职责，不敢后人"，要"抗日到底，复兴中华"。

随着抗日战争形势的发展，华侨抗日团体积极开展各种形式的活动，配合、支持和参加国内的抗日战争。1938年夏，琼侨李辉南等50余人，响应宋庆龄领导的"保卫中国同盟"关于组织医疗队参加战时救护工作的号召，组成救护团分三批携带许多药品和9辆救护车回国服务。此外，琼侨还组织机工队等回国参加抗战。与此同时"香港琼崖同乡会"和"香港琼崖商会"也组织在香港的琼籍青年成立"琼崖抗日救护队"，准备回琼参加抗战。不久，新加坡、马来亚、暹罗、越南等地琼侨纷纷来港参加抗日团体回乡抗日，由于人员增加和任务扩大，救护队改名为"琼崖华侨回乡服务团"，由范世儒任团长，符思之任副团长。这个团因在香港成立，故又简称"香港团"。

同年10月，琼崖国共两党达成团结抗战的协议。海外琼侨和港澳琼胞闻讯鼓舞，决心进一步组织支持家乡的抗日斗争。12月15日，在八路军香港办事处和南洋各属华侨筹赈祖国难民总会的推动下，由海外琼侨、港澳琼胞和知名人士周文治、周成梅、王漠仁、宋子文、陈策、王毅、杨永仁等发起召集海外琼侨代表大会，成立"琼崖华侨联合总会"，统一领导琼侨救国救乡工作。1939年1月20日，来自新加坡、马来亚、暹罗、越南等地40个琼侨团体代表66人云集香港，举行琼侨代表大会的预备会。会议由周文治主持，推举周文治、郭巨川、王漠仁、杨永仁、符致逢、庄松、岑会朝为大会主席团成员，指定周载伯、郑心融、林熙富、许登文、吴乾厚等为大会秘书，周国泰、符滋美、林春农、云焕清、何敦锦、谭运佩、王兆松等为大会代表资格审查委员，张星垣、王坚白、符和谦、杨光华、范世儒、韩约准、周成泰、符气安、龙学振、云照照、冯关甫等为大会提案审查委员。1月23～28日，琼侨代表大会在香港举行。会议讨论通过《琼崖华侨联合总会组织章程》，宣布"琼崖华侨联合总会"成立，选举宋庆龄为名誉会长，宋子文、陈策为名誉副会长，符致逢、郭巨川等 41 人为执行委员，周文治（香港）、王漠仁、何敦锦（槟城）、符致逢（星洲）、朱儒林（雪兰莪）、林照英（柔城）、张星垣（马六甲）、黄有驾、冯尔和、王坚白（暹罗）、陶对庭（安南）等 11 人为常委，郭巨川为经济部主任，王兆松为救济部主任，郑心融为文化部主任。在这一长串名字中，可以看到，文昌籍琼侨占了大部分。会议决定：将香港琼崖商会回乡服务团扩大为"琼崖华侨联合总会回乡服务团"，在南洋各埠迅速扩大组织，捐助八路军医药、物资等。

1939 年 2 月 10 日，日军攻上海南岛，海南岛沦陷。这在华侨中引起强烈反应，华侨们纷纷呼吁团结起来，拯救"被日人践踏的同胞，保卫我们国家的领土，维护祖先们留给我们的田园，实是每一个琼崖同乡的责任，尤其是我们侨居国外的海外同乡，所负的责任更是重大"。12 日，海外琼侨联合总会和香港琼崖商会、琼崖同乡会在香港德辅道西琼崖旅港商会发起成立"琼崖难民救济会"。在成立会上，确定发起单位的香港琼胞、英属南洋琼侨和越南琼侨三个团体的执行委员、监察委员及各琼崖轮船之工头为当然委员，另聘琼崖名流为大会委员，即席选举大会常务委员 35 人，其中香港琼胞有周文治等 11 人，英属南洋琼侨有王兆松等 14 人，越南琼侨 10 人。接着，会议"以紧急会议及琼侨总会名义联函拍电海外琼崖会馆急即筹募款项，办理救济"等。

此后，海外琼侨积极响应"琼崖难民救济会"的号召，各属琼侨纷纷成立琼崖难民救济分会。2 月 15 日，麻坡琼崖会馆在该馆议事厅召开 1939 年度第一次会员大会，议决成立"麻坡救济琼崖难民委员会"，推举陈时试、林照英负责办理救济事宜；2 月 21 日，新加坡琼侨在琼州会馆召开大会，成立"新加坡琼侨救济琼崖难民会"，会议推选韩钊准、陈开国、林衍桥、黄才源、符致逢等 162 人为委员，郭新、韩勉斋、符致逢、陈开国、周汉光等 21 人为常务委员，郭新为常务主席，韩钊准为副主席。会后，拟定《新加坡琼侨救济琼崖难民会组织大纲》。大纲指出："本会宗旨以联络新加坡琼侨筹赈救济琼崖难民及发动救亡工作。"3 月 14 日，越南堤岸琼侨在陶对庭、莫履舜的组织下，在琼府会馆召开大会，成立"越南琼侨救乡总会"，会议讨论并通过了会章及重要提案 20 余件，选举了执行委员和监察委员。2 月 16 日，吉隆坡琼侨大会筹谋救济琼崖难民办法。2 月 22 日，森美兰琼侨在芙蓉琼州会馆召开紧急大会，成立"森美兰琼崖难民救济委员会"，推选黄机轩、唐瑞争、符树汉、林英明、郑兰芳、翁诗兴等 155 人为委员。2 月 27 日，槟城琼侨在琼州会馆召开大会，成立"槟琼州会馆救济琼崖难民会"，会议选举王家纪、陈继崇为副主席，林篆丹为财政主任，何敦锦、庄松为总会正副主任，陈开俊、莫伺藻为募捐主任等。

海外各地琼侨成立救济琼崖难民会及其募捐款项，为琼侨回乡服务团的成立，支援琼崖抗战和救济琼崖难民作出了杰出贡献。在琼崖各属侨领的组织领导下，海外广大琼侨不论男女老少都投入了募捐救国救乡的洪流。1939 年 2 月 28 日、29 日两晚，新加坡"南星剧团"在新世界戏院演戏筹赈。在演出前，南洋英属琼州会馆常委符致逢等琼侨领袖亲临主持募捐动员，他说："钱是很难赚得来的"，但是"钱花在建设社会事业，干救国工作，是花得最有意义。我们如无钱也须出力，这次'南星剧团'是'出力'救国救乡的最好模范"。同时，南洋各埠举行的"琼侨国民精神动员宣誓典礼"上，各侨领都亲自登台演讲，号召琼侨回乡服务，并以身作则带头募捐。在爱国侨领的带动下，南洋各地琼侨救国救乡募捐运动如火如荼，除了富商巨贾大额捐献外，广大贫苦琼侨也个个节衣缩食，甚至变卖自己仅有的家财来捐献。有些家庭主妇把珍藏的金首饰、嫁妆珍品都拿出拍卖捐献；中小学生走上街头劝购纸花和发动一元救国捐，甚至将自己的糖果钱也放进筹赈箱，开展节约捐献活动；咖啡店的老板员工举行杯茶筹赈；在广大琼侨中还广泛开展月捐等一些经常性的募捐活动。据不完全统计，仅 1939 年 4 月至 10 月间，"南洋各属琼州会馆联合会救济琼崖难民会"，收到马来亚各埠分会救乡捐款有港币 46381.75 元、叻币 41020.18 元、国币 15000 元。其他埠琼侨救乡捐款数额也相当可观。不仅如此，许多琼侨爱国青年放弃海外的优裕生活、职业、学业，踊跃报名回国为抗战服务。可以说"我琼侨胞，没有一位不投进救亡运动的巨大熔炉参加工作的。上至富商，下至劳工阶级，在文化界互相敦促和激劝之下，男的、女的、老的、幼的，无不站在他们的岗位、干着救亡的工作—有钱出钱，有力出力"。

2. 琼侨回乡服务团的建立及发展

琼侨回乡服务团是在香港回乡服务团的基础上发展起来的。1939 年 1 月初，日本军舰频繁对琼崖进行骚扰，日本飞机也时常到海口等地侦察和轰炸，形势日趋紧张。为了救国救乡，琼崖旅港商会和琼崖旅港同乡会举行联席会议，决定以琼崖抗日救护队为基础，吸收十余名海外回港的琼侨青年，组织"琼崖商会回乡服务团"，范世儒为团长，符思之为副团长，有团员 32 人，内设"宣传、救护、歌咏、戏剧四组"。其任务是：战地救护，宣传、发动、组织民众参加抗日。为使团员肩负起民族抗战的艰巨任务，服务团举办了为期一个月的短期训练班，特聘韩托夫、文竞平讲授毛泽东的《论持久战》、《论新阶段》等著作，以提高团员的政治素质。根据琼崖代表大会决议通过"扩大香港琼崖商会回乡服务团，成立琼侨联合总会回乡服务团案"。1月26日，琼崖旅港商会将其回乡服务团移交琼侨代表大会。会上立即宣布正式成立"琼侨联合总会回乡服务团"（以下简称琼侨回乡服务团），范世儒先生为团长，符思之为副团长。服务团内设"救伤、宣传、歌咏、戏剧、电影五组办事：一、救伤组担任民众及军队一切救护工作；二、宣传组担任唤起民众，宣传抗战，发动各种民运工作。其他三组则担任慰劳及宣传救国工作，服务团经费由总会负责"。从此，琼侨回乡服务团得到了各地琼侨的大力支持和帮助。

琼侨代表大会结束后，各属代表回到南洋各地发动琼侨青年组建服务团。5月17日，南洋英属琼州联合会救济琼崖难民会委托星洲分会，组织"南洋英属琼州会馆联合会救济琼崖难民救护队"，拨给"筹办经费叻币一百元。训练期间费用各人自备，至于返琼路费及在琼服务，每人每月生活费国币十元"。琼侨青年立即响应星洲分会号召，踊跃报名参加救护队，到5月23日早晨止，报名者有165人。当天晚上，成立了以陈时文为首的审查和考试委员会，开始对报考者进行口试、笔试及体格检查，共择优录取队员60名。救护队宣告成立，陈琴为队长，梁文墀为副队长。此后，救护队开始进行医疗常识、战地救护等方面的学习和训练，对队员进行政治形势、任务等教育，以增强全体队员的战斗力。

在越南，"越南琼侨救乡总会"成立后，便积极号召琼侨青年报名参加回乡服务团。救乡总会指派符克对报名的青年进行口试，录取团员40余人。6月间，全体团员在符克领导下集中在堤岸三民小学进行学习和训练。通过训练，大大地提高了思想觉悟和工作能力。

在暹罗，"暹罗政权，对我华侨学校、团体及一切救国活动，都横加取缔。惟我侨胞之救亡进行，并不因而畏缩"。泰国琼侨回乡服务团在杨文宛等人的组织领导下，进行半秘密的筹建和训练，共招收团员17名，经过刻苦学习和训练，团员们的抗日意志特别坚强。

在广州湾，许多琼崖难民纷纷逃离家园到广州湾避难。基于这种情况，琼侨联合总会在这里建立了琼侨联合总会西营（现湛江市霞山）分会。为扩大回乡服务团，西营分会便在逃难青年中积极开展工作，组建"琼侨联合总会回乡服务团广州湾队训练班"，发动青年报名参加。结果，报名应试者300余人，经过语文、历史、地理等笔试和政治常识、时事科目口试，择优录取队员

60名。但由于形势紧张，仅有40余人参加训练班。与此同时，琼侨联合总会又在香港举办第二期服务团训练班，招收团员40余人。

经过半年的组织发动，参加琼侨联合总会回乡服务团的团员人数从开始时的23人发展到200余人，并且经过严格训练，使之成为救国救乡的坚强战斗组织。

琼侨回乡服务团200余人返回琼崖服务抗战，都必须途经琼州海峡，但是当时海峡已被日军封锁。1939年春中共琼崖特委在广州湾设立联络站，指定中共党员曾鲁负责指导服务团，分五批偷渡海峡事宜。

第一批，香港团偷渡海峡。1939年3月25日，香港团32名团员在副团长符思之率领下，从香港出发抵达广州湾西营、硇洲岛。4月15日下午四时至五时，团员们在激洲公庙后海岸分散上船，扬帆启航，经一夜与海上风浪搏斗，偷渡成功。16日早八时顺利抵达文昌县冯家坡海岸，全体团员安全踏上故乡土地。香港团首航成功，基本上摸索到返琼偷渡海峡的基本规律和航路，为后批团员偷渡提供了宝贵的经验。

第二批，南洋英属琼州会馆联合会救济琼崖难民救护队偷渡返琼。1939年6月间，南洋琼州会馆救护队携带海外琼侨募捐的大批医药和医疗器械，乘英国客轮抵达广州湾西营，然后分四次偷渡琼州海峡。第一次20名队员由陈琴队长率领，乘专船混杂于难民船只中偷渡海峡，胜利地抵达琼崖。第二次15名队员乘专船偷渡，队员们在与惊涛骇浪搏斗中，遇上迎面开来的日军21号巡逻艇。在危急之际，队员们将船朝礁石林立的"山仔咀"冲去，日军巡逻艇虽然追赶不舍，但终被汹涌的波涛和礁石挡住。"山仔咀"并非是偷渡约定的联络点，大家被迫登陆后，隐匿在礁石和杂草丛中，忍受了三个昼夜饥渴，后来在群众帮助下才与陈琴队长率领的队伍会合。第三次，杨剑秋等队员携带款项偷渡返琼，以接济返琼同志的生活。他们化装成难民，混杂在难民中偷渡，不幸该船驶至文昌县铺前港附近时被日军截获，所带款项流失在船中被敌人连船烧毁。他们流落敌占区，经过一个多月行乞、流浪，才与同志们联络上。第四次，23名队员由梁文墀副队长率领，携带从南洋带回的所剩物资，雇用几只帆船偷渡，在海上历尽惊险，终于在文昌县昌洒海岸登陆成功，并顺利同前三次返琼的同志会合。

第三批，暹罗琼侨回乡服务团偷渡海峡。1939年上半年，杨文宛率领暹罗服务团到广州湾，杨因故返回暹罗，便指定团员符建平、符雷鸣率团返琼。因备船待风，在硇洲岛足足呆了两个多月。8月间，他们在越南团的协助下，分三次偷渡海峡。第一、第三次偷渡成功，第二次由符雷鸣率领 7 名团员全部在海上遇难。这样，暹罗团仅有 10 名团员抵达琼崖。

第四批，越南琼侨回乡服务团顺利偷渡海峡。1939 年 7 月间，越南琼侨回乡服务团在符克团长的率领下，从西贡乘船抵达香港，符克因公务暂留港工作，改由张奋率队到硇洲岛。因找船待风，在此等待一个多月，然后分乘三只帆船偷渡，顺利地越过敌人海上封锁线，在文昌县北部七星岭至抱虎岭一带登陆成功。

第五批，香港团第二期团员和广州湾队偷渡成功。1939 年 8 月底，香港团第二期团员训练期满，由符思之副团长率领到硇洲岛，乘帆船偷渡成功；广州湾队分别在韩立人、云大东率领下也偷渡成功。

根据琼侨联合总会统计，返乡工作的琼侨回乡服务团团员共有"二百二十人"。他们"在返琼途中，复远涉重洋，躬冒万险，其一片为国为乡之热诚，益可由实际证明"。

为了加强对琼侨回乡服务团工作的领导，1940 年 1 月，琼侨联合总会在琼设立办事处，直接指导服务团的工作。与此同时，琼侨联合总会整编了服务团的组织机构，团名统称"琼侨联合总会回乡服务团"（简称琼侨回乡服务团），符克为团长，陈琴、梁文墀为副团长。服务团设立委员会，内设组织部、宣传部、总务部，下辖"香港队、星洲队、安南队"（原来的广州湾队与香港队合并，暹罗团与安南队合并）。服务团的一切费用统由琼侨联合总会支付。同年下半年，符克团长和陈琴副团长相继牺牲，琼侨联合总会于 1941 年初任命符思之为团长，梁文墀继任副团长，其余各部负责人照原不变。

3. 琼侨回乡服务团的抗日活动和贡献

琼侨回乡服务团是在琼侨联合总会领导下，海外琼侨青年救国救乡共同抗日的工作团体。它以琼侨总会提出的"救国救乡"为目标，以"抗日高于一切"，"对于一切抗日党派，皆以'不偏不倚'，'一视同仁'""与其推诚合作"为原则。因此，团章规定："凡参加本团者，不管其隶属于何党派，皆须绝对遵守本团规章，听从本团指挥分配，完全为本团工作。"在内地工作"须服从当地政府之指导，惟在组织上，却仍可保持其独立性，绝不能成为任何党派之附属小组或部分"。它的任务是：战地救护，开展民运，宣传抗日，建设琼崖。琼侨回乡服务团是国共合作抗日民族统一战线的一个组成部分。

琼侨回乡服务团的具体工作有：

第一，慰劳前方抗日将士。1939 年 5 月 25 日，香港队代表符思之、林明汉、王禄春到琼崖守备司令部、琼崖独立总队进行慰劳，将该队第二期团员带回来的慰劳品和港币一万元，均分作六份给"司令部、专员公署、独立队、文昌县游击指挥部、王逸轩游击队部，以及本团各一份"。星洲队全体团员也"携带药品到司令部、专员公署，向司令官与行政专员长官慰劳，其慰劳品分配计有十二份，如司令部、独立队、保安队第十一团第三营，琼山、文昌、琼东、定安、乐会、万宁等县游击指挥部，壮常第三大队，及其他游击队等"。安南队"由符克团长及几位团员亲自携带各种慰劳品十分之三赠与司令部，十分之三赠与专员公署，十分之三赠与独立总队，十分之一留为本团诸团员之用"。此外，符克团长还代表越南琼侨救乡总会会长献给王毅司令"捍卫乡土"锦旗一面，献给吴道南专员"威镇琼崖"锦旗一面，献给独立队冯白驹队长"大众救星"锦旗一面，并致慰问之意。琼侨回乡服务团代表海外广大琼侨对家乡抗日军民的慰劳和帮助，大大促进了抗战军民的团结，极大地增强了琼崖的抗战力量。

第二，组织群众，宣传抗日。海口沦陷后，国民党当局弃城逃命，广大人民群众对国民党的腐败无能万分愤慨，对国民党丧失信心，许多人对琼崖抗战前途彷徨、忧虑。在此关键时刻，琼侨回乡服务团团员刚放下背包，就奔赴城镇、椰林村寨向群众开展抗日救亡的宣传工作。宣传内容主要是"唤醒民众"，"启发民众民族的自尊心，坚定群众抗战必胜的信念，提高群众政治认识"。为使抗日救亡做到家喻户晓，在宣传内容和方式方面做了灵活调整：文字宣传主要是办"团刊、壁报、新闻摘要、标语、传单等"，口头宣传以"演讲和个别谈话"为主，戏剧宣传以上演"土剧、话剧，其土剧本多由本团按照当地实际情形和要求而创作"，漫画宣传"着重暴露敌人的残酷与野蛮性为题材"，还有与各群众团体举行联欢会等。通过这些喜闻乐见的宣传方式，使服务团与群众进一步打成一片。

当抗日宣传活动在文昌、琼山、琼东、定安、儋县、澄迈、万宁等地热火朝天地开展起来，群众抗日情绪激昂之时，琼侨回乡服务团便迅速着手做组织抗日团体的工作。他们曾在这些地区组织了"乡保动委员会"、"青年抗战同志会"、"青年抗战工作队"、"教师同志会"和"儿童放哨队"等，还在文昌的抱罗、锦山等地组织特务工作队，在宝芳等乡组织民众救护队等。这样，在琼侨回乡服务团的"推动与帮助下，已有数万群众组织起来参加到抗战的洪流中来了"。

第三，开展战地救护和救济难民。由于日军对琼崖野蛮屠杀和掠夺，使成千上万同胞流落在广州湾，饿殍遍地，惨不忍睹。为了拯救灾难深重的同胞，琼侨联合总会在广州湾的硇洲、西营各设难民招待所一座，在硇洲老市设难童教养院一所，并拨出一批救济款救济难民。还不断发动琼侨捐款、献物，由琼侨回乡服务团带回琼崖，支援琼崖抗日军民。据1939年8月至1940年初的不完全统计，琼侨救济琼崖军民的物资有：第一次"购办药品港币壹万贰仟元，由本会返乡服务团携带返琼"；第二次"购办寒衣壹万伍千件"，"军毡伍千件"，镇心、毛巾各壹万件"，"夹衣服壹千套"，"鼠疫预防针共值港币壹千八百余元"，"医疗用具多件，共值港币贰千元"，"另国币二万元携带返琼"；第三次，"购办桂宁九十粒"，"另国币贰万贰千元携带返琼，救济受伤将士及穷苦无靠之难民"。此后琼侨联合总会还设法购办粮食和其他物资赈济军民。

琼侨回乡服务团积极做好战地救护工作。琼侨回乡服务团的救护队员返琼后，携带医药和医疗器械，深入伤兵医院及难民中进行慰问，"除赠送物品外，还给伤员看病吃药"。林明汉等医疗队长还亲自带领医疗队冒着枪林弹雨，开展战地救护伤员工作，给被日军打伤的老百姓免费治疗和免费伙食。服务团的救护队还专门为独立总队培训医务人员。这些被培训出来的医务人员，后来都成为独立总队乃至琼崖纵队的医疗救护骨干。

4. 琼侨回乡服务团反限制、反迫害斗争

琼侨回乡服务团的抗日活动，有力地推动了琼崖人民的抗日斗争，遭到国民党顽固派的诽谤，甚至对其限制和迫害。服务团香港队刚回到琼崖时，守备司令王毅曾经表示欢迎和支持的。吴道南1939年6月到琼崖任督察专员后，情况却发生了根本的变化，多次发生限制、迫害服务团的事件。8月间，陈琴、梁文墀率领星洲队全体队员到专员公署和守备司令部慰问时，吴道南竟将他们软禁起来。一方面利用官禄引诱、收买他们；另一方面又不准他们返回文昌一带参加敌后抗战，强迫他们把驻地迁至保亭、白沙、乐东等国统区，企图使他们离开中共领导的琼文抗日根据地，割断他们与海外琼侨及侨眷的联系，从而达到控制服务团的目的。对此，陈琴、梁文墀等全体星洲队员表示坚决拒绝，并据理斗争。11月后，国民党顽固派便对服务团"严加监视，限制他们的行动，要分散他们的力量，要他们发誓不参加任何党派活动。不准他们做组织民众工作"。1940年1月9日和20日，守备司令王毅和琼崖督察专员吴道南接连致电琼侨联合总会，污蔑服务团"分子复杂，不服从政府指导"，"终日专事诱惑妇女，抵毁政府，挑拨民众，组织派别，破坏抗战等多项活动"，并要求琼侨总会对服务团"予以撤销名义停止接济等处分"。此外，国民党顽固派还到处制造事端，无理逮捕、拷打和迫害无辜的服务团员。尽管服务团在中共琼崖特委强有力的支持下，坚持斗争，"还未被解散，但全琼民运在当局如此摧残下，已经凋零不堪了"。

为了明辨是非，团结抗战，琼侨回乡服务团于1940年2月1日发表《电致总会暨全琼侨书》，对琼崖国民党当局予以义正词严的驳斥。指出"查本团返琼工作，已逾半载，在此期中，曾先后谒见王司令吴专员多次，向未闻王、吴诸长官对本团有任何不良评语，更不见其面加警告或斥责。乃当此抗战方入相持阶段之际，敌寇在琼正加紧施行其政治进攻，肆意挑拨离间，到处扶植傀儡，积极诱惑乡民，冀以拆散我抗战力量，以达到其征服琼崖之目的。值此之际，王、吴长官却纵容部下对以拥护抗战到底，以及救国救乡为职志之本团，遂亦被等视为眼中钉"，"不时遭其阻挠破坏，以至于企图暗害，或阻难压迫，或造谣中伤，甚至任意逮捕本团工作人员加毒打拘禁。这还不够，王、吴长官还要总会解散本团，随意加本团同人以破坏抗战之罪名，其用意何在？"此外，《致琼侨书》还列举大量事实，对王、吴诬蔑服务团"分子复杂"，"组织派别"，"终日专事诱惑妇女"，"挑拨民众，抵毁政府"，"破坏抗战"等谎言，进行——驳斥。之后琼侨联合总会对"吴道南等要琼侨联合总会取消返乡服务团一事，非常不满，并表示要和吴打官司至中央政府"。

之后，国民党开始明目张胆地迫害服务团。他们在乐会县阳江乡杀害了四名服务团员，在文昌县迈号乡和琼山县中瑞乡先后杀害了从事抗日宣传的服务团员范清和符兰平。服务团医疗队长陈永炎，在为被日军枪伤的群众郭泽江治疗后返回驻地途中，也被国民党游击队邓美山迫害至死。

在此严峻的时刻，服务团符克团长于1940年8月间，借同韦义光同志前去定安县翰林墟，向守备司令王毅、第九区督察专员吴道南汇报琼侨联合总会服务团关于救济难民、支援琼崖抗日救国方案，共商团结抗战大计，竟遭王、吴一伙秘密杀害，制造了骇人听闻的"符韦惨案"。

鉴于符克团长遇害，服务团决定派陈琴副团长前往香港，向琼侨联合总会汇报工作情况和符克团长被害经过。但陈琴在偷渡海峡时，也不幸遇难。

5. 琼侨回乡服务团被迫停止活动及其历史作用

1941年12月7日，日军偷袭珍珠港，太平洋战争爆发。日军陆续占领了马来亚、新加坡、印尼等东南亚国家和太平洋上的许多岛国。12月25日，香港也沦陷了。从此，琼侨回乡服务团失去了海外琼侨的一切供给和联系，加上国民党顽固派的破坏和迫害，服务团被迫停止活动。1942年春节前夕，服务团全体团员集中在文昌县大昌乡统平村共度春节。春节后，在中共琼崖特委的亲切关怀和帮助下，服务团部分团员加入了中国共产党领导的独立总队，部分团员参加各县抗日民主政权的工作。他们参加抗战的方式不同了，但始终是中国共产党领导的抗日民族统一战线的重要组成部分。

琼侨回乡服务团从1939年1月成立到1942年初被迫停止活动，时间虽仅三年，但它在琼崖人民争取民族独立和解放的伟大斗争中却起到过重要作用。

第一，给琼崖军民在精神上、物质上以极大的支持和鼓舞，增强了琼崖人民抗战必胜的信心和力量。抗战初期，琼崖国民党在日军的疯狂进攻面前，节节溃退。当琼侨回乡服务团220名团员回琼参加抗战后，使琼崖同胞感到无限的兴奋。在服务团的宣传发动下，他们的抗战情绪渐渐提高起来了，积极地投身于抗日救亡运动之中。同时，琼侨回乡服务团还携带回大批药品、医疗器械和赈济物资，以及派回医术高超的医疗队，解决了琼崖军民缺医少药的困难。此后，琼侨联合总会还源源不断地募捐各种抗战物资和款项，有力地支援了琼崖军民，打击了日本侵略者。

第二，琼侨回乡服务团是琼崖人民与海外琼侨团结抗战的纽带。琼侨回乡服务团是"海外琼侨救琼建琼的实际工作团体"。他们与琼崖军民同甘共苦，深入抗战第一线，对琼崖人民抗日斗争有深刻的了解。为使琼崖孤岛人民艰苦卓绝的抗日斗争得到国际社会和广大海外琼侨的了解和支持，该团曾先后五次派员赴香港向琼侨联合总会汇报工作，接受指示。同时，服务团副团长梁文墀也受联合总会派遣，曾三次重返南洋向琼侨报告琼崖抗战情况。中共领导的独立总队血战沙场的大无畏精神，给广大琼侨以极大的鼓舞，使海外琼侨的抗日救国运动热情更加高昂，更有力地支持家乡人民的抗战。

第三，服务团的救国救乡行动，激励着广大归侨、侨眷的爱国热情，使其积极参加抗日斗争。文昌是归侨、侨眷较集中的地区，在服务团的宣传发动及其抗战实际行动的感召下，归侨和侨眷的爱国热情迅速提高。此外，归侨、侨眷在支前、掩护革命同志的活动中表现也很突出。据文昌县龙马乡第六保的不完全统计，仅1940年，该保捐款支特独立总队就有4000元，其中侨眷捐款占百分之四十；掩护革命同志的老屋主有100多户，而侨眷占40多户。广大归侨、侨眷还积极支持子女参军，捐献布料、衣服、蚊帐、药品等。这一切，都有力地支持子弟兵为打击日本侵略者作出了贡献。

第二节　海南黎族核心地区的变迁

海南黎族是一个海岛民族，因而在其历史的发展进程中，除了与周边的汉族或人数不多的海南苗族有交流之外，几乎没有与外来文化接触的机会。在秦汉以后，随着来自中国大陆的汉族及其政治势力进入海南岛，海南岛黎族社会不断在外来文化的冲击之下，面临着巨大的考验，因而海南黎族社会在此后二千年的历史长河里总是处于变化之中。按照张兴吉的研究，海南黎族社会形态整体的变化是在民国时期，而在诸多的变化中，最突出的乃是海南黎族中心地区的变化。

张兴吉认为，民国时期，随着国内形势以及国际形势的变化，中央政府对海南黎族社会的控制在逐步加强。一方面是因为民国时期，出现了海南岛开发的热潮，其间如何解决海南岛内黎、苗族问题，成为国民政府以及国内学者所关注的问题。民国时期的民族学者江应樑先生说："近日开发海南岛之声震撼国内，此盖由于海南岛之在今日，对整个国家经济及国防上，有极重大之关系。"他又说："惟欲开发此一带地，有一个极大问题，即如何处理境内现有之黎苗民族。盖此一大片土地中，或为汉黎杂居之区，或系黎苗生聚之地。此种黎苗，虽不似生番野人之不可近，但其生活、习性、文化，皆后于汉人。且此种民族，实即当地主人，亦中华民国国民之一份子，欲开发其地，既不能如帝国主义者开发殖民地时对待土人之高压残杀甚至消灭其种族政策，又不能驱之役之，使作开发之佣工，因此，作者此次随国立中山大学与私立岭南大学合组之海南岛黎苗考察团，深入五指山，以四十余日的时间，遍历黎区之结果，便感觉到要开发海南岛，首须开发海南岛之黎苗。"① 此类学者的想法或多或少地反映了当时政府的看法。

另一方面，民国时期受外来文化的冲击，黎族开始自觉地致力于提高自身的文化水平。黎族在全国整体近代化的进程中，首先在黎族的边缘区，表现出了要求变化的愿望和倾向。主要是吸收汉族文化的趋势进一步发展，并逐步成为一种自主行为。《海南岛民族志》指出："在黎族和汉族之间，由于商业交换的兴盛，黎族是多少懂得些汉语的，当然，白沙峒的语言学知识，仅限于与汉族商人接触的成年人所能理解的程度，但与白沙峒交界的新开田村，人们都

---

① 江应樑著：《历代治黎与开化海南黎苗之研究》，《新亚细亚》，1937 年第 4 期，第 62～63 页。

多少懂得儋州话，又有很多人多少些懂客家方言或临高话。白沙峒黎还不认得汉字，只有学习儋州人的汉族赶鬼方法的巫师——或许主要是儋州人——才懂得一点汉字而已。也并没有在社会生活中起什么作用，而只是为进行巫术时才使用。在比较偏僻而未开化的打空，对汉族文化连一点关心也没有。与此相反，在富裕的海猛已经设立了学校。"①《海南岛志》说："黎人施教育者，首推陵水，次为崖县，其他各地，则无所闻。陵水第七区大地方，有公立初级国民学校一所，学生六十余人。同区宝亭地方，有初级国民学校一所，男女生共七十八人。崖县抱怀山鸡田地方，各有学塾一所，学生约三数十人。此外，亦有汉人在黎村设塾授徒者。惟无薪金，每人每月只供米二、三斗或四、五斗，所授为《三字经》、《千字文》等书。此种学塾，亦不多见。"②

　　海南黎族和外界的交流，二千年来一直在黎区边缘进行交流。伴随着海南黎族从海南岛的沿海地区到山区腹地的迁徙过程，所谓边缘区的概念与范围也是随之变化的。几个重大事件，更加促使黎族社会中心区也发生了根本的变化。第一件是第二次国内战争时期的陈汉光"抚黎"；第二件是抗战时期国民政府机构及军队内迁五指山等黎族中心区；第三件是解放战争时期中国共产党领导的琼崖纵队进入黎区，建立以五指山为中心的根据地。③ 这个过程说明，黎族的中心区域有大量外来人员进入，随之而来的则是大量外来文化的进入，黎族的社会政治、经济文化形态因此而彻底改变了。

　　陈汉光"抚黎"是在1932年7月，当时陈汉光率国民革命军第一集团军警备旅及空军一部进驻海南岛，在镇压了海南各地的红军之后，他在1933年8月设黎务局，由他提议，确定在海南岛中部的黎族中心地区设县。1935年4月，广东省政府民政厅正式批准设置三县（乐东、保亭、白沙）。6月，任命尹耀东为乐东县长、马宪文为白沙县长、洪土祥为保亭县长。每县每月经费1700元，职员合计64人（其中县长1人，职员、杂役23人，警卫队40人）。8月，县长到任后，组织县内各区黎苗首领、各界代表召开会议议政。为推动黎区的文化教育事业，1936年又由中央拨经费20万元，在三县各地设立短期小学24所。陈汉光的设县，在一定意义上是分割黎区的努力，所设各县的县城都在黎区的核心地区，从而使汉族文化有可能在黎区依托几个政治中心而形

　　① 史图博著：《海南岛民族志》，东京：亩傍书房，1943年，第103页。
　　② 陈铭枢著：《海南岛志》，上海：神州国光社，1933年，第101页。
　　③ 张兴吉：《论民国时期海南岛黎族社会所受到的冲击及影响》，《海南广播电视大学学报》，2008年第3期。

成一些传播汉族文化的据点。当然陈汉光时期的这种据点，影响还很有限，而且这个进程也进行得极为艰难。20世纪30年代到黎区考察的王兴瑞先生说："我们在保亭时洪士祥县长告诉我们，他带员役十二名来县办事，半年之内，死了三四人，其余的人也病得面黄腹胀，连他自己也不免。他的夫人和公子来到琼崖，不敢入保亭，住在陵水县城。"① 乐东、保亭、白沙三个县城在民国时期，人口稀少，还只是政治中心，在经济上没有突出的贡献，甚至不能称之为市镇。

抗战时期国民政府机构及军队内迁五指山等黎族中心区是在1939年2月。当时日本军队从南北两个方向侵入海南岛，两个月之后，占领了海南岛沿海的全部县城，在此前，海南岛上的国民政府机构和所属抗日军队，除一部分军队在敌后坚持抗战外，大部分人员（包括琼崖地方政府党政军机构及其家属、海口市以及13个县政府机构甚至有学校师生等）被迫向海南岛的腹地，特别是向五指山地区退却。其中白沙县就迁入了被日军侵占地区9个县的政府机构。虽然我们目前无法统计这些机构内迁的具体人数，但比较设县时期的各县的人口数量，此时迁入的人口数量是很大的。据记载："在抗战爆发前的1936年，白沙县仅有56，900人，保亭县14，640人，乐东县92，540人。由此海南黎族中心区的主要城镇及乡村迁入了大量的汉族人口，随之而来的是黎族必须面临的直接的外来政治与文化的冲击。"② 如果说在海南黎族的历史上，黎族对于外来文化的基本态度只有两个方法，一个是接受，从而被同化成"熟黎"；一个是退却，即通过向海南岛腹地山区的退避，保存自身的文化。但抗战时期，大量汉族的迁入（虽然是短暂的迁入），却使海南黎族面对无法再进行退避的情况。因为此次汉族的进入不是从外部的压迫，而是直接进入黎族的中心区，换言之，黎族已经无路可退。

解放战争中琼崖纵队进入五指山区是一个重要的历史事件，此后琼崖纵队在这里建立了稳固的根据地，在解放战争中以此依托，屡次击败国民党军队的进攻，并最终配合第四野战军解放海南岛。冯白驹曾说："本来我们琼崖纵队里是没有少数民族战士的，后来少数民族兄弟，越来越多，形成了海南革命斗争的一个不可缺少的主要力量。直到海南解放时，琼崖纵队里的成员，五个人

① 史图博著：《海南岛民族志》，东京：亩傍书房，1943年，第16页。
② 张兴吉、王裕秋论文：《海南广播电视大学学报》，2008年第9期，第28页。

当中就有一个少数民族战士。"① 这里所说的少数民族战士主要是指黎族的战士。实际上土地革命时期，琼崖红军中也是有黎族战士的，只不过从冯白驹的角度看，那些战士应当是"熟黎"，和抗战时期加入的黎族战士有所不同。在大量琼崖纵队的军政人员进驻的同时，还实施了一系列的土改政策，直接触动了数千年间几乎没有变化的黎族核心地区的社会经济与文化发生了根本的变化，可以说是黎族历史上前所未有的变化，其影响极为深远。当然这个过程中也有一些反复，传统势力依旧有排斥改变黎族社会的努力。如1947年，当共产党的势力在通什乡进行土地改革时，就有"构成的是客人党，要杀绝黎苗人"、"王国兴是黎族的叛徒"、"客人是水，黎人是石，水流不走石"的议论，以此来反对社会的改变，维系传统的社会形态。

第三节　琼侨的艰辛"去番"路

民国时期岛内的战乱，加速了海南人到南洋的步伐。其中以躲避国内的政治迫害出国者极多，虽然没有直接的统计，但资料显示，从大革命失败开始，国内的政治斗争的确是促使一些受迫害的人流亡国外的主要因素。

这一时期海南东部沿海地区，出洋已经形成风气。田曙岚在《海南岛旅行记》中说：琼东"县属俗尚朴实，民性任劳苦，善储蓄。在昔安土重迁，鲜有去乡而糊口于外者；今则远渡南洋，或工或商，与文昌、乐会二县，同为琼属出洋最多之县分"。

在民国时期，受海南整体社会经济文化发展水平较低的影响，海南华侨因其受教育的水平不高，主要是以劳动力的输出为主。苏云峰先生说："琼侨在侨居地之社会地位，于20世纪50年代以前，是较低的一个方言群，因他们多属工人阶层。"

这一时期，海南华侨的后期教育也没有跟上。有资料表明："战前，琼侨受辛亥革命后华人社会举办华校浪潮的影响，以独办和公办的形式，先后办起了新民、育民、育德、琼侨、培群、三民、乐善、启光等华校，让子女接受文化教育，但由于经济条件所限，加之所在殖民国的苛刻限制与排斥，能够上学受教育的为数不多，有的则接受殖民者的'奴化'教育，接受高等教育的更

---

① 冯白驹著：《五指山尖五朵红霞》，《冯白驹研究史料》，广东人民出版社，1988年，第367页。

是凤毛麟角。如曼谷的朱拉隆功大学是暹罗（泰国）最高学府，学生数千人，1940 年华侨肄业者不过十一人。据当时的一个估计，当时华侨不识字者占华侨的百分之六十。琼侨战前的经济地位较低，受教育的比例恐怕还要低。"

海南华侨限于当时的知识文化水平，开始来到居住国时，多以从事社会底层的劳动者居多。据 1973 年出版的《马来西亚、新加坡琼州会馆联合会四十周年纪念特刊》中"乡贤介绍"所记载的 153 人，其中第二代华侨仅有 12 人。幼年到南洋，虽有人开始受教育，但大多数的人，多是迫于生计，白手起家。这表明海南华侨在当地经济社会中的角色，基本上以从事服务业为主。

海外华人社会中，华侨企业中也具有华人社会的性质，从其中企业家的职业分布就可以推知其企业中一般华侨的雇工情况。按苏云峰的考察："1929 年的调查，琼侨约 2 万人，商人及知识分子占 10% 弱，工人占 90% 以上。"这与其他地区的华侨一样，海南华侨在居住国也组织以乡籍为纽带的团体，以强化其自身的团结，维护族群的利益。这些团体多以会馆、公所的名称，在组织乡籍人士以宗教、娱乐、联谊活动的同时，营造出一个小型的海南族群社会，使海南文化在海外延续。

第四章

民国时期的海南文化发展

民国虽然短暂，但对海南岛区域文化的发展来说却是一个相当重要的历史时期。此时期各种文化机构的出现和完善，进一步推动海南文化的进步。这种进步是承袭着明代以来地域文化的传统，在新的历史条件下，多种文化的激荡使海南在阵痛中苏醒，萌发了近现代文化的嫩芽，从而形成了海南文化发展史上的一个转折。

第一节　民国时期海南的教育状况

民国时期海南教育有着长足发展，但受民国时期海南经济发展水平的局限，教育体制与设备的缺乏是民国时期海南教育中存在的最大的问题。对此，民国时期的学者就已经有所认识，《海南岛》说："以人口比较论，以地位、面积论，除黎境外，初到琼岛者，未有不惊其学校设立之多，而称其教育发达之速；然若稍加考察，则办理之良否可立辩焉。大概因其地处海洋，交通不便，而人民复无向外发展之必要，经商务农，苟能维持其生活，即以为自足，故该地曾受高等教育者极少。夫以缺乏知识之人，办理学校，以教育他人，其成绩可知。近来颇有向国内外求学者，然多因根基不良，感受极大痛苦，及至学成返琼，又多目睹现状太坏，觉整顿之无方，不欲从事教育事业。更有因环境关系，向外执行他种事业者。现虽有一二有志者在该地倡办教育，但成效亦属无几，此则吾人不能不为海外同胞太息也。"①

这些问题的存在直接地影响了海南教育发展的水平。首先表现为基础教育的薄弱。在社会基础教育（包括师范教育、职业技能教育）方面，民国时期也开始起步。民国时期海南可称为职业技术教育类学校的，在抗战胜利之前，

---

① 蒋瘦颠：《海南岛》，《东方杂志》1925 年第 32 卷第 10 号，第 52 页。

仅有海南医院附属以及海口福音医院的两所护士学校。而仅有的这两所学校，也正如朱竑、许然所说的"实际上还只是半工半读的护士培训班，虽则其为民国时期海南社会提供了一批医务人才，但就其规模、数量还远不是完整、成熟的职业教育"①。

其次，海南高等教育发展面临困境。私立海南大学创办前，海南高等教育处于空白。1945年8月抗战一结束，当时海南一批军、政、学、商知名人士集会重庆，后聚于羊城，共谋琼崖发展，准备做两件大事：一是筹建企业公司，二是筹建私立海南大学。1946年至1947年间，当时的广州市市长陈策在广州邀请海南同乡及热心教育人士商量创办海南大学，并成立了海南大学筹委会。在对外的招生宣言里，私立海南大学将自己的办校宗旨阐述为："把海南岛建设成为现代化的地区"，"它的创设及所作所为大都是超地方性的"，所以它欢迎来自内地各省的有志青年。理由一是海南高中教育落后，经济不振，能供子女上大学的家庭甚少；二是北方政局不定，青年学子多随家人或孤身投奔南方者众，学业面临中断。然而，私立海南大学毕竟是一所私立大学，和民国时期所有的私立大学一样，其建立之初，所面临的就是经费问题。私立海南大学的经费，几乎都来自华侨的资助。但历经太平洋战争，南洋华侨经济也同样遭受沉重打击，经济势力还没有恢复。而岛内经济受日军的侵占，更是全面重创而一蹶不振。在私立海南大学的董事中，海口市的商业人物只有周成梅一人，应该说，当时海口市的商人对这个私立海南大学的设立，不能说是不积极，但至少说热情不高，或者说心有余而力不足。因此，作为发展为本地经济文化提供人才的教育机构，私立海南大学却得不到本地人士，特别是海南本地商界人士的支持，虽然聚集了一批颇有建树的各科杰出人才，如宋子文、陈策、王俊、韩汉英、黄珍吾、郑介民、颜任光、陈序经、梁大鹏、云竹亭等，均为当时有影响的政界、学界和商界人物，但发展结局则是收效甚微。

第二节　近代文明的传入

民国时期是海南岛从"古代"迈入"现代"的一个过渡时期，同时，也是一个极具重要意义的时代。许多海南现代意义上的第一次事件均发生在这一

① 朱竑、许然：《民国时期海南岛区域文化的发展》，《广东技术师范学院学报》，2006年第10期，第30页。

时期。如制糖、罐头、发电、制皂、玻璃等 20 多个行业在上世纪 20 年代至 30 年代期间就已出现。1914 年出现的海南第一台发电机虽仅为 75 马力，却开创了海口市电灯照明的先河。在其影响下，文昌、琼东、琼山等县相继购机发电。在政府的引导批准下，这一时期海南的矿业生产亦有较大发展。至 1935 年，全岛取得矿权的公司就有 17 家，开采矿区 34 处。至 1946 年，全岛有盐田 5 万亩，年产量 6000 万担，有制公司 20 处，莺歌海盐场每年产盐 30 至 40 万公吨，成为当时世界第三大盐场。

在交通方面，海南最早的现代公路（海口至府城段），就兴建于 1919 年。从 1922 年开始修筑各县公路，虽全是土路，但通车里程逐步扩大。1928 年全岛公路 800 余公里，1932 年增至 1300 公里，至解放前夕达到 1800 公里。汽车运输也始于 1923 年，到 20 年代末期全岛拥有的营运汽车近 500 辆。较为快速、畅通的现代交通极大地改变了以往的信息、人员、物资等的流通方式，形成了现代化发展的良好形势。

此外，日据时期还修建了三亚至石碌 276 公里的铁路（2003 年正式开通的粤海铁路就是在其基础上扩充完善的结果）和海口、三亚、黄流三座军用机场。1946 年民航通航时，每逢周二、六均有飞机往来广州、海口，昔日的"天涯海角"仅需 2 小时就可以从广州到达。

1936 年，由商人集资建造了海南第一个人造钢筋水泥结构的码头——海口港书场码头。20 年代，海南还兴建了邮政机构，并于 1927 年成立了广东省无线电报琼州分局，拥有 200 公里和 300 公里两部收发电报机。海南有线电话通信也从 1923 年开始启用，日寇入侵后，初步建立了现代通讯设施，这与唐时李德裕《寄家书》之中："琼与中原隔，自然音信疏。天涯无去雁，船上有回书。"[①] 所言相比较，已是天壤之别。昔日仅靠人员流动来完成文化传输的工作，此时基本在短时间内即可完成，虽然整体水平尚低，普及也远远不够，但现代科技的发展，已完全改变了对海南开拓、开发的方式和内容，形成了这一时期海南文化的特有内涵。

教育事业的发展和文化之兴盛，也成为民国时期的新特点。各地积极兴办新式学校，如昌江县到 1947 年，就已有中学一间，2 个班，64 人。中心国民学校 12 间，61 个班，学生 1731 人，保国民学校 30 间，100 个班，学生 1290 人。从中可见，该时期海南普及教育的发展势头，其直接结果是带来了海南全

---

① 谷裕、岑婉薇著：《五公诗词选》，广州：中山大学出版社，1991 年 6 月。

社会的整体文化水平的提高。

从 20 世纪初期起始，一批高素养、先觉的海南人就投身于传播新文化、新思想和推进海南发展及民主进程的运动之中。如 1914 年创办的《琼岛日报》，1920 年的《琼崖旬刊》，1922 年创办的《新琼岛报》等进步报刊，宣传爱国、共和思想，宣传新思想、新道德、新文化，并有力地抨击旧军阀的黑暗统治，对海南的黎民百姓，尤其是知识分子影响极大，起到了一定的进步作用。

同期，文化名人王国宪等又积极创办学校，如私立琼山中学（1923 年），还与王梦云等人，在海口创建海南书局，编辑出版"海南丛书"，使海南优秀的传统文化更加发扬光大①，丰富和充实了海南文化的传播形式和内容，使以往主要凭借外人、外力在海南宣扬、推广先进文化的程式转变为本岛人士主动参与其中，靠自身的力量宣传、传播进步的思想和文化，从而带动琼岛的发展。这可以视为民国时期海南文化的一大特色。

第三节　日本的殖民文化政策

日本野心勃勃，很早就觊觎海南。宋代后，日本倭寇侵入海南，进行掠夺活动；清代，日本和海南的贸易开始有所进展，两地通商略为活跃；近代，日本人对海南进行地理、资源和军事调查，居心叵测；到了现代，日本对海南的野心已昭然若揭，连侨民也成了特务和侵略者②。1895 年，日本侵占了台湾之后，海南岛也就成为日本夺取的新目标。日本在海南岛实施的是力图把海南岛殖民地化的殖民政策。在抗战时期日本人有关海南岛的著作中，许多日本人喜欢把台湾和海南岛比作中国的两只眼睛，把中国的这两大岛比作兄弟岛。在日军占领时期，日本提出"运用台湾经验开发海南岛"的口号。③

伴随侵略战争和疯狂经济掠夺的，是日本侵略者政治、思想文化上的控制。早在入侵海南之前的 1938 年秋，日本政府就提出了所谓的"治安肃正"，在治安肃正计划中，提出"恩威并用，显示皇军威力。贯彻圣战，共存共荣大义，把握民心，使民众心悦诚服"的指导方针。1939 年 3 月，日本政府成

---

①　朱逸辉：《略论海南文化之发展》，《海南大学学报》，1994 年第 4 期，第 12～21 页。

②　王裕秋：《历史上日本人和海南岛的关系》，《海南师范学院学报》（社科版），2001 年第 3 期，第 12 页。

③　张兴吉：《论海南沦陷时期的日本占领政策》，《日本学论坛》，2002 年第 2 期，第 36 页。

立了"兴亚院"，兴亚院的建立为日本帝国主义加强思想统治提供了重要的组织保证。1940年7月26日，日本在内阁会上又通过了《基本国策纲要》，确定了建设"大东亚新秩序"的方针，将"治安肃正运动"，升格为"治安强化运动"。1941年12月，太平洋战争爆发。日本首相提出大东亚建设的构想，自认为"大东亚共荣圈"的殖民帝国的美梦即将实现，叫嚣"战争即建设"、"建设即战争"的法西斯理论，以加速沦陷区的殖民地化。

日本强调"政治、思想和文化战"，要日军、伪政权、汉奸团体一体化，政治、军事、经济、文化一体化。不难看出，"政治、思想和文化侵略"，是与日军武力占领、经济掠夺紧密配合的，是对海南殖民统治的重要手段，但由于海南抗日力量的顽强抵抗，日本不得不在政治上采取"以华制华"的策略，积极操纵建立傀儡政权，先后成立所谓的"琼崖临时政务委员会"和"县、乡治安维持总分会"，并附设特务机构，配合日军的殖民统治。而后日本间谍分子又在海口市成立伪海口市政府，下设民政、财政、教育、建设和工商科，统由日本海军特务部派指导官和顾问监督，重要的事务决策必须经日本人同意。市辖下设永安、福安、关厂三镇，海甸、白沙、新埠、盐灶、龙昆五乡，并推行十户为一甲、十甲为一保的保甲制度，如一户违反了所谓的秩序，一甲连坐；一甲有问题，一保连坐。这些伪政权为日本帝国主义的殖民统治服务，成为日本控制海南的重要手段。

日军为了维持在海南的统治，协同伪政府，勒令家家户户在大门前楣上方悬挂一块大木牌，牌上用毛笔写上户主及家庭成员的关系、姓名、性别、年龄等，以便搜查时及时发现、查出外来人。并强迫居民领取"良民证"，随时在交通要道设卡检查。忘带者，轻则殴打，重则拘留受刑。无证者以游击队论处，一律抓到宪兵队。伪政府还设警察局，重点搜查抗日爱国者和偷运物资到抗日区的爱国群众。这些稽查四处活动，十分猖獗，无恶不作，使海南被笼罩在白色恐怖之下。

一、严格控制的新闻出版业

海南沦陷后，日本侵略者立即强占了海南书局、《民国日报》等海南当时最有影响的新闻出版机构，并成立了"日军报道部"，出版由日军控制的《海南迅报》，垄断和控制了海南的新闻出版业，实行思想文化殖民统治。日军控制的《海南迅报》等宣传机器，主要是渲染所谓的"皇军"功德和日军在"战场上的胜利"，鼓吹"中日合作"以及"建设大东亚共荣圈"的美梦，还强迫市民订阅。日军认为"报纸为舆论枢纽，是人民耳目之所寄，若言论庞杂，宗旨不纯，最足以淆惑听闻，影响社会"。因此对报纸的控制最为严厉。早在1933年，海南就有新闻事业，第一家报纸是《琼岛日报》，随后有《琼崖日报》、《国民日报》、《新民日报》、《国光日报》、《琼州日报》。沦陷后，海南所有的报纸均被迫停刊，记者和印刷工人失业。

二、奴化教育

对海南人民进行奴化教育是日军实行思想文化控制的另一重要手段。日军对海南的奴化教育主要是通过学校教育、社会教育等途径，其目的是在沦陷区建立日本帝国主义独占的殖民地文化，妄图泯灭中国人民的民族意识，毁灭中华民族文化，排除一切抗日思想。他们把青年作为奴化教育的重点，把学校教育作为重要阵地。他们打着"中日合作，互相提携"、"中日同文同种"的旗号，提倡以"尊孔读经"和"大日本帝国的王道"为核心的所谓"新民文化教育方针"在各中小学增设日语课。海南学校当时开设的主要课程是日语、体育和劳动，此三门课均有日本人教师上课，日语是主课，每周节数最多，高年级没有历史课，这就是日本人推行的同化教育。由于海南较之大陆地僻人少，易于推行类似当时日本对朝鲜和台湾的同化教育。体育、劳动课上课很严厉，体罚和打骂是家常便饭。课堂上成为日本人变相奴役中国人的"合法场所"。目的是使中国儿童长大后没有反抗精神，只有强壮的体格和惟命是从的习惯，最终使中国人成为日本殖民地统治下的顺民和劳动工具。

海南华侨热爱祖国，向来热心桑梓公益事业，为发展海南的文化、教育事业出钱出力不遗余力。尤其是兴学育才，自清末以来海外琼侨，慷慨捐助，在全省侨乡兴建学堂，特别是海府地区的中小学，自1923年秋私立的琼海中学（现海南中学）开课以来，据不完全统计仅琼山县治的府城，就有琼崖中学、琼崖师范、琼山中学、琼山师范、华美中学、匹瑾女子中学等，加上海口商办的小学高级班，在校生总计不下一千八百多人。1938年，广州沦陷后，日机不时轰炸海口，各中小学校先后被迫停课。日军占领时期，市区只有三间小学加上私立崇本女子学校和数间私塾，小学入学率，占学龄儿童10%以下，女生占入学学生总数的20%。在日军的殖民统治下，海南教育事业濒临毁灭。

三、所谓"文化合作"

1938年11月3日，日本政府发表关于"建设东亚新秩序"的《第二次近卫声明》，宣称："这次征战的目的"，"是建设确保东亚永久和平的新秩序"，此种新秩序的建设，应以日满华三国合作，在政治、经济、文化等各个方面建立连环互助的关系为根本"。那么，日军在海南是如何"进行文化合作"的呢？主要是消磨海岛民众的反抗意识，开设妓院、赌场，为发国难财者、汉奸、地痞、流氓提供吃、喝、玩、乐的场所，对嫖妓、赌博、吸毒之类不加干涉，推行愚民政策这样不仅可以从精神上彻底摧垮中国人，泯灭中国人的民族意识，还可以制造顺民亡国奴，圆他们独霸中国的迷梦。

第四节 华侨文化的作用

我们把由华侨兴起和传播的特殊文化称为华侨文化①，是区域文化的一个特殊组成部分，具有国内和国外两个源头，即一部分在内地，另一部分在海外，具有跨地域的性质，文化特质具有相对独立性的一面。有人把华侨文化说成是中西文化交流、融合的产物，但不管怎么样说，华侨文化在异质文化包围中不但没有被同化，反而能在与之的交流中发展、创新，卓然独立于当地文化之中。他们借助于探亲、书信，与家乡保持联系；有的回国办实业、教育、医院及其他福利慈善事业，影响或改变当地文化景观或结构，同时也将本土文化流布侨居地。

琼籍华侨的出现，根据可查史料，最早可上溯到宋乾道年间（1172 年）。明《正德琼台志》中就载："宋乾道八年，占城复来买马，人徙甚盛。琼州不受，怒归，肆行劫掠。淳熙二年，诏帅臣张……，喻中国马自来不许出外界，令还掠人口，自今不得生事。三年，占城发回所掠人口，且存八十三人。"②当时被掠去占城的海南人系早期琼籍华侨。明代，郑和下西洋开始，海南岛外移人数渐多。鸦片战争以后，又有大批海南人因各种形式留居海外。民国时期，海南华侨又有一段艰难的"去番"之路，据有人统计，"由海南岛去海外做工的华侨人数，可以说非常之多，仅在南洋方面，至今已经达到 39 万人，其中泰国为 25 万人，马来亚为 10.2 万人，印度支那为 3.8 万人。这一数字约占海南岛全部人口的 18%"③。可见海南岛向海外移民的数量之大，由这一数字可想每年都有多少海南岛民漂洋过海移居国外，大约有将近五分之一的海南

---

① 许桂灵，司徒尚纪：《广东华侨文化景观及其地域分布》，《地理研究》2004 年第 3 期，第 411～421 页。

② 《正德琼台南》，转引自：《海南省志·人口志》，南海出版公司，1994 年，第 46 页。

③ 王翔：《近代南洋琼侨的社团与生活》，《海南大学学报》（社科版），2001 年第 3 期，第 27～38 页。

人口出国，况且这还是不完全统计的数字。琼侨中，又以文昌、琼海、琼山和万宁等沿海地区的人为多，集中前往之地多为东南亚的新加坡、马来西亚、泰国、越南、印尼等国家。琼侨人数至新中国成立前夕已达到 70～80 万人。①

移居海外的海南华侨，经过自己的努力，其中不少在其生活地取得了事业上的成功。在故土情结的促使下，又从世界各地通过各种形式投身于家乡的发展和经济建设，形成一种独特的开拓力量。如华侨资本的回流，直接刺激了海南自身的工农业生产和商业兴盛。上世纪 30 年代编写的《琼崖实业团调查报告》中写到："琼崖东北部各县商业之所以得到发展，是与每年得到华侨一、二千万元的汇金分不开的。"而形成今日海南热带作物优势的直接缘由，则是和民国时期华侨对境外物种的积极引进和热心参与分不开的。自 1902 年，华侨曾金城在儋县洛基乡试种从马来西亚带回的橡胶以来，大批琼侨跻身琼岛的热作事业之发展。至 1916 年以后，万泉河上游两岸就有琼安等 20 多家侨资公司购地垦荒、种植橡胶②。多种经济价值高、地位重要的热带经济作物的引种，不仅直接推动了海南现代农业的开发，同时，通过华侨群体的身体力行，也将海外较先进的经营管理方式、先进理念、技术等引进海南，并通过对传统农业的冲击，促进了海南当地人们思想观念的转变、生产方式的改进。

此外，民国期间，华侨还通过积极参与海南的教育事业的发展、实业的兴办，并支持整理出版文化典籍和修葺文物古迹等方式，全方位促进了海南社会的进步。如 40 年代后期，海南教育史上的里程碑——私立海南大学的成立，就倾注了侨领宋子文、陈策等华侨的心血。为了筹措经费，海内外琼胞热心捐赠（如当时泰国琼侨就捐赠 150 多万泰元）在岛内办起一批批新式中小学校，使岛内民众教育的普及度逐渐提高。

有人把近代中外文化交流主要归结为教会传教渠道、殖民统治者渠道、商贸渠道、民间渠道。第一至第三渠道主要是外来文化向中国进行有组织地传播，第二渠道还带有明显的强制性，而第四渠道是双向的，具有自发性和自愿性。华侨文化就是第四渠道的具体体现和产物。离乡背井的华侨，他们往往把侨居国只作临时寄居地，具有相当强烈的叶落归根的意识。无论是回国与否，都对海南的文化产生了一定的影响。这个过程中，它们表现出了自信、开放以及包容的态度。

① 海南省委宣传部和海南教育厅编：《我爱你海南》，海南出版社，1995 年，第 187～191 页。
② 潘在积：《民国时期的海南经济》，《海南史志》，1991 年第 2 期，第 57～62 页。

最后，中国早期的华侨还拥有一种叶落归根的情怀，出洋的华工即使客死异邦，也必嘱咐其同伴或家人将尸骨运回家乡安葬。而华工们远在家乡的亲人也无时无刻不在关怀和思念着他们，即使音讯全无或者身丧异乡，也不会忘记给他们在故乡建坟立碑，呼唤"魂兮归来"。这在琼籍华侨中表现更为突出，就像当时在海南岛上传教的美国传教士们所记述的："有许多男人在南洋死去，如果你走到海南的乡间，有时就会看到一排八到十个的坟墓，这些坟墓排列得如此整齐，足以激起人们的好奇之心。经过向当地人打听，就会发现原来这些坟墓是建来为那些丧身南洋的男人们招魂用的，其中只不过是埋着一只青蛙或是别的什么小动物，而葬礼则是按照通常的仪式进行的。"尽管这一排排坟墓中埋葬的只是某种小动物或死者生前用过的一些东西，仪式却依然一如往常，严肃隆重①，从中体现出故土与远游华侨间亲密的联系，也折射出华侨文化作为本土文化的延伸和拓展。正如王翔精辟地指出这"既与海南岛本土具有难以割舍的文化同宗性，又以异域文化回馈家乡，丰富、充实和拓展了海南文化"②。

---

① 王翔：《近代南洋琼侨的社团与生活》，《海南大学学报》（社科版），2001 年第 3 期，第 27～38 页。

② 王翔：《近代南洋琼侨的社团与生活》，《海南大学学报》（社科版），2001 年第 3 期，第 27～38 页。

第三编

新中国海南的社会发展 （1950～2010）

从 1950 年 5 月 1 日海南岛解放到 1987 年的 38 年间，海南行政区的行政机构经过 7 次变动，即：海南军政委员会—广东省人民政府海南行政公署—广东省海南行政公署—广东省海南行政区革命委员会—海南地区革命委员会—海南行政区革命委员会—广东省海南行政区公署—海南行政区人民政府。在此期间，海南经历了国民经济恢复及社会主义改造、全面建设社会主义、"文化大革命"和社会主义现代化建设四个时期。

第一章

新中国成立初期的海南社会发展
（1950～1955）

海南岛解放前夕，经济基础薄弱，工农业和交通基础设施落后，百业萧条，人民生活贫困。解放后，为加紧实现向社会主义过渡，需要重新对海南进行定位，由此启动了海南社会的现代化进程，海南社会在新时期发生了翻天覆地的巨大变化。

第一节　社会主义过渡时期的海南定位

海南是中国的南大门，具有优良的地理优势。从区位地理考查，海南的海陆区位、经济区位、交通区位都具有得天独厚的优势。从海陆区位看，海南岛位于华南和西南陆地国土和海洋国土的结合部，既是大西南走向世界的前沿，又是开发利用南海资源的基地。从经济区位看，海南岛近傍香港，遥望台湾，内靠我国经济发达的珠三角，外邻亚太经济圈中最活跃的东南亚，既有经济腹地的依托，又受到经济发达地区的辐射和带动，便于内引外联，发展经济。从交通区位看，海南岛位于太平洋环形带上，处在日本到新加坡的中段，直接面向东南亚，靠近国际深水航道；同时连接亚洲和大洋洲、太平洋和印度洋；南海还是我国通往东南亚、印度洋直到非洲、欧洲的海上通道。海南岛的海运交通位置重要，本来便于发展外向型经济。然而，海南解放初的几次定位，把海南社会发展导向另一个方向。

一、南中国国防前哨要地

20世纪50年代开始，美苏两大国已经形成冷战格局，社会主义阵营与资本主义阵营形成冷战格局下的对峙，这种国际局势使得地处东亚新月形经济"繁荣弧线"中间地带的海南不得不"加强防卫、巩固国防"[①]，这成为当时海南岛的建岛方针，海南因此而成为对抗新月形"防御弧线"的防卫前沿。

在"加强防卫、巩固国防"方针的指导下，各级政府一直把海南作为国防建设的前哨，经济建设的投入少之又少。按照毛泽东对当时海南行政区主要负责冯白驹的指示，海南的工作主要有两项："练兵和土改"。即便进行经济建设，保卫国防也是第一位的。当时唯一进行建设的海榆中线公路（1952年8月开工，1954年12月竣工），虽然对海南中部交通和经济社会发展具有重要意义，其最初的目的，也还是为了保卫国防。公路建成后，毛泽东还特意题词"加强防卫，巩固海南"。据统计，1950年至1987年海南用于经济建设的经费一共才80多亿元。海南长期处于随时准备早打、大打、打核战争的战备体制之下，很多建设不能搞，不能发展大中型工业和加工业，主要是进行原始的、

---

①　1953年毛泽东给海南的题词。

初级的农产品、渔产品、林业、盐业、制糖业、采矿业、橡胶种植业生产。生产最初级的生活资料产品，产量很高，产值不高，经济效益不好。地方财政和人民群众的收入很低，没钱建设，于是各方面发展都很慢，城乡建设和全岛基础设施建设欠账很多。就是国防前哨的这种定位，使得海南没能在建设新中国的重大历史契机下走上经济、社会、文化全面发展的道路，到处呈现巨大的反差：岛内和岛外的反差，汉区和少数民族居住区的反差，城市和农村的反差，由此，海南在时人的印象里便是"贫穷、落后、封闭"的代名词。

二、"把海南岛变成一个橡胶岛"

海南岛地处热带，是适宜种植天然橡胶的宝地。自清朝末年起，海南就有爱国华侨和其他志士仁人从事橡胶树的引进、垦殖工作。1906 年华侨何麟书将橡胶树苗从马来西亚引进到乐会县（今琼海市），创办琼安垦务公司，自此开始垦荒种植橡胶，直到 1949 年，全海南岛的橡胶种植规模有 3.63 万亩，106.65 万株，分布在 12 个县的 2343 个胶园中。当时规模最大的私营橡胶园——海南联昌橡胶公司，有 1 万多株胶树，二三十个工人，能开割的胶树有几千株，日产胶水 150 公斤。这个时期海南以至华南地区的天然橡胶业仍然比较落后，无论是规模还是产量，都无法与东南亚国家比。

1949 年底，毛泽东到莫斯科与斯大林会谈，在谈到社会主义阵营的未来时，他们考虑了所需要的战略物资。苏联拥有丰富的资源，足以满足本国对钢、铁等能源的需求，但缺少一种重要的战略物资——橡胶。1950 年毛泽东和斯大林签订了中苏联合发展天然橡胶的协议，确定在 3 年之内中国种植橡胶800 万亩，1959 年开始向苏联出口橡胶。

朝鲜战争爆发后，西方国家对新生的中华人民共和国实行更加严厉的封锁禁运，橡胶被列为主要禁运的战略物资之一。当时我国的天然橡胶基本依赖从外国进口。为对抗西方帝国主义的封锁禁运，满足我国经济建设和国防建设的需要，中共中央作出了在华南地区建立天然橡胶生产基地、发展新中国橡胶事业的战略决策。为此，中央明确指出"橡胶事业是国际事业，是保卫世界和平的事业"。

因此，在 1951 年 8 月 31 日，中央作出了《关于扩大培植橡胶树的决定》，决定指出："为保证国防及工业建设的需要，必须争取橡胶自给"。要求自1952～1957 年以最大速度在大陆上广东、广西、云南、福建、四川等 5 个省区种植巴西橡胶及印度橡胶 770 万亩（海南岛任务另定），争取 10 年后，在大陆上每年产胶 10 万吨。同时，中央决定，由政务院副总理陈云兼财经委员会主任主持建立橡胶基地的工作，在华南地区由中共中央华南分局第一书记叶剑英直接领导大面积植胶工作。同年 11 月，作为华南橡胶垦殖基地指挥决策机构的华南垦殖局在广州成立（次年迁至湛江市），下辖高雷、广西、海南 3 大垦区。

而在海南岛解放之初，海南军政委员会就在农林处内设橡胶科。1950 年 9 月，海南军政委员会发出通知，号召为种植 600 万株橡胶苗而努力，还颁布了橡胶树育苗贷款办法，用信用贷款辅助私营橡胶园经营。按照中央意图，把发展天然橡胶生产"列为海南建设事业最重要的一个任务"和海南农业的"首要任务"，确定对橡胶事业实行"大力恢复，大量发展，以国营为领导，扶助民营为主，有计划地稳步前进"的方针。冯白驹还提出"以恢复和发展橡胶为主，把海南岛变成一个橡胶岛"。

因此，1951 年，20 多位苏联顾问到达海南，帮助发展橡胶工业。1952 年，原先负责林业生产的第四野战军的两个师，即林一师和林二师（每个师约 3000 人）从广西调往广东，开始垦荒种植橡胶树。其中第一师调往海南岛，第一师的两个旅被派到那大和琼海两地原有的橡胶园，建立橡胶场场部，再划分为 12 个管理区。从此以后，海南开始了以管理区为据点招收民工、种植橡胶的历史。

社会主义改造完成后，海南的经济社会发展服从于国家工业化战略目标，海南进入了以粮食为主、以热带作物为中心的发展时期。1957 年 7 月 25 日和 12 月，《开发海南热带资源规划方案（草案）》和《海南农业开发 10 年（1958～1967）规划（修订草案）》出台。《开发海南热带资源规划方案（草案）》比较全面、系统地勾画了海南岛热带资源开发的蓝图，明确提出开发海南岛的方针是："在粮食自给并略有储备的基础上以积极地发展热带、亚热带作物为主，有计划有步骤进行农、林、牧、渔相结合的综合开发，并根据国家的需要和开发资源的需要相应的发展工业和运输业，目前还要采取增加粮食生产和发展经济作物并重的方针，争取在一定时间内作到粮食自给，同时保证经济作物迅速发展。"规划还确定了把海南岛建设成为"提供工业上迫切需要的热带经济作物原料的重要基地之一"的战略目标。《海南农业开发 10 年（1958～1967）规划（修订草案）》提出海南农业开发的方针为："在粮食自给并略有储备的基础上以积极地发展热带、亚热带作物为主，有计划有步骤进行农、林、牧、渔相结合的综合开发。但是，在粮食尚不丰裕以前，还必须坚决执行以粮食为主，并发展以热带作物为中心的多种经营的方针。"1959 年 2 月

14 日，《关于加速开发海南和湛江热带地区的座谈会纪要》出台。《纪要》提出海南及湛江的热带资源开发，要"以橡胶为纲"发展热带作物，1962 年海南的橡胶林种植面积累计达 600 万亩，1960 年 2 月，制定的《关于 1960 年～1962 年海南区农业生产规划要点（草案）》中，提出了三年内橡胶种植面积达到 600 万亩、三年基本完成热带农业资源的开发的目标。于是，海南再次掀起发展热带作物的高潮。

对海南"橡胶岛"、"热作基地"的定位，又完全服务于国家的工业化建设，海南岛自身的经济社会发展并不在国家发展战略之内，所以虽然朱德、周恩来、刘少奇、陈云等领导人有过一些好的开发思路，但是立足于海南长期发展的大规模开发未能付诸实践。据统计，1950 年至 1987 年海南用于经济建设的经费一共才 80 多亿元。所以，海南经济社会的发展较之其他地区明显滞后。与建国前相比，海南岛确实发生了天翻地覆的变化，经济社会有了一定的发展。但是国防前哨的定位，国家发展战略的掣肘，以及特殊政治环境和体制环境的束缚，使得这颗南海的璀璨明珠长期未能发出自己应有的光彩。

第二节　黎苗自治州的成立与发展

一、黎苗自治州的成立

1952 年 4 月 20 日，海南黎族苗族自治区筹备委员会成立。7 月 1 日成立"海南黎族苗族自治区"（专署级，以下简称自治区）。自治区管辖乐东、白沙、保亭、琼中、东方 5 县，共 16 个区、162 个乡。自治区政府驻乐东县抱由镇，1953 年 7 月 8 日由抱由镇迁驻保亭县通什镇。按照 1953 年统计，黎族苗族自治区人口有 22.74 万人。其中，黎族、苗族人口分别占 83.4% 和9.6%，黎族"合亩制"地区有 26 个乡，3.8 万人。1954 年 1 月 1 日，陵水、崖县划归自治区管辖。这样，自治区的管辖范围扩大到 7 个县、32 个区、457 个乡，面积占海南岛的 1/2，人口 56.79 万人。

二、黎族合亩制经济的社会主义改造

黎族合亩制是海南黎族地区特有的一种经济制度。合亩制地区保留在五指山的中部地区约 1000 平方公里范围内，占黎族地区总面积的 8.7%①，主要包

---

① 高和曦：《黎族合亩制地方的文化变迁及其发展》，《新东方》2009 年第 3 期，第 29 页。

括保亭的第三区共 14 个乡①，第五区的 2 个乡②，白沙县第二区的 7 个乡③，乐东县第二区的 3 个乡④，总共 26 个乡，971 个合亩，3591 户 13413 人，占当时黎族 36 万总人口的 3.73%⑤。其中保亭的第三区为聚居区。

　　黎族合亩制地区是黎族经济社会发展最落后的地区，对黎族地区社会主义改造可以证明对社会主义理论的正确性，当时的文件很突出地反映了这一点，"中华人民共和国的成立，为各少数民族的发展开辟了广阔的道路，他们在党的领导下，在先进民族人民的帮助下，政在复兴发展，向社会主义过渡，今秋已经基本上实现了社会主义的农业合作化。这些事实继苏联和人民民主国家之后再一次生动地证明了马克思列宁主义关于落后民族可以避免资本主义发展阶段而直接过渡到社会主义的理论的正确性。因此，对合亩制的直接过渡问题'进行全面的深刻的调查研究和总结，是具有其重要的历史意义和现实意义的"⑥。正因为对黎族合亩制经济进行社会主义改造可以印证马克思主义的跳跃式过渡理论，所以黎族合亩制地区成为海南进行社会主义改造的重点地区，并且新中国成立伊始，就对合亩制经济进行了深入的调查。这样的调查，在新中国之前从来没有进行过，所以 1950 年《新观察》刊登的《琼崖黎民山区访问记》成为最早对黎族合亩制进行报道的文字，并因此引起了广泛的关注，首次带动了学者、专家对黎族合亩制经济的深入调查研究。

　　合亩既是社会组织，也是经济组织、生产组织，黎语的本义"大家一起做工"（读作"翁堂沃工"）最能反映这种性质，在解放前，它就是一种以户为单位组织起来，统一经营土地，共同劳动，平均分配产品的一个经济独立体。其社会结构是建立在血缘基础上的，一般由单纯血缘关系而形成合亩，即若干个家庭构成的合亩。后来逐渐由外来户加入，形成一种非血缘的混合亩。每个合亩内都有"亩头"控制和管理。"亩头"是一亩之长，由亩内的嫡长者担任，采用世袭制度，对外代表全亩处理亩与亩之间的一切事情，对内负责组织生产、分配产品。亩头具有绝对的权威，可以决定所有的事情，无需通过全

---

① 现在五指山市的冲山镇、毛道乡、畅好乡和南圣镇的一小部分。

② 原毛感乡、毛岱乡，现在保亭黎族苗族自治县毛感乡。

③ 现在五指山市毛阳镇、琼中黎族苗族自治县什运乡的部分地区。

④ 原番阳乡、加艾乡、毛农乡，现在为五指山番阳镇。

⑤ 高和曦：《黎族合亩制地方的文化变迁及其发展》，《新东方》2009 年第 3 期，第 29 页。

⑥ 海南省史志工作办公室、海南省档案局编：《关于合亩制经济的社会主义改造的特点——1956年》，《海南农业合作化运动资料选编 1954~1957》，海南省文化广电出版体育厅准内部印行，第 760 页。

体亩员同意，亩员对亩头绝对服从。亩头的妻子称"天后"，帮助亩头管理妇女的生产活动。亩头享有特权，即只做带头的劳动或轻微的劳动，分配产品时却要抽收"禾公""禾母"，一般为每牛田抽收谷一把约市四斤①。

合亩制地区的经济制度一般为原始共有制，即合亩制内部土地基本共有，虽然也有私田，但不占多数。外来亩员一般无权享受祖公田。田地不论公田私田，一律由合亩统一经营。在这种经济制度内，唯一存在的私有成分是生产工具和牛，这是属于亩员私有的财产。至于公有成分，也只有山林、河流和山地，由亩员共同使用。所以合亩制经济的所有关系是混合型的，既有共有共用型、也有自有自用型，还有公有共用型。事实上，合亩制地区的私有因素早在19世纪下半叶就出现了，到20世纪二三十年底，这种私有制因素已经渗透到合亩制的大部分地区，使得这些地区的经济关系从原来单纯的共有共用型演变为较为复杂的混合型所有制形态，说明合亩制地区的经济制度正处在向更高层次的私有制度转化的阶段。这种情况在产品分配上尚没有明显的体现，因为这里基本实行平均主义，除亩头多得"禾公禾母"外，其余基本进行平均分配。"单在龙公龙子关系②的合亩中，外来的亩员往往比亲属亩员少得一点，为亩头的一半"。但是在解放前，这里已经有了很多私有制成分和形式，也有了借贷、买卖和租赁关系，而牛往往是这种经济关系的主要对象。

合亩制地区的生产力水平在解放初仍然相当原始。刀耕火种③、牛踩田④和手捻稻⑤等原始生产方式仍然盛行。生产工具主要使用木制工具，包括木犁、木耙和种山兰用的木棍，铁制工具作为辅助工具，主要有铁犁、锄头、小镰刀、钩刀、铁镰和铁锹等，这是因为他们还不懂冶金术，铁制工具必须从汉区输入。在生产技术上，还不懂进行选种，插秧后也不懂进行中耕和除草，而且从来没有积肥和施肥的习惯，也不懂得水利灌溉的作用和捕除虫害的重要

---

① 牛田是以牛为货币单位的计量方法。在合亩制地区，牛是主要财产，由于每户有几头牛到数十头牛不等，所以在交换和租佃方面有其优势，因而也成为物物交换的主要工具和租佃对象。

② 龙公龙子关系有两种类型：一种类似汉族地区的义父义子关系，彼此平等相待，在财产分配上也是平等的；另一种是龙子没有人身自由的关系，类似奴隶与奴隶主的关系。存在龙公龙子关系的地区解放较早，经过土地调整和清匪反霸，到1956年时，龙公龙子的这种性质已经根本改变了。

③ 合亩制地区种山兰稻仍然使用刀耕火种。春米时是连禾把一起春，留用的种子是用脚来踩，速度极慢，生产方式极为落后。

④ 牛踩田区别于牛犁田，合亩制地区虽然懂得把牛作为牵引力，但是用牛犁田的不多，普遍使用牛踩田的办法耕地。

⑤ 手捻稻就是收割水稻采用手捻谷穗，完全不用脱谷器等机器收割的办法。

性，所以生产方式仍然处在极其落后的阶段。

解放初，合亩制地区便最早进行了社会主义改造，甚至比新中国成立的时间还要早。这一方面是因为合亩制地区属于海南岛最早解放的地区之一，大约在 1947 年 4、5 月间解放，而琼崖纵队解放海南，在 1947 年 1 月将司令部迁入的白沙县红毛乡①正是合亩制的中心地带，另一方面也是因为改造合亩制可以证明马克思主义关于社会形态的跳跃式前进理论的正确性，所以从未受过中央如此关注的海南合亩制地区最早进行了社会主义改造。

但是合亩制地区的经济社会发展阶段和其他私有制经济不同，因此在进行社会主义改造中也有自己的特点：

第一，首先团结教育和改造亩头。在合作化过程中，亩头的意愿是很关键的，如果亩头不愿意加入合作社，亩员也会等待观望，这种情况非常普遍。所以合亩制地区最后实行的改造办法是，在合作社的领导机构中，吸收亩头及其妻儿担任社委或生产队长。在经济上，既按照按劳取酬的原则，又不降低其原有生活水平，保证不减少其收入，这样就减少了亩头对合作化的阻力，使得合亩制地区的合作化进程得以顺利推进。

第二，建合作社不套用阶级政策。这是因为合亩制地区尚处在原始共产主义阶段，私有制成分不占主体，也不存在明显的阶级分化和阶级对立，只存在传统习俗之下形成的社会地位不同和经济生活的差异，所以建合作社最终采用的是共同建社的办法，而不像其他地区，采取根据阶级政策，依靠贫农、新老下中农三部分人，分批发展，促进建社的办法。

第三，直接建立高级合作社。一般地区都是先进行初级社的尝试，然后等时机成熟再过渡到高级社。但合亩制地区，土地基本上公有，不存在改造私有制和私有观念的问题，所以可以跨过初级社，直接办高级社。

第四，社员财产不充公。一般地区建合作社，都会涉及到社员的私有财产，一般会采取折价归社、入股分红或社员互利等办法。但是合亩制地区人们的私有财产只有牛，牛既是主要私有财产，也是物物交换的工具和租赁对象，用途广泛，并与当地习俗结合得非常紧密，把牛充公会严重影响当地人民的生活和习俗，所以最后采取的办法是适当留给群众一定数量的有限的牛只，听其自由支配。

第五，外力支援必不可少，汉区会计成为办社主力。合亩制地区的经济文

---

① 现在琼中黎族苗族自治县红毛镇。

化还处在原始社会的阶段，本身上没有完全具备一切过渡条件，而直接过渡到社会主义阶段却是一个巨大的质的飞跃，因此存在很多在短时间内不能克服的困难，非常需要外力的帮助。比如这里结绳记事仍然是普遍的算术方法，需要汉区派大批会计人员支援，合作社才可能建好，所以最终会计成为这里办合作社的主力。

相比其他地区办合作社的历程，合亩制地区的合作化进程异常顺利。这首先是因为合亩制的经济形态与社会主义集体所有制有某种微妙的一致性。前者是共有共用经济为主，后者是公有公用形态，从"共有共用"向"公有公用"过渡，虽然经济社会形态跨越了封建社会私有制和资本主义社会私有制的两种社会形态和两千多年历程，但是在形式上却差别甚小，所以有的群众直接称呼办合作社为"合大亩"，在他们看来，合亩制与合作社的区别只是"小合亩"和"大合亩"的区别，却不知道这看似一小一大的区别，却着实地相差了两三千年，合亩制地区进行合作化的社会主义改造，其实是从原始社会一步跨入了社会主义社会，从原始经济一步跨入了社会主义经济，从原始生产方式跨入现代化生产方式，从原始血缘关系一步跨入了非血缘关系，从原始家族社会跨入了现代全民社会，差别之大，无与伦比。

其次是因为平均主义在合亩制经济和合作社经济中有着很大的一致性。合亩制经济在分配上基本实行平均主义，除了亩头享受有限的特权外，其他亩员基本是平均分配产品。合作社经济执行完全的平均主义，但在合亩制地区又尊重了亩头的特权，所以最后实行的还是一种与原来的合亩制经济差别不大的平均主义，虽然名为集体主义，但在群众眼中并没有差别，当然就没有阻力。

再次，合亩制经济的目的就是为了集众人之力以求生存，继而增加生产，改善生活，战胜自然灾害和疾病，这个目的与合作社的办社宗旨不谋而合，所以很容易接受。

由于合亩制地区的社会主义改造进行得非常顺利，本地黎族百姓开始摆脱原始的生产方式，在生产力水平、经济形态上发生重大的转变。在保亭第三区的昌冲区，生产效率大大提高，过去八人用手捻稻，两天才捻一亩七分，后来用镰刀收割，五个人用一天就收完了，效率提高了一倍①，而且这种例子比比

---

① 海南省史志工作办公室、海南省档案局编：《关于合亩制经济的社会主义改造的特点——1956年》，《海南农业合作化运动资料选编1954～1957》，海南省文化广电出版体育厅准内部印行，第767页。

皆是。与此同时，本地百姓抵抗自然灾害和疾病的能力也大大提高，解放前疾病率达70%①，解放后基本和全国一致。此外，在生活习惯、思想观念上，合亩制地区的百姓也发生了脱胎换骨的变化，一个最根本的变化，就是开始有了私有概念。

过去合亩制地区的百姓生活非常简单，也非常容易知足，一般认为有了茅草房住，有饭吃，有酒喝，生活就满足了，对生活没有更高的要求。这是因为合亩制地区的生产力水平低，很少有粮食或其他种类的剩余产品，所以私有的概念对他们没有太大意义。但是进入合作社之后，生产力水平大大提高，生产收入明显增加，社员的经济生活明显改善，消费欲望逐渐被刺激出来，"私有"开始对社员有意义了，这个观念的转变，是合亩制地区百姓步入现代社会的一个很大的转变，它意味着原始的"亩员"向现代的"社员"的转变，"原始人"向"现代人"的转变，其意义之大，不言而喻。

虽然合亩制地区进行社会主义改造后发生了翻天覆地的变化，但是有很多问题还有待解决。首先是文盲率没有明显的下降。合亩制地区的群众几乎全都是文盲，数字观念模糊，不会算数，这一点在合作化之后一如既往。由于合作化主要是经济领域的改造，而不是在公共教育领域的改造，所以没有相应的结果。而对合亩制地区来说，改造文盲仍然是个异常艰巨的长期工程。其次是生产技术的改造任重道远。由于没有起码的文化知识，影响了当地群众对生产技术的接受程度，所以其自改造的过程非常缓慢，一切完全依靠外援，缺乏持续发展的原动力。再次是一些传统习俗仍然在制约着经济社会的发展。比如"忌辰不出工"，从事生产要选择良辰吉日，即使农作物遭受灾害，也要严格遵守吉日生产的习俗。对自然灾害听天由命，认为是天作之祸，不思积极改造。在劳动时永远是集体一块干，拒绝分工合作。过去的性别分工仍然保留着，即男子不懂得女子的工作，女子也不能从事男子的工作，男女彼此不互助。高度强调生产的社会性，不论是一个人干的活，还是集体干的活，都必须集体出工完成等等。最后，原有的统一经营、共同劳动、平均分配的生产方式仍然保留着，与真正的现代生产方式差距甚远，远不能成为社会主义经济的基础。社会主义改造其实是一种现代化改造，这也就意味着，合亩制地区的现代

---

① 海南省史志工作办公室、海南省档案局编：《关于合亩制经济的社会主义改造的特点——1956年》，《海南农业合作化运动资料选编1954～1957》，海南省文化广电出版体育厅准内部印行，第762页。

化改造远未完成。

三、黎苗地区的土地调整

1954 年 4 月，在海南经济发展水平低、过去已初步实行民主改革的少数民族山区 5 县（主要是五指山老解放区及附近地区）进行以"确定地权，发土地证"为主要内容的土地调整工作。到 1954 年 11 月，全自治区的少数民族聚居区，除五指山腹地的"合亩制"地区外，全部进行了土地调整。在土地调整过程中，还着重解决了土地纠纷和土地典当问题 2.77 万宗。当时采用了两种办法：一是地主、富农典入农民的田地，全部废除契约，说服地主、富农将典入之田地无偿交回原主；二是农民之间的典当关系，由当事人双方协商解决，必要时由政府出面协调。这些问题解决后，均划定地界，确定权属，发土地证。此外，在土地调整中，对新划定的 650 户地主或富农（占总户数的1.6%），征收其一部分或大部分土地。据统计，山区 5 个县共征收地主、富农出租和丢荒的田地 53989.28 亩，在原有基础上分配给无地少地的农民 7770户、36302 人，人均分得 1.8 亩①，并全部确权发证。

土地调整改变了少数民族地区的土地制度，解决了少数民族贫苦农民多年来渴望的土地问题，消除了各民族之间和各民族内部原先存在的严重隔阂，为此后从根本上改变黎苗地区落后面貌创造了良好的条件。

第三节　清匪反霸、镇反与社会改造

海南解放后，于 1950 年 9 月 1 日至 10 日召开了第一届人民代表大会，冯白驹在《关于三个月来的工作和今后任务》中，提出海南当下的中心任务是："清匪肃特，巩固治安，反霸减租，恢复与发展生产，健全各级政权，广泛建立群众组织，巩固人民民主专政；贯彻合理负担，完成财经任务。"而清匪、反霸、肃特、巩固治安是开展其他工作的基础，必须首先予以解决。

一、清匪反霸

海南岛解放初期，国民党军队和政权机构人员除被歼和外逃的以外，全岛尚有在海南战役中溃散的国民党残军、漏网的地方武装和国民党撤退时潜伏下来的武装特务、各种股匪和散匪共 20000 多人。他们退避到边远山区和农村，

---

① 王学萍主编：《五指山 50 年》，第 53 页。

乘新政权刚刚建立尚未稳固之机，打家劫舍，杀人越货，造谣惑众，扰乱社会治安。这些匪特主要分布在：南区的陵水、保亭、乐东、昌感、崖县；西区的儋县、白沙、澄迈、临高、新民；东区的万宁、定安、乐会、琼东；北区的琼山、文昌。其中文昌有所谓"海南游击队文西支队"，儋县、临高有"西路指挥部"，崖（县）陵（水）万（宁）边界和琼（山）澄（迈）定（安）边界有"忠义救国军第×军"等股匪番号。原国民党统治区的老百姓和一些偏僻地带与深山老林的老百姓，有藏匪、窝匪、资匪的行为。流窜于各地的匪特如不迅速消灭，"对于治安的巩固、秩序的恢复和生产建设的进行影响很大"。因此，冯白驹在解放海口后进城干部第一次座谈会上的报告中，把"彻底肃清土匪特务"作为"当前海南最紧急最中心的任务"之一。

1950 年 5 月 12 日，琼崖区委作出了剿匪工作的决定，指出：目前琼崖匪特正在进行有计划、有组织的公开或隐蔽的斗争，从事破坏捣乱，必须在全岛开展剿匪工作。根据中央关于剿匪"必须军政结合，剿抚兼施"的原则和上级制定的"军事进剿，政治瓦解，发动群众三者相结合"的方针，并明确海南剿匪工作的作战方法、具体政策和要求：一是剿匪必须有计划有重点，从较大与顽强猖獗的股匪剿起，猛打猛追、跟踪追剿，迅速地不间断地进行，使残匪无喘息机会，以求消灭匪特。二是在清剿股匪时，应军事政治双管齐下。三是应该采取"首恶者必办，胁从者不问，立功者受奖"的政策，加速瓦解敌人。要防止寻仇报复和乱杀乱打乱捕的偏向，正确掌握政策，分别对待，争取一切次要的、动摇的土匪向我们投诚。四是剿匪工作必须与群众工作（特别是反霸工作和减租工作）密切结合。这些措施有力地保证了剿匪的顺利进行。据不完全统计，到 1950 年 10 月，共歼灭和俘虏降匪 10129 人，其中部队军事剿灭 2129 人①，成股匪徒基本剿灭。

对于分散在各地的散匪，琼崖区委划出六个剿匪中心区②，分别成立各个中心区的"清匪治安委员会"，并由军队、公安、县区武装和民兵组织专门的清匪工作队进行全省范围内的全面清剿。到 1951 年 7 月，海南岛的土匪基本肃清。

海南的除霸反霸运动从 1951 年 11 月底开始，到 1953 年 6 月结束，与减

---

① 赖永生：《解放初期的社会变革》，《海南史话》2003 年第 1 期，第 32 页。

② 六个剿匪中心区包括：琼山西地区，定安、新民、澄迈交界地区，琼山、文昌、琼东、定安交界地区，儋州和临高交界地区，万宁、陵水、保亭交界地区，儋县、昌感、白沙交界地区。

租和土改同时进行。海南的恶霸主要是指掌握农村政权与武装、勾结匪徒特务、迫害群众、镇压革命的地主。对于经群众报告的恶霸，除召开诉苦讲理大会对其进行控诉外，还要由人民法庭或人民政府进行审判。海南反霸的规模比较大，共在 344 个乡、110 万多人口的地区开展，控诉案件达 3510 宗。到 1952 年 11 月，共有 9071 个地主恶霸被斗争和镇压。①

海南剿匪反霸斗争的胜利，粉碎了国民党妄图依靠匪特恶霸作骨干，把海南经营成"反攻大陆"根据地的阴谋，巩固了人民共和国的南疆边陲，为新生的海南地方人民政权建设和经济的恢复发展创造了极其重要的条件。

二、镇压反革命运动

海南岛于 1950 年 5 月 1 日解放，刚解放时，岛上潜伏有大批国民党军政警宪人员、反动党团骨干以及特务、反动会道门成员、地主恶霸，不断进行各种破坏活动。到朝鲜战争爆发后，这批人甚至建立了所谓的"军事根据地"，并且四处网罗爪牙，散发反革命传单和谣言，或者打入党政机关、团体、厂矿、学校以及部队中，进行暗杀或纵火。最严重的，还组织武装骚乱和抢劫。仅 1950 年 6 至 7 月，海南就发生各种反革命案件 187 起。②

为此，海南从 1950 年下半年开始全岛镇反。主要分三个阶段进行。

第一阶段从 1950 年下半年开始，到 1951 年秋止。这是大张旗鼓、全民参与的镇反阶段。这一阶段的领导者是 1951 年 2 月底专门成立的海南区党委管辖的镇压反革命委员会，各县也成立了镇反委员会和镇反小组，积极领导全岛镇反工作。镇反运动主要通过召开群众大会和公审大会，检举、揭发、控诉反革命分子，并对罪大恶极的反革命首要分子实行坚决镇压，对次要分子关、管或放。到 1951 年 6 月底，共有 12922 名反革命分子被逮捕，3574 名被镇压，2454 名被释放。③

第二阶段从 1951 年秋开始，到 1952 年 11 月止。这是清理积案、谨慎收缩的阶段。按照第三次全国公安会议精神，海南的镇反运动开始谨慎收缩，并由新成立的清案小组对积压的案件进行全面清理。到 1952 年 1 月，共逮捕反革命分子 13112 名，镇压 4000 名，释放 3205 名，劳动改造 3205 名。④

---

① 赖永生：《解放初期的社会变革》，《海南史话》2003 年第 1 期，第 33 页。
② 赖永生：《解放初期的社会变革》，《海南史话》2003 年第 1 期，第 34 页。
③ 赖永生：《解放初期的社会变革》，《海南史话》2003 年第 1 期，第 35 页。
④ 赖永生：《解放初期的社会变革》，《海南史话》2003 年第 1 期，第 35 页。

第三个阶段从 1952 年 12 月开始，到 1953 年 7 月结束。这是扫尾和建设的新阶段。这一时期，主要对积案清理工作进行复查，对错捕错判人员给予平反或者纠正，同时加强和健全各种治安保卫制度。到 1953 年 7 月，海南的镇反运动基本结束，总共历时三年。从此，海南岛的匪特霸反基本被镇压，海南的社会秩序逐步安定下来，各项社会改造运动也可以着手进行了。

三、城乡各项社会改造

（一）禁毒

日本投降以后，国民党广东省政府颁布了《禁烟禁毒治罪暂行条例》、《肃清烟毒纵横联保连坐办法》，禁种、禁运、禁卖烟毒，违者可判处死刑。但是这些文件并未认真实行。

海南岛解放前夕，海口、府城、文城、中原、崖城、那大、感城等市镇种植罂粟、贩运销售鸦片非常盛行，烟馆星罗棋布。有的城镇甚至用鸦片代替货币，或用鸦片作为供货计租的计算单位。虽然国民党广东省第九区行政督察专员兼保安司令公署在海口市设了禁烟委员会。但是他们一方面宣扬禁烟，另一方面却由官方指定开设烟膏销售处，若未经批准销售烟膏则视为违法。这样的规定使得官方禁烟流于形式，变成了官府变相搜刮民众的敛财方式。

海南解放后，按照新中国《严禁鸦片烟毒通令》的实施办法，在海南各地拔除种植的烟苗，没收销售的烟土，严处吸毒者。当时的毒品多是从越南经广西转入海南，也有从贵州、广西经广东湛江等地转运到海口。贩毒者利用帆船、机船偷渡，以缸、瓦、炮竹及土杂货等掩盖藏匿进行偷运。在禁毒过程中，成立禁烟禁毒委员会，统一指挥，大张旗鼓进行宣传，组织发动群众参加严禁运毒、制毒、种毒和吸毒的行动，一直进行到年底。全海南各地铲除了所有已种的烟苗，封闭了所有制造、吸食烟毒的场所，对烟民限期戒烟。仅海口市就查出全市吸毒人数 304 人，经教育后戒绝者 141 人，仍继续吸大烟者 163 人，有贩毒行为者 18 人。到 11 月底，全市共破获烟毒案件 87 宗，逮捕和打击制造、贩卖、运送烟毒分子 78 名，没收烟土、烟膏 259 两 2 钱，处决烟毒犯 1 名，管制 308 名。

（二）禁赌

抗日战争胜利后，1945 年 9 月，国民党广东省政府颁布了《广东省禁赌暂行条例》，但国民党派遣来琼接管工作的官员替换频繁，禁赌条例未能执行，有名无实。海南各级官吏勾结土绅奸商开赌包赌现象仍然严重。1946 年以后，海口市、各县城镇的赌场，均冠以"游乐场"、"俱乐部"的名称，密布在主要街道马路上和各酒馆里，赌局巨大，一掷千金，以至于民间有"赢钱买官做，输钱上路劫"的民谣。

海南解放后，海南公安接管委员会于 1950 年 5 月 19 日发出《禁绝聚赌之风布告》，明令：凡身犯聚赌错误之徒，应即幡然悔悟，改邪归正，以事正当职业安分守法，倘执迷不悟，当由警备、公安机关依法缉拿究办。公安机关运用各种赌博造成的恶果向群众广泛宣传，揭露赌博的危害性，如因赌博打架斗殴，造成人身伤亡；因赌博导致偷盗、抢劫财物，被处以极刑；因赌博引起家庭不和、夫妻反目，甚至酿成家庭悲剧；因赌博变卖房屋和生产资料，造成倾家荡产等，最后引导广大群众积极参与禁赌斗争，煞住了这个旧中国遗留下来的上千年的恶习。

（三）禁娼

抗日战争胜利后，1948 年国民党广东省政府制定了《查禁私娼暂行办法》，规定：初犯时，除将私娼捺印指模及拍照存查，处以 7 日以下拘留，或五千元以下罚款外，并传其父母或亲属，出具记结领回，另谋生活。再犯时，得将其发送济良所安置之。实际上，国民党政府只禁私娼，不禁公娼，加上缺乏经费和安置场所，查禁私娼的办法无法实施。解放前夕，海口市卖淫嫖娼点随处可见，仅赤卫后街（现富兴街）从 38 号到 56 号的每间屋子都设有嫖娼房间。每间屋子有妓女十几人，多来自临高、北海等地，年龄在 16～20 岁的妓女就有 100 多人。

海南解放后，1950 年 10 月，广东省人民政府颁布禁止卖淫、取缔妓院、娼妓政令。海南公安机关在调查研究、充分掌握情况的基础上，与有关部门密切配合，1952 年上半年，全琼行动，集中打击卖淫活动，取得了明显效果。海口市、临高、那大、崖县等 4 个市镇逮捕了屡教不改的 106 个鸨婆和私娼，收容妓女 510 人，取缔 10 多所妓院；对患性病的娼妓强行治疗；同时举办学习班，加强宣传教育和安置工作。经教育释放的娼妓 187 人，有的做了安置，有的另谋职业，择偶从良。自此，海南岛的卖淫嫖娼活动基本禁绝。

（四）打击会道门

解放前，海南还有一些被旧中国统治集团和帝国主义侵略者所掌握和利用的会道门如一贯道、同善社、先天道、八层道等，还有"集食馆"，下有义友会、联友会、兄弟会、军民合作会、群麟馆等。有些组织由军阀、土匪、汉奸、流氓、神汉、民族分裂分子为头子。它们以烧香、拜佛、念咒、传经等名义，诈骗钱财，扰乱社会治安。

海南解放后，公安机关对这些反动组织的活动予以取缔和打击：一方面深入调查摸底，掌握情况，一旦发现封建迷信活动及时制止；一方面配合有关部门，开展法制和移风易俗宣传，普及科技文化知识，选择典型案例，揭露封建迷信活动的欺骗性和危害性，提高广大群众抵制封建迷信的自觉性。对于反动会道门的 168 名首恶分子和集食馆 183 名利用封建迷信诈骗财物、残害人命、造成严重后果的犯罪分子，均予以严惩。此后，会道门活动基本消失或转入地下。

（五）打击走私

为了防范和打击敌人的破坏活动，保卫边境的安全，维护边境地区的社会秩序，1951 年 11 月 30 日，海南行署公安总局边防局在原海南行政公署公安总局边防科的基础上成立了，在沿海地区的 11 个市县设立 43 个边防派出所，配备公安干警 740 名，发动群众，开展轰轰烈烈的反走私运动。当时海南走私活动的方法，一是钻托运邮寄物品不检查的空子，将走私洋货以邮寄方式运进海南，到黑市上销售；二是归国华侨利用海关、边检站检查不严和政府优待华侨政策的条件，采用特别器具或人身窝藏及拖带的方法，将私货运回，通过经纪人或亲友代销；三是沿海渔民以出海捕鱼为名，将海产品运往境外换回洋货进行走私，牟取暴利。针对走私活动的这些特点，海南行署和各市县政府除了实行与大陆相同的户口管理、特种行业管理、爆炸危险物品管理、枪支管理等制度外，还实行了居住通行管理、边民过境管理、船舶和渔船民管理、边境前沿生产作业管理等一系列符合边境实际情况的管理体制，有效地制止了走私活动。仅 1951 年，全海南查获走私案件 16 宗，私货价值 55800 万元（旧人民币）。

（六）保障公共安全

海南解放初期，一些公共场所如旅馆、公园游览区、商场、舞厅、音乐茶座、集市、群众集会场所等，既是各种违法犯罪分子易于混杂其间进行破坏活动的地方，又容易发生挤死挤伤人的情况。按照 1951 年 8 月 15 日公安部公布的《公共娱乐场所暂行管理规则》，在海口、琼山、崖县、临高、昌感等地公共场所收容外来人口上万人，经审核查实，逮捕混杂其中的反革命分子、土匪流氓和逃亡地主恶霸 500 多人，其余的经教育遣返原籍。在海口，就抓获了国民党中统分子、中央党部秘书黄岭，马来西亚、港澳特务头子黄光等 335 人，逮捕私藏枪支案犯林光盈等 35 人，贩毒吸烟案犯朱王氏、王进福等 83 人，打劫商民案犯庞有才等 31 人，赌博贪污犯欧金清等 61 人，娼妓吴桂英等 62 人，恶霸杀人犯陈宗尧等 43 人，有力地打击了各种犯罪活动，确保了公共安全。

（七）宣传新婚姻法

1950 年 5 月 1 日，新婚姻法颁布。海南各级法院通过墙报、专栏、布告、解答询问等方式宣传婚姻法的有关规定，让广大群众特别是妇女懂得自己在家庭中的权利和义务，澄清一些模糊认识，纠正各种错误观念。据海南各市县人民法院统计，从 1950 年 7 月至 1951 年 11 月共 17 个月里，受理婚姻案件 7505件，占民事案件的 70%。从 1951 年 1 月到 11 月，各市县人民法院共审理婚姻案件 4128 件，占已审结民事案件的 70%。经过各种形式的宣传，新婚姻法日益深入人心，妇女儿童的权益得到了很好的维护。

（八）户口调查与管理

1951 年 9 月 14 日，海口市公安局制定了《海口市户口暂行办法》，规定本市户政统由公安局负责办理。各派出所以一个居委会为试点，边检查边登记，边建立户口管理制度。各县公安机关也同时开展墟镇户口普查和登记造册工作。1951～1953 年进行第一次户口普查（含人口普查）。普查统计，海南岛总户数 68.68 万户，总人口 267.19 万人。其中汉区总户数 56.25 万户，总人口 210.40 万人；海南黎族苗族自治区总户数 12.43 万户，总人口 56.79 万人。人口密度较高的是海口市，平均每平方公里 838.78 人；人口密度较低的是琼中县，平均每平方公里 12.06 人。

解放初期，新政权采取的这些行动，有力地维护了海南社会的安定，建立起了良好的生产和生活秩序，净化了社会风气，给广大人民群众以清新的感觉，为海南经济和社会各项事业的发展创造了有利的条件。

第四节　文化传统与文化改造

一、"维持现状，逐步改革"

海南解放后，按照"维持现状，逐步改革"的方针，在各个学校照常上课的情况下，完成了接管学校的工作，并逐步为教育事业的发展积极创造条件。一方面是对原有学校进行调整和改革，另一方面是兴办一批新的学校。

小学教育方面，海南解放时，全岛有小学 2960 所，在校学生 163436 人，平均每万人中只有小学生 654 人。从 1952 年起，海南采取了一系列措施：首先，适当调整小学的布局和规模，注意发展老少边穷地区的教育；其次，将民办小学教师转为国家编制教师（除少数不称职、有严重政治问题的被辞退外），教师的工资和学校费用直接由县财政拨给；再次，建立学校教学秩序；最后，实行向工农开门办学的方针。比如万宁县，汉区30%特别困难的学生可免费入学，少数民族学生除免费入学外，每月还给2～3元的助学补贴。这些措施使小学教育得到了前所未有的发展。至1952年，全海南区小学达到3792所，在校小学生达到256900人，分别比刚解放时增长28.1%和57.18%。

中学教育方面，1950年，全岛中学39所，在校学生12207人，教职工944人。解放后对中学进行了合并和调整，将私立的琼海中学、琼南中学和美国基督教会办的匹瑾中学并入海南师范学院附中，又将私立的汇文中学并入广东海南华侨中学。到了1952年，中学调整为32所，在校学生18070人，教职工1044人。尽管学校数量有所减少，但在校学生和教职工人数分别增长48.02%和10.59%。

师范教育方面，1950年5月，海南有省立琼山师范学校（原琼崖师范学校），有县立的简易师范和初级师范。此外，还有普通中学附设的师范班。师范学校开设的普通师范科招收初中毕业生，修业年限3年。1950年12月和1951年8月，按照省办师范学校尽量减少招收简易班，县办师范学校有条件的也应开设普师科的精神，逐步停招简师班。到1952年，海南有中等师范学校7所，其中中师3所：琼台师范学校，文昌师范学校，琼东师范学校；初级师范4所：临高初师学校，定安初师学校，乐会初师学校和陵水初师学校。在校学生2671人，教职工237人，分别比1950年增长120.03%和9.72%。

二、文化事业的"推陈出新"

海南解放后，海南文化事业取得飞速发展。1951年，海南文学艺术联合会筹备委员会成立。文艺作品开始突出反映新时期海南的政治经济、思想文化的新变化，其中以政治题材居多，表达形式也是多种多样，推陈出新。这时期的新作品有以农村土地改革为题材的《芭蕉园一月》，有关于抗美援朝故事的《金戒指》。有反映1925～1950年中国共产党领导下海南各族人民革命斗争的报告文学《奋战二十三年的海南岛》以及《海南革命故事》一书。还有若干有关海瑞的民间故事。国内作家以海南为题材的作品有陈窗的散文《海南岛散记》，井岩盾的散文《通什随笔》，朱子奇的诗歌《碧蓝碧蓝的宝石一样的海南岛啊》，韩笑的诗歌《南海花园》等。

1951年2月，海南戏曲研究会在海口市成立。1952年3月，海口市戏曲工会成立，继续进行剧团的民主改革，组织艺人下乡参加土改，并为群众演出。戏曲工作者在"百花齐放，推陈出新"方针指引下，根据"取其民主性精华，去其封建性糟粕"的精神，积极改编传统剧目，并创作新的剧目，移植兄弟剧种的剧目，同时配合抗美援朝、镇反、"三反"、"五反"、土地改革等，开展宣传教育工作。

　　除地方戏开始推陈出新外，海南先后成立了海南军区政治部文工团、海南工程兵文工团、海南民族歌舞团、崖县民族歌舞团和 17 支县级农村文艺宣传队等。广大舞蹈工作者深入生活，创作出一批具有地方特色和民族风格的舞蹈节目。如海南军区政治部文工团 1950 年创作的反映肃反斗争的《斗霸舞》。1951 年创作的讴歌海南解放后新气象的舞蹈《歌唱胜利年》，表现海南人民载歌载舞庆祝解放的情景。海南工程兵文工团 1953 年创作的反映苗族人民婚姻习俗的《苗族婚礼舞》，表现海南苗族婚礼的热烈场面，抒写了苗族人民的爱美天性、审美情趣和生活习俗。音乐是根据保亭县苗族民歌素材创作的，民族风味浓郁。1954 年由中国人民解放军总政歌舞团带到国外进行文化交流演出。1953 年 7 月海南歌舞团成立后深入黎族苗族聚居的五指山区体验生活，创作了在国内外有影响的黎族舞蹈《三月三》、《半边裙子》、《草笠舞》、《打碗舞》等。崖县民族歌舞团创作取材于民间故事传说的《鹿回头》等，其他群众舞蹈团也创作了许多新作品，如根据民间舞蹈改编的《盅盘舞》、《七枝八宝》、黎族的《送代表》、《贺新屋》、《黎苗一家亲》、《五指山上抓飞贼》等，这些新作品使得海南的社会文化呈现出一派新风貌。

第二章

社会主义十年建设时期的海南社会发展（1956～1965）

1956年社会主义改造基本完成之后，社会主义制度已经在海南岛确立，如何推进海南岛的开发建设，成为当时海南面临的崭新课题。

第一节　海南开发的探讨与实践

一、朱德与海南开发新方案

海南岛解放后，随着社会主义改造的基本完成和社会主义制度的建立，海南各族人民迫切要求推进海南的大规模开发建设，尽快改变海南贫穷落后的面貌，在这一背景下，开始了对海南岛开发建设道路的探索。

八大以后，对海南的开发探索进一步加快，并取得了一些重要共识，一是对海南岛岛情的认识进一步深化，认为"人少地多，经济落后，技术粗放，是我区过去农业经济的特点"①。二是初步确立起海南岛开发的方针，即：在粮食自给并略有储备的基础上以积极地发展热带、亚热带经济作物为主，有计划有步骤进行农、林、牧、渔相结合的综合开发，并根据国家的需要和开发资源的需要相应地发展工业和交通运输业。②

1956年12月中旬，在海口召开县委书记会议，指出海南的农业生产要注意发挥海南岛的优越条件，发展多种经营，特别要注意发展热带经济作物。

1957年1月朱德在海南考察期间，提出了许多开发海南的重要主张和建议。在崖县（现三亚市）考察时，朱德指出：榆林是一个天然良港，现在应当很好地加以疏浚，既可作军用，更可作海南进出口的基地，促进海运交通。朱德对三亚的旅游资源倍加赞赏，他认为：三亚得天独厚，有天涯海角、鹿回

---

① 《鼓足劲头，组织冬季农业生产高潮——杨泽江同志在海南区扩大干部会议上的报告》
② 《开发海南热带资源规划方案（草案）》

头、椰林等优美景观，更有广阔平坦的海滩，是冬季的天然好浴场，要把崖县建成一个十分优美的城市，利用它的天然优势，将来很好地发展旅游事业。在儋县国营西联农场考察时，朱德指出："海南真是一个宝岛，全国只有这里和云南部分地区能种植热带、亚热带经济作物。看来，现在还发展得不够，应当大力推广发展。"

在考察的十来天时间内，朱德就开发海南岛的问题先后给中央、毛泽东和陈云、李富春等致函，认为海南岛极有开发价值和发展前途，应积极组织力量从速进行开发工作。返京后，朱德在3月2日写给毛泽东、刘少奇、周恩来的报告中，再次就海南岛开发问题提出一系列意见，其中特别提出应当把海南岛建设成为对外贸易的重要基地。

朱德关于开发海南岛的主张和建议，是探索海南岛开发建设道路的重大突破，毛泽东对此颇感兴趣，遗憾的是在当时把海南岛视为国防前哨的条件下，朱德的主张和建议并未能得到很好的采纳。① 经过一年多的探索，在取得的共识基础上，1957年7月25日和12月，先后提出了《开发海南热带资源规划方案（草案）》和《海南农业开发10年（1958～1967）规划（修订草案）》，并在全区干部和群众中开展一次广泛的讨论，进一步探索海南岛开发建设的方向。

《开发海南热带资源规划方案（草案）》比较全面、系统地勾画了海南岛热带资源开发的蓝图，该方案明确提出："根据中央和省委的指示精神，开发海南岛的方针是：在粮食自给并略有储备的基础上以积极地发展热带、亚热带作物为主，有计划有步骤进行农、林、牧、渔相结合的综合开发，并根据国家的需要和开发资源的需要相应的发展工业和运输业，目前还要采取增加粮食生产和发展经济作物并重的方针，争取在一定时间内作到粮食自给，同时保证经济作物迅速发展。"规划还确定了把海南岛建设成为"提供工业上迫切需要的热带经济作物原料的重要基地之一"的战略目标。

《海南农业开发10年（1958～1967）规划（修订草案）》依据中央决定的《1956年～1967年全国农业发展纲要》（修正草案）和广东决定的《广东省1956年～1967年农业建设规划》（修正草案）的精神和要求，结合海南的实际情况，提出海南农业开发的方针，即："在粮食自给并略有储备的基础上以

---

① 转引自钱跃，钱汉堂编著：《琼崖尽是春——中国共产党领导集体关心海南纪事》，中央文献出版社2001年2月版，第103页～119页。

积极地发展热带、亚热带作物为主，有计划有步骤进行农、林、牧、渔相结合的综合开发。但是，在粮食尚不丰裕以前，还必须坚决执行以粮食为主，并发展以热带作物为中心的多种经营的方针。"

当然，由于海南解放后经济建设的实践时间还很短，对海南岛的岛情认识还很不充分，探索的思路单一，开发海南岛的主要思路局限于热带经济作物资源的开发和为国家工业化提供战略物资、热带经济作物原料，因此当时的探索是初步的，成果是有限的。

随着"阶级斗争为纲"的"左"的错误、海南岛被定位为国防前哨，以及受到"团结问题"和反"地方主义"运动的影响与干扰，对海南岛开发建设路子的探索不仅难以深入，而且一些好的思路，尤其是大规模开发海南岛的设想并未能付诸实践。

二、"三年开发海南"

1959 年 2 月 14 日，在广州召开开发海南和湛江热带地区的座谈会，会议形成了《关于加速开发海南和湛江热带地区的座谈会纪要》。《纪要》提出1962 年海南的橡胶林种植面积累计达 600 万亩，湛江地区 200 多万亩，并决定，海南及湛江的热带资源开发，要以橡胶为纲发展热带作物。

2 月 20 日，海南成立热带作物生产指挥部，同时要求各县、公社相应成立热带作物生产指挥部，以进一步推动全岛热带作物生产，特别是加快发展橡胶生产。1960 年 2 月，制定的《关于 1960 年～1962 年海南区农业生产规划要点（草案）》中，提出了三年内橡胶种植面积达到 600 万亩、三年基本完成热带农业资源的开发的目标。于是，海南掀起发展热带作物的高潮。

三年开发海南的决定，对于加快海南热带资源的开发，有着一定的积极作用，但是，由于这一决定是在大跃进的背景下做出的，而且所提出的指标也是大跃进式的高指标，因此三年的开发留下了不少问题。

如橡胶种植，从 1952 年海南垦殖分局成立至 1958 年的七年间，海南全区橡胶种植面积共 67.8 万亩[1]，而从 1959 年初夏至 1960 底，共开荒种植橡胶达88.66 万亩。由于盲目追求高速度、高指标，开荒种胶质量差，造成胶苗大量死亡，1962 年进行清查时，这一年多种植的橡胶只保存 26.73 万亩，保存率仅为 30%，即使在存苗中，还存在弱苗较多的问题，而且因劳力不足影响原

---

[1]　海南省地方史志办公室编：《海南省志（农垦志）》，海南摄影美术出版社 1996 年 12 月版，第114 页。

有胶园的管理，造成大量胶园荒芜，1961 年虽然集中力量灭荒，但仍有 51 万亩胶园荒芜。[①]

三、海南黎苗族自治州的开发

中共"八大"后，海南黎苗族自治州在探索少数民族地区发展路子的基础上，制定了自治州 11 年（1957～1967）社会主义建设规划，提出自治州少数民族开发建设的发展目标和总体思路。

关于农业，规划提出农业建设的长远方针，即：以粮食生产为重点，在保证粮食充分自给并有一定储备的基础上，逐步过渡到以发展热带经济作物为主体，并开展多种经营，使林业、畜牧业、水产业等生产相应地全面发展起来，繁荣山区经济，改善各族人民生活，从而有力地支援国家工业化建设。

关于工业，规划提出 11 年工业发展规划指标：所有新建、改建的地方工业企业，11 年内将陆续投入生产，总产值由 1956 年 83.4 万元增加到 1967 年的 4955 万元，年均增长 45% 左右；手工业生产总产值到 1967 年达到 185 万元左右，同时积极发展农业生产合作社经营的加工工业，主要是薯类加工、土榨油脂、橡胶加工、胡椒加工、农具加工和修理以及竹、木藤制造等，以补助地方工业和手工业生产的不足；逐步发展农村小型水力发电站。

关于交通和邮电事业，规划提出：11 年内计划新修新建公路 656 公里，要求中央在第二个五年计划内修理开拓三亚港，改善和增设该港码头设备；第二个五年计划内实现乡乡通电话，1967 年前实现 50% 的农业生产合作社通电话，1967 年实现社社通邮。

关于城乡建设，规划提出：11 年内，将把通什、保城、三亚等 8 个州、县驻地区的城镇，以及新政、石碌、九所、黄流等 11 个工矿区和交通要地，发展成为具有五千至一万人口左右的城镇区。

关于商贸业，规划提出：到 1967 年，社会商品零售总额将由 1956 年的 4448 万元增加到 14000 万元，增长 237.2%。

关于教育事业，规划提出：发展普通教育，包括普及小学义务教育、重点发展中学、适当发展中等专业学校和高等专业学校，以及扫除文盲。到 1967 年，小学校发展到 620 间，平均每乡有 2 至 3 间小学，适龄儿童入学率达到 90% 左右；中学发展到 25 间，平均每县有 3 至 4 间，到 1967 年在校中学生人

[①] 海南省地方史志办公室编：《海南省志（农垦志）》，海南摄影美术出版社 1996 年 12 月版，第 115 页。

数要达到34020人，比1957年增长920.4%；创办农业、财政、卫生中等专业学校各一间，建设一间综合大学，到1967年中等专业学校在校学生人数要达到3800人，比1957年增长637%，大学生在校学生人数为2000人；争取到1962年扫除文盲人数达到230000人，占全自治州文盲、半文盲总人数的82.4%。

关于社会文化事业，规划提出了发展文艺、广播、电影放映、图书出版发行、文化宫、博物馆、医疗卫生等一系列指标。

农业是自治州的经济基础和主要产业，实行民族自治区域自治以后，根据地区的特点，确定以发展农业为主的方针，大力加强农田水利建设，改革落后的生产方式，农业生产出现了新的景象。

首先，一批水利工程建成，大大改善了黎苗等少数民族农民的生产条件。几年中，自治州（区）投资20多万元帮助各族农民兴修水利，至1956年底，自治州共兴建重点水利工程61项，小型水利工程16067个，受益面积近30万亩。

其次，耕作面积扩大，至1956年底，自治州粮食耕地面积达262.449万亩，比1952年增加26.28%，尤其是经济作物种植面积大大增加。

再次，落后的生产方式发生显著变化。一是改变了落后的生产习惯，过去由于受到不少陋俗的约束，黎族农民一年实际出工最多不超过六个月，比如实行合亩制的地区每月至少就有12个"忌日"不能下地，1个劳动力每月最多出勤18天，合作化以后，这种生产习惯有了很大的改变，农民一年出勤的时间提高到了8个月甚至10个月。二是改变"牛踏田"以及刀耕火种的落后的耕作方式，逐步推广深耕细作、使用肥料、选用良种、防治病虫害、使用新式农具等先进生产方式，从而大大提高了农业生产力。

最后，培养了一批农业生产技术员，1955年在开展农业生产技术改革运动中，培养了各种农业生产技术员8176名，为推进农业生产技术改革和发展农业生产提供了人才保障。以上各项措施，有力地促进了自治区农业生产的发展。1956年底，全自治州的粮食总产量达460,813,900斤，比1952年增长89.4%；畜牧业中牛的头数比1952年增长156.11%，猪增长21.78%；副业生产总值11,181,020元，比1952年增长2593.9%。由于农业生产的发展，人民生活有了明显改善，1956年，全州人均粮食747斤，比1955年增长35.3%，基本达到粮食自给；农民人均收入78元，比1955年增长27.04%。

海南黎苗族自治州所辖地区的经济，是落后的封闭的自给自足农业经济，虽然自治州（区）成立之后，在大力发展农业、工业、交通运输业和商贸业等基础设施建设做了很大努力。但总的来说，尽管黎族人有可能分到水稻田，许多人仍旧偏爱"山腰甜稻"的味道，继续用传统的方法种植甜稻。直到1985年，住在较偏远地区的多数黎族人，仍继续在贫瘠的山腰上过着勉强糊口的生活。

第二节　社会主义建设时期的海南经济发展

按照开发建设海南岛的思路和设想，1956年和1957年这两年间，海南岛的开发建设出现了良好的发展势头。不仅重点发展了铁矿、盐业、糖业，还大力加强基础设施建设，特别是港口和公路建设，重要的商业港口——八所港开始投入建设，海南最大的水利工程松涛水库开始动工，此外在农业生产方面大力发展橡胶作物，期间虽然经历了大跃进的虚高发展，但是国民经济调整之后，重新走上了健康全面发展的道路。

一、铁矿、盐场与八所港

（一）石碌铁矿

在工业建设方面，主要是根据国家的需要和开发资源的需要，重点发展矿产、盐业等国家重点项目和制糖、食品等地方工业。在1956、1957两年中，最大的建设项目是石碌铁矿的大规模修建。石碌铁矿是国内罕见的富铁矿，原为日本侵占海南当年为了掠夺海南资源实行所谓"以战养战，就地供给"方针修建的。抗战胜利后为国民党政府接收，但因种种原因，铁矿一直处于停产状态，海南解放前夕，国民党军队竟纵火焚烧铁矿，使铁矿遭受严重破坏。

1956年1月5日，石碌铁矿复工修建并成立海南支援石碌铁矿复工委员会。1月28日，海南区党委、海南行政行署作出关于动员民工支援石碌铁矿复工修建的指示，决定从澄迈、屯昌、东方、白沙、昌感、临高、儋县等7县抽调民工10000人，支援铁矿复工修建，并终于在1957年7月1日复建后投产。

（二）莺歌海盐场及糖厂

工业建设的另一重要项目，是海南岛西部莺歌海盐场的建设，这是当时我国最大的盐业生产基地之一，可年产一等盐50万吨以上。1956年底，莺歌海盐场的勘测工作基本完成，经过一年的设计论证工作后，盐场于1958年1月7日动工兴建，1963年建成投产。

此外，还新建和扩建一批地方工业项目，其中 1956 年就有 40 项，在新建设的地方工业项目中，制糖业的发展尤为突出，从无到有、从小到大，迅速发展，至 1957 年底，全区已建成糖厂 6 个，为海南大规模发展制糖业奠定了基础。

（三）八所港

在基础设施建设方面，海南在第一个五年计划期间，重点是进行港口和公路建设，其中在 1956、1957 两年动工兴建的主要工程，是海南岛西部最大港口——八所港的修建。位于海南岛西部东方县的八所港，是日军侵占海南岛期间为掠夺海南岛石碌铁矿石及岛西资源，于 1940 年修筑的专业性港口。

海南岛解放前夕，八所港同石碌铁矿一样遭到国民党军队的严重破坏。石碌铁矿修建重新投产后，1957 年 5 月，运送石碌铁矿石主要通道的八所港随之动工。第一期工程共投资 700 多万元，进行修建码头、港池疏浚等工程，8 月，八所港第一期工程完成，5000 吨级货轮能进入港口装运货物。

（四）松涛水库

1956 年，省热带、亚热带资源开发委员会订立了开发海南的计划，主要是针对海南岛的三大河流进行开发，最后选定南渡江上游的第一个梯级——松涛水库（位于海南省西部的儋州市）作为开发海南岛的第一期工程。这是海南省南渡江流域中开发最早的大型水利枢纽工程，也是我国最大的土坝工程之一，于 1958 年开始建设，到 1969 年，水库全部建成并投入运行。水库总高为 81.1 米，总长为 760 米，库区面积达 144 平方公里，总库容量为 33.4 亿立方，水库中有岛 300 多个。在当时，这是一个集灌溉、防洪、供水、发电为一体的多功能综合水利工程，因而也并被誉为开发海南岛的"第一把钥匙"。

在灌溉功能上，松涛水库蓄存了南渡江上游两岸约 1400 平方公里地区的雨水，并通过各级渠道和一大批水利工程联结起来，形成了统一的灌溉系统，浇灌着海南岛西部和西北部的大片土地。1963 年 3 月，松涛水库开始边建设边发挥灌溉效益，随着渠道的逐年配套，琼西和琼西北灌区的 123 万亩农田得到了灌溉，灌溉效益十分明显。一方面，原来干旱的琼西荒地可以被开发利用，并成为中国天然橡胶自给的基地，也是全国人民重要的热带果圃和反季节菜园。另一方面，灌区逐步成为海南岛旱涝保收的粮、油、糖生产基地。

在防洪功能上，由于肆虐的南渡江水被松涛大坝拦腰斩断在南洋和番加洋河谷里，使得水库控制了 1440 平方公里的积水面积，基本消除了南渡江下游常年发生的洪水灾害。下游 200 多万人民群众的生命财产安全得到了保障。据

1960 年至 1980 年的 50 场洪水统计，受害面积累计减少 145 万亩次。

在供水功能上，松涛水库肩负着海南西北部城市的城镇生活用水和洋浦、老城等重要工业地区的生产用水，每年给海口、洋浦、那大和老城开发区供水约 4.7 亿立方，还为琼岛西北部的 12 宗中型水库、33 宗小型水库补水。有了松涛水库，灌区内的农业、工业以及居民生活用水都有很大的改善，使得松涛水库真正成为海南人民的"生命库"和开发海南的钥匙。

在发电功能上，松涛水库输水洞出口的南丰水电站装机 2 万千瓦，连渠道及水电站和灌区各县电站装机 3.1995 万千瓦，共 5.1995 万千瓦，为九个县和一个市供电，成为海南岛电网的主要电源之一。

松涛水库的灌溉、供水、防洪和发电等重要功能的开发，使得海南有了发展农业、渔业和工业的基础。说松涛水库像一把钥匙，打通了海南开发与发展的道路，是非常确切的。松涛水库开工后，人们从四面八方来到建设工地，洒下汗水、青春、财富、乃至生命，筑起海南发展的基石。而作为海南西部水利建设的一个起点，松涛水库又为此后进行建设的大隆、大广坝、小妹、红岭等水利工程开了一个好头。松涛水库不愧为璀璨的"宝岛明珠"，它不仅为海南经济发展打下了坚实基础，也见证了海南开发和发展进程的每一步。

二、农业发展新方向——热带经济作物

在农业生产方面，由于 1954、1955 两年海南岛连续遭受旱涝灾害，尤其是 1955 年遭受百年未有的旱灾，海南出现了农业生产减产特别是粮食生产严重减产、农民减收的严峻形势，因此，党的八大前后期间，海南农业生产主要是围绕生产救灾，争取农业增产和农民增收的中心，全力发展粮食生产，争取实现粮食自给，同时采取粮食生产和经济作物并重的方针，大力开发热带作物种植业。

海南岛一直是不能实现粮食自给的地区，海南解放后，粮食缺口部分要从大陆调拨。1954 年海南岛遭受旱涝灾害，1955 年又遭受百年未有的旱灾，致使粮食大幅度减产，产量降至解放前水平，据统计，在当年的 3 月，全区已有11 万余人缺粮。1956、1957 两年粮食生产虽然获得丰收，但离实现粮食自给还相差甚远，而且广东省 1957 年又决定减少调拨给海南粮食 1700 万斤，因此海南岛的粮食问题仍然紧张，但 1957 年，海南粮食总产量达 17 亿斤多，创粮食生产历史最高水平。

在争取粮食自给的同时，海南利用自身的热带资源优势，积极发展热带作物，并决定为此建立专门的开发热带作物管理机构。在抓好海南垦殖分局所属

垦区国营农场的橡胶等热带经济作物生产发展的同时，大力在全区的农业生产合作社中组织橡胶、香茅等热带经济作物的种植，热带经济作物的种植得到迅速发展。其中在海南垦殖分局所属垦区的国营农场，再次进入橡胶种植业大发展的时期，至 1958 年，新种橡胶 32.99 万亩，尤其是从 1956 年起，重视培育和引进橡胶新品种，由原来种植实生树转向种植优良无性系，实现我国橡胶栽培技术的重大突破。

与此同时，垦区农场加快发展其他热带作物的发展，至 1956 年底，已种植香茅、剑麻、咖啡、菠萝等 7.88 万亩。在全区各地的农业生产合作社，也出现了种植橡胶、香茅等热带作物的热潮，1957 年后，橡胶、油棕、咖啡、香茅等热带作物的种植面积达 37 万亩，比 1952 年增长 140%。

但是，由于缺乏经验和科学态度，有的热带经济作物因盲目发展而出现没有销路或失收的现象。如香茅种植，广东省 1956 年 3 月提出的《广东省 7 年农业建设规划》规定，7 年全省种植总面积为 28 万亩，1957 年种植的面积为 32700 亩，而海南全区截止 1957 年 11 月，香茅种植的面积已达 25 万亩，由于发展过快，超过当时香茅的加工能力，结果大量香茅没有销路，5000 吨产量的香茅只能开割 300 吨；又如垦区农场的油棕历年种植达 17.09 万亩，但绝大多数因没有开花结果而被丢弃。

三、橡胶热引发的移民潮

由于中央对海南的"橡胶岛"的定位，加上中央在海南投资创办农垦、种植橡胶和其他热带作物，使得海南再一次成为开发热土，吸引了相当多移民来海南种植橡胶。而对海南"国防前哨"的定位，又吸纳了不少为保卫边疆而来的军民。有相当数量的专业复员军人及其家属到海南建立垦殖基地。此外还有从全国各省陆续前来的一大批支援海南边疆建设的青年，他们中有军人、干部、知识分子。相当一部分人到农垦所属的各个农场工作，从事的便是橡胶生产发展事业。从解放初至 1965 年整整 15 年时间内，从大陆由政府有计划移民到海南岛的人口达 30 万之众（详见表一）。为了稳定新移民，海南主要通过提高移民生活贷款、对移民实行免费医病、解决移民家属迁入海南及住房问题、调整移民社队生产经营方针，从多方面帮助移民解决生产和生活上的困难，发挥移民在海南岛开发建设中的作用。

表一：海南人口总量及发展速度①

年份	人口总量（万人）	发展速度（%）	年份	人口总量（万人）	发展速度（%）
1950	228. 12		1958	289. 43	99. 53
1951	237. 46	104. 09	1959	305. 76	105. 64
1952	252. 55	106. 35	1960	314. 67	102. 91
1953	261. 26	103. 45	1961	326. 47	103. 75
1954	273. 22	104. 58	1962	334. 42	102. 44
1955	279. 15	102. 17	1963	343. 24	102. 64
1956	281. 00	100. 66	1964	353. 33	102. 94
1957	290. 81	103. 49	1965	365. 79	103. 53

移民的到来，促进了海南经济的迅速增长，仅 1953 年至 1957 年，农业增长率为 7.2%，以橡胶为中心的林业增长率更是高达 21.6%，远远高于当时全国 4.5% 的农业增长水平。与此同时，以铁矿为中心的工业增长率也达到 26%，高出全国 18% 水平 8 个百分点。由此，奠定了海南经济在全国经济中的地位，也形成了一个移民开发海南的新风貌。

四、1958 年的新海南

海南同全国一样从 1953 年起开始执行第一个五年计划。1956 年，在全区生产资料所有制的社会主义改造基本完成的同时，第一个五年计划中的某些重要指标，如粮食总产量指标就提前一年完成或超额完成。至 1957 年底，海南第一个五年计划已经完成和超额完成。

1. 基本建设

五年间，国家对海南经济的基本建设投资达 14733 余万元，平均每年投资 2946 余万元，超过海南全区五年工商税收总收入，此外尚有农垦系统国家的大量投资。五年中，海南全区新建和恢复的公路共达 1791 公里，建成环岛和连贯中、西、东线的公路网，全岛所有市县均已通车，大大改变了海南交通的落后面貌，特别是横贯五指山区全长 298 公里的海榆中线公路，极大地改善了黎苗少数民族地区的交通条件。在第一个五年计划期间，基本建设投资新建和恢复的工矿建设项目有 47 个，其中 6 个中小型糖厂的建成，为海南发展制糖

---

① 《海南人口源流与变迁》，《海南省志》人口志。

业打下了初步的基础。在投资农田水利建设方面，五年中共新建大小水利工程共达 122118 项。

2. 工业、交通运输业

"一五"时期，海南工业发展迅速，1957 年，全区工业总产值达 12677 万元，增加 17.4 倍，年均增长 77%，海南工业极其落后的面貌有所改变。从主要工业产品看，1957 年同 1952 年相比都有较大幅度的增长，其中电力增加 6 倍，食用植物油增加 31.6 倍，食糖增加 2.4 倍，酒增加 1.36 倍，原盐增加 1.14 倍，炼乳增加 16.5 倍，汽水增加 5.6 倍，糖果增加 6.5 倍，饼干增加 2.7 倍。从工矿企业发展看，不仅恢复和扩大了原有的工矿企业，而且建设起一大批新的工矿企业，至 1957 年，全区工矿企业 162 家，比 1957 年增长 4.63 倍。"一五"期间工业生产发展的速度和取得的成就，是海南历史上前所未有的，由此开启了海南的工业化进程。但是，海南"一五"期间发展的工业，主要是食品、饮料等轻工业，基础工业还十分落后，仍然是广东省工业最落后的地区。

"一五"时期，海南的交通运输业有了很大的发展。在公路运输方面，1957 年，全区公路通车里程达 3156 公里，比 1952 年增长 137.11%，全区当时 20 个市县均有公路直达，汽车客运量比 1952 年增长 188.5%，货运量增长 13.2%。在海运和内河运输方面，1957 年，沿海运输通航里程 474 海里，货运量达到 185825 吨，比 1952 年增长 40.2%；内河运输里程 230 公里，货运量达到 104259 吨，比 1952 年增长 299.65%。

3. 农业生产

1957 年，全区农业总产值 27488 万元，比 1952 年增长 42.66%，年均增长 8.55%，均超过全国 25%、4.5% 的平均水平。五年中，全区增加耕地面积 111 万亩，兴修水利灌溉面积 2824 万亩。按照国家下达海南"一五"计划指标，粮食、甘蔗、芝麻等农产品在 1956 年就已超额完成计划。1957 年，粮食总产量 868522.4 吨，超额完成计划 10.69%，比 1952 年增长 44.93%；蔗糖超额完成计划 58.32%，比 1952 年增长 40.74%；花生虽然没有完成任务，但产量比 1952 年增长 81.43%；油棕、咖啡等经济作物也有较大发展，农业生产合社种植的面积比 1952 年增长 140%。畜牧业也有一定的发展，1957 年，全区黄牛 326553 头，比 1952 年增长 16.33%；水牛 347778 头，比 1952 年增长 29%；生猪发展较快，1957 年达 943939 头，比 1952 年增长 53.54%。水产业发展更为迅速，1957 年全区水产品产量达 6.9 万吨，比 1952 年增长

125.17%，年均增长 25.43%。

"一五"期间，海南农业生产取得的成就是显著的，特别是在连续两年遭受涝旱灾的情况下，农业生产仍然以高于全国平均水平的速度发展。但是，海南农业落后的面貌还没有发生根本性的改变，尤其是粮食生产的压力仍然很大。

4. 社会事业

海南岛解放前，社会事业极其落后，在"一五"期间，国家加大了对海南各项社会事业的投入，大大促进了海南的教育、卫生等社会事业的较快发展。教育事业方面，中等教育发展迅速，1957 年全区拥有普通中学 94 所，比 1952 年增长 184.54%，在校中学生人数 40943 人，比 1952 年增长 126.7%，其中高中学生人数的增长高达 298.48%。幼儿教育事业发展更快，1957 年，全区建有幼儿园 53 所，比 1952 年增长 500%，入学幼儿 3753 人，增长 472.07%。卫生事业发展也取得很大成就，1957 年，全区医院、疗养院以及其他卫生医疗机构 190 个，比 1952 年增长 130.9%，病床 1656 张，增长 56.5%；妇幼保健机构 25 个，增长 525%；卫生防疫及其他卫生机构 42 个，增长 425%。此外，还广泛在群众中开展爱国卫生运动，城乡环境卫生有了相当改善，天花、鼠疫、霍乱等传染病基本得到控制。

"一五"时期，随着经济的发展，城乡居民的收入逐年增加，购买力有了很大提高。1957 年，全区社会商品零售总额达 27395.2 万元，比 1952 年增长 61.3%，其中农民购买力增长最快，1957 年达 11253.8 万元，增长 76.4%。黎苗族自治州地区城乡居民的购买力增长更快，1957 年全自治州商品零售总额达 5192 万元，比 1952 年增长 137.7%。

五、八字方针的贯彻和海南国民经济的调整

1959 年上半年，由于大跃进和人民公社化运动"左"的错误，海南已经出现了市场供应紧张、粮食和副食品短缺等经济困难的情况。1959 年春节过后，海南全区出现市场供应全面紧张的情况。首先，农副产品供应紧张。其次，粮食严重短缺的严峻局面。最后，财政收支的严重不平衡。而且，在经济困难局面已经出现的情况下，仍然坚持"以钢为纲"的大跃进，大跃进和人民公社化运动中"左"的错误又在反右倾斗争一再发展，从而导致了海南解放以来最为严重的三年经济困难。

1961 年 1 月八届九中全会正式通过了"调整、巩固、充实、提高"八字方针。按照这一方针，在对农业进行调整的同时，工业也开始进行调整。海南

工业调整从调整工业企业、压缩工业基建和企业职工开始的。1961 年，海南关并了 61 家效益低的工业企业，压缩了 21%；压缩企业职工 10230 人，占职工总人数的 16%。《工业七十条》正式颁布后，海南从 1961 年 10 月开始贯彻《工业七十条》工作，全区除长昌煤矿、海口电厂、海南机械厂三个企业作为省试点单位外，各县还选择了 21 个县级地方国营企业作为试行单位。1962 年 1 月，在试点取得初步经验的基础上，贯彻《工业七十条》的整顿企业秩序工作分批铺开，第一批共 58 个企业，其中海南区直属企业 4 个，海口市企业 8 个，各县属企业 46 个。经过试行《工业七十条》的企业，普遍制定了"五定五保"方案，建立健全一些管理制度，如计划管理、技术管理、财务管理、经济核算等制度，加强了企业管理，改变了企业管理上的混乱现象，生产状况有了明显的好转。

"七千人大会"后，海南进一步从以下几个方面开展国民经济和政治关系的进一步调整工作：

第一，大力精简职工，减少城市人口。1962 年 5 月 3 日，海南在向广东省委提交的《关于调整海南国民经济，争取海南财政经济情况好转的若干问题的报告》中，计划压缩职工 17 万人以上，压缩非农业人口 7 万人以上。1962 年 6 月 15 日，广东省委召开区党委、地、市委工业书记会议，研究精简职工、压缩城市人口问题。6 月 18 日，广东省发出《关于压缩城镇人口与精简职工的政策界线和若干问题的规定》，规定凡 1958 年 1 月 1 日后参加工作的来自农村的职工，一律动员回农村。按照这一规定，海南加大压缩职工的幅度，计划 1962 年把职工人数压缩至 1961 年的 60.4%。至 1962 年底，海南全区的全民所有制企业中，已精简职工 81870 人，超额完成广东省委下达海南的精简职工的任务。①

第二，压缩基本建设规模。1958 年至 1961 年，海南基本建设投资增长过快，规模过大，战线过长。在这四年中，共投资 56317 万元，平均每年投资 14079 万元，分别比第一个五年计划投资总和和年均投资增长 85.53% 和 1.3 倍，最高的 1960 年投资 17343 万元，比 1957 年增长 1.8 倍。在 1961 年至 1962 年初的经济调整中，海南压缩基本建设工作进展不大，例如停建计划外项目，就没有很好地贯彻执行，1961 年 270 个基建项目中，计划外的就有 194

---

① 中共海南省委党史研究室、海南省档案局（馆）：《海南六十年代国民经济调整资料选编》，第 246 页、483 页。

个，1962 年第一季度施工的 67 个基建项目中，计划内的只有 7 个。根据中央的精神和广东省委的部署，压缩基本建设投资，停建缓建一批项目，1962 年，海南基本建设投资比 1961 年下降 42.36%。①

第三，通过关、并、缩、转、退，缩短工业战线。在 1962 年经济调整中，关、并、退原材料不足、支援农业和市场不需要的 34 个，压缩劳动生产率很低、劳动力有剩余的 55 间，地方国营工业企业从 292 个减少到 202 个。1962 年，海南全区工业总产值比 1961 年下降 20.80%。②

第四，加强和支持农业。1962 年，重点抓三个方面支援农业工作：①大力生产农业生产需要的生产资料，包括生产质量好、规格适合农民需要的小农具，改进和推广行之有效的中型农具，加强维修现有的农业机械、排灌设备、杀虫药械、运输工具，以及帮助解决农业多种经营需要的各种工具；②努力增加生产农民急生活急需的日用工业品，投放市场；③抓好原材料特别是农民生产、生活所需要的木材生产。③ 据统计，1963 年一年，全区支援农业拨款的各项资金达 1068 万元，比 1962 年增长 7662%，农业贷款增长 125 倍，化肥供应增长 91%，生产资料供应也大大增加。

六、经济全面好转和恢复

1965 年初，海南经济出现了全面好转和恢复的良好态势。1964 年，是近几年来海南国民经济计划完成比较全面、增长较快的一年。与 1963 年相比，工农业总产值增长 12.1%，其中工业总产值增长 15.4%，农业总产值增长 9.8%；地方财政收入增长 9.98%。在农业生产方面，粮食总产量达到 16.7 亿斤，接近历史上最高的 1957 年的水平，其中稻谷产量 14.46 亿斤，为历史最高水平，超过 1957 年水平；生猪年终存栏量 117 万头，超过历史上最高的 1957 年的生猪存栏数（104 万头）；花生总产量 22.2 万担，接近 1957 年水平。在工业生产方面，省下达的 27 种主要工业产品计划中，有 20 种完成或超额完成国家计划；产品质量有很大提高，在 35 种轻工产品中，一类产品由 1963 年

① 引自中共海南省委党史研究室、海南省档案局（馆）：《海南六十年代国民经济调整资料选编》，第 246 页、483 页。

② 引自中共海南省委党史研究室、海南省档案局（馆）：《海南六十年代国民经济调整资料选编》，第 168 页；中共海南省委党史研究室编：《中共海南历史大事记》（1950.5～2004.12），第 121 页。

③ 引自中共海南省委党史研究室、海南省档案局（馆）：《海南六十年代国民经济调整资料选编》（1961～1964），第 238 页、363 页。

的 28.6%上升到 37.1%，而三类产品则由 1963 年的 40%下降到 14%；地方工业成本降低 13%，劳动生产率提高 35%。在市场供应方面，粮食、食糖、食油、水产品、"三鸟"、肥皂、香皂、棉布、卷烟、机制纸、自行车、煤油、化肥、农药等主要商品供应得到改善，市场呈现出繁荣活跃的景象。①

鉴于 1964 年经济发展出现的良好态势，海南行政公署计委在《关于 1965 年海南区国民经济计划（草案）的报告》中提出："当前的任务主要是如何组织与促进工农业生产新高潮的更快发展。"为此，《报告》把组织工农业生产新高潮作为 1965 年国民经济计划的两大中心任务之一，并按照这一总体思路安排 1965 年海南经济高速增长的主要指标，主要有：与 1964 年相比，全区工农业总产值计划增长 20.7%；农业总产值增长 24.5%，其中粮食总产量增长 13%，花生增长 58.7%，生猪存栏量增长 15.4%，甘蔗增长 66.6%，水产增长 22%；工业总产值增长 15.1%，其中生产资料增长 14.3%，生活资料增长 16%。从 1965 年海南全区经济运行结果看，这一年是海南国民经济全面快速恢复并得到新的发展的一年，据统计，1965 年，海南全区工农业总产值比 1964 年增长 49.58%，其中工业总产值增长 22.95%，农业总产值增长 67.57%；地方财政收入大幅度增长，达到 21.69%。至此，海南区国民经济调整任务完成，经济发展即将进入一个新的发展时期。

第三节 黎文的创制、推广与中断

一、黎文创制及推广

黎族在历史上有无文字？学术界说法不一。如果按照《广东新语》中有清人屈大均的记载："黎妇女皆执漆扁担，上写黎歌数行，字如虫书，不可识。"似乎历史上是存在过黎文的，只不过非黎族的人无法辨识。在考古学家看来，最关键的是要有实物——即写有"虫书"的"漆扁担"，但是至今没有发现实物，所以这种"虫书"的字迹、字体如何，今人始终无法得窥。在史学家和考证学家看来，既然史籍中没有明文记载，只能姑且认为黎族历史上没有文字。虽然没有流传下来得以辨识的文字，但是黎族有很多符号，类似文字，这些符号在黎族的生产生活中广泛使用，具有文字的某些功能，如果按照

---

① 海南行政公署计委在《关于 1965 年海南区国民经济计划（草案）的报告》。

宽泛的文字定义，甚至也可以将这些符号看作是文字。这些符号使用最普遍的是结绳记事、刻木记事、实物记数、契约和各种插星符号。它是黎族社会中普遍流传的约定俗成的东西，虽然不能算是严格意义的文字，但确实具有原始文字的造字目的和文字功能，对于黎族社会有着非同寻常的意义。

新中国成立后，经过多方征求意见，决定试行创制黎族文字。因为按照《宪法》规定，"各民族都有使用和发展自己的语言文字的自由"。正是为了创制文字，海南开始了对黎族语言的全面调查，这是历史上对黎族语言的首次全面和深入的调查。调查者是中国社会科学院少数民族语言调查第一工作队海南分队和海南黎族苗族自治州黎族苗族语文研究指导委员会。开始的时间为1956年夏。调查范围包括海南黎族苗族自治州各个乡黎语的一般情况，包括乐东县、保亭县、白沙县、琼中县、崖县、东方县、陵水县等7个县共20个点。

这次对黎语的全面调查，初步将黎语划分为5大方言。这主要是根据黎语语音、词汇和语法特点来划分的。在哈、润、美孚、赛和杞这五大方言中，最终选择哈方言为基础方言，以乐东县抱由镇保定村话（属哈方言罗活土语）的语音为标准音，以拉丁字母为主的拼音文字，这就是新中国首次创制的黎族文字。之所以这么设计，首先是由于哈方言使用人口最多，只有3个调值，相对易学易记。其次是因为在哈方言的3个土语中，罗活土语分布面积广，影响也大，而且罗活土语与其他方言的相同率高。

1957年2月11日至17日，《关于划分黎语方言和创制黎文的意见》和《黎文方案》（草案）在海南通过讨论。之后，黎族苗族语文研究指导委员会还制定了黎文推广的宏大计划，即《黎族苗族自治州（1957年～1960年）推行黎文工作规划（草案）》（以下简称《规划》）。《规划》规定：《黎文方案》（草案）将于1957年2月由海南黎族苗族自治州人民委员会予以公布，并广泛征求各界意见。海南黎族苗族自治州黎族苗族语文指导委员会将在3个月内编成黎文实验教学农民识字课本三册，于1957年4月开始在通什干校与番茅合作社（均在通什镇境）、乐东县保定（今乐东黎族自治县抱由镇保定村）和白沙县牙叉（今白沙黎族自治县牙叉镇）等地进行4个班的试验教学，10月前后将《黎文方案》（草案）教学经验与体会进行总结，会同反复研究后的黎文修正方案报请海南黎族苗族自治州人民政府委员会转报国务院核批。同时规定，民族语文学校将于1957年7月开学，黎文印刷厂也将在年内完成并投入生产。黎文推行和扫盲费由中央、省、行署和自治州同意在整个自治州经费内从 1958 年起拨发三年费用共 300 多万元。争取在第二个五年计划的头三年内（1958 年~1960 年）基本完成黎族青、壮年的扫盲工作，使海南黎族苗族自治州广大黎族人民能初步做到语言相通、多数识字，机关学校普遍使用黎语和黎文。

按照《规划》的设计，黎文推行的对象不包括 15 岁以下的少年儿童和 50 岁以上的人。当年全自治州内约有 16 万人左右，规定其中年龄在 15 岁以上，50 岁以下的黎族青、壮年文盲，各级黎族学校内的教员、学生和各级机关内的干部，都应该学习黎文。

《规划》设定了推行黎文办公室，归海南黎族苗族自治州人民委员会管辖，负责全自治州推行黎文的具体领导工作。全州各县也成立推行黎文委员会，负责领导该地区的黎文推行工作。各县的推行黎文委员会以各县县长为主任，在民族语文学校学习过的专职县级干部为副主任，吸收教育、文化、宣传、青年团、妇联等有关部门负责人为委员。各县以文教部门为基础，由推行黎文办公室派人协助，负责本地区的推行黎文具体工作。同时，各县还成立推行黎文督导小组，由区长、区文教干部和派至区内推行黎文的人员组成，负责督促、检查、指导该区各乡的推行黎文工作。各乡（镇）成立黎文推行委员会及若干个业余文化学校，乡推行委员会以乡长为主任，业余文化学校中心校长为副主任。基层推行教员（在海南黎族苗族自治州训练过的）由有关方面人员（乡党支部宣传委员、乡青年团、乡妇联、乡人委文教委员、合作社驻社专职干部）组成，负责领导全乡（镇）的黎文推行工作。区以上各机关和小学以上的黎族学校成立黎文学委和学习小组，领导该机关和学校的员工学习黎文。

推行黎文教师和干部的训练由海南黎族苗族自治州设民族语文学校负责，该学校还需对州内黎族各级学校语文教师和区以上各机关主办公文的干部进行分别轮训，对全省中师和高师及各种专门人才进行培训。除民族语文学校外，全自治州所属各县还设立黎文班，负责训练县属各乡（镇）基层推行教员和业余文化学校中心校长。

按照《规划》的设计，黎文的推广教师有专职和半脱产教师两种。推广规模为全自治州设专职推行教师 200 人，由各县抽调或报考到州民族语文学校学习，按黎族人口每 1600 人左右配 1 人的比例调配。全自治州设基层半脱产的推行人员 2100 人，按黎族人口每 150 人左右配 1 人的比例调配到各县训练使用（每乡设业余文化中心校长 1 人，推行教员若干人）。区以上各机关和小学以上学校的推行人员，统由在职教师经过民族语文学校轮训后担任。

按照《规划》的设计，推行黎文分三步进行：第一步为 1957 年 2 月至 1958 年夏的"准备阶段"，第二步为 1958 年秋至 1960 年冬为"全面推行结合扫盲阶段"，第三步为 1960 年后为"巩固提高阶段"。第一阶段包括编写《黎语语法纲要》、《黎语词曲》等各种教材和若干种通俗读物，训练专职推行干部和教师 200 名，做好民族语文印刷厂基建和设备工作，争取于 1957 年秋投产。第二阶段计划从 1958 年春起，全自治州各县训练好各乡（镇）业余文化中心校长和半脱产推行教员 2100 人，将各县 15 岁以上，50 岁以下的黎族中、青壮年文盲在 1960 年年底基本扫盲完；各县初级小学有计划地运用黎文教学，各县有条件的中心小学一、二年级争取在 1958 年秋试教黎文，其余初小一、二年级于 1959 年秋季开始，三、四年级于 1960 年秋季开始，并从小学四年级起增设汉语文课，州内各师范学校于 1958 年开始用黎文教学。从 1960 年 1 月 1 日起，海南黎族苗族自治州内各级机关、团体、学校一律用黎、苗、汉文挂牌子，并不得迟于 1960 年秋学习黎文；1960 年 10 月 1 日起用黎文办理公文；民族语文学校从 1959 年 10 月起分期轮训区以上各机关主办公文的干部和中学、师范语文学校教师以及有计划地培养黎文的各种师资；争取于 1960 年 10 月开始出版自治州黎文报纸，相应发展各项编译、研究、出版、印刷、广播、戏剧、电影、民间文学等工作。第三阶段自 1960 年以后开始，黎文推行的重点放在巩固和提高方面，大体做法是在原有扫盲的基础上，逐步将各乡（镇）业余文化学校提高到小班以至中班的文化程度，结合大力开展科学普及工作和文化娱乐活动，相应地继续加强编译、研究、出版等工作。

至此，黎文创制的第一步完成了，黎族不仅在历史上第一次有了可以通用的语言文字，而且计划在很短时间内就推广普及到黎族自治州的大部分地区。但是在实施的过程中，黎文在推广不久后就中止了工作，黎文创制和推广的初衷最终没有实现。

那么，初期黎文推广做了哪些工作呢？首先是黎文教学和黎文教材的编写。1957 年 4 月，海南黎族苗族自治州黎族苗族语文研究指导委员会分别在通什干校、番茅合作社、乐东县保定村和白沙县牙叉镇进行黎文试点教学。番茅合作社培训 41 名扫盲教师，并在一个月后就走上了扫盲工作岗位；乐东县抱由镇保定村开办"黎语文民师学习班"，学员 22 名，半天学习半天劳动，用一个多月时间就学会了黎文字母，还运用所学黎文记录了部分黎族民间文学，包括民歌、民间故事和谜语等。

1957 年 7 月，海南黎族苗族自治州民族语文学校办成开课，共招收 2 个黎文师资培训班，学员100名。课程有《黎语语音常识》、《语言学常识》、《黎语语法》和《黎语文讲义》等。经过半年时间的学习，学员们学会了黎文声母、韵母和声调，达到了学习计划规定的"五会"（即会读、会拼、会写、会认、会辨音）的要求，并利用黎语文记录了一大批黎族民间文学。1958年9月、1983年9月和1985年9月，先后在北京中央民族学院开办本科黎语班、黎文选修班、黎族语言文学大专班。开设的专业课有《黎语基础》、《黎语讲义（语言部分）》、《黎语讲义（词汇部分）》、《黎语语法》、《黎族文化》、《黎族民间文学概论》和《黎语方音比较》等。

基本教材和工具书的编成与发行是黎文推行的基础。1957年9月～1958年7月，第一本黎语教材《黎语农民课本》编撰完成，并铅印了第一、二、三册各五万册予以发行。这本教材是由海南黎族苗族自治州黎族苗族语文研究指导委员会和中国科学院少数民族语言调查第一工作队海南分队共同完成的，五万册的发行量意味着至少五万人的培训规模。1958年5月31日，第一本通用的黎文工具书《黎语简明词曲》编成并油印发行。至此，黎文推行的工作已经完成了第一步。

但是，1958年下半年至年底，海南黎族苗族自治州人民委员会被合并到海口与海南行政公署合署办公，海南黎族苗族自治州黎族苗族语文研究指导委员会和民族语文学校被迫解散。没有了管理机构，黎文的推广使用工作也被迫中止。此后在1984年9月，对原来的黎文创制方案进行了一些修改，但并没有进行推广。

为什么黎文在1956年就创制出来，仅仅只推广了两年多就戛然而止？黎族历史上从没有以拉丁字母基础的文字，为什么新文字要以拉丁字母为基础，而不是以方块字为基础？以拉丁字母为基础的黎文更有生命力还是方块字基础的黎文更有生命力？哪一种更容易推广？新中国建国之初，百废待兴，却以巨大的人力物力投入黎文的创制和推广中，其初衷到底是什么？为什么之后的这么多年没有再进行黎文的推广工作呢？黎文到底有没有存在的必要？这些问题被很多人反复地追问，至今没有一个确定的答案。但是大概有几种说法：

第一种说法是以拉丁字母为基础创制的黎文不符合黎族语文的实际情况。因为虽然五十年代的调查把黎族地区分为五大方言区，但是每个方言区又能分出若干个小的方言区，因此，同一个词，至少有几十种黎语发音。而新造的黎文是表音文字，而非方块字那样又表音又表意的文字，所以不同的发音，就得用不同的文字表达，尽管实际上是同一个意思，这种情况实际生活中的表达上有很大的困扰，彼此无法识别，当然也无法认同。虽然将保定黎语定为标准黎语，但是在日常生活中，人们还是习惯使用方言，标准黎语难以推行，而且当时广播、报纸等媒介并没有参与标准黎语的普及和推广工作，所以其影响的范围仍然非常小。这是黎语未能推行的原因之一。

第二种说法是黎族社会自身没有产生出使用新黎语新黎文的基础。黎族在新中国成立后，进入了一个快速现代化、快速汉化的过程。这一切，都是在中央派出干部的引导下进行的，黎族社会也认可了这样的变化，因而与解放前相比，他们的生产生活发生了翻天覆地的变化，但是活动的范围仍然局限在过去的范围内，并没有大规模的迁移或融合同化事件。在过去保留下来的生产生活范围内，当地人和外界的联系和交流与过去差别不大，因而并没有产生新的使用标准黎语的需求，这是原因之二。

第三种说法是相对于拟定的标准黎话，普通话和海南话对黎族地区的影响更大，甚至完全可以替代标准黎话，因此标准黎话难以推广。而且相对于拉丁字母基础的表音文字而言，方块汉字在黎族的地区的影响不仅由来已久，而且日益加大。在这种情况下，新造的黎文和黎话几乎没有存在的必要，因为这个地区在历史上已经找到了一个可以充当中介的标准语言。而在新中国成立后，汉语的影响力更以前所未有的速度影响着这一地区，懂得汉语和汉字就可以和其他地区的人交流，不仅包括非黎族地区，甚至包括全国各地，可以说，汉语和汉字的影响力已经覆盖到海南岛的角角落落，黎族人又何必去掌握这么一种使用范围狭小、尚未普及，又是刚刚创制的夹生语文呢？这是原因之三。

第四种说法是黎族自身的语言词汇也在逐渐消亡中，这是时代发展的必然。在全世界范围内，很多少数民族语言文字都在逐渐消亡中。在这样一个时代，人为地创制一种语言，并强行推广，是不符合社会发展的实际的。在21世纪，海南的年轻一代甚至有不会黎语的，世界正在步入全球化时代，能在更广范围使用、能促进和更多地域人们之间的交流，才是使用文字的标准。英语是这样的语言，而新创制的黎文明显地无法顺应时代发展的潮流。虽然全世界范围内都在尽力保留传统的少数民族文化遗产，但是新创制的黎文显然不属于历史传承下来的文化遗产，这也是其无法推广普及的原因之四。

黎族文化传统的保存是否必须有黎族文字作为载体？学术界意见不一，为了保存黎族传统文化，是否必须创制一种新文字？学术界同样有不同意见。为了加速黎族地区的经济文化交流，是否必须有一种新文字做载体，还是使用汉字即可？这些问题还有待进一步探讨。

第三章

"文革"期间的海南社会发展（1966～1976）

第一节 "文革"期间的海南社会控制

"文革"期间，海南主要有军事管制委员会和革命委员会进行社会控制。初期情况和全国类似，社会秩序相当混乱，但是在后期，社会在整体上仍处于控制当中。这主要是因为"极左"思想部分地得到清理，国民经济进行了有效的调整，经济发展重新步入有序发展的轨道。

一、海南地区军管会的成立

1967年3月25日，海南成立海南地区军事管制委员会（简称海南地区军管会），作为海南岛最高临时权力机关，对海南地区实行军事管制。军管会内设办公室、革命委员会、生产委员会，分管海南党政工作和工农业生产。军管会成立后，进驻海南行署机关，至5月3日，全岛已实行军事管制的单位达122个，其中建立军管会或军管小组的有自治州、海口市、琼山、琼海、崖县、万宁、乐东、保亭、儋县、陵水、昌江、东方、白沙、屯昌、琼中、文昌、定安、澄迈、临高县以及海南公安局、海南广播电台、海口港务局等39个单位，其余83个单位，军管会则派驻人民解放军警卫。

二、海南行政区革命委员会和各地革命委员会成立

1968年2月25日，广东省革委会在广州市成立，指示全省各地当前的中心任务是组建革命委员会。根据这个精神，已实现革命大联合的屯昌县决定成立革命委员会。经广东省革委会批准，3月29日，屯昌县革命委员会正式成立，这是海南岛第一个县级革命委员会。4月5日，广东省海南行政区革命委员会（简称海南行政区革委会）成立。

海南行政区革委会成立后，州市县革委会也相继成立，至6月20日，全

区除儋县外的 17 个市县，即海口市、琼山、文昌、琼海、万宁、屯昌、澄迈、临高、定安、崖县、乐东、东方、昌江、白沙、保亭、琼中、陵水县均成立市、县级革命委员会。同时，全区人民公社 277 个，已成立革命委员会的有 244 个，占公社数的 88%，其中海口、琼海、定安、屯昌、澄迈、临高、白沙、琼中、保亭等所有公社全部成立了革委会；国营农场 97 个，已成立革命委员会 86 个，其中琼海、定安、屯昌、澄迈、临高、陵水、琼中、保亭实现了"一片红"；国营林牧场 28 个，已成立 22 个，占 79%。

各地革委会成立后，相继建立了行使党委常委职权的核心小组。从 1968 年 5 月东方县革委会核心小组成立起，至 1969 年 6 月定安县革委会核心小组成立，全区各市县革委会先后成立了核心小组。这是"文革"时期社会控制的主要机构。

第二节 "文革"期间的海南经济

1967 年至 1969 年，海南的经济形势因社会动荡而急剧恶化，林彪事件后，针对极"左"路线对国民经济的严重危害，采取许多具体措施，既批判极"左"思潮，又认真落实各项经济政策，努力调整国民经济，积极解决经济工作中存在的问题，使国民经济有了转机，海南国民经济在这一时期也得到短暂的恢复与发展。

一、"以粮为纲，全面发展"

1972 年 5 月 2 日至 9 日，海南地区革命委员会通过了《一九七一年以来工作基本情况和一九七二年工作任务》，重新明确农业是海南国民经济的基础，要求各地要进一步深入"以粮为纲，全面发展"的方针，采取有效措施，加速农业的发展。

在农业方面，要求以最快的速度发展粮食生产，搞好农田、水利、肥料基本建设；因地制宜搞好"两个布局"，正确处理农、林、牧、副、渔的关系，正确处理粮、棉、油、麻、丝、茶、糖、菜、烟、果、药、杂的关系，要特别注意抓好粮、油、糖、猪、渔的生产，促进农业全面发展。

在工业方面，要求加强对工业的领导，积极发展支农工业、轻工业和手工业，努力增产化肥、农药、水泥、中小农具和日用工业品，提高质量，增加品种，繁荣市场，满足农业生产和人民生活的需要。

这一时期，海南地区革委会生产组科技办公室也经过一段时间对海南岛资源情况作了深入的调查，完成了《关于加强海南岛资源综合开发利用研究的报告》。报告的主要内容有：（1）农业资源的综合开发利用研究；（2）热带植物资源的综合开发利用研究；（3）选育橡胶新品种，防治橡胶病虫害、胶园管理、割胶技术及加工工艺技术的研究，橡胶副产品的综合利用研究；（4）南海水生生物资源的调查开发利用研究。

二、"农业学大寨"

从1972年起，海南在稳定农村经济政策，发展农业生产上做了一系列努力。6月上旬在通什召开海南山区"农业学大寨"会议，地区革委会以"海南的农业能否上得快些？怎样搞才能上得快些？"等问题展开讨论。提出了发展农业生产的工作思路：要把农田水利建设作为促进农业生产发展的重要内容来抓。认为，要发展农业生产，实现增产增收，必须扩大旱涝保收良田面积，这是实现农业持续丰产的基础。并决定抓四项工作：一是兴修水利，扩大面积，抓好配套，发挥效益。同时要求山区要搞小型水利，用水发电，用电提水。水源缺乏的沿海地区要打井提水，大种旱粮；要单造改双造，坡地改水田，开荒造田，山区搞梯田，提高复种指数；二是改造低产田，开山沟排毒水，下石灰，改"三田"；三是搞好肥料基建，闯过肥料关；四是封山育林，防止水土流失。

在这些政策措施引导下，到1972年，全区均建立了农科站，配备了农科员，多数生产大队也建立了科学实验小组（农科队），形成了区、州、县公社、大队四级农科推大网。在抓紧水利建设、改善农业生产条件的同时，强调农业生产要抓好季节关、三熟制良种合理搭配关和大力开辟肥源，发展养猪业，增积土杂肥等。在农业技术应用上，推广"科六"良种，推广嫁接栽培技术。与此同时，还强调农、林、牧、副、渔五业并重、全面发展。

三、抓革命，促生产——兴办"五小"工业

1970年2月至3月召开的全国计划会议，通过了《1970年和第四个五年国民经济计划纲要（草案）》。按照这个纲要的要求，广东省革委会强调要建立一个小而全的工业体系，大力发展"五小"（小钢铁、小煤窑、小化肥、小农机、小水泥）工业。当年5月，海南区召开抓革命促生产会议，提出要在海南建立起强大的农业基础和以煤、钢、电为重点的小而全的工业体系。后来的实践证明，建立这种'小而全"的工业体系，脱离了客观实际，具有盲目的跟随性，结果事与愿违。但当时海南的"五小"工业还是得到较快的发展。

四、农业机械化

由于电力建设和拖拉机使用的迅速发展，农业机械化也有了较快的发展。1970年5月，在抓革命促生产会议上提出：农业的根本出路在于机械化。要依靠县、社力量，发动群众，因地制宜，就地取材，土法上马，先易后难，从半机械化、小型机械化搞起，建立起全区农机制造维修网，力争1975年基本实现全区农业机械化，机耕面积占50%。要求当年要抓好插秧机、脱粒机、饲料粉碎机、碾米机、收割机、抽水机等小型机械的制造和推广。各种拖拉机都要用于农田耕作，扩大机耕面积。

第四个五年规划对农业机械化进行了部署。至年底，海南拥有大中型拖拉机、手扶拖拉机、农用柴油机、机动插秧机、人力插秧机、电动脱粒机、人力脱粒机、水稻点播机、碾米机、人工降雨机、榨糖机等多种机械，基本实现碾米、榨糖机械化，脱粒机械化达50%，农副产品加工机械化达60%，机耕程度13%，不少地方实现和基本实现了"点灯不用油，耕田不用牛"的景象，农业机械化收到了初步成效。

五、大规模农田水利基本建设

海南岛属旱涝、台风等灾害性天气多发地区，特殊的自然环境和气候条件，决定了海南农田水利基本建设的重要地位。从1970年开始至1973年8月，全区进行了大规模的农田水利建设。全区新建和配套的小型水利有1600多项，新建蓄、引、提水工程631项，其中中型工程19项，续建、配套蓄水100万方以上的水库206项，加上原有的水利工程和星罗棋布的小山塘、小水库，增加灌溉面积91.5万亩，改善排灌面积75.8万亩。农田基本建设方面，挖了7万多条排灌沟，总长20746公里，工程量达到2000余立方米，并初步整治了180多万亩低产田。

1970年2月，松涛水库建成。总计工程费2.4亿元，累计维修经费487万元。作为全国第二大土坝工程的松涛，自1956年水利部将松涛水库定位为开发海南岛的第一期水利工程后，不仅灌溉效益逐年扩大，到1983年灌溉面积已达109.7万亩。1987年统计，有效灌溉面积为102.81万亩。而且在原来灌溉、防洪、供水、发电功能的基础上，又逐步拓展为集通航、养殖、造林、旅游为一体的多功能在型综合水利工程。建库后，年供水总量达到13亿立方米，成为海南省最大的水库。自松涛水库开始建设后，海南就从未停止过兴修水利工程。水利工程成为改革开放前海南开发和发展的基础工程，它夯实了海南发展的基石，也见证了海南开发建设的历程。

六、海南的土地开发

解放前，海南的土地开发利用较为简单，主要是进行农业开发建设。解放后，土地开发利用从过去的个体、分散、零星开发向有计划、有组织的成片开发转化，单一的农业开发也开始向农、工、商、旅、能源、交通及居住等综合开发转化。主要有开荒造田、围海造田、植树造林等方式。

在开荒造田方面，历代以来，海南开荒的效果都不理想。这是因为大部分荒山和坡地过去都属于私有，不允许开发。而少部分荒地又受到土质、交通和水源等因素的限制，开发效益很低，乃至劳而无获。这种历史上遗留下来的土地利用零星分散的状况在新中国得到了根本的改变。

建国初期，海南省实行奖励开荒政策，规定"谁垦谁有"，这是海南进行新一轮开发的起点。50年底中期以后，全省实行农业生产合作化，开荒由过去的个人开荒变为集体开荒，无论开荒规模还是力度都大大加强，耕地面积逐年增加。到1957年，仅临高一个县的耕地面积就比1952年增加1086.87顷。[1] 1961年，在《农村人民公社条例》颁布后，海南全省开始了大规模地垦荒造田。在大跃进的背景下，海南也提出耕地面积翻番、产量贡献翻番的口号，集中全省人力物力，开始了轰轰烈烈的集体开荒造田大会战，有的地方甚至进行突击开荒造田。就临高县而言，仅1969年冬到1970年春，开荒造田面积达400顷。[2] 1972年，全省普遍开展"农业学大寨"运动，再次发动群众开荒造田、平整土地、整治洋田。在一次次地开荒造田运动后，全省的耕地面积大大增加。回顾土地开发的历程，可以看到，开荒造田贯穿着海南建设的每一个时期，虽然这种开发是以牺牲海南的自然环境为代价的，但也为后来的开发者留下了宝贵的经验。

第三节 "文革"期间的海南社会文化

一、"文革"时期海南的移民潮

处于十年动乱中的海南，被当作反帝防修前哨，保卫边疆仍是海南的首要

---

① 王学启、王贵章主编：《临高县土地志》，南海出版公司1999年，第186页。

② 王学启、王贵章主编：《临高县土地志》，南海出版公司1999年，第187页。

任务，大批军垦、农垦人员及家属从大陆迁移来以充实边防。

与此同时，为响应知识分子上山下乡的号召，大批知识分子涌进海南，形成海南的又一次移民高潮。

七十年代，在我国制定"以粮为纲"的政策后，海南以其热带亚热带气候和天然大温室的称谓，成为全国育种基地。期间，大批内地农民来到岛上，为国内大办农业服务的育种热潮步步高涨，从而形成又一轮移民热潮。与此同时，大陆许多知识青年在经过多轮挑选后，也来到海南，加入育种队伍，成为新移民。新移民的到来对海南的农业发展具有重要的影响。从1971至1975年，海南农业产值增长率达到9.2%，比前5年的3.7%高出近3倍。但是，1976年至1980年，随着育种热的结束，海南农业产值增长率跌到1.6%（详见表二），海南再次沦为孤岛，淡出人们的视野，并成为发展缓慢、闭塞落后的代名词，很多人不再向往移民海岛，已进岛或在岛上出生成长的人，则千方百计想调出"穷"（琼）岛。自解放以来的30年间，全岛仅分配进2万大学生，便是一个例证。

表二：海南人口总量及发展速度①

年份	人口总量（万人）	发展速度（%）	年份	人口总量（万人）	发展速度（%）
1966	377.65	103.25	1971	454.50	105.97
1967	385.16	101.99	1972	467.95	102.96
1968	396.49	102.94	1973	479.49	102.47
1969	410.85	103.62	1974	487.77	101.73
1970	428.89	104.39	1975	496.82	101.86
			1976	505.15	101.68

二、"文革"时期的海南文化"革命"

1. "教育革命"

毛泽东在1966年的《五七指示》中，对教育领域提出了这样的任务："学制要缩短，教育要革命，资产阶级知识分子统治我们学校的现象再也不能继续下去了。"指出"教育必须为无产阶级政治服务，必须与生产劳动相结合"的方针。因此，"教育革命"的一个重要内容，是对教学体制进行改革。

---

① 《海南人口源流与变迁》，见《海南省志》人口志。

1968 年后海南开始组织学校"复课闹革命"，8 月，将全日制六年（前四年为小学初级，后两年为小学高级）改为五年一贯制。初中、高中学制分别由原来的三年制缩短为两年制。教学内容以"阶级斗争"为纲，强调学生"读书务农"，批判所谓"分数第一"、"智育第一"和"读书做官论"。小学的语文、政治教材用《毛主席语录》代替，取消美术、体育和手工期课程，只有算术按原教材施教。规定学文（政治文化）不能少于 70%，学工、农、军不能超 30%。在教学方法上，否定课堂教育，采取"请进来""走出去"的开门办学的方法，即请工人、农民上讲台，讲政治课和阶级教育课，带学生到工地、工厂、农村去上课。1971 年，停止招生 4 年的高等院校招收首届"工农兵学员"。

　　"教育革命"的另一个重要内容，是领导体制的改革。"外行就是要领导内行"的说法在教育、文卫、科研部门流行。1968 年 8 月中旬，根据毛泽东"工人阶级必须领导一切"、"贫下中农管理学校"的指示，海南区革委会抽调名工人，组成工人毛泽东思想宣传队（简称"工宣队"），进驻海南师专、海南医专等大中小学校，实行工宣队管理学校。在社队革委会领导下，成立以贫下中农为主、教师代表参加的贫下中农管理学校委员会（简称"贫管会"）。"贫管会"进驻后，宣布废除校长负责制，学校的一切重大工作，均由"贫管会"决定。此外，有的学校还进驻解放军毛泽东思想宣传队（简称"军宣队"），由"军宣队"管理学校。

　　在"教育革命"中，教师的积极性受到极大的打击。在"知识越多越反动"谬论的影响下，教师不敢教书，学生不愿读书。1968 年 8 月 19 日，在《海南行政区政治部文教组关于当前教育革命工作的一些意见》中宣称，当年 7 月，全区中小学 6429 间，比 1967 年增加 968 间，中小学生 72 万人，比 1967 年增加近 11 万人。据汉区 10 个市县的不完全统计，中小学教师缺员 2000 多人，这样少的教员，既无法保证正常教学，其教学质量也可想而知，而基础教育的畸形结构，也使得人才的培养无法对海南社会的发展起到作用，从长期来看，这场教育革命对海南的社会文化造成了相当深远的不良影响。

　　2. 琼剧革命

　　海南岛解放后，琼剧进入了一个新的历史发展时期。因为"旧戏舞台上（在一切离开人民的旧文学旧艺术上），人民却成了渣滓，由老爷太太小姐们统治着舞台"，现在要"颠倒过来"，文艺要"为工农兵服务"、"为政治服务"，在这种时代要求下，琼剧发生了天翻地覆也可以说是革命性的变化。

1951年，海南戏曲研究会成立。1953年，"广州市戏曲改革委员会海南分会"（后改为"广东省戏曲研究会海南分会"）成立。在其管理下，琼剧改革旧戏，改造旧人，改变旧制，产生了一批新的革命剧目，从此"开了新生面"。

改革旧戏，其根本目的，是推陈出新，古为今用，使传统剧目、移植剧目和现代剧目在新的时代能够得到全面发展。建国以后，通过思想学习和对其他剧种的观摩，琼剧工作者一方面清除旧剧中的封建思想内容，坚持对传统琼剧进行挖掘、整理和批判地继承，另一方面则根据新的生活，积极地进行现代题材的创作。五六十年代，新式琼剧的剧目类型基本确定，主要有传统剧目、移植剧目、现代剧目。

传统剧目在琼剧中最富有特色。截至1966年，仅广东琼剧院挖掘、整理和创作的传统剧目就达数百种，如《搜书院》、《狗衔金钗》、《张文秀》、《卖胭脂》、《红叶题诗》、《乌鸦戏凤》、《林攀桂与杨桂英》、《稽文龙》等。与此同时，琼剧界还创作了一批新编的历史剧目，如《海瑞回朝》、《王佐断臂》、《闯王进京》等，产生了良好的社会效果。

移植剧目源于不同历史时期的杂剧、南戏、梨园戏、高甲戏、潮剧、正音戏、粤剧和京剧等，移植过程也就是改造和再创造的过程。在琼剧革命的形势下，几乎其他剧种拥有的优秀剧目，琼剧都有移植或改编。建国初期创造的移植剧目主要有《槐荫记》、《琵琶记》、《白兔记》、《八仙庆寿》、《古城会》、《十字坡》、《方世玉打擂》、《梁山伯与祝英台》、《三姆丁凡》等。

现代剧目在解放前即存在，文明戏即是其中一种。但由于大多粗制滥造，至建国时，已多被淘汰，保留下来的剧目并不多。建国后，由于大力提倡现代题材，因此便出现了一批与现实生活直接相关的现代琼剧，如在土地改革中，琼剧界编演了有强烈针对性的《愁龙苦凤》、《三代奴》、《春妹翻身》、《王贵与李香香》、《白毛女》和《刘胡兰》等。此外还有不少反映海南解放和新风尚的剧目，如《红色娘子军》、《椰林风暴》、《金菊花》、《惠芳嫂》、《爱情之波》、《芽接姑娘》、《东风解冻》、《喜婚记》等。在六十年代前期，现代革命琼剧的创作呈现出了空前的繁荣，产生了一大批新的革命剧目，如《常青指路》、《南海长城》、《石井村》、《金菊花》、《惠芳嫂》、《海角惊涛》、《红树湾》、《五指山上红旗飘》等。连海南公仔戏也排演了《江姐》和《琼花》等现代革命剧目。

改变旧制，就是改革旧的管理体制、演出体制和训练机制，成立新的专业琼剧团，全面提高琼剧艺术的水平和琼剧的艺术影响力。改变旧制首先从剧团重新登记开始，废除班主制，在剧团中实行民主管理，并且实现了全民所有性质的转化。1959 年，广东省琼剧团、新群星剧团和联合剧团等三家最有影响的琼剧团合并，组建起广东琼剧院。广东琼剧院不仅汇聚了一批最优秀的新老琼剧艺术家，而且还成为琼剧创作、演出和研究的最高艺术机构，奠定了琼剧发展和创新的基础。此外，各县市也先后建立了全民性质的专业琼剧团。在训练体制方面，旧时的琼剧不大重视基本功的训练，演员往往只由老艺人教授一些简单的"观目"，排练一两个剧目，便匆匆上台参加演出。建国以后，不但各专业剧团有培养琼剧演员的任务，而且行政区还于 1960 年成立了海南艺术学校（曾改为海南琼剧学校），培养各类专业性的琼剧人才。演出体制和训练机制的改革，保证了海南琼剧艺术的迅速发展。

琼剧革命包括改革旧戏、改造剧目和改变旧制的工作取得了巨大的成绩。在建国后的十余年内，琼剧产生的社会影响为以往任何历史时期都无法比拟。在抗美援朝中，琼剧界还掀起过捐机义演的热潮。在这十余年中，琼剧走出了海南岛和雷州半岛，在国内外产生了广泛影响。《狗咬金钗》、《张文秀》、《买胭脂》等剧目还进京演出，受到了毛泽东、周恩来、朱德等中央领导的观看与赞扬。《红叶题诗》被周恩来专程调往北京，于 1960 年为全国人大二届二次会议演出。该剧后经田汉润色，于 1962 年，由珠江电影制片厂拍摄为戏曲故事片，在全国和东南亚上映。这也是有史以来的第一部琼剧电影。琼剧有了影响，离不开琼剧艺术家的创造。一些老的琼剧艺术家在新社会里重新焕发出了艺术的青春，并在琼剧舞台塑造出了一批新的艺术形象。一些优秀艺术家的唱腔选段，还被中国唱片厂录制为琼剧唱片，在海内外公开发行。

但是，有着三百余年历史的琼剧，虽经琼剧革命焕发新颜，也在文革中受到了毁灭性的打击。一方面，所有历史题材的琼剧剧目都受到了彻底批判，并遭禁演，全岛所有的琼剧团都被解散，代之而起的是"文艺宣传队"和"文工团"。琼剧剧目不分类型，无一例外地被指斥为"靡靡之音"、"毒草"、"黑货"，众多的琼剧艺术家也变成了所谓的"牛鬼蛇神"、"反动权威"，受到了残酷斗争和无情批判。广东琼剧院于六十年代前期整理的传统琼剧《海瑞回朝》，此时也在全国性的报刊上被公开点名批判，说该剧暗藏与京剧《海瑞罢官》"南北呼应"的"反党黑戏"。甚至连《红叶题诗》也遭到了同样的命运。另一方面，《红灯记》、《沙家浜》、《龙江颂》、《智取威虎山》、《海港》、《奇袭白虎团》、《红色娘子军》、《白毛女》等所谓的"革命样板戏"却堂而皇之地登上了琼剧舞台，特别让人哭笑不得的是，当时的"琼剧革命"

竟然革掉了琼剧最富艺术生命力的海南方言媒介，用普通话来演唱琼剧，使琼剧成了不伦不类的怪物。

总的看来，建国后的琼剧由于片面强调"戏剧为无产阶级政治服务"，过分要求琼剧的政治思想宣传任务，忽视琼剧的艺术规律，甚至把政治标准定为琼剧唯一的价值尺度，致使琼剧发展到后来，在舞台上只剩下了现代革命题材的剧目。就琼剧艺术总体而言，建国后的琼剧，艺术水平提高得比较慢，没有再出现郑长和、林道修、陈华等那样杰出的艺术家。即使在现代革命琼剧的创作中，虽然题材重大，主题鲜明，但大都经不起艺术的推敲，很难从中找到琼剧委婉含蓄的艺术之美。琼剧的这种变化，折射了海南社会文化发展中的一个不断尝试和经受挫折的时期。

3. 创新的"临剧"

临剧是在临高木偶戏基础上新创的变种之一。临高人偶戏（民间小戏）用临高方言（属泰语系）演唱，在海南省临高县和澄迈、儋州部分地区以及琼山的博片、遵谭、十字路，海口市郊区的长流、荣山、秀英等临语地区广泛流传。在临高县，民间的驱魔逐妖、去病除灾、祀神还愿等活动，多请木偶参与。这种开始纯为祭神的活动在后来历代的发展中逐渐成为人们借以娱乐的方式。

临剧成为正式的地方戏是在六十年代。1961 年 12 月 15 日，临高县临剧团成立，剧团在临高人偶戏的基础上创办一个放下偶、单纯用人表演的新剧种。临剧用临高方言演唱，唱腔主要是民歌土调，行当、脸谱、表演程式等借鉴琼剧和广西壮剧、桂剧，并从生活中吸取养分，使之贴近生活，富有浓郁的乡土特色。

临剧在六十年代排演《宝葫芦》一剧首获成功后，陆续上演了古装戏《谢瑶环》、《孟丽君》、《张四姐下凡》、《张文秀》、《梁山伯与祝英台》，现代戏《李双双》、《迎风山》、《三月三》、《南海长城》、《阮八姐》、《社长的女儿》、《红灯记》、《沙家浜》等 30 多台剧目，一直到 1968 年临高县临剧团被遣散。但县内仍有些地方组织业余剧团，唱演临剧。临剧这种新的艺术形式的出现，体现了海南社会文化中蕴含的丰富的创造力，虽然难以避免文革中的政治导向，毕竟是海南地方文化的一种创造和贡献。

4. 农村电影的发展

七十年代初，极"左"思潮初步纠正后，文化事业方面曾一度呈现复苏迹象。这一时期，除样板戏外，电影成为文化娱乐的主要活动内容，并有了较快的发展。特别是农村电影放映事业发展迅速，全区每个公社均建立电影放映队，并有专门的电影放映场地，条件好的生产大队还建起了电影放映院。据统计，1973年，海南有电影放映单位351个。电影放映设备也逐步改进和提高，能够放映宽银幕电影。虽然电影内容主要为"样板戏"，如《智取威虎山》、《红灯记》、《沙家浜》、《海港》、《龙江颂》、《奇袭白虎团》、《红色娘子军》、《白毛女》等，还有一些如《草原儿女》、《沂蒙颂》，却极大地丰富了人们的文化生活，潜移默化地改造着海南的社会文化土壤。

第四章

改革开放后的海南社会发展（1977~2011）

　　十一届三中全会之后，中国的改革开放形成了一股汹涌澎湃的历史潮流，从农村改革到城市改革，从经济体制改革到政治体制改革及其他体制改革，改革开放的浪潮一浪高过一浪。最为耀眼的就是从创办经济特区到开放沿海港口城市。在这个过程中，中央从一开始就始终在关注和考虑海南岛的开发建设问题，以及海南岛的定位问题，并很快把海南岛的开发建设问题提上议事日程。

　　1980年六七月间，就在中央作出建立经济特区的决策不久，根据国务院领导指示，国务院在北京召开了海南岛问题座谈会。座谈会的主题是海南经济建设。会议认为，鉴于海南岛特有的自然条件和突出的经济优势，海南岛发展农业的方针，应以加速发展橡胶等热带作物为重点，大力营造热带林木，努力提高粮食产量，全面发展农林牧副渔各业产业，逐步建立适应海南特点的新的生态平衡的农业结构，使国营农业企业和农村队社共同富裕起来。

　　真正改变海南社会历史是在1987年。1987年6月12日，邓小平在会见南斯拉夫客人时说："我们正在搞一个更大的特区，这就是海南岛经济特区。"从此，一个封闭落后海岛的命运被彻底改变了，海南开始建省办特区，开辟了社会历史变迁的时代。

第一节　海南建省、创办全国最大的经济特区

一、筹备建省与办经济特区

　　1987年9月26日，中共中央、国务院发出《关于建立海南省及其筹建工作的通知》，通知认为海南发展潜力很大，因为海南岛是我国第二大岛，地处热带、亚热带，海域广阔，资源丰富，雨量充足，具有独特的资源优势。为了加快海南的开发建设，国务院提议把海南行政区从广东省划出，成立海南省。具体布局如下：

第一，海南建省后，其地方行政体制的设置，要从海南的实际情况出发，符合改革的要求。海南黎族苗族自治州，作为省县之间的中间层，应予撤销，同时在少数民族聚居的地方成立民族自治县或民族乡，把位于自治州管辖范围内的三亚市由县级市升格为地级市。建立省直接领导市县的地方行政体制。

第二，为有利于海南的统一开发建设，中央和广东省在海南的企业、事业单位，原则上应下放给海南省。这些企业、事业单位下放后，中央和广东省在投资、补贴、原材料供应等方面应继续给予支持和帮助。

第三，海南建省后，有关财政基数的划分问题，应按照兼顾广东和海南的利益、基本不增加中央财政负担的原则办理。

第四，海南建省后，各级机构的设置和人员编制的确定，要符合经济体制和政治体制改革的要求。要坚持党政分开、政企分开。机构要小，要多搞经济实体。机构的设置，要突破其他省、自治区现在的机构模式，也要比现在经济特区的机构更精干、有效一些，使海南省成为全国省一级机构全面改革的试点单位。

第五，海南的开发建设，必须立足于海南的资源优势，充分挖掘内部潜力，同时大力吸引外资，特别要注意引进港澳的资金，逐步建立起具有海南特色的外向型经济结构。为此，国务院将给海南省以更多的自主权，规定更为优惠的政策，使它成为我国最大的经济特区。

第六，成立海南建省筹备组。筹备组由许士杰、梁湘、姚文绪、孟庆平、王越丰（黎族）组成，许士杰任组长，梁湘任副组长。在筹备建省期间，海南行政区党委、政府的工作，在筹备组领导下进行。

海南建省筹备工作开始的第一天，恰好是琼崖纵队建立 60 周年纪念日，这是很有意义的巧合，也是历史的必然。根据中央 23 号文件精神以及对海南各地的充分调查研究，海南建省筹备组确定从五个方面着手筹备建省：1. 会同中央有关部门草拟办大特区的政策；2. 设计机构体制改革方案；3. 选好干部，配备各级领导班子；4. 制订经济发展战略规划；5. 抓好基础设施建设，改善投资环境。

在这五个方面中，机构体制改革应该是基础，是起点，也是最有难度的。因为与其他四个城市经济特区，海南岛的情况有很大的不同，情况也要复杂得多。例如在行政管理体制上存在着"一岛四方"：行政区、自治州、农垦系统以及中央部属和广东省省属企事业单位。这"四方"长期是同级单位，直到1984 年中央决定海南行政区为副省级的一级政府后，行政区才比其他"三方"

高出半个头。这样就造成全岛长期以来缺乏统一领导和统一规划、建设的局面。具体来说，一是海南黎族苗族自治州，在级别上与海南行政区相当。它有相对独立的管理体制和一套同海南行政区重叠的党政机构。自治州成立于1952年，管辖8个市县，受海南行政区和广东省双重领导。二是辖有92个国营农场、100万人口的农垦系统，是中央部属企业，受农牧渔业部、广东农垦总局领导，也是与海南行政区处于同级的单位。三是还有不少中央部属、广东省省属的企事业单位，如尖峰、吊罗、霸王三个林业局直属林业部，港口直属交通部，石碌铁矿直属冶金部，莺歌海盐场归广东省轻工业厅管理。因此，海南行政区长期处于多头管理、各自为政、"四分天下"的状态。这种管理体制，不适应海南建省办经济特区的要求。因此，理顺行政管理体制的关系成为筹备工作的重中之重，为此，海南建省筹备组分了几步进行：

第一步是做好撤销海南黎族苗族自治州、实现全岛一元化领导的工作。自治州首府通什市①是最早进行撤销州制的地方，只用了近两个月时间，撤州工作基本完毕，自治州60多个州直机关和企、事业单位顺利实现对口交接，1600多名干部得到妥善安排。1987年12月18日，海南建省筹备组在自治州七届人大二次会议上宣布了《国务院关于海南建省筹备组撤销海南黎族苗族自治州设立民族自治县和三亚市升为地级市的批复》。经国务院同意：1. 撤销海南黎族苗族自治州，原自治州所辖市县继续享受少数民族地区各项优惠政策。2. 设立保亭、琼中两个黎族苗族自治县。3. 设立白沙、陵水、昌江、乐东、东方五个黎族自治县，县以下苗族聚居区可设苗族乡。4. 将三亚市升格为地级市。

第二步是理顺农垦系统和中央部属、广东省省属企事业单位的隶属关系。1988年3月5日在全岛农垦工作会议上决定：农垦的管理权下放给海南，成立海南省（筹建）农垦总公司，下辖海南、通什两个农垦公司，皆是独立核算、自负盈亏、自主经营的经济实体。目标是把全岛农垦系统办成综合性的、外向型的、内外关系协调的集团性大公司，建设成为全国最大的热带作物生产、加工基地。这一步迈出后，百万农垦大军归属海南。

与此同时，中央部属、广东省省属企事业单位下放给海南的工作也在加紧进行。自1987年12月7日由交通部和海南建省筹备委员会订立的《关于改变海南港管理体制交接协议书》签字后，从1988年1月1日起，交通部海南港

---

① 2001年7月，通什市正式更名为五指山市。

务局及所属的海口、八所、三亚等港口和正在兴建的洋浦港划归海南管理。在此之前，尖峰、吊罗、霸王三大林区，海南铁路公司，海南钢铁厂等中央部属和广东省省属企业已先后划归海南管理。

第三步是拟定海南省直属机关机构设置方案，为海南建省后的行政体制改革做必要的准备。按照中央23号文件，对海南建省后各级机构的设置和人员编制确定了"要坚持党政分开，政企分开"和"机构要小，要多搞经济实体"的原则要求，海南建省筹备组于1988年初初步拟定了海南省直属党政机关机构设置方案，经六次修改后，于4月12日将改好的《海南省直属党政机关机构设置方案》上报中央。

在机构大调整的同时，海南建省还需加快基础设施建设。由于海南长期以来主要被作为国防前哨，在基础设施建设上投资不足，造成基础设施十分落后，尤其是电力、交通、通讯、供水等，很多地方连正常生产和基本生活需要都难以保证，根本不具备建省办经济特区的基本条件。为缓解这一状况，为海南建省办经济特区创造条件，就需要加快一批基础设施建设，重点是电力和通讯等。马村就是海南新建的电力生产基地，总装机容量35万千瓦的海口火电厂于1985年3月动工兴建。江泽民于1988年1月视察马村海口火电厂后，要求各方面全力支援海南电力建设。经过争分夺秒的建设，电厂两台装机容量5万千瓦的燃气轮发电机组，终于赶在海南正式建省办经济特区前夕的4月11日投产发电，缓解了海口地区用电紧张的状况。

1988年2月26日，中央决议设立中共海南省（筹建）工作委员会、撤销中共广东省海南行政区委员会。中央明确了海南要进一步对外开放，同时鼓励投资开发海南岛。在物资进出口、外汇管理、金融信贷、基建审批、财政税收、土地使用和发展外引内联等方面，中央决定给海南以比其他经济特区更特殊、更优惠、更开放的政策。海南将以发展生产力为中心，采取超常规手段，努力发展以国际市场为导向，以工业为主导，工农贸旅并举的外向型综合性经济。

中央的政策明确后，海南的主要任务就是改善投资环境，主要是加快进行能源、交通、电讯、水源等基础设施的建设，争取短时间内改善全岛特别是海口、三亚的投资环境，大力发展外引内联和"三来一补"① 的加工业。

随着各方面工作的顺利完成，海南建省筹备工作基本就绪，海南建省办经

---

① "三来一补"是指：来料加工、来样加工、来件装配和补偿贸易。

济特区的时机已经成熟。

二、制定海南特区经济发展的战略规划

1987年10月25日至11月1日，党的十三大召开。这次大会系统地阐述了关于社会主义初级阶段的理论，完整地概括了党在社会主义初级阶段的基本路线——"一个中心、两个基本点"，即以经济建设为中心，坚持四项基本原则，坚持改革开放。为实现"三步走"的发展战略，十三大确定当前的中心任务是加快和深化改革。

为贯彻党的十三大精神，海南建省筹备组抓紧制订海南经济发展战略规划，以保证海南经济特区一建立，立即按照预定的目标开展招商引资，启动海南大规模的开发建设。从1987年11月25日开始，到1988年1月12日，经过中国社会科学院14名专家46天的调研，一份包括对产业结构、农业发展、生产力布局、对外经济往来、对内经济联系以及资金、人才和经济体制、政治体制等方面内容的海南经济发展战略研究总报告1份、分报告9份拟定出来。

这份报告提出了海南经济发展的战略目标：坚持以开放、改革促开发的方针，实行社会主义的有指导的市场经济，最终建成以工业为主导、工农贸旅并举、三次产业协调发展的、外向型的、综合性的"自由经济区"，力争用20年左右的时间，达到人均国民生产总值2000美元以上，相当于台湾80年代初的水平。

为了实现上述目标，报告提出必须实现经济发展战略的转换：1. 从主要作为国防前哨转向同时作为建设前沿；2. 从单纯强调为国家作出贡献转向同时着重于海南本身的开发和振兴；3. 从与港台和东南亚对峙转向相互补充、协作；4. 从封闭的半自然经济转向开放的市场经济。

这个报告，实际上成为前期指导海南特区经济发展的战略性规划。

三、制定海南经济特区政策

海南建省办经济特区，海内外都在关注将来海南要实行哪些更加特殊、更加优惠、更加开放的政策，因为海南大特区的主要魅力，在于"实行比经济特区更加灵活的政策"。因此，制订大特区政策的工作非常紧迫。最后出台的《关于海南岛进一步开放加快经济开发的意见》①汇聚了海南建省筹备组和国务院特区办以及从外交到公安边防，从经济综合部门到专业管理机构，从工业

---

① 《谷牧回忆录》，中央文献出版社2009年，第386页。

交通到农、林、水共 25 个部、委、办、局、署的意见，初步形成了海南岛进一步对外开放加快经济开发建设的政策。归纳起来，主要有以下五个方面：

第一，关于海南的经济发展方向。海南经济发展要立足于开发利用岛内资源，大力发展生产，搞活经济，发展出口，逐步建立有自己特色的外向型经济。

第二，关于加大海南的开放力度。海南可以更多利用一些外资，引进国外的先进技术和经营管理经验，要赋予海南对外更加放宽的政策，国际上一切行之有效的经济合作好办法，都可以放手试验；要使海南有更加灵活的体制，一切有利于生产力发展的做法，都可以采用；海南对外商投资实行更为优惠、更为灵活的政策。海南的土地（使用权）、矿产资源和其他自然资源对投资者实行有偿使用、有偿开采制度；允许投资者成片开发土地，对国营、集体企业承包、参股和投标收买；对投资港口、机场、公路、铁路、煤矿、电站、水利工程等基础设施项目和农业开发项目，给予更多的优惠。

第三，关于扩大海南经济管理权限。除了中央统一管理的外事、公安、边防、税收、海关、金融、邮电、民航等方面，由国务院各主管部门根据海南特殊情况，制订专项管理办法外，能由地方自己解决的事情尽量交给海南管理。经济活动中的审批权限大部分下放。海南有自行审批 3000 万美元以下外资项目的权限；海南可以作为我国对外借款的一个窗口从海外筹集资金进行建设；可以同其他经济特区开展外汇调剂业务；可以在国家批准的额度内，自行审批进口国家限制进口的物资等。

第四，关于国家对海南的财力支持。海南的开发建设有个资金逐步积累的过程。鉴于海南财力薄弱，在不影响全局的前提下，国家尽可能给海南以更多的支持。主要有：海南征收的能源交通建设基金 1995 年前全部留下用于安排建设；海南生产的含有进口料、件的产品内销时补交的关税和产品税，超过 1987 年基数部分，从 1988 年起 5 年内全部返回海南用于开发建设；国家对海南进口供应市场的国家限制进口物资减半征税；中国人民银行、中国银行每年给海南一定数额的低息开发性贷款和外汇贷款；国家对海南实行粮食调入包干；海南所有企业一律减按 15% 缴纳企业所得税；为了吸收内地资金，内联企业从获利年度起 10 年内，利润解往内地不补交所得税等。

第五，关于发展个体和私营经济。允许海南和国内其他地区的群众，经个人集资或合股经营的方式举办生产企业，从事社会服务业和商品零售业，允许举办以私有资金为主，雇用农业工人的农场。

这些意见，最终都体现在 1988 年 1 月 17 日，党中央、国务院正式通过的《关于海南岛进一步对外开放加快经济开发建设的座谈会纪要》和《关于鼓励投资开发海南岛的规定》① 中。

四、海南省的建立和全国最大经济特区的诞生

1988 年 4 月 13 日，七届全国人大一次会议最后一天，《关于设立海南省的决定》正式通过。具体内容为：

第一，批准设立海南省，撤销海南行政区。海南省人民政府驻海口市。

第二，海南省管辖海口市、三亚市、通什市、琼山县、琼海县、文昌县、万宁县、屯昌县、定安县、澄迈县、临高县、儋县、保亭黎族苗族治县、琼中黎族苗族自治县、白沙黎族自治县、陵水黎族自治县、昌江黎族自治县、乐东黎族自治县、东方黎族自治县和西沙群岛、南沙群岛、中沙群岛的岛礁及其海域。

随后，《关于建立海南经济特区的决议》也正式通过。具体内容为：

第一，划定海南岛为海南经济特区。

第二，授权海南省人民代表大会及其常务委员会，根据海南经济特区的具体情况和实际需要，遵循国家有关法律、全国人民代表大会及其常务委员会有关决定和国务院有关行政法规的原则制定法规，在海南经济特区实施，并报全国人民代表大会常务委员会和国务院。

《决定》和《决议》的通过，标志着海南省和海南经济特区的正式诞生。从此，全国最大的经济特区在南海崛起。

海南特区省的建立，是我国进一步对外开放的重大战略决策，海南省处在我国对外开放的最前沿，面临着非常有利的国际投资环境。海南建省之后，工作的重点将由筹备建省转到发展生产力，振兴海南经济上来。海南省将集中力量，全面推进政治和经济体制的改革，按照国际惯例和海南的实际情况，制订并完善海南的各种法规。在经济建设方面，将致力于改善投资环境，大力发展"两头在外，大进大出"② 的产业。与此同时，大力加强农业基础建设，逐步建立起工农贸旅并举、三次产业协调发展的海南外向型经济。

---

① 《谷牧回忆录》，中央文献出版社 2009 年，第 386～388 页。1988 年 4 月 14 日，国务院以国发〔1988〕24 号文批转《关于海南岛进一步对外开放加快经济开发建设的座谈会纪要》；同年 5 月 4 日，国务院以国发〔1988〕26 号文发布施行《关于鼓励投资开发建设海南岛的规定》。

② "两头在外，大进大出"，是指把生产经营过程的两头，即原材料采购和产品销售，都放在国际市场，并实行大规模的进口、出口，参与国际经济大循环。

正如 4 月 14 日国务院批转《关于海南岛进一步对外开放加快经济开发建设的座谈会纪要》的通知中指出的："在海南岛实行特殊经济政策，建立经济管理新体制，把海南岛建设成为全国最大的经济特区，是贯彻沿海经济发展战略，进一步扩大对外开放的重要措施，具有深远的历史意义。"

海南建省办经济特区之所以举世瞩目，最大胆的改革开放试验，这不仅超越了先前的四个经济特区搞的试验，也不仅是社会主义发展史上前所未有的，而且在当代世界改革开放浪潮中也堪称为壮举，尤其是把一个拥有 3.4 万平方公里陆地和多元化、多层次社会经济结构的地区办成省级建制的经济特区，这在世界经济特区发展史上也是首创。纵观世界经济特区，其发展已有 400 多年历史，至海南建立经济特区时止，一般规模都不大，除了巴西的马瑙斯自由贸易区之外，恐怕难有与海南经济特区匹比的经济特区。而且世界各国经济特区发展战略目标单一，只具有经济方面的功能。而我国在仅有几年创办经济特区实践经验的情况下，一下子开辟规模在世界上数一数二，而且进行着世界各国经济特区未曾有过的综合性体制改革试验的大特区，这不能不说是中国改革开放的一个伟大创举。

海南建省、建经济特区，意味着海南既是隶属于中央的一个省，同时又是一个实行优惠政策的经济特区，一个要独立担当区域开放重任的地方利益主体。这是一种有别于建国初的新体制，建国初直到海南建省办特区前，海南无论行政区划怎么变化，始终是中央决策的接受者和服从者，这是社会主义计划体制条件下已经被固化了的一种关系，海南的发展要服从中央的战略部署，海南没有自主发展的权利和资格。而在新体制中，海南变成了一个相对于中央的地方省份，相对于全国未开放地区的经济特区，她负有改革开放排头兵的时代使命，并通过授权立法①获得了自主发展的权利和资格。当然，这种发展是在接受和贯彻中央政府的优惠政策的大前提下和大背景下开始的，而且会逐步转变为更多地按照市场经济规则办事。海南终于有了自我发展的机会，而且还要

---

① 授权立法是中央政府通过国家最高立法权的全国人大的名义和程序赋予经济特区的，它的表现形式，主要是通过地方性法规、规章，把已经实行的有效政策用法的形式固定下来，目的是希望在优惠政策之外，以地方自主性的发挥，以法制化保障改革，弥补优惠政策资源的不足。因此，特区授权立法不得与宪法和法律的基本原则相违背，而且只限于经济改革领域及与此相关的领域，还必须报全国人大常委会备案，如事后审查某些条款被否定，应进行修改或被废除。如果全国性法律制定了更为完善的相关法律，授权立法的地方法律和规章应进行相应修改或自动失效。（见沈德理《改革开放初期省级经济特区与中央政府一般关系及调整——对改革开放的一种政治学回顾》，《新东方》，2008 年第 12 期。）

走在全国的前面，为改革开放"杀出一条血路"来，诚如廖逊教授的说法，"中央给特区的，并非直接的经济实惠，而是在有选择的领域内，自由发展的机会"①。由此，海南的发展掀开了全新的一页。

事实上，从1979年开始，海南作为广东省的一个地区，就受到中央优惠政策和灵活措施的照顾，到1984年实行计划单列，海南实行了不是经济特区的准经济特区待遇。可以说，正是此前中央政府所给予的优惠政策及所支持的市场化改革，使海南省政府在财政预算、物质分配、生产布局、投资、信贷等方面取得了实质性权力，形成和加强了其独立主体的地位。到1988年建省办经济特区，中央政府更是给予了特别的扶持，本来根据党中央和国务院原来的设想和要求，对经济特区只给政策，自主发展，但是作为一个省级经济特区，中央还是给了海南很多特殊政策，而作为先行先试的试验区，海南得到了优先于内陆非特区的更多的发展机会，并取得了"风景这边独好"的效果。

首先，海南建省办特区来，对外开放程度不断提高，洋浦开发区、海口保税区、亚龙湾国家旅游度假区等的先后设立，使得海南得以融入世界经济的竞争与合作，经济发展实现了从封闭、半封闭到开放的重大转变。

其次，海南建省办特区来，无论是GDP、财政收入、进出口贸易规模、城乡居民收入还是旅游外汇收入有了大幅度的提升。GDP在建省前的1980年只有19.33亿元，到1988年为77.13亿元，再到1994年为330.95亿元，2008年为1459.23亿元，增长幅度相当大；财政收入1980年只有1.188亿元，1990年为7.39亿元，1995年为28.53亿元，2008年144.86亿元，增长迅速；外贸进出口总额1980年仅0.183亿美元，1990年为9.37亿美元，1995年为22.68亿美元，2008年达105.24亿美元，增长惊人；城镇居民收入1980年仅310元/人，1990年达1534元/人，1995年为4770元/人，2008年达12608元/人；旅游外汇收入1980年仅为0.032亿美元，1990年为0.2717亿美元，1995年为0.8098亿美元，2008年达3.90亿美元②，增长很快。

再次，海南建省办特区以来，城市发展迅速。海口市从一个滨海小城发展成为一个初步中等省会城市，三亚由一个小渔村变成了国际化城市，加积、文城等一批城镇建成面积迅速扩大，田独镇、凤凰镇、博鳌镇等一批环境优美、独具特色的小城镇正在崛起，并以各种形式走向世界。到2007年，海南城镇

---

① 廖逊：《小政府、大社会——海南新体制的理论与实践》，三环出版社，1991年，第37页。
② 《中国统计年鉴》五大特区统计年鉴。

人口比重由 1987 年的 16.6% 上升到 47.2%。

最后，海南建省办特区以来，作为改革开放的排头兵，海南为全国多个领域的改革提供了重要参考，如省直管县体制，"小政府、大社会"管理架构，粮食购销同价改革，企业登记制度，燃油附加费改革，省级统筹的社会养老、失业、工伤、医疗保险改革等。

创办经济特区，是我国改革开放的重大举措，是利用国外资金、技术、管理经验来发展经济的崭新试验，海南经济特区的创建，为中国的改革开放确实发挥了窗口、试验田、排头兵等的重大作用。

第二节　海南的经济发展环境

一、海南经济发展的体制环境

1987 年 9 月宣布海南筹备建省后，确定海南实行的将是以公有制为主体，各种经济成分并存，公平竞争的社会主义市场经济体制。各种企业，除个别特殊部门和少数特殊单位外，都要在市场环境中自主经营、自负盈亏、自担风险、自谋发展，成为独立的商品生产经营者，成为真正的企业实体和经济法人。充分利用市场机制来发展商品经济，实现经济运行的高效化和资源配置的合理化，需要有与市场经济体制相适应的政治体制。新体制不是通过传统的指令性计划直接控制企业，而是实行政企职责分开，通过调节市场来引导企业，依靠经济杠杆和经济政策等经济手段来实现宏观调节控制。

1988 年海南"两会"（即海南省人民代表会议第一次会议和中共海南省第一次代表大会）确定海南经济特区实行适应海南特区外向型经济发展的社会主义市场经济新型经济体制，围绕建立市场经济这个中心进行经济体制改革和政治体制改革。这个体制主要特征是：第一，实行市场调节，主要以国际市场为导向，遵循价值规律，引导企业的生产和经营活动。第二，建立不以全民所有制为主体的，而具有海南特色的多元化所有制结构，外商独资、中外合资、中外合作的企业在所有制结构中占较大比重。同时，国家部门、企业、个人参股的混合所有制企业，以及合作经济、个体经济和私营经济都将有更大的发展，海南将不规定以哪一种所有制为主，允许并鼓励各种所有制经济在平等条件下展开竞争与协作。第三，建立和完善"小政府、大社会"的政治体制。从建设社会主义市场经济体制目标出发，相应要求缩小政府的公共权力、精简机构，转变职能，健全法制，加强民主，提高政治透明度。通过减员增效实现政府高效、"小政府、大社会"的政治体制。1988 年 5 月 6 日，海南省首任省委书记许士杰在香港举办的"海南发展计划研讨会"的讲话中，全面介绍了这一体制的基本内容，其要点是：

1. 党政分开。政府是能够独立负责的高效率的工作系统，党的组织不干涉属于政府职权范围的事。省一级党组织的工作机构，没有设立与政府重叠的对口部门，政府部门不设党组，没有设不在政府任职而又分管政府工作的专职副书记、专职常委等。

2. 政企分开。海南办大特区，要实行多种经济成分和多种经济形式，要大力发展"三资"企业，发展外向型经济。以此相适应，必须实行政企分开，转变政府职能。海南特区设置的政府机构，将不设立直接管理企业的政府部门，一些行政公司也要逐步转变为经济实体和企业单位。

3. 精简高效。"小政府"的基本特点是机构精、人员少、效率高。海南省的政府工作机构，计划设立 26 个厅，比原来的海南行政区的工作机构还少 21 个，人员也大大减少。

4. 法制健全。"以法治岛"是建立"小政府、大社会"的正确方向。中央赋予海南省人大很大的立法权，海南省人大及其常委会成立以后，将抓紧各项立法工作，将聘请香港有立法经验的人士参加立法工作，尽快使海南省的工作走上法制化、制度化的轨道。

5. 下放权力。就是个人、企业、社会组织能依法决定自己范围内的事情。随着海南所有制结构、社会结构的变化，要逐步建立、培育各种类型的社会组织，充分发挥他们在经济、政治、文化和社会生活中的作用。随着条件的成熟，将逐步建立起各种学会、协会、联合会、各种自由组织。

由上可见，"小政府、大社会"体制构想，所谓小政府就是：精简机构，转变职能，充当引导、协调、监督社会发展和经济运行的中心枢纽。政府不再事无巨细地总缆一切，而是把原来大量的经济职能交给企业、市场和社会，充分发挥社会组织和机构，让其自主、自治和自我管理。政府专门办理那些个别人、个别企业、个别社团组织、个别企业集团办不了的事情。小政府的机构设置原则必须是党政分开、政企分开、机构精干、决策性强、系统清楚、层次精简、职能分明。同时，党委不再设置主管经济事务的机构，工、青、妇等群众组织逐渐成为名符其实的社会团体。大社会的构想是：充分发挥社会的自主、自治、自我管理作用，确保生产要素的自由流动和自由组合，促进社会经济自我组织功能的发育，经济运行将主要由市场调节。其立足点是彻底改造个人依附于企业，企业依附于政府的"铁饭碗"旧体制，改革旧体制下国营企业的"大锅饭"制度，明确产权关系，形成多元化的利益主体，建立现代企业制度，建立完善的经济法律体系，为经济当事人创造一个自由平等竞争的外部环境。同时，尽快建立和健全多种要素市场体系。

二、海南经济发展的特殊政策

海南建省办大特区后不久，1988 年 4 月 15 日和 5 月 4 日，国务院接连发布了两个专门性的文件：《关于海南岛进一步对外开放加快经济建设的座谈会纪要》和《关于鼓励投资开发海南岛的规定》，即国发［1988］24、26 号文件，明确了海南经济特区的开发建设资金要以利用外资为主，中央赋予海南经济特区更加优惠、更加开放的政策，鼓励海南进一步扩大对外开放，深化体制改革，充分发挥其区位优势。可以说，制定海南经济特区的政策，尤其是经济政策是海南筹备建省办特区的重头戏。海内外都在关注将来海南大特区要施行哪些更加特殊、更加开放的政策。海南经济特区是年轻的特区，能否享有更加特殊政策成为海南特区成败的关键。

图 3.1　1988 年海南建省，全省人民欢欣鼓舞

为"实行比现行经济特区更加灵活的政策"，建省之初，海南特区就提出"三个自由"，即资金进出自由、境外人员进出自由、货物进出基本自由的对外开放模式，包括免征关税、外汇自由进出境、海南产品出口不受国内配额限制、国外在海南设立的外资银行和中外合资银行经批准可经营人民币业务等内容。

后来邓小平多次强调：中央将给予海南比现行经济特区更为优惠的政策，

海南特区将比现行经济特区更特别，国际上行之有效的合作方式中国都想在海南试验。这些比其他特区更特别的政策有：

（一）经济活动自主权方面。中央明确提出要"授予海南更多的经济活动自主权"。具体有：海南的经济体制改革"可以有更大灵活性"，"建立起有利于商品经济发展，主要是市场调节的新体制框架"；海南省的经济活动，除"属于中央统一管理的外事、公安、边防、税务、海关、金融、邮电、民航等方面的工作，由国务院有关主管部门根据海南岛的特殊情况，制定专项管理办法，报国务院核准实施外，其他方面的业务，海南特区可以按照国家的法律、法规和有关方针政策，结合当地实际情况灵活处置"；在对外经济活动中，"其他国际上通行的经济技术合作好办法，在海南也都可以试验采用"；对于经济活动的审批权限，"海南的生产建设计划由海南省人民政府自主制定和安排"，"固定资产自筹投资（包括内联项目），由海南省人民政府根据需要与可能编制落实，超过部分可以另算"，"海南省总投资两亿元以下的基本建设和技术改造项目，凡属建设、生产、产品销售、外汇等条件能够自行平衡，并有偿还能力的，均由海南省审批"，"凡出口产品百分之七十以上，不涉及国家配额的出口型项目，开发能源、交通、通讯等基础设施和旅游设施的外商投资项目，建设和生产经营条件不需要国家综合平衡、不涉及国家出口配额的，不限规模，都由海南省自行审批"，"其他外商投资项目和自借自还的国外贷款项目，投资额在三千万美元以下，建设和生产经营条件不需要国家综合平衡、不涉及国家出口配额的，也由海南省自行审批"。这四种自由权中，尤其是"不限制规模，都由海南省自行审批"这一类的审批权，其他特区没有，而"三千万美元"这类，也比厦门特区仅有一千万美元的审批权要宽松得多。

（二）税收政策方面。首先，在所得税征收上，海南的"三资"企业、内资企业，均可享受15%的税率，而且免征10%的地方所得税。减免所得税的所得方面，既有生产所得、经营所得，也有其他所得。其他特区，只有"三资"企业才能享受15%的税率，而且没有免征10%地方所得税的规定。享受15%税率的所得方面，其他特区只有生产、经营两种，"其他所得"则不能享受15%的税率。其次，在关税征收上，海南特区内的一切企业，进口本企业建设和生产所必需的机器、设备、零件、原料、部件、材料（包括建筑材料）、燃料、交通运输工具等以及办公用品，均自动免征关税、产品税或增值税。

（三）金融政策方面。第一，中央许诺在海南岛设立的外资银行、中外合

197

资银行和境外客商投资的财务公司，"适当放宽其业务经营范围"。第二，保留现汇方面，海南特区的政策比其他特区更为优惠，26号文件规定："海南岛内的企业出口产品和从事其他经营活动的外汇收入，均可保留现汇。"这在其他特区，除"三资"企业可保留现汇外，境内企业出口收汇后都要进行结汇，按比例留成部分保留额度，需要使用外汇时，再按额度数额购买相应的外汇。第三，境外筹款，24号文件规定："海南省可以按自借自还的原则，从海外直接筹借资金进行开发建设。借款额度由海南省根据偿还能力逐年编制计划，报国家计委核定，经国务院主管部门批准，也可以向外行发行债券。授权中国人民银行海南省分行批准少数有经营能力的金融机构或其他企业办理上列业务。"

（四）进出口贸易政策方面。首先是进出口经营权，中央规定："在海南岛举办的外商投资企业和外商持有百分之二十五以上股份的企业均享有进出口经营权，其他企业经海南省人民政府批准也可以享有进出口经营权，进口本企业生产、经营必需的货物，出口本企业的产品。""海南省人民政府可以批准成立经营自产产品出口业务的外贸公司和工贸公司、农贸公司（企业集团），这些公司（企业集团）也可以出口海南省生产的属于国家规定的由专业外贸公司统一经营的产品。经海南省审核报经贸部批准，可以成立经营或代理外省外贸业务的公司。"而其他特区均需按照《国务院关于鼓励外商投资的规定》执行，进出口经营权仅限于外商投资企业和专业外贸公司，其他公司无权经营进出口业务，无权经营、代理外省除国家规定统一经营范围以外的其他产品的出口业务。

其次，配额和许可证管理。海南特区虽然实行与其他特区相类似的政策，但是中央规定海南特区实行出口配额和许可证管理的品种要比其他特区少。

最后，进口审批权。因为海南特区比其他特区大，所以中央规定"海南省可根据实际需要，自行审批和组织进口省内自用的生产设备、原辅材料和省内市场短缺的商品"。在其他特区则只限于外商投资企业才有自行审批权。

（五）人员出入境政策方面。海南特区拥有落地签证权，按24、26号文件规定："凡与我国有外交关系或者官方贸易往来的国家或地区的外国人，到海南岛洽谈投资、贸易、进行经济技术交流、探亲、旅游、停留时间不超过十五天的，可临时在海口或三亚口岸办理入境签证手续；比如有正当理由需要延长在海南岛内的停留期限或者转往境内其他地区，可按有关规定申请办理签证延期或加签手续。"而在其他特区，外国人必须持有出入境的有效证件才可入境。

（六）旅游政策方面。海南特区可以自行审批在国外设立旅游机构，而其他特区则需要国家旅游总局的批准；海南特区的旅游外汇收入可以全部留成，不上交中央，其他特区则需按比例上交。

（七）矿产资源政策方面。中央给予海南的优惠政策在全国是独一无二的。26号文件规定："海南岛的矿藏资源依法实行有偿开采，国家规定的特定矿藏资源开采应报国家主管部门批准，其他矿藏资源开采，由海南省人民政府批准。允许投资者以合资经营、合作经营和独资经营的方式进行勘探开采。"

三、海南经济发展规划

制定海南经济发展战略规划，在海南建省筹备之时就是必抓的一项重要工作。它可以确保海南省一成立，就立即按照规定的目标开展招商引资，启动海南大规模的开发建设，避免海南建省办特区后出现经济发展目标的真空，以至延误海南经济特区的对外开放和开发建设。因此，海南省原省长梁湘代表筹备组几次电邀中国社科院副院长刘国光，请中国社会科学院帮助制定海南经济特区发展战略。《海南经济发展战略研究报告》很快于1988年初定稿并提交海南省筹备组审议，并成为指导海南经济特区经济发展的战略性规划。这一报告思想解放，视野开阔，立意新颖，论证严谨，较好地为未来海南经济特区设计出一整套经济、体制和对外开放模式，对海南特区模式和经济发展战略的确立产生了重要影响。而在以下几个方面，迄今为止海南经济发展仍未超出他们的基本思路。

首先，海南经济发展战略目标：坚持以开放、改革促开发的方针，实行社会主义的有指导的市场经济，最终建立起以工业为主导、工农贸旅并举、三大产业协调发展、外向型、综合性的经济特区，力争用20年左右的时间，达到人均国民生产总值2000美元以上，相当于台湾80年代初水平。

其次，战略步骤：第一步，用3至5年时间，解决温饱问题，赶上全国的平均水平，预计以14%～23.5%的速度递增；第二步，用5至7年时间赶上我国发达地区的国民生产总值的人均水平，国民生产总值将达到210亿元，增长速度在16.5%～20%之间；第三步，再用10年左右时间，达到台湾80年代初的人均国民生产总值的水平，国民生产总值达到600亿元，每年以12%～15%的速度递增；第四步，再用20年的时间，达到世界中等发达国家的水平。

再次，战略转换：第一，从主要作为国防前哨转向同时作为建设前沿；第二，从单纯强调为国家作出贡献转向同时着重于海南本身的开发和振兴；第三，从与港台和东南亚对峙转向互相补充、协作；第四，从封闭的半自然经济转向开放的市场经济。

最后，战略布局：在开发建设过程中，将形成五个经济区：即以省会海口市为中心的北部经济区；以三亚为主的南部经济区；以侨乡文昌、琼海、万宁等县为一片的东部经济区；以儋县、临高等县为主的西北部经济区；以东方、昌江等县为主的西南部经济区。

在1988年5月，由中日专家合作编制的《海南岛综合开发规划》全部完成。这一规划设计的海南岛经济发展的战略目标是：按1980年价格计算，社会总产值由1985年的60亿元增加到2005年的344亿元，人均约4400元，接近当时全国平均水平；国民收入从1985年的30亿元增加到2005年的151亿元，人均1900元，稍高于当时全国平均水平。对应此规划，相应的开发战略和开发框架是：

第一，产业结构合理化。从历来以农业为主转变到以工业为主，工农业与第三产业相结合的产业结构，使农业、工业、第三产业从1985年的37：25：38的比例转化为2005年的25：37：38。

第二，重点开发。打破均衡分散的发展模式，以海口、三亚为据点，向着逐步形成若干城市为中心的各具特色的经济区的格局转变。

第三，为适应上述两个转变，加快和加强基础设施建设。

而最终为海南经济发展模式和战略选择定调的是1988年8月、9月先后召开的"两会"，暨海南省人民代表会议第一次会议和中共海南省第一次代表大会。"两会"是海南建省创办特区后召开的第一次最重要的会议。这次会议，在邓小平关于创办海南大特区思想的指导下，对海南经济发展模式和经济发展战略作出法定初步选择。

海南经济发展战略总目标是：坚持以改革、开放促开发的方针，用市场调节经济，努力发展生产力，在大力引进外资、引进技术和加快工业化的基础上，最终建成以工业为主导、工农贸旅并举，三大产业协调发展，商品经济高度发达，科学文化比较先进，人民生活比较富裕，以发展外向型经济为主的综合经济特区。力争用20年或稍长一点时间，使海南人均国民生产总值达到2000美元以上，进入东南亚经济比较发达国家和地区的行列。为了实现这一战略目标，采取三步走的战略步骤；第一步，近期以1987年为起点，用3至5年时间赶上全国经济水平，人均国民生产总值1500元左右；第二步，中期再用5至7年的时间，赶上全国经济比较发达地区的水平，人均国民生产总值

3000 元左右，提前达到"小康"水平标准；第三步，长期，再用 10 年或稍长一点时间，使海南进入东南亚经济比较发达国家和地区的行列，人均国民生产总值 8400 元左右。

海南未来生产力配置新格局将以港口为依托，以港口城市和有港口依托的城市为枢纽，以交通网络为纽带，形成各具特色的五大经济区。第一，以海口市为中心的北部经济区，重点发展轻纺、机械、电子、橡胶制品、食品及第三产业；第二，以三亚市为中心的南部经济区，重点发展旅游业，使之成为国际著名的旅游区；第三，以文昌为中心的东部经济区，主要发展农业、农副产品加工业以及食品、轻纺和电子仪器工业，大力发展"三来一补"企业；第四，以洋浦为中心的西北经济区，主要利用天然气发展石油化工行业，发展水产加工业，生物工程和农业科学技术；第五，以八所为中心的西南经济区，主要发展钢铁、建材、盐化等重工业。

第三节 从经济特区到生态省

从经济特区到生态省的过渡，应该以 1996 年为界。1996 年 1 月，海南确定了"一省两地"的产业发展新战略。"一省"是指新兴工业省，"两地"是指热带高效农业基地和度假休闲旅游胜地。这是海南从 1994 年逐渐丧失特区政策优势之后，寻求的自我发展之路，也获得较为广泛的认同。1999 年 2 月 6 日，海南省通过《关于建设生态省的决定》。3 月 30 日，国家环保总局正式批准海南省为我国第一个生态示范省。7 月 30 日，《海南生态省建设规划纲要》被批准实行，并于 2005 年进行了修编。2007 年，海南省五次党代会明确提出"坚持生态立省、开放强省、产业富省、实干兴省"的方针，"生态立省"成为海南济社会发展的首要战略，也成为海南经济社会发展的方向。

一省两地与生态省的战略虽然有区别，但在立足海南、发展生态上却是一致的，这是海南抓住自身特色进行的改革尝试，与之前完全服从于国防安全的战略或者为改革开放"闯出一条血路"的时代使命相比，这一时期的海南，更多的是从海南自身经济社会发展的角度、依据海南自身的特点，自我设计发展框架，因此，对海南而言，这是一个崭新的发展时期。虽然中央决策依然以一贯的方式在起作用，但是 1992 年邓小平南巡讲话后，经济特区的许多做法被普及到全国各地，特区政策普惠化，海南开始丧失特区的政策优势。1994 年，中国加入 WTO，经济特区关税减免的优惠政策也开始丧失，海南经济特区已到了发展与生存的关键时刻，也到了寻求自我发展、自我突破的关键时刻。

海南率先申报并被批准建设生态示范省，这是海南面对全球化时代和生态文明时代所做的重大战略转向，也是海南建省办经济特区 11 年来不懈探索的结果。随着全球经济的发展，另一种理念也在潜滋暗长，并最终成为一种趋势，那就是生态文明的理念。"生态文明，是指人类遵循人、自然、社会和谐发展这一客观规律而取得的物质与精神成果的总和；是指以人与自然、人与人、人与社会和谐共生、良性循环、全面发展、持续繁荣为基本宗旨的文化伦理形态。"① 生态文明是针对经济帝国主义粗暴贪婪地破坏大自然的一种心灵觉醒，它指明今天以大自然的破坏为代价的经济发展，必将遭到严厉而无情的生态报复，而且现代社会物欲横流的发展本质，是阻碍人类与自然和谐相处的根本所在。可以说，生态文明是对现代经济和工业文明的一种批判和否定，它所对应的是当今世界的一大难题——经济发展和环境保护的矛盾与协调。

海南成为中国最大的经济特区不过短短 11 年，从经济特区向生态省的转变可以说是一个大转折，这是一种极其短促、极其剧烈也极其重大的转向。这意味着海南将由原来的优先发展经济转向开始注意保护环境，在保护环境的同时仍要快速发展经济。应该说，这种转向既是针对之前 11 年海南特区在实践中出现的问题而制定的，也是对世界性发展趋势的一种有意识的应和和追随，但是在政策转向的同时，有一点是明确的，那就是海南仍是经济特区，仍是全国经济发展的排头兵，仍是改革开放的窗口和试验区，所以海南必须继续保持经济快速发展，同时在生态建设上为中国世界贡献有益的经验。这样，海南为自己承接了一个世界性的难题，世界性的发展与环境的矛盾就必须在海南这个试验区得到有效的解决，海南必须在这方面为世界和中国提供有益的思路和贡献有益的经验。在生态文明时代，哪个国家、哪个地区能率先解决这一具有前瞻性、试验性和示范性的世界难题，就能在世界历史的发展上居于潮头地位。在这个问题上，海南又一次先人一步。

海南转向生态省建设，这是一个发展思路的重大转向，从过去依赖国家政策到现在提倡发掘自我优势——海南特色，说明海南这一时期的定位已经转向自我根据、保持特色了。在经济特区建设的头 11 年，海南的经济特区定位是由国家体制授予的，是得到了国家政策扶持的，所谓"一特就灵"，就是指这

---

① 潘岳著，《论社会主义生态文明》，《绿叶》2006 年第 10 期，10 ~ 18 页。

种实质性、根本性的政策优惠。但是在这 11 年中，海南原来先行的同国际接轨的体制优势、市场经济试点的体制优势逐渐丧失，随着中国由局部开放走向全面开放，海南各方面的先行优势都在不可避免地减弱，可以说，海南面临着一个发展的拐点，仍然寄希望于政策因素带动海南经济社会的发展，很明显是不切实际的。一省两地、生态省的转向就是为了应对这些问题而出现的。海南没有等、靠、要，虽然海南仍是特区，但是却是特殊之区，特别之区，特色之区，这是海南在激烈的国际国内市场经济竞争中站稳脚跟、脱颖而出的根本，在充斥着同化、复制内容的全球市场经济中，通过特色来确立角色定位和身份认同，应该也是一种必然的选择，并在这一点上，海南又走在了前面。

那么，作为"生态省"的海南"特"在哪里呢？2001 年 2 月，江泽民考察海南是指出："海南得天独厚的热带资源和生态环境是极其宝贵的，要积极探索依靠生态环境增创新优势，实现可持续发展的路子，扎扎实实地实现建设生态省的目标。"得天独厚的、尚未严重破坏而可以在全国乃至全世界都弥足珍贵的自然生态环境，就是海南重新确立的特区定位。这样的定位，符合世界生态文明的发展趋势，也是海南特有的、内生的、难以复制和取代的固有优势。这是海南在经济特区优势地位不断降低、生态文明理念如日东升之时，与时俱进，不断摸索后进行的又一创举。

2007 年，海南省五次党代会站在新的起点上，明确提出"坚持生态立省、开放强省、产业富省、实干兴省"的方针，把"生态立省"放在经济社会发展战略的首位，"生态立省"核心战略思想最终确立，生态省建设思路更加明确起来。

按照《海南生态省建设规划纲要》的要求，海南省在生态产业、人居环境、环境保护和生态建设、生态文化等方面，取得了初步成效。在农业方面，传统农业向生态农业的转变。无公害瓜果菜基地占全省冬季瓜菜种植面积的 25%。新兴生态产业"百万亩椰林工程"和"350 万亩浆纸林工程"为海南的生态化打下了基础。在旅游业方面，一批以生态恢复、生物多样性保护和弘扬生态文化为主题的生态旅游区三亚南山、兴隆热带花园、亚龙湾等被重新打造。博鳌生态旅游示范区成为"亚洲论坛"的永久性会址。在人居环境建设方面，"百镇建设计划"，鼓励发展商建设生态住宅小区。全省范围开展整治城镇脏、乱、差，几个大城市进行环境综合整治，处置"半拉子"工程，城市园林绿化水平和景观效果明显提高。海口市在全国省会城市中第一个获得"全国环境保护模范城"称号，三亚市被命名为"国家级生态示范区"。全面实施农村沼气生态富民工程。在环境保护方面，实行退耕还林、退塘还林、封山育林，实施红树林、海防林、天然林等生态林业工程，大力植树造林，提高森林覆盖率。开展"两林一礁"整治、矿业秩序整顿、盘活闲置土地专项治理工作，实施矿区生态恢复、土地生态化整理等生态建设工程，初步建立起大环境大资源的管理框架，环境质量得到改善。

到 2003 年，仅仅 4 年的时间，海南的森林覆盖率已达 53.3%，文明生态村 664 个（2000 年已达 9700 多个），园林城市 2 个，卫生城市 4 个，生态产业蓬勃发展，生态旅游业方兴未艾，海南逐步成为人们公认的人类最佳居住地之一，人们的生态意识普遍提高。

海南生态省的实践，不仅在某种程度上改变了海南的经济社会面貌，也为之后的十七大提出"生态文明"奠定了基础，进而为整个中国社会的发展方向提供了经验，可以说，海南的生态省建设既符合时代要求，也引领了中国的发展方向。2007 年 10 月，党的十七大提出"建设生态文明，基本形成节约能源资源和保护生态环境的产业结构、增长方式、消费模式。循环经济形成较大规模，可再生能源比重显著上升。主要污染物排放得到有效控制，生态环境质量明显改善。生态文明观念在全社会牢固树立"[1]。由此，"生态文明"理念和"生态文明建设理论"也成为中国特色社会主义理论体系中的一个基本内容。生态文明正式成为中国社会的发展方向和建设目标。

第四节　从生态省到国际旅游岛

从生态省到国际旅游岛的转变，应该以 2009 年为界，因为 2009 年 12 月 31 日，国务院发布了《关于推进海南国际旅游岛建设发展的若干意见》，决定把海南特区提出的"国际旅游岛建设"区域发展战略上升为国家战略。这是海南从经济特区到生态省之后的又一次重大战略调整，而其思路，早在一年前就已经形成了。2008 年 4 月胡锦涛总书记在海南考察时指出，要从海南实际条件和长远发展出发，积极发展服务型经济，尤其要加强旅游服务设施建设，提高旅游业国际化程度，提升旅游业档次和水平，规范旅游市场，努力使旅游业成为海南的支柱产业。同月，海南省提出了海南国际旅游岛建设计划，直到

---

① 胡锦涛：《高举中国特色社会主义伟大旗帜　为夺取全面建设小康社会新胜利而奋斗——在中国共产党第十七次全国代表大会上的报告》，人民出版社 2007 年。

2009年，国务院正式批准实施。海南开始步入新一轮经济社会的发展阶段。

建设国际旅游岛，不仅是对海南经济社会发展的全新定位，也是国家为实现大开放而进行的战略转变。2009年，全球的金融危机已成定势，中国也面临着阶段性发展的拐点，回应世事变迁，积极进行应对，是处于经济特区地位和特殊地理优势的海南的使命。按照国务院《关于推进海南国际旅游岛建设发展的若干意见》，对海南国际旅游岛建设提出六大战略定位：中国旅游业改革创新的试验区、世界一流的海岛休闲度假旅游目的地、全国生态文明建设示范区、国际经济合作和文化交流的重要平台、南海资源开发和服务基地、国家热带现代农业基地。

为建设海南国际旅游岛，中央再次以特殊的优惠政策予以扶持，这些优惠政策都指向更大程度的开放，而大开放始终是海南发展的大战略、大目标。将海南的定位指向国际化，就是希望海南在更为开放的基础上发挥特殊的作用，不仅在亚洲区域经济中发挥优势，也能在国际社会上构建中国和世界，特别是亚洲进一步合作的桥梁。目前的开发政策，包括境外旅客购物离境退税和离岛旅客免税购物的政策、免签证政策、邮轮和游艇业开放政策、文化体育产业开放政策、金融开放政策以及将海南增列为《中西部地区外商投资优势产业目录》等。可以这样说，海南现在是中国享受开放政策最多的地区，并朝着中国开放度最高的方向发展。

为建设国际旅游岛，中央政府"同意海南进一步发挥经济特区优势，在旅游业对外开放和体制机制改革方面积极探索，先行试验"，换句话说，海南再次成为全国开放与体制改革的试验区，这是比1988年"先行先试"更为深刻的一次尝试。国际旅游岛作为海南开放战略的突破口，需要大胆借鉴国际经验，在海南大刀阔斧地进行改革开放和体制机制创新。《国务院关于推进海南国际旅游岛建设发展的若干意见》，明确要求海南发展服务型经济、开放型经济、生态经济，形成以旅游业为龙头、现代服务业为主导的特色经济结构，就是要让海南特区在转变经济发展方式、推进旅游业和现代服务业开放方面发挥示范和推动作用。这是时代赋予海南的使命，也是海南特区谋求发展与转型的新试验。具体来说，海南需要借鉴一些国家以旅游业为先导来推动服务贸易自由化进程的成功实践，以旅游业为先导，进而开放服务业，最终开放产业，将经济开放纳入国际旅游岛建设的整体框架中，走出一条新阶段改革开放的新路子。

为建设国际旅游岛，《意见》中明确提出把海南建成全国生态文明示范区和全国人民的四季花园。绿色是国际旅游岛建设的总原则之一，没有一个好的生态环境，海南就失去了国际旅游岛的优势，建设国际旅游岛也就无从谈起。这个认知与 1999 年以来海南的生态省建设思路是一致的。为实现这一目标，必须发展低碳经济，尽快推进生产方式和生活方式的转变，并应率先在全国建立第一个环保特区。

从国防前哨、橡胶岛，到经济特区、开放大省，再到生态省、国际旅游岛，中央对海南的定位不断调整，对应着海南经济社会也由落后、封闭、单一经济向排头兵、开放、多产业布局的发展，中央决策对海南的发展具有决定性的影响，但是随着体制的改变，改革的深入，海南开始有了自我发展的机会，中央的优惠政策也不再是海南经济社会发展的唯一要素了，这是海南成长的机会，海南是否能不依赖优惠的经济政策发展？是否能确立良好的市场运行机制和市场运行环境？能否顺利地由政府主导型向市场主导型发展模式转变？能否在保护自然环境、提高技术创新、提升自我素质上发生根本性的转变？我们拭目以待。

结　语

中央决策与海南经济社会变迁

　　从历史上看，党的领导在很多时候体现为中央的各种决策，包括重大政策导向、重大原则要求、重大部署安排等。建国后，党的领导的一个基本内容是领导经济社会发展，一般是通过立法建议、政策建议、人事建议等方式进行，然后由地方政府对党的路线方针进行贯彻落实。一般来说，中央政府的政策和法规对地方具有统一的强制性效力，各省、自治区、直辖市都不得提出和制定与宪法、法律和中央政府的政策相冲突的决定、决议和文件，省人民政府的工作必须向中央政府（即国务院）负责。所以党的领导，或者中央决策不是微观的方方面面的，而是宏观的、引导性的、长远的、战略性的、全局性的。就海南而言，主要为巩固边防的决策、改革开放的决策、海南建省建经济特区的决策、海南建生态省的决策、海南建设国际旅游岛的决策等等。

　　通过中央决策对经济社会进行宏观领导，是中国共产党执政以来逐步探索形成的领导经济社会发展的模式。这种模式高度强调经济社会发展的计划性，这些计划必须由执政党设计和安排，具体来说，就是以各种决策的制定作为宏观的方向性指导，以经济社会发展规划的制定作为具体指导。因此，中央决策与中国社会发展的关系空前密切，几乎成为对经济社会发生影响的唯一主观因素，即使在改革开放后，中国经济社会的发展仍然受到这种模式的持续影响。因此，深刻剖析海南解放以来的经济社会变迁与中央决策之间的关系，有助于了解海南经济社会变迁的深刻动因，把握中央决策对地方发展的深刻影响和经验启示。

　　海南六十多年的经济社会发展史，映射着中国共产党六十多年的执政史和中央六十多年的决策影响。"办好中国的事情关键在党。"因为只有中国共产党才可以决定中国经济社会发展的方向，调动足够的资源、动员数以亿计的中国民众参与到经济建设的洪流中，并最终保证经济计划发展规划的贯彻于实施。无论在计划经济时代，还是市场经济时代，这一点都不会变。

就海南而言，计划经济时代，海南服从中央的战略决策，以巩固国防为起点，重点发展橡胶业等战略物资，并没有和其他地区同步进行经济建设，因而经济社会的发展明显滞后。在市场经济时代，海南经济特区的设立决策是中央一手制定和推动的，而经济特区的建设，又主要是通过政府制定产业政策、扶植主导产业发展的方式进行，政府不仅是特区政策的制定者，更是特区发展的保障者，可以说，海南特区的发展和转型是中央政府一手直接推动的结果，因而经济特区的高速增长是一种政府主导型的增长，并不是西方自由经济区那种市场主导的类型（即市场机制与优惠政策相结合）。在这个意义上，海南的经济社会发展完全是中央决策与政策支持的产物，直到今天，海南"国际旅游岛"的定位和发展也完全受惠于中央的决策转向和政策扶持。

参考文献

[1] [日] 小叶田淳著：《海南岛史》，张迅斋译，台湾学海出版社，1979年

[2] 史图博著：《海南岛民族志》，东京亩傍书房，1943年

[3] 南洋协会台湾支部编：《海南岛体验实记——大支那的一只眼》，台北南洋协会台湾支部，1939年

[4] [民国] 陈铭枢总撰：《海南岛志》，海南出版社，2004年

[5] 林缵春：《琼崖各县农业概况调查报告》，中山大学农学院推广部编印，1935年

[6] 李待琛：《海南岛之现状》，世界书局，1947年

[7] 陈植：《海南岛资源之开发》，正中书局，1948年

[8] [民国] 陈植编著：《海南岛新志》，陈献荣编：《琼崖》，海南出版社，2004年

[9] 许崇灏著：《琼崖志略》，正中书局，1947年

[10] 曹锡仁、张学萍、彭京宜著：《策论海南》（上、下册），南方出版社，2004年

[11] 赵康太著：《琼崖革命论》，海南出版社/南方出版社，2008年

[12] 鲁兵著：《海南特区发展史论》，海南出版社/南方出版社，2008年

[13] 鲁兵、徐冰著：《中国大特区的十年变革》（上、下册），海南出版社/南方出版社，2008年

[14] 鲁兵著：《海南特区发展史论》，海南出版社/南方出版社，2008年

[15] 周伟民主编：《琼粤地方文献国际学术研讨会论文集》，海南出版社2002年

[16] 张兴吉著：《民国时期的海南（1912～1949）》，海南出版社/南方出版社，2008年

[17] 张朔人、于苏光著：《华侨与海南社会发展》，海南出版社/南方出版社，2008年

[18] 刘平量、曾赛丰著：《海南特区城市化进程与对策研究》，海南出版社/南方出版社，2008年

[19] 林鸿民著：《海南特区人口、资源与环境研究》，海南出版社/南方出版社，2008年

[20] 詹长智著：《海南当代社会问题研究》，海南出版社/南方出版社，2008年

[21] 黎雄峰著：《海南经济史》，南方出版社，2008年

［22］唐玲玲著：《海南史要览》，海南出版社，2008 年

［23］李渤著：《海南岛历代建置沿革考》，海南出版社，2005 年

［24］牛志平等著：《海南文化史》，海南出版社/南方出版社，2008 年

［25］林日举著：《海南史》，吉林人民出版社，2002 年

［26］苏云峰著：《海南历史论文集》，海南出版社，2002 年

［27］陈光良著：《海南经济史研究》，中山大学出版社，2004 年

［28］罗民介著：《海南农垦社会研究》，海南出版社，2008 年

［29］中南民族学院编辑组编：《海南岛黎族社会调查》，广西人民出版社，1992

［30］冯仁鸿著：《琼崖史海钩沉》，香港天马图书有限公司，2000 年

［31］黄行光主编：《琼崖文史集萃》，香港天马图书有限公司，2003 年

［32］海南省政协文史资料委员会编：《海南文史资料》，南海出版社，1993 年

［33］海南省地方史志办公室编：《琼崖史料珍存——民国时期广东省政府档案史料海南部分选编》，内部印行，1993 年

［34］范基民、杜汉文编：《海南土改运动亲历记》，南海出版公司，2003 年

［35］海南省史志工作办公室、海南省档案局编：《海南农业合作化运动资料选编（1954～1957）》，海南省文化广电出版体育厅准内部印行，2003 年

［36］中共海南省委党史研究室编：《海南"大跃进"和人民公社化运动资料选编》（1958～1960）》，海南省文化广电出版体育厅准内部印行，2003 年

［37］中共海南省委党史研究室编：《海南文化大革命运动资料选编（1966～1976）》（上、下册），海南省文化广电出版体育厅准内部印行，2003 年

［38］中共海南省委党史研究室编：《中共海南历史大事记（1950.5～2004.12）》，海南省文化广电出版体育厅准内部印行，2005 年

［39］中共海南省委党史研究室编：《新海南纪事》（1950～1992）》（上、下册），中共党史出版社，1993 年

［40］聂绢庆、桂文炽编著：《临高县志》，广东人民出版社，1990 年

［41］海南省地方史志办公室编：《海南省志·人口志》，南海出版公司，1994 年

［42］王学启、王贵章主编：《临高县土地志》，南海出版公司，1999 年

［43］胡传：《游历琼州黎峒行程日记》，《黎族研究参考资料第 1 辑》（C），广州：广东民族研究所，1983

［44］陈剑流、冼荣昌：《海南简史——海南历代行政区划考》，台北：德明出版社，1957

［45］刘正刚著：《从会馆看清代海南的发展》，《海南大学学报》（社会科学版），2001 年第 3 期

［46］赵丕强著：《光绪年间清朝对海南岛道路的开辟及其成效》，《经济与社会发展》，2004 年第 5 期

[47] 刘亚玲著：《张之洞开发海南的思想与实践》，《甘肃社会科学》，2006 年第 3 期

[48] 冼子恩：《陈济棠办糖厂经过及其真相》，载《广东文史资料》，第 11 辑

[49] 许崇灏著：《海南三市》，载 1933 年《新亚细亚月刊》

[50] 《广东省侨务委员会准备招致华侨来琼垦殖》，载《琼农》第 28 期，1936 年 6 月

[51] 中央大学农林研究委员会编：《农艺专刊》第 1 号，1937 年 7 月

[52] 林缵春：《海南岛之矿业》，载《边事研究》，第 5 卷第 1 期

[53] 何凯诒：《陈汉光对海南少数民族的血腥统治》，载《广东文史资料》第 11 辑

[54] 梁秉枢：《王毅屠杀海南黎苗民族的暴行》，载《广东文史资料》第 11 辑

[55] 夏军：《民国时期海南岛经济规划开发述略》，《民国档案》2001.1.

[56] 周克瑜：《论行政区与经济区的关系及其协调》，《经济地理》，1994，14（1）：1~6.

[57] 刘君德：《中国行政区划的理论与实践》，上海：华东师范大学出版社，1996：3~26.

[58] 林金枝：《近代华侨投资国内企业史研究》，福建人民出版社，1983 年版

[59] 《琼农》第 36 至 38 期合刊，1937 年 4 月.

[60] 《海南岛经济事业调查报告》，载《民国档案》1991 年第 1 期.

[61] 林荟材：《陈济棠、薛岳在海南岛的最后挣扎及其覆灭》，载《广东文史资料》第 17 辑.

[62] 侯过：《琼崖与移民》，《琼农》第 6 号，1934 年 8 月.

[63] 黄进先：《海南开发史略（一）》，《海南师范学院学报》，1995，8（4）.

[64] 王鹏：《抗战前的海南开发计划》，《民国春秋》，1997，11（1）.

[65] 许桂灵，司徒尚纪：《广东华侨文化景观及其地域分布》，《地理研究》，2004，23（3）.

[66] 《正德琼台南》，转引自：《海南省志·人口志》，海口：南海出版公司，1994：46.

[67] 潘在积：《民国时期的海南经济》，《海南史志》，1991（2）.

[68] 朱逸辉：《海南人走向全世界》，《海南史志》，1993（2）.

[69] 龙建武：《一个普通华侨的恋乡情怀——忆我的伯父龙鹏植》，海南省政协文史委员会，《海南文史资料：第十辑》[C]，海口：南海出版公司，1994：207.

[70] 王翔：《近代南洋琼侨的社团与生活》，《海南大学学报（社科版）》，2001，19（3）：27~38.

[71] 谷裕、岑婉薇：《五公诗词选》，广州：中山大学出版社，1991：6.

[72] 郭承贤：《昌江县历代知事政绩考略》，《海南史志》，1992（3）.

[73] 朱逸辉：《略论海南文化之发展》，《海南大学学报》，1994（4）.

［74］连心豪，谢广生：《近代海南设关及其对外贸易》，《民国档案》，2003，19（3）.

［75］韦经照：《基督教在海南的传播》，《海南大学学报（社会科学版）》，1987，（4）：81~84.

［76］王裕秋：《历史上日本人和海南岛的关系》，《海南师范学院学报（社科版）》，2001，14（3）.

［77］张兴吉：《论海南沦陷时期的日本占领政策》，《日本学论坛》，2002（2）.

［78］王兴瑞：《琼崖黎境概况》，《边政公论》，1947（3）.

［79］江应樑：《历代治黎与开化海南黎苗之研究》，《新亚细亚》，1937（4）.

后　记

　　这部书最初是由海南大学社科中心的主任曹锡仁教授作为海南大学的创新团队带头人申报的课题，后来，在课题评审中取消了创新团队的设置，改成了2009 年度重点社会科学课题。这样，我们社科中心的几位同仁就肩负起了研究编写任务。在曹锡仁老师的热情指导、严格要求和鞭策鼓励下，这部用两年时间编写的近 50 万字的书稿终于付梓了。

　　我们深深地知道，要写好海南的社会发展史并不是一件容易的事：首先是社会发展史的内容非常复杂，不是几十万字所能容下的，所以只能择其要者能详则详，能短则短，而不是面面俱到；二是研究海南社会发展史不能不重点写黎族，因为黎族是海南岛的最早开发者和建设者，也是海南特有的少数民族，而且黎族古代的渔猎文明是区别于大陆或其他国家农业文明另一种形式，虽然同样精彩纷呈、波澜壮阔，但由于黎族没有本民族的文字，文献记载缺乏，许多重要问题想要研究透彻也十分困难；三是我们的水平有限，加之时间仓促，书中肯定会有这样或那样的问题，希请读者不吝赐教。

　　本书分两卷，其中古代卷第一至第七章由阎根齐执笔，第八至第九章由刘冬梅执笔；近现代卷由高海燕执笔，温小平、叶淑芳参与了编写。古代卷照片有的翻拍至相关的专著，如郝思德、黄万波编著的《三亚落笔洞遗址》、中国秦汉史研究会等编的《南越国史迹研讨会论文选集》；有的来自海南省博物馆的展品照片；有的是自拍；有的是同仁如王辉山先生提供，恕不一一署名。近现代卷图片中，民国部分主要来源于海口市党史办保存的档案资料，新中国部分来源于媒体报道。

　　本书在写作过程中，受到了海南大学曹锡仁教授、海南师范大学张一平教授的热情指导，在此向他们并所有关心支持和帮助的同仁致以衷心地感谢！

作者

2010 年 9 月 10 日